珍藏本
纪念版

汉译世界学术名著丛书

哲学辞典

上册

〔法〕伏尔泰 著

王燕生 译

2017年·北京

Voltaire

DICTIONNAIRE PHILOSOPHIQUE

Paris, Ernest Flammarion, Éditeur

据巴黎欧内斯特·弗拉马里翁出版社按 1764 年版排印的袖珍本及巴黎世纪出版局 1867 年版《伏尔泰全集》第一卷译出

中年时的伏尔泰

（法国著名画家拉图尔作）

伏尔泰 24 岁时画像

（法国著名画家拉吉利埃作）

70 岁的伏尔泰

（1843 年版《哲学辞典》版画）

汉译世界学术名著丛书
（120年纪念版·珍藏本）
出版说明

2017年2月11日，商务印书馆迎来120岁的生日。120年前，商务印书馆前贤怀揣文化救国的理想，抱持“昌明教育，开启民智”的使命，立足本土，放眼寰宇，以出版为津梁，沟通中西，为中国、为世界提供最富智慧的思想文化成果。无论世事白云苍狗，潮流左右激荡，甚至战火硝烟弥漫，始终践行学术报国之志，无改初心。

逐译世界各国学术名著，即其一端。早在20世纪初年便出版《原富》《天演论》等影响至今的代表性著作，1950年代后更致力于外国哲学和社会科学经典的译介，及至1980年代，辑为“汉译世界学术名著丛书”，汇涓为流，蔚为大观。丛书自1981年开始出版，历时三十余年，迄今已推出七百种，是我国现代出版史上规模最大、最为重要的学术翻译工程。

丛书所选之书，立场观点不囿于一派，学科领域不限于一门，皆为文明开启以来，各时代、各国家、各民族的思想与文化精粹，代表着人类已经到达过的精神境界。丛书系统译介世界学术经典，引领时代思想，为本土原创学术的发展提供丰富的文化滋养，为推动中国现代学术和现代化进程做出了突出的贡献。

为纪念商务印书馆成立 120 周年，我们整体推出“汉译世界学术名著丛书”120 年纪念版的珍藏本，寄望既利于文化积累，又便于研读查考，同时向长期支持丛书出版的译者、编者和读者致以敬意。

两甲子后的今天，商务印书馆又站在了一个新的历史时间节点上。我们不仅要铭记先辈的身影和足迹，更须让我们的步伐充满新的时代精神。这是商务人代代相传的事业，更是与国家和民族的命运始终紧密相连的事业。我们责无旁贷，必须做好我们这代人的传承与创造，让我们的努力和成果不仅凝聚成民族文化的记忆，还能成为后来人可以接续的事业。唯此，才能不负前贤，无愧来者。

商务印书馆编辑部

2017 年 10 月

译者前言

法国著名启蒙思想家伏尔泰是十八世纪法国新兴资产阶级在意识形态方面的代表人物。他战斗的一生及其思想在近代法国历史上所产生的影响异常深远，可以说超过了许多法国大思想家，有些史学家甚至说若没有伏尔泰便不会有后来的资产阶级大革命。他才华横溢，在诗歌、戏剧、小说、历史、哲学、散文各个方面都有杰作，而宣传启蒙思想的活动则是他战斗的一生中最突出的一面。他并没有完整的哲学体系，但是他认为哲学家应该是战斗的思想家，而他一生的经历就体现了他这一信念。所以他的思想在十八世纪法国大革命前夕，影响极大，成为当时法国思想界一代宗师。

这位十八世纪启蒙思想先驱、卓越的文学家、哲学家和历史学家一生身世曲折多变，浮沉不定。他于1694年11月21日出生在一个富裕的资产阶级家庭。原名弗朗索瓦－马利·阿鲁埃(Françors-Marie Arouer)。父亲弗朗索瓦·阿鲁埃是一位公证人，后任国库税吏。他7岁丧母，由他胞姐抚养成人。父亲拥有相当财富，因此他得以受到优良的教育。早年就读于大路易中学，得到良师熏陶，打下了坚实的知识基础。又加上他聪颖过人，能博闻强记，拉丁文学造诣颇深。在这所中学里就读的都是些贵胄子弟，他在同学中，结识了一些重要贵族人物，如达尔让松、德·西德维勒、达让塔尔、德·黎塞留等人。在校期间，他的写作艺术和才智，大胆思想和独特创见已经初露锋芒，引起老师们的惊异。他年甫10岁已能赋诗。他的教父夏托纳夫修道院长与当时社交界女名流尼农·德·朗克罗很友好，便把小阿鲁埃介绍给当时已是90高龄的尼农。她很欣赏这个诗童的才华，便在遗嘱上遗赠他两千埃古银币做买书费用。尼农这一美举鼓励了少年伏尔泰从事文学写作的志趣。1706年，他12岁时，夏托纳夫又好意介绍他进入当时以言论自由闻名的圣殿修道院文艺团体，其中多风流潇洒、倜傥不羁的文人才子。这正投其所好。小阿鲁埃在座中以谈吐锋利透辟而为人瞩目。1711年，他中学毕业后，老阿鲁埃要儿子进修法律，儿子却坚持要从事文学事业。父亲见他儿子这样醉心于诗歌写作，又见他在写他的一部悲剧(《俄狄浦斯王》)，又与这些令人担心的文艺界人士往来而深为不安。1713年便决定送他到自己友人法国驻荷兰使节夏托纳夫侯爵那里任大使馆秘书。在那里他爱上一位避居荷兰的法国女作家迪努瓦耶夫人的女儿。迪努瓦耶夫人心中对于女儿另有打算，不满意这件事，便告到法国大使夏托纳夫那里，后者立即罚小阿鲁埃禁闭，最后把他遣回法国。还写信通知他家里，措词极为严厉。1714年，父亲又决定送他在诉讼代理人阿兰事务所去见习。这时他年甫20，就参加了法兰西学院举行的诗文竞赛。写了一首颂歌，因为没有得奖，便在一部小讽刺剧《泥潭》里对拉莫特院士发泄怒气，惹他父亲大为不满。他家友人德·科马尔丹先生对年轻的阿鲁埃处境深表同情，得到他父亲的同意，把他带到自己的圣安热宫邸暂避。在那里少年伏尔泰遇到了老科马尔丹先生，他是圣安热侯爵，曾任财政大臣和国务秘书，熟悉亨利四世和路易十四王朝一切史实、宫廷秘闻。他一生所见所闻记得清清楚楚。常喜对人侃侃而谈这些小故事，无一遗漏。少年伏尔泰获益不小，为他日后撰写史诗《亨利亚德》和史学著作《路易十四时代》提供了许多第一手材料。就在这时他酝酿了史诗《亨利亚德》的腹稿，起草了《路易十四时代》的初稿，并且完成了使他一举成名的第一部悲剧《俄狄浦斯王》。

1715 年他回到巴黎，又从事文艺写作。次年因为写诗讽刺当朝摄政奥尔良公爵，被逐出京城，流放在奥尔良左近的苏利，成了爱好文学的苏利公爵的座上客。1717 年初，摄政召他返回京城，宽恕了他。但不久在京中出现一首题名为“我见过”的讽刺诗在暗中流传，作者在诗中历述他目睹的件件蠢事、罪行、灾难。诗的末句说：“我年甫 20 就已见识了这些罪恶。”后来查出作者原是一位名叫勒·布兰(Le Brun)的诗人。当时小阿鲁埃虽已 23 岁，但由于此诗诗句酷似他的手笔，警署便硬说是他的作品。于 1717 年 5 月把他投入巴士底监狱，囚禁了十一个月。他在狱中不忘写作，修改他 19 岁时写的悲剧《俄狄浦斯王》，完成了史诗《亨利亚德》初稿《联盟》(*La Ligue*)。次年 4 月，摄政了解他无辜受冤，恢复他的自由。但是当时法律规定，在国家监牢囚禁的人，出狱后必须放逐外地。4 月 11 日他被送往巴黎南郊夏特内流放。10 月 12 日才获准返回巴黎。1718 年 11 月 18 日，伏尔泰的悲剧《俄狄浦斯王》在巴黎法兰西喜剧院首次上演，非常成功，连演 45 场，座无虚席，盛况空前。通过这出悲剧，作者显露出他杰出的文学天才和深刻的反僧侣、反迷信的哲学思想。就是这时他才开始采用了他的笔名

"德·伏尔泰"。(伏尔泰这个名字,据传记作者孔多塞说,本是他贵族出身的母亲的一块领地的地名。他先以"德·伏尔泰"为笔名,后来简称伏尔泰。)从此伏尔泰脱颖而出一举成名,成为当时的风云人物。他获得摄政和国王颁发给他的年金。从此他在文学生涯中蓬勃发展,继续创作。先后写出《玛丽亚纳》、《冒失鬼》等戏剧。此外他的史诗《亨利亚德》初稿《联盟》的若干篇章也在许多文学沙龙里传诵。在《俄狄浦斯王》初获成功后,有六七年光景,他的文学才能和声誉一直平稳上升。他经常出入于宫廷权贵之门。1725 年 9 月 5 日,法国国王在枫丹白露举行婚礼,还上演了伏尔泰的《俄狄浦斯王》、《玛丽亚纳》和《冒失鬼》三出戏。王后看《玛丽亚纳》时感动得泪流满面,看过《冒失鬼》又使她大笑,对于作者赞许有加。同时作者还获得 1500 里弗尔年金。眼看他就要成为宫廷诗人,跻身上层社会,得偿少年时代向往出人头地,一跃而为伟大人物的宿愿。当他正在踌躇满志之际,不幸的厄运却向他袭来。前一年(1724),他住在梅宗堡,堡主是他的好友。在那里感染了天花,几乎死去。后来幸而痊愈。便离开梅宗堡。1726 年,他在歌剧院跟一个无耻的贵胄骑士罗昂夏勃发生口角,后者用轻蔑的口气问他的姓名向他寻衅。伏尔泰却回答说:夏勃这个名字我不知道。两天之后,在喜剧院的取暖室,这位骑士又问伏尔泰姓名来寻衅,后者就回答说上次在歌剧院已经答复他的问题了。罗昂夏勃举起手杖威胁说应该用棍子回敬他。过了三天,伏尔泰在苏利公爵家里参加宴会,罗昂指使人把他诱出饱以棍棒,据说罗昂躲在对面一家商店里暗中指挥,还大声叫道:"不要打他的脑袋,那里边还会出好东西呢!"伏尔泰受了这般侮辱,愤愤不平,要与这个恶棍决斗。但是贵胄不屑与平民交锋。伏尔泰又到处去申诉。当时罗昂家族权势之大，不是文人伏尔泰所能抗衡的。因此他到处碰壁，人家都认为他不自量力。甚至平日的好友也对这件事置之不理。不但无处申诉，而且当局为了防止伏尔泰再闹着要报复，4 月 17 日又把他投入巴士底监狱，在狱里监禁半月。当局为了根除后患，释放他出狱，但条件是必须离开法国。他被迫流亡异域。5 月 2 日孔代先生奉国王之命押送伏尔泰到加来监视他上船离岸。这一年 5 月，他到了英国，初到英国很苦恼，因为未能复仇雪耻反而被迫去国，文学生涯也告中断。这次的打击迫使他深刻尝到封建专制对于平民压迫的苦头，促使他从攀龙附凤跻身显贵的迷梦中猛醒，开始走上反对封建权贵和宗教迫害的斗争道路。他虽然受到压抑，但是年轻富有活力，很快就重振精神，从事研究英国社会、政治、经济以及商业组织等等情况，研究英国语言文学。他在英伦备受朝野推崇，与英国哲学家博林布罗克爵士有书札往还。他研究牛顿的物理学和哲学学说，吸取了培根和洛克的理论。1726 年他在英国格林威治登陆时，也并非是行囊空空的流亡人，手中有 9000 英镑的汇票和巴黎英国大使馆的若干介绍信，在经济方面并不拮据，所以得以安心学习。最初几个月在旺兹沃思隐身，还访问了乡村教师们了解贵格派的情况，为他后来的《哲学通信》（又名《英国通信》）关于贵格派公谊会的几篇文章取得了第一手材料。次年 1 月，他到伦敦进见英国王室，受到加德林娜王后和英王乔治二世的款待。他又结交了著名作家斯威夫特，后者为他在荷兰募集了刊行史诗《亨利亚德》的基金，他所心爱的这部作品于 1728 年在英国伦敦出版，他还用英文写了一篇论史诗的文章（“Essay on

Epic Poetry"),附印在正文之前。他此时为后来的作品搜集了材料,起草了一些初稿;有拟莎翁作品的几部悲剧,依照法国趣味写出,还准备了《查理十二史》和上述《哲学通信》其他若干篇的材料。他同时受到辉格党和托利党的接待,与英国启蒙运动时期的著名诗人蒲柏(Alexander Pope)很友好,他对英国人民能获得思想自由和政治平等深有感触,特别是英国对待伟大人物的态度,赋予他们自由和荣誉,在他看来恰好跟法国令人头痛的专制制度、对文人迫害的情况相反。特别是他觉得那里社会地位虽有区分,但人与人之间只有才德的差别,别无不同之处。大家都可以自由地进行思考,不必担忧有什么上帝的膺惩,这更使他赞赏。因为他身受权贵欺压,对于专制淫威有切肤之痛。他对于英国这种自由空气感触殊深,为他日后在法国进行反封建专制、传统成见和宗教迫害的斗争在思想上作了准备。他在英国这一段生活,虽有一段顺利时期,结束得却像是不大愉快。也许是由于言谈失慎与一些友好如博林布罗克等人最后反目;也许是由于患病,返国后他身体更消瘦了。而且从1728年11月到1729年2月,他不知去向。到了3月15日,才有人在离凡尔赛不远的圣日尔曼昂来发现他在那里获准返回巴黎。回到京都,他重操旧业。1730年上演了表现牺牲个人利益而对专制进行斗争的悲剧《布鲁图斯》;1732年上演了反对宗教狂热的悲剧《扎伊尔》,都被视为杰作。1733年又发表了《趣味圣殿》,很受文艺界欢迎,但因作者在书中批判了十七世纪各个大作家,触犯了一些权威,又有人强烈反对。次年出版史书《查理十二史》,轰动文坛。于是伏尔泰又成了显赫一时的名人而且富有。他曾用了五年时间积攒财富,因为他一向以为要保持个人写作自由，必须持有相当财富，才不致为生活而鬻文，才能以自由思想发表自己的见解，不仰人鼻息，为真理与正义而斗争。他以在英国商业界学来的各种方式进行投机，购买国家奖券，在普隆比尔矿泉投资，又在一家造纸厂和一家包装厂投资，还由巴里斯兄弟出面合伙走私军火。总之，作为资产阶级人物，他充分利用了一切社会关系进行商业活动，为自己积攒了大量财产。因而引起了许多人的嫉妒和责难，说他发财致富不择手段。由于他一贯爱写讽刺诗文，又引起物议与当局的怀疑，为了避免再进监狱，便潜往卢昂隐身，在那里于1734年又匿名出版《哲学通信》(上海人民出版社有1961年中译本)，可是后来被人告发，巴黎法院判决焚毁该书，并通缉作者，就连出版商若尔也被捕入狱。伏尔泰此时已不留恋文人相轻、文学争论纷繁的繁华的巴黎，不再需要依靠贵人的保护，三十六计走为上策。1733年5月有人把他介绍给夏特莱侯爵夫人结为好友，这位夫人成了他的崇拜者。侯爵夫妇在香槟省西雷小镇那里有一座宫堡。侯爵夫人便邀他同她家一道去西雷避居。伏尔泰用他积攒的钱修整了这个别墅，在那里面修葺了令人心旷神怡的花坛，明窗净几、宽敞豁亮的图书室与工作室、收藏丰富的画廊、招待过往友人和学者的套房住宅，伏尔泰就在这一如意的环境里在他情投意合的女友监护下投入写作与研究的勤奋工作中。夏特莱侯爵夫人本是德布勒特伊男爵的女儿，自幼聪颖好学、长于拉丁语文，醉心数学与形而上学的研究。夏特莱夫人与伏尔泰二人兴趣一致，两人同时从事当时的重要研究工作。因为夏特莱夫人热衷于研究牛顿的学说，伏尔泰便于此时写了《牛顿哲学原理》。夏特莱夫人研究形而上学问题，伏尔泰为她写了一部《形而上学概论》。

但是伏尔泰基本上是诗人哲学家，他终于放弃了物理学的研究。他在西雷时期，虽曾从事科学研究，但仍不忘写作文学作品。他创作了《恺撒之死》(1735)、《阿尔齐尔》(*Alzire*，1736)、《穆罕默德》(1741)、《梅娄普》(*Mérope*，1743)等悲剧，在当时大受观众赞赏。其中《穆罕默德》一剧，不啻为反对宗教狂热的宣言。他在西雷住了六年，间或到他处旅行。1740 年夏特莱夫妇因事赴布鲁塞尔，伏尔泰与之同行。他顺便又去克莱夫斯会晤从 1737 年一直与他书信往来对他推崇备至的普王腓得烈二世。此行对他后来出使普鲁士大有关系。比京事情结束后，他与夏特莱一家返国，途经里尔，伏尔泰上演了他的悲剧《穆罕默德》。在首场演出中间，有人递给他一封普王给他的信。信中告知他普军在莫尔威茨告捷。他当场中止了演出，向观众宣读了来信，并且兴奋地说："莫尔威茨的大捷也会为我带来胜利。"回到巴黎，看到一切仍如往昔，文人相轻，佞臣当道。但是他个人情况有好转趋势。这时英奥两国威胁着法国，法普联合最为重要。当局已经知道他与普王交谊很厚，派人出使普鲁士，游说腓得烈二世，伏尔泰就是最适宜的人选。1743 年他出使普鲁士，未获法国朝廷所希望得到的结果。外交任务虽未完成，但是他回国后不久又逢政府人事更动，他的同窗好友达尔让松弟兄二人进入内阁，长兄侯爵担任外交大臣，弟弟伯爵掌了军政大权，伏尔泰便成了他们的合作者。加之国王最宠爱的蓬帕杜侯爵夫人当时对朝廷影响力很大，又成了他的保护人。由于蓬帕杜夫人的热情支持与推荐，在宫中上演了伏尔泰两部歌剧，取得成功。1745 年 4 月 1 日，他便被任命为法国史官，俸禄每年 2000 里弗尔，第二年他又获得王室侍从的职位。1747 年伏尔泰为了获得法兰西学院院士席位，上演了《梅娄普》一剧，大获成功，观众为之倾倒，狂热要求作者出台与观众见面。当时这还是法国剧院观众要求与一部戏剧作者见面的创举。由于《梅娄普》演出成功，这一年伏尔泰当选为法兰西学院院士。在学院接纳他的隆重典礼上，他发表了关于法语以及为推广法语必备的条件的重要演说。后来法语成为一种语义明确，语法严谨，修辞典雅，绝无歧义的语言，以致以后许多国际条约也均以法语文本为准则，这首先要归功于伏尔泰对于法语的伟大贡献。他自己的文字在这方面也已成为一代典范，至今一般法语语文学者，还为字义的确定，常常引用伏尔泰对该字运用的范例。他本来此时已时来运转，眼看又成为显赫一时的人物，但是因为他一贯言谈犀利，语多讽刺，国王路易十五大为不满，他本人也有所察觉，难以再做宫廷诗人。他的反宗教情绪也招致多方面的敌意。他在京都的显赫地位，昙花一现，很快便成为过去。他终于离开巴黎回到西雷。1749 年，夏特莱夫人逝世，他受到沉重的打击，又遇到观众对他在 1749 年上演的《娜尼纳或波折服了的成见》和 1750 年上演的《奥莱斯特》两部悲剧喝倒彩，便决定接受腓得烈二世很久以来一直向他提出的邀请，于 1750 年 6 月 28 日离巴黎前往柏林定居。他在法国第二次失意，专制政体对他的这种压迫，并未能完全割断他对所谓开明君主的幻想。他起初结识普王腓得烈二世，在克莱夫斯归来，致书友人达让塔尔，便曾称颂这位国王的贤明，说他不啻为“北方的所罗门”，热爱艺术，才能出众，日夜勤劳，治国不倦。初到柏林他便被任命为王室高级侍从，年金从丰、礼遇有加。其实这位北方的所罗门不过是个穷兵黩武、蛮横的暴君。利用伏尔泰为他修改他的御制文章，点缀

宫廷。他把伏尔泰不过看做是一个柑桔。他说:“我需用他最多不过还只有一年罢了,柑桔一经挤干汁水,桔皮就可以扔了。”最后伏尔泰因批评柏林科学院院长莫佩都依而与腓得烈二世决裂,于1753年3月27日好不容易离开柏林。行至法兰克福,普王却命令他在该城的代表弗莱塔克要伏尔泰交出国王的诗稿,因为诗稿放在托运行囊里,没有在伏尔泰手头,未能交出,便被留在他下榻的金狮旅馆里。他的侄女德尼斯夫人赶来接他,也被监视在旅舍内。这对他是很大的侮辱。此时他经历了他的作家生涯中最艰难的危机:巴黎嘛,回不去,因为有人盗窃了他的世界简史手稿,由一家书商私印出版,而巴黎法院又在追究作者。重返德国更危险。最后在签了一项声明保证归还普王诗稿和信件后,才获准离境。英王和奥皇得知后都谢绝他入境。他又开始他所谓的犹太人流浪生活。1753年他先到斯特拉斯堡,后又转道到他投过资的普隆比尔矿泉住了几天,在那里会晤了老友达让塔尔昆仲。1754年前往科尔马,路经里昂,受到唐森红衣主教的冷遇。在科尔马住了一年。最后才发现了他所谓的“幸福之门”,在日内瓦郊外莱芒湖畔买下了“乐园”别墅,同他侄女德尼斯夫人住在那里。随后1755年又在洛桑左近蒙里雍买了一院住房;1758年又在“乐园”一里外买下了费尔奈宫堡和一片肥沃的土地并且长期租下了图尔内伯爵领地连同村舍和农庄。四处合起来便成了一片很大的产业。后来因为为《百科全书》写了一条“日内瓦”,得罪了当地人士,他便隐退在费尔奈从事耕种和写作。晚年二十载都是在费尔奈度过。他全欧闻名,前来请教者络绎不绝。人称他为“费尔奈教长”。晚年,他继续写作悲剧和喜剧。他自己演出,并在巴黎上演。他还出版他多年从事撰写、修改、补充的《路易十四时代》和《风俗论》,《俄罗斯史》,《高级法院史》,《帝国通鉴》等史学著作,又为百科全书撰写文章。1764 年《袖珍哲学辞典》问世,这是他旅居德国时在普王一次晚宴中提出编写计划的一部战斗性哲学著作。当时只有他认真对待这部书。当晚在床上就思考酝酿内容,随后陆续写出"亚当"、"亚伯拉罕"等文。该书内容最初只是一些批判圣经的文章,后来又把他为《百科全书》和《法兰西学院辞典》撰写的词条和其他随感陆续编入,最后由伯休编入全集,成为全集第一卷。也是在这个时期,他创作出至今仍为人喜读的哲理小说《查第格》、《老实人》、《天真汉》、《如此世界》、《有四十银币收入的人》等篇。他还收养了十七世纪伟大悲剧作家高乃依的侄孙女。为了给她一笔嫁资,又写了《高乃依评论》。文章表达了他思考缜密的批评意见。我们前面已经提到伏尔泰认为哲学应该是战斗的,他本人在晚年就为伸张正义反对宗教迫害而战斗。1762 年他曾为卡拉冤案鸣不平。卡拉是图鲁兹城一名商人,耶稣教徒,儿子有信仰天主教的倾向,气质十分忧郁,忽悬梁自尽。法院硬断定卡拉为阻止儿子皈依天主教而勒死他。卡拉被判处轮磔刑,含冤死去。1766 年又为因遭诬告未向出丧行列脱帽,被认为是亵渎宗教、处以火刑含冤死去的德拉巴尔骑士的冤案昭雪。还为其它不少冤屈事件鸣不平、提抗议、代为申诉,为之昭雪,博得举国爱戴,成为不幸人民心目中的唐吉诃德,赢得了崇高声誉。他与全欧各地知名人士都有书简往来,了解各处情况,回答各种问题。费尔奈当时俨然成了欧洲舆论中心。他已是 70 高龄的老人,在那里进行哲学宣传普及工作,毅力之强,更是令人惊叹。他不断从费尔奈发出许多各式各样的小册子抨击

宗教迫害,宣传信仰自由的主张。他认为百科全书,篇幅过巨,文章太深,不适于启蒙工作,还是他的《袖珍哲学辞典》携带方便,任何人随手翻阅,都可得到有益的启发,起了开卷有益的作用。他自行付印出版,到处送阅。有时从人家门缝塞入;有时吊在人家门铃的拉线上;在街道或公园的坐椅上,甚至在大教堂的祈祷椅凳上也都放满了这本书;有时候在一家钟表店老板的工作台上也会出现一摞《袖珍哲学辞典》。1778 年,巴黎喜剧院上演他最后写的一部悲剧《伊莱娜》,他应广大观众要求亲自来巴黎指导排演,受到全场欢呼,他的光荣和随之引起的内心喜悦达到了顶峰。此时他仍不忘他向法兰西学院建议的法语词源词典,并为此事撰写建议书说服学院采纳他的建议,因而劳累过度吐血,后因服海洛因止痛过量而逝世。

伏尔泰在诗歌、戏剧、历史、小说、哲学各方面都显出他是代表整个十八世纪的伟大作家。在生前全集印行许多版,风行全欧,但是由于时代思潮的发展变迁,他的诗歌、戏剧等名著因严峻的古典主义的唯理主义精神不易为后世所理解与接受,不过他的哲理小说、《哲学通信》与《哲学辞典》至今犹为人所喜读,并且继续回答着当代读者所关心的问题。凡是阅读他这些作品的读者,都会深深感到每一页都在闪耀着灿烂的光辉。伏尔泰最令人钦佩之处,在于他是精力充沛一生战斗的哲学家。他在哲学上虽然没有独创的学说体系,但是他却能在他那个时代(整个十八世纪)提倡和宣传启蒙思想,普及哲学爱好,引起人们热爱理性与真理,憎恶愚顽的传统成见与迷信(请参阅《成见》与《迷信》二文),特别在反对宗教狂热的战斗中(请参阅《宗教狂热》一文)成为一位伟大旗手和一座照耀思想界的灯塔。他的《袖珍哲学辞典》(或译便携式哲学辞典)的书名以及他对这本书的看法也都足以说明他对哲学思想所起的普及作用。上文我们已经提到这部著作最能全面反映他的哲学思想:他坚决反对宗教迷信和主观唯心主义哲学,较之他所推崇的英国经验论哲学家洛克更进一步,认为一切思维都不过是感觉的继续与更替。他在《感觉》一文里便说,有一位伟大哲学家[①]曾经说过:"感觉包含着我们的各种能力。"可是,倘若一切知识都来自感觉,那么我们对于"永恒"、"无限"这类观念又如何能体会呢?在这一点上,他与洛克和孔狄亚克正相反,是持存疑态度的。他主张知之为知之,不知为不知,不可强不知以为知。例如他在《人类心灵的界限》一文里就表示有许多问题是超越人类心灵的界限的。他在《灵魂》一文第11节里说道:"人哪!上帝给了你悟性是为使你能够行动,不是为使你深入到他所创造的事物本质里去。"他虽然反对唯心主义的论断,并且注重使用观察作为一种认识现实真理的武器,可是他同时却又把一切归之于两个本原:上帝与物质。他把心灵或精神作为沟通这二者之间的中项,起着桥梁作用。他虽然并不知道物质为何物,但并不怀疑物质的存在,并且认为物质是永恒不灭的。他是自然神论者,他在物质一文里说:"没有一条格言比下述这一条更为世人所普遍接受的了:'任何事物也不是无中生有的。'因为跟这句格言意思相反的话无法理解。"他认为由神明或上帝按照一种目的而组织了永恒存在的物质的说法并无损于宗

① 按指孔狄亚克(Condillac,1715—1780)感觉论学派的领袖。代表作有《感觉论》和《逻辑学》,法兰西学院院士。

教信仰。例如他在这篇文章里说“我们今生有幸由于宗教信仰而得知是上帝从虚无中引出了物质”。但是,这种关于永恒物质的学说实际上也有种种困难,而不要以为可以克服这些难点。他在该文中就说:“物质从无中生有的学说,也并非不是那样不可理解,应该承认这一学说而不要自诩可以解释它,哲学并不能解释一切。”但是,照他说来,我们身在其中的这一洪荒宇宙到底是由神创造出来的还是由神加以安排整顿就绪的,对于我们必须遵守的道德规范却无关紧要。他虽然对于有些形而上学问题持严谨的存疑态度,尤其是对于宗教方面的所谓默启或神启,更是讥笑备至,但是遇到实际道德问题,却是毫不迟疑地站出来主持正义维护人道,站出来保护那些被压迫的和那些无辜蒙冤的人,竭尽全力为之昭雪。我们知道他为卡拉事件鸣不平,先后曾奔走呼吁历十年之久。在道德哲学方面,他是实用主义者或者说是务实派。因此他认为对于灵魂永生的信仰,为了维护人间的道德,似乎是不可少的,他甚至以为必须有一位赏罚严明的最高主宰,才可鼓励善良人民而警顽愚。对于广大人民群众来说,即使上帝是没有的,也必须制造一位上帝来崇奉。由此可见,伏尔泰不是一位真正的形而上学哲学家,他也不能把他所主张的唯物主义坚持到底,而是到了自己无力解决到底物质存在是第一义的还是精神存在是第一义的时候,就同唯心主义和宗教信仰妥协,成为一个自相矛盾的二元论者。他并且反对当时百科全书派的无神论。他在《无神论》一文中对于爱尔维修的《自然体系》这一部伟大的唯物主义哲学杰作痛加针砭,就是他的资产阶级局限性的反映。他不仅信奉所谓“自然神”的造物主,而且在私有财产问题上坚持私有财产是个人经营所得,是神圣不可侵犯的。我们知道，他与十八世纪另一位伟大启蒙思想家，民主主义的发扬者卢梭由好友反目成为对头，而两人对于私有财产问题的看法大不相同，后者认为私有财产是人类不平等的根源。这也说明伏尔泰的资产阶级立场是十分明确而坚定的。所以我们认为他在十八世纪法国文坛以及西欧思想界反对封建专制和同顽固的宗教狂热势力作斗争中是启蒙运动最坚强的先驱，但是在哲学上的唯物主义与唯心主义的斗争中，他较之百科全书派达朗贝、爱尔维修等人却远远落后，站在保守的唯心主义和有神论的一面。以上就是伏尔泰哲学思想的要点。

伏尔泰的这部《哲学辞典》是在最初的《袖珍哲学辞典》的基础上，陆续编入他为《百科全书》、《法兰西学院辞典》等著作撰写的条目，以及其它若干文章，后汇编为全集本第一卷。全书涉及的问题很广泛。例如在文学中古今之争的问题上，他写《古人与今人》一文，坚持鲜明的厚今薄古的观点。在《批评》一文中，尖锐地批判了那些别有用心颠倒是非的文艺批评家。伏尔泰对中国特别推崇，在《论中国》一文以及其他许多文章里，常常肯定中国的长处，来讽喻西方的一些在他看来是很愚昧可笑之处。我们在西方作家中还很少发现像伏尔泰笔下这样同情中国的作家。这也是令我们特别对他有好感之处（参阅《论中国》条目）。他根据中国戏剧《赵氏孤儿》改编为一部法国悲剧《中国孤儿》，以成吉思汗为主角。剧情十分感人。1755 年 8 月 20 日在巴黎法兰西剧院首次演出，非常成功。当时的观众深为赞许，自始至终掌声不绝。

本书主要特点有二：首先是突出地反对基督教，特别是天主教，反对宗教狂热带来的愚昧迷信与迫害无辜；其次是强调理性主

义的哲学思想，认为只有这种一切从合理的理性出发的思想意识才能为人类带来一线曙光。阅读这本书，从作者伏尔泰在思考问题时注意从合理的理性出发、不囿于一切固有的成见、探索真理、敢于面对现实为理想而斗争的精神中吸取教益，对于我们认识现实，寻求真理，采取合理行动是有裨益的。

王 燕 生

1982.12.10

目　录

A

B

C

A

ABBÉ　阿贝(修道院长)

“您往哪儿去,阿贝先生①? ……”您可知道阿贝的原意就是父亲吗?② 您若是作了阿贝,可就为国效劳了;那一定能做出一个男子能够做的最好的事儿来;国家又从您这儿多添一个会思维的生灵。这件事倒还有点儿神圣的意思在内哩。

可是倘若只是由于剃了发,穿一件披肩,一件短袍,终日期待着一项微薄的收入而做了阿贝先生,那可就配不上阿贝这个称号了。

从前的僧侣是把阿贝这个称号奉献给他们所选出的院长,阿贝就是他们教门里的父亲。日久天长,阿贝这个名称所指的对象变化多大呀。教门里的阿贝本是一帮穷人的头儿,可是教门里那

---

① 您往哪儿去,阿贝先生?
往姑娘们那儿去?
怎么着? 您摸着黑儿去?
您又要去碰钉子去,明白吗? (当时的歌谣)——乔治·阿弗内尔

② 阿贝 Abbé,法语原意是修道院长;伏尔泰在“修道院”一文中曾说明这一字源;拉丁语和希腊语作 Abbas,叙利亚语和迦勒底语作 Abba,由希伯来语 ab 而来,ab 的意思就是父亲。本文用这个字,有双关的用意,所以此处音译阿贝。——译者

些贫苦父亲从那以后却有了二十、四十万里弗尔[①]的年金了；今天在德国还有些教门里的“贫苦”父亲竟拥有一团人的警卫队呢。

一个穷人曾经宣誓安分守贫，结果却是君王一般！我们曾经说过，还要再说千百遍：这种情况是令人发指的。国法不容这种滥用职权的行为，教会也为之愤愤不平，而那些无衣无食真正贫苦的人都在阿贝先生门前向天呼冤。

但是我听见意大利、德意志、弗兰德、勃艮第的阿贝先生们都说了，为什么我们不积累些财富和荣誉呢？为什么我们不能称孤道寡呢？那些主教们都是孤王寡人啊！他们原来也跟我们一样穷；他们发了财，升了官，其中一位地位比国王还高；我们也来尽量效法他们吧。

先生们，你们有理，侵占世界吧；世界是属于霸占它的强者或能手的；你们曾经利用过无知，迷信和愚昧的时代来剥夺我们的遗产，践踏我们，用我们的血汗来自肥。理性到来的日子，你们就发抖吧。

ABRAHAM　亚伯拉罕

第　一　节

亚伯拉罕经历中有关神圣的事迹，我们只字也不应该提，因为圣书已经都谈了。属于世俗历史范围的事，有关地理、时序、风俗、

---

① 里弗尔(Livre)，法国古金币名称。——译者

习惯的事，我们也只能用恭敬的笔法来谈，因为这类风俗习惯与圣史都有联系，犹如条条小溪，保存着它们的源泉的什么神圣的东西一样。

亚伯拉罕虽然生在靠近幼发拉底河地区，为西方人倒是开辟了一个伟大的时代，却没有为东方人留下什么，然而他在东方本来跟在我们这里一样受人尊敬。伊斯兰教徒只是从他们的纪元起才开始有确切的纪年。

时间科学，完全湮灭在伟大事件发生的地方，却终于来到了我们的国土，而在我们这儿这些事情又没有人通晓。我们对于幼发拉底河、约旦河和尼罗河一带发生的事件争论不休，现在做了尼罗河、约旦河和幼发拉底河主人的那些人却坐享清福，无所争论。

我们所说的这个伟大时代就是亚伯拉罕时代。关于他的出生年代，我们有不同的看法，其间相差六十年。以下就是根据记载来计算的：

“他拉活到七十岁，生亚伯拉罕、拿鹤和哈兰。”①

“他拉共活了二百零五岁，就死在哈兰。”②

主对亚伯拉罕说：“你要离开本地、本族、老家，往我所指示你的地方去，我必叫你成为大国的父。”③

依据《圣经》原文，显然他拉是在七十岁时有的亚伯拉罕，在二百零五岁时去世，而亚伯拉罕在他父亲死后立即从迦勒底出走。

① 见《创世记》第 11 章第 26 节。——伏尔泰

② 同上书第 11 章第 32 节。——伏尔泰

③ 同上书第 12 章第 1 节。——伏尔泰

他离开他本地的时候正好一百三十五岁。这也差不多就是圣艾蒂安[①]在他向犹太人发表的讲演词里所表示的意见。可是《创世记》又说：

“亚伯位罕出哈兰的时候，年七十五岁。”[②]

这就是关于亚伯拉罕年龄问题争论的主要点，因为还有许多其他问题。怎么会说亚伯拉罕有一百三十五岁，同时却又只有七十五岁呢？圣热罗姆和圣奥古斯丁[③]都说这一难题是解释不通的。本笃会教士加尔梅[④]承认这两位圣徒并未能解决这一问题。虽然《创世记》称亚伯拉罕为老大，因而是长子，加尔梅却以为倘若说他是他拉最小的儿子，难题便可迎刃而解了。

《创世记》说亚伯拉罕是他父亲七十岁生的，而加尔梅却认为是一百三十岁生的。这样一种调和的说法曾是争论的又一个新主题。

原文和注释使我们困惑不决，最好的办法就是信奉而不争论。

这些古老的时代，无时不是众说纷纭，莫衷一是。依照莫雷里[⑤]的说法，关于上帝自己口授的历史，我们就有七十种纪年学

---

① 圣艾蒂安(Saint-Etienne)，基督教最初殉教者，在耶路撒冷被人用石击毙。——译者

② 《创世记》第12章第4节。——伏尔泰

③ 圣热罗姆(Saint Jérôme，331—420)，一译耶柔米，拉丁教会神父，坚决的护教者，圣经拉丁文版的译者。圣奥古斯丁(Saint，Angustin，354—430)，拉丁教会著名神父。名著有《上帝之都》、《忏悔录》、《圣宠论》。——译者

④ 加尔梅(Augustin Colmet，1672—1757)，法国本笃会学者，生于哥麦尔锡左近。——译者

⑤ 莫雷里(Louis Moréri，1643—1680)，法国渊博的传记学家，著有《历史辞典》一书。——译者

说。从莫雷里以来，又形成了五种调和圣书原文的新方式；因此，这就使关于亚伯拉罕争论的次数和圣书原文中所说亚伯拉罕从哈兰出走时的岁数是相等的了。而这七十五种学说中，就没有一种正确地告诉我们哈兰这座城市或村庄到底是怎么个地方，也没有告诉我们哈兰到底在哪儿。在这些争论的迷宫里，又有什么线索把我们从原文第一节引领到末节呢？只有忍耐吧。

圣灵本来就不打算教授我们纪年学，也不想教授我们物理学、逻辑学；他只想使我们成为畏惧上帝的人。我们既然什么也无从理解，也就只好唯命是听了。

亚伯拉罕的妻子撒拉怎么会又是他的妹子？这也很难解释清楚。撒拉九十岁时，正怀着以撒，由于美貌绝伦，被基拉耳王亚比米勒[①]劫去，亚伯拉罕明明对基拉尔王说："她其实是我的妹子，她与我是同父异母兄妹，后来作了我的妻子。"[②]《旧约》根本就没有告诉我们撒拉怎么会是她丈夫的妹子。本笃会教士加尔梅，判断力强，眼光敏锐，是有口皆碑的，但他却说撒拉很可能是亚伯拉罕的侄女。

在迦勒底，这件事可能不算是乱伦，在它的邻邦——波斯也不算是乱伦。风俗随时随地而变易。我们可以设想亚伯拉罕，偶像崇拜者他拉的儿子，在娶撒拉时，不论后者是他妹子也好，或是他侄女也好，他仍是一个偶像崇拜者。

① 亚比米勒(Leroi de Gérare Abimélech)，圣经中人物。是基甸(Gédéon)之子，绞死他的众兄弟后，做了以色列法官；在巴勒斯坦底比斯城被围时，被人刺杀。——译者

② 见《创世记》第20章第12节。——伏尔泰

教会的几位神父都不大谅解亚伯拉罕，因为他曾经在埃及对撒拉说："埃及人一看见你，他们就要杀我，把你抢了走。求你说，你是我妹子，使我因你得平安。我的生命也因你而得活。"①她当时只有六十五岁。既然二十五年后她有一位基拉耳王作情人，更年轻二十五岁时，她当然也能引起埃及法老动了心。实际上，这位法老劫夺了她，就像后来基拉耳王亚比米勒在沙漠地带劫夺了她的情形一样。

亚伯拉罕在法老宫中获得许多礼物，"许多头公牛、羊羔、公驴和母驴，许多匹骆驼和马，许多仆人和婢女。"这些礼物，为数很可观，证明那时法老们已经都是相当大的国王了。埃及这个地方已经是人口众多的国家了。但是要使当地能够住人，要在那里建设城市，一定曾进行浩大的工程，引尼罗河水流入许多沟渠。尼罗河每年泛滥四五个月，两岸一片汪洋；一定曾使那些城市地基比沟渠至少高出二丈。这样巨大的工程似乎需要很多世纪才可完工。

在洪水泛滥与我们确定亚伯拉罕在旅行埃及的那个时代之间，只相隔了四百年。这个民族必定是心思灵巧、勤劳不倦，因而才能在这么短短的时间内，发明了那些技艺和种种科学，制服并疏浚了尼罗河，改变了全国面貌。甚至很可能有若干座巨大金字塔那时已经修筑好了，因为我们看见，在不久之后，用香料殓尸的技术已臻完善；而这些座金字塔本来不过是用极其隆重的仪式奉安国王遗体的陵墓。

① 见《创世记》第13章第13节。这里依据伏尔泰引述的法译文参考汉译《旧约》译出，故与汉译《旧约》词句略有出入。——译者

既然三百年前，也就是说，在挪亚逃避洪水泛滥的希伯来时代一百年后，亚洲人曾经在示拿平原建造一座塔顶通天的高塔[①]，一般认为金字塔很古老这种意见是相当正确的。圣哲罗姆在他关于《以赛亚书》的注释里说，上帝降临毁坏这座塔的时候，这座建筑物已经修建四千步高了。

姑且设想，一步只有二尺半长，四千步就合一万尺；埃及金字塔大约只有五百尺高，因此这座巴别塔比金字塔要高二十倍。兴修这样一座建筑物，要许许多多的工具才行呀！一定是百工齐施、共襄盛举的了。注释家们便从而断定当时的人类比我们现代各民族的人更无比魁伟、有力和灵巧。

以上就是我们论到亚伯拉罕，涉及技艺与科学时所能注意到的问题。

说到他这个人，他倒的确是一位伟大人物。波斯人、迦勒底人，都声称他是属于他们的。波斯古教从远古时代就把他称为吉什-伊伯拉罕，米拉-伊伯拉罕[②]，人们都同意伊伯拉罕这个字就是亚伯拉罕，因为亚洲人很少写元音字母，他们在发音时把 i 读成 a 或是把 a 读成 i 本是司空见惯的事。

有人甚至以为亚伯拉罕就是印度人的梵天[③]，因为从古以来幼发拉底河两岸的民族都曾往印度去贸易，所以波罗吸摩这一观念就随之传入这些民族当中。

① 见《旧约·创世记》第 11 章。——译者

② 这两个字的原文是 Kish-Ibrahim，Milat-Ibrahim。——译者

③ 梵天，Brama 或 Brahma，古代印度婆罗门教最高的神，意即众生之父。在近代印度教中成为三位主神之一。——译者

阿拉伯人把他当成麦加的创建人。穆罕默德在可兰经里总是把他看成最可尊敬的前辈。他在第三章里谈到亚伯拉罕就这么说过:“亚伯拉罕既非犹太教徒,也非基督教徒;他是正统的伊斯兰教徒;他根本不是给上帝增加伙伴的那种人。”

人心的冒昧竟至发展到了这种程度,甚至以为犹太人只是在很晚的时期,当他们在巴勒斯坦有了定居之地的时候,才自称为亚伯拉罕的后裔。犹太人被他们邻邦疏远,痛恨和轻视。据说,他们让人把他们当成亚伯拉罕的后裔,是想要给他们自己增光,因为亚伯拉罕在亚洲大部地区都受人敬仰。我们对犹太人的圣书所抱的信仰解决了这一切难题。

还有些批评家,胆量也不小,他们对亚伯拉罕与上帝的来往,对他的战斗和胜利,都提出了一些反驳意见。

在他出埃及之后,主向他显灵,对他说:“你举目向东西南北观看,凡你所看见的一切土地,我都要赐给你和你的后裔,直到永远。”①

主第二次立约又许给他“从尼罗河直到幼发拉底河的一切地方。”②

这些批评家问,上帝怎么能把这一片犹太人从来没有占有过的广大无垠的地方许给他呢?并且又问上帝怎么能把巴勒斯坦这块小地方永久给了他们,而他们却老早就被人从那里赶出去了呢?

主还许诺要让亚伯拉罕的后裔像地上的尘土一样多。“人若能数清地上的沙尘,才能数清你的后裔。”③

① 见《创世记》第 23 章第 15 节。——伏尔泰
② 同上书第 15 章第 18 节。——伏尔泰
③ 同上书第 13 章第 16 节。——伏尔泰

我们的批评家们还要追问，并且说虽然犹太人一直把婚姻当做一项神圣义务来看，他们最大的目的也就是人丁兴旺，可是现在在地球上犹太人还不到四十万。

有人便回答这些难题说，代替了犹太教的基督教，是亚伯拉罕的真正后裔，他们人数实在是很多的。

亚伯拉罕的后裔并未占有巴勒斯坦，固属事实，但是，他们终于有一天会占有，就像他们在乌尔班二世[①]时代第一次十字军东征中，曾经征服过这个地方一样。总而言之，只要我们用信仰的眼光，视旧约为新约的蓝本，一切都已实现，或将会实现，微弱的理性，也就可以缄默了。

有人还对于亚伯拉罕在所多玛的胜利[②]提出疑问：他们说，一个异邦人，刚刚来到所多玛附近放牧牲畜，就能率领三百一十八名看守牛羊的人打败"一位波斯王，一位本都王"[③]，巴比伦王和民族王，把他们一直赶到所多玛百里以外的大马色[④]，这简直无法理解。

然而这样一次胜利也绝不是办不到的；我们在这类英雄时代见过一些先例；上帝的手臂一点也没有缩短[⑤]。请看基甸率领三百人手执三百只瓮瓶和三百只灯火击败了一整支军队。[⑥] 请看参

① 乌尔班二世(Urbain II)，罗马教皇，1088—1099年在位，于1095年法国克勒芒圣教会议上号召信徒保卫耶路撒冷，发动了第一次十字军东征。——译者

② 故事见汉译圣经《旧约·创世记》第14章。所多玛(Sodome)，巴勒斯坦古代城市，位于死海之滨。据圣经记载，该城与蛾摩拉、洗扁等城因腐败而被天火焚毁。——译者

③ 本都(Pont)，古代波斯黑海沿岸一王国，公元前64年为罗马帝国所灭。——译者

④ 大马色(Damas)，即今之叙利亚首都大马士革。——译者

⑤ 意即上帝威力未减。——译者

⑥ 基甸(Gédéon)，公元前十三世纪希伯来第五法官。据圣经记载，上帝命他挑选三百名能用掌心在约旦河捧水而不曲膝的战士。他找到了三百名这样的人，战胜了米甸人。故事见圣经《旧约·士师记》第7章。——译者

孙一人有驴腮骨就杀死了一千人。[①]

世俗历史,也提供了类似的例子。三百名斯巴达人曾经在德摩比利[②]隘口一时挡住泽尔士的大军。的确,除一人逃遁外,全体战士跟国王一同被杀。泽尔士没有给列奥尼达王竖立一座他分所应得的纪念像,却卑鄙地把他绞杀了。可是另一确切的事实是:这三百名斯巴达人把守着一道两人万难同时攀登的险要通路,由一支布防在奥萨和佩利翁两山[③]崖石之间有利方位的一万希腊大军作后援;更可注意的是:当时在德摩比利隘口当地就有四千战士。

这四千人奋战日久,全军覆灭。他们可说是处在一个比三百斯巴达战士阵地更难守御的地点,却取得了更多的光荣,因为他们在比较开阔的地方抵御波斯军队,卒被后者粉碎。所以,在这个战场上所竖立的纪念碑上,还表扬了这四千名牺牲的人,而现今人们却只谈说看那三百人的事迹。

还有其他一次壮举更值得纪念,却并未远近驰名,那就是五十名瑞士兵在摩尔加腾[④]打退了奥国亲王利奥波德的两万大军。这五十名瑞士兵从崖石顶上投扔石块,打得奥国骑兵人仰马翻,给瑞

① 参孙(Sam Son),希伯来法官,以力大闻名。——译者

② 德摩比利(Thermopyles),又名热门,希腊忒萨里亚著名隘口,在阿诺佩山与玛拉加湾之间。公元前480年波希战争中,希腊国王列奥尼达率领三百斯巴达战士在此英勇抵抗波斯王泽尔士率领的侵略军。泽尔士未料到"这一小撮人"竟能与他争夺这道隘口,便致书列奥尼达,内容只写"缴械"二字,这位斯巴达王便在书上批了"来拿"二字。不料叛徒给波斯人指引小路,绕道山后,袭击希军之背。列奥尼达见大势已去,便请同仁饕餮一顿,然后说:"今晚我们就要在冥王普路同那里吃饭了。"结果全军战死。——译者

③ Mont Ossa et Mont Pélion,在爱琴海沿岸与忒萨里亚之间。——译者

④ 摩尔加腾(Morgarten),瑞士东部聚格湖沿岸一小山脉。公元1315年瑞士人曾在该地战胜奥国亲王利奥波德率领的侵略军,保卫了瑞士的独立。——译者

士三个小州的一千四百名士兵争取了缓冲时间，使他们能终于赶来击溃这支大军。

摩尔加腾之战较之德摩比利之战更加壮丽，因为战胜总比战败强。希腊一万人，怎么能在一块山地跟十万波斯大军交战。其实波斯人很可能只有三万人作战，但是在摩尔加腾战役，一千四百瑞士兵却击溃了整整一支两万人的军队。众寡悬殊，胜利就更显得光荣……我们谈亚伯拉罕谈到哪里去了？

这些离题的话使说者开心，而有时候听者也会觉得有趣。何况，看到小股士兵战胜大队人马人人都会高兴呢。

第　二　节

亚伯拉罕在小亚细亚和阿拉伯是一个有名的名字，就像托特①在埃及、第一个琐罗亚斯德②在波斯、赫丘利③在希腊、俄耳甫斯④在色雷斯、倭丹⑤在北方各民族和其他名过其实的名字一样。我在这里只谈谈世俗历史，因为那些为我们所信任和讨厌的犹太

① 托特(Thaut 或 Thot)，古埃及的月神，红鹤首人身。传说他是宇宙的创造者，又是文字、科技的创始者，所以在埃及被视为"书的国王"、"知识的保护者"、"语言的统治者"。——译者

② 琐罗亚斯德(Zoroastre，约前七一前六世纪)，古波斯传说中虚构的先知。据说是袄教和波斯拜火教的创立者；古波斯语作"查拉图士特拉"(Zarathoustra)，意即"老骆驼"。在旧波斯古经中还是人，在古经后增部分，就被说成是半神的人物了。——译者

③ 赫丘利(Hercule)，罗马神话中的英雄，即希腊神话中的赫拉克勒斯(Herakles)。一生曾完成十二项英雄事迹，擒妖斩怪，除暴安良，英勇无敌。——译者

④ 俄耳甫斯(Orpheus)，希腊神话中人物，色雷斯国王俄阿格尔与史诗女神卡利俄珀所生之子，是古希腊最伟大的音乐家。善弹竖琴，琴声能感动鸟兽木石。——译者

⑤ 倭丹(Odin 或 Wuodon)，北欧斯堪的纳维亚神话中最古的神。他没有创造世界，但安排了万物秩序并统治世界。——译者

人——我们的老师和仇敌——的历史,由于其人民的历史显然是圣灵写的——,所以我们以应有的感情去对待它。我们在这里只谈谈阿拉伯人;他们自夸是亚伯拉罕由伊斯玛利[①]传下来的后裔;他们认为这位族长建立了麦加,而且他也是死在这座城里的。伊斯玛利的子孙事实上远比雅各[②]的子孙更得主的恩宠。这两人的子孙中的确都曾出现了某些窃贼;但是阿拉伯窃贼比犹太窃贼可就高明得多。雅各的后裔只征服了一块很小的地方,他们还是把它丢了;而伊斯玛利的后裔却征服了亚、欧、非各洲的一部分,建立了一个比罗马帝国版图更广大的帝国,并把犹太人从他们称之为"神赐之地"的洞穴里赶走。

单凭我们近代史的一些实例来判断事物,我们就很难说亚伯拉罕是两个如此不相同的民族的始祖;有人说他生在迦勒底,是一个以制陶土小神像为生的贫苦陶器工人的儿子。很难相信这个陶器工人的儿子会越过难于通行的沙漠在离他的出生地三百古里[③]处北回归线下建立了麦加。他若是一位征服者,他的旌旗无疑地是会指向锦绣的亚述;他若仅是一个像人们所描绘的贫苦的人,他就不会远离家乡建立王国。

据《创世记》记载:当他的父亲陶工他拉死后,他从哈兰地方出

---

① 伊斯玛利(Ismaël),圣经中人物,亚伯拉罕与他的埃及使女夏甲所生之子,跟他母亲一同被亚伯拉罕逐出,在沙漠中断水,有天使指引泉水得救。后来成了阿拉伯人的始祖。圣经汉译本作以实玛利。——译者

② 雅各(Ja ob),又名以色列,圣经中人物,亚伯拉罕之子以撒与利百加所生之子,是以色列人族长,即后世犹太人的始祖。以色列人在"巴比伦囚虏"时期以后,改称犹太人。关于雅各一生事迹的传说见《创世记》第 25 章至第 45 章。——译者

③ 法国古里,约合 4444 公尺。三百古里合 1333 公里。——译者

走的时候,他已有七十五岁了。但就是这本《创世记》又说:他拉七十岁生亚伯拉罕,这位他拉活到两百零五岁,而随后亚伯拉罕才离开哈兰;这看来是在他父亲死后或是作者叙述得没有条理,很显然,以同一部《创世记》来这样推算,亚伯拉罕离开美索不达米亚的时候,年纪是一百三十五岁。他从一个崇拜偶像的地方走到另一个在巴勒斯坦名叫策马①的崇拜偶像的地方。他为什么到那里去呢?为什么他要离开幼发拉底河肥沃的两岸而到策马这样遥远这样贫瘠多石的地方去呢?迦勒底语言跟策马语言该是大大不同;这又绝不是一个商业地区;策马离迦勒底有一百多古里远;去那里必须经过沙漠;可是上帝要他做这次旅行;上帝要给他看看他的后裔在他身后几世纪应该占据的地方。人类的思想颇难了解这样一次旅行的理由。

他刚一到策马这个多山的小地方,饥荒就把他赶走了。他只得同妻子去埃及谋生。从策马到孟菲斯有两百古里;到那么远去讨粮食,而且在一个不通言语的地方是否合乎情理呢?这就是他在年近一百四十岁的时候做的奇异的旅行。

他把他妻子撒拉带到孟菲斯。她极其年轻,跟亚伯拉罕比起来差不多是个孩子,因为她只有六十五岁。因为她很漂亮,亚伯拉罕决计利用她的美貌来从中渔利。“你假装是我的妹妹”,亚伯拉罕跟撒拉说,“好让人家因你而待我好。”其实他倒不如跟他妻子说“你假装是我的女儿”。国王爱上了年轻的撒拉,便送

① 策马(Sichem),巴勒斯坦古代城市,即今日的纳普路兹(Naplouse)。曾经是古犹太王国首都。圣经汉译本作示剑。——译者

给她假哥哥许多牛、绵羊、公驴、母驴、骆驼和仆婢；这证明埃及在那个时代就已经是强盛而很开化，因此也可以说是很古的王国，证明人家那里很豪爽地酬谢把自己妹妹献给孟菲斯王的兄长。

根据圣经，当上帝答应年轻的撒拉让当时已一百六十岁的亚伯拉罕使她在年内得一个孩子的时候，她有九十岁了。

亚伯拉罕爱好旅行，曾同他怀孕而依然年轻貌美的妻子到过可怕的加底斯沙漠。这个沙漠的国王像埃及国王一样，爱上了撒拉。信徒们的始祖①如同在埃及一样又撒了同样的谎：他把他的妻子说成妹妹，这回又从中获得了一些绵羊、牛和婢仆。可以说这位亚伯拉罕从他妻子的主人那里发了大财。注释家们写了大量的书籍来为亚伯拉罕的行为辩护，调整年谱，所以必须请读者去参考这些注释。那些评注都是由思想细密的才子，出类拔萃的形而上学家，没有成见而又毫无学究气的人编写的。

而且，伯兰、亚伯兰②这个名字在印度和波斯都很著名：有好几位博学鸿儒甚至以为就是希腊人所称的立法家琐罗亚斯德。旁的学者却又说就是印度人的波罗吸摩：却并未证实。

但是在许多学者看来，说这位亚伯拉罕是迦勒底人或波斯人都很合理，因为犹太人世世代代都夸耀自己是亚氏的后裔，犹如法

① 指亚伯拉罕。——译者

② 原文是 Bram，Abram。——译者

兰克人出自赫克托尔[①]、布列塔尼人[②]出自图巴耳[③]。犹太民族一定是很新的游牧民族,很晚才在腓尼基定居下来,周围都是古老的民族,采用了这些民族的语言,据犹太人弗拉维乌斯·约瑟夫[④]证明说,他们甚至以迦勒底人以色列[⑤]的姓为姓。我们知道犹太民族甚至采用了巴比伦人的天使名称,跟着腓尼基人称上帝为埃罗伊或埃罗阿,亚多纳伊,耶和华或尧。[⑥]

犹太人大约是从巴比伦人那里才知道亚伯拉罕或伊伯拉罕的名字;因为从幼发拉底河到奥克萨河[⑦]各地的古代宗教都叫做吉什-伊伯拉罕,米拉伊伯拉罕。这是学者希德就地考查给我们证实的。

所以说,犹太人就像旧货商人处理旧衣裳一样来处理历史和古代传说。他们把旧衣翻新,当作新衣尽可能高价出售。

很久以来,我们总是把犹太人当作是一种传授一切给别人的

① 赫克托尔(Hector),荷马史诗《伊利亚特》中英雄人物。是特洛伊对希腊抗战中的主将。法国民间传说,以为赫克托尔死后尸身被投入海中,复活得救,乘舟航行到高卢塞纳河上游,登陆,建立了法兰克帝国。——译者

② Les Bretons,法国布列塔尼半岛居民,原为克尔特人的一支,住英格兰南部,后来一部分渡海迁居法国西部。——译者

③ 图巴耳(Tubal),此处显然指的是圣经创世记中的人物土八该隐(Tubal-Cain),拉麦(Lamech)之子,传说是制造铁器的始祖。见《创世记》第四章。——译者

④ 弗·约瑟夫(Flavius Josèph),公元37年生于耶路撒冷,犹太历史学家。著有《犹太抗战史》,《上古时代的犹太》等书。——译者

⑤ 以色列(Israël),雅各的别名,意即"与上帝共同战斗",后成为犹太民族重要家族姓名。——译者

⑥ 此处几个译名原文是 Eloï 或 Eloa,Adonal,Jehoua 或 Hiao。——译者

⑦ 奥克萨斯河(Oxus),中亚河流阿姆河(Amou-Daria)的古代名称。——译者

民族，而犹太史学家约瑟夫自己却承认事实正好相反。这简直是人类愚蠢的一个稀有实例了。

上古时代的疑云很难拨开，但是在名为犹太的阿拉伯游牧民族有一小块土地、一座城市、一种法律和一种固定的宗教以前，亚洲各个王国显然都已繁荣昌盛了。所以人们看到一种祭礼，看到一种古代宗教信仰在埃及或亚洲和犹太人那里扎根，便很自然地会想到这个粗鲁无知、素来缺少艺术的小小新民族是在尽力模仿古代繁荣昌盛、艺精手巧的民族。

应该根据以下这一原则来评论犹太①、比斯开②、康瓦尔③和戏剧丑角阿尔勒干④的故乡贝加摩⑤等地：胜利的罗马端不会模仿比斯开、康瓦尔和贝加摩；只有大糊涂虫或大骗子才会说犹太人教会了希腊人做什么。（摘自弗雷莱一文。）

第　三　节

不要以为亚伯拉罕只在犹太闻名，他在全亚洲直到印度内地无不受人尊敬。这个姓名，在许多种东方语言里，都表示“民族之父”的意思，迦勒底的一个居民获得了这个姓名，许多民族都自夸

① 犹太（Judée），即巴勒斯坦地中海沿岸与死海之间的地带；约在公元前 935 年，巴勒斯坦分裂为以色列和犹太两王国，所罗门后裔在此建犹太王国，定都于耶路撒冷。——译者

② 比斯开（Biscay），西班牙北部临比斯开湾一行省。——译者

③ 康瓦尔（Cornouailles ou Corrwall），英国西南一伯爵领地。——译者

④ 阿尔勒干（Arlequin），意大利戏剧中身着三角形彩色百纳，腰悬木刀面戴黑色假面具的丑角，十七世纪后渐传入欧洲各国剧坛。——译者

⑤ 贝加摩（Bergame），意大利北部重要城市。南距米兰 40 公里。——译者

是他的后裔。阿拉伯人和犹太人全都证明他们是这位族长的子孙，这就使大怀疑家也不能怀疑曾经有过一个亚伯拉罕了。

希伯来书①里说他是他拉的儿子，而阿拉伯人却又都说这位他拉是他的祖先，说阿扎尔是他父亲，后来有好多个基督徒也都这样说。关于亚伯拉罕出生的年代，在注释家们当中就有四十二种意见，我也不再冒昧提出第四十三种意见来了；根据年代的记载，似乎亚伯拉罕比圣经原文所说的还多活了六十岁，但是纪年学计算的差误也绝不能毁灭一桩事实的真实性，而即使谈亚伯拉罕的书不像法典那样神圣，这位族长却也并不因而不存在；犹太人素来把由受上帝启示的人所写的书跟上帝口授的书区别开。他们的历史，虽然跟他们的法典有联系，却也并非就是这部法典。怎么能当真相信上帝会口授错误时期呢？

犹太人斐洛②和絮伊达斯③都引经据典地说亚伯拉罕的父亲和祖父他拉，住在迦尔底的吾珥，本是一个以塑小偶像为生的穷人，他自己也是偶像崇拜者。

倘若是这样，那么毫无偶像而敬天的塞俾安人的那种古代宗教或许还没有在迦勒底兴盛；或许这种宗教只在这个地方的一小部分地区流行，偶像崇拜很可能同时在其他地区存在。在那个时候似乎每个小部落都各有自己的宗教。各种宗教都可存在，都可和平杂处，就像每个家庭里都有自己的各别习惯一样。雅各的舅

① 即圣经。——译者

② 斐洛(Philonle Juif 或 Philo Jubaeus)公元前 30 年生于亚历山大，古代犹太神秘主义哲学家。——译者

③ 絮伊达斯(Suidas)，公元十世纪希腊语文学家。——译者

父拉班就有偶像。每一部落,对邻近的部落各有自己的神,都觉得好,但是却只相信自己敬奉的神明。

圣书说犹太人的上帝给他们准备了迦南地区居住,命令亚伯拉罕离开迦勒底富饶的地方到巴勒斯坦去,并且应许使世上的各个民族都因他的种子而得福。各民族既非这一种子的后代,如何因它而得福,这就要由神学家们用比喻和神秘意义来解释了,这种可敬的神秘意义,却非纯粹批判式的研究的对象。

这些诺言说过后,不久亚伯拉罕一家人就遭受了饥荒,便到埃及去籴粮。这简直是一种奇怪的命运:希伯来人总是被饥饿所迫才到埃及,后来雅各打发他儿子们去埃及也是由于遭受饥荒。①

年纪老迈的亚伯拉罕便同他妻子、六十五岁的撒拉做了这一次旅行;她美丽极了,亚伯拉罕生恐埃及人为她的妩媚多姿所惊,杀害他来享受这位稀世美人,便向她提出请她只佯装是他妹子等等的话。当时的人想必是体力矫健,后来年代久了,习于游惰,精力也就衰退了。古代的人们都有这种感觉。甚至有人认为海伦被帕里斯夺走的时候已经七十岁了。亚伯拉罕预料的情形果然发生:埃及的青年都觉得他妻子虽已六十五岁,却依然艳绝人寰,国王本人也爱上了她,便把她藏之金屋,虽然他宫中还有不少妙龄女子。但是主却对国王以及其全家降下了大灾大难。圣经原文没有提到国王怎么会知道这位蛇蝎美人原本是亚伯拉罕的妻子;但是他终于知道了,便把她还给了亚伯拉罕。

撒拉的美容定是春色长在的;因为二十五载后,她在九十岁时

① 见《旧约·创世记》第42章。——译者

怀了孕，跟着她的丈夫旅行到一位名叫亚比米勒的腓尼基国王那里，亚伯拉罕并未改过，仍旧把撒拉当作他的妹妹。腓尼基王跟埃及王一样动了心：上帝便给这位亚比米勒托梦，威吓他说如果他动一动他这位新情妇，便把他置之死地。[①] 应该承认撒拉的行为跟她的魅力一样地出奇。

这类传奇故事大约就是阻止犹太人对于他们自己民族的历史和他们的《利未记》具有同样信心的缘由。没有一条教规是他们不相信的，但是对于历史并不要求像对待教规一样地尊重。他们对待这些古书就好像英国人对待圣爱德华[②]的情形一般：接受他的法律，并不都相信他会治愈瘰疬；又像罗马人的情形：恪守最初的古法，却不必定要相信筛子盛水、一位供奉灶神的女巫的腰带把船扯到岸边、剃刀砍断石头等等的神奇事迹。因此史学家约瑟夫笃信他的圣教，却让他的读者自由理解他所记述的奇迹；所以虽然旧约里经常谈到天使，撒都该人[③]却很可以不信天使；但是他们却不得忽视宗教节日、祭礼和禁忌。

亚伯拉罕这一段历史，也就是说他到埃及和腓尼基去旅行的经过，证明犹太民族还只是一个家族的时候，有些大的王国已经存在了；也已经有了法律，因为没有法律一个大王国是存在不下去的；结果也就证明摩西法在以后，不能是最初的法律。一种

① 见《旧约·创世记》第20章。——译者

② 圣爱德华(Saint Edouard)，即忏悔者爱德华(Edward the Confessor，约1002—1066)，最后一位盎格鲁-撒克逊的英国国王。因敬神虔诚祖护教会而得忏悔者的称号。他曾主持编纂著名的英国法律汇编。——译者

③ 撒都该人(Les Saducéens)，犹太教中与法利赛人对立的一派，赞成希腊文化，否认灵魂永生和人死后复活的说法。——译者

法律不一定非最古不神圣，而上帝无疑本是时间的主宰。上帝有了给自己订定的法律，先给全人类颁布，这样才像更合乎我们理性的微弱光芒；但是倘若上帝真不这么办，也不该由我们来质问他。

亚伯拉罕历史的其余部分也有些难题。上帝，时常向他显圣，跟他订下了许多条约，有一天在幔利山谷里给他派去了三位天使；这位族长便请他们吃面包、小牛肉、奶和奶油。三位神仙便用了晚餐，餐后把做面包的撒拉召了来。圣经原文称之为主或耶和华的天使的一位应许撒拉一年后降生一个儿子。[①] 撒拉当时有九十四岁，她丈夫也将近百年了，便对这一诺言笑起来了；这便证明她也承认自己是衰老了，依据圣经原书，证明当时的人类跟我们现在的人类并非大不相同。可是，这位衰老的人，怀了孕，正如我们前边说过的，第二年又魅住了亚比米勒王。诚然，倘若我们把这类故事看做是当然的事，就要产生一种与我们现有的悟性正相反的悟性，不然就要把亚伯拉罕一生中每一件事情都视为奇迹，或者认为这一切不过是一种比喻：无论怎么说，横竖都很难说通。例如，上帝应许把整个迦南一带地方赐给亚伯拉罕及其后裔，而这位迦勒底人却从来也没占有这块地方。我们对于上帝这项诺言又能怎样看待呢？这就是那类无法解决的难题之一。

似乎很奇怪的倒是上帝使一个九十五岁的妇人和一位百岁老父生了以撒，而随后又命令这位父亲把上帝自己出人意料之外赐

① 见《旧约·创世记》第18章。——译者

给这位父亲的孩子杀死。[①] 上帝这道奇怪的命令似乎令人看出，在写这部历史的时代，以人做牺牲是犹太人的风俗，正如后来别的民族也用人来做牺牲那样，耶弗他许的愿[②]就是个明证。但是我们可以说，亚伯拉罕服从上帝的命令，即将把上帝赐给他的孩子做牺牲献给上帝，这是比喻人应该服从最高的主。

关于这位被视为犹太和阿拉伯人之父的族长的历史，有一点尤其值得注意。他几个主要的孩子有他妻子由于上帝的神灵恩宠而生的以撒以及由他使女生的伊斯玛利。这位族长的后裔本应由以撒而得福，可是以撒的子孙只是一个灾难重重受人蔑视的民族，曾经长久沦为奴隶，而在更长的时期又东逃西散。伊斯玛利，却正相反，做了阿拉伯人的始祖，这些阿拉伯人终于建立了世界上最大最强的一个帝国——哈里发帝国[③]。

伊斯兰教徒对于亚伯拉罕崇敬备至，称他为伊伯拉罕。相信他葬在希伯仑[④]的人都到该城去朝圣；以为他的陵墓在麦加的人都到麦加去致敬。

有几位波斯古人曾以为亚伯拉罕就是琐罗亚斯德。大多数东

---

① 见《旧约·创世记》第22章。——译者

② 耶弗他(Jephté)，以色列法官之一。(公元前十二世纪)他在攻打亚扪人(Les Ammoniles)之前，许了一次不谨慎的愿，表示愿在胜利归来后，把第一个前来迎接他的人向上帝献为燔祭。燔祭就是用火烧死作为牺牲来献给神。恰好是他独生女在他凯旋后首先从家门出来迎接他。这位不幸的父亲只好牺牲女儿来还愿。——译者

③ 哈里发(Califes)，阿拉伯语 Khalifah 的音译，原意是“继位者”。这里是继承穆罕默德掌握宗教和军政大权的人的尊称。以哈里发为首脑的国家称为哈里发国。——译者

④ 希伯仑(Hébron)，巴勒斯坦一城市，位在耶路撒冷西南。1834年因内乱部分被毁。——译者

方民族国家的奠基人都遇到类似的情形，人们总是给他们附会上若干不同的姓名和不同的奇遇；但是根据圣经原文，似乎他是一个没有固定住处的流浪的阿拉伯人。

我们看他生于迦勒底的吾珥，到哈兰去，随后又到巴勒斯坦、埃及、腓尼基等地去，末了还不得不在希伯仑购买了一块坟地。

他一生中最可注意的一件事情，是他在九十九岁还没有生儿子以撒时，就给他自己和他的儿子伊斯玛利以及他所有的仆人都举行了割礼。[①] 他这一观念显然是跟埃及人学来的。这样一种手术很难找出它的根源。最可能的情况，似乎就是这一手术是为防止损害青春而发明的。但是亚伯拉罕却为什么在一百岁时割了自己的包皮呢？

另一方面，有人以为只有古代埃及教士才有这种习俗。在非洲和一部分亚洲地区，有一种很古老的习俗，就是最圣洁的人物都要拿出他们的阴茎来给他们所遇见的妇女接吻。在埃及，在宗教礼仪的行列里，举着"法娄姆"[②]，一个巨大阳物。生殖器官被视为高贵而神圣的东西，被视为神力的一种象征；用它来起誓，对某人起誓的时候，便把手按在这个人的一对睾丸上；甚至很可能睾丸就是从这种古代习俗而得名，睾丸（testicules）这个名词就是证据（témoin）的意思[③]，因为从前人们用它来作证和作保。当初亚伯拉罕派他的

---

① 见《旧约·创世记》第 17 章。——译者

② Phallum 一词的音译，即阳物形的偶像。——译者

③ 法文证人、证据一词是 témoin，它的字源是拉丁文 testimonium，而法文睾丸一词，是 testicule，它的拉丁字源是 testiculus，这两个拉丁字词根都是 testis，这个词根有两个意义，一是证据，一是睾丸。——译者

仆人去为他儿子以撒要利百加的时候，仆人把手放在亚伯拉罕生殖器官那儿，就是人家用大腿这两个字来翻译的那部分。①

从这里我们便可看出上古时代的风俗跟我们的风俗差得多远。在一位哲学家看来，从前人们曾经用这部分来起誓，并不比用头来起誓更令人惊奇。那些想要显示自己与众不同的人在受人尊敬的这部分作一手势也就不足为奇了。

创世记说割礼是上帝与亚伯拉罕之间所立的一个约，而且还特意说，他全家不拘谁若是不行割礼就要死亡。可是却丝毫也没有提到以撒是否行过割礼，而且直到摩西时代，再也不提割礼这回事了。

我们用另外一个问题来结束本文，就是亚伯拉罕由撒拉和夏甲各生一子，他们都各自成了一个大民族的始祖；他又由基土拉生了六个儿子，②他们都在阿拉伯成家立业；但是他们的后人们却都无闻于世。

ADAM　亚当

第　一　节

人们曾经对亚当、亚当的妻子、亚当以前的人类等等问题，

① 《旧约·创世记》第 24 章记载说"亚伯拉罕对管理他全业最老的仆人说，请你把手放在我大腿底下。我要叫你指着耶和华天地的主起誓，不要为我儿子娶这迦南地中的女子为妻。"——译者

② 《旧约·创世记》第 25 章记载："亚伯拉罕又娶了一妻，名叫基土拉(Kéthura)，基土拉给他生了心兰(Zimran)、约珊(Jokshan)、米但(Médan)、米甸(Madian)、伊施巴(Jishbak)和书亚(Shuach)。"——译者

高谈阔论，大做其文章；犹太法师们也曾说了许多关于亚当的呓语，若再重复他人说过的话，也就未免太乏味了，所以我们在这里提出关于亚当的一种相当新颖的观念；至少这种新观念不见之于任何古代作家和教会神甫的著作，也不见之于任何预言家、神学家、批评家或为我所知道的古籍注释家的作品。犹太圣经在托勒密王朝一代国王治理下被译成希腊文后才开始在亚历山大城为人所知，①在此以前，关于亚当的传说，除巴勒斯坦外，世人都丝毫没有听说过。而且当时还很少为人所知，因为大本书籍极稀少、极昂贵；再加上耶路撒冷的犹太人对亚历山大的犹太人万分愤怒，谴责他们不该把他们的圣经译成俗文，对他们咒骂不休，而且大肆喧嚣向上帝喊冤，闹得亚历山大城的那些犹太人尽力秘藏他们的译文。这本译稿很少有人知道，直到奥勒里安大帝②时代，没有哪一位希腊著作家或罗马著作家谈论过这本译本。

然而，历史家约瑟夫在他答复阿皮翁的文字里(犹太史第一卷第四章)承认犹太人久久没有跟别的民族打过任何交道。他写道："我们住在一个远离海洋的国土；我们决不经商；也不跟其他民族来往……我们的民族住得离海很远，又可惜没有什么著作，不为人

---

① 托勒密王朝(Les Ptolémées)：公元前322年马其顿·亚历山大占领埃及后，于公元前305年建立托勒密王朝的统治，直到公元前30年为罗马所灭。此处指托勒密二世，埃及国王费拉德尔弗(Philadelphe)，公元前285—前247年在位。他是文学保护者，传说他首倡把圣经从希伯来文译成希腊文，即著名的"七十人译本"(Version des Septante)。——译者

② 奥勒里安(Aurélien)，古罗马皇帝，公元270—276年在位。曾战胜帕尔米拉国(Palmyre)女皇泽诺比(Zénobie)。后被他手下获得自由的奴隶所杀。——译者

所知，这又何足为奇呢？”[①]

这里我们就要问约瑟夫怎么能说他的民族可惜什么也没有写作呢，既然当时他们已经有了二十二部教规书籍，那部《塔尔戈姆·德·翁克洛斯》（*Targum d'Onkelos*）还不算在内。但是却要注意二十二部很小的书比起亚历山大城图书馆所藏、其中一半在恺撒战争中被焚的大量书籍来，却又显得微乎其微了。

犹太人必然写得很少，读得很少；他们在天文、几何、地理、物理方面也必然很无知；他们必然也不了解其他民族的历史，到了亚历山大城才开始学习。[②] 他们的语言是由古腓尼基语和迦勒底俗语合成的粗野的混合语言。这种语言很贫乏，动词变化缺少很多格式。

并且，因为他们不对任何外人介绍他们的书籍和姓名，在世界上，除他们自己，从来就没有人听说过亚当、夏娃、亚伯、该隐、挪亚。只有亚伯拉罕历代为东方各民族所知，但是没有任何古代民族相信这位亚伯拉罕或伊伯拉罕是犹太民族的始祖。

这就是老天爷秘密之道，使人类的父母永不为人类完全知道，以致亚当、夏娃的名字，直到穆罕默德时代以前，在任何希腊、罗马、波斯、叙利亚甚至阿拉伯作家的作品里都找不到。上帝愿意让世界大家族的名字由族中最小最不幸的一部分人来保持。

① 波斯人很熟悉犹太人，因为他们曾流落在波斯帝国；其次埃及人也知道犹太人，因为他们经营着亚历山大一切商业；罗马人也认识犹太人，因为在罗马就有犹太教堂。不过是，他们虽在各家族中杂处，却因宗教信仰生活习惯等与其他民族隔绝，他们从来不跟外国人一道进餐，到很晚时期才对外介绍他们的书籍。——伏尔泰

② 孟克先生（M. S. Munk）与伏尔泰意见一致；希伯来人的科学观念是很粗浅的。他们的数学知识可说没有，或者说只停止在加减乘除四则阶段；一点天文知识也没有；有一种奇迹家式的物理学和一种经验医学。——阿弗内尔

怎么会让亚当和夏娃不为他们所有的子女们知道呢?在埃及和巴比伦,我们的祖先怎么会任何遗迹、任何传说都没留下呢?为什么俄耳甫斯、利努斯、塔米里斯[①]都丝毫没有谈到他们呢?因为,倘若他们有一句话谈到他们,这句话必然会为赫西俄德[②]所引用,尤其是荷马必然要引用。荷马无所不谈,只是没有谈起人类的始祖。

亚历山大城的克雷芒[③],曾经对于上古时代做过很多考证,若是有哪一段书里提到亚当和夏娃,他不会不引述。

攸栖比乌斯[④]在他那部世界通史里连最可猜疑的证据都研究到了;如若有关于我们祖先的些微遗痕、些微真迹,他必然会大加显扬。

所以说各民族确实完全不知道人类的始祖。

真的,在婆罗门教题名《夜柔吠陀》[⑤]的那部书里倒是找到了亚迪莫和他妻子普罗克丽提的名字。虽然亚迪莫这个名字有点儿像亚当,印度人却答辩说:“我们是一个大民族,在希伯来游牧民族向约旦河一带迁徙以前好几世纪,早已定居在印度河和恒河一带了。埃及人、波斯人、阿拉伯人都来我国寻求智慧,觅取香料,那时

① 俄耳甫斯 Orphée(即 Orpheus)希腊神话中的歌手,曾随阿耳戈英雄远征到海外觅取金羊毛。利努斯 Linus(或 Linos),传说中的诗人,希腊神话把他当成俄耳甫斯同时代的人。塔米里斯(Thamyris)也是希腊传说中的歌手。——译者

② 赫西俄德(Hésiode 即 Hesiodos 约公元前八世纪人),古希腊诗人,生于阿斯可拉(Ascra)。长诗《工作和时日》是歌颂农业劳动的道德诗篇。另一长诗《神谱》叙述希腊诸神之来源。——译者

③ 亚历山大城的克雷芒(Saint Clément d'Alexandrie),公元三世纪时的护教者,基督教会的学者。——译者

④ 攸栖比乌斯(Eusebius,公元 267—340 年),巴勒斯坦古城塞扎雷的主教。古史家,名著有《教会史》、《世界通史》等书。——译者

⑤ 夜柔吠陀(Ezourveidam),印度婆罗门教最古经典之一。——译者

候犹太人还不为世人所知。我们不会从他们的亚当套来我们的亚迪莫。我们的普罗克丽提根本就和夏娃不相似，而且她们的历史也完全不同。

“并且，《夜柔吠陀》是《吠陀经》的注解；《吠陀经》在我国认为是比犹太的书更古老的经书；而这部《吠陀经》还是在名为《沙斯塔》或《沙斯塔—巴德》[①]的最初的法典出现一千五百年后，赐给婆罗门僧侣们的一部新法典。”

这往往是今日婆罗门教徒向来和他们谈亚当、夏娃、亚伯拉罕和该隐的商船传教士所作的回答，而欧洲商人却到他们国家武装抢购香料并蹂躏他们的国土。

腓尼基人桑收尼亚通[②]一定是生在我们所订定的摩西[③]时代以前，[④]也曾经被攸栖比乌斯当作一位真正的作者来引述。这位桑收尼亚通就像摩西一样认为直到挪亚时代人类已有十代；在这

① Shasta 或 Shasta-bad。

② 桑收尼亚通(Sanchoniathon)，腓尼基作家，生活年代不明，著有腓尼基重要城市年鉴，有若干残篇留传至今。——译者

③ 摩西(Moïse)，希伯来语 Moscheh 的音译。圣经中最伟大的形象；他是希伯来的军事家、政治家、历史家、诗人、道德家和立法家；据圣经记载说埃及一国王下令杀尽埃及境内男性犹太婴儿，利未族一妇女把她的孩子放在尼罗河水上，被国王一女儿拾回扶养，取名摩西，意即“从水中得救”，又说摩西曾带领犹太人摆脱埃及人的奴役，从埃及迁回巴勒斯坦。相传犹太教的教义、法典多出于摩西之手。——译者

④ 许多学者之所以相信桑收尼亚通在摩西时代以前，是因为他始终没有谈过摩西。他在贝里特(Berithe)著书。这座城市邻近犹太人定居之地。如若他生在摩西之后或与之同时，他便不会不谈摩西在埃及所施的那些可怖的奇迹；他一定也会提到使他的祖国遭受烧杀抢掠之灾的犹太民族。攸栖比乌斯、朱勒斯、阿非利加努斯、圣埃弗郎、所有希腊和叙利亚神父，也一定都会引述这一位证实希伯来立法家的世俗作家。特别是攸栖比乌斯，他承认桑收尼亚通的真实性，而且译过他作品的几个残篇，必然也会译述其中有关摩西的各段。——伏尔泰

十代中他并没有谈到亚当、夏娃，也没有谈到他们的后裔，甚至连挪亚也没有提起。

以下就是——依据比布洛斯地方的斐洛的希腊译文——最初的人的名字：埃翁、热诺斯、福克斯、黎巴嫩、于祖、哈利厄斯、克里佐尔、台克尼太斯、阿格罗佛、阿米讷。① 这便是最初的十代。

您在古埃及任何朝代都看不见挪亚和亚当的名字；在迦勒底也没有；总之全世界无不对他们保持缄默。

老实说这样一种隐隐约约的态度是无先例可寻的。各个民族都给自己想象出源流来，但是哪一个民族也没有接触到真实情况。我们不能理解万国的始祖怎么会埋没这么久：按照人间常情来说，他的姓名早就应该有口皆碑、传遍天下了。

神意要这样忽略得令人诧异，我们只有顺从天命了。上帝亲身带领的民族，曾为基督教铺平道路，曾经是野生橄榄，嫁接上了实生橄榄；在这个民族内，一切无不神秘和隐晦。人类祖先的名字，人类却不知道可算是最神秘的名姓了。

我敢斩钉截铁地说必须有一种奇迹才能遮蔽着各国人民的耳目，才能在各国毁灭一切遗迹，毁灭他们对他们始祖的回忆。倘若有一个可怜的犹太人向恺撒、安东尼、克拉苏、庞培、西塞罗、马尔塞路斯、梅泰卢斯②兜售狗皮膏药，对他们说：咱们大家都是一位

---

① 这几个译名原文是：Æon，Genos，Phox，Liban，Usou，Halieus，Chrisor，Tecnites，Agrove，Amine。——译者

② 马尔塞路斯（Marcellus），古罗马屋大维之子，奥古斯都养子，18岁时夭亡（公元前23年）。梅泰卢斯（Metellus），伏尔泰此处显然是指与恺撒同时的梅泰卢斯·西庇阿（Metellus Scipion），罗马统帅与政治家。曾支持庞培反对恺撒，在塔苏战败自杀。——译者

名叫亚当的始祖传下来的后代，这些罗马人又要作何感想，又要说什么呢？全罗马元老院都会大嚷特嚷：把我们的家谱数说给我们听听。于是这位犹太人就会数说他的十代人名数到挪亚，数到洪水泛滥世界的奥秘为止。元老院的元老必然会问他，在方舟里，在整整十个月还有次年缺粮的一年有多少人喂养那些动物。这位轧金币的人必然会回答说：那时候咱们有八个人，挪亚和他妻子，他们三个孩子闪、含、雅弗和他们各自的配偶。这全家人都是亚当的直系后代。

西塞罗必然会要调查挪亚及其子孙留下的关于我们这位共同始祖的伟大遗迹，无可否认的见证：全世界在洪水泛滥之后必然也会永久传扬着亚当和挪亚的姓名，一位是始祖，一位是延续全人类子嗣的人。人人说话时必然会顺口说出他们的姓名；一旦会书写的时候，必然会在张张纸上书写他们的名字；建造了住室，家家门上、座座庙里、尊尊神像上、到处无不有他们的名字。怎么着！你们知道这样大的一个秘密却瞒着我们！犹太人必然会回答说："那是因为我们纯洁，你们不纯洁。"罗马元老院的人必然都哈哈大笑，或者把他鞭挞一顿。人们的成见是多么根深蒂固啊！

第　二　节

虔诚的布里尼翁夫人①坚信亚当像神圣的柏拉图所想象的最初的人一样，是两性同体的。上帝向她启示了这个巨大秘密；我因

① 安东尼特·布里尼翁(Antoinette Bourignon)，1616年元月13日生于里耳城，是一个幻觉通神的女人，曾著有二十二部关于神秘事物的书，其中有《论新天堂与伪基督的统治》、《论人类的盲动，光明来自黑暗》等。——爱弥儿·贝多列尔

为没有受到这一类的启示，所以我不谈这个问题。犹太的法师们读过关于亚当的书；他们知道亚当的教师和他第二个妻子的名字，我没有读过这类关于我们始祖的书，所以我对于这一点一句话也不说。有几位头脑空虚的先生，博学多闻，读了古代婆罗门教的《吠陀经》大吃一惊，发现世界上第一个人原来是在印度创造的……等等，他名叫亚迪莫，意即“繁殖者”，他妻子名普罗克丽提，意即“生命”。他们说婆罗门教派确实比犹太教派更古，犹太人很晚才会用迦南语写书，因为他们很晚才在迦南这个小地方定居下来；他们说印度人往往是创造者、发明者，而犹太人往往是模仿的人，印度人总是聪明伶俐，犹太人老是粗暴野蛮；他们说亚当发色棕红，满头长着长发很难说是头发乌黑像宰羔羊毛一样卷曲的黑人的始祖。他们什么话没有说呢？至于我，我一句话不说。我把这类研究留给耶稣会的德高望重的贝吕耶①神甫去做，我从来还没有遇见过像他这样洁白无罪的人。人们把他的著作②当作是一个想要取笑圣经的人写的书给焚毁了，但是我可以断言他没有丝毫恶意在内。（摘自R×××骑士的一封信）。

第　三　节

我们已经不在一个认真考查亚当是否是生而知之的时代生活了；那些多年争论这一问题的人，既非生而知之，也非学而知之。

想要知道那部谈过亚当的《创世记》是在什么时代写的，跟想

① 贝吕耶(Issac Berruyer，1681—1758)，生于法国卢昂市，著有《上帝子民史》，书中多讽刺话语。——译者

② 即指《上帝子民史》一书。——译者

要知道《吠陀经》、《梵文古经》和亚洲其他古书出世的时期一样难。犹太人禁止在二十五岁以下的青年阅读《创世记》的头一章，这倒是很值得注意。许多犹太法师把亚当夏娃的创造和奇遇都看做是比喻。古代各个著名的民族无不想象过类似的人物；一种奇异的巧合标志着我们人类天性的弱点：各个民族无不想用差不多是类似的观点来说明心身双方面痛苦的根源。迦勒底人、印度人、波斯人、埃及人也都说明了这种似乎是我们的星球所独有的善恶杂陈现象。从埃及出来的犹太民族，虽说是很粗犷，也在埃及听说过埃及人的比喻哲学。后来他们就把这种浅薄的知识跟他们长期在腓尼基和巴比伦做奴隶时所吸收的搀杂在一起。但是因为一个粗野的民族鲁莽地模仿一个文明民族的那些想象，是很自然和寻常的事，犹太人想象女人是用男人一根肋条造成的，也就不足为奇了；他们还想象生气是由上帝亲口吹到亚当脸上的，底格里斯河、幼发拉底河、尼罗河和奥克萨河都发源于一座花园；又想象禁止吃一种果子，由这种禁令，产生了死亡，也产生了身心双方面的痛苦。古代人都传说蛇是一种很狡猾的动物，也就不难认为它有智慧并且会说话。

这个民族，当时仅仅分布在一小块土地上，他们以为陆地又长又窄又平，也就不难相信一切人都从亚当而来，当然也就不能知道黑人与我们体格形态不同，居住在辽阔的地方。他们自然更猜想不到还有美洲。

而且，相当奇怪的是许可犹太人民读《出埃及记》，虽然其中有许多背理反常骇人听闻的奇迹，但却不许未满二十五岁的人读《创世记》第一章，其中事事必然都是神奇的，因为谈的是创造问题。或许是由于作者从第一小节起表达方式就有点奇怪：“太初，诸神创造了天地”;人们可能是担心年轻的犹太人从而崇拜许多神。也许是因为在第一章里谈到上帝创造了男女,在第二章又谈上帝创造男女,人们不愿意把这种显眼的矛盾摆在青年的眼前。也许是因为圣书里边说“诸神按照他们自己的形象创造人”,而这类词句对犹太人表现了一个过于具体的上帝。也许是因为书上说上帝从亚当身上取下一条肋骨造成了女人,而年轻的冒失鬼必然会去数自己身上的肋条,一看一根没有少,必会怀疑作者有些不信实。也许因为书上说上帝在中午到伊甸花园里去散步,嘲笑了堕落后的亚当,那种讥讽的口气必然大大引起青年开玩笑的兴趣。总之,这一章里每一行都提供了充足的理由禁止阅读;但是,既然如此,我们简直就看不出怎么其他各章又会许可读呢?更奇怪的是犹太人只有到了二十五岁才可以读这一章。似乎是应该在幼年时代就让他读,幼年人接受一切,不加考查,比在青年时代读更好,青年人已经以为自己能判断是非,耻笑他人而引以自豪。也可能是因为二十五岁的犹太人已经老成不惑了,更容易接受这一章,而天真无邪的少年心灵读起这一章来必然会使他们反感。

我们在这里不打算谈亚当的第二个妻子了,她名叫丽丽特,是古代犹太法师给他加上去的;应该承认,关于丽丽特的身世,我们知道得很少。

ÂME 灵魂

第 一 节

灵魂是一个含义不清的名词,它表示我们自身感觉到的已知效果的未知本原。灵魂这个词,相当于拉丁文的 anima(嘘气,生命的本原),或希腊文的 Πνεῦμα(音译"普纽玛"意即嘘气),相当于其它民族拿来表达他们了解得不比我们更清楚的那些事物的名词。

在拉丁文和由拉丁派生的语言里,灵魂这个词的意思就是活力。所以人们说人的灵魂、动物的灵魂、植物的灵魂,为表示他们繁殖和生活的本原。人们说这个词的时候,心里本来只不过有像《创世记》里所说的那种含混不清的观念:《创世记》说:"上帝向人脸上吹一口生气,这口气变成了活的灵魂;动物的灵魂在血里,不要杀害它的灵魂"云云。

因此一般人都把灵魂当作是生命的根源和产生生命的起因,甚至当作是生命本身。所以一切著名的民族无不想象着以为一切都随躯体一同死去。如若我们能从古代史谜团里清理出什么来,那么看来至少是埃及人最先分清智慧跟灵魂,后来希腊人又跟埃及人学会区分他们的 νοῦς(悟性)跟他们的 πνεῦμα(嘘气)。拉丁人民又效法希腊人辨别清楚 animus(灵魂)跟 anima(嘘气,生命的本原);我们法国人终于也有了我们两个不同的词:ame〔灵魂〕和 entendement〔悟性〕。但是作为我们生命本原的东西,和作为我们思想本原的东西,是否是两种不同的东西呢?还是只是一种东西呢?使我们有消化能力、感觉能力和记忆能力的原因是否跟动物身上的消化、感觉和记忆的那种原因相似呢?

这就是人类永久争论不休的主题。我说的是争论不休的主题;因为在这种研究中我们没有丝毫原始观念可以深入下去,只能永远停留在怀疑和猜测的迷宫里。

我们没有一个立脚点能使我们获得关于使我们能生活、能思想的那种东西的起码的认识。怎么能有呢？必须要看见生命和思想进入我们身体才行。一位做父亲的能知道他怎样生他的儿子吗？一位做母亲的能知道她怎样怀上了她儿子吗？什么人曾经能猜想得到他怎么会行动、怎么会清醒、怎么会睡眠？什么人又能知道他的四肢怎么会顺从他的意志？他发现观念用什么巧计在他脑子里形成呢？又怎样服从他指挥，从脑子里出来呢？我们不过是软弱的自动机器，由看不见的手牵引我们在这个世界舞台上活动，我们当中又有谁能看见牵引我们的那根线呢？

我们敢于提出疑问，有智慧的灵魂到底是精神还是物质？灵魂是否在我们生前就创造出来了？在我们出生时，灵魂是不是出自虚无？灵魂一旦在大地上使我们活了以后，是否在我们死后还是永生不灭呢？这类问题似乎高不可攀；这是些什么问题呢？这就好像盲人问瞽者“光线是什么？”那类的问题。

当我们想要大致了解一下一块金属，便把它放在一只坩埚里烧。但是我们有一只可以盛灵魂的坩埚吗？有人说灵魂就是心灵。但是心灵又是什么呢？一定是谁也不知道。这是一个极空洞的字眼儿，我们不能够说出心灵是什么，只能够说它不是什么。又有人说：灵魂是物质。但是物质又是什么呢？我们只认识物质若干假象和属性，而其中没有一种属性、一种假象是跟思想有些微关系的。

你又要说啦：这是跟物质不一样的东西。但你有什么证据呢？是不是因为物质是可分的、具有形象的，思想却不然呢？但是谁又告诉您说物质的最初本原是可分的、具有形象的呢？倒似乎一点也不是这样。有几派哲学家都以为物质元素既无形象也无广袤。您又得意洋洋大嚷大叫啦：思想既非木石，也非沙土或金属；所以思想不属物质。可怜无能而又大胆的推论家啊！万有引力既非木沙，也非金石；运动、生长、生命更都不是这类东西。可是生命、生长、运动、万有引力这些现象，物质又一一具备。说上帝不能令物质思维，就等于在说最荒诞无稽的话，这在得天独厚的疯狂学派里也从来没有人敢说。我们不能断言上帝曾经这样使用过物质，只能断言他能够这样做。然而人们关于灵魂曾经说过的一切话和将要说的一切话又有什么意义呢？有人曾经把灵魂叫做"圆极"，"第五元素"，"火焰"，"以太"，又有什么意义呢？有人曾经相信灵魂是普遍的，非受造的，轮回的，又有什么意义呢？

我们在这类无法理解的问题上，幻想出那些无稽之谈来又有什么意义呢？最初四个世纪的教士们曾经相信灵魂具有形体，又有什么意义呢？德尔图良①曾经用他自己习以为常的一种矛盾法，肯定灵魂同时既是具有形体的，又是象征的和单纯的，又有什么意义呢？我们有成千的糊涂证据，没有一件能提供我们一线真情实况。

我们怎么能有足够的胆量肯定灵魂之所以为灵魂到底是什么呢？我们确实知道我们存在，我们感觉，我们思维。我们要想逾越雷池一步，便坠入黑暗的深渊；在这道深渊里，我们还狂妄无知，争论这个我们丝毫观念也没有的灵魂到底是在我们生前就已造好，

① 德尔图良(Tertullianus 约 150—220)，著名的拉丁护教家，北非迦太基人，博学，极力排斥异端，主张信仰高于理性，曾经说过："正因为荒谬，所以我更相信。"这话就说明了他的思想矛盾。遗著有《护教篇》、《论灵魂》等。——译者

还是与我们一同造出的，争论灵魂到底是可以消灭的还是永生不灭的。

论灵魂的文章，和一切有关形而上学的文章，都应先符合教会不容置疑的教义。天启必定胜过一切哲学。学说锻炼心灵，但是信仰却照明和指引它。

我们不是时常说些我们只有很模糊的观念的名词吗？甚至我们对这些名词一点观念也没有。灵魂这个名词不就是在这一情况之内吗？当一只风箱的舌片或气门位置不对的时候，进入风箱气箱里的空气便从气门发生裂缝的开口漏了出去，活塞再也压缩不紧空气，空气不能猛力吹向它要吹燃的火焰，女仆们便说：风箱灵魂坏了。她们只知道灵魂是这个意思，而这个问题丝毫并不扰乱她们宁静的心情。

园丁常说"植物的灵魂"，并不知道他怎么理解灵魂这个词儿，可是他却也种植得很好。

制造乐器的匠师在小提琴的两面琴箱板当中安放一块"琴灵魂"（即琴心木），把它向前或向后放；这小薄木板多一块或少一块都会影响制琴师能否做得好一块和谐的琴灵魂。

有许多工厂里，工人们确定机器灵魂的质量。从来没有人听说过他们争论这个词儿；而哲学家们却不是这样。

灵魂这个词在我们这里一般意义就是使之有活力。我们的先人，克尔特人，给他们灵魂起个名字叫 Seel，英国人又从这个词产生 Soul 一词，德国人产生 Seel 一词，或许古代条顿人和古代布勒塔尼人在大学里对于这个表达语一点争论也没有。

希腊人区分灵魂有三种：第一 ψυχὴ，意即感觉的灵魂、感官的灵魂；所以阿佛洛狄忒[①]的儿子爱神阿穆尔[②]那么热爱普叙赫[③]，而普叙赫也对阿穆尔恩爱备至；第二，Πνεῦμα；意即“气”，它把生命和运动赋予整个机体，我们把它译为Spiritus意即心灵；这是个空洞的字眼儿，人们给这个字上千种不同的解释，最后就是νοῦς，意即智慧。

所以说我们有三种灵魂，对于哪一个也没有一点点浮浅的观念。圣托马斯·阿奎那[④]以逍遥学派[⑤]的身份承认这三种灵魂，并且把三种灵魂的三个部位都分别清楚。

Ψυχὴ是在胸部，πνεῦμα散布在周身，νοῦς是在头脑里。直到现今在我们那些学校里还没有任何其他的哲学，谁要是把这三种灵魂混淆，谁就要倒霉。

在这一团混乱的观念里，总还是有一个根据。人们清清楚楚地发觉在他们热爱、愤怒、恐惧的过程中，在肺腑里引起一起激动。心肝是七情六欲的中枢。在我们深思的时候，脑子里便有聚精会神的感觉；所以说智力的灵魂在脑髓里。没有呼吸便没有生气，没

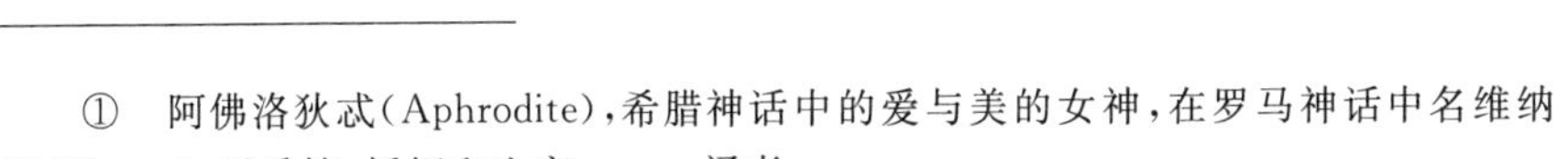

① 阿佛洛狄忒(Aphrodite)，希腊神话中的爱与美的女神，在罗马神话中名维纳斯(Venus)，司爱情、婚姻和生育。——译者

② 阿穆尔(Amour)，即希腊神话中的爱神厄洛斯(Eros)，在罗马神话中名为丘比特，从四世纪起他的形象是以艺术作品出现：是一个背生双翅、手持弓箭、身带箭筒、飞翔天际的小孩。传说他的金箭常射中恋人的心。——译者

③ 普叙赫(一译普赛克)(Psyché)，希腊神话中人类灵魂的化身。传说她是一位国王的女儿，貌美绝伦，为爱神阿穆尔所爱；经过种种苦难历程的考验，终被神国接受，列身神群，与爱神结为夫妇。——译者

④ 圣托马斯·阿奎那(Saint Thomas Aquin 1225—1274)，基督教最大的神学家和经院派哲学家。——译者

⑤ 逍遥学派即亚里士多德学派。——译者

有生命;所以说生命的灵魂在呼吸空气的胸膛里。

人们在睡梦中看见他们亡故的父母或友人的时候,必然寻思到底是什么显现在他们眼前。不是身体,因为他们的身体已经在柴火堆上焚毁了,或是没入大海被鱼吃了。照他们说来,这还应该是些什么,因为他们看见了,死者说了话,做梦的人也向死者问了话。人们在梦中与之谈话的,是不是 φυχὴ〔感觉的灵魂〕?是不是 πνεῦμα〔气〕?是不是 νοῦs〔智慧〕?人们在梦中和谁谈了话呢?人们想象以为是一个幽灵,一个轻飘的形象;这就是 σχιά(魂),就是 δαὶμων(鬼),一个影子,一些亡魂,一个在不知何处徘徊不定极其轻盈由气和火构成的小小的灵魂。

随后,人们想要深入研究这个问题,灵魂具有形体之说却已成定论;整个上古时代都没有其它想法。终于来了个柏拉图,把灵魂大大微妙化了,人们简直疑心他是否使灵魂完全脱离物质;但是直到信仰来启发我们以前,这始终是一个未获解决的问题。

唯物主义哲学家们徒然援引了教会的几位神甫词意含糊的话。圣伊雷内[①]说灵魂不过是生命的气,它只是比之会死亡的肉体才是不具形体的,可是它还是保留了人的形象以便为人认识[②]。

德尔图良也徒劳无益地这样表示:“福音书里满篇都是具体化的灵魂。”[③](Corporalitas animæ in ipso Evangelio relucescit.)倘若灵魂不具躯体,灵魂的形象也就不会有躯体的形象了。

---

① 圣伊雷内(Saint Irénée),公元125年生于士麦金,即今日土耳其的伊兹密尔,曾任法国里昂主教,202至208年间殉教。著有《反异端论》。——译者

② 见伊雷内著作《反异端论》第5卷第6、7两章。——伏尔泰

③ 见 Oratio ad Grœcos《格勒科斯讲演录》第二十三卷。——伏尔泰

他甚至还枉费心机地叙述一位圣妇的幻觉，说这位圣妇曾目睹一个光亮耀眼、色如空气的灵魂。

塔提安①也徒然明白表示：ψυχὴ μὲν οὖν ἡτῶν ἀνθρώπων πολ μερὴs ἐστι，意思就是人的灵魂是由好几部分组合成的②。

有人无补于事地引证圣希来尔③后来说的话："无论是天上或地下，无论在可以目睹的事物中或在无影无踪的事物中，没有创造物不是具有形体的：因为万物都由元素构成；而灵魂，或是附在人身体内，或是离体外出，总会具有一种有形实质。"④

在六世纪圣昂布鲁瓦兹⑤徒然说过："除了尊严的三位一体外我们只认识物质的东西。"⑥

整个基督教会决定说灵魂是非物质的。这些位圣徒都犯了在当时普遍的一种错误，因为他们都是人；但是他们对于灵魂不死却又没有搞错，因为福音书里已经明明白白显示过了。

我们显然很需要万无一失的教会对于这类哲学问题作出决定，因为我们自己对于所谓"纯灵魂"和所谓"物质"实在缺少任何

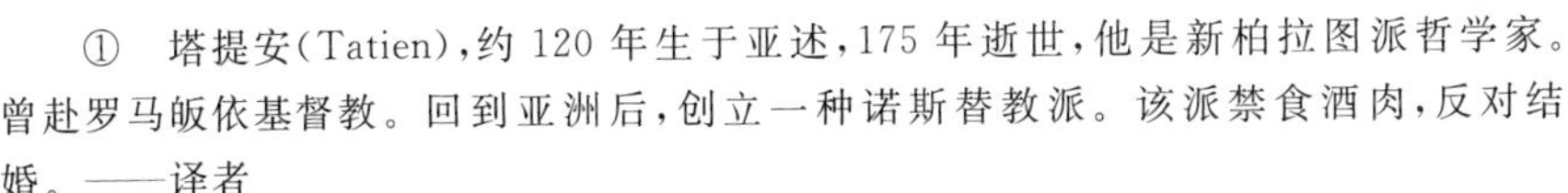

① 塔提安(Tatien)，约120年生于亚述，175年逝世，他是新柏拉图派哲学家。曾赴罗马皈依基督教。回到亚洲后，创立一种诺斯替教派。该派禁食酒肉，反对结婚。——译者

② 见《灵魂论》第7章。——伏尔泰

③ 圣希来尔(Saint Hilaire，303—367)，法国布阿皆城的主教，长于辩证，著作有《三位一体论》。——译者

④ 见《圣希来尔论圣马太》(*Saint Hilaire sur Saint Mathieu*)，第633页。——伏尔泰

⑤ 圣昂布鲁瓦兹(Saint Ambroise，340—397)，罗马教会神甫，米兰主教。曾在萨洛尼卡大屠杀(Le massacre de Thessalonique)后，强令罗马狄奥多西大帝举行公开忏悔仪式。——译者

⑥ 见"论亚伯拉罕"第2卷第8章。——伏尔泰

足够的认识。纯心灵对于我们是一个没有任何意义的词，我们对于物质也只认识若干现象。我们对于物质认识很浅薄，所以我们称它为实质(Substance)；实质这个名词，意思就是说“在表面底下的”；但是这个底却对我们永远是隐蔽着的。这个底就是造物主的秘密；造物主这种秘密却又到处都是。我们既不知生命从哪里来，也不知我们怎样产生生命；既不知我们怎么生长，也不知我们怎么消化；怎么睡眠；既不知我们怎么思维，也不知我们怎么感觉。

大难题就是要了解一个生物不论是什么，它怎么会有思想。

第二节　洛克对于灵魂的怀疑

《百科全书》里灵魂一文的作者细心追随着雅克洛[①]；但是雅克洛什么也没有告诉我们。作者也起来反对洛克[②]，因为这位谦逊的洛克曾经说：“我们或许永远不能知道一个物质的东西是否能思维，因为单凭我们自己的观念沉思默想，没有天启，我们就不可能发现上帝是否把一种知觉和思维的能力，赋予了某些安排适宜的物质或者不可能发现上帝是否把一个能思维的非物质的实体与这样经过适当安排的物质联系并统一起来。因为，就我们的概念来说，我们既可以设想，上帝倘若愿意便可以把一种思维能力加到物质上，也同样可以设想，上帝可以把另一种能思维的实体加到物质上；因为我们不知道，思维到底是什么，也不知道这位万能的存在认为哪一种实体适合于赋予这种思维能力；而这种思维能力也

---

① 雅克洛(Issac Jaquelot，1647—1708)，法国耶稣教牧师，著作有《论上帝的存在》、《真理论》，他是宗教论战家，反对加尔文主义和培尔的怀疑论。——译者

② 洛克(John Locke，1632—1704)，英国唯物主义经验派哲学家。——译者

只是由造物主随心所欲普施恩德创造出来的。上帝——这个能思维的永生的和万能的存在，倘若愿意，便可把某种程度的感情、知觉和思想赋予某些他认为适宜结合起来的被创造的、无知觉的物质，我看不出来其中有什么矛盾”。①

这是深刻、慎重而又谦逊的人说的话。②

我们知道他这种似乎是试探性的意见惹起什么样的争论，而这种意见其实在他思想中不过是他坚信上帝万能、人有弱点的后果。他不是说物质能思维，而是说我们对于物质还认识得不够，还无力证明上帝既然已经把同样是不可理解的万有引力和运动的才能授予这个名为“物质”的未知存在，但却不能给它增添上思维的才能。

确实不只是洛克先提出这种意见，这也是所有古人的意见；他们都把灵魂看成是一种很微妙的物质，结果便确信物质能够感觉和思维。

这也是伽桑狄③的意见，我们在他对笛卡尔的反驳里就看得出来。伽桑狄说：“您的确也明白您在思维，但是您却不明白您这位会思维的人是什么实体。所以，您虽然认识思维的运用过程，你

① 见《人类理解论》科斯特(Coste)法译本第4卷第3章第6节。——伏尔泰

② 参阅达朗贝的前言(也收集在他的《文学杂论》第一卷中)：“我们可以说他几乎像牛顿创造了物理学一样创造了形而上学。他为了认识我们人的灵魂，认识灵魂的观念和情感，并不死读书，因为书未必能给他提供好的教益；他只是深入到自己内心来研究；可以说他长久自己静观自己之后，在他那部《人类理解论》里，只是把自己反映自己的一面镜子提供给世人。总之他使形而上学恢复了这门科学本身应有的性质，使它成为实验灵魂物理学。”——伏尔泰

③ 伽桑狄(Pierre Gassendi，1592—1695)，法国数学家、唯物主义哲学家，主要著作有《伊壁鸠鲁哲学大全》、《对笛卡尔形而上学的沉思的第五组反驳》。——译者

的主要本质却对于您隐蔽着；而且您根本不知道这一实体的性质，而思维就是它的各种作用之一。您就好像一个盲人，感觉太阳的热力，又听说这种热力是由太阳产生的，便以为自己对于这个星球有了一个明白清晰的概念了，因为倘若有人问他太阳是怎么个东西，他就可回答说是一个发热的东西”等等。

就是这位伽桑狄，在他那部《伊壁鸠鲁哲学大全》里，一再地说灵魂的纯精神性质并不具有任何数学的明显性。

笛卡尔在他致帕拉蒂纳·伊丽莎白公主[①]书中对她讲：“老实说，单凭天然的理性，我们便可对于灵魂作出百般的推测，以为头头是道，而却没有任何把握。”在这个问题上，笛卡尔在他的信中反驳了他在自己的著作里提出的意见；这也是极寻常的矛盾了。

总之，我们已经看到最初几个世纪的教会神甫们相信灵魂不朽，同时又相信灵魂是有形的；他们以为创造与保存，对于上帝来说都是轻而易举的事。他们说：上帝使灵魂能思维，也会保持它能够思维。

马勒伯朗士[②]证明得很好，他证明说我们本身任何观念都没有，客观事物也不能给予我们什么观念；从而他便得出结论说，我们按照上帝意旨看一切。其实这就等于把上帝当作是我们的一切观念的作者；因为我们如若没有工具观看，又用什么来按照上帝的

① 帕拉蒂纳·伊丽莎白公主(La princesse Palatine Elisabeth)，即巴伐利亚的莎洛特·伊丽莎白(Charlotte Elisabeth de Bavière，1652—1722)，生于德国海得尔堡，是路易十四之弟奥尔良公爵的第二妻室。她的通信集是研究路易十四王朝风俗习惯的有趣资料。——译者

② 马勒伯朗士(Nicolas de Male branche，1638—1715)，法国唯心主义哲学家，有神论者。——译者

意思看呢？而这些工具是上帝掌握着指使着的。这一学说是一座迷宫，其中一条路把你引向斯宾诺莎主义，另一条路把你引向斯多葛主义[①]，另外又一条路便把您带到迷魂阵里去了。

关于心灵、物质，虽然人们争论热烈，结果总是不得要领，彼此丝毫不了解。没有任何哲学家能够凭他自己的力量把遮盖自然界一切事物的最初本原的幕布揭开；哲学家争论着，而自然却在行动着。

第三节　谈动物的灵魂和若干空洞观念

在设想动物纯粹是无知无觉的机器的那种学说出现以前，人从来也没有想象过动物体内附有一种无形的灵魂；没有谁这么孟浪，说什么牡蛎有无形的灵魂。举世一致同意，动物从上帝获得了感觉、记忆、观念，并没有获得一种纯洁的心灵。也没有人妄自推论，说什么天赋动物以各种感觉器官，却使动物没有任何感觉。没有谁说过动物遇见人打它就嗥叫，遇见人追逐它就逃遁，却不感到疼痛和恐惧。

人们毫不否定上帝的万能；他能够使动物的有机物质具有快乐、痛苦、感觉、回忆和组合若干观念的能力；他能赋给若干动物如猿猴、大象、猎犬之类那种精通人们教会它们所学的技术的才能；他不仅能使差不多所有的肉食动物在老练的晚年比在轻信的幼年更善于战斗；我说他不仅能这样做，而且已经这样做了：宇宙万物

① 斯多葛主义(Stoicisme)，即希腊哲学家芝诺(Zēnon Kitieus，约前336—约前264)学说。亦称画廊学派，因芝诺讲学处有一彩色壁画柱廊，因以得名。——译者

便是明证。

佩雷腊[①]和笛卡尔都说世人想错了,说上帝耍了把戏。把生命和感觉的各种工具给了动物,却使它们既没有感觉,也没有真正的生命。但是不知是哪几个自封的哲学家,为了反驳笛卡尔的幻想,自己却又堕入与之相反的幻想里:他们慷慨地赠给癞蛤蟆和昆虫一种纯灵魂:

避免小错反倒犯了大过

引自贺拉斯《诗的艺术》

这两种狂想——一种狂想剥夺了感觉器官的感觉。另一种又在一个臭虫体内安置了一个纯灵魂,在这二者之间,有人想象出一个折中的办法,就是本能。本能又是什么呢?噢!噢!这是一种本质形式,一种生成形式,是一种不知是什么的东西:这就是本能。只要您把大部分事物都叫做"不知是什么",只要您的哲学从头到尾都是"不知是什么",我就跟您意见一致。但是您一旦要肯定,我就要向您援引普赖尔[②]的有关人世虚荣的诗句:

你们敢吗,讨厌的乡村学究啊,

你们敢为彼此类似的结果指出一种不同的原因来吗?

这层似乎隔开本能与理性的薄板夹,

你们衡量过它的厚薄吗?

---

① 佩雷腊(Gomez Pereira),西班牙医生和哲学家,约1500年生于坎伯(Mèdina-del-Campo),学医,成为著名医生。他在名著"Antonia na Margurita"中首先证明动物纯粹是机器。有人非难笛卡尔为了自居于动物机器说的首创者的地位,收购了这部著作的版本,加以销毁。——译者

② 普赖尔(Mathew Prior,1664—1721),英国诗人和外交家。——译者

你们既缺本能，又乏理性，
无知的盲人们，你们多么胆大？
骄傲成了你们的本能。你们引导我们的步伐，
走的这条路又溜又滑。

《百科全书》里，灵魂一文的作者这么说明："我想象动物的灵魂就是一种有智慧的无形实体；但是哪一种实体呢，我觉得可能是一种活跃的本原，它有感觉，而且只有感觉……倘若我们思索一下动物灵魂的性质，从它骨子里找不出任何实质能令人相信它的灵性使它免于消灭。"

我简直不懂人们怎样想象一种无形的实体。想象什么东西，是想象出这个东西的形象；可是直到现在，还没有谁能够描绘心灵。我以为，作者把"想象"这个词理解为"了解"；至于我，我承认我并不了解心灵。我更不了解一种无形的灵魂会消灭，因为我既不了解创造，也不了解虚无，因为我没有参与上帝的事务，因为我完全不懂万物的本原。

倘若我要证明灵魂本是一种实实在在的存在，会有人打断我的话，告诉我说灵魂是一种能力。倘若我肯定灵魂是一种能力，肯定我有思维的能力，却又有人对我抗辩说我想错了，说上帝——大自然的永恒主宰，在我心中安排好一切，指挥着我一切行动和思想；说我倘若真能产生我的思想，我必定会知道一分钟后我要想些什么；说我从来也不知道我一分钟后的思想；说我只是一架感觉和观念的自动机器，绝对掌握在最高主宰的手里，服从主的意图远远超过胶泥顺应制造陶器的人。

我只好承认我无知；说老实话；四千卷形而上学巨著，也不会

告诉我们灵魂之所以为灵魂的道理。

一位正统哲学家跟一位左道旁门的哲学家说:“您怎么会想象灵魂本来是要死亡的,它能永生,纯粹出于上帝的意志呢?”那位哲学家便回答说:“这是根据我的经验。”“怎么!您死过了吗?”“是呀,时常死过去。我年轻的时候抽羊痫风,我跟您实在说,我的确完全死去过整整几个钟头。一点感觉没有,甚至我倒下那时的情形,一点也回想不起来。现在我每天夜里情形也一样。我从来也感觉不出来我到底是什么时刻睡着了的。我睡眠时连梦也不做。我所能猜测的只是我睡了多少时候。每天二十四小时我总是按时死去六小时。整整合着我一生的四分之一。”

正统派于是便对左道旁门振振有辞地说:他在睡眠中总归是要思维的,不过自己不知道罢了。后者便回答他说:“我根据天启相信我在来世总能思维,但是我切实跟您说,我今生很少思维。”

正统派肯定灵魂永生,是不会错误的,因为信仰和理性都已证实了这条真理。不过他断言一个人在睡眠中总是在思维,这一点很可能是弄错了。

洛克坦率承认他自己在睡眠时并不经常思维。另外一位哲学家说过:“人类的本性就是思维,不过这并非是他的本质。”

让每人都能得到进行自我研究的机会,并且能得到想入非非的自由和安慰吧。

应该知道 1730 年有一位哲学家①由于附和洛克,承认他自己的理解力并未日日夜夜地起作用,又承认他并没有随时使用他的

① 按即指伏尔泰(请参阅《哲学通信》有关部分)。——开勒版

四肢，便遭受了相当严重的迫害。不仅愚昧的宫廷迫害他，而且有些个诈伪的、刚愎自用的假文学家们也同声一辞的攻击那被害人。在英国只不过引起一场哲学争论的事，在法国却产生了最卑鄙的残酷行动。一个法国人就这么做了洛克的替罪羊。

在我们文学的泥坑里总会有无耻之徒，出卖了他们的笔墨，对他们的恩人们进行阴谋暗算。这话本来与灵魂一文无关，但是顺便提起，警告那些不配称文人的一些人，他们为了一点蝇头微利和一种狂妄的政治倒把丧尽了他们仅有的一点心灵和良心；他们为了奉承昏庸之辈背叛了他们的友朋；他们居心叵测，暗磨毒草，而无知权贵和恶人就用来害死那些有益的公民。

在真正的罗马，何曾有人向执政官告发过卢克莱修①，说他把伊壁鸠鲁的学说赋成诗词？又何曾有人告发西塞罗，因为他曾一再写过人死后感觉不着任何痛苦？又何曾有人控诉普林尼②、瓦罗③，因为他们二人都对于神明有特殊的见解？在罗马时代，思想自由是无境界限制的，这种自由本是知识之母，并且是人类悟性的最初的动力；心肠狠毒、嫉妒成性、见识浅薄之辈，借口邪说危险，竭力压制我们这种思想自由。他们不想想：罗马人扩展这种自由比我们的大得多，却仍旧做了我们的战胜者，我们的立法者；他们

① 卢克莱修(Tilus Lucretius Carus，约前98—约前53)，大约生于罗马，拉丁诗人，唯物主义哲学家，无神论者。著有《物性论》。——译者

② 普林尼(Caius Plinius Cæcilius Secudus，23—79)，即小普林尼，罗马作家和自然科学家。著有《自然史》二十七卷。晚年统率罗马海军，为营救庞贝火山爆发受害居民，被火山烟气毒死。——译者

③ 瓦罗(Marcus Terentius Varro，前116—前27)，拉丁杂文作家，著《论拉丁语》五卷，是当时学识最广博的著名学者。——译者

也没有想一想：百家争鸣并不影响统治，一如狄奥根尼的酒缸①与亚历山大的胜利丝毫无关。

这一课可算是关于灵魂的一课：我们或许以后再多谈几次这个问题②。

总之，我们在全心全意崇敬上帝的同时，永远要老实承认我们对于这种灵魂、对于我们深受其惠的这种感觉和思维能力实在很少认识。老实承认我们薄弱的推理能力对于神启和信仰丝毫不能有所增减。最后结论，我们只好说用这种性质不明的智力来改进“百科全书”研究的对象——各门科学，就像钟表匠在钟表里使用发条，并不知道发条之所以为发条的道理。

第四节　谈灵魂和我们的愚昧无知

我们依据我们的后天知识，敢于提出疑问：灵魂是否在我们生前就已造就，灵魂是否从太虚来到我们体内？在什么年龄灵魂就处在膀胱与盲肠直肠之间？它在那里是否获得或带来若干观念？这类观念又都是什么观念？它使我们活了若干时间之后，是否没有上帝帮助就在我们躯壳死后永生不灭？它是精神，上帝也是精神，二者是否性质相似？③ 这类问题似乎微妙：这又是什么问题呢？这是天生盲人探光一类的问题。

① 狄奥根尼(Diogenēs o Sinōpeus 约前 404—约前 323)，古希腊哲学家，犬儒学派的代表。他生活简陋，常年赤足，晚间睡在一口大酒缸里，穿的是他那件唯一的袍子。——译者

② 伏尔泰实在不遗余力的要求思想自由，直到法国大革命后，人们才获得这项自由。——乔治·阿弗内尔

③ 这毫无疑问不是圣奥古斯丁的意见，他在《上帝之都》第八卷里这样论述：“让那些真的不敢说上帝是一形体，却又以为我们灵魂跟上帝性质相同的人不要嚼舌了吧。他们没有感觉到我们灵魂极端变化无常，不能与上帝混为一谈。”——伏尔泰

古今哲学家对我们又有过什么教益呢？三尺之童也比他们更明智：他并不思考他所不能理解的问题。

您又要说啦，对于我们贪而无厌的好奇心、永无止境的渴望幸福的心说来，我们这样孤陋寡闻，未免太苦恼了！我同意这话，可是还有更苦恼的事哩，我却要这样回答您：

你的命运是一个人的命运，你的愿望却是一个神的愿望。

奥维德①：《变形记》第二卷第56首

再说一遍，万物本原的性质是造物主的机密。空气如何传声？动物怎样形成？我们的四肢怎么会经常服从我们的意志？是什么手把观念放入我们的记忆里，在那里像记录一样保存起来，又从记忆里把观念提出来，有时随着我们的心愿，有时却又由不得我们？

我们的本性，万物的本性，甚至是一草一木的本性，对于我们说来，全都沉在黑暗的深渊里。

人是一个能活动、能感觉、能思维的存在物，这就是我们所知道的关于人的一切。至于使我们能思维能感觉、使我们能行动、能存在的，那种东西，我们一概不认识。行动能力跟思维能力对于我们说来，同样都是不可理解的。理解一个实体——不论是什么实体，怎么会有观念和感情，要比理解那个泥造的人体怎么会有感情和观念还更困难。

一边是阿基米德②的灵魂，另一边是一个笨蛋的灵魂，它们性质相同吗？它们的本质若是在于思维，它们就永远思维，不受那个

① 奥维德（Publius Ovidius Naso，前43—18），古罗马拉丁诗人。代表作《变形记》为一长篇叙事诗，共15卷。——译者

② 阿基米德（Archimedes，前287—前212），古希腊著名几何学家和物理学家。生于叙拉古（Siracusa），曾发明滑车、螺旋绞水车和齿轮等工具，传说罗马军围攻叙拉古时，他曾用反光镜聚集日光焚毁敌军舰只。——译者

缺了它们便不能行动的肉体的影响。倘若灵魂由于它们的本性而思维,一个不会制定一项数学规律的灵魂跟一个会测量天体的灵魂是否同一种类呢?倘若是人体的各种器官使阿基米德进行思维,那么为什么一个白痴,体格比阿基米德更好,力气也更大,消化力也更强,什么机能都更好,却一点也不会思维呢?您又说啦,因为他的脑髓不怎么好。您不过是这么猜测,其实您一点也不知道为什么如此。有人解剖过脑髓,在健康的脑髓之间,从来也没发现过有什么差别;甚至傻子的脑髓似乎反而比阿基米德的更好一点,阿基米德的脑髓必然是过度疲弊,而且可能是用坏了,也萎缩了。

我们还是用我们已经得出的结论来结束吧:我们对一切最初的本原都不懂。至于那些装腔作势的无知之徒,他们比猿猴还低级得多。

动辄激怒的辩论家们,你们争论吧,你们互相提出异议来吧,你们辱骂吧,宣布你们的判决吧,你们这些对于这个问题一窍不通的人。

第五节 谈沃伯顿[1]关于灵魂永生的谬论

沃伯顿是莎士比亚作品的刊行人和注释家,格洛斯特主教。他利用英国的民主自由,滥用乱骂对方的习俗,写了四本书证明圣经前五书里并没有言明灵魂不死,从而便说摩西的使命——他称

① 沃伯顿(William Warburton,1698—1779),英国作家和司教,曾与伏尔泰和休谟二人进行哲学论战。——译者

为特使使命——是神圣的。以下就是他这部书的概要，是他写在第一卷第7页和第8页上的：

1. “关于来世生活、死后赏罚的学说，这对于一切文明社会都是必要的。

2. “全人类（就是在这一点上他弄错了），特别是古代最明智最博学的民族一致相信并传授这一学说。

3. “这一学说，并不见诸摩西法里任何一处；所以说摩西法是神定的原法。我用两则三段论法来证明：

第一则三段论法

“一切宗教，一切社会，不以灵魂永生为原理，只能由一位异乎寻常的神明支持。犹太教不以灵魂永生为原理；所以犹太教是由异乎寻常的神明支持的。

第二则三段论法

“古代立法家都说不指出灵魂永生的宗教只能由一位异乎寻常的神明支持；摩西创立了一种不以灵魂永生为基础的宗教；所以摩西相信他的宗教是由一位异乎寻常的神明支持的。”

真正更异乎寻常的倒是沃伯顿的这种断言，用粗体字印在他那部书卷首上。时常有人责难他极端轻举妄动，不怀好意，妄言古代各个立法家全都认为一种不信死后有赏有罚的宗教只能是由一位异乎寻常的神明支持；其实从来也没有一位古代立法家说过这话。在他那部充满大量文不对题的引言的巨著里他甚至没有打算举一实例。他自己埋在一大堆希腊、拉丁、古今作家的故纸堆里，层层包围，唯恐有人把他揭穿。其层数之多，实在骇人听闻，可是批评界终于探索到底，他又从这些死人当中复苏起来，侮辱他的各个对手。

真的，他的著作第四本的末了，见人便打之后，兜了很多圈子，终于又回到了他一直搁置在那儿的巨大问题。他归过于学者们都认为是一个阿拉伯人写的那部《约伯记》。他想要证明约伯根本不相信灵魂永生。随后他又按照他自己的方式来解释圣经原文，因为有人曾经想用圣经原文驳倒他的意见。

我们应当说的一切，就是，即使他有理，一位主教也不应该有这样的理。他应该想到人们可以从此得出过于危险的结论[①]。但是世间祸福凭机缘，几人欢乐几人冤，这个做了告密者和迫害者的人著书之后，由于一位国务大臣的庇护，却立刻当了主教。

若是在萨拉曼卡[②]、科英布拉[③]、罗马，他就不得不收回他自己的意见表示道歉。在英国，他却做了年俸百万英镑的王国上院议员；这也就足以改善他的生活习惯了。

第六节　需要神启

我们得之于新约的最大好处，就是它给我们启示了灵魂的永

① 这些危险结论，事实上已经有人得出。有人对他说过：关于灵魂永生的信心，必要也不必要。倘若说不必要，那么耶稣——基督为什么又这样宣布呢？倘若说必要，那么，摩西为什么没有把灵魂永生作为他所创立的宗教的基础呢？或者摩西知道这条教义，或者他根本就不知道。倘说他不知道，他便不配制定法律。倘若他知道而又秘而不宣，您又叫人说他什么好呢？无论您向着哪一方面，您都要堕入一位主教不应当开辟的深渊里。您对于思想率直的人的献辞，您对他们开的那些无味的玩笑，您在豪绅哈德威奇面前卑躬屈膝，都不能挽救您不蒙受连续不断的矛盾给您带来的耻辱；您以后就会懂得人要大胆说话必须虚心。——伏尔泰

② 萨拉曼卡 Salamanque，西班牙一行省及其首府之名。——译者

③ 科英布拉 Coïmbra，葡萄牙一行省及其首府之名。——译者

生。沃伯顿枉费心机，想要掩盖这一重要真理，在他的《摩西使命》一书里坚持说“古代犹太人根本就不知道这一条必需的教义，而在我主耶稣时代撒都该人也不承认这一条教义。”

他别出心裁，按照他自己的方式解释人们借耶稣之口说的话①。“你们没有念过上帝在圣经上对你们所说的这几句话吗？他说：‘我是亚伯拉罕的上帝，以撒的上帝，雅各的上帝。’上帝不是死人的上帝，乃是活人的上帝。”他理解为富不仁的比喻跟各个教会理解的意义相反。伦敦主教谢尔洛克和另外二十位学者都驳斥了他这种议论。英国的哲学家们自己也都责难他说在一个英国圣公会主教作品里发表一种与英国圣公会相反的意见是何等可耻。而这个人这样做了之后还说别人侮慢宗教，就好像“家贼”这出喜剧里的丑角阿尔勒干一样，他从窗户里把屋里的陈设扔出去，看见有个人拾了几件走，便大喊：捉贼！

正是由于人类的空虚哲学总是怀疑灵魂永生，和死后有赏有罚，便更应感谢神在这方面的启示。伟大的恺撒不相信这个，他在元老院当众讲过，当时为了阻止人们处死喀提林②，他说死不能给人任何感觉，人死后一切也都同归于尽；当时没有谁反驳他这种意见。

罗马帝国曾经分成两大派：伊壁鸠鲁学派，这一派肯定神在世上是无用的，灵魂与肉体同时消灭；另外一派是斯多葛学派，这派

---

① 见《马太福音》第22章第31、32两节。——伏尔泰

② 喀提林（Lucius Sergius Catilina，前109—前61），罗马没落贵族，苏拉的追随者，曾竞选执政官，未成，即结党阴谋政变。公元前63年执政官西塞罗在元老院揭露并弹劾喀提林阴谋。后世就用他的名字指一切祸国求荣的阴谋家。——译者

认为灵魂是神的一部分，死后又返回他的本源，返回它所由出的伟大整体里去。所以，或者相信灵魂要死亡，或者相信灵魂永生，各种学派却都一致嘲笑死后有赏有罚的说法。

还有成百的建筑物都是罗马人这种信念的遗迹。就是由于人人把这种深厚感情刻骨铭心，所以多少罗马的英雄和普通的公民都视死如归毫不迟疑，他们根本不以为死后会有一位暴君把他们交给刽子手。

就是当时那些德高望重，深信有上帝的人，也根本不希图死后有什么奖赏，更不怕什么刑罚。我们在 Apogryphe（“虚伪可疑的事物”）一文中就会看到克雷芒[①]，那时起就做了教皇和圣徒，自己也怀疑起原始基督徒们所说的来世生活，他在塞扎雷[②]曾经问卜于圣彼得。我们远不相信圣克雷芒写过人们认为是他写的那部历史；但是这部历史令人看出来人类是多么需要一种明确的启示。最令我们惊讶的就是一种极其压制世人而又极其有益世人的教义，却让那生命短促——被挤在两个永恒之间的人类，遭受累累可怕罪行的蹂躏。

第七节　傻子和怪物的灵魂

一个发育不全的儿童，生来就绝对愚蠢，什么观念也没有，无知无识地活着；我们见过这类儿童。我们又怎么理解这种动物呢？有些医生说这是介乎人与动物之间的东西；另外又有人说这类儿

① 克雷芒，即罗马的克雷芒（？—约 97 或 99），罗马主教、基督教早期教父。著有《彼得启示录》、《克雷芒致哥林多人书》等。——译者

② 塞扎雷（Césarée），巴勒斯坦一城市，古名塞巴斯特 Sébaste。——译者

童具有一种感性灵魂，但是缺少一种理性灵魂。他吃、喝、睡、清醒着，他有感觉；可是他却不思维。

他有一种死后的生活吗？还是根本就没有？这种问题曾经有人提出来，还没有完全解决。

有人说这类创造物必有个灵魂，因为他的爹娘都有。但是根据这种推理，倘若他生来没有鼻子，也会有人以为他有，因为他的爹娘都有。

一个妇人分了娩，她的孩子根本没有下巴颏，额门扁低而且有点发黑，鼻子又细又尖，两眼滴溜圆，样子颇像一只燕子；可是他身体的其余部分都跟我们一样。他的双亲按照大家的意见给他举行了洗礼。但是，倘若这个古怪可笑的小人儿有尖爪鸟嘴，人家就会说他是怪物，没有灵魂，就不给他领洗。

人们都知道1726年伦敦有一个妇人每八天就生一只小兔儿。虽然在伦敦整整三个星期人们都发疯似地相信这个女骗子真在养家兔也不难拒绝给这个孩子领洗。给她接生的外科医生，名叫圣-昂德莱，发誓说这是千真万确的事，人们也就都相信他的话。但是率尔轻信的人们又有什么理由否认这个妇人的孩子有灵魂呢？她有灵魂，她的孩子们，不论是长了四只爪子也好，还是生来一副畜牲嘴脸或是人类面孔也好，也都应该有灵魂。最高的神明对于一个妇人生的一个长着一副兔脸的不知什么小东西跟对于一个长着人面的不知什么小东西，不能同样赋予思维和感觉的才能吗？准备在这个妇人子宫内投胎的灵魂难道说会扫兴而去吗？

洛克关于怪胎说得很好，他说不应该把永生归之于一个人体的外貌，相貌本来无足轻重。他说，永生既不是靠着人的脸庞或胸膛长得如何，也不是仗着他胡须生长的姿态或是他的衣服裁剪的样式。

他问什么是貌异形怪的准确尺度，可以用来断定一个孩子有灵魂或是没有灵魂呢？他问到底怪到什么程度才可说是怪胎而不具灵魂呢？

又有人问从来一味胡思乱想的灵魂又怎么样了呢？有若干灵魂总是离不开胡思乱想。它们有功吗？有过吗？它们的纯洁的心灵又做什么用了呢？

一个一身二首而且体格很健全的儿童又该怎样理解呢？有些人说他有两个灵魂，因为他有一对松果腺，一对胼胝体，一对共同的感觉中枢。别人又答辩说一个人只有一个胸膛、一个肚脐，便不能有两个灵魂[①]。

总之人对于这个可怜的人类灵魂提出了许多问题，倘若真要把这类问题一一解决，人对于他自身的这种研究也就实在使他不胜其烦了。他必然会发生波利尼亚克[②]主教在一次教皇选举会上所发生的情形。波氏的总管眼看无法跟他结账，便到罗马去了一趟，带了一大捆单据回到主教住房小窗前。他念了差不多有两个钟头。最后，他见没有人理睬他，便把头往前一探，才发觉原来主教已经走了两个钟头了。我们的灵魂，在它们的总管使他们了解

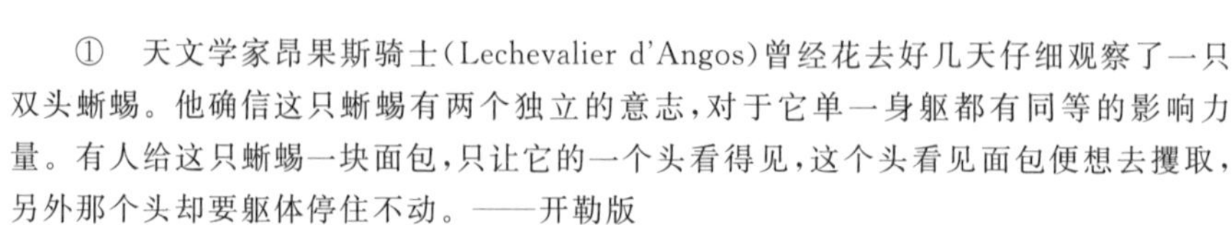

① 天文学家昂果斯骑士(Lechevalier d'Angos)曾经花去好几天仔细观察了一只双头蜥蜴。他确信这只蜥蜴有两个独立的意志，对于它单一身躯都有同等的影响力量。有人给这只蜥蜴一块面包，只让它的一个头看得见，这个头看见面包便想去攫取，另外那个头却要躯体停住不动。——开勒版

② 波利尼亚克(Melchior de Polignac，1661—1742)，法国主教，手腕灵活的政治家和唯心主义思想家，著有《反卢克莱修论》，反对唯物论。——译者

情况以前便走了。但是在上帝面前我们却要公正,不论我们和我们的总管们是多么地无知。

请参阅梅米乌斯[①]书简中论灵魂的话(杂文集,1771年出版)

第　八　节

老实说,我研究过正确无误的亚里士多德,福音学者,圣明的柏拉图,我把这些美名都看成是绰号。我看这些谈论人类灵魂的哲学家们不过都是些个鲁莽灭裂而嚼舌的瞎子,他们力图把自己说成是独具慧眼的人,别的好奇而发疯的人把他们的话信以为真,也自以为有见识。

我敢说笛卡尔和马勒伯朗士都在这些荒谬大师之列。前者让我们相信人的灵魂是一种本质在于思维的实体,它总是在思维着,它在母胎里就从事于构思漂亮的形而上学观念和完美的普遍的公理,随后便又都忘却了。

至于马勒伯朗士神甫,他坚信我们把一切都看成上帝;有些人赞成他,因为最唐突的神话最容易被思想贫乏的人接受。所以有许多哲学家便在灵魂上大做文章,从事虚构;终于有一位明智的学者很虚心地论述了灵魂。我准备按照我的理解简略介绍一下这种论述。我很明白大家不会同意洛克的意见;很可能洛克有理由反对笛卡尔和马勒伯朗士,而他反对索尔邦[②]却反对错了。我是按照哲学思想来谈,并非依据信仰的启示。

① 梅米乌斯(Caius Memmius),古罗马作家。——译者

② 索尔邦(La Sorbonne),即巴黎大学的别名,来源于古代巴黎大学神学院创建人法王圣路易御前神甫罗贝尔·德·索尔邦的姓名,此处指该神学院而言。——译者

我只能从人类的观点来思维；神学家们从神的观点来决定，这完全是另一回事：理性跟信仰性质相反。总之，这就是洛克意见的简述，倘若我是神学家，我就把它删节了；我现在暂时采取作为假说，作为简单哲学的假定，这是从人类观点来谈的。问题就是要想知道灵魂之所以为灵魂：

第一点：灵魂这个词是人人会说却不懂的词；我们只能懂我们对之具有观念的事物；我们对于灵魂、心灵，一点观念没有；所以我们根本不懂灵魂或心灵。

第二点：我们因而就爱把那种感觉和思维的能力叫做灵魂，就好像我们把生活能力叫做生命、把欲望的能力叫做意志一样。

后来又出现了夸夸其谈的议论家，他们说：人是由物质和心灵合成的；物质有伸延性、是可分的，心灵既无伸延性也不可分；所以，——他们说，——它的性质不同。这是一些彼此风马牛不相及的“存在”的组合，是上帝不管它们的性质如何硬使之联系起来的。我们看不大清楚身体，更看不见灵魂，因为灵魂根本没有什么部位，所以它是永恒的。因为它有纯粹的和精神性质的观念，所以它的这些观念并非是由物质而来的，也不是自生的，是上帝所赋予的；所以说灵魂生来就有上帝、无限等等的观念和一切普通观念。

依然是从人类的观点来谈，我回答这些位先生说他们都是博闻强记的。他们先告诉我们说有一种灵魂，然后又说灵魂是怎么回事。他们说出物质这个名词，然后又斩钉截铁地说明物质是什么。至于我，我却跟他们说：你们既不认识心灵也不懂物质。你们把心灵只能想象为思维能力，把物质只能理理为若干属性、颜色、广延、体积的某种组合，而你们就高兴把这个叫做物质，而且你们连物质和灵魂到底存在不存在还没有把握，却先就把二者的界限划定了。

议论到物质，你们严肃地指示说物质里边只有广延和体积。而我呢，我要虚心地告诉你们，物质可能有千百种属性都是你我所不认识的。你们说灵魂是永恒的，不可分割的；你们对其实是有问题的却提出假定。你们差不多就好像一位中学教员，他生平没有见过表，忽然到手一只能报时辰的英国表。这个人，是一位良好的逍遥派，看见时针划分和指示时间不差分秒，大吃一惊，又见一颗按钮，用手指一按，便哨哨作声，报出时针所指示的时辰，更惊奇不已了。我说的这位哲学家定然以为这只表内有一个灵魂掌管着表，带动表内那些机件。他便夸夸其谈地发表他的意见，用运转乾坤的天神来做比喻，并且在他的课堂上大讲美妙的钟表灵魂论。他的一个学生打开了表，只见里边有些机件，人们却仍旧坚持钟表灵魂论的学说，认为是已经证实了。我就是这个打开表而人们称之为人的学生，我并不给我们还根本不懂的东西大胆下一个定义，却努力把我们想要认识的事物逐渐深入地加以研究。

我们拿一个刚生下的小孩儿来说吧。我们逐步地观察他理解力的发展。承蒙你们指教，说上帝特意儿创造了一个灵魂在胎儿刚满六周的时候投进他的体内，说这个灵魂来的时候就有一些形而上学观念，所以也懂得心灵、抽象概念、无限，认识得很清楚；总之一句话，灵魂是一个学识渊博的人物。但是灵魂一出娘胎却又人事不懂；整整十八个月中只认识乳娘的奶头；到了二十岁，人们又要他回忆他在和其躯体结合时所具有的种种科学观念；他常常是很闭塞不通的，简直一点科学观念也领悟不出来。有些个民族就连一点科学观念也没有。笛卡尔和马勒伯朗士的灵魂在杜撰这类幻想的时候实际上是在想什么呢？我们不要固执于哲学家的空想上，还是注意观察小孩子的思想意识吧。

她母亲分娩他和他的灵魂的那一天，他家里生了一只狗、一只猫和一只黄雀。到十八个月头儿上，我把狗已经训练成一只猎犬；在一年上，黄雀会哨一口调子了；那只猫，在六个星期头儿上，已经是满身的玩意儿；那个孩子，满了四岁，还什么都不懂。我呢，我是个粗卤的人，目睹这种不可思议的差别，又从未见过儿童，便先以为猫、狗和黄雀都是绝顶聪明的创造物，而那个小孩儿却是个无知无识的机械人。可是渐渐地，我发现这个孩子有观念，有记忆，他的欲望跟动物的一模一样；于是我便承认他跟动物一样也是一个有理性的创造物。他用自己学会了的几句话对我传达各种各样的思想观念，就跟我那只猎犬用各种不同的吠声很准确的告知我它的各式各样的需要一样。我发现儿童在六七岁的时候在他的小脑子里所组合的观念跟我的猎犬在它脑子里组合的观念一样多；终于随着年龄的增长儿童就长了无数的知识。这时候我又应该怎样看待他呢？以为他天性完全不同了吗？不，绝对不是；因为你们看一边是一个蠢材，另一边是个牛顿，便以为他们总还是天性相同，只是才能大小不同罢了。为了使我自己更相信我这种似乎正确的意见，我便在狗和小孩儿醒着的时候和睡着的时候观察他们。我使他们过量失血，于是他们的思想意识与血同时消失。在这当儿，我呼唤他们，他们都不应声了；我若再给它们抽几缸子血，我这两个机器，先前本来有大量的观念和各种情欲，现在再也没有什么感觉了。后来我又在他们睡着了的时候观察他们，发现狗吃得过多

便做梦，他在梦中追逐野兽，捕得猎获物后便又狂吠。那位青年，在睡梦中跟他的情人谈情说爱，寻欢取乐。倘若他们两个都吃得不过饱，两个谁也不做梦；最后我看出他们感觉、知觉、表达思想意识的能力都是在他们身上一点一点发展起来的，也是逐渐衰退下去的。我发现他们俩之间比某一才子跟某一笨蛋之间更相似百倍。那么我对于他们的天性会有什么想法呢？我的想法就是在埃及女祭司未想象出灵性、灵魂永生以前各个民族所想象的想法。我甚至认为——而且也似乎很可能——阿基米德可能跟一只鼹鼠同类，不过种属有别罢了；同样，一株橡树跟一粒芥菜籽也是由同样的木原长成的，虽说这一个是一棵大树，那一个是一棵小小的草本植物。我简直以为上帝把部分智慧纳入部分为思维而组织起来的物质，我简直相信物质按照它的感官锐敏的程度而具有感觉，相信是感官按照我们的思想调整感觉；我认为有贝壳的牡蛎的感觉和感官不多，因为它的灵魂依附在它两扇贝壳上，五官感觉对于它便没什么用处了。有许多动物只有两种感官；我们有五种，这也不多。可以设想在其他世界上有些旁的动物具有二三十种感官，而且另外还有若干种更完善的动物有无限的感官哩。

我觉得这就是最自然的推论的方式——也就是说猜想和推测方式。一定是经过很久的年代，人类才变得相当机灵，能够想象出一个莫名其妙的东西——它就是我们，在我们身上为所欲为，又不完全是我们，在我们死后仍旧活着。所以我们便逐渐发生一种很大胆的观念。起初，灵魂这个词意味着生命，而且是我们与其它动物所共有的。随后我们的自尊心又为我们另外杜撰出一个灵魂来，使我们为别的创造物想象出某种物质形式来。人类这种自尊心探索知觉和感觉能力，到底是什么，在人体内被称做“灵魂”，在畜牲体内被叫做本能。若是物理学家能告诉我什么是“声”、“光”、“空间”、“物体”、“时间”，我便可解答这个问题。我要本着贤明的洛克的精神说：哲学的作用在于我们缺少物理学光辉照耀的时候作出决定。我观察自然现象，但是我要对你们老实说我并不比你们更理解那些最初的本原。我只知道我不应当把我能够归之于一个已知原因的事物归之于许多其他原因——特别是许多未知原因。然而，我可以把思维和感觉能力归之于我的身体，所以我便不应该在一个我对它毫无认识的叫做“灵魂”或“心灵”的能力里边去寻找这种思维和感觉能力。你们抗议这种说法；那么你们觉得敢于说身体能思维便是反宗教吗？洛克会回答说，但是你们敢于限制上帝的能力，你们自己在这里就犯下了反宗教的罪名，你们又有什么话可说呢？什么人在世上又能肯定说上帝不能把感觉和思维赋予物质、而非对神大大不敬呢？你们这么软弱又这么卤莽，竟敢断言物质根本不能思维，因为你们不能理解一种物质，不论是什么，都能思维。

大哲学家们，你们肯定上帝的权能，你们说上帝能把一块石头变成天使，按照你们自己这种说法，难道你们不觉得上帝在这一场合只是把思维能力赋予了石头？因为倘若构成石头的物质不在了，这便不再是一块石头而是一位被创造出来的天使。不管你们转向哪一边，你们必须承认这两件事，就是你们的愚昧无知和造物主广大无边的能力；你们的愚昧无知反对物质可以思维，而对于造物主的能力来说，这一点断然并非不可能。

你们都知道物质不灭，你们却否定上帝有能力在这种物质里边保持其给物质装配上去的最美的品质！没有物体，上帝未尝赋予体积的广延也能自己存在，因为有些哲学家都相信真空；没有物质，在那些相信"体化"的基督教徒当中，以为偶然事故也完全能存在。你们说，上帝不能制造自相矛盾的事物。还应该知道得比你们所知道的更多：你们枉费心机，除了你们是物体和你们都思维这两回事以外，你们永远也不会知道其他的事物了。在学校里有不少的人学会了什么也不怀疑，把三段论法当做了奇迹，把迷信当做了宗教，便把洛克看做是反对宗教的危险分子了。这些迷信之徒在社会里就像懦夫在军队里一样：他们庸人自扰而且还散布恐惧。应该发一点慈悲心为他们解除恐怖；他们应该知道哲学家的意见永远不会损害宗教。光来自太阳，各个行星绕日而行，这已经是确切不疑的事了，可是圣经里说光是在创造太阳以前就造出来的，说太阳停落在迦巴翁村庄，人们读了仍觉受教不浅。本来已经证实虹必定由雨形成，可是圣经上说上帝在洪水泛滥之后把虹放在云彩当中表示不再有洪水，人们读了圣经依然尊重圣经的记载。

三位一体和圣餐的神秘奥义虽然与已经证明的现象相反，却仍受天主教哲学家们的尊敬，他们都知道理性跟信仰性质有别。地球反面的民族已经被教皇和宗教会议取缔，但是教皇们又重新承认了地球反面，并且还把这个基督教传布到地球对面去；设若在那儿遇到一个人，就像当时所谈的那样，对我们说来是头朝下脚朝上，而且就像很稀有的哲学家圣奥古斯丁所说的，他会从天上掉下来，人们就以为这个宗教必定被摧毁。

而且，我再对你们重说一遍，在信笔行文时，我对于任何意见都不保证，我不负任何责任。在这些空想里边，或许有些推论甚至幻想是我所偏爱的,但是没有任何偏爱不能立刻捐献给宗教或祖国的。

第 九 节

我设想在一个岛上有十二位善良的哲学家,他们在岛上只见过植物。这个岛,尤其是这十二位哲学家,是很难找到的,不过这种虚拟还是许可的。他们都赞赏在植物纤维中间流动的生命。这种生命有时像是消失了,随后又重现出来。他们因为一点也不知道植物怎样出生,怎样吸取营养和怎样长大,就把这个现象叫做“植物灵魂”。有人问他们说:你们怎样理解植物灵魂呢?他们便回答说:这是一个词,用来表达这一切现象借以进行的那种未知的动力。一位机械师问他们说:但是你们看不出来这一切都是仗着摆、杠杆、齿轮、滑车来自然而然地运行吗?哲学家们必然要说:不,在这种生长作用中还有普通运动以外的东西,有一种秘密能力,是一切植物用以吸收那种营养植物的汁液的;这种能力,任何机械学也不能说明,是上帝赋给物质的,它的性质,你我都不懂。

这样大事讨论之后,我们的议论家终于又发现了动物。噢!噢!他们考查了很久之后说,原来是些个跟我们一样的有机物!它们不可否认地也有记忆,常常比我们的记性还好。它们也有我们的七情六欲,也有知识;它们能表达他们的需求;它们也像我们一样传种接代。哲学家们把这类生物解剖了几只,在它们体内也发现有一颗心脏、一个脑髓。他们说:怎么?这些机器的创作者做什么也非无的放矢。怎么能给了它们种种感觉器官却又叫它们什么感觉也没有呢?这么想也未免太荒谬了。他们身上一定有什么东西,我们也把它叫灵魂,——因为没有适当的名称,——什么接受感觉的东西,而且还有一定程度的思想意识。但是这一本原又是什么呢?是跟物质迥然不同的东西吗?是一种纯粹的精神吗?是介乎我们根本不认识的物质与我们也并不熟悉的心灵二者之间的一种“存在”吗?还是上帝赋予有机物质的一种属性呢?

于是他们便用虫子、蚯蚓来做试验:他们把蚯蚓截成好几节,惊奇地看到几小时后,节节都生出头来,原来的这只动物繁殖了,竟利用了它自己遭受的破坏反倒增多起来。难道它有许多灵魂在等待着人家把第一节上的头给斩断下来后,再来把这些节繁殖的蚯蚓活跃起来吗?这些节蚯蚓就类似那发枝生杈、插扦繁殖的树木;难道这些树木也有许多灵魂吗?并不见得;所以很可能这类动物的灵魂跟我们名之为植物灵魂的种类不同,是上帝愿意赋予某些部分物质的一种高一级的能力;这是上帝万能的又一证明,也是令人崇拜的又一理由。

一个性情激烈而又思路不清的人听见这些话,便对他们说:你们是些罪大恶极的人,为了你们灵魂的利益简直应该焚身灭体,因为你们否认人的灵魂永生。我们的哲学家们面面相觑,大吃一惊;其中一位便态度温和地回答他说:做什么急着要烧死我们呢?您根据什么会想到我们以为您的狠心灵魂是会死亡的呢?那个人就又说:因为你们相信上帝使那些跟我们同样都是有机物的畜生能有感觉和观念。可是畜牲的这种灵魂跟它们一同消灭,所以你们相信人的灵魂也是要消灭的。

哲学家又说:我们根本没有把握说我们称之为灵魂的东西在畜牲体内会与畜牲同归于尽;我们确知物质不灭,我们以为可能是上帝在动物体内放了些什么东西能永久保持——倘若上帝愿意的话——那种具有观念的能力。我们远不能说事情是这样;因为人不可以那么自负;但是我们也不敢小看上帝的权能。我们说很可能是动物——它们也是物质——从上帝那里得到的一点儿智慧。我们天天发现物质的一些属性——也就是说上帝的赠品——是我们以前意想不到的。我们先把物质定为一种广延;随后我们又认识到必须给它加上一种体积;过后又要承认这种物质还有一种所谓"堕性"的力;认识了这一切之后,我们又大吃一惊,原来还要承认物质有引力。

当我们想要把我们的研究向前推进的时候,我们不得不承认有些东西在某些方面类似物质,但是又缺少物质天然有的属性。例如简单的火也像其他物体一样刺激我们的感官:但是它又丝毫不像其他物体那样有向心力;正相反,它从中心沿直线向外四散跑开。他似乎并不像其他物体那样受万有引力的规律支配。光学有一些神秘之处,只有大胆设想光线彼此渗透才能加以说明。在光里必然有什么区别于已知物质的东西:光似乎是一种介乎物体和其他我们不知道的什么别种"存在物"之间的东西。很像是这类别种"存在物"本身又是介乎其他创造物之间的中介,如此类推,就有一系列实体,数目之多,达到无限。

遇到的这个东西仍然是个中间物,离最后的还很远!

这一观念似乎足以代表上帝的伟大了,倘若有什么东西可以代表的话。在这许许多多实体当中,上帝必定能选择一种他安置在我们体内的所谓人类灵魂的东西;我们所读到的圣书告诉我们说灵魂是永生的。理性与启示一致;因为任何一种实体怎么能消灭呢？任何习俗会毁灭，“存在”却依然如故。我们不能理解一种实体的创造过程，我们也不能理解实体的消灭；但是我们却不敢肯定万物的绝对主宰不能把感觉和知觉也赋予所谓物质的东西。你们坚信你们灵魂的本质在于思维，我们却不是那么坚信：因为我们一观察胚胎，很难相信它的灵魂在它的羊膜里边有许多观念；我们十分怀疑人在深沉的熟睡中，在昏迷不醒状态中，会进行什么沉思默想。所以我们觉得思维很可能并非是能思维的“存在物”的本质，而是造物主赐予我们称之为“能思维”的“存在物”的一种赠品；这一切都使我们猜想上帝倘若愿意，便可以把这个赠品赐给一个原子，而且永久保存这个原子和赠品，或是随意把它毁灭。困难问题不在于揣测物质怎么能思维，而在于设想任何一种实体如何思维。你们有观念，只是因为上帝愿意赐给你们观念：你们却为什么阻止上帝把观念赐给其他种类呢？你们竟然敢于相信你们的灵魂恰好是跟那最近于神明的实体是同一种类的，岂不是十分大胆了吗？这类实体很可能是很高的一级，所以上帝肯赐给它们一种十分完美的思维方法；如同上帝也允许那些比较你们更低级的动物具有一些很低级的观念。我不知道我是怎样生活，怎样繁衍生命，而你们却要我懂得我是怎么样有了观念的。灵魂就是上帝交给我们管理的一座钟，他根本就没有告诉我们这座钟的发条是用什么做的？

这一切又有什么使我们能得出结论说我们的灵魂是要死亡的呢？再说一遍，关于信仰告知我们的那种永生，我们也有跟你们一样的想法；但是我们相信我们知道得太少了，怎么能肯定上帝没有权能把思维赋予他所愿意的某一“存在物”呢。你们限制了上帝广大无边的权力，我们却把他的权力扩展到无往而不在，无远而弗及。请你们宽恕我们相信上帝全能，就像我们原谅你们缩小上帝的权能一样。你们却必然知道上帝所能做的一切，我们却一点也不了然。让我们大家彼此像兄弟一般生活着，平安无事地崇敬我们的共同始祖；你们用你们学博识广而大胆的灵魂致以崇敬，我们用我们孤陋寡闻而胆小的灵魂对之崇敬。只要我们活一天，我们就从从容容地过一天，不要为了什么难题而争吵，在明日的永生中这些难题都会迎刃而解的。

于是那个粗暴的人，理屈词穷，无言以对，又哓哓不休地说了半天，竟致老羞成怒起来。我们的几位哲学家读了几个星期的掌故史书，熟读以后，便对那位根本不配有一个永生灵魂的野蛮人说：

朋友，我们在书上读到整个上古时代一切经过跟我们时代一样；还有出乎其类崇道修德的人；而且在上古时代决不会有人因为哲学家们抱有不同的见解而对他们进行迫害。你们却为什么为了我们根本没有见解而加害于我们呢？我们在书上读到整个上古时代的人都相信物质永恒不变，那些理解物质是创造出来的人并未打扰别人的宁静。毕达哥拉斯[①]原是只公鸡，他的双亲原是两只猪[②]，并没有人觉得有什么可以指责；他的学派仍旧为举世所尊重和崇敬，只有卖烤肉的商人和那些有蚕茧要出售的人们才不加以

① 毕达哥拉斯(Pythagoras，约前580—约前500)，古希腊名数学家，唯心主义哲学家。——译者

② 公鸡意指骄傲的人；猪意指不洁净的人。——译者

尊重[①]。

斯多亚派承认有一位上帝，差不多就像后来的斯宾诺莎学派很卤莽地承认了的一位上帝一样；然而斯多亚的哲学却最富于英勇品德，而且传布最广。

伊壁鸠鲁派把他们的神想象得酷似我们当前的修士，脑满肠肥、尸位素餐，只是安安逸逸地品味着神酒，大嚼菜肴供品，不问世事。这些伊壁鸠鲁派大胆讲授灵魂的物质性和必死性。他们并未因此而被人轻视，人们许可他们担任多项职务，而他们那些钩形原子却从来也没有为害世人。

柏拉图派，跟印度苦行裸行派一样，不使我们相信上帝自愿亲手创造我们人类。按照他们的说法，上帝假手于他那些天官、神仙；而这些天官、神仙，做起事来，又糊里糊涂。柏拉图派心目中的上帝，本是一位优秀的工人，他在世上却使用了一些相当拙劣的学生。世人并不因此而对柏拉图学派稍有不恭之意。

总之，在古代希腊罗马，有过多少学派，有过多少关于上帝、灵魂、过去、未来的想法，任何一派也没有迫害他人。各派都有错误，我们对于这些错误也很不满意；但是各派却都平安无事，这就使我们惶恐万分，使我们受到了谴责；使我们看出今日许多议论家都是些怪物，而古代的议论家却是些人。在罗马的剧院里人们公开地歌唱道：

死后皆空，死何足恐。

这种感情既不使人更好，也不使人更坏；一切都可自治，一切

① 毕达哥拉斯主张生活俭朴，所以不会受肉商和丝商的欢迎。——译者

都可循例而行，蒂图斯①，图拉真②，马可·奥勒留③等人也都像济世惠民的神灵一样治理着大地。④

我们要从希腊罗马把话转到野蛮民族，姑且谈一谈犹太。尽管这个可怜的民族如何迷信、残酷和愚昧，他们却崇敬那些接受宿命论和轮回说的法利赛派。他们也尊重那些绝对否认灵魂永生和心灵存在，并以那从未谈死后赏罚的摩西法为信仰基础的撒都该派。艾赛尼派⑤也相信宿命论，从来没有在他们庙内以战俘作牺牲，比法利赛派和撒都该派更受人尊崇。他们的任何信念都从未扰乱了治安。倘若他们有意为之的话，倒是有所借口，可以互相烧杀，互相火并。啾，可怜的人类！要好好学习这些范例。你们思维吧，但是也要让别人可以思维。这是我们软弱的心灵在短促的一生中的安慰。怎么！你们对于一个相信穆罕默德曾经遨游月宫的土耳其人就要以礼相待吗？你们唯恐得罪土耳其总督博纳瓦尔⑥吗？你们要把你们的亲兄弟刀斩万段，因为他相信上帝能把智慧赋予一切创造物吗？

---

① 蒂图斯(Titus)，韦斯巴芗之子，罗马皇帝，公元79—81在位，以爱民著称。——译者

② 图拉真(Trajanus，53—117)，古罗马皇帝，公元98—117在位。极力扩张版图，加强集权统治。——译者

③ 马可·奥勒留(Marcus Aurelius Antoninu，121—180)，古罗马皇帝，公元161—180在位；执政期间对外经年用兵与蛮族作战，对内反对基督教，爱好哲学与文艺，发挥斯多葛派哲学思想。著作有《自省录》。——译者

④ 在法兰西剧院舞台上人们也朗诵贝尔热拉克(Berocrac)的西拉诺(Cyrano)这两句诗。死后一小时，我们的魂魄就消失，回到了生前一小时的境地。——乔治·阿弗内尔

⑤ 艾赛尼派(Les Esséniens)，公元前二世纪犹太教的一个宗派，坚持禁欲主义，远离都市，避居山野。——译者

⑥ 博纳瓦尔(Bonneval，1675—1747)，法国将军，曾投效奥国，后又投奔土耳其，阿赫默德三世任命他为土耳其总督。——译者

有一位哲学家就是这么说的；另外一位又说：请相信我的话，永远不要担心任何一种哲学思想会损害一国的宗教。我们的神秘奥义虽然跟我们的许多论证相反，可并不因此而少损其受基督教哲学家之尊敬，因为他们都知道理性对象和信仰对象性质不同。从来没有哲学家们形成了一种宗教派别；为什么呢？因为他们并非是热情奔放的人。试把人类分成二十份；倒有十九份都是用手艺去劳动的人组成的，他们永远也不会知道世上还有一位洛克。在其余的二十分之一的人当中，读书的人又多么少啊！读书人中，有二十人读小说，才有一人是研究哲学的。从事思维的人为数极少，而这极少数的人也不敢扰乱天下。

在他们的祖国里曾见什么人举起了不睦的火炬呢？是不是彭波那齐[①]、蒙田[②]、勒·瓦耶[③]、笛卡尔、伽桑狄、培尔[④]、斯宾诺莎、霍布斯、沙弗茨伯里爵士[⑤]、布兰维里埃伯爵[⑥]、梅耶领事[⑦]、托兰

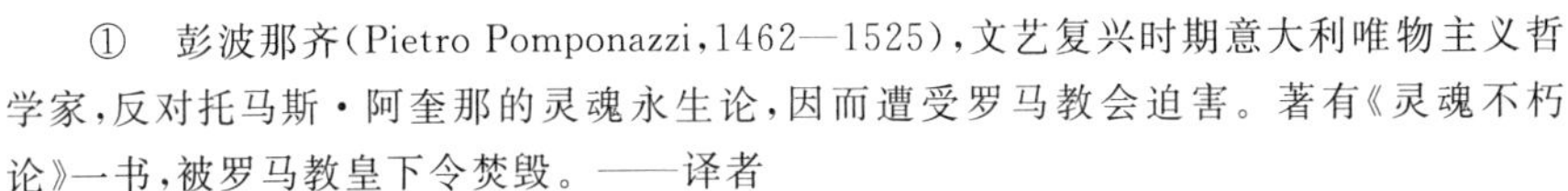

① 彭波那齐(Pietro Pomponazzi,1462—1525),文艺复兴时期意大利唯物主义哲学家,反对托马斯·阿奎那的灵魂永生论,因而遭受罗马教会迫害。著有《灵魂不朽论》一书,被罗马教皇下令焚毁。——译者

② 蒙田(Michel de Montaigne,1533—1592),文艺复兴时期法国著名哲学家、道德学家和散文作家。主要著作为《散文集》。——译者

③ 勒·瓦耶(Le Vayer,1588—1672),法国哲学家和历史学家,著有《偶像崇拜者的道德》、《历史可疑论》等。——译者

④ 培尔(Pierre Bayle,1647—1706),法国哲学家,著有《历史批判辞典》一书,其中之怀疑哲学对启蒙思想家伏尔泰和百科全书派都有深厚的影响。——译者

⑤ 沙弗茨伯里(Anthony,Shaftesbury,1671—1713),英国哲学家、自然神论者。——译者

⑥ 布兰维里埃伯爵(Comte Henri de Boulainvilliers,1658—1722),法国历史学家,专门研究中世纪教育。——译者

⑦ 梅耶(Maillet),英国外交官。——译者

德[①]、柯林斯[②]、弗吕德[③]、伏勒斯登(Voolston)、贝克尔[④]、化名约克·马赛的作家、《土耳其间谍》的作者[⑤]、《波斯人信札》、《犹太人信札》、《哲学思想录》等书的作者[⑥]等人呢？不，大部分倒是神学家们，他们先就有做宗派领袖的野心，随后不久他们又想当政党的党魁。这怎么说呢？把近代哲学家所有的著作都合在一起也永远不会比从前的圣方济会修士们争论他们的衣袖和风帽时更显得喧嚣。

第十节　论灵魂不朽说由来已古

灵魂不朽的教义是人类心灵所能接受的最宽慰人心，同时又最责罚从严的观念。这一崇高的哲学在埃及人那里与他们的金字塔一样古老。在埃及人以前，波斯人已经知道这一学说了。我在旁处也已谈过琐罗亚斯德始祖在《萨代尔》[⑦]里引用的那个形象化的寓言；寓言里说到上帝叫琐罗亚斯德看一个处罚罪人的地方，就

① 托兰德(John Toland，1670—1722)，爱尔兰唯物主义哲学家。名著有《基督教并不神秘》，《论述自然神论》。——译者

② 柯林斯(Anthony Collins，1676—1729)，英国自然神论者。他指出“圣经”矛盾百出，坚决反对传统的启示宗教。他继承并发展了霍布斯的唯物主义。主要著作有《论自由思想》。——译者

③ 弗吕德(Robert Fludd，1574—1637)，英国神秘学家。先研究医学，后因从事炼丹术与魔术研究，反对天文学家开普勒的学说。——译者

④ 贝克尔(Balthazar Bekker，1634—1698)，荷兰神学家，曾著《魔法世界》一书，反对迷信的鬼神论。请参阅本书“贝克尔”一文。——译者

⑤ 即马拉那(Jean-Paul Marana，1642—1693)，意大利史学家。曾著《诸侯派往基督教王宫内的间谍》一书，成为波斯人信札的蓝本。——译者

⑥ 《波斯人信札》的作者是孟德斯鸠(1689—1755)，法国启蒙思想家。《犹太人信札》的作者是阿尔让斯侯爵(1704—1771)，法国文学家。《哲学思想录》的作者是狄德罗(1713—1784)，法国哲学家、《百科全书》主编人。——译者

⑦ 萨代尔(Sadder)，琐罗亚斯德教，即波斯拜火教经典之一。——译者

像埃及人所说的“达达罗”或“开龙”、希腊人说的“哈代斯”和“塔塔尔”，我们近代语言勉强译成地狱、阴间。上帝在这个处罚罪人的地方把个个暴君独夫指给琐罗亚斯德看。其中有一个缺了一只脚：琐罗亚斯德便请问其故；上帝回答说这位国王一生只做了一件好事，他曾经用脚把一只马槽踢到一头饥饿待毙的驴跟前。上帝把这个坏人的这只脚放入天堂；他的余体便留在地狱里了。

这个寓言，不必再多说，已经使我们看出对于另世生活的信仰是多么古老。印度人就很相信，他们的轮回说就是一个明证。中国人尊敬祖先的灵魂。这些民族都在埃及人以前很久就已建立了强大的帝国。有一条极重要的真理，我相信是埃及的土壤性质所已经证实了的，就是：最富饶的土地必然是最先被人开发；埃及的土地比较任何土地都差，因为它每年都要被洪水淹没四个月；所以只是在大兴土木之后，也就是在极长的一段时间之后，才建立起来一些不受尼罗河泛滥的城市。

这个帝国虽然很古老，但是比起亚洲那些帝国来，却远不及了；在这些或那些帝国里，人们都相信灵魂死后还继续生存。这些民族的确都无例外地把灵魂视为肉体的一种精纯轻飘的形象；当作嘘气解释的希腊字还是很久以后才由希腊人创造出来的。我们究属不能怀疑我们自身一部分是被视为不朽的。在来世生活里的赏与罚是古代神学的伟大基础。

费雷居德①是希腊人中首先相信灵魂永生的，但并非是第一

① 费雷居德(Phérécide de Syros)，古希腊唯心主义哲学家，是首先提出灵魂不朽论的哲学家。毕达哥拉斯是他的门人。公元前 543 年逝世。——译者

个说灵魂在身后犹存的人,犹如人们所信以为然的那样,尤利西斯[①]在费雷居德以前很久就在地狱里见过英雄们的灵魂;但是虽说灵魂与世界同其古老,这却是发生在东方的学说,由费雷居德传到西方来的。我不信在我们这儿有任何一种学说不是我们在古代所能发掘出来的;我们仅仅是用古代的废墟修造起我们现代的一切建筑。

第 十 一 节

能看见自己的灵魂倒是件很好的事情。"要有自知之明"原是一条优良的格言,但是也只有上帝才能实践:除他以外谁又能认识自己的本质呢?

我们把给以活力的东西叫做灵魂。由于我们知识有限,关于灵魂只知道这一点。四分之三的人类知道的并不更多,却也没有被这个会思想的东西纠缠不清,也不在乎灵魂不灵魂的;其余的四分之一都在探寻着:却没有谁找到,也不会找到。

可怜的乡村学究,你看见一种花草生长,你就说这是植物生长,或者甚至说是植物的灵魂。你观察到物体具有并且产生运动,你就说是"力";你看见你的猎狗跟你学习技术,你就说这是"本能、有感觉的灵魂";你有组合起来的观念,你就说是"心灵"。

但是,算了吧,你究竟怎么理解这些词呀?这棵花儿生长,可是果然有一种名叫生长的真实的东西存在么?这个物体推动另外

① 尤利西斯(Ulixes),罗马神话中的英雄,即希腊神话中的奥德修斯(Odysseus)传说中的依萨格王,以勇敢机智著名,在围攻特洛伊战役中,献木马计取胜。他回国途中历尽艰险,前后事迹成为荷马史诗《奥德修纪》的主题。——译者

一个物体，可是它本身果然具有一种名叫“力”的格外的东西么？这只犬给你衔回一只竹鸡来，可是果然有一种名叫“本能”的东西么？一位议论家（即使曾经是亚历山大的教师）对你说：“一切动物都生活着，因而在它们体内有一种东西，一种本体的形式，那就是生命。”你不是要笑他吗？

如果有一棵马兰花会说话，它对你说：“我的生长和我自己显然是连在一块儿的两种东西。”你不是要讥笑这棵马兰花吗？

先看看你所知道的和你认为是靠得住的事：你用脚走，用胃消化，用全身感觉，用脑袋思想。看看你唯一的理性是否给你足够的光辉，让你不必求助于超自然而得出结论认为你有一个灵魂呢？

最初的哲学家，迦勒底的也好，埃及的也好，都说：“我们身上总该有什么东西产生思想；这个什么东西必是微妙的，必是一口气，是火，是以太，是精髓，是一种轻飘的幻影，是一种隐德来希（entéléchie），是一个数目，是一种和谐。”总之依照圣明的柏拉图的说法，这是“本身”和“其他”的复合。伊壁鸠鲁曾经随着德谟克利特说过：这是些原子在我们体内思想。可是，我的朋友，一个原子又怎么思想呢？还是承认你自己什么也不知道吧。

我们应当断然依从的意见，就是灵魂是一种无形的东西；但是你们一定意想不到这种无形东西是什么。学者们回答说：“我们不明白，但是我们知道它的性质是思想。”“你们从何而知呢？”“我们知道，因为这种‘东西’思想着。”“学者们啊！我很担心你们跟伊壁鸠鲁一样地无知；石头的本性是下坠，因为它往下坠；可是我要问你又是谁让它往下坠的。”

他们又说：“我们知道一块石头是没有灵魂的。”“同意，我同你们的想法一样。""我们知道正和负都毫不能分割,都丝毫不是物质的一部分。"我同你们的意见一样。可是,物质,我们也还不认识,它本具有非物质的性质,这种性质是不可分割的;物质有向心的引力,是上帝赋予它的。这种引力原没有什么部分,丝毫不能分割。物体的原动力并不是由若干部分合成的一个东西。有机物的生长,它们的生命,它们的本能也都不是什么彼此分开的可以分割的东西:你们不能把一棵玫瑰花的生长、一匹马的生命、一只狗的本能截成两节,就跟你们不能把一种感觉,一正、一负割成两半一样。你们从思想的不可分割性提出的漂亮的论据什么也证明不了。

你们把你们的灵魂叫做什么呢?你们对它有什么观念呢?若是没有启示,你们只能自己承认在你们身上有一种你们所不认识的感觉能力、思想能力。

现在请你们老实告诉我、这种感觉和思想的能力是否就是那种使你们能消化和走路的能力呢?你们要对我说不是,因为你们的悟性徒劳无益地告诉你们的胃说:"消化吧,"可是它若是有病就一点也不能消化;你们的脚若是有风湿病,你们那无形的存在命令你们的脚走路也是枉然的。

希腊人感觉到思想同我们身体各部器官的活动没有什么关系;他们承认这些器官有一个肉体的灵魂、思想有一个更细致更稀薄的灵魂,一个奴斯①。

可是也就是这个思想灵魂处处都要管制着肉体的灵魂。思想

① 奴斯,希腊语 νοῦς 的音译,本义为智慧,转义为理性、心灵。古希腊哲学家阿那克萨哥拉以为万物本原是"种子",促使"种子"运动而构成万物的是一种最细致最稀薄的东西,他名之为"奴斯"。——译者

灵魂命令手拿,手就拿。它并没有叫心跳,叫血流、叫乳糜形成,这一切没有它却也都办到了。这两种灵魂很难相处,都很难当家作主。

那么这头一个肉体灵魂一定是根本没有,它不过是你们器官的动作。人哪,留心点!凭着你微弱的理性你也没有更多的证据说另外那个思想灵魂是存在的。你只能凭着信仰来知道它。你出生、你活着、你思想、你行动、你醒、你睡,全不知道是怎么回事。上帝给了你思想能力,如同他给了你其他一切一样。如果上帝没有在他安排好的时间来告诉你有个无形的不朽的灵魂的话,你对于灵魂就一点证据也没有了。

我们再来看看你的哲学对于这类灵魂所制造的一些漂亮的学说吧。

一个说,人的灵魂是上帝本体的一部分;另一个又说灵魂是万物的一部分;第三个说它是自古以来就有的;第四个又说它是现成的而不是创造出来的;别的哲学家们又肯定说上帝在有人需要灵魂的时候才把它构成的,在交配的时候灵魂才来;这个主张灵魂住在精虫里边;那个又说灵魂就住在输卵管里。忽然又来一个说,你们都错了,灵魂要等候六个星期,等胎儿构成,然后它就占据了松果腺;但如果它碰上一个假胚胎,就要跑回去等候更好的机会。最后的意见是灵魂住在胼胝体内;这是拉·白侯尼给它指定的位置。必然是法兰西国王一等外科御医才能这样安排灵魂的住处。然而胼胝体却没有像这位外科医生那样发财。

圣托马斯在他的第七十五道问题和以后的问题里边说,灵魂是一种自在的本体形式;他说它是完整的整体,它的本质不同于它的能力;他说有三种生长的灵魂:营养的、增长的和传种的;关于精神事物的记忆是属于精神性质的,关于形体事物的记忆是属于形体性质的;他说推理的灵魂在它推理的时候是无形的,在它存在上又是有形的了。圣托马斯写了两千多页这样有力、这样明确的文字;所以他是这一学派的天使。

关于这种灵魂离开它借以感觉的身体后将怎样感觉,人家也创造了不少的学说;它没有耳朵将怎样去听,没有鼻子将怎样去嗅,没有手将怎样去摸;它将来恢复什么身体,是他两岁时的身体还是八十岁时的身体;跟本人相同的那个"自我"将怎样继续存在下去;一个人在十五岁时变成傻子,直到七十岁死时还是傻子,他的灵魂又怎样恢复他少年时期的思想意识线索;一个灵魂把腿断在欧洲,把胳膊失落在美洲,这只胳膊和这只腿都变成了植物,又都到了别的动物血液里去,这个灵魂又用什么妙术把它的胳膊和腿都重新找了回来。如果我们要述说人类的这个可怜的灵魂它自己想象出来的一切胡说八道,那简直是说不完。

很奇怪的是在上帝的子民的《法典》里,对于灵魂不朽和灵性就连一个字也没提,在《摩西十诫》里,在《利未记》里只字没提,《申命记》里也没有提及。

很确切的是摩西没有在任何一处向犹太人提过在此生以外的生活里有什么赏罚,他从来没对他们说过他们灵魂不朽,他并不叫他们希望天堂,也不用地狱来吓唬他们:一切都是现世的。

他于临终前在《申命记》里对犹太人说:"如果你们有了儿孙以后不负责任,你们就要在当地被歼灭,并且在各民族中你们的人口也要减少。

“我是一个嫉恶如仇的上帝，要惩罚不义的父亲直到他们三四代的子孙。

“要孝敬父母，好使你们长寿。

“你们将有所食而永不缺粮。

“如果你们信奉了异国的神，你们将被毁灭……

“如果你们听从命令、春秋都会降甘霖，你们将有小麦、油、酒、喂牲口的草料，使你们能醉饱。

“把这些话记在心中，放在手内，看在眼里，写在门上，好使你们日子过的长久。

“奉行我对你们的训诫，不要增删。

“如若出了一个先知先觉，他预言一些奇异的事，如若他的预言真实，如若他所说的也应验了，如若他们对你说：‘来，随了异国的神吧。’你们要立刻把他杀死，并且让人民随着你们杀。

“若是主把一些民族交给你们，你们要把所有的人都绞死，不留一个，也不要可怜任何一个人。

“不要吃那些不洁的鸟像山雕、鹞子、鸢之类。

“不要吃那些蹄子没有裂缝的反刍动物，像骆驼、兔子、箭猪之类。

“遵守这一切训诫，你们在城市和田野都将得福；你们腹内的果实，地里边的果实，你们牲畜的果实都将得福……

“若是你们不遵守所有的训诫和所有的礼仪，你们在城市和田野都将被遗弃；……你们要遭受饥荒、贫困；你们会苦死、冻死、病死；你们要长癣、长疥、生痔疮；……你们要在膝盖上和腿肚子上生疮。

“外人若向你们放高利贷，你们可切不要向他也放高利贷……因为那么一来你们对主就没有效忠。

“而且你就会吃掉你们腹内的果实，你们子女的血肉等等。”

显然这一切诺言和威胁里面只是些人世间的事物，找不到一个字提到灵魂不死或来生。

许多著名的注释家都相信摩西是完全知道这两条重大教义的；他们都用雅各的话来证实这一点。雅各相信他的儿子被野兽吃了，就在苦痛中说：“我跟儿子一块儿进入墓穴，infernum①，进入地狱去。（见《创世记》第 37 章第 35 节）。”也就是说，我的儿子既然死，我也要死了。

这些注释家还用《以赛亚书》和《以西结书》来证实这一点；可是摩西与之讲话的希伯来人不会读过以西结书，也不会读过以赛亚书，这两本书都在几世纪之后才出而问世。

用不着讨论摩西的深奥意见，事实是他在他的公律里从来没有谈过什么来世生活，他把他一切赏罚都限制在现世。如若他知道来世生活，为什么他没有特别陈述出这一重大的教义呢？如果他还不知道来世生活，那他的使命的目标和范围又是什么呢？这是许多大人物提出的一个问题；他们都解答这个问题，说摩西和一切人的主，保留在那个时代对犹太人讲解一种他们在沙漠里的时候还没有条件理解的学说。

如若摩西曾经宣扬过灵魂不朽的教义，一个大的犹太教派也就永久不会驳倒它。撒都该派也就不会被国家许可存在；这一派

① 拉丁语，意思是在地狱中。——译者

人也就不会担任了那些首要的职务，也就不会有人从他们团体中选拔出大祭司来。

好像是在亚历山大建立以后，犹太人才划分为三个宗派：法利赛派、撒都该派和艾赛尼派。历史学家约瑟夫是法利赛派，在他的《古代史》[①]第13卷（第9章）里说，法利赛派相信轮回说：撒都该派相信灵魂跟身体一同消灭。约瑟夫还说艾赛尼派认为灵魂不死；依他们说来灵魂样子像空气似的从最高气层降到身体里；灵魂在身体里被一种强烈的吸引力吸引住，并且死后，好人的灵魂便到大西洋彼岸去，住在一个不冷不热无风无雨的地方，坏人的灵魂便到一个气候完全相反的地方去。这就是犹太人的神学。

那个唯一能够教育所有人的人便来宣告了这三派的死亡。然而没有这个人，我们也就永远无从认识我们的灵魂，因为哲学家们从来对于灵魂也没有一定的见解，而在世界上，在我们的立法者以前的唯一的立法者，当面与上帝交谈的摩西，使人在这一重大问题上陷入无知的深渊中。从一千七百年来我们才确知有灵魂存在并且知道它不朽。

西塞罗还只有怀疑；他的孙子和孙女儿便能知道来到罗马的最初的基督教派的真理了。

但是在这时以前，以及在这时以来在使徒们没有走到的一切国土里，每人都要对自己的灵魂发问：你是谁？你从哪里来？你做什么？你到哪里去？你是一个我说不上来的什么东西，能思想能

① 请特别参阅《犹太抗战史》第2卷第12章；约瑟夫在其中详加叙述，经伏尔泰转述。——开勒版

感觉。你即或是思想并感觉上一百万万年,没有上帝的帮助,单凭你自己的灵光你也不会知道得更多一点!

人哪!上帝给了你理解力是为使你行动,而不是为使你深入到他所创造的事物的本质里去。

洛克就曾经这么想过,而在洛克以前还有伽桑狄,伽桑狄以前还有一大群博学鸿儒都是这么想;但是我们现在有些中学毕业生却都通晓这些伟大人物所不知道的一切。

有些残酷的理性的敌人竟敢于起来反对这些为所有博学鸿儒所承认了的真理。他们心怀恶意、寡廉鲜耻,竟至于诬蔑本书作者肯定灵魂是物质。你们都很清楚,迫害无辜者的凶手们,我们说的恰好相反。你们也都读过这几句反对伊壁鸠鲁、德谟克利特和卢克莱修的话:“朋友,一个原子怎样思维呢,还是老老实实说你什么也不知道吧。”你们分明是些造谣诽谤的人。

没有人知道名为“心灵”的东西是什么,你们甚至还给它起了个有形的名称 esprit,这个词的意思是“风”。所有初期的教会神甫都相信灵魂有形体。我们这些才浅识薄的人不可能知道我们的智慧到底是物质或是能力:我们不能深入地认识有广延的“存在”、能思维的存在或思维的机构。

我们跟可尊敬的伽桑狄和洛克一道告诉你们说,我们自己根本不能知道造物主的机密。难道说你们都是无所不晓的神明吗?我们对你们反复说过,我们只能靠了天启才可以认识灵魂的性质和归宿。怎么!这种天启还不能使你们满足吗?你们必定是我们所要求的这种天启的敌人,因为你们迫害一切期待于天启、只信赖天启的人们。

我们说，我们把这种天启归之于上帝的语言；而你们呢，理性和上帝的敌人，你们两者都咒骂；你们对待哲学家的虚心、怀疑和服从，就像伊索寓言里边的狼对待羊羔一样；你们向哲学家说："去年你诽谤过我，我现在就要吸你的血。"哲学什么也不报复；它心平气和地笑你们徒劳无益；它循循善诱地启发人们，你们却要使人愚钝无知，跟你们一样。

AMITIÉ 友谊

老早就有人谈过友谊神庙，并且知道这座庙宇香火不盛。

庙门墙壁上铭刻着古文：

神圣的俄瑞斯忒斯①和彼拉得的大名
还有温情的尼聚斯②、贤明的阿卡特③
以及善良的皮利多乌斯④诸英雄的匾额；
伟大的英雄，真挚的友朋，

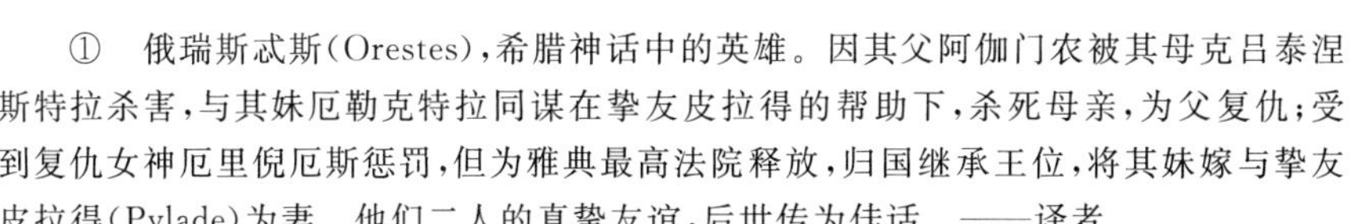

① 俄瑞斯忒斯(Orestes)，希腊神话中的英雄。因其父阿伽门农被其母克吕泰涅斯特拉杀害，与其妹厄勒克特拉同谋在挚友皮拉得的帮助下，杀死母亲，为父复仇；受到复仇女神厄里倪厄斯惩罚，但为雅典最高法院释放，归国继承王位，将其妹嫁与挚友皮拉得(Pylade)为妻。他们二人的真挚友谊，后世传为佳话。——译者

② 尼聚斯(Nicus)，古希腊特洛伊青年，特洛伊城陷落后，随王子伊尼斯出走意大利。罗马诗人维吉尔在史诗《伊尼特》中描写尼聚斯与厄里亚勒真挚友谊极为动人，传为千古佳话。二人的名字在西方语言里成了生死之交的同义语。——译者

③ 阿卡特(Achate)，罗马诗人维吉尔著名史诗《伊尼特》里的人物，是王子伊尼斯最忠诚的伴侣。他的名字在西方语言里已成为形容形影不离的好友的用语。——译者

④ 皮利多乌斯(Pirithous)，古希腊帖萨里亚英雄，王子伊阿朱之子，与英雄特修斯至为友好。——译者

美名流传千古,但是尽属传说中。

人们都知道友谊跟爱情和恭敬一样不是强求得来的。“爱你左右的人就意味着援助左右的人;但是他若令人讨厌,你不要与他攀谈取乐;倘若他是一个夸夸其谈的人,你不要同他谈心;他如若是一个大手大脚好花钱的人,那你不要借钱给他。”

友谊是灵魂的姻缘,这种姻缘是可以离散的。这是两个有感情和有道德的人之间的一种默契。为什么说有感情呢?因为一个修士、一个孤独的人可能绝不是作恶之徒,然而也有缺少友谊而度生的。为什么说有道德呢?因为坏人只有同谋者,酒色之徒只有酒肉朋友,唯利是图的人所往来的只有合伙人,政客所联合的乃是一些党徒,游手好闲的人,只能有一些同伴,王子有的是佞臣帮闲;唯有道德高尚的人才有朋友。

塞台居斯①是喀提林②的同谋人。梅塞纳是屋大维插科打诨的弄臣③;然而西塞罗才是阿蒂居斯④的朋友。

这一种在两颗公正廉明,温柔敦厚的心灵之间的约束有什么

① 塞台居斯(Céthégus),古罗马名门盛族。其成员之一,因参与喀提林阴谋,于公元前63年被西塞罗下令绞死。——译者

② 喀提林(Lucius Sergius Catilind,约前109—前61),古罗马没落贵族。曾三度竞选执政官未成。于是结合党羽阴谋政变,公元前63年为执政官西塞罗在元老院发表演说揭露并弹劾喀提林阴谋案。翌年在皮斯托里亚双方械斗中失败被杀。在西方语言中,喀提林成了毁国肥己的同义语。——译者

③ 梅塞纳(Caius Mécène,?—8),罗马奥古斯都屋大维(古罗马皇帝,前27至后14年在位)的宠臣。他以得奥古斯都大帝的信任而大力为其罗致文人,提倡文学艺术,从而在历史上博得文艺保护人的美名。现代法语中mécène一词,即作文艺保护人解释。——译者

④ 阿蒂居斯(Titus Pomponius Atticus,前109—前32),罗马骑士,西塞罗挚友。往复书简达396篇。——译者

内容呢？这种道义约束的强弱全看感情的深浅如何和彼此之间所尽的友谊厚薄等等而定。

在希腊和阿拉伯，友谊的发扬奋激远较我们的热烈。这些民族在友谊上所想象出来的故事是颇令人向往的；我们绝没有可以与之媲美的东西。我们在各个方面都有点枯燥。我在我们的小说、历史、戏剧里，看不到有什么伟大友谊的事例。

在犹太，人们只谈到约拿单和大卫之间的友谊。据说大卫爱约拿单的感情比妇女的爱情更热烈；可是又有人说大卫在他友人死后却把友人的哲嗣米菲波设剥皮处死[①]。

在希腊，友谊本是宗教和立法的一部分。底比斯[②]人有成群的男情人：多么漂亮的队伍呀！有些人把它当做一队“相公”；他们弄错了；这简直是主从不分。在希腊友谊本来是由法律和宗教所规定的。男色不幸被风俗所容忍；不应当把可耻的恶习归罪于法律。这一点我们留在以后再谈。

AMOUR　爱情

有种种爱情，为了给爱情下个定义，简直不知从何说起。人们冒冒失失地把几天的虚情假意、有心无意的结合、缺乏尊敬的感情、登徒子的恣情纵欲、一种冷淡的习惯、一种浪漫的逢场作戏的

① 约拿单(Jonathas)、大卫(David)、米菲波设(Miphibozeth)都是《圣经》中人物。故事见《旧约·撒母耳记》。——译者

② 底比斯(Thèbes)，古代希腊城邦。在伊巴密侬达(Épaminondas，约前420—前362)当政时代，该城邦曾与斯巴达争夺霸权十数载。——译者

举动、一种一试即罢的兴趣，都叫做爱情。人们把这个名称加在千万种荒谬的行为上。

倘若有哪几位哲学家想要深入研究这个不怎么有哲学意义的问题，最好沉思一下柏拉图举行的一次筵宴。席间苏格拉底①同他正直热爱着的亚西比德②和阿伽通③漫谈爱情的形而上学。

卢克莱修用生物学家的态度来谈爱情；维吉尔④又步卢克莱修的后尘；Amor omnibus idem〔万物有情，彼此尽同。〕这里必须先从物质上来谈；爱情本来有如一块大自然的布，人的想象在上面绣了许多花朵。你若想对爱情有一个观念，你只要看看你花园里的麻雀、看看你的那些鸽子；观望一下人家给你的牝牛牵来的牡牛；注视一下这匹矫捷昂扬的骏马，由两个马夫牵到那匹正在等候着它的驯良的牝马那里来；牝马便把尾巴掉转过来迎接它；看看它两眼闪闪发光；听听它嘶叫的声音；观赏观赏它怎样跳跃腾骧，双耳直竖，张口抖唇，鼻孔鼓张着，呵气喷腾，鬃毛直竖而飘动，向大自然给它准备的对象猛扑的雄昂动作；但是丝毫不必艳羡，最好沉思一下人类的长处，人类在爱情方面有许多优越处都补偿了自然赋予动物的长处：力量、骏美、轻捷、迅速。

① 苏格拉底（Socrate 即 Sōkrates，前 469—前 399），古希腊唯心主义大哲学家。——译者

② 亚西比德（Alcibiade 即 Alkibiades），古雅典统帅和政客。苏格拉底的弟子。颇有才华，但野心勃勃又品德不佳。出征西西里时，畏罪投敌反对祖国。西方语言中，常以他的名字指称聪明反被聪明误的小人。——译者

③ 阿伽通（Agathon，前 448—前 401），雅典悲剧诗人，在文坛上可与悲剧大师欧里庇得斯匹敌。——译者

④ 维吉尔（Virgile，即 Publius Yergilius Maro，前 70—19），古罗马著名诗人。主要作品是史诗《伊尼特》。——译者

有的动物甚至毫不知道快感是什么？鳞甲鱼类尝不到这种情欲的乐趣；母鱼在河底甩下几百万鱼子；公鱼遇见便从其上游过，甩下鱼白，使这些鱼籽受精，却不知道这些籽是哪些母鱼的。

大多数动物交配只能从一种感觉上尝到快感；一旦情欲满足，一切就都完了。除人以外，任何动物都不懂抱吻；人身体整个儿是敏感的，尤其是嘴唇所感到的快感是无限的；而这一快乐只属于人这一类；总之，人在任何时候都可以恣意于爱情，而兽类却只能有一定的时间。你若是想一想这类优越处，你就会照罗什斯特伯爵的话来说："爱情在一个不信神的国度里也会使人信仰神明的。"

因为人得天独厚能使自然赋予他们的一切益臻完善，使爱情备臻完美。注意清洁，调养身体，使得皮肤愈加细腻，这就增加了接触的愉快，而且对于健康的注意又使肉感的器官更加灵敏。所有其他的感情随着也都进入爱情中，就好像一些金属跟金子混合一样；友谊和尊敬的感情更助长了爱情；身体和精神的能力更是构成了新的环节。

没有美丽的容颜，也可长久受人爱恋。
只要事事留意，生活情趣盎然；
清洁卫生保康健，心神泰然，
态度温和；貌陋仍能添美感。

卢克莱修，第四卷第 1274—1276 页

人类自尊自爱的心理特别能加强上述这些情况彼此之间的联系。人都欣赏这种心理的抉择，而大堆的幻想又给大自然创造的

这个作品锦上添花。

这就是人优于动物之处;但是人虽然尝到动物所享受不到的快乐,有多少痛苦却又是动物心里连一点影子都没有的呀！对于人最可怕的是自然在四分之三的陆地上用一种只有人才能感染,而且又只传染生殖器官的可怕的疾病毒化了爱情的乐趣和生命的源泉。

这种传染病根本不像许多别的疾病那样由于我们生活没有节制而感染。决非由于荒淫无度在这个世界上产生了这种疾病。希腊名妓开丽妮、拉伊丝、弗洛腊、梅萨丽娜这些人根本没有感染过这种病;这种病倒是发生在人们生活都还清白的一些岛屿上,是从那儿传染到旧大陆上来的。

倘若有时可以指责自然不重视它自己的创造物,违背了它自己的本旨,倒行逆施,那就是指这种使世人惶恐万状、声名狼藉的可厌灾难而言。难道说这就是可能有的世界中最理想的世界吗?怎么！倘若恺撒、安东尼、屋大维都没有这种病,弗朗索瓦一世[①]岂不也就不会死在这种疾病上了吗?有人说不;事情如此安排最好;我倒是愿意信以为然,可是这对于拉伯雷[②]曾经向他献过书的那位弗朗索瓦一世说来未免太惨了。

研究爱情的哲学家们曾经争论过阿伯拉尔做了修士并且去了

① 弗朗索瓦一世(François I,1494—1547),十六世纪法国国王。当政时期,罗致文人和艺术大师(如文奇、蒂先等人)奖励文学艺术,促进了当时法国文艺复兴运动,并提倡使用法语代替拉丁文。——译者

② 拉伯雷(François Rabelais,约1494—1553),文艺复兴时期法国伟大作家。著有《巨人传》。——译者

势以后，爱洛绮丝是否还能真爱他[①]？恋爱与去势出家这两种事是彼此水火不相容的。

但是，阿伯拉尔，您放心，您还是受到热爱的；因为树根虽被斩断，树液犹存；想象力会有助于心意。宴后虽然已经不再吃了，坐在席上仍旧是赏心乐事。是爱情呢？是留恋往事呢？是友谊呢？是这一切的一种不知什么混合感情。是一种混杂的感情，颇像死者在瑶池仙境[②]所保持的那种空幻的热情。生前兢驶战车取胜的英雄们在死后仍要驾御想象的战车。俄耳甫斯相信死后还要歌唱。爱洛绮丝跟您在幻想与回忆的感情中生活着。而且正因为她曾经在帕拉克莱修道院中[③]发誓不再爱您，她有时又抚爱您就觉得更愉快。并且正是因为她的抚爱是犯罪的，所以她也就觉得更可贵了。一个妇人根本不会热恋一个宦官；但是她却可以对于出家当了宦官的先前的情夫能够保持她的热爱，只要他还是令人觉得可爱的话。

夫人们，对于一个服务到老的情夫，情形可就不同了：俊美的仪表不复存在；鸡皮鹤发，令人见了要倒退几步；牙齿脱落，招人厌恶；风烛残年，令人不敢接近；人们所能做到的，不过是本着护士的慈爱品德，耐心照顾自己所爱过的人。是给一个死人入殓。

---

① 阿伯拉尔（Petrus Abelardus，1079—1142），中世纪法国神学家与经院哲学家；爱洛绮丝（Heloise，1101—1164），法国修女，伏耳贝修士的侄女。两人热恋，传为千古佳话。死后合葬于巴黎贝尔·拉雪兹公墓。——译者

② 原文是 Champs Elysées，希腊神话中传说是生前为善的人死后居住的乐土。——译者

③ 帕拉克莱（Paraclet），阿伯拉尔创立的修道院，爱洛绮丝在该处出家修行。——译者

AMOUR PROPRE 自尊心

尼古拉[1]在他那部在两三千部道德学之后(论仁慈,第 2 章)写成的"道德论"里说使用公立的轮刑盘[2]和绞刑架,就可以压制每人的自尊心的残暴企图和思想。

我根本不去研究人们是否像有公共草场、树林和公共兔网一样,有公共绞刑架,也不研究人们是否用轮刑就压制得了思想;但是我觉得很奇怪的是尼古拉竟然把路劫和谋杀与自尊心混为一谈。应该把分寸区别得更清楚一点。说尼禄[3]曾经由于自尊心而杀害了他的母亲的人,说卡图什[4]有很大自尊心的人,必定是不会正确地表达自己的思想。自尊心根本不是一项大罪,这是人皆有之的一种自然情感;在虚荣与罪恶之间,它比较更近于虚荣。

马德里附近一带的一个叫化子大大方方地向人乞讨。有一个过路人对他说:"您能劳动,您却干这种不体面的职业,不觉得丢脸吗?"他就回答说:"先生,我是跟您讨钱,不是讨教训呀。"然后转过

---

① 尼古拉(Pierre Nicole,1625—1695),法国唯心主义道德哲学家兼神学家。名著除《道德论》外,还有与阿尔诺(Arnauld)共著的《波尔·罗雅尔逻辑学》(*Logique de Port Royal*)。——译者

② 轮刑:是法国古代的一种死刑。将犯人四肢击断,置于车轮轮盘上待毙。——译者

③ 尼禄(Néron,37—68),古罗马皇帝。以残虐著称。曾先后杀其异母弟、母亲和妻子。后遭元老院唾弃,穷途自杀。——译者

④ 卡图什(Cartouche,1693—1721),法国巴黎著名贼首。他的大胆与机警成为传奇。——译者

身去仍旧保持着那种戛斯底式的尊严。这位老爷是一个傲慢的叫化子。一点小事儿也能伤害他的虚荣心。他由于自爱而行乞，但是由于另外一种自爱的感情却不能逆来顺受。

一位传教士在印度旅行，遇见化斋吃十方的和尚，身上挂着锁链子，浑身脱得精光，像个猴子，趴在地下，为了替布施他几个铜钱的印度同胞赎罪，任人鞭打他。有一位观众说："他多么能牺牲自己呀！"这个化斋和尚就回答说："牺牲我自己？您要知道，我在这一世叫人鞭打，是为了在来世您变马让我骑的时候照样奉还您。"

说我们对我们自己的爱是我们一切感情和行动的基础，这话在印度、在西班牙和一切有居民的地方都是很有道理的；而这也就如同不必写什么文章来证明人人都有一副面孔一样，也用不着证明人人都有自尊心。这种自尊心是保存我们自己的工具，类似传宗接代的工具；它是必要的，是我们所宝贵的，我们喜欢它，可是必须把它隐蔽起来。

AMOUR SOCRATIQUE
苏格拉底式的爱情

所谓苏格拉底式和柏拉图式的爱情如果只是一种正当的感情，就应加以赞扬；若是一种放荡行径，那就要替希腊感到羞愧了。

怎么会有一种普遍起来足以毁灭人类的恶习，有一种违反自然的行为，竟是那样自然呢？这似乎是有意识的极度伤风败俗的行为;可是在那些还没有到可以被人教坏的年龄的人们中间,这种毛病却也是司空见惯的。在那些还不懂得野心、欺诈、贪财的赤子之心里也有;原来青年无知,刚一成长,由于本能失调,就陷入这种错误的行为和手淫的毛病里。

两性间彼此的倾慕很早就开始了;但是,不拘人家怎样谈论非洲和中亚的妇女,一般地说来,这种倾慕在男的一方面比在女的一方面要强烈得多;这是自然为动物建立的一条规律。总是男性进攻女性。

我们人类年轻的男性,从小在一块儿长大,感觉到自然开始在他们身上发展的那种力量,而又一点找不到他们性本能的天然对象,就追求和这种天然对象类似的对象。常常有年轻的男孩子,容颜鲜艳,肤色莹润,双眸温柔,有两三年的时间出落得跟一个漂亮姑娘一般;若是有人爱他,这是因为那自然本身找错了:人们崇拜异性,因而对于有异性美的也就恋恋不舍,等到年龄渐长,这种类似的地方一消失,错觉也就停止了。

在青年时代前后
为时短促而折下第一枝花

(奥维德:《沉思集》,十,84—85)

我们也还知道这种自然方面的阴错阳差,在气候温暖的地方比在冰天雪地的北方更普遍,因此在温暖地带血液比较沸腾,而机会也就更多:所以它在年轻的雅典统帅亚西比德只是一种弱点,在一个荷兰水手或是莫斯科供应军队给养的商人,就成了令人深恶痛绝的事了。

有人以为希腊人曾经容许这种放荡行为,我颇不以为然。有人引梭伦[①]为证，因为他有两句歪诗说：

你爱一个漂亮小伙儿吧，

只要他颏下还没有长胡子。

但是，老实说，梭伦作这两句可笑的歪诗的时候，他是立法家么？那时候他还年轻，等这个浪荡子弟变成老实人以后，他绝对没有把这种丑恶行为定在共和国法典里；这就如同有人诬赖狄奥多尔·德·贝兹[②]，说他在他教堂里犯了鸡奸的罪行，因为他年轻的时候曾经给少年的刚第德几首诗，他说：

我为他而生存，我为她而生存。

应该说虽然他在年轻时代歌颂了可耻的爱情，在成年时期却有了做党魁，宣传宗教改革和成名的野心。Hic Vir etille puer.

有人滥引普卢塔克[③]的原文。普卢塔克在《爱情对话篇》里，夸夸其谈，让一个对话人说妇女不配获得真正的爱情；另外一个对话人就照理为妇女辩护。有人就把反驳当做决定了。

根据考古学所能证明的，苏格拉底式的爱情绝不是一种不纯洁的爱情，其实是爱情这个名词令人发生了误解。所谓一个青年的情人，恰好就是现在王子的侍读，就是陪着一位有地位的子弟学文习武的一些青年：这种学习原是一种尚武的健康的教育，却被人诬指为夜宴和狂饮。

① 梭伦(Solon，约前638—约前559)，古雅典立法家，政治改革家和诗人，传说为古希腊七贤之一。——译者

② 狄奥多尔·德·贝兹(Théodore de Bèze，1519—1605)，法国新教首领之一。著名的教会作家。——译者

③ 普卢塔克(Plutarchos，约46—120)，古希腊传记家，散文作家。名著有《希腊罗马名人传》。——译者

拉伊俄斯王[①]设置的情人队伍本来是一种宣誓要彼此生死与共的不可战胜的青年战士的队伍；这也是古代教育训练出的最好子弟。

塞克斯都·恩披里柯[②]和其他人都说什么男色为波斯法典所嘉奖。他们引证法律原文也好，指出波斯人的法典来也好，即使其中有关于这种可憎的行为的决定，我还是不相信。我要说事情并非如此，因为照理这是不可能的。不，人类天性就不能定出法律是跟天性相反的，是损害天性的；不能定出一条法律，若按条文遵守起来，是灭绝人寰的。若是我，我就要给您指出编在萨代尔经里边的波斯法。在第九条或第九门里说这是罪大恶极的事。一位近代作家曾经想要肯定塞克斯都·恩披里柯的话不错，肯定男色是合法的，这不过是枉费心机的企图。这位作家不知道琐罗亚斯德的法律，这部法典令人完全信服地证明这一恶习从来也没有为波斯人所推崇。这就好像说它为土耳其人所鼓励一样。土耳其人有时大胆犯这种毛病，但是法律却要处罚这种行为。

不知有多少人竟把一个地方所宽恕的可耻习惯误以为是当地的法律呀！塞克斯都·恩披里柯怀疑一切，也应怀疑这种法学。倘若他现在还活着，看见有两三个耶稣会修士凌辱了几个小学生，

① 拉伊俄斯(Laïus)，古希腊底比斯国王，他的儿子即希腊神话中杀父娶母之俄狄浦斯(Oidipous)。——译者

② 塞克斯都·恩披里柯(Sextus Empiricus)，古希腊纪元二、三世纪的怀疑派哲学家、天文学家和名医师。名著有《皮浪的基本原理》。——译者

他能有权力说这种玩法是伊纳爵·德·罗耀拉①的组织所许可的吗?

我不揣冒昧,在这里提一提小城惹埃克斯的加尔默罗会②穿鞋修士波利卡尔珀的苏格拉底式爱情。他在1771年给十二个小学生讲授宗教和拉丁文。他同时既是他们的听忏悔的神父又是他们的教师;他在他们跟前又给自己多加了一种任务。又是教务又是俗务,人们不能再比他忙了。结果一切都败露:他便退隐到远离希腊的瑞士去了。

这种嬉戏在老师跟小学生之间曾经很普遍。负责教养青年一代的僧侣多少总是耽于男色。这是这些可怜的人被迫独身的必然后果。

据说,土耳其和波斯的封建领主,都用宦官教养他们的孩子;对于一位儿童教师来说,或是受宫刑或是好男色,这倒真是一种奇怪的选择哩。

玩男孩子在罗马很普遍,人们也就没想到要处罚这种可耻的猥亵行为。因为几乎所有的人都有这种劣迹。屋大维·奥古斯都大帝,这个放荡的凶手和懦夫,敢于驱逐奥维德,却盛赞维吉尔,因后者歌颂阿莱克希;他所宠爱的另外一个诗人贺拉斯,吟咏里居利努斯。贺拉斯称颂过奥古斯都改良了风俗,却在他

① 伊纳爵·德·罗耀拉(Ignacio de Loyola,约1491—1556),西班牙耶稣会(Societas Jesu)创始人。该会于1534年创建,除修会一般会规外,强调会士须对罗马教皇绝对服从。组织带有浓厚的军事性质,由将军统率,等级划分很严。——译者

② 加尔默罗会(Ordo Carmelitarum),天主教的一个修会,会内修士以托钵行乞为生。标榜苦修,戒规很严。十二世纪在巴勒斯坦加尔默罗山上创立。在路易十四时代传入法国。——译者

的讽刺诗里把一个男孩子跟一个女孩儿混为一谈;但是古代禁止男色的斯堪提尼亚法仍然存在,腓力大帝[①]重加实施,把那些以当"相公"为业的小男孩逐出罗马。虽然有过像佩特罗纳[②]那么聪明而又放荡的学生,罗马却也有像昆体良[③]一类的教师。请看昆体良在《家庭教师》一章里为了保持青少年时期的纯洁,用心备至。他写道:"Cavendum non Solúm crimine turpitudinis, sed etiam suspicione."〔不只是要当心荒淫无耻的罪恶,而且要避免嫌疑。〕总之我不相信有哪一个开化的民族会订立出伤风败俗的法律来。

ANCIENS ET MODERNES
古人与今人

古与今的大论战还没有完结;自从紧接着黄金时代而来的白银时代[④]起就在争论了。人们总以为美好的古代远胜于现代。在

---

① 腓力大帝(Philippos),罗马皇帝,公元244—249在位,出生于阿拉伯;他杀了高尔底安,自己又被戴西俄斯手下士兵刺杀。——译者

② 佩特罗纳(Titus Petronius Arbiter,?—66),古罗马作家。著有《小供萨提丽空》。——译者

③ 昆体良(Marcus Fabius Quintilianus,约35—95),古罗马著名演说家和教育家。深信儿童发展的潜力,要求教师热爱儿童,深刻了解儿童的才能和特征。他在名著《论演说家的教育》一书中,反对时人以雄辩为律师及法官之职业。——译者

④ 古代希腊诗人划分原始时代为四个时期:黄金时代、白银时代、青铜时代、黑铁时代。他们以为人类经过四个时代,品德每况愈下,黄金时代的特征是纯朴、和平、幸福,黑铁时代的特征是不义、强暴和苦难。——译者

《伊利亚特》里奈斯托尔①想要在阿喀琉斯和阿伽门农②的心目中做一个贤明的和事佬，一开头便跟他们说："从前跟我一块儿生活过的人都比你们强。不，我从未见过，永远也不会再见到像德里亚斯③、塞内④、埃克撒底俄斯⑤、神明一般的波吕斐摩斯⑥那么伟大的人物"等等。

后世为阿喀琉斯受奈斯托尔侮辱大大报复了一番，虽然奈斯托尔受到那些只知道颂扬古人的人们称道也是枉然。现在没有谁知道德里亚斯了，人们也再听不见有人谈论埃克撒底俄斯或塞内；至于神明一般的波吕斐摩斯，声名并不太好，只靠他脑门子上生了一只大眼睛而又生吃活人，才具有神威。

卢克莱修断然说着自然退化(lib. II, V. 1160—1162)：

自然凋谢，大地枯竭；

人类退化，力尽气绝，

① 奈斯托尔(Nestor)，荷马史诗中人物，皮罗斯国王，围攻特洛伊城的诸王中最年长者。以聪明才智见称。——译者

② 阿喀琉斯(Achille 即 Akhilleus)，希腊神话中英雄。出生时，他母亲忒提斯握着他的脚踵倒浸在冥河水中，因此，除没有浸水的踵部外，其它全身任何部分都不能为武器所伤害，荷马史诗伊利亚特描写他在特洛伊战争中英勇无敌。阿伽门农(Agamemnon)古希腊传说中的迈锡尼王。因其弟墨涅拉俄斯(Ménélaus)之妻海伦被特洛伊王子帕里斯劫走，发动特洛伊战争，并被选为希腊联军统帅。——译者

③ 德里亚斯(Dryas)，希腊神话中人物，是传说中的斯巴达立法家利居尔格(Lycurgue)之父，色拉斯国王。——译者

④ 塞内(Cénée)，希腊神话中人物。——译者

⑤ 埃克撒底俄斯(Exadius)，希腊神话中人物。——译者

⑥ 波吕斐摩斯(Polyphemus)，希腊神话最著名的一个独眼巨怪(Cyclopes)，海神尼普顿的儿子。奥德修斯在特洛伊战争中献木马计获胜凯旋，于归国途中曾被他俘虏，关在埃特纳山近旁他的巢穴里，后来用计挖了他的独眼才脱身逃出。——译者

衰牛弱犊,消耗着不毛的田野。

（书简,一部 34 卷二册）

古代充满了对于更古一代的颂扬。

古往今来,人们都在想,
过去有长长的乳河蜿蜒流过树林中央;
夜里也不太黑,有着更明的月亮;
花草茂盛,冬季也不改长青;
人是世界之王,却是个懒王,
安详地默想,对自己的空虚加以欣赏,
本为有所为而生,却对任何工作也不向往。

贺拉斯在他致奥古斯都①的优美的书信里攻击这种偏见既细心又有力。他说:“难道说我们的诗篇也应该像我们的醇酒一样,愈陈愈受欢迎吗?”他随后又写道:

我厌恶的是,有人并不因文章粗劣和不雅,而是
　　因其新奇而横加指摘;
并不为老辈作家请求津贴,而是为他们请求荣誉和奖赏。
……
他并非在袒护和赞赏已故的天才;
而是在攻击我们,极端仇视现代人和我们的一切。

我看见有人摹拟这一段而写成的通俗诗:

我们总要承认美。
岂能因为新就属于丑类?

① 指屋大维。——译者

为什么要偏爱
那些古代的歪诗?
它们虽然受到欢迎;
只是由于我们的宽宏。
古书都是宝库,
这么说的是愚蠢而又狡猾的"嫉妒"
并非因它喜欢亡魂,
倒是因它仇恨活人。

聪明博学的丰特奈尔[①]对于这一问题是这样讲的:

"古与今哪一方面占优势的整个问题,一旦说穿,不过是要问我们乡间的树木是否往昔的比现今的更高大。倘若是更高大,那么荷马、柏拉图、德摩斯梯尼[②]在近世便没有能与之伦比的人;但是如若我们现今的树木跟古代的一样高大,我们便可以比得上荷马、柏拉图和德摩斯梯尼。

"让我们把这一怪论澄清一下。若是古人比我们更有才气,那就是因为那时候的脑髓长得更好,是由更坚固或更纤细的神经纤维构成的,充满更多的生气;但是那时的脑髓又由于什么长得更好

① 丰特奈尔(Bernard Le Bovier de Fontenelle,1657—1757),法国文学家,是高乃依的侄子。曾任法国科学院常任秘书。名著《谈宇宙多样性》是一部优美的科学普及读物。——译者

② 德摩斯梯尼(Démosthène,前 384—322),古雅典最著名的雄辩家。全力反对想要奴役他祖国的马其顿国王菲利普,发表两篇不朽的演说《斥菲利普》和《奥兰德》,亲身参加了喀罗尼亚战役,菲利普死后,仍英勇斗争。他为锻炼自己的口才,满口含小石子朗诵长篇演词,又在海滨面对咆哮如雷的波涛朗诵,他说是为练习使自己的声音压倒群众的喧嚣声。后果然成为西方古代最伟大的雄辩家。——译者

呢？那时的树必然也会是更大更美；因为如若自然在当时还年轻，还更精力充沛，那么树木，人的脑筋也一样，都必然应该收到这种精力和青春的效果。”(《漫谈古人与今人》第4卷，1742年版。)

对不起这位声名卓著的科学院院士，问题丝毫不在这里。并非要知道自然是否能在现在产生像古希腊、罗马的天才和作品一样伟大的天才和一样优秀的作品，而是要知道我们现在实际上有没有。在尚蒂利森林①跟多多纳树林②中都一样有大橡树，这毫无疑问，并非不可能。但是，假设多多纳的橡树曾经口吐人言，显然就比我们的橡树优越多了，我们的橡树大约永远也不会说话。

拉·莫特③是一位有才气的人，在各类文学方面都值得受人赞扬。他在一部佳句泉涌的颂诗里支持今人。请看这里有他的一首诗：

为什么要我焚香礼拜，
那些所谓创造我的神怪？
在我体内同样的智慧，
也能把同样机构发动起来，
怎能相信自然这样奇怪，
比起它对待希腊罗马人来，
今日待我们更吝啬？

① 尚蒂利(Chantilly)，法国巴黎东北名胜，有中世纪宫邸与大橡树森林。宫邸内藏有许多名画。——译者

② 多多纳(Dodone)，古希腊马其顿南部一城市，附近有大橡树林，传说橡树曾发人言显现灵迹。——译者

③ 拉·莫特(La Motte Le Vayer，1588—1672)，法国文学家，主要著作有《论法国雄辩术》。——译者

我们祖上的母亲满腔的热爱[①]，

对于其余的粗野人类，

难道说比后娘还要肆虐？

我们可以回答他说：尊敬您的祖先却不必崇拜他们。您有一种智慧和五官感觉，犹如维吉尔与贺拉斯一样；不过这未必是绝对相同的智慧。他们的才能或许比您更高，他们又都能用一种比现代语言更丰富更和谐的语言来发挥他们的才能；现代语言原是可厌恶的克尔特方言跟拉丁土话的混合语。

自然一点也不奇怪；但是很可能自然赐给雅典人一块土壤和一种天气，比威斯特法伦州[②]和里摩簪[③]两地的更适宜于形成某些天才。大约也很可能雅典政府襄助着气候在德摩斯梯尼脑袋里放进去一些东西，是克拉马尔和养蛙塘[④]的气候、红衣主教黎塞留[⑤]的政府没有放入奥麦尔·塔隆[⑥]和热罗姆·比尼翁[⑦]两人的头脑里去的。

---

① 这里母亲指自然而言。——译者

② 威斯特法伦州(Westphalie)是普鲁士的一个省份，1648年欧洲三十年国际战争结束后在该地签订著名的威斯特发里亚和约。——译者

③ 里摩簪(Limousin)，法国旧日西南省份之一。——译者

④ 克拉马尔(Clamart)，巴黎西南一市镇，塔隆的故乡；养蛙塘(La Grenouillère)是比尼翁的故乡。——译者

⑤ 黎塞留(Armand-Jean du Plessis，Cardinal de Richelieu，1585—1642)，法国路易十三的宰相，法国历史上最精干的政治家之一，绝对君主专制政治的典型代表。——译者

⑥ 奥麦尔·塔隆(Omer Talon，1595—1652)，法国司法官，曾在三十年战争时期支持巴黎最高法院发动的福隆德——投石党运动，反对王室横征暴敛。——译者

⑦ 热罗姆·比尼翁(Jérome Bignon，1589—1656)，法国司法官，曾任巴黎最高法院巴列门的首席检察官。——译者

有人就用下列的小调儿回答拉·莫特的诗：

亲爱的拉·莫特，摹拟又崇拜，
那些神明而你并非他们的后代。
倘若你以为贺拉斯是你的父台，
他生了些忘恩负义的小孩。
自然丝毫并不奇怪；
它很吝啬对待当谢[①]；
对于拉辛[②]却很优待；
提布卢斯[③]受着它的培栽；
可是我们的朋友拉·沙贝勒[④]，嗨！
自然对他可真少见爱。

所以说这一争论是事实问题。上古时代直到普卢塔克在各种伟大建筑方面，比起从迈迪锡[⑤]到路易十四整个近代来果真更丰富吗？

中国人，在我们通俗纪元前二百多年就修筑了万里长城，这道城墙却也没有挡住鞑靼人的入侵。埃及人，三千年前，用他们那有

---

① 当谢(Antoine Danchet，1671—1748)，法国悲剧诗人，曾为法国歌剧作曲家刚普拉(Campra)写悲剧与唱词。——译者

② 拉辛(Jean Racine，1639—1690)，法国古典主义悲剧大家。代表作有《昂朵马格》、《费德尔》和《阿达莉》等。——译者

③ 提布卢斯(Tibulle 约前 54—前 19)，古罗马诗人。名作《埃莱齐》，诗句缠绵悱恻，极富温情与伤感情调。——译者

④ 拉·沙贝勒(La Chapelle)是一位收税官，曾经很拙劣地翻译了提布卢斯的作品；但是经常到他家吃饭的人们又都觉得他的诗句很不坏。——伏尔泰

⑤ 迈迪锡(Médicis)指喀提林迈迪锡(1519—1589)与马丽亚迈迪锡(1573—1642)两朝皇后而言。——译者

九万平方尺地基的惊人的金字塔给大地增加了负重。没有人怀疑，倘若有人想要在现今搞这些无用的工程，虽然浪费大量金钱，也不易办到。万里长城是一座由恐惧不安而产生的巨大建筑；金字塔是一些虚荣和迷信的遗迹。长城和金字塔都证明人民的巨大耐心，却并不说明任何高等的建筑技术。无论是中国人也好，埃及人也好，都不会塑成一件像现今我们的雕塑家所塑造的人像。

谈坦普尔骑士

坦普尔[①]骑士曾经极力贬低所有的近代人，认为近代在建筑艺术方面没有什么能比得上希腊罗马的庙宇的。但是他虽然是英国人，也总应该承认圣彼得大教堂[②]较之卡皮托勒[③]庙更美得无法比拟吧。

这简直是一件很奇怪的事，他坚决认为在天文学方面什么新知识也没有；在人体知识方面，他说或许除了血液循环外，什么新知识也没有。基于对自己极度自尊心理的见解的偏爱，使他忘记了关于木星各个卫星的发现，关于土星的光环和它的五个卫星的发现，关于太阳自转、三千星球的准确位置的发现，使他忘记了开普勒与牛顿发现的天体轨道面的规律，忘记了关于岁差以及古人梦想不到的成百的其他知识的发现。

① 坦普尔(Sir William Temple，1628—1699)，英国政治家，著《随笔集》，参加了“古人与今人的争论”。——译者

② 圣彼得大教堂(Saint Pierre de Rome)，罗马台伯河右岸梵蒂冈左近，天主教最富丽堂皇的教堂，建于公元一世纪。——译者

③ 卡皮托勒(Capitole)，罗马时代的朱庇特神庙。——译者

在解剖学方面的发现也为数极大。用显微镜发现的一个微型宇宙却没有被坦普尔骑士看在眼里;他闭眼不看他同时代人们的绝妙的发现,却只知张开眼睛欣赏无知的古代。

他甚至于向我们抱怨印度人、迦尔底人、埃及人的巫术荡然无存。他把这种巫术理解为一种能使这些古人们创造了奇迹的深奥的自然知识。可是他一件奇迹也没有引证,因为事实上,压根儿也就没有过什么奇迹。他说:"那种感动人、兽、鱼、鸟、蛇,并且使之易性迁情的音乐的魅力都哪儿去了呢?"

这位时代的仇敌率直地把俄耳甫斯的神话传说信以为真了,显然没有聆听过意大利的美妙音乐,就连法国的也没有欣赏过。这类音乐实在并不魅惑蛇类,却使知音的人感到悦耳动听。

更奇怪的还是他一生学文,却对于我们的优秀作家并不比他对于我们的哲学家更为理解。他把拉伯雷看作是一位伟人。他把《高卢的爱情》①当做是我们最好的作品之一来引述。然而他本是一位学识渊博的人,一位宫廷人士,一位很有头脑的人,一位大使。他也曾对于他所见识过的一切都作过深思。他有渊博的知识,一种偏见却把他的长处全部给葬送了。

谈布瓦洛与拉辛

布瓦洛②与拉辛写文章捍卫古人反对佩罗③,比较坦普尔骑士

① 《高卢的爱情》(Amours des Gaules),法国古代文学作品。——译者

② 布瓦洛(Nicolas Boileau-Despréaux,1636—1711),法国古典派大诗人和批评家。著作有《讽刺诗集》、《诗的艺术》等。——译者

③ 佩罗(Charles Perrault,1628—1703),法国诗人和文学理论家,曾用对话体裁著《古人与今人的比较》一书展开反对古典派的论争。还著有《小红帽》、《穿靴子的猫》等不朽的童话作品。——译者

更灵巧。他们俩闭口不谈天文和物理。布瓦洛坚决肯定荷马，反对佩罗，但是把话题巧妙地从希腊诗人的那些缺点和贺拉斯谴责诗人的懒散无为上头滑过去。他专心致意地讥笑敌视荷马的佩罗。佩罗把荷马一段诗篇理解错了，或许他把理解的那一段没有译好吧？布拉瓦便抓住这个小辫子，把他当做危险的敌人猛烈攻击，认为他是不学无术、文笔平庸的作家。但是，很可能是佩罗有时见解错误，可是他对于荷马史诗中的矛盾百出、重复连篇、战斗的单调、在混战中长篇大论的演说和诸神行为粗野轻率，以及他认为这位伟大诗人所犯的一切错误，也时常是批评得有道理的。总之，一言以蔽之，布瓦洛讥笑佩罗之处大大超过他肯定荷马之处。

谈拉辛在与佩罗争论欧里庇得斯[1]和布吕墨瓦[2]不忠实问题时的偏私和恶意

拉辛使用了同样的手法，他的狡猾至少也跟布瓦洛一样。虽然他并不像后者一样有讥讽本领，却也喜欢在他的对手们谈欧里庇得斯时所犯的一种很可原谅的小小误解窘得他们陷入混乱，同时，他觉得自己比欧里庇得斯本人高明得多。他尽情嘲笑这位佩罗及其同人对于欧里庇得斯的《阿尔刻提斯》一剧的批判，因为这些位先生们不幸被欧里庇得斯作品的一种错误版本所误，把阿德墨托斯的反驳当做是阿尔刻提斯的了。但是这也并不能阻止欧里

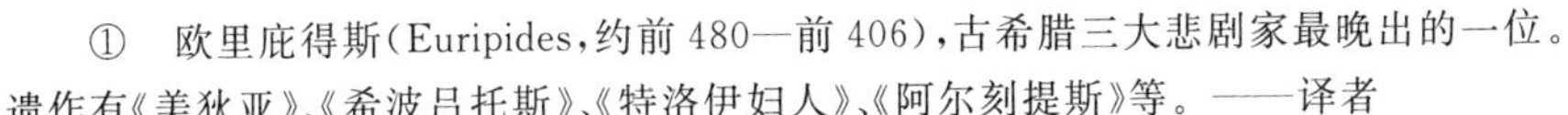

① 欧里庇得斯（Euripides，约前480—前406），古希腊三大悲剧家最晚出的一位。遗作有《美狄亚》、《希波吕托斯》、《特洛伊妇人》、《阿尔刻提斯》等。——译者

② 布吕墨瓦（Pierre Brumoy，1688—1742），法国神父耶稣会会徒，因著《希腊悲剧》一书而闻名于时。——译者

庇得斯在描写阿德墨托斯对他父亲说话时的态度在全国犯了大错。阿德墨托斯猛烈地责难他父亲没有为他而死。

他父亲回答他说："怎么着，请问你这是对谁说话呢？口气这么大？是不是对吕狄亚或弗利基亚[①]的奴隶？难道你不知道我生来就是自由的忒萨利亚人吗？（作为一位国王和一位父亲，这话可真漂亮！）你把我当做下等人来污辱。规定父亲们应该为他们的孩子们而牺牲的法律在哪儿呢？在世上人人都是为他自己而生存。我已为你尽了我的责任？我对你又犯下了什么过错呢？我可曾要你为我去死吗？阳光对你是可贵的，对我就不那么可贵了吗？……你诬蔑我，说我怯懦……你自己才是怯懦呢，你逼着你的妻子替你死，也不害羞。这样干了之后，你又认为拒绝做你自己没有勇气做的事的人是懦夫，这对于你合适吗？……信我的话，请你住嘴……你爱生命，别人也一样地爱，一点也不差……你要知道你若是再咒骂我，你就要听听我的无情的话，都是些实话。"

歌队这时就发言了："够了，两方面都太过火了：别说了，老年人，不要再申斥你的儿子了。"

歌队本来像是应该严厉地责备儿子跟他自己亲父说话太粗暴，并应尖刻责备他没有死。

整出戏都是这么一种味道。

斐瑞斯（对他儿子说）

我没有侮辱你，你竟自咒骂起你父亲来了。

阿德墨托斯

① 吕狄亚（Lydia）和弗利基亚（Phrygia）是小亚细亚著名奴隶市场。——译者

噢！因为我看得很清楚你想长生不老呢。

斐瑞斯

那么你呢，你不也正是给那替你死的女人送殡吗。

阿德墨托斯

啊，你这顶坏的人，这正好证明你怯懦。

斐瑞斯

你至少不能说她是为我死的。

阿德墨托斯

但愿你也会需要我。

父亲

索性多娶几个妻子，好让她们死去，使你活得更长久。

在这一场以后，一个仆人上来独自说着赫刺克勒斯到来的情况。他说："这是一个外国人，他自己开开门，先入席就位；他恼怒人家没有赶快侍候他吃饭，他随时斟满他的酒杯，大口大口地饮葡萄酒和淡色酒，一味地饮酒，一味地唱些粗歌滥曲，就像是在粗声怪叫，也不忌惮我们正在痛哭的国王和他的妻子。这必然是什么手法灵巧的骗子，是个流氓，是个杀人凶手。"

相当奇怪的是人们把赫刺克勒斯当做一个手法灵巧的骗子；同样奇怪的是赫刺克勒斯——阿德墨托斯的朋友，在这家人家，竟然没有谁认识他。更奇怪的还是赫刺克勒斯，在人们把阿尔刻提斯送往坟墓的当儿，竟然不知道阿尔刻提斯已经死了。

本来不该争论趣味；但是这类戏在我们的市集上定然也不会被允许存在的。

布吕墨瓦给我们留下《希腊戏剧》一书；他翻译欧里庇得斯的

作品并不怎样认真，尽量为阿德墨托斯跟他父亲争吵的一场辩护，我们简直猜不透他到底玩的是什么把戏。

他先说："希腊人对于我们认为是非礼的，大逆不道的事并不觉得有什么可非议的；所以应当承认这类事并不完全如同我们所想象的那样；总之，观念不同。"

人们可以答复他这话说，各个文明民族从来就没有改变孩子应该尊敬父亲这类观念。

他还说："谁能怀疑，几个世纪来，在比较重要的道德问题上，观念没有改变呢？"

人们便回答说再没有比尊敬父母更重要的了。

他接着说："有一个法国人受了侮辱；所谓法国人的良知要他去冒险决斗，要他杀人或丧命来恢复他的荣誉。"

人们回答说这不仅是所谓法国人的良知，也是欧洲各个民族的良知，并无例外。

他说："人们感觉不到在两千年后这一道德准则将要显得何等可笑，也感觉不到在欧里庇得斯时代，人们会用什么调子来嘲笑这项道德条例。"

这一项道德准则是无情的，逃脱不开的，但是并非可笑的；而且在欧里庇得斯时代，人们不会用任何调子来嘲笑它。在希腊人和亚洲人那儿也有很多决斗的先例。我们在《伊利亚特》第一卷开篇里就看到阿喀琉斯拔剑出鞘；他正要跟阿伽门农战斗了，倘若密涅瓦[①]不来揪住他的头发，叫他把剑插入剑鞘的话。

① 密涅瓦(Minerva)，罗马神话中的智慧女神，即希腊神话中的雅典娜。——译者

普卢塔克叙述过埃菲雄跟克拉泰尔①决斗，亚历山大把他们俩给排解开了。昆特·库尔斯②叙述说，有亚历山大另外两个军官当着亚历山大的面进行决斗；一位全副武装，另一位是运动员，只拿了一根棍棒，结果后者把他的对手给击败了。

而且，请问在一场决斗和阿德墨托斯及其父斐瑞斯互相轮流责难对方太爱生命、是懦夫，这二者之间又有什么关系呢？

我只提出翻译家和注释家们的盲目的这个例子来。既然布吕墨瓦，众人之中最公正的人，也在这问题上迷失了方向，别人还用说吗？但是倘若布吕墨瓦与达西埃③之流还在的话，我真愿问一问他们是否感觉波吕斐摩斯在欧里庇得斯作品中的这一段对话很有味："我一点儿也不怕朱庇特的雷电。我不知道这位朱庇特是不是一位比我更胆大力强的神。我对他很少顾虑。他要是降雨，我便躲在我的山洞里不出来；我在那儿吃一只烤小牛或是什么野兽；然后我便躺下；我喝一大罐牛奶；我解开我的战袍；我便发出某种声音来，响亮不下于雷鸣。"

古文评注家们若是不讨厌波吕斐摩斯饱餐后所发生的这种声音，他们必然没有很锐敏的感觉。

他们说雅典的观众们都被这一场趣剧逗笑了，而"雅典人

---

① 克拉泰尔（Cratère），古希腊马其顿国王亚历山大大帝的统帅与朋友，曾任马其顿与希腊总督。埃菲雄（Ephestion）也是当时一员大将。——译者

② 昆特·库尔斯（Quinte-Curce），初世纪时罗马史学家，曾著《亚历山大大帝传》。——译者

③ 达西埃（Anne Lefebvre Dacier，1651—1722），法国出色的希腊语文和拉丁语文学者，是法国著名语文学家安德莱·达西埃的妻子。曾译《伊利亚特》和《奥德赛》，并且积极参加了"古今之争"。——译者

从来也不会对愚蠢的行动感到好笑”。怎么！难道说雅典的老百姓个个都比路易十四的朝臣还更有头脑吗？老百姓不是到处都一样吗？

并非欧里庇得斯的作品不美，而且索福克勒斯[①]的作品更美；但是他们都有更大的缺点。我们敢说高乃依的优美场面和拉辛的动人悲剧都胜过索福克勒斯和欧里庇得斯的作品，就像这两位希腊作家胜过戴斯皮斯[②]一样。拉辛很觉得自己大大超过欧里庇得斯；他颂扬这位希腊诗人原是为了折服佩罗。

莫里哀[③]在他那些优秀的剧本里，高于精练而冷漠的泰伦斯[④]和喜剧家阿里斯托芬[⑤]，也就像他高于滑稽演员当古尔[⑥]一样。

所以说在有些文学体裁方面，现代作家远远高出古代作家，而在为数极微的文学体裁方面，我们却不如古人。全部争论就归结在这里。

① 索福克勒斯（Sophokles，约前497—约前406），古希腊三大悲剧诗人之一。遗作有悲剧《俄狄浦斯王》、《厄勒克特拉》、《安提戈涅》等七部。——译者

② 戴斯皮斯（Thespis），公元前六世纪雅典诗人，希腊悲剧的奠基人。希腊悲剧起源于酒神祭歌咏，戴氏把歌咏队改变为正式的悲剧演员。——译者

③ 莫里哀（Molière，1622—1673），法国古典主义时期最伟大的喜剧演员和作家。代表作有《伪君子》、《唐璜》、《愤世者》、《吝啬鬼》等。——译者

④ 泰伦斯（Térence Publius Terentius Afer，约前254—前184），古罗马名喜剧家。遗作有《岳母》、《宦官》、《兄弟》等六部。——译者

⑤ 阿里斯托芬（Aristophanes，约前446—前385），古希腊最伟大的旧喜剧作家。一生共写四十四部喜剧，现仅存十一部。有《阿卡奈人》、《和平》、《骑士》、《云》（剧中攻击苏格拉底）、《妇女大会》、《蛙》（剧中攻击欧里庇得斯）、《细腰蜂》（讽刺雅典部落组织）等，都是讽刺当时政治、社会以及文学各方面不合理现象的作品。——译者

⑥ 当古尔（Dancourt，1661—1725），法国喜剧作家及演员，是莫里哀及其作品的优秀继承者。代表作有《时髦的骑士》、《优秀的市民》等。——译者

谈几部名著的对比

我觉得理性和见识要求我们在古今作家作品里都一样要辨别好坏，而这二者又往往是并存的。

人们对于高乃依这句诗必然拍案惊奇，这样的诗句，在荷马、索福克勒斯以及与他相差不多的欧里庇得斯诸家的作品里是一句也找不到的：

“您要他怎么来对付三个人呢？”——“要他一死。”

也要用同样的机智和公正态度来否定后边的诗句。

懂文艺的人，在欣赏《罗多赓》[①]末场的崇高场面、剧中人物的鲜明对照和强烈的色调的同时，也必然看出这一恐怖结局的处理犯了多少错误，在布置这样一种结局时用了多少不真实的情节，罗多赓必须违反他自己的性格到了何种程度，而且经过了多少崎岖不平的道路才达到了这一伟大的悲惨结局。

这位不偏不倚的鉴定者也必然不厌其烦地肯定拉辛悲剧结构的巧妙与精密，也许是从埃斯库罗斯[②]直到伟大的路易十四时代这一漫长时期中仅有的结构组织得顶好的悲剧。他必为那种一气

① 罗多赓(Rodogune)，高乃依著名悲剧。其中第五出情节悲壮，最为优美。全剧写古叙利亚王后克娄巴特拉因妒恨国王情人罗多赓公主，向她的两个孪生子安提欧库与色雷科宣布二人中谁能杀死罗多赓即可获得王位，但二子都爱罗多赓，后者虽心中暗爱安提欧库，却也宣称二王子中哪一人能杀死克娄巴特拉，她便嫁他。克后用鸩毒害死色雷科，又用毒酒谋害安提欧库与罗多赓。年轻的王子饮酒前获悉他兄弟被害事，于是克娄巴特拉为了表白她无意毒害亲子，被迫自饮毒酒而死。——译者

② 埃斯库罗斯(Eschyle，〔希〕Aischylos，约前525—前456)古希腊三大悲剧家之一，人称悲剧之父。所留作品有《波斯人》、《七将攻忒拜》、《被缚的普罗米修斯》、《俄瑞斯忒斯三部曲》等七部。——译者

呵成的绚烂文笔、那种纯洁的语言，那种只有他笔下才有的逼真的人物性格所感动；必为那种毫不夸张的真正的雄伟气概所感动；必为那种淳朴气氛所感动；永远也不会迷失在空话、诡辩，以及既谬误又造作而往往由生硬不通的语言表达出的思想中；永远也不会迷失在只适于外省学校而不适于悲剧的那种夸夸其谈的辩论中。

这个人也必然会在拉辛作品里看出他写的若干人物性格的平庸呆板，看出一些求爱的风流，有时甚至是风骚的情调，这是半属牧歌半属挽歌的情调，不属伟大的悲剧感情。他必会抱怨在写得很精彩的一段里只能发见令人心悦神怡的绚烂文笔，却找不到一场滔滔不绝的雄辩令他心往神移；他必然不满意在他本想获得惊魂动魄、心碎肠断之感的时候却只能感到轻微的情绪而又只好赞许。

所以他评判古人，必然不是根据他们的名字和他们生活的时代，而是根据他们著作本身；并非三千年的时间可以令人满意，满意的是事物本身。倘若一枚波斯古金币铸造得不好，即使市面上铸的是希斯塔斯坡①的儿子的像又有什么好呢？瓦兰②的钱币是晚近所铸造，却美得多。

若是提芒特③今日来把他用四色画的《伊菲革涅亚的牺牲》④

① 希斯塔斯坡(Hystaspe)，古波斯省长，古波斯国王大流士一世(Darius I，前558—486)之父。——译者

② 瓦兰(Jean Varin，1604—1672)，法国著名钱币和纪念章雕刻家，曾为路易十三及黎塞留铸造纪念章。——译者

③ 提芒特(Timante)，公元前四世纪希腊画家。——译者

④ 《伊菲革涅亚的牺牲》，提芒特代表作。伊菲革涅亚是希腊进攻特洛伊时的联军统率阿伽门农的女儿。其父为获得诸神保佑，许愿向狄安娜女神献女为牺牲。——译者

陈列在王宫绘画陈列馆的许多作品之旁，跟我们说：“在希腊有头脑的人都对我肯定说用一幅面纱把阿伽门农的脸遮盖着是一种令人惊叹的手法，因为唯恐他的痛苦不及克吕泰墨斯特拉①，又唯恐为父的眼泪有损为君的尊严。”必然会有识画的人回答他说：这是一种聪明想法，却不是画家的笔法；盖在您画的中心人物头上的面纱，在一幅画里造成丑恶的效果：您这幅画在艺术上没有成功。请看鲁本斯②的杰作。他懂得不是用四种颜色而是用大自然的样样色彩来描绘马丽亚·德·迈迪锡的分娩时的阵痛，衰弱，愉悦，微笑和温情。您若是想要阿伽门农稍微藏住他的脸，他本应该用放在额门和双眼上的手遮住一部分，而不是用男人从来也不戴的面纱盖住。这也不大顺眼，也有点刺眼，因为跟习惯相反。您本应该让人看出他流泪，看出这位英雄却想掩盖住他的泪痕；您本应该在他的筋肉上面表现出由于他想要制止痛苦而发生的拘挛；您本应该在这样的姿态中描绘出尊严和失望来。您是古希腊人，鲁本斯是比利时人；但是比利时人却盛过希腊人。

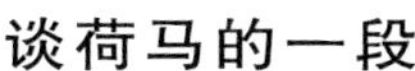

谈荷马的一段

一位佛罗伦萨的文人，为人心思正直，兴趣高雅；有一天在彻

① 克吕泰墨斯特拉（Glytemnestre），阿伽门农的妻子，依菲革涅亚的母亲。——译者

② 鲁本斯（Peter Paul Rubens，1577—1640），比国佛兰德斯大画家，名画有《基督被抬下十字架》、《农民的舞蹈》等，此处系指《马丽亚·德·迈迪锡史》一画而言。——译者

斯特菲尔德[①]先生书斋里跟一位牛津大学教授和一位苏格兰人在一起。这位苏格兰人赞扬芬格尔诗[②]，据他说，是用威尔士语写的；威尔士语中还有一部分是下布列塔尼语；他高声说道：古代的作品是何等优美呀！芬格耳诗两千年来世代相传，直到现今，从未走样；真正的美，感人之力是多么雄厚啊！于是他便对在座的人诵读芬格耳诗开端这一段：

“居库林[③]坐在杜拉城墙边一棵枝叶扶疏的树下；他的长矛靠在一块绿茵葱翠的山石上，盾牌放在脚下草地上。他的心里回忆着他在战争中杀死的英雄大卡尔巴。菲提尔生的摩兰——大西洋的尖兵在他面前出现。

“摩兰对他说：‘站起来，站起来，居库林；我看见苏阿兰的兵船了，敌人可不少呀，有好多英雄在海面的黑浪上前进。’

“蓝眼睛的居库兰反驳他说：‘摩兰，菲提尔的儿子，你总是发抖；你害怕，就以为敌人人数多。说不定是荒山国王到于林平原来援助我的。’‘不是，摩兰说，是苏阿兰自己来了；他像冰崖一样高大；我看见他的旗枪了，好似风中摇动的高大苍松；他的盾牌有如初升的明月；他坐在海滨一块崖石上，就像一朵乌云遮盖了一座山岗。’”等等。

牛津大学教授于是说：啊！这才真是荷马的风格哩；但是更令

---

① 彻斯特菲尔德(Philip Chesterfield，1694—1773)，英国政治家和作家。代表作有《致儿辈书》，文笔极为优美。与孟德斯鸠很友好。——译者

② 芬格尔诗，传说是三世纪爱尔兰英雄芬格尔(Fingal 或 Finn，又作 Find)之子欧辛(Ossian)歌颂他父亲及其扈从为了抵御外侮保卫祖国而战死的英勇事迹所作的史诗，在民间流传很广，又名欧辛诗。——译者

③ 居库林(Cuchulin)，芬格尔诗中人物。——译者

我喜欢的是我在这里边感觉到滔滔不绝的希伯来卓越口才。我觉得好像是在读一段段的美丽诗篇：

“你必然治理你用铁杖给我们制服了的各个国家。你必然如同窑匠制造陶器一样把它们摔碎。”①

“你必然会敲碎恶人们的牙齿。”②

“大地震撼了，山的根基也摇动了，因为主怒恼山岳，他抛下了冰雹和火炭。”③

“他住在太阳里边，他从太阳里出来如同丈夫下了床。”④

“上帝必然会敲碎他们嘴里的牙齿，必然粉碎他们的臼齿；他们必然像流水一样消逝，因为上帝张弓射他们；还没有等到荆棘长到杏树一般高，他们必然就被上帝的怒火生吞了。”⑤

“到了晚上，列邦必然转回来，饿得像狗一样；而你，主啊，你必定要嗤笑他们，你要把他们消灭净尽。”⑥

“主的山是一座层峰叠岭的山；你们为什么要瞅那些重重叠叠的山峰呢？主说：我要抛弃巴珊；我把它扔到海里去，好叫你的脚染上鲜血，好叫你的群狗的舌头舐它们的血。”⑦

“把你的嘴大大张开，我必然把它填满。”⑧

① 见《旧约·诗篇》第2篇第9节。——伏尔泰

② 见《旧约·诗篇》第3篇第8节。——伏尔泰

③ 见《旧约·诗篇》第18篇第7节和第13节。——伏尔泰

④ 见《旧约·诗篇》第19篇第5节。——伏尔泰

⑤ 见《旧约·诗篇》第58篇第6节和第7节。——伏尔泰

⑥ 见《旧约·诗篇》第59篇第14节和第6节。——伏尔泰

⑦ 见《旧约·诗篇》第68篇第15、16、22、23节。——伏尔泰

⑧ 见《旧约·诗篇》第81篇第10节。——伏尔泰

“求你叫列邦像车轮一样永转不息，叫他们像风前麦稭，像焚烧树林的火，像燃烧山岭的火焰；你必然用狂风追赶他们，你的忿怒必使他们不知所措。”①

“他要在列邦中审判，他使列邦遍地成为废墟；他必然要在许多国土打破仇敌的头。”②

“拿你的婴孩摔在磐石上的，那人便有福！”等等。③

那位佛罗伦萨人，很留神地听了博士背诵诗篇和苏格兰人高声吟咏芬格耳诗，老老实实说他并没有被这些亚洲形象大大感动，说他对于维吉尔朴素而高雅的风格更为爱好。

苏格兰人听了这一席话，气得脸发青，牛津教授直耸肩膀表示轻视；但是彻斯特菲尔德先生却微笑表示赞同，鼓励了佛罗伦萨人。

那位佛罗伦萨人头脑发热起来，觉得有人支持他，便对他们说：列位先生，再没有比夸张自然更容易的了，模拟自然却是最难的事。我有点像意大利所谓“Improuisatori”（即兴诗人）的那类人，可以用这种东方风格的韵文跟诸位一连谈上八天，不费一点劲；因为用猫猫虎虎的韵文，形容词也老是离不开几个字，来做艺术夸张，来连篇累牍地谈战斗，来描绘一些噩梦，这一点也不难。

“谁？您！”教授对他说，“您可以即席做一篇史诗吗？”

“不是像维吉尔作品那样一篇韵律正确像样子的史诗，”意大利人辩解说，“是一篇随意作出、不求工整的诗文。”

苏格兰人和牛津人都说：“我看您未必能成。”

---

① 见《旧约·诗篇》第 83 篇第 13 节至第 16 节。——伏尔泰

② 见《旧约·诗篇》第 110 篇第 6 节。——伏尔泰

③ 见《旧约·诗篇》第 137 篇第 9 节。——伏尔泰

“好吧，就请给我出个题吧。”佛罗伦萨人争辩说。

彻斯特菲尔德先生便给他出了布阿阶战役中的胜利者，胜利后奠定了和平的“黑王子”[1]这个题。

即兴诗人凝思了一下，便开始念道：

阿尔比翁的缪斯[2]，统辖英雄的神明，
请跟我一齐来歌咏，
一不歌咏一个人难解的闲气，
对他的朋友与敌人而生；
二不歌咏列位神明轮流宠爱的英雄；
三不歌咏对那座久攻不破的城堡的围攻；
四不歌咏传说英雄芬格耳的异勋奇功；
歌咏的是那一位英雄既谦恭又勇猛，
他那些真正的战功，
他把国王们锁在牢中，
却对败敌极其尊崇。

英国战神乔治已经从天而降，
他坐下神骑吓跑了面前一群里摩簪勇猛雕鞍，
就好像一群咩咩哀鸣的母绵羊和那些温柔羔羊，

① 即十四世纪英王爱德华三世之子爱德华，封为威尔士亲王，因身着黑色盔甲而得名。英法百年战争中，在法国中部布阿阶一役获胜(1356)，并生俘法王老好人约翰。——译者

② 阿尔比翁(Albion)，古代法国诗人用以指称英国的名词，由拉丁文 albus〔白色〕演变而来，因英国沿海崖石色白，因而得名。缪斯(Musai)，希腊神话中九位文艺科学女神合称。阿尔比翁的缪斯，即英国的诗神。——译者

看见森林里蹿出了吓人的狼，
挤做一团，急忙往羊圈里躲藏，
狼眼炯炯发亮，长毛直竖血口大张，
涎沫横流，龇牙咧嘴，威胁着这群羊。

圣马丹①保护居民在杜莱纳富饶地方，
日尼薇②——赛纳马恩河一带人民奉为慈祥的女神仙，
德尼斯③双手抱头似人又似神模样，
他们见那乔治飞凌万里长空威严且雄壮，
个个吓得战战兢兢心里发慌。
他头戴金盔钻石晶莹，明亮辉煌，
昔日里天国耶路撒冷曾用这钻石铺饰广场；
正当光明星球④和它妹子⑤每日里转动四十转，
她又用温柔的青光把黑夜来照亮，
人们便看见乔治飞临头顶上。

他手擎骇人的神枪，

① 圣马丹(Saint Martin，？—396)，法国杜尔地区的主教。士兵出身。以慈善闻名。——译者

② 日尼薇(Sainte Geneviève，420—512)，巴黎市的护城神。传说在匈奴入侵法国时，她曾显灵保护巴黎。——译者

③ 德尼斯(Saint Denis，约公元一世纪或三世纪)，高卢的圣徒，巴黎第一任主教。传说他殉教被杀，首级落地，他亲自用双手捧起。——译者

④ 即太阳。——译者

⑤ 即月亮。——译者

曾经是，在开天辟地的辰光，
半人半神的米沙埃耳用来杀伤
世界和造物生永世仇敌的那支枪。
一群天使环绕在宝座近旁，
从他们神背上落下最美丽的羽翎纷纷飘扬，
飘扬在战神乔治的金盔上方，
金盔四周飞翔着那恐怖、战争把人杀伤，
还有那无情的报复和那死亡，
死亡结束了可怜的人类一切灾殃。
这战神又好像一颗彗星一样，
彗星风驰电掣，穿越群星轨道使群星惊慌，
在它远远后方留下了一道道青光，
对软弱的人类预示了若干君王和国家的陨亡。

他立马在沙伦特河岸上，
他的兵器响声铿锵，
一直冲上朱庇特和萨图恩[①]所统治的穹苍，
他前进两步，来到了那些地方，
在那儿，宽宏大量的爱德华的儿子[②]
等待着不屈不挠的菲利普·德·瓦卢阿的儿郎[③]。

佛罗伦萨人用这种调子谈了有一刻多钟。他的话，脱口而出，

① 萨图恩(Saturne)，罗马神话中朱庇特之父。——译者
② 即黑王子。——译者
③ 即法国国王老好人约翰。——译者

就像荷马说的，比冬天下的雪还更密更多；然而他的话并不是冷冰冰的；倒好像独眼巨怪在响声叮当的铁砧子上锻打朱庇特的雷电时飞迸出来的火花。[①]

他的两位反对派只好止住他的话，承认他出乎他们意料之外，的确出口成章，能大量使用伟大形象，而且还能求助于天、地和地狱；但是他们都认为把温情与悲痛融合到崇高感情里去的艺术才是达到登峰造极的境界。

牛津教授说：例如，有什么比看到朱庇特跟他妻子在伊达山[②]上睡觉更有道德感，同时又更有肉感的呢？

于是彻斯特菲尔德先生便发言了，他说道：各位先生，对不起，请允许我也来加入争论；在古希腊时代，或许认为一位神明跟他的妻子在一座大山上睡觉是件很有趣的事；但是我却丝毫也看不出来这里面有什么很微妙很引人入胜的地方；我也必然同你们意见一样，认为那条令评论家和摹拟家喜欢称之为爱神戴的围巾是一幅动人的形象；但是我总是想不通这原来是一个催眠的东西，也想不通朱诺[③]怎么会想到接受万神之主的抚爱来使他入眠。这真是一个有趣的神，这么轻易地就乖乖睡着了。不瞒你们说，我年轻的时候，叫我安眠可没有这么容易。我不知道叫朱诺对朱庇特说这

---

① 罗马神话传说独眼巨怪(les cyclopes)被关在埃特纳(Etna)火山下，在工匠祖师火神与铁神伏尔甘(Volcanus)的作坊里青铜砧上为主神朱庇特锻炼雷电。——译者

② 伊达山(Lemont Ida)，在希腊克里特岛，希腊罗马神话中，传说天后朱诺在这座山上接待万神主神朱庇特。——译者

③ 朱诺(Juno 或 Junon)，罗马神话中的天后，主神朱庇特的妻子，即希腊神话中的赫拉(Hera)。掌管婚姻和生育，保护妇女。诗人们都把她描写得高傲、妒忌和喜欢报复。——译者

话："您若一定要亲近我，咱们一块上天到您的住宅去，那是伏尔甘[①]修建的，屋门关得很严，什么神也闯不进去，"是否高雅宜人、饶有趣味，是否机智和端庄。

我也不懂朱诺恳求令朱庇特安睡的睡神怎么会是一位那么清醒的神。这位睡神一会儿就从利姆诺斯岛和伊姆罗兹岛来到伊达山：从两个岛上同时出发可真漂亮：从那儿他又乘上一辆马车，马上又追赶希腊舰队；他寻找尼普顿[②]，把尼普顿找到了。便哀求这位海神让希腊军在这一天获胜，他又迅速地飞回利姆诺斯岛。我从来也没见过这么淘气的睡神。

总之，倘若在一篇史诗里必须谈跟谁睡觉，老实说我倒是百倍地更喜欢阿耳辛娜跟罗日尔[③]、阿尔米德跟雷诺[④]的幽会。

来，亲爱的佛罗伦萨人，请您给我读阿里奥斯托[⑤]和塔索[⑥]的这两首令人叫绝的诗歌。

佛罗伦萨人没有推辞。彻斯特菲尔德先生非常愉快。苏格兰

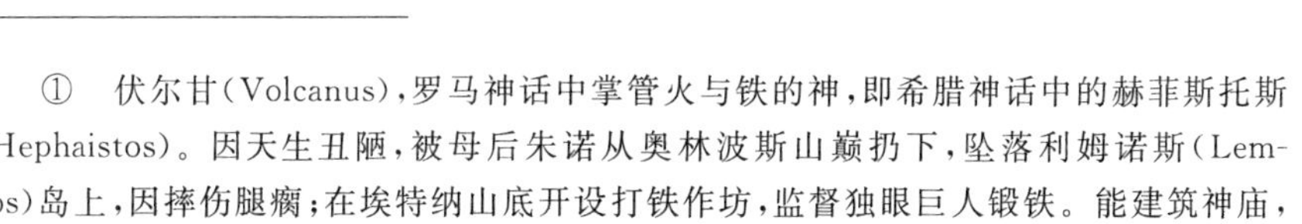

① 伏尔甘(Volcanus)，罗马神话中掌管火与铁的神，即希腊神话中的赫菲斯托斯(Hephaistos)。因天生丑陋，被母后朱诺从奥林波斯山巅扔下，坠落利姆诺斯(Lemnos)岛上，因摔伤腿瘸；在埃特纳山底开设打铁作坊，监督独眼巨人锻铁。能建筑神庙，制作各种武器和金属用品，被人奉为工匠祖师。——译者

② 尼普顿(Neptunus)，罗马神话中的海神。朱庇特的兄弟。他在海底宫殿里圈着几匹金鬃马，供他在海上驾车巡游。——译者

③ 阿耳辛娜(Alcine)、罗日尔(Roger)是阿里奥斯托的叙事诗《疯狂的奥兰多》中的主要人物。——译者

④ 阿尔米德(Armide)跟雷诺(Renaud)是塔索的史诗《耶路撒冷的得救》里的主要人物。——译者

⑤ 阿里奥斯托(Ludovico Ariosto，1474—1533)，意大利文艺复兴时期伟大诗人。《疯狂的奥兰多》就是他的代表作。——译者

⑥ 塔索(Torquato Tasso，1544—1595)，意大利文艺复兴时期大诗人。代表作《耶路撒冷的得救》，以 1096 年第一次十字军东征为题材，反映文艺复兴时期人文主义与宗教思想的冲突。——译者

人在这时候又念芬格耳诗；牛津大学教授读荷马；于是众人皆大欢喜。

人们最后得出结论说，凡是摆脱一切成见，体会到古人和今人的才德，鉴赏他们的美，认识他们的缺点，并能加以原谅的人都是幸福的。

ANGE 天使

第一节 印度天使和波斯天使等

《百科全书》里“天使”一文的作者说：“一切宗教都承认有天使，虽然天然理性尚未能证明。”

我们除了天然理性之外，根本没有什么别的理性。凡是超自然的东西都超乎理性之上。应该说（倘我没有弄错的话）许多宗教而不是一切宗教承认有天使。努马的宗教①、塞俾安人②的宗教、德吕德③宗教、中国的宗教、西徐亚人④的宗教、古代腓尼基人和埃

---

① 努马（Numa Pompilius，前714—前671），传说中的罗马王政时代第二王。据说他曾创建了罗马教，并在阿里锡林中获得女仙爱惹丽（Egérie）指教。此处即指罗马教。——译者

② 《古兰经》里曾经提到塞俾安教，是阿拉伯古代塞巴地方（在今之也门一带）居民信仰的宗教。该宗教崇拜星辰，相信有一位造物主，但是人类只能由神人之间的仙灵引导才能接近造物主。——译者

③ 即法国古代高卢人所信仰的原始宗教。德吕德（druide）是高卢人中间的祭司，他们常在树林中集会，相信灵魂不朽，崇拜许多神，主神是战种忒塔太斯（Teutatès），并崇拜植物。——译者

④ 西徐亚人（Scythes），古代欧洲东北部西徐亚地方的蛮族，也散居在亚洲西北部。是现在萨尔马特人（Sarmates）的祖先。——译者

及人的宗教都不崇拜天使。

我们把这个字理解为上帝的使臣、代表、介乎上帝与凡人之间的神明，是上帝派遣来向我们传达他的命令的。

时至今日，1772 年，整整有四千八百七十八年了；四千八百七十八年前，婆罗门教徒就说他们已经有用文字写成的第一部神圣经典，名为《沙斯陀》，早于他们第二部名为《吠陀》的经典一千五百年；"吠陀"的意思就是"上帝之言"。《沙斯陀经》共有五章：第一章，上帝及其属性；第二章，天使的创造；第三章，天使的堕落；第四章，天使受惩罚；第五章，天使获赦和人类的创造。

首先，看看这本书怎样谈上帝的，不无益处。

《沙斯陀经》第一章

"上帝是至高无上的；他创造了一切；这是一个完美的寰宇，无始无终，他根据一种由一定原理得出的普遍神意来进行全部创造过程。你根本不必寻求发现永恒的精神实质，和他用以治理一切的种种规律；这样一种企图非但徒劳无益而且罪有余辜。你只要在他的作品里日夜观瞻他的明智、能力和善心也就足够了。"

拜读了《沙斯陀经》篇首这一段以后，让我们来看看天使的创造。

《沙斯陀经》第二章

"永恒的主，沉浸在自我存在的观照里，时机成熟，便决定把他的荣耀和实质传给一些能够感受和分享他的真福，能够为他的荣耀效命的'东西'。永恒的主要这么做，他们就有了。主用他部分实质造成了他们，他们能够依照他们自己的意志尽善尽美或沾染瑕疵。

“永恒的主先创造了梵天、毗湿奴和湿婆[①];随后又创造了摩扎佐和各等各位的天使。永恒的主赐给梵天毗湿奴和湿婆最优越的地位。梵天是天使军长,毗湿奴和湿婆做他的辅佐。永恒的主分天使军为许多队伍,每队各派一名队长。他们都崇敬主,环侍在他御座的周围,各就各位。这时天国成了升平的境界。第一队队长摩扎佐为创造主歌唱颂主诗歌,为创造主第一个创作梵天歌唱从命歌;永恒的主在他的新创作中感到融融的乐趣。”

第三章　一部分天使的堕落

“自从天使军被创造以来,欢腾与和谐的气氛笼罩着永恒的主的宝座周围有百万年之久,而且如果摩扎佐和其他一些天使队长没有触动七情六欲的话,这种欢乐升平的情形将与时间长存。在这些动了情欲的天使中,就有赖崩[②],在摩扎佐以下,地位属他最高了。他们忘记由于被创造而得来的幸福,忘记他们的本分,竟自抛弃了完善无疵的能力,运用起有缺陷的能力来。他们当着主的面,为非作歹,不听从主的命令,拒绝服从上帝的代理人及其助理毗湿奴和湿婆;而且他们说:“我们要执政。”他们玩视他们的创造主的威力与愤怒,在天军中散播他们那些叛乱原理;他们诱惑天使,煽动许多天使参加叛乱;这些叛军便都远离主的宝座;那些忠

① 这里三个神名法文原文是 Birma,Vitsnou,Sib;Birma 即 Brahma 意译梵天,意即众生之父;Vitsnou 即 Visnu,音译毗湿奴,意即“遍净”、“幻惑”,是守护神、善神;Sib 即 Siva 或 çiva,音译湿婆,意即“自在”,是破坏神,恶神。这是古印度婆罗门教的三位主神。——译者

② 赖崩(Raa bon),印度神话中的天使。——译者

心耿耿的天使忧心忡忡，天上便第一次有了痛苦。”

第四章　对于犯罪的天使的惩罚

“永恒的主的全知、先见和威力普及万物，只是对他创造成的自由的东西所作所为无能为力；眼见摩扎佐、赖崩和其他天使长背信弃义，既痛心又愤怒。

“大慈大悲的主，震怒之余，派遣梵天、毗湿奴和湿婆去惩罚他们的罪恶，迫使他们安分守己；但是他们却坚信他们是自由独立的，坚持叛乱。主便命令湿婆掌握了全能反对他们，把他们从‘高’处投入‘黑暗’之处，投入‘翁戴拉’[1]，在那儿受罚一千年再乘上一千年。”

第五章　简述

到了一千年头儿上，梵天、毗湿奴和湿婆请求主对这些罪人大发慈悲。主便同意把他们从“翁戴拉”监牢里释放出来，叫他们修道许多许多年。在这段忏悔时期，他们又兴风作浪反对上帝。

也就是在这些年代里，上帝创造了大地；那些屡悔屡犯的天使便在地上经受多次轮回之苦，化身为兽；最末一次，变成了母牛。从而母牛在印度成了神牛。最后，他们都变成了人。这样一来，印度人关于天使的学说也正好就是耶稣会徒布让[2]的那一套；布让以为畜牲的体内住着戴罪的天使。婆罗门教人曾经认真发明的学说，布让在四千年后却开玩笑想象出来，可是这种诙谐在他心中说不定就是一种迷信残余羼杂上学说思想，这也是时常有的事。

---

① 翁戴拉(Ondera)，婆罗门教传说中的地狱。——译者

② 布让(Guillaunve-Hyacinthe Bougeant，1690—1743)，法国史学家，耶稣会士，著有《威斯特发利亚条约史》。——译者

以上就是古代婆罗门教徒关于天使的故事，五千年来一直还在传述着。我们那些在印度经商的买卖人从来没听说过；我们的传教士们也不知道；而那些婆罗门人，既未领受他们的科学，也未得知他们的风尚，根本没有把婆罗门的秘义传授给他们。多亏一位英国人名叫霍威尔，在古代婆罗门人的学校——恒河流域的贝拿勒斯城居住了三十年，学会了梵文古经的神圣语言，读了印度宗教的古籍，才给我们欧洲丰富了这类稀奇的知识；正如萨勒先生在阿拉伯住了多年才给我们提供了一部《可兰古经》[1]的忠实译本，了解了回教前身——塞俾安教；也正如希德先生在波斯研究有关袄教的一切文献继续研究了二十载。

波斯的天使

波斯人有三十一位天使。第一位，由四位天使服侍着，名叫波罗阿满，监察万兽，而人不在其内；因为上帝留着人由自己直接管辖。

太阳进入白羊宫星座的那一天由上帝亲自主持，这一天便是安息日；这证明在远古时代波斯人就已遵守安息节了。

第二位天使主宰着第八日，名叫戴巴杜尔。

第三位是古尔；后来大约人们就把这位天使当成居鲁士[2]了；这是太阳天使。

第四位名叫玛，他是月亮的主宰。

---

① 可兰古经(Alcoran)，又译古兰经。——译者

② 居鲁士(Cyrus，前600？—529)，古波斯帝国创建者，曾灭米提亚王国，侵占吕底亚，陷巴比伦，释放犹太“囚虏”，统治了西亚细亚全部版图。——译者

这样每位天使各有方位。关于守护天使和邪恶天使的学说首先为人所知是在波斯。有人相信拉斐耳[①]就是波斯帝国的守护天使。

希伯来人的天使

一直到基督纪元初期，希伯来人不知道天使的堕落。到这时候，古代婆罗门教徒的这一秘密学说才传到他们那里：因为就是在这个时期有人撰写了归到以诺名义下的书[②]，书里谈到被逐出天堂的犯罪天使[③]。

以诺必定是一位很古的作者，因为根据犹太人的说法，他生活在洪水泛滥以前第七代；但是因为塞特[④]比他更早，曾经给希伯来人留下一些书，犹太人可以夸耀他们有以诺的书。据他们说，以诺这样写道：

“人类的数量大大增长，有很漂亮的女子；天使们，光辉灿烂的神，‘埃格勒哥里’，迷恋上了这些女子，因而犯了许多错误。他们彼此鼓励说：我们可以在凡间的女子中选择妻室。他们的首

① 拉斐耳(Rarhaël Raffaello Santi)，圣经中人物，天使长。希伯来语意即神医。旧约多比雅书中，提到拉斐耳曾指教乡比雅的儿子，用鱼胆汁治愈他父亲的目疾，恢复光明的故事。见克郎朋(A. Crampon)神父译法文版《圣经·多比雅书》第10章。——译者

② 以诺(Enoch 或 Hénec)，《旧约》中人物，雅列之子，马土撒拉之父，见《创世记》第五章。以诺书是基督教初期的一种启示录，未被收入圣经内。——译者

③ 所罗门·孟克(见“巴勒斯坦人”一书)也说：“天使的存在并非摩西的宗教的一种教义……是在后来，‘巴比伦囚虏’时期，在波斯祆教的学说影响之下，关于天使的理论才形成……在古希伯来语言里没有跟天使等同的词……天使学说是在基督教学说和犹太人解释《旧约》的学说中发展起来的。”——乔治·阿弗内尔

④ 塞特(Seth)，《旧约》中人物，是亚当之子，见《创世记》第五章。——译者

长塞米亚克萨斯便说：我恐怕你们不敢完成这样的计划，我担心独自受过。大家都回答说：我们来宣誓执行我们的计划，倘若我们违背誓言，情愿受咒逐处分。他们便立誓联合起来，诅了咒。他们一共有二百人。他们在雅列①时代一同出发到那座由于他们的誓言而被人叫做海尔蒙尼姆的山上去：他们当中主要的几位天使的名字是：塞米亚克萨斯、阿塔尔居甫、阿拉歇耳、高巴比耳、山普锡克、扎歇耳、发尔马、涛萨耳、萨米耳、梯列耳、如米耳。

“这几位天使和其余的天使在世界创造后一千一百七十年都娶了妻室。从这次婚配产生了三种人，巨人、纳甫兰人，等等。”

这段文字的作者用这种似乎属于世界初期的风格来写；那种朴素笔调跟初期是一样的。他没有遗漏指出人物的姓名，也没有忘记指明年代；没有一句感想，一句格言。这是古代东方的方式。

我们看得出来这一段历史根据的是《创世记》第六章：“那时候有巨人在地上；因为上帝的孩子们跟凡间的女子们交合，她们就生出了当时英武有名的人。”

《以诺书》和《创世记》两书关于天使与凡间女子交配，关于从这次交配产生的巨人，意见完全一致；但不论是《以诺书》，还是《旧约》中任何一书，都没有谈到天使反对上帝的战争和他们的失败，也没有谈到天使堕入地狱，和他们对于人类的仇恨。

差不多各个《旧约》注释家都一致说犹太人在“巴比伦囚虏”②

① 雅列（Jared），《旧约》中人物，以诺之父；见《创世记》第五章。——译者

② 公元前586年，新巴比伦国王尼布甲尼撒二世侵占耶路撒冷，俘获大批犹太人，囚禁在巴比伦，直到居鲁士于538年攻陷巴比伦，释放犹太人回巴勒斯坦重建耶路撒冷，这七十年间，史称“巴比伦囚虏”。——译者

以前，还不知道什么天使的名字。出现在参孙父亲玛挪亚面前的那位天使压根儿不愿意说出自己姓名来。[1]

当三位天使在亚伯拉罕面前显现，他烹了一整头牛犊来飨宴他们的时候，他们也压根儿不把姓名告知他。其中有一位便对他说："倘若上帝给我生命，明年我还要来看您，您的妻子撒拉必生一子。"[2]

加尔梅发现这段故事跟奥维德在他的《岁时记》里边叙述的神话故事有密切的关系；这个神话故事说的是朱庇特、尼普顿、墨丘利在希里厄斯老者家里用晚餐，看见老人发愁不能得子，便在希里厄斯给他们预备的牛犊的皮上撒了一泡尿，并且嘱咐他把这张浇上天尿的小牛皮在地下埋藏九个月。过了九个月，希里厄斯便去刨他的牛皮；他竟在那儿发现一个小孩，人们叫做奥里雍[3]，现在天上。加尔梅甚至说天使跟亚伯拉罕说话时用的字眼可以这么译："必定从您的牛犊里生出一个孩子来。"

无论如何，天使们也不肯对亚伯拉罕说出名姓来；他们甚至于对摩西都不说出姓名来；我们在犹太人被囚时代的多比雅书里才看到有拉斐耳的名字。其他一切天使的名字显然都是从迦勒底和波斯来的。拉斐耳、加百列[4]、于列耳[5]等等都是波斯和巴比伦名

① 故事见《旧约·士师记》第10章。——译者

② 见《创世记》第18章。——译者

③ 奥里雍(Orion)，希腊神话中狩猎巨人和美男子，为希腊狩猎女神阿耳忒弥斯(Artemis)所爱，遭受阿波罗妒忌，一天奥里雍泅水，仅露脑顶黑发于水面，阿波罗乘机用话激动他妹妹阿耳忒弥斯用箭射中水中黑点，奥里雍被射中身死，狩猎女神便哀求主神宙斯变奥里雍为一星座。——译者

④ 加百列(Gabriel)，希伯来语原意是上帝之力。天使长。——译者

⑤ 于列耳(Uriel)，天使，希伯来语原意是上帝之光。东方礼拜仪式中常常提到这位天使。——译者

字。直到以色列这个名字，没有名字不是迦勒底的。犹太学者斐洛在他上卡利古拉[①]的出使表里，特别提到这一点（见前言部分）。

我们这里不再重复人们在别的地方谈到天使的话了。

古希腊罗马人是否崇拜天使

古希腊罗马人信奉的神和半神相当地多，用不着再有什么其他的属神了。墨丘利为朱庇特传达圣旨，伊丽丝[②]供朱诺天后差遣；可是他们仍然承认有神仙鬼怪。

关于守护天使的学说，由荷马同时代的赫西俄德吟诗传诵。请看他如何在他的长诗《工作和时日》里讲的：

在萨图恩与莱阿[③]二神的年代真幸福，
不知疲倦，不知有苦；
众神慷慨施舍一切，人类心满意足；
无所争夺，平安共处，
未尝败坏他们不变的习俗。
可恶的死亡，对于临死的人是那么可怖，
这也不过是一个甜蜜的过渡，

---

① 卡利古拉（Caligula，12—41），古罗马皇帝，37—41在位。罗马历史上极端残暴的昏君。曾诅咒罗马人民共生一头，以便他一刀斩首。疯狂到任命他的坐骑安锡塔杜斯为执政官。尝谓："不怕人民恨他，但要人民怕他！"——译者

② 伊丽丝（Iris），希腊罗马神话中的天使，背生光辉闪烁的双翅，飞翔如电，行走如风，经常自天而降，传达神命。后为天后朱诺变形为彩虹。——译者

③ 莱阿（Rhée 或 Rhea），又名希贝耳（Cybèle），希腊罗马神话中天女，是掌管大地的女神，萨图恩之妻，朱庇特的母亲。她每生一子，就被萨图恩吞食，萨图恩（希腊名诃诺斯 Cornos）象征着时间创造并毁灭一切的威力；莱阿生朱庇特时用石块代替婴儿供萨图恩吞食，并将他藏之深山养育成神。——译者

从快乐的人间向极乐的天堂过渡。
那时期的人们尽是我们的福禄星宿，
我们的福星，我们生命的支柱；
他们抱着期望的心情在我们身边守护，
期望人心，只要做得到，远离罪恶和痛苦，云云。

人们愈是在上古时代发掘，愈是看得出来近代的民族都曾在今日差不多已被人遗弃了的那些宝藏里吸取过东西。过去很长年代一直被人视为发明者的希腊人，曾经模仿过埃及，埃及又抄袭过迦勒底人，而迦勒底的一切差不多都取之于印度。赫西俄德曾尽情歌颂过关于守护天使的学说，后来就在各学派中诡辩起来了；这也就是这些学派所能够做到的。每个人都有他自己的吉神和凶神，就像各人都有自己的照命星一样。

有一种神，指挥星辰的照明星宿。
——贺拉斯文集：第二卷“书简”二，第187句

我们知道苏格拉底有一位吉神。可是引导他的必然是一位凶神。只能是一位很坏的天使才会劝一位哲学家去挨门一问一答、告诉人说父、母、教师和学童都是些蠢才和无知之辈。守护天使这时候便很难保障他所护卫的人不致服毒而死了。

关于马居斯·布鲁图①，我们也只知道他的凶神在腓利比战役之前对他曾显过灵。

---

① 马居斯·布鲁图(Marcus Junius Brutus，约前86—前42)，古罗马驻高卢总督(前46年)和城市法官(前44年)。前44年因不满恺撒独裁，企图恢复共和制，与卡西阿(Cassius)同谋，刺死恺撒。遭安东尼与屋大维联军讨伐，战败于腓利比原野，拔剑自刎。临终前曾仰天大呼说：“噢！德行！你只是一个名词罢了！”——译者

第 二 节

天使的学说是世界上最古的学说之一，发生在灵魂不朽学说之前；这并不奇怪。要能相信灵魂不朽，必须有哲学，可是为能想出一些高高在上卫护我们或迫害我们的人物来，只要有想象力和偏爱就可以了。然而看来古代埃及人不像是对于这类形体轻飘的天上人物和传达上帝命令的使者毫无观念。古代巴比伦人就是最先赞赏这种学说的。希伯来书[①]一开头在它首卷《创世记》里就使用了天使；但是《创世记》只是在迦勒底人已经成为一个强盛的民族之后才写的；只是在摩西以后一千多年，"巴比伦囚虏"时期，犹太人才得知人们称呼天使的那些名字如拉斐耳、米迦勒、于列耳等等。犹太教和基督教既然都根据的是亚当堕落的传说，而亚当堕落的传说又是根据堕落的天使的诱惑，魔鬼的诱惑，然而在摩西五书[②]中却只字未提及有什么堕落的天使之说，更没有提到堕落的天使受罚和他们在地狱里居住的事，这就是件很稀罕的事了。

这种遗漏的原由是显而易见的；因为犹太人在巴比伦被囚时期才知道堕落的天使；也就是在那时候人们才开始谈论天使拉斐耳后来锁到上埃及去的那个恶魔阿斯毛代[③]；也就是在那时候犹

---

① 即《旧约全书》。——译者

② 即《创世记》、《出埃及记》、《利未记》、《民数记》、《申命记》。——译者

③ 阿斯毛代(Asmodée)，《圣经·多比雅书》中的魔鬼。这个名字或许是由波斯文 asmuden(诱惑)而来，更可能是由希伯来语 schâmad(遗失)而来。多比雅书第三章提到恶魔阿斯毛代爱上了拉盖耳的女儿撒拉，撒拉结婚七次，丈夫俱被恶魔夺去生命。后来多比雅娶撒拉为妻，遵照天使拉斐耳的话，取出鱼肝粉撒在火上，于是拉斐耳便立刻降临，捉住恶魔，忙把它锁在上埃及的沙漠里。——译者

太人才听到说撒旦。撒旦这个名字本是迦勒底语,迦勒底居民约伯的书最先提到撒旦。

古波斯人说撒旦是个曾跟“底沃斯”和“贝应斯”——也就是仙女们作过战的精灵。

那么,按照或然性的通常规律,仅仅依据自己的理性做出结论的人们,或许便可以认为犹太教人和基督教徒们就是从这种神学里,终于知道了堕落的天使——恶魔已被逐出天堂,知道了他们的首领化身为蛇诱惑了夏娃。

有人断言以赛亚[①](在《以赛亚书》[②]第14章第12节)说“Guomodo cecidisti de coelo, lucifer, qui mane oriebaris[③]?——清晨升起的光明之星啊,你怎么竟从天上陨落?”说这话的时候,心目中就影射着天使堕落的话。

就是从以赛亚书译出的这句拉丁诗句给魔鬼提供了琉琪斐(Lucifer)这个名字。人们没有想到琉琪斐的意义就是光辉四射的人,更没有寻思一下以赛亚的话。他说的是被人废黜的巴比伦王,并且,通过一个双关的比喻,对他说:你怎么竟从天上陨落了呢,光辉灿烂的明星?

以赛亚未必是有意用这种笔法来奠立天使堕入地狱的学说:因而只是在初期的基督教会时代,教会神父和犹太教神父拉比们

① 以赛亚(Isaias,约前774—前690),犹太四大先知的第一位。传说最后为暴虐君王马纳赛(Manassé)下令锯身两半而死。——译者

② 以赛亚书,《旧约》全书之一。传说是先知以赛亚所著。历来认为是希伯来文学黄金时代杰作之一。——译者

③ 这句话拉丁译文中Lucifer(琉琪斐)原意是“光明”,又是一位带头叛乱的天使的名字,故字首大写。用意双关,影射着天使堕落。——译者

极力提倡这种学说，为的是解说在一条蛇诱惑了人类的母亲的故事里有令人难信之处；这条蛇因为这一恶行被罚匍匐而行，成了人的仇敌，人总是努力制伏它，它也老是拼命咬人。天上的东西，坠入深渊，又从那里边跑出来迫害人类，好像有些深奥莫测。

我们不能用任何推理证实这类天堂和地狱的势力存在；但是也不能证实它们不存在。承认有既不属于神性也不属于人性的行善的东西与作恶的东西确也没有什么矛盾；但是一件事物是可能的，并不足以令人确信它的存在。

在巴比伦人和犹太人那里掌管各个民族的天使也正好就是荷马史诗里的那些神，隶属于一位最高主神的一些天上的神人。产生荷马史诗里诸神的想象力可能也产生了巴比伦人和犹太人的神仙。属神的数目随着荷马史诗里描写的宗教增长。基督教里天使的数目也与时俱增。

以亚略巴古人德尼斯①和格列高利一世②的名字闻名于时的两位作家确定天使有九队三等：第一等有六翼天使撒拉弗③、司智天使基路伯④、神座天使；第二等有总领天使、有能天使、掌权天

① 亚略巴古人德尼斯(Denys l'Aréopagite)，即圣保罗在雅典亚略巴古山上传道时，皈依基督教的信徒，后来任雅典主教。见《新约·使徒行传》第17章第34节。——译者

② 格列高利一世(Grésoire Ier，Gregorius I，540—604)，罗马教皇，590—604在位。——译者

③ 撒拉弗(séraphins)，希伯来语意即火的天使。圣经《旧约·以赛亚书》第六章把撒拉弗描写成为一位背生三对翅膀的天使，两翅遮脸，两翅遮脚，两翅飞翔。——译者

④ 基路伯(cherubins)，《圣经》传说中的司智天使。后来在亚述宫殿门前塑像背生双翼的牛，据说就表现了超自然的守护神使基路伯。旧约以西结书第十章中描述基路伯有四个脸：第一个是基路伯的脸，其次是人脸，第三是狮子脸，第四是鹰脸。——译者

使；第三等有本原天使、天使长，最后还有天使，其他八队都从这一队得名。也只有一位教皇才能这样规定天上的等级。

第　三　节

天使，在希腊文就是“使者”；一直到我们晓得了波斯人有“贝立斯”，希伯来人有“马拉克斯”，希腊人也有他们的“达伊莫诺伊”①，对于天使，我们知道的仍然不外于此。

但是此外或许在这方面对我们更有所启发的，那就是人类最初总是想在人和神之间安排一些什么：例如古代人想象出来的那些精灵神怪之类；人总是按照自己的形象来创造神明的。人们看见王子们派遣驿使传达命令，便以为神明也有使者：墨丘利、伊丽丝都是神的使者。

在希伯来这个单独由上帝亲自领导的民族那里，起先并没有为上帝毕竟是给他们派遣过的天使命名过什么名字。他们在犹太民族做巴比伦俘虏的时候，借用了迦勒底人给天使起的名字；米迦勒和加百列都是在这些民族为奴的但以理②首先提起的名字。生活在尼尼微的犹太人多比雅就熟识拉斐耳天使，这位天使曾同他儿子一道去米堤亚，帮助他讨回犹太人嘎巴埃勒欠他的款。③

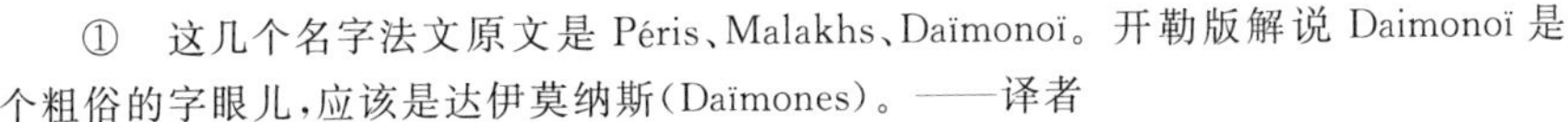

① 这几个名字法文原文是 Péris、Malakhs、Daïmonoï。开勒版解说 Daimonoï 是个粗俗的字眼儿，应该是达伊莫纳斯（Daïmones）。——译者

② 但以理（Daniel），《旧约》中人物。公元前七世纪希伯来四大先知之一，被虏至巴比伦为奴。传说他曾受波斯教士陷害，被投入狮沟中，次日又生还，从而感动居鲁士释放巴比伦囚虏，犹太人回归巴勒斯坦。——译者

③ 故事见《圣经·多比雅书》第 2、3、8 章。多比雅（Tobie）是传说中以虔诚闻名的犹太教徒；尼尼微（Ninive）是古代亚述一城市，在今日伊拉克的摩苏尔（Mosul）附近。嘎巴埃勒（Gabaël）当系嘎贝鲁斯（Gabélus）之误。——译者

在犹太法典里，也就是说在《利未记》和《申命记》里，毫没有提起天使们的生存，自然也就更谈不到对他们的供养了；所以撒都该教派根本就不信仰天使。

但是在犹太史里却谈得很多。犹太史里谈的这些天使都是有血有肉的；他们背生双翅，就像异教徒们假托神使墨丘利长在脚后跟上的一样；有时候他们将翅膀遮盖在衣服里。既然他们都又吃又喝，而且所多玛的居民们曾企图对那两位到罗得家里来的天使犯鸡奸的罪行，天使们怎么会不具形体呢？[①]

依据本·梅蒙[②]的说法，古犹太传说里，有十等十级天使：1. 圣贞天使；2. 神速天使；3. 强壮天使；4. 火焰天使；5. 星火天使；6. 差遣天使；7. 裁判天使；8. 神子天使；9. 形象天使；10. 活动天使。

在摩西五书里没有天使堕落的故事；我们能够发现的最初见证，就是先知以赛亚；他在叱咤巴比伦王的时候厉声指责说："搜刮民脂民膏的人而今下场如何呢？松柏都因为他堕落而高兴。晨星赫莱耳啊，你怎么会从天陨落呢？"有人把赫莱耳（Hélel）这个字译为拉丁语琉琪斐（Lucifer）；随后又有人打个比喻，把在天上作战

① 《旧约·创世记》第19章记载："那两个天使晚上到了所多玛。罗得正坐在所多玛城门口……罗得切切请他们，他们这才进去到他家里，……他们还没有躺下，所多玛城里各处的人，连老带少，都来围住那房子，呼叫罗得说，今日晚上到你这里来的人在哪里呢？把他们带出来，任我们所为。罗得出来……说众兄弟请你们不要做这恶事，我有两个女儿，还是处女，容我领出来任凭你们的心愿而行……"——译者

② 本·梅蒙（阿拉伯名是 Mocheh ben-Maïmoun，法语译名是 Mosès Maimonide，1135—1204），犹太大医生、神学家和哲学家。他的神学著作有《米施那诠释》，米施那（Mischna）是犹太教经典《塔尔穆德》（Talmud）的上半部。——译者

的天使们的首领叫做琉琪斐；而这个本意是燐火或黎明的名字，终于成了魔鬼的称号。

基督教是根据天使的堕落这一传说的。凡是叛乱的天使都从他们住的天堂被退到地心的地狱里去，变成了魔鬼。有一个魔鬼化身为蛇诱惑了夏娃，使人类堕落。耶稣基督为人类赎罪，战胜了那个仍想诱惑我们人类的魔鬼。然而这个基本传说只在以诺的伪书里才有，而且是跟通行的传说完全两样的。

圣奥古斯丁在他第109封书信里给吉祥的或凶恶的天使加上轻盈伶俐的身材，丝毫没有困难。教皇格列高利一世把犹太人承认的十队天使约简成九队，约简成九个等级。

犹太庙有两位司智天使基路伯，每位都是双头，一个牛头，一个鹰头，有六只翅膀。我们现在把它绘成一个飞头，耳朵下边生着一对小翅膀[①]。我们把天使和天使长绘成背生双翅的少年。至于神座天使和总领天使，还没有谁绘出来过。

圣托马斯在“五十八题”第二条里说神座天使跟撒拉弗、基路伯都一样接近上帝，因为上帝坐在他们身上。邓斯·司各脱[②]曾计算有十亿个天使。关于吉神和凶神的古代神话是从东方传到希腊罗马来的，我们接受了这个见解，承认每个人从生到死，都受吉祥天使扶助，凶恶天使伤害，但是我们还不知道这类吉祥天使或凶恶天使是否继续不断地更换岗位，或者被其他天使接替。关于本

① 孟克说：“守护天堂的基路伯（希伯来语 Keroubîm）是一种象征的东西，犹如埃及的人面狮身像斯芬克斯。”——乔治·阿弗内尔

② 邓斯·司各脱（Duns Scot，约1266—1308），英国唯心主义哲学家和神学家，方济各会教士。——译者

文，请参阅圣托马斯神学全书。

我们不大明确天使在哪里存身，是在空气里呢，在空中呢，还是在星球里？上帝却无意让我们知道。

ANTHROPOPHAGE 吃人的人

第一节

我们谈过爱情。要把话题从相爱的人过渡到自相残食的人，又谈何容易。然而吃人的人倒确实是有的。我们在美洲发现过，现在或许还有，而在古代也不只是独眼雷神有时吃人肉。玉外纳[①]（讽刺诗第15卷83首）传说在埃及这个以法律闻名、安分、守己、崇拜鳄鱼和葱，又极端信神的民族那里，坦提尔人尚且把落到他们手里的敌人吃掉。他这话并非根据道听途说，而是他亲眼所见。因为那时候他正在埃及，离坦提尔那个地方不远。他在这当儿引加斯科涅人和萨贡托人[②]为证，这些人从前都以他们同胞们的肉充饥。

在1725年有人带四个密西西比的野蛮人到封丹白露来，我曾有幸同他们交谈过：其中有一个当地妇人，我问她是否吃过人，她很天真地回答说她吃过。我露出有点惊骇的样子，她却抱歉说与

① 玉外纳（Juvénal，Decimus Junius Juvenalis，约42—约125），一译尤维纳利斯，古罗马讽刺诗人。有讽刺诗十六首传世。——译者

② 加斯科涅人、萨贡托人（Gascons，Sagontins）都是法国邻近西班牙边界的山民。——译者

其让野兽吞噬已死的敌人，倒不如干脆把他吃了，这也是战胜者理所应得的。我们在阵地战或非阵地战中杀死我们邻邦的人，为了得到一点儿可怜的报酬去给乌鸦和大蛆预备食料，这才是丑行，这才是罪恶。至于敌人被杀后，由一个士兵吃了或是由一只乌鸦或一条狗吃了，这又有什么关系呢？

我们对于死人比对于活人更尊重。或许二者都应该尊重。被人称为开化的民族，不把战败的敌人上了烤肉叉，是有道理的：因为如果许可他们吃邻国的人，不久他们也就会吃起他们自己的同胞来了，这对社会道德有很大害处。但是开化的民族也并非历来就是开化的：它们全都在很长时间中是野蛮的。在地球所经历的无数的进化过程中，人类时而繁盛，时而大量减少。当时人类就同现今大象、狮子、老虎一类动物一样，数量已经大为减少。在上古有些地方人口还很少，缺少技能，人们都以打猎为生，吃惯了被他们所杀的动物，就很容易像对待野鹿和野猪一样来对待敌人。因为迷信，便杀人祭神，又因贫困，就自相残食。

人们要不就是虔心诚意地聚集一处，在一个用彩带装饰着的少女心口上插一把利刃来敬上帝，要不就是把在自己保卫自己的时候而杀死的恶汉吃掉，究竟哪一种罪恶最大呢？

然而把童男童女当做牺牲品来祭神的事例比吃人的事例更多。差不多所有有名的民族都曾经把童男童女来当牺牲品。犹太人就是杀男女儿童来祭神的。这叫做舍弃，是一种真正的牺牲。并且《旧约·利未记》第二十一章里面，就有命令人绝对不要保护已经许给神做牺牲的人的生命。但是却没有在任何地方规定要吃他，只是吓唬吓唬人罢了。正像我们前边提过的，摩西对犹太人说如果不遵守他那些教仪，不仅要生疥疮，而且做母亲的将要自食其子。的确，在以西结[①]的时代，犹太人必然还有吃人的习惯，因为以西结书的作者在第39章里曾经预言上帝将许可犹太人不仅吃敌人的马匹，而且还许可吃骑兵和其他战士。那么在事实上为什么犹太人后来又成了不吃人的民族了呢[②]？上帝的子民仅仅差这一点，否则也就是世界上最可恶的民族了。

第　二　节

在《论民族风尚与民族精神》（第17卷405页）里可以读到这么一段令人惊异的话：

“海雷拉[③]切实告诉我们说墨西哥人吃那些被杀死做牺牲的人。大多数最初到美洲去的旅客和传教士也都说所有的巴西人、加勒比人、伊洛奎人、休伦人和其他若干民族都吃战俘；他们并不认为这是少数个别人的习惯，而是一种民族习惯。既然古今有很多作者都谈论过吃人的人，也就难以否认这些话了……有些狩猎民族、像巴西和加拿大的土人，有些岛民，像加勒比人，因为食品没有保证，有时候就变成吃人的民族。饥馑和仇杀使他们惯于吃这种食物；而且只要我们看到在最文明的时代巴黎人民曾吞噬昂克

① 以西结（Ézéchiel），圣经人物，希伯来四大先知之一，圣经旧约中有《以西结书》。——译者

② 犹太人从来没有吃过人。这里是一种靠不住的传说；犹太人似乎从来没有用人当牺牲来敬神。但是也不要怪伏尔泰，伏尔泰的确相信这种传说是真实的，因为现在德国批评家们，如道梅尔（Daumer）等人，都仍然肯定这种牺牲情形是曾经有过的。——阿弗内尔

③ 海雷拉（Antoniode Herrera，1559—1625），西班牙首任印第安史编纂官。——译者

尔元帅[①]鲜血淋漓的尸身，海牙人民曾吃荷兰大政官维特[②]的心。在我们这里偶然出现的这类可怖行为在野蛮民族那儿长期存在，也就不足为怪了。

“我们已有的最古的书不容我们对于饥饿曾促使人类如此残暴有所质疑……依据若干注释家的说法，先知以西结[③]代表上帝[④]

① 昂克尔元帅(Maréchal d'Ancre，即 Concini，？—1617)，意大利冒险家。任路易十三首相。在职期间，以贪财和昏庸无能著称。1617 年为皇家近卫军统帅维特里奉命逮捕时击毙。——译者

② 维特(Jean de Witt，1625—1672)，荷兰最著名的政治家，曾任大政官以反对奥兰治王室忠于共和国闻名于时。与其兄高乃依·维特二人于 1672 年在法王路易十四侵犯荷兰时死于奥兰治王党在海牙挑起的一次暴动中。——译者

③ 见《旧约·以西结书》第 39 章。——伏尔泰

④ 有若干人认为以西结在这儿是指当时希伯来人说的，同时也是指其他食肉动物说的，因为今日的犹太人确实并不吃人，倒是宗教裁判所的人对于犹太人来说曾是些吃人的动物。这些人还说这一段话的一部分针对的是野兽；另一部分是对犹太人说的。这段话前半段是这么讲的：

“你要对各种飞禽走兽说：你们聚集起来吧，快来，跑到我为你们宰杀的牺牲品这儿来，你们好吃肉喝血。你们必然会吃强者的肉，喝地上首领的血，必然会吃公绵羊、羊羔、公山羊、公牛、家禽和一切肥畜。”

这话的对象只能是鸷鹫和猛兽。但是下半段话像是对希伯来人说的：“你们在我席上必可饱餐马匹，饱餐强壮的骑兵和一切战士”，主说，“我在各国显示我的荣耀”，等等。

确确实实巴比伦王的军队里有锡迪斯人。这些锡迪斯人都用他们战败的敌人的脑盖骨喝血，吃骑兵的坐骑，有时候也吃人肉。这位先知很可能是指这种野蛮习俗而言，而且是吓唬锡迪斯人，要照这些锡迪斯人对待敌人那样对待他们自己。

由于有“席”字，这种设想象是合理的。他说：“你们在我席上必然可饱餐马匹和骑兵。”这话显然不是对野兽说的，显然不会对野兽说请它们入席。否则圣书在这地方用的这个奇怪的形象也是绝无仅有的了。照常理说，决不应该给一个字按上一个不见于任何典籍的意义。这也就是为那些相信第 17 节和第 18 两节指的是动物，第 19 节和第 20 两节指的是犹太作家进行辩护的一项最有力的理由。而且，“我必在各国显示我的荣耀”这类话也只能是对犹太人说的，不是对鸟类说的；这一点似乎是确切无疑的了。我们并不对这种争论下什么断语，但是我们很痛心地注意到世上再没有比叙利亚发生过这类残暴行为更可怕的了，这种残暴行为差不多一直延续了一千二百年。——伏尔泰

应许希伯来人，若是他们能坚强抵抗住波斯王，便可以有战马和骑兵的肉吃。

“马可·波罗[①]或马克·保罗说在他那个时代，有一部分鞑靼人，术士或教士(二者无区别)有权吃被处死刑的犯人的肉。这都是令人作呕的事。可是关于人类的这种描绘常常令人作呕。

“有些民族，从来各据一方，不相往来，怎么会不约而同也都有这一种极其可怕的习俗呢？是否可以认为这种习俗并不一定像它表现的那样违反人类天性呢？这种习俗固不多见；但实有其事。

“人们却以为鞑靼人或犹太人总是不吃他们的同类的。在我们的宗教战争中，桑塞尔[②]和巴黎被围时期，有些母亲被饥馑与绝望所迫，曾用她们孩子的肉充饥。沙帕地方的主教，慈善的拉斯·卡萨斯[③]却说这类残暴的行为只在美洲他没有到过的若干民族那里才有。丹彼尔[④]郑重地说他从未见过吃人的人，现今或许没有哪一个野蛮民族还流行这种残虐的风俗。”

亚美利哥·维斯布奇[⑤]在一封信里说，当他告诉巴西人说欧

---

① 马可·波罗(Marco Polo，1254—1323)，古代意大利有名的旅行家。1275年来华，曾在元世祖忽必烈朝中为官，凡十七年，后因波斯与元室通婚，奉命护送新妃，离中国经苏门答腊至波斯，1295年返回故乡威尼斯。著有《马可·波罗旅行记》。——译者

② 桑塞尔(Sancerre)，法国中部晒尔郡一城市。——译者

③ 拉斯·卡萨斯(Las Casas，1474—1566)，西班牙一教士，曾热心保护美洲土族反抗殖民主义者的压迫，著有《西印度毁灭述略》。——译者

④ 丹彼尔(Guyde Danpierre，1225—1305)，法国伯爵，曾随圣路易参加第八次十字军东征。——译者

⑤ 亚美利哥·维斯布奇(Amerigo Vespucci，1451—1512)，意大利航海家，曾四次航行至哥伦布发现的新大陆，后来地域学家便以他的姓名命名新大陆为亚美利加。——译者

洲人久已不吃他们的战俘的时候，他们都很惊讶。

照玉外纳在他第十五首讽刺诗里所述，加斯科涅人和西班牙人往日都有过这种野蛮行为(第 83 句)。玉外纳本人也在埃及朱尼乌斯[①]执政时目睹这类暴行发生：坦提尔和恩博两地居民之间发生争端；两方面打起来，有个恩博人落入坦提尔人手里，他们把他烧熟，直吃到连骨头都啃光。不过玉外纳并没说这是传统习惯；正相反，他是把这件事当做一件很不寻常的暴行来谈的。

耶稣会会员查利瓦[②]跟我很熟，本是谈吐谨慎的人，他在他那部《加拿大史》里(他曾旅居加拿大三十载)既然认为北美阿卡迪人在 1711 年不吃人肉是件很特殊的事，言外之意显然是说北美人都是吃人肉的人。

耶稣会会员布雷伯夫[③]报道说，1640 年第一个皈依基督教的伊洛奎人，不幸醉酒，被当时与伊洛奎人为敌的休伦人抓去。这个曾由布雷伯夫神父施过洗礼命名为约瑟的俘虏被判处死刑。休伦人使他遭受种种酷刑，他都依照地方习惯歌唱着忍受了。他们终于斩断他一只脚、一只手和脑袋；然后休伦人便把他的肢体放在锅里煮熟，每人分食一块，还给布雷伯夫送了一块[④]。

查利瓦在另外一处又谈到二十二个休伦人被伊洛奎人吃掉的

① 朱尼乌斯(Junius)，古罗马执政官。——译者

② 查利瓦(Frangois-Xavierde Charlevoix，1682—1761)，耶稣会会员，法国航行家，生于圣·昆丹，曾至北美圣劳伦斯河与密西西比河探险。——译者

③ 布雷伯夫(Jean de Brebceuf，1593—1649)，法国传教士，耶稣会会员，1625 年曾在北美休伦部落传教，第二次去加拿大时被伊洛奎人用温火烤死。——译者

④ 请参阅布雷伯夫通信和查利瓦《加拿大史》第一部第 327 页以下几页。——伏尔泰

事。所以人们不能不相信人性在不只一个地方竟会残暴到无以复加的程度,而且这种可憎的习惯必然也是极其古老的,因为我们看到圣书里说犹太人若不恪守他们的清规戒律便要自食其子。书中说到犹太人[①]“不仅他们必长疥疮,不仅他们的妻子失身给别人,而且还要在灾荒和惶惶不安中吃他们的儿女;他们必然要彼此争夺他们的孩子拿来充饥;当丈夫的必然不肯分给他妻子一块儿子的肉,因为他说他自己还不够吃。”

的确有些胆大无畏的批评家认为《申命记》是在便哈达[②]王围攻萨马利亚以后的时代才写成的;《列王纪》第四卷里说在这次围困中,城里有母亲吃自己的孩子。但是这些批评家既然把《申命记》看做是在萨马利亚围城以后写的一本书,也不过证实这一可怕的传奇罢了。别的批评家又认为不会有在《列王纪》第四卷里所报道的事情发生。第四卷里说[③],以色列王在萨马利亚城墙经过或在城上经过,有一个妇女对他说“求你搭救我,我主、我王”;国王便回答她说:“你的上帝不能搭救你,我怎么能搭救你呢?是从打麦场里救你出来还是从糟坊里救你出来?”国王又说:“你需要什么?”妇女便回答说:“王啊!有一个妇人曾跟我说:把你的儿子交给我,我们今天先吃他,明天再吃我的。我们就把我的儿子煮熟吃了;今天我对她说:把你的儿子交给我,我们可以吃他,她却把她儿子藏起来了。”

① 见《申命记》第 28 章第 53 节。——伏尔泰

② 便哈达(Benhadad 或 Benadad),《旧约》中人物,亚兰(即叙利亚)国王。——译者

③ 见《列王纪下》第 6 章第 26 节和后节。——伏尔泰

这些批评家认为便哈达王围困萨马利亚时，约兰王[①]竟能泰然自若地从城墙或城上经过，给萨马利亚人判断是非，不像真有其事。至于说两个妇人两天吃一个孩子还不满足，更不像是真实情况了。一个孩子至少可以供她们俩吃四天。但是不拘这些批评家如何想法，我们总可以相信，正如申命记里所预言的那样，在萨马利亚被围的日子里，父母们是吃了他们的子女的。

尼布甲尼撒[②]围困耶路撒冷时，也发生了同样的情形[③]；以西结也预言过[④]。

耶利米[⑤]在他那部"哀歌"中写道[⑥]："怎么着！妇人怎么竟吃起她们那不过一掌长的孩子来？"在另外一处又写道[⑦]："慈爱的母亲亲手煮了自己的儿女来吃。"我们还可引述巴录的这类话："人们吃了他们自己儿女的肉。[⑧]"

这种骇人听闻的事既是经常发生，必然是真实的；我们还知道约瑟夫在他的著作里[⑨]叙述的那个在提土斯围困耶路撒冷时用自

① 约兰王(Joram，前？—前 884)，圣经中人物，以色列国王，为耶户所杀。——译者

② 尼布甲尼撒(Nebuchadnezzar II，？—前 562)，迦勒底国王即新巴比伦国王，前 604—562 在位，曾多次发动侵略战争，前 586 年攻陷耶路撒冷，俘大批犹太人而归，史称"巴比伦囚虏。"——译者

③ 见《旧约·列王纪》下第 15 章第 3 节。——伏尔泰

④ 见《旧约·以西结书》第 5 章第 10 节。——伏尔泰

⑤ 耶利米(Jérémie，Jeremias，约前 650—580)，圣经中人物，古代东方四大先知之一，遗著有圣经中的耶利米书和耶利米哀歌。——译者

⑥ 见《旧约·耶利米哀歌》第 2 章第 20 节。——伏尔泰

⑦ 见上书第 4 章第 10 节。——伏尔泰

⑧ 巴录(Baruch)，圣经中人物，耶利米门徒，曾赴巴比伦慰问犹太囚虏。著巴录书送往耶路撒冷安慰犹太人。此处引文见 Crampon 译法文版，《旧约·巴录书》第 2 章第 2 节。——译者

⑨ 见约瑟夫著《犹太抗战史》第 7 卷第 8 章。——译者

己儿子的肉充饥的妇人的故事。

圣犹大[1]引述过的以诺书说由天使跟人间女子婚配所生巨人就是最初的吃人的人。

传说出于圣克雷芒之手的《福音讲话》第八讲里，有人假托圣彼得之口说，这些巨人的孩子们喝人血，吃他们同类的肉。作者还说，因此产生一些直到当时还没有见过的疾病。各种怪物都出世了。于是上帝便下定决心要淹死人类。这一切也指出占统治地位的人吃人的舆论是多么普遍。

人们在圣克雷芒的《福音讲话》里假托圣彼得之口说出的故事显然跟利卡翁的传说[2]有联系；这是我们在奥维德的《变形记》第一卷里发现希腊最古的一个传说。

两个阿拉伯人在第八世纪所写，由勒诺多[3]修道院长译的《印度与中国的关系》不是一本不加审查便可相信的书，需要严加审查。但是也不可以把这两位旅行家所说的一概加以否定，特别是在他们的报告里有的地方也为其他值得信任的作者印证无误。他们二人言之凿凿地说在印度洋里有些岛屿上住着吃人的黑人。他们把这些岛叫做拉姆尼。努比亚[4]地理学家和赫尔勃娄[5]的“东方

① 圣犹大(Saint Jude或达太 Thaddee)，圣经新约中人物，即耶稣十二门徒之一，雅各之弟，耶稣的表兄；新约中有犹大书。——译者

② 利卡翁(Lycaon)，古希腊阿尔卡迪王，与朱庇特共餐，把他吞噬的一个儿童的肢体献给主神，因而被主神把他和他的孩子们变形为狼。——译者

③ 勒诺多(Eusebe II Renaudot，1646—1720)，法国传教士，习东方语言，1689年被选为法兰西科学院院士。——译者

④ 努比亚(Nubie)，非洲一地区，在埃及与埃塞俄比亚之间。——译者

⑤ 赫尔勃娄(Herbelot de Molainville，1625—1695)，法国东方学家，著作有《东方丛书》一书。——译者

从书"都称这些岛屿为拉米。

马可·波罗根本没读过这两位阿拉伯人的著作，在他们之后四百年，也说了同样的情况。纳瓦赖特总主教[①]从那时以来就在这一带海洋上旅行，也证实了这件事，他说：被捕的欧洲人经常被人生吃。

台塞拉[②]说爪哇人用人肉充饥，并且说他们在台塞拉生前二百年才开始摆脱这种可憎的习惯。他还说爪哇人信奉伊斯兰教后才有了比较文明的风俗。

人们说到勃固族[③]卡佛尔族[④]和非洲其他许多民族的同样情况。我们刚刚提过的马可·波罗说，在若干鞑靼部落里，一个罪犯若被处死刑，人们便用他来饱餐一顿。他说：他们建立一种非常可怕的习俗，就是遇着有人被处死刑时，他们就把他绑起来烤熟吃了。

更异乎寻常，更令人难以置信的，是这两位阿拉伯人把马可·波罗所提到的若干鞑靼人的这种习惯竟也归到中国人身上了。他说"通常中国人都吃一切被杀的人"。这种残暴的行为与中国风尚相距很远，令人不能相信。帕尔南神父驳斥说这话不值一驳。

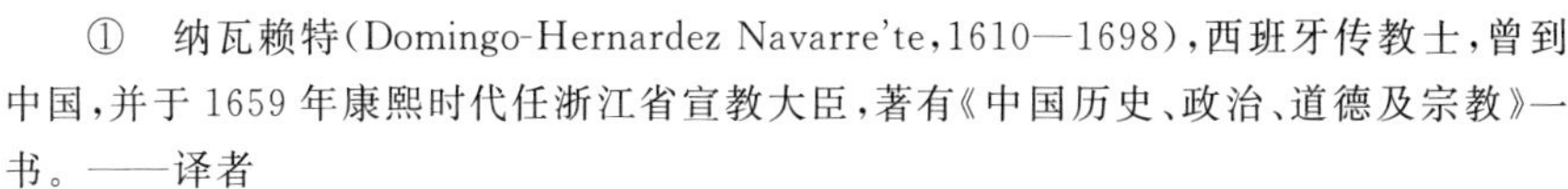

① 纳瓦赖特(Domingo-Hernardez Navarre'te，1610—1698)，西班牙传教士，曾到中国，并于1659年康熙时代任浙江省宣教大臣，著有《中国历史、政治、道德及宗教》一书。——译者

② 台塞拉(Pierre Texeira)，葡萄牙旅行家及东方学家，生于十六世纪下半叶，1610年后逝世。曾旅居波斯湾奥尔穆兹岛多年，后于1610年经马拉卡、爪哇、苏门答腊、菲律宾、墨西哥等地返欧洲。——译者

③ 勃固族(Pégu)，缅甸仰光一带地区的民族。——译者

④ 卡佛尔族(Lu Coffres)，南非好望角一带土著民族。——译者

然而也应该注意这两位阿拉伯人写这本书的第八世纪，正是中国人最倒霉的时代。那时有二十万鞑靼人越过长城劫掠了北京城，蹂躏四方，铁蹄过处，一片废墟。当时中国很可能遭了一次大饥荒，人口又跟现在一样众多；在庶民中间可能有若干贫困的人吃过死尸。这些阿拉伯人杜撰一个这么可憎的传说，又有什么好处呢？他们或许像一切旅行家一样把一件个别的事例当做是一方的风俗了。

无须到那么远的地方去找例证，在我们祖国，我现在在此写这篇文章的省份里就有一个。我们的征服者，我们的主子，儒略·恺撒曾目睹其事①。他在奥克萨区围困阿莱克西城②；守城的士兵坚决要抵抗到最后一兵一卒，因为缺乏粮食，便开了个大会，在会上有一位名叫克里托尼阿的首领，建议把所有的儿童一个个都吃了来维持战士们的体力。他的主意获得多数人赞成便被通过了。不仅如此，克里托尼阿在发言中还说他们的祖先在对条顿和森伯尔两族作战时已经借重过这种食物了。

最后我们用蒙田提供的见证来结尾。他谈到从巴西归来的维勒伽农③的伴侣们跟他说的以及他自己在法国目睹的事。他证实说巴西人吃他们在战争中杀死的敌人。请读他接着又补充的

① 见《高卢战记》第7卷。——伏尔泰

② 奥克萨(Auxois)，法国第戎市以西地区，在高卢时代有一城市名阿莱克西(Alexie或Aleisie)，公元前58年恺撒征服高卢时，曾进军奥克萨，围困阿莱克西。——译者

③ 维勒伽农(Nicolas Durand de Villegagnon，1510—1571)，亨利二世时代曾任法国海军上将，后至南美洲热内卢开拓殖民地。——译者

话[①]:“吃死人哪里会比把人一点点烤熟更野蛮呢,哪里会比把人(像我们还记得清清楚楚的那样,不是在世代仇敌们当中,而是在邻人和同胞当中,而且更糟的是借口虔诚和宗教)叫猪狗咬死更野蛮呢?”对于一位像蒙田这样的哲学家说来,这话是多么啰嗦呀!倘若阿那克里翁[②]和提布卢斯生为伊洛奎人,想必就要吃人啦?……唉!

第　三　节

好吧!有两个英国人曾周游世界。他们发见新荷兰[③]是一个比欧洲还大的岛,岛上的人跟在新锡兰一样,彼此相食。设若这种人存在,又是从何而来的呢?是从古埃及人、古埃塞俄比亚人、非洲人、印度人传下来的后代?还是鸷鹫或豸狼的后裔?同马可·奥勒留、爱比克泰德诸先哲到新锡兰岛上吃人的人,何只有天壤之别!然而都是同具肺腑的人哪。我已经谈过人类这种性质了,这里再提一句仍有好处。

以下是圣热罗姆自己在他的书简里说的话:“关于其他民族我又好跟您说什么呢,因为我自己还年轻的时候曾在高卢目睹苏格兰人本来可以吃猪肉和林中其它野味,却偏偏喜欢割年轻男孩子的屁股肉和少女的乳房吃!他们认为这是滋味最鲜美的佳肴。”

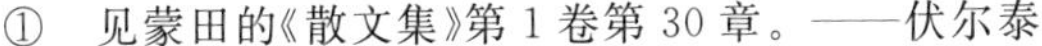

① 见蒙田的《散文集》第1卷第30章。——伏尔泰

② 阿那克里翁(Anakreōn,前560—前478),古希腊抒情诗人,生于吕狄亚的泰奥斯城。作品多歌颂醇酒佳馔与爱情;诗句细腻绮丽,充满快乐情趣。后世欧洲文学中称轻快抒情短诗为“阿那克里翁”。——译者

③ 即澳大利亚洲。——译者

曾对克尔特人推崇备至的佩卢蒂埃①,也就反驳了圣·热罗姆,坚持说他被人欺哄了。但是热罗姆是很严肃地讲的;他说他目睹其事。人们可以恭恭敬敬地跟一位教会神父争论他耳闻的事,但是提到他亲眼看见的事,这就很难说了。虽然如此,最妥善的办法,是怀疑一切,也怀疑自己目睹的事物。

关于吃人的事,再说一句话。人们在一本颇受正人君子欢迎的书②里发现这几句话或大意如此的话:

在克伦威尔时代,有一个都柏林的女蜡烛商出售用英吉利人脂肪做的上品蜡烛。过了些日子,他的一位主顾抱怨她的蜡烛不如以前那样好了,她就对他说:"先生,就是因为我们缺少英吉利人哪。"

我要问到底谁的罪过最大呢,是谋害英吉利人的那些人呢,还是这个用英吉利人身上的脂肪做蜡烛的贫妇呢?我还要问到底什么是罪大恶极,是烹调一个英吉利人做晚餐吃呢,还是用英吉利人做蜡烛在用晚餐时照明呢?我以为罪大恶极的是人们杀害我们。至于在我们死后用我们做烤肉或做蜡烛倒无关紧要;一个正人君子对于死后还有用途并不觉得可恼。

APIS 阿庇斯牛

阿庇斯牛在孟斐斯是不是被当做神,还是象征或者仍旧当牛来崇拜的呢?可以相信的是善男信女们把它看做一位神,明理的

① 佩卢蒂埃(Simon Pelloutier,1694—1757),耶稣教牧师与历史学家,法兰西学院院长,1743年被选为柏林科学院院士。名著有《克尔特民族史》。——译者

② 即指伏尔泰哲学辞典最初版本,名为袖珍哲学辞典。——译者

人把它看做一个单纯的象征，至于愚夫愚妇，便对牛崇拜了。冈比西[①]征服埃及的时候，亲手杀了这头牛，是否做得好？又有什么不好呢？他让一些愚民看看他们的神道可以被插到烤肉叉上，“自然”并未武装起来为这种亵渎神明报仇雪恨，又有什么不好呢？埃及人着实给人家夸奖过。我没有见过令人更看不起的民族了。他们的性格，他们的政府，必然有一种劣根性，使他们沦为贱奴。我同意在几乎没有史籍记录的远古时代，他们曾经征服过世界；但是从有史以来，他们也曾经被一切有侵略野心的民族征服过。亚述人、波斯人[②]、希腊人、罗马人、阿拉伯人、马穆鲁克军团[③]、土耳其人，总之全世界人都征服过。我们的十字军却是例外，倒不是埃及人并不懦弱，而是十字军太无计划了。还是马穆鲁克战士把法兰西人击败了的。在这个民族里，或许只有两件事例倒还算是过得去：第一是崇拜牛的人绝不勉强崇拜猴子的人改换宗教；第二是他们总是在暖炉里孵化小鸡。

人家都称赞他们的金字塔；但这都是奴隶人民的建筑物。必然是发动了全国人民劳动，否则筑不起来这些丑陋的堆堆的。这些东西有什么用呢？为了在一间小屋里保存什么王子呀，什么统治者呀，什么要人呀之类的木乃伊，等过了一千年，他们的灵魂会

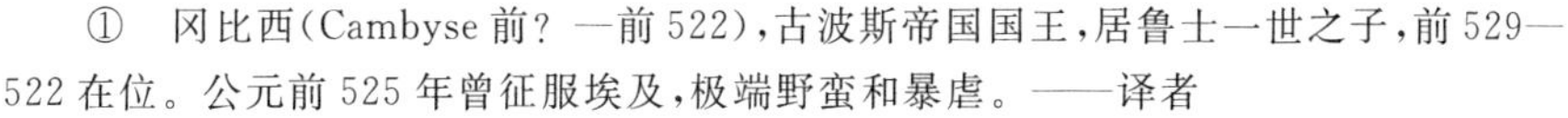

① 冈比西(Cambyse 前？—前 522)，古波斯帝国国王，居鲁士一世之子，前 529—522 在位。公元前 525 年曾征服埃及，极端野蛮和暴虐。——译者

② 1764 年袖珍本在亚述人后，有“波斯人”字样，全集版“波斯人”被删去。——译者

③ 马穆鲁克军团(Les Mamelucs)，即奴隶军团，埃及苏丹于 1230 年用奴隶青年组成。旋即形成强大势力，终于在 1254—1517 年间取得政权。1798 年为法国拿破仑军队所挫，1811 年被穆罕默德·阿里解散。——译者

使这些尸身复活。

可是，他们既然希望尸体还魂，为什么在给尸身加香料以前却把脑髓挖去呢？埃及人可以没有脑髓复活吗？

APOCALYPSE　启示录

第　一　节

殉教者查士丁[①]在将近纪元270年时曾著书立说，是最先谈到启示录的人；他以为这部书是使徒圣约翰写的。在他同特立冯[②]的对话里，这个犹太人问他是否相信耶路撒冷有一天会重建。查士丁回答他说，他同一切思想正确的基督徒都相信这个。他说："我们中间有一人名叫约翰，是耶稣十二使徒之一。他曾预言说信徒们将在耶路撒冷度过一千年。"

这个千年朝代是长期为基督徒所接受的一个信念。异教徒也都很相信。埃及人的灵魂在一千年头儿上又将重新复活他们的身体；在拉丁诗人维吉尔的著作里也说炼狱里的灵魂要度过同样长的一段时间，一千年。千年后的新耶路撒冷应该有十二座门以纪念十二使徒。城的形状应该是方的；城的长、宽、高各应是一万二千丝塔德[③]，换句话说，就是各应为五百古里[④]，因此房屋也该有五

① 查士丁(Justinus)，古罗马哲学家，基督教护教者。——译者

② 特立冯(Tryphon)，查士丁著作《基督教辩》中引述的人物。——译者

③ Stade，古希腊长度，合184.75公尺。——译者

④ 法国古里，合444公尺。——译者

百古里高。住在最高的一层必然是很不舒服的；可是，这都是启示录第二十一章里说的。

虽然查士丁最先以为启示录是圣约翰写的，可是有人已经否认他的话了。因为在他跟犹太人特立冯的这一段对话里，他说依照使徒们的传说，耶稣基督降落约旦河时，曾使河水沸腾起火；可是这话在使徒们的任何著作里都找不到。

这位查士丁很有把握地引用了巫婆们的那些预言；并且他还说他看见过希律王朝①在埃及灯塔里关闭过七十二位圣经注释家的那些小屋的遗迹。不幸能看见这些小屋的那个人所说的这句证言就说明了说这话的人自己必然也关在里面了。

后来的圣伊雷内也相信千年朝代的传说。他说从一位老人那里得知圣约翰著了启示录。但是有人责怪圣伊雷内述及只应有四部福音，因为天下只有四方，而风也只有四面，何况以西结也只见过四种动物。他把这种推论称之为证明。老实说圣伊雷内这种证明方式跟查士丁看事物的方法，一个是半斤，一个是八两。

亚历山大的克雷芒在他的《爱莱克塔》(*Electa*)一书里只谈到圣彼得受人重视的启示录。德尔图良，千年朝代这一传说的伟大拥护者，不仅肯定说圣约翰曾经预言耶路撒冷城将要复活，预言过这一千年朝代，而且以为耶路撒冷已开始在空中形成了；说巴勒斯坦的所有基督徒，甚至不信教的人，一连四十天，每天夜里将近黎明时分都看见空中的耶路撒冷；但是不幸天刚一亮，这座城就顿失

① 希律王朝，即希律一世(Herode I)当政时代。时间为公元前39—4年，是罗马帝国灭犹太王国后在巴勒斯坦建立的王朝。耶稣基督即降生于希律一世当政晚年。传说他因得知耶稣降生消息下令杀尽全境婴儿。——译者

形迹了。

奥立泽尼[①]在他给约翰福音所写的序言里，在他的演讲集里，引了启示录的预言，但是同时也引了巫婆的预言。然而为攸栖比乌斯(Eusēbe 即 Eusebius)所保存的亚历山大圣德尼在三世纪中叶所写的遗著残稿之一中说，差不多所有的博士都认为启示录是一部没有来由的书而加以拒绝；说这部书完全不是圣约翰所著的，而是一个名叫西林瑟的人所写。西林瑟使用圣约翰的大名为的是使他那些幻想增高声价。

公元 360 年老底嘉[②]的主教会议完全没有把启示录列入合圣教法规的书籍之内。很奇怪，启示录本来是为老底嘉教会而作的，为什么这个教会拒绝了专为它用的这一宝库，而且很奇怪，为什么出席这次会议的以弗所主教也居然拒绝了埋葬在以弗所[③]的圣约翰的这本书。

显而易见，圣约翰必然是死不瞑目。然而相信圣约翰的确没有完全死的人也相信他实在没有写启示录。但是相信千年朝代一说的人的意见是不可动摇的。萨尔比细阿·塞弗拉斯[④]在他的《圣史》第九卷里以为不接受启示录的人都是狂妄无知而反教的。

---

① 奥立泽尼(Origene，185—245)，古罗马圣经注释家及神学家，生于埃及亚历山大。——译者

② 老底嘉(Lao dicée)，叙利亚沿海古代城市，即今之拉塔基亚。见《新约·启示录》第 1 章第 11 节。——译者

③ 以弗所(Ephesus 或 Ephèse)，小亚细亚古代城市，在爱奥尼亚海沿岸、土耳其伊兹密尔布南六十公里。——译者

④ 塞弗拉斯(Sulpius-Severus，363—426)，古罗马基督教史家，律师，著作有《圣史》。——译者

在一次又一次主教会议反对之后，萨尔比细阿·塞弗拉斯的意见终于占了上风。问题弄清楚以后，教会便决定启示录无疑是圣约翰写的；所以没有上诉。

每个基督教会都接受了载在这本书里的那些预言：英国人从那里面找到了大不列颠的革命；路德派从书中找到了德意志的骚乱；法国宗教改革派从书中找到了查理九世王朝和喀德林美第奇的摄政；他们全都同样有道理。波舒埃[1]和牛顿两人都注释过启示录；但是整个看起来，前者雄辩的讲演和后者伟大的发现都比他们为启示录作的注释显得光荣多啦。

第 二 节

如此说来，有两位伟人——但是伟大程度却大大不同的伟人，都在十七世纪注释过启示录：一位是牛顿，这样一项研究对于他说来，很不适宜；另外一位的波舒埃，对于他，这件工作倒更合适得多。两人又都因为注释启示录而招来各自敌人的许多责难；正像我们已经说过的，牛顿以他盖世才华慰藉了人类，而波舒埃却令他的敌人称快。

天主教徒和耶稣教徒都依照各自的利益来注释启示录，而且他们每人也正好找到符合各自利益的东西。他们都特别对于那只七头十角、豹皮熊掌、狮子嘴、权能如龙的巨兽做了美妙解释；据说，为了能买能卖，必须有这只兽的名字或兽名的数目，这个数目

① 波舒埃（Jacques-Bénigne Bossuet，1627—1704），法国作家、大演说家。著有《诔词》多集。——译者

就是666[①]。

波舒埃把戴克里先大帝[②]的名字做成一首贯顶诗，发现这个怪兽分明就是这位皇帝。格劳秀斯[③]相信就是图拉真[④]。圣·萨尔比西阿教堂有一位名叫拉·晒塔尔第的本堂神父，以生平多奇异见闻著称，证明这只怪兽就是朱里安[⑤]。朱里厄[⑥]又证明说怪兽就是教皇。一位宣教师却又证明是路易十四。有一位善良的天主教徒则证明是英王威廉。这倒令人有莫衷一是之感了[⑦]。

关于天星陨落和日月同时有三分之一发暗[⑧]的现象曾经引起

① 见《新约·启示录》第13章。据俄译本注释说启示录中的怪兽实际影射一位罗马皇帝。666这个数目字，就意味着尼禄大帝。因为666这个数字的犹太文的字面意义恰好凑成“尼禄恺撒”这四个字。——译者

② 戴克里先(Dioclétien 即 Gajus Aurelius Vaerius Diocletianus，约243—213)，古罗马皇帝，公元284—305在位。——译者

③ 格劳秀斯(Hugue de Groot Grotius，1583—1645)，荷兰名法学家与外交家。名著有《战时法与平时法》。——译者

④ 图拉真(Trajar 即 Marcus Ulpius Trajanus，53—117)，古罗马皇帝，公元98—117在位。——译者

⑤ 朱里安(Julien 即 Flavius Claudius Julianus，332—363)，古罗马皇帝，公元361—363在位。君士坦丁大帝之侄。自幼受基督教教育，即位后采取各种措施反对基督教，力图恢复异教。——译者

⑥ 朱里厄(Pierre Jurieu，1637—1713)，法国耶稣教神学家，因与波舒埃论战而闻名。——译者

⑦ 有一位近代学者自以为证明启示录里的这只怪兽就是卡利古拉大帝。666这个数目字正好是卡利古拉的名字各字母的数值。据这位作者说启示录这部书是关于卡利古拉王朝纲常紊乱的预言，是事后做的，并且有人说其中还影射着罗马帝国的崩溃。所以无怪乎耶稣教人有意在启示录里发现教皇的权势及其毁灭，在书中遇到若干处极其触目的解释。——开勒版

⑧ 见《新约·启示录》第8章第10节至第12节：“第三位天使吹号，就有烧着的大星好像火把从天上落下来，落在江河的三分之一和众水的泉源上。这星名叫茵蔯，众水的三分之一变为茵蔯，因水变苦，就死了许多人。第四位天使吹号，日头的三分之一，月亮的三分之一，星辰的三分之一，都被打击，以至日月星的三分之一黑暗了，白昼的三分之一没有光，黑夜也是这样。”——译者

过激烈的争论。

关于天使命令启示录著者吃的那本书，有很多意见；这本书吃下去令人觉得嘴里甜如蜜，腹内却发苦[1]。朱里厄以为这里影射的是反对启示录的那些书；有人就用朱里厄的论据反对朱里厄自己。

人们对于下列这几句话也曾争论不休："我听见从天上来了一阵声音，像许多股洪水的涛声，又如一阵雷鸣；并且我所听见的又好像弹竖琴的所弹的琴声。"[2]显然最好是崇敬启示录而不必加以注释。

贝雷城的主教卡穆斯[3]在上一世纪刊行了一部巨著反对托钵僧[4]，经一位还俗的僧侣摘要出来，题名《启示录》，因为书中揭露了托钵僧生活的缺点和危险；又叫《梅立通启示录》，是因为第二世纪时人们都说萨狄斯城[5]的主教梅立通是一位先知。这位贝雷主教的著作绝不像圣约翰的启示录那样晦涩；文章说理十分明白，没有谁能赶得上。这位主教就跟一位法官相似，那位法官曾对一位检察官说："您是一名伪造证件的人，一名骗子手。我或许还没把话说到头。"

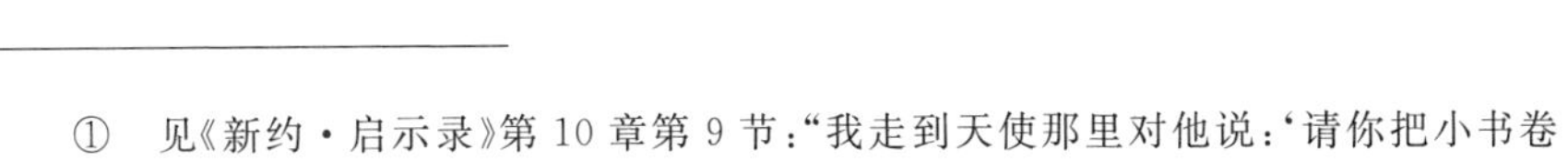

① 见《新约·启示录》第 10 章第 9 节："我走到天使那里对他说：'请你把小书卷给我。'他对我说：'你拿着吃尽了，便叫你肚子发苦，然而你口中要甜如蜜'。"——译者

② 《新约·启示录》第 14 章第 2 节。——译者

③ 卡穆斯(Jeah Pierre Camus，1582—1653)，贝雷城的主教。——译者

④ 天主教内一种苦修僧侣，主要组织有方济各会与多明我会。起初以贫贱苦修为标榜，衣麻赤足，沿门托钵依布施为生。后渐拥有大量财产，剥削贫苦信徒。——译者

⑤ 萨狄斯(Sardis)，小亚细亚西部的古城，即今日伊朗境内的萨特。——译者

贝雷城的主教在他这部《启示录》或《揭发书》里统计他那个时代有98个托钵僧修会；这些僧侣都依赖人民生活，却没给人民做一点事，任何一点最轻的活儿都不干。他们在欧洲为数六十万。这个估计稍微高了一点；但是托钵僧的人数也的确有点儿太多。

卡穆斯断言托钵僧是主教、本堂神父和法官们的敌人。

他断言方济各会修士享有的特权第六项是只要热爱方济各会，不论犯了多么重大罪恶，都保险得救①。

他断言托钵僧们就像猴子②：他们愈是爬得高，他们的屁股愈是显而易见。

他断言"托钵僧"③已成了一个令人非常讨厌的极丑恶的名称，就连这些托钵僧们自己也把这个名字看做是一种污秽的咒骂，是人家对他们所施的最厉害的凌辱。

亲爱的读者，不论您是什么人，一位部长或一位首席法官，请您细心思索一下我们这位主教的大著里的这一小段：

"请想一想埃斯居里亚修道院④或加西诺山修道院⑤，那里的修士们有各式各样、必需的、有益的、称心如意的、过多的、极其丰富的安乐享受，因为他们有十五万、四十万、五十万金币的收入；请想一想修道院长先生是否有钱可以令人高枕无忧了啊！

---

① 见《启示录》第89页。——伏尔泰

② 《启示录》第105页。——伏尔泰

③ 同上书第101页。——伏尔泰

④ 埃斯居里亚(Escurial)，西班牙马德里北面一山城。左近有西王菲利普二世所建修道院。——译者

⑤ 加西诺山(Mont Cassino)在意大利南部加西诺城左近，山上有著名隐修院，为本笃会创办人意大利人本笃所建。——译者

“另一方面，请您再想象一个手艺人，一个劳动人民，他全部财产只有两只手，负担着一大家子人的生活，一年四季就像一个奴隶一般，天天干活儿，吃尽辛酸来养家；然后您再比较比较哪一种贫苦的条件好啊。”①

以上就是“主教启示录”的一段，用不着注释：只是缺少一位天使斟满一杯修士酒来给那些为修道院干活儿、连种带收的庄稼汉润润喉咙罢了。

但是这位主教并没写成一部有益的书，不过是讽世讥人而已。他的尊严地位使他有权说好道歹。老实说本笃会修士著了不少好书，耶稣会修士也对于文艺有过伟大的贡献。应当祝福仁爱会和救赎会的修士们。首要的责任是公正。卡穆斯未免太耽于幻想了。萨耳的圣弗郎西士②劝他写一本醒世小说，他却错用了这种劝告。

ARANDA　阿朗达

王法　司法　宗教裁判

专有名词虽然不是我们百科全书问题的对象，文学界却以为对于率先斩杀宗教裁判这条七头怪蛇的那位新卡斯梯亚③总督、

① 见《启示录》第160—161页。——伏尔泰

② 圣弗郎西士（Saint François de Sales，1567—1622），日内瓦主教，与卡穆斯甚友善。——译者

③ 卡斯梯亚（Castille），西班牙地区，首府即马德里，分新老两部分，古代为西班牙内部一个王国。——译者

西班牙最高会议主席阿朗达伯爵[①]应该视为例外。

由一个西班牙人来斩妖除怪挽救世界是理所当然的。因为使这个妖怪诞生的也是一个西班牙人。原来是一位圣徒，一位披甲戴胄的圣多明我[②]受了上天启示，坚信使徒们建立的罗马天主教会只有依靠僧侣和刽子手才能维持，便在十三世纪创建了宗教裁判所，使国王、大臣和法官都服从它的制裁。但是有时候，一位伟大人物，在纯粹属于世俗的事务上，在直接有关王位的尊严、皇家会议的威信、裁判权以及公民安危的事务上，却比一位圣徒更为圣明。

良心，内心裁判（萨拉曼卡大学这样指称）是另外一回事，它与国法完全不同。宗教裁判官，神学家都应当为人民祈祷，而大臣，法官，由国王任命治理庶民，应该裁判。

1770年年初，有一个士兵由于重婚被军法官逮捕，而宗教裁

① 阿朗达（Comte Pedro d'Aranda，1718—1799），西班牙著名大臣，生于萨拉戈斯（Saragosse）。曾驱逐耶稣会教士，努力挽回西班牙颓势。——译者

② 应该研究研究在圣多明我时代是否给罪人穿火刑黄色罪衣，给罪人穿这件罪衣是否为补偿没收罪人们的银钱。但是因为退居于隔绝波匈两地的克剌巴克山下冰海雪原之间，我们的图书很有限。

可惜缺少图书使我们望山兴叹，无法考证圣多明我参加穆莱战役（La bataille de Muret）是否以宗教裁判官的身份，或是以宣教士或志愿军官的身份。既然"披甲戴胄"的头衔也一样授予了隐修士多明我，我就相信他参与了穆莱战役，不过他并没有执过武器。——伏尔泰

作为圣杰克·克雷芒（Saint Jacques Cle'ment，？—1589）的修会（多明我会）的奠基人和宗教裁判所的创始人的多明我，跟那个由于自己鞭笞自己而皮肤坚硬起来从而获得"披甲戴胄"的诨号的多明我不相同。我们从伏尔泰的注释里也可看出他很清楚这二位圣徒的区别。不过宗教裁判所的创始人岂不是也很配称"披甲戴胄"吗？

他是钢筋铁臂
胸膛如装甲

贺拉斯集，第一部第一篇第三首。——开勒版

判所却认为只有该所才有权审判这个士兵。西班牙国王便于当年二月五日下了一道严肃的圣旨决定这个案子只应由阿朗达伯爵的法庭审判。

圣旨载明隶属土耳其治下的城市法尔萨里亚①的总主教殿下、西班牙宗教裁判首席裁判官,应恪守王国法律,尊重皇家司法权,不得越权行事,不得擅自拘禁国王的子民。

百废不能同时并举;赫拉克勒斯也没有能在一天之内洗净奥吉阿斯王的马厩②。五百年来西班牙的马厩满积粪土,臭气冲天;眼看着满槽的骐骥,整厩的骅骝,竟都落到僧侣马夫的手里,他们把马口都沉重地套上粗劣的马衔铁,任马卧在泥泞里,真可惜呀。

阿朗达伯爵,本是一位优秀的驺官,着手大力重整西班牙马队,奥吉阿斯的马厩不久就会大大清洁。

这里似乎还可以顺便提一提宗教裁判初期的好年光,因为编写词典的习惯,在谈起人们的逝世的时候,也必要提到他们的出生和他们的职位;但是一切详见宗教裁判一条③,该条还提到圣多明

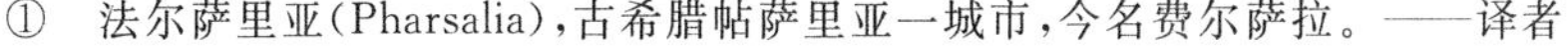

① 法尔萨里亚(Pharsalia),古希腊帖萨里亚一城市,今名费尔萨拉。——译者

② 奥吉阿斯(Augias),古希腊厄利德邦国王,阿耳戈英雄之一。王有马厩,养牛三千,三十年未曾洗涤。大力英雄赫拉克勒斯奉兄命引阿尔菲河水为奥吉阿斯王洗刷马厩。后来西方语文中即以奥吉阿斯的马厩比喻一切腐朽机构。——译者

③ 关于宗教裁判的司法权问题,请参阅伊沃内神父(P. Ivonet),居夏龙大夫(Cuchalon),特别是法官格里扬杜斯(Grillandus)(真是一位宗教裁判官的美名!)等人的著作。

而你们,欧洲各国的国王,亲王,君主,共和国,请永远记住,做宗教裁判官的僧侣竟自封为神意指定的宗教裁判官!——伏尔泰

我所颁发的奇怪的委任状①。

我们只要注意一下阿朗达伯爵是值得全欧洲感激的，他斩断了魔爪，锉断了魔牙。

我们敬祝阿朗达伯爵②福如东海寿比南山。

ARRÉTS NOTABLES
著名的裁判

——论天赋人权——

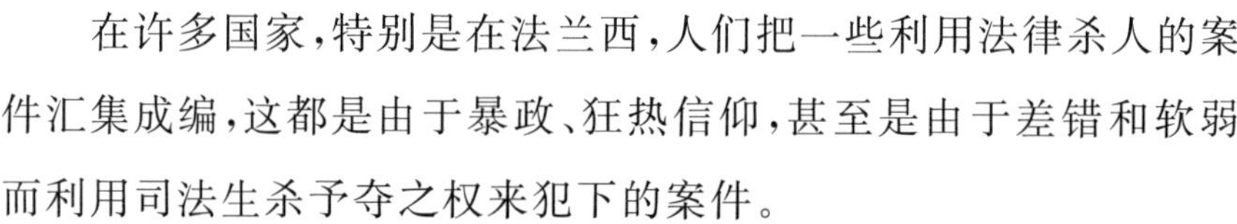

在许多国家，特别是在法兰西，人们把一些利用法律杀人的案件汇集成编，这都是由于暴政、狂热信仰，甚至是由于差错和软弱而利用司法生杀予夺之权来犯下的案件。

有些死刑判决，竟使后人都会闻而丧胆，需要长年累月的时间来申雪才能够补救得过来。例如查理·德·昂儒的法院对那波利和西西里的合法国王判处死刑③；又如一些教会神甫和修士们判

---

① 圣多明我的这份全权代表委托书，见于西班牙最伟大的神学家路易·德·巴拉摩(Louis de Paramo)的著作。这份委托书曾由一位类型不同的法国神学家在自己的著作，“宗教裁判教程”里引用过。这位作者是按照帕斯卡尔(Pascal)的方式写作的。——伏尔泰

② 自从阿朗达伯爵不再治理西班牙之后，宗教裁判所又卷土重来恢复了全部显赫地位和力量来愚弄人。但是由于启蒙思想的进展必然的效果，甚至影响到理性的敌人，宗教裁判所的残酷这才稍稍敛迹。——开勒版宗教裁判所只是在这个世纪才被取缔的。——阿弗内尔

③ 查理·德·昂儒(Charles d'Anjou，1266—1285)，法国国王圣路易之弟，那波利(Napoli)和西西里(Sicilia)国王。——译者

处约翰·胡斯和热罗姆·德·布拉格死刑[①];还有英吉利市民染上崇拜狂热的信徒们对英王查理一世判处极刑[②]。

在这一桩桩一件件冠冕堂皇地犯下的巨大谋杀案件之后,又发生了由于怯懦、愚蠢、迷信而犯下的司法凶杀案。这类事真是层出不穷。我将在其他篇章里再详加叙述。

在这类事件中,还要着重列入那些魔法妖术案件,而且决不可忘记在我们现在,1750 年,还有这样的事,这是维尔茨堡[③]主教的教会法庭竟然把一位修女,品德纯洁的姑娘,当做巫婆,处以火刑。我在别的文章里谈论过这件事,在这里再提一下,是要使人们切勿忘记它。世人是健忘的,而且又忘得太快。

但愿一年当中天天有一位在公共场所喊话的人,不必像在德意志或荷兰那样高声报告时辰(没有他报告,人们也会知道得清清楚楚),却要喊说:就是在今天,在宗教战争中,马格德堡[④]和全堡居民被烧成灰烬。就是 5 月 14 日这一天,下午 4 点半钟,亨利四世[⑤]被人刺杀,唯一理由就是他不大服从教皇;就是在这么一天,

① 约翰·胡斯(Jean Hus,1369—1415),捷克宗教改革家,由康斯坦次主教会议(1414)判处火刑。热罗姆·德·布拉格(Jerõme de Prague,1374—1416),胡斯门徒,1416 年在康斯坦次被处火刑。——译者

② 查理一世(Charles Ier 1600—1649),英国斯图亚特王朝国王。在 1643—1645 年英国内战中,王军败于国会军,查理逃往苏格兰,被苏格兰人交付清教徒独立派手中,旋由特别最高法院判处死刑,1649 年 1 月 27 日在白厅广场当众斩首。——译者

③ 维尔茨堡(Wurtzbourg)在今日德国南部。——译者

④ 马格德堡(Magdebourg)在柏林西南。——译者

⑤ 亨利四世(Henri IV,1553—1610),法国波旁王朝国王,1589—1610 在位,原为新教徒,后改宗天主教。1610 年被狂热信徒拉瓦牙克(Fromgoi Ravaillac)刺杀身死。——译者

在你们的城市里，人们以司法的名义，犯下了某件骇人听闻的残酷罪行。

这类接连不断的警告会是很有效果的。

但是还应该大声欢呼那些为保护无辜受害者而制裁迫害者的裁判。例如我建议每年在巴黎和图鲁兹寻觅两个嗓音高的人在各个十字路口宣传这些话：就是在这样的日子里，有最高法庭的五十位法官一致通过为约翰·卡拉斯讼案平反，并且还让被告全家获得国王捐赠。约翰·卡拉斯就是被人以这位国王的名义冤屈地处以最骇人的苦刑的①。

如若在各位大臣门前都另有一个喊话人对一切前去申请拘票借以霸占他们亲属、亲友或属下的财产的人喊叫以下的话，那倒也不错：

先生们，万万不可大胆用虚构不实的状纸来蒙混大臣，切勿大胆滥用国王的名义。平白无故就滥用国王名义是危险的。世上有一位热尔比埃(Gerbier)律师，他保护孤儿寡妇的利益，因为他们在一个神圣名义的压力下遭受虐待。也就是这位热尔比埃律师在巴黎法院的律师席上解散了耶稣会。请听他在圣贝尔纳会②上的一课，那是与孀妇寡妻们的另一位保护人卢瓦佐(Loiseau)律师联合一道进行的。

---

① 卡拉斯(Jean Calas)案件于1765年平反。政府发给当事人家属一笔三万六千里弗尔的赔偿损失的款项。该款分配如下：儿子三千，女儿每人六千，女仆三千。余款一万八千付了诉讼费。我们知道若非伏尔泰出售他的著名的回忆录获得一笔巨款赠给卡拉斯家，图鲁兹法院的受害者的不幸的子女们还会在穷苦中挣扎哩。——阿弗内尔

② 圣贝尔纳会(La Sociciét'e Saimt Bernard)，法国天主教会团体。——译者

诸位首先要知道克莱尔沃城的圣贝尔纳派的尊敬的神甫们拥有一万七千阿尔邦①老亩的树林子，七家大铁铺，十四处与佃农平分收获的大庄园，大量的采地和有俸圣职，甚至在外国还有税收。修道院的收入可有二十万里弗尔的年金；金银财宝不可胜数；修道院的殿堂跟王公的宫殿一般无二。这是最公正不过的了，对于贝尔纳派教士一向对国家所做的贡献来说，这一点代价是微不足道的呀。

有一个青年，年方十七，名卡斯蒂亚，教名是贝尔纳，因此以为自己应该做贝尔纳派教士。十七岁的人是会有这种想法的，有时候甚至三十岁的人也还会有这样的想法哩。他便到洛林省去进奥瓦尔②修道院做见习修士。等他必须宣誓的时候，却失去了恩宠。他也没有在誓词上签字，就扬长而去，还了俗。他在巴黎定居，三十年后积蓄了小小的一份财产，便娶了妻，而且还有儿女。

克莱尔沃的一位尊敬的教会司账，名梅耶尔，称得起是可尊敬的司账，原是修道院长的手足。他在巴黎的一个妓女那里获知卡斯蒂亚早先曾经是位贝尔纳派教士，便阴谋要把他当作私逃犯追拿，虽然卡斯蒂亚根本就没有正式加入圣贝尔纳派。梅耶尔还搞阴谋，要把卡斯蒂亚的女人说成是姘妇，又要把他的子女作为私生子送入救济院。梅耶尔勾结另外一个骗子手来分赃。二人一同到签发拘票的捕房，提出申诉，弄到了拘票，便来拘捕卡斯蒂亚和他的妻子儿女，霸占了他们的全部财产，又跑到您可想得到的地方去

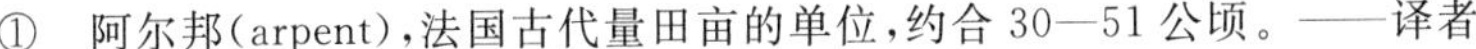

① 阿尔邦(arpent)，法国古代量田亩的单位，约合30—51公顷。——译者

② L'abbaye d'Orval，法国古代修道院，建于1070年，1131年圣贝尔纳在该处建立修道院后二次毁于火。——译者

吃这份家当去了。

贝尔纳·卡斯蒂亚被关进奥瓦尔的一所阴暗的土牢里。六个月后，他就死在牢房里了，因为怕他要求弄清是非曲直。他的女人被关在圣培拉吉监狱。这是一所专门监禁私奔女子的牢狱。三个孩子有一个死在救济院里。

事情就这样拖了三年。三年头儿上卡斯蒂亚夫人获释。公正的老天爷，又赐给这位孀妇一位丈夫。这位丈夫名叫洛内，是一个有头脑的男子，专会揭穿那些用来谋害他妻子的种种欺诈行为、恐怖手段和阴谋诡计。二人便一道去起诉，告了那些修士一状①。梅耶尔修士，人们呼为梅师，倒没有被处绞刑，但是克莱尔沃修道院却损失四万埃居银币：本来没有哪一家修道院是宁可让他们的司账被处绞刑而不愿舍钱的。

先生们，但愿这个故事能够教会你们对于拘票千万要审慎有节。要知道艾黎·德·博蒙②律师，嘎拉案件的这位著名的辩护人，和塔尔日埃③律师，无辜受害人的另一位保护人，他们二人使那个用诡计搞到一纸拘票，夺走气息奄奄的朗西兹伯爵夫人，把她从家中拖走，并且偷走她所有的证券的人，被判处了两万法郎罚款哪。

当法庭宣读这类判决书时，人们便可听见从最高法院里边直

① 该案于1764年宣判。——伏尔泰

② 艾黎·德·博蒙(Jean-Baptist-Jacques Elie de Beaumont，1732—1786)，巴黎法院著名律师。——译者

③ 塔尔日埃(Guy-Jean-Baptiste Target 1733—1807)，法国著名律师，曾参加法国民法编纂工作。——译者

到巴黎各个城门到处都是鼓掌声音。先生,小心点儿;不要轻易申请拘票。

一位英国人,读了本文,便问:拘票是什么呀?人们怎么也无法让他懂得。

ATHÉE 无神论者

第一节

在基督教中,过去曾有过许多无神论者:时至今日,已经少多了。据说神学往往把人的心灵引入无神论里去,后来倒是哲学又把人的心灵从无神论里引了出来,这话乍一听,好像是奇谈怪论,仔细一想,又像是千真万确的道理。其实那时应该原谅人们怀疑神,因为只有向人宣告有神的人才争论神的性质。初期教会的神甫们几乎都认为上帝是具有形体的;后世的神父们,不承认上帝有广袤,可是却还认为他住在天上:按照有些神甫的意见说来,上帝在时间中创造了世界;根据另外一些神甫的话说,上帝曾创造了时间;那些神甫说上帝有一个与自己相似的儿子;这些神甫又不同意这个儿子像上帝。人们又争论从上帝和他儿子引出第三位圣体来的方式。

还有人争论圣子在尘世是否由二位合成的。所以没有人料到问题竟是:圣体是不是有五位,耶稣在人间算有两位,天上还有三位;或者是圣体有四位,世上的耶稣只算一位;要不然是三位,视耶稣与上帝同位。人们又争论耶稣的母亲,争论下地狱,入阴间,吃圣体,饮圣血的问题,又争论圣宠,圣徒以及其他许许多多问题。既然人们看到神的心腹彼此意见很少一致,世世代代互相咒骂,却又尽都是名利熏心;回过头来再看一看世间充满罪恶和灾难,其中有不少倒是由这些位灵魂大师们的争论而造成的:老实说,有理性的人,因而对于一个突如其来的东西的存在似乎可以有所质疑;有感性的人似乎可以认为一位随心所欲地制造出这么多苦人来的上帝并不存在。

譬如说,设若有一位十五世纪的物理学家在圣托马斯的《神学大全》里读到这么几句话:"上天的造化,不必要精液,只要用若干元素和腐化作用便可产生不完善的动物。"这位物理学家必然会这么想:既然腐烂剂只同若干元素合在一起便可产生不大完美的动物,那么显而易见,只要再多加一点腐烂剂和热力,也就可以制造出比较更完美的动物来了。这里所谓上天的造化也不过就是自然的造化罢了。所以我必然也跟伊壁鸠鲁和圣托马斯一道,以为人可以从泥土和阳光里产生出来。对于这些既倒霉又糟糕的生灵来说,这倒还是一种相当高贵的出身哩。人们把个造物主上帝说得矛盾百出令人讨厌,我可为什么又承认他存在呢?可是物理学终于出世了,跟着也就有了哲学。于是人们才认识到尼罗河的泥土既不生一只昆虫,也长不出一穗小麦,却又不得不承认随处尽是种子,关系,方法;不得不承认一切生物之间有一种惊人的对照。有人观察光线从太阳发射出来,照亮各个星球和远在三万万里之外的土星光环,又来到地球射入一只小米虫的眼睛里,形成两个对角,把自然景物绘在它的视神经网膜上。有一位哲学家出世了,发现各个星球都遵循十分简单而微妙的规律在太

空中运行。因此，对于宇宙工程也就认识得更清楚了，这便证明必有一个工人，而多少永恒不变的规律，也证明必有一位立法者。所以说健康的哲学摧毁了无神论，而隐晦的神学却给无神论资助了武器。

有少数心灵苛刻的人，对于至高无上的神明，夸大缺点，忽视圣明，坚决否定这个原始动力。他们还有唯一的最后一招儿，说什么大自然永久存在，在自然界万物都在运动，所以万物变迁不息。既然万物永久在变更，一切可能出现的组合都会出现；所以当前一切事物的组合便可能是这种运动和永久变更的唯一结果。试取六只骰子来掷，实际上您只有 46 655 分之一的机会掷出六个六点儿来，可是在 46 655 回里，出六个六点儿的机会每回都是均等的。因此，在无限的岁月里，像当前宇宙这样的安排，本是无限次组合中的一次，也不是不能出现的。

我们看到有些人的心灵，本来是有理性的，却为上述论据所惑。他们却不注意有无限跟他们自己对立而决没有无限跟上帝的存在对立。他们还应该注意既然万物都在变更，那么像很久以来始终未变的极少数种类的事物也不应该不变。他们至少没有任何理由不承认天天都会有新的物种形成。相反倒是很可能有一只全能的手，远远超越这类永无息止的千变万化，阻止种种事物越出它给它们所划定的范围。所以，承认有一位上帝存在的哲学家，有许多可能性对于他来说等于是确切无误的，而无神论者却只有怀疑。我们还可以在哲学里找到许多证据来摧毁无神论。

在道德方面，显而易见，承认有一位上帝比不承认好得多。有一位神明来惩罚人世法律所不能制裁的罪恶倒也的确是有益人群的事；但是，与其承认一位像许多民族那样要用人做牺牲来祭奉的野蛮的上帝，还不如索性不承认更好，这也依然是明显的事。

用一个明显的事例就可证明这一真理是无可质疑的。在摩西时代，犹太人丝毫没有什么灵魂永生和世外生活的观念。他们的立法者只对他们宣示了上帝对于世俗行为的赏罚，对于他们说来，只是生活问题。可是，摩西因为利未人铸了一只金的或镀金的牛犊便命令他们杀死两万三千弟兄；在另一场合，因有人与当地妇女行淫，就屠杀了二万四千人；又因有人要支撑那道濒于坍塌的桥洞而使一万二千人死于非命。我们可以同时尊重万物主宰的神命，而又本着人道主义来断定说，这五万九千人本不相信有死后的生活，与其被人以他们所敬奉的上帝的名义杀害，倒不如干脆做个无神论者而活着。

在中国儒家各学派里实实在在并没有人宣传无神论；但是却有不少的无神论者，因为他们都不过是些并不怎么高明的哲学家。可是，跟他们一道在北京生活，浸润在他们的文雅风尚和温和法律的气氛中，却比在果阿宗教裁判所系身囹圄，最后穿着涂满琉黄、画着魔鬼的罪衣出狱，丧命在火刑架上，更妙得多。

那些主张一个无神论者的社会可以存在的人倒是不无理由的①，因为社会是由法律组成，而这些无神论者又都是哲学家，在法律保护之下，可以过一种贤明而幸福的生活。他们在一方共处的确也比那些狂热的信徒们在一地聚居容易得多了。让一个城市

① 下文又是对卢梭在《爱弥儿》第四篇里的一个注解的答辩。卢梭在该注解里说一个无神论者的社会不能存在。——阿弗内尔

住上伊壁鸠鲁、西莫尼德[①]，普罗塔哥拉、德巴罗[②]、斯宾诺莎；让另外一座城市住上冉森派[③]和莫利纳派[④]，您以为在哪一座城市里会混乱和争吵得更厉害呢？无神论，若是仅从现世生活来考虑，在一个慓悍的民族中间必定是很危险的学说；可是虚伪的神明观念之为害并不更轻。世间大多数伟大人物生存在世，都好像无神论者一般；不论什么有见闻的人都懂得承认有一位上帝，上帝显现，上帝的裁判，对于战争、对于条约，对于那些耗尽伟人们时光的野心与利欲的目标没有丝毫影响；可是却未见这些伟大人物粗暴地破坏了社会上的已有规律。跟他们在一道生活比较跟那些个迷信的狂热教徒在一道共处要惬意多了。我从信仰上帝的人那里比从不信神的人那里的确会获得更多的公正待遇，而从迷信之徒那里却只能得到苦难与迫害。无神论与狂热的信仰原是一对能够吞噬和分裂社会的怪物；但是，无神论者在错误中还保持着理性使他不致胡作非为，而狂热的信仰却无休止地疯狂下去，这就更使他会为非作歹。

第　二　节

在英国也跟别的地方一样，照理说，过去必然有过无神论者，

① 西莫尼德(Simonido de C'eos，约前556—约前467)，古希腊抒情诗人。——译者

② 德巴罗(Jacques Vallée Desbarreaux，1602—1673)，法国诗人。——译者

③ 冉森派，荷兰宗教哲学家冉森(Gornelis Jansen 1585—1638)所创学派，崇奉奥古斯丁学说，反对耶稣会。——译者

④ 莫利纳派，西班牙耶稣会教士 Molina 所创，主张圣宠与自由意志二者合一。——译者

而且现在还有很多;因为那儿的宣教讲道的教士,尽都是些个年轻没有经验的人,又都不大通达世事,硬说英国不会有无神论者。我在法国就认识过几位无神论者,他们都是很出色的物理学家,而且老实说我见这些人既很熟谙大自然的各种动力,却又决不承认有一只手明明在那儿左右着这类动力活动,不免大吃一惊。

我觉得他们被若干原则引入唯物论里边去,其中一个原则,就是他们相信宇宙是无限的而且充满物质。而物质又永恒不灭。也必然是这类原则使他们误入迷途,因为我所见过的牛顿派,个个都承认真空和物质有限,从而合情合理地承认有一位上帝。

其实,既然好多哲学家,连笛卡尔也在内,都认为物质是无限的,物质本身也就具有了最高主宰的一项属性;既然宇宙间不能有真空,物质也就必然存在了;既然物质必然存在,它也就永恒不灭:所以根据这些道理说来,也就用不着有一位创造宇宙的上帝了,也就不必有一位制造和保存物质的造物主了。

可是我又明明知道笛卡尔和大部分相信宇宙无空隙而物质本无限的学派却都承认有一位上帝,这是因为人类从来也不按照他们的原理来推理、来行动的缘故。

倘若人类果然能够合情合理地推论,伊壁鸠鲁及其门徒卢克莱修也就必然会成为他们所反对的神明的最虔诚的辩护士;因为他们既然隐约表示承认有真空、承认物质的有限性,就必然要得出结论说物质并不是必然存在的东西,也不是凭借它自身而存在,因为他并不是无限的。所以他们在他们自己的哲学里不由自主地证明有一位必然的、无限的、并且创造了宇宙的最高的主宰。牛顿哲学，承认并且证明物质有限性和真空，也明确地证明了有一位上帝。

因此，在我看来，真正的哲学家也就跟上帝的使徒一样。每一类人都要有一类使徒：一位教区里的经师告诉孩子们说有一位上帝，而牛顿却给学者们证实上帝。

在查理二世时代克伦威尔战争后的伦敦跟在亨利四世时代宗教战争后的巴黎一样，人们都喜谈无神论，因为那时候一般人从极端残酷的行动过渡到尽情寻欢取乐的生活，心灵相继被战乱和游惰所败坏，思考与推理都很平庸。后来人们越研究自然界，越认识了大自然的创造者。

有一件事我敢相信，那就是在各种宗教中，自然神教在世界上传播最广。自然神教在中国宗教中占主要地位，在伊斯兰教里成为明智者的教派，而十位基督教哲学家中便有八位是自然神论者。自然神教一直渗入各神学学院，各修道院和教皇选举会议里去。自然神教是一种教派，没有团体，没有宗教仪式，既无争论也无热情，无人宣传，却传遍世界。自然神教一如犹太教，在一切宗教里都有它的踪迹。令人觉得奇异的是一派迷信透顶，遭到万民厌弃，学者轻视，又凭着金钱势力到处得到宽容，而另一派却反对迷信，不为百姓所知，只有哲学家信奉，只在中国公开流行。在欧洲再没有什么国家里自然神论者比英国更多了。有不少的人都在问这类自然神论者有没有一种宗教。

有两派自然神论者：

一派认为上帝创造了世界，却没有给人类定出区别善恶的规律来。显然这些人只能称为哲学家。

另一派相信上帝给人制定了一种自然法，显然这些人即使不举行什么外表仪式，也必定有一种宗教。这些人对于基督教说来，可说是内部的和平敌人；他们拒绝基督教，但是无意毁灭它。

其他一切宗派都想要居于统治地位，每一宗派都像那些想要吞噬别的团体而在其废墟上发展自己的政治团体一样。只有自然神论者一直是安静无事。从来也没有人看到自然神论者在什么国家搞过阴谋活动。

在伦敦有一个自然神论者的组织，有时候在沃埃尔教堂旁集会。他们有一本小书是他们自己的法典。人们在宗教问题上写了那么多巨著，而宗教问题在这本小书里还占不到两页。他们主要的座右铭就是这一原则：道德观念，人皆有之，故来自上帝；宗教仪式，各不相同，故出自人为。

第二句格言是：四海之内皆兄弟也，大家共奉一神，而因各自敬奉家长的方式不同，竟至自相残杀，实在可憎。他们说，实际上什么正人君子又因为自己的兄弟们礼拜他们共同的父亲的时候，有人行中国礼、有人行荷兰礼，便去杀死他们呢？尤其是父亲在家庭里还没有规定好应该用什么礼节向他表示敬意的时候。这样做的人，似乎与其说是好儿子，不如说是个恶弟兄。

我很明白这类格言简直会变成“令人深恶痛绝的信仰自由的教条”，所以我仅仅报道报道事实。我严防自己成为教义议论家。然而还是应该承认：分裂基督教徒的各个宗派，倘若也能有这种谦虚精神，基督教界或许会少遭受几次战乱，少受几次革命的侵扰，少流几场血。

我们要怜悯那些攻击我们神圣天启的自然神论者。但是怎么会有那么多加尔文派、路德派、再洗礼派、聂斯脱利派①、阿里乌斯派②、罗马的仆从和罗马的敌手，有的那样嗜杀成性、野蛮残忍，而有的又惨遭不幸，有的迫害他人，而有的又受人迫害呢？因为他们都是“人民”。自然神论者虽然思想荒谬，怎么会从未危害人群呢？因为他们都是“哲学家”。人类为基督教曾付出了一千七百万人的生命，每一世纪还只以牺牲一百万人计算。不论是那些在法庭刽子手刀下丧生的，还是那些死于被人雇佣列身行伍的刀斧手的手里的，这一千七百万孤魂冤鬼都是为了他人的永久幸福和上帝的无上光荣而丧命的。

我见过一些人，他们都惊讶为什么自然神教既是很温和的宗教，又很符合理性而却从未在民间广为流传。

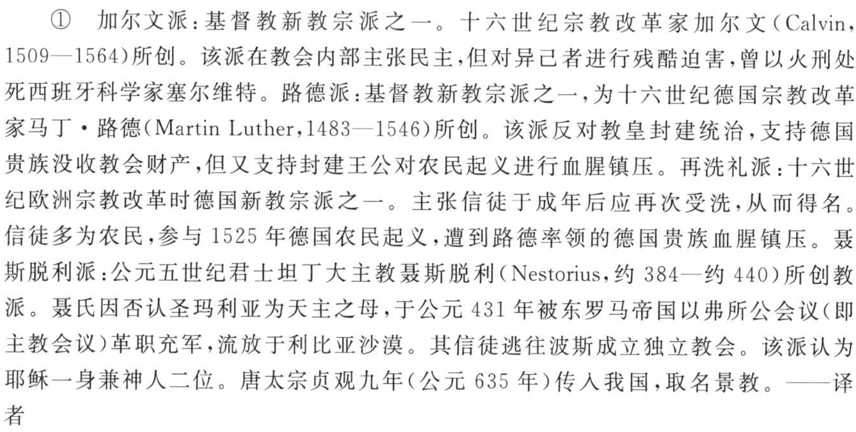

① 加尔文派：基督教新教宗派之一。十六世纪宗教改革家加尔文（Calvin，1509—1564）所创。该派在教会内部主张民主，但对异己者进行残酷迫害，曾以火刑处死西班牙科学家塞尔维特。路德派：基督教新教宗派之一，为十六世纪德国宗教改革家马丁・路德（Martin Luther，1483—1546）所创。该派反对教皇封建统治，支持德国贵族没收教会财产，但又支持封建王公对农民起义进行血腥镇压。再洗礼派：十六世纪欧洲宗教改革时德国新教宗派之一。主张信徒于成年后应再次受洗，从而得名。信徒多为农民，参与 1525 年德国农民起义，遭到路德率领的德国贵族血腥镇压。聂斯脱利派：公元五世纪君士坦丁大主教聂斯脱利（Nestorius，约 384—约 440）所创教派。聂氏因否认圣玛利亚为天主之母，于公元 431 年被东罗马帝国以弗所公会议（即主教会议）革职充军，流放于利比亚沙漠。其信徒逃往波斯成立独立教会。该派认为耶稣一身兼神人二位。唐太宗贞观九年（公元 635 年）传入我国，取名景教。——译者

② 亚力山大城教会神父阿里乌斯（Arius，280—336）所创异端宗派，反对三位一体的传统教义。视耶稣为完人，但无神性。该派为东罗马帝国数代皇帝支持，在相当长的时期曾与天主教会抗衡，后为尼西亚公会议禁止。——译者

在大小平民中,我们可以发现虔诚的卖草女人,热衷宗教的女商贩,莫利纳派的公爵夫人,为信仰再洗礼派而焚身的细心的女裁缝,还可遇到完全拥护路德或阿里乌斯的圣洁马车夫,而在这群人中却一个自然神论者也没有。这是因为自然神论既不能称为一种哲学体系,更不能叫做一种宗教,而大小平民也都根本不是哲学家。

洛克是一位公开的自然神论者。我在这位伟大的哲学家论述天赋观念的一章书里,发现他说人人对于正义都持不同的观念,便大吃一惊。倘若这话非属子虚,道德观念在人类中就不一致了,而上帝的声音也就不能为人所理解,也就没有什么天然宗教了。我跟他一样相信在有些民族中人们吃自己的父亲,而且认为跟邻居的妻子睡觉算尽到了友谊。即使真是这样,"己所不欲勿施于人"这条规律也仍不失其为一条普遍规律;因为人们吃自己的父亲,是因为他年纪老迈无力行动,很可能被敌人吃了,然而,对不起,与其被民族敌人把自己吃了,哪一位父亲又不情愿供自己子女饱餐一顿呢?而且吃父亲的人也希望自己轮到被子女大嚼特嚼。

倘若人们为对邻居效劳而同邻居的妻子睡觉,这是因为邻居无力生子而却想要个小孩儿,否则他就很苦恼了。在这两种情况之下和其他一切情况之下一样,"待人如待己"这一天然规律仍旧是有效的。其他一切规律,即使千变万化,也离不开这一条。所以明智的形而上学家洛克说人根本就没有什么天赋观念,说人的是非观念也各不相同,他并非一定认为上帝没有赋给人类那种必然地支配他一言一行的自尊心的本能。

ATHÉISME 无神论

第 一 节

论无神论常被人拿来与偶像崇拜相提并论

我觉得在《百科辞典》里，对于耶稣会修士黎舍欧姆关于无神论和偶像崇拜的意见驳斥得还不够，这种意见早先曾为圣托马斯、纳兹扬泽的圣格列高利[①]、圣息普立安[②]和德尔图良等人所支持，又经阿诺伯[③]大事夸张了一番。他对崇拜偶像的异教徒说："难道你们还好意思责怪我们轻视你们那些神吗？与其把若干丑行都加在许多神身上，不如干脆一位神也不信奉岂不更好得多吗？"这种想法，在好久以前，普卢塔克早就论证过了。普卢塔克说"他宁愿人家说根本就没有这么一个普卢塔克，也不愿人家说有一个反复无常、动辄发怒而又喜欢报复的普卢塔克。"这种意见最后又被培尔的辩证法大大加强。

以下就是争论的底蕴，由耶稣会修士黎舍欧姆渲染得相当耀眼，又被培尔的那种夸张方式弄得外表越发像是合情合理了。

---

① 纳兹扬泽（Nazianze），小亚细亚古代城市。纳兹扬泽的圣格列高利（Saint Grégoire de Nazianze，330—390）诨号"神学家"，希腊教会神父。378—379 年任君士坦丁堡主教，反对阿利安派，重振天主教，为三位一体说进行辩护。——译者

② 圣息普立安（Saint Cyprien）三世纪初生于迦太基，死于 258 年，迦太基主教。曾与教皇圣爱田争论由异教徒施洗是否有效问题。——译者

③ 阿诺伯（Arnobe 或 Arnobius），公元前三世纪下半叶罗马作家、修辞学教授、基督教辩护士。——译者

"在一家人家门口有两个守门人。有人问他们:'可以跟你们主人谈一谈吗?'一个回答说主人不在家,另外一个又回答说主人在家,可是正在造假钱、写假契、准备匕首和毒药来搞掉执行他那些计划的人们的性命。"无神论者像第一个守门人,崇拜偶像的异教徒就像另外那个守门人。显而易见异教徒比无神论者对于神明侮慢得更为严重。

对不起黎舍欧姆神甫,也对不起培尔,问题根本就不在这儿。要说第一个守门人与无神论者相似,他便不应该说:"我们主人不在家",他应当说:"我根本就没有什么主人,您所说的我们主人根本就没有这么个人;我的伙伴原是个呆子,所以才跟您说老爷正在配毒药、磨匕首,要杀害那些按照他意旨办事的人"。世界上根本就没有这号儿人。

黎舍欧姆固然是推论错误了,而培尔在他那稍嫌冗长的议论里,更忘乎所以,甚至把胡乱解释这一问题的荣誉归诸黎舍欧姆。

普卢塔克似乎说得更清楚:他说他宁爱人家说没有普某其人,也不喜欢有人说普某是个没有人缘的人。有人说他不在世上又有何妨?但是他最关心的倒是不要别人糟蹋他的声名。至尊的神明,情况却又与此不同了。

普卢塔克还没有接触到应该研究的真正问题。问题不在于知道谁对于神最侮慢不恭,是否认神的人,还是丑化神的人?除了倚靠天启以外,无法知道人们关于神所发表的轻薄言论是不是侮慢了神明。

哲学家们总是于无意之中随入世俗观念的圈子里去,设想上帝重视荣誉,动辄发怒,又喜报复,把修辞上的形象当做是真实观念了。举世关心的问题是要知道承认有一位赏罚严明，奖励阴功，惩治隐恶的上帝是不是比根本不承认有神更好。

培尔竭力引证神话传说给古代许多精灵所加的丑名，他的敌手们又都用一些毫无意义的老生常谈来回答他：培尔的赞助者跟他们的敌人争来争去，一直是所答非所问。两方面却都认为朱庇特是一奸夫，维纳斯是一淫妇，墨丘利是一骗子手。但是，照我看来，这些并不是应该考虑的问题。我们不要把奥维德的《变形记》跟古罗马宗教混为一谈。在古代罗马以及古代希腊，并没有为骗子手墨丘利、淫妇维纳斯、奸夫朱庇特修过什么庙宇，这是毫无疑问的。

没有人认为是古罗马人所谓的 Deus optimus，maximus。〔至善至大的神〕鼓励了克洛狄乌斯[①]去跟恺撒的妻子私通，鼓励了恺撒去狎昵尼可麦德王[②]。

虽然神话里传说墨丘利曾偷了阿波罗[③]的牛，西塞罗根本不说是墨丘利怂恿维赖斯[④]去盗窃西西里岛。古代真正的宗教认为朱庇特很善良很公正，而其余的副神在地狱里也都惩处违背誓言的人。因此古罗马人曾长期是遵守誓言最虔诚的人。宗教对于古

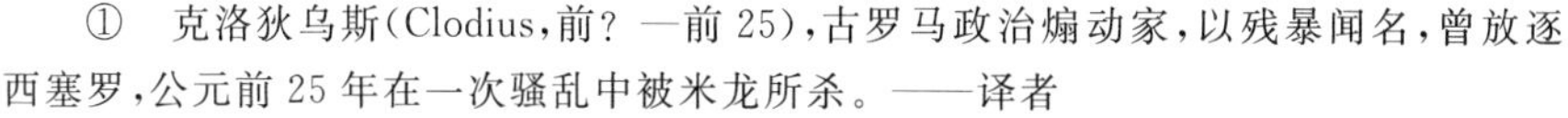

① 克洛狄乌斯(Clodius，前？—前25)，古罗马政治煽动家，以残暴闻名，曾放逐西塞罗，公元前25年在一次骚乱中被米龙所杀。——译者

② 尼可麦德三世(Nicomède III，前91—前74)，古代小亚细亚尼可麦迪(在今之土耳伊斯尼克)国王。——译者

③ 阿波罗(Appollon)，希腊和罗马神话中的太阳神，主管光明、医药、诗歌、艺术和畜牧。主神宙斯或朱庇特与拉多娜所生之子。曾因用箭射死独眼巨人被朱庇特放逐至帖萨里亚为阿德墨托斯王放牧牛群。——译者

④ 维赖斯(Verrès，前114—?)，古罗马独裁官，在西西里岛各地以受贿和浪费闻名，以贪污罪被西塞罗所控。——译者

罗马人当然是很有益了。至于莱达的两个蛋①,伊纳科斯②的女儿变形为牛,阿波罗对于许阿铿托③的爱恋,都根本不可相信。

因而不可以说努马④的宗教侮辱了神明。人们争论很久,还是一场空论,这也是太常有的事了。

人们随后又追问一个相信无神论的民族能不能存在,我觉得似乎应该区分清楚人民大众和超越人民之上的一个哲学家的社团。这的确是真的:在任何国家,人民都需要较大的约束,而培尔倘若只有五六百农民要治理,他必然会向农民宣传有一位有赏有罚的上帝。但是培尔却不必对伊壁鸠鲁主义者这样说,因为这一派人都富有,喜爱安逸,具有各种社会道德的修养,而尤其重视友谊,避开一切公共事务的纠缠和危险,过着一种清白而安乐的生活。据我看,这么一来,关于社会和政治问题,也就可息争罢论了。

至于那些尚未开化的民族,我们已经说过他们还谈不到是什么无神论者或自然神论者。问他们有什么信仰,就等于问他们是否赞成亚里士多德还是赞成德谟克利特。他们什么都不懂;他们既非无神论者,更非亚里士多德学派。

但是人们还可坚持意见,还可以说:这些民族也都生活在社会里,而却没有上帝,所以人们可以在没有宗教的社会里生活。

---

① 莱达(Léda),希腊神话中人物,廷达瑞俄斯之妻,传说宙斯曾化身为天鹅和她亲近,生下两个蛋,一个蛋孵出海伦,另一个蛋孵出狄俄斯库里兄弟。——译者

② 伊纳科斯(Inachus 或 Inachos),古希腊传说中的阿尔戈斯国最早的国王,海神俄刻阿诺斯与黛蒂斯所生之子。——译者

③ 许阿铿托(Hyacinthe),植物神,传说是阿波罗的宠人。——译者

④ 努马,即 Numa Pompilius,罗马古代传说中的第二代国王,古罗马作家认为他在公元前 714—671 年间当政。——译者

话既如此说，我就要回答您说，狼群也这样生活，而您所设想的食人生番的乌合之众并不算是一种社会。我还不免要请问您，您把钱借给您的社会里一个什么人的时候，是否愿意您的债务人、检察官、公证人、审判官都不信神？

第　二　节

近代无神论者。崇敬上帝的人所持的理由

我们都是有智慧的生物，而有智慧的生物却不能是由无知无识的粗物构成的。在牛顿思想与一堆驴粪之间，一定总还有些差别。牛顿的智慧当然是来自另外一种智慧。

我们看见一架好机器，我们便说必有一位好机械师，说这位机械师必是聪明过人。宇宙实是一架绝妙的机器，所以宇宙间必有一种绝妙的智慧，不论它是在什么地方。这一论据固然是古老了，但并不因古老而就更不好。

一切活动物体都是由遵循力学规律作用着的杠杆、滑车组合成的，或是由在流体静力学法则支配之下川流不息的液体合成的。我们一想到所有这些东西都有感觉力，而这种感觉力又与它们的结构组织毫无关系，不免大为惊奇。

各个星球的运动，以及我们这颗小小的地球绕日而行的运动，都完全依照最深邃的数学规律而进行。怎么对于这类规律一条也不知道的柏拉图，这位雄辩的但却是空想的柏拉图竟会说大地的基础是一个等边三角形，水的基础是一个直角三角形；这位奇异的柏拉图说只能有五个世界，因为只有五种有规律的物体；因此我要问，柏拉图连球面三角学也并不懂，却怎么具有一种相当高的天才，一种相当巧妙的本能，会称上帝为永恒的几何学家，会感觉到有一种创造的智能。斯宾诺莎自己也承认这一点。这一真理包围着我们，从各个方面逼着我们接受，是无法与之争议的。

无神论者的理由

可是我也认识一些倔强的人，他们说根本就没有什么创造的智慧，运动自身就能形成我们眼见的一切事物和我们自身的存在。他们会大胆跟您说：既然这个宇宙的组合存在，它便是可能有的，所以运动自身便可独自安排这种组合。仅以火星、金星、水星和地球四个星球为例，我们首先只想一想它们现在的位置，其余的星球暂且不管，我们便可看出运动自身把四颗星球安置在它们彼此现在所处的位置上这种情况出现的或然率有多大。可以有二十四分之一的机会形成这一组合，也就是说，这四星球不处在现在它们彼此所处的位置上的情况只有二十四分之一的机会可以出现。若在四星球中加入木星，便只有一百二十分之一的机会可以使木星、火星、金星、水星和地球不处在我们现在所看见的它们彼此所处的位置上。

最后再加上土星：便只有七百二十分之一的机会使这六颗巨星能保持它们已有位置。所以说显然在七百二十次冲击中，只要一次冲击就曾经使六颗主要星球各就各位了。

然后再以其余一切次要星球和这些星球的一切组合形式、一切运动为例，再以在这一切星球上繁殖、生活、感觉、思维、行动的生物为例，只要增加机会的数目，把这个数目永远增加上去，直增加到我们无法再加而名之为“无限大”的那个数字，必然会有一个一致局面出现，有利于现存宇宙单靠运动而形成，所以说在太古时期，单独的物质运动就可能产生了现存的整个宇宙。而且甚至可以说这一组合在太古时期必然会出现。他们说：所以不仅单独的物质运动可以产生现在的宇宙，而且在出现无限次组合后，现存宇宙不能不这样产生。

答　辩

在我看来，所有这一切设想都是想入非非之谈，有两个理由：第一，就是在现在这个宇宙里，有些有智慧的生物，而您却证明不出来单凭物质运动就能产生理解力(l'entendement)；第二，就是您自己也承认，要说有一种创造性的智慧使宇宙运转，这样的情况，只有无限分之一的机会能够出现，而单一相对于无限大，也就微小得很可怜了。

再说一遍，斯宾诺莎自己也承认有这种创造的智慧，这种智慧就是他的学说基础。您没有读过他的著作，必须要读。您为什么却要比他跑得更远，任凭一种愚蠢的骄傲把您那薄弱的理性投入斯宾诺莎也没敢下去的深渊里呢？说是一种盲目原因使一个星球的公转的平方永久是其他星球各公转的平方根，就像这个星球与它跟其他星球的公转的共同圆心之间的距离的立方是其他星球与该共同圆心之间的距离的立方根一样，您不觉得这话疯狂透顶吗？或者是星球都是伟大的几何学家，或者是有一位永恒的几何学家安排了星球的运转。

但是这位永恒的几何学家又在哪儿呢？他是在一个地方呢？还是无所不在、不占空间呢？我毫无所知。他安排万物是否出于他的本质呢？我也毫无所知。我只知道人必须崇敬他，而且必须为人公正。

一位近代无神论者的新的反驳

我们可以说动物身体的各部分都合乎它们的需要吗？它们这类需要又都是些什么需要呢？不外是延年益寿和螽斯衍庆而已。可是，由于偶然而形成的无限种组合中，只有那些具有适于营养适于传种的器官的生物才能存在，对此应该感到惊奇吗？其余的不是都灭种绝迹了吗？

答　辩

这一段议论，是根据卢克莱修的体系编造的老一套，用动物具有的感觉和人类具有的智慧就足以驳倒。由偶然产生的组合怎么能产生如上文所述的这种感觉和这种智慧呢？毫无疑问，动物的四肢必然是为了满足动物的需要而由一种不可思议的艺术创造成的，想您也不敢否认这一层。您已无话可说了。您会感觉到您无法反驳大自然对您提出的这一伟大论据。苍蝇长的一只翅膀，一只蜗牛的各个器官，都足以把您问倒。

莫佩都依①的反驳

近代物理学家无非是把这些假论据加以引申，他们时常引申

① 莫佩都依（Pierre-Louis Moreau de Maupertuis，1698—1759），法国几何学家和自然科学家。——译者

到细微而无聊的事物上去。他们在犀牛皮褶纹里也发现了上帝。人们也有同样的权利以乌龟壳为理由否定上帝。

答　辩

这是什么推论呀！乌龟和犀牛以及各种各样的动物，种类虽然千变万化，却都一致证实它们有相同的动机、相同的企图、相同的归宿，即保身、繁殖和死亡。在变化无穷中又体现了统一；乌龟壳和犀牛皮即其明证。怎么！因为乌龟壳与犀牛皮不相似就要否定上帝！新闻记者们对于这类无理取闹的言论居然大事吹捧，对于两位把上帝当做原因来认识而加以崇敬的牛顿和洛克反而并不推崇！

莫佩都依的反驳

在一条蛇的构造中，要美观和适用又有什么好处呢？有人说可能有些我们还不知道的用处。所以至少我们仍以少说话为妙，不要赞赏一种我们只知其恶的动物。

答　辩

您也不要多说了，因为您对于它的用途并不比我懂得更多；还是承认在爬虫体内一切都配合得十分相称，妙不可言吧。

有的蛇是有毒的，您自己也曾是有毒的①。这里谈的只是造成蛇虫、走兽、飞禽、水族和两足动物的那种奇艺妙术。这种艺术

① 伏尔泰此处暗指他跟莫佩都依在柏林时的争论。——阿弗内尔

是相当明显的。您问为什么蛇要伤人。而您呢，您为什么害过那么多回人呢？作为一位哲学家，迫害人就是罪大恶极的事，您却为什么曾经做过迫害人的人呢？这是另外一个问题，是道德上的善恶问题、身体上的苦乐问题。很久以来，常有人问为什么有那么多蛇而且还有那么多比蛇更坏的人。苍蝇若有理性，必会向上帝抱怨不该有蜘蛛；但是苍蝇也会承认神话里的密涅瓦承认阿拉克内巧织网罗的事[①]。

所以一定要承认有一种难以用言语形容的智慧，甚至斯宾诺莎也承认。不可否认，这种智慧在最小的昆虫体内也像在那些星球里一样闪烁着光辉。关于精神上和物质上的痛苦又怎么说呢？又怎么办呢？永恒的主创造了美德和快乐，也容许了罪恶和痛苦，我们只有崇敬上帝，享受身心幸福以自娱。

关于本文，还有一句话要说。无神论是若干聪明人的缺点，迷信是愚人的缺点，而骗子手呢？他们是什么呢？是骗子手。

第三节　论对于瓦尼尼[②]的诬告和瓦尼尼的申辩

从前，谁要是在一项技艺上有一点窍门儿，谁就有被人当成是巫师的危险；凡是新兴的教派都被人指控在宗教秘密祭礼里杀害儿童；所有离开经院学派术语的哲学家都曾被那些狂热的信徒和

---

① 希腊神话传说智慧女神密涅瓦撕坏阿拉克涅(Arachné)的刺绣，阿拉克涅失望而自缢身死，密涅瓦便把她变形为蜘蛛。——译者

② 瓦尼尼(Lucilio Vanini，1585—1619)，文艺复兴时期意大利哲学家。因有唯物主义和反宗教倾向，抨击封建黑暗势力，被人诬控为以妖术惑众的无神论分子，1619年在法国图卢兹被宗教裁判所烧死。——译者

骗子诬为无神论者，并且被愚人治了罪。

阿那克萨哥拉竟敢以为太阳根本不是乘驷马轻车的阿波罗所驾御：人家便说他是无神论者，他就给人逼跑了。

亚里士多德被一个神父指控为无神论者，他因为不能令诬告他的人受到惩罚，便自行退隐到卡尔息斯[①]去。但是苏格拉底的死却是希腊历史上最令人痛心疾首的事了。

阿里斯托芬（评论家因为这个人是希腊人便都很景仰他，却没想到苏格拉底也是希腊人），是最先经常对雅典人宣传苏格拉底是无神论分子的人。

这位喜剧诗人既不诙谐，也无诗兴。他若是生在现代，或许没有人让他在圣罗郎的市集演滑稽戏；我觉得他比普路塔克所刻画的更卑鄙更下流得多了。贤明的普路塔克就是这样谈到这位笑剧家的：“阿里斯托芬的语言有一种可怜的卖狗皮膏药语言的味道，都是些最令人厌恶的下流恶毒言词；他的语言并不为人民所喜悦，一般有见识的正人君子更难容忍；他那种盛气凌人的劲儿简直令人难受，善良人士也讨厌他的险毒。”[②]

顺便说一句，他就是苏格拉底的崇拜者达锡耶夫人敢于称赞的塔巴兰之流。就是阿里斯托芬老早给寡廉鲜耻的审判官准备好毒药用以毒死希腊的一位德高望重的人[③]。

① 卡尔息斯(Chalcis)，希腊东部厄贝岛首府。——译者

② 见“阿里斯托芬与梅南德尔的比较”一文。在高乃依戏曲集附录讲演稿备考里，也可看到伏尔泰对阿里斯托芬同样的恶评。——Flammarion 袖珍版

③ 这句话的意思是说阿里斯托芬到处诬蔑苏格拉底为无神论者，使后者遇害。——译者

雅典的皮匠、鞋匠和女裁缝们都拍手称赞一出滑稽戏，在这出戏里表演了苏格拉底在一只篮子里，悬在半空中，声言根本就没有什么上帝，同时又夸耀自己在讲授哲学时窃取了一件外衣。这个民族的坏政府竟然容忍这样无耻的放肆行为，后来整个民族沦为罗马人的奴隶，今日又沦为土耳其人的奴隶，实在是罪有应得的。俄罗斯人，今日保护着希腊，若在古代，必会被古希腊人称为蛮族。可也绝不会像希腊人那样毒死苏格拉底，判处亚西比德死刑。

回顾从罗马共和国直到我们今天这一段时期，觉得罗马人比希腊人开明得多，从来没有为了思想问题而迫害过任何哲学家。到了后来继承罗马帝国的蛮族便不然了。普皇腓特烈二世刚一跟教皇们争论，就有人诬他为无神论者，并且说他是《三个伪君子》这本书的作者，是跟他的掌玺大臣德维内亚二人合著的。

我们的掌玺大臣奥斯皮塔尔①声明反对宗教迫害，立刻就有人指控他是无神论者，说什么他是 Homo doctus，sed verus atheus〔学识渊博的人，但又是真正的无神论者〕②。有一个耶稣会修士，在阿里斯托芬以下，就像阿里斯托芬在荷马以下一样。这是一个可怜虫，他的名字即使在那些盲目迷信的人当中也是可笑的。这个人就是耶稣会修士嘎拉斯③。他到处发现无神论者；他把他所

① 奥斯皮塔尔(Michel de L'Hospital，1507—1573)，法国十六世纪政治家，历任巡按使、督政使、掌玺大臣等职，执政期内，屡次采取保护信仰自由措施，反对宗教迫害。——译者

② 见《高卢事物注疏》第1卷第28章(Commentarium rerum gallicarum. I. XXVIII)。——伏尔泰

③ 嘎拉斯(Le Père François Garasse，1585—1631)法国宗教论战家，思想极端反动，著有《当代才子新奇学说》。——译者

反对的人都指为无神论分子。他称狄奥多·德柏兹[①]是无神论者;也就是嘎拉斯这个人使群众对瓦尼尼犯了错误。[②]

瓦尼尼的不幸结局并不引起我们对他像对苏格拉底一样有什么义愤和怜惜,因为他只是一位无何成就的外国学究,不过他也并非像人家所说的那样,是个无神论者:他正是完全相反的人。

他原是那波利的一位贫寒教士,职业神学家和传教士,对于本性和共相问题的激烈的争辩者,而他所幻想的空中楼阁也不会见诸事实。何况他并没有任何无神论的倾向。他对于上帝的观念是最健全最受人欢迎的神学观念,他说:"上帝就是本原和目的,又是这二者的创造者。上帝自身却又不需要本原和目的。上帝是永恒的,不在时间之内;是无处不在的,又不在任何一处。对于上帝来说无所谓过去和未来;到处都有上帝,他却又在一切以外,管辖一切,并且创造了一切;上帝是不变的,是无限而完整的;上帝的权力就是他的意志,"等等。这虽不是很深刻的哲学,却是最受欢迎的神学。

瓦尼尼夸说自己重整了阿威罗伊[③]所采纳过的柏拉图的出色见解——柏拉图以为上帝创造了一连串的生物,从最小的到最大

① 德柏兹(Théodor de Bèze,1519—1605),法国耶稣教(即新教)领袖之一。——译者

② 请参阅伏尔泰致布兰维克亲王书(Lettres a S. A. Mgrle prince de Brunswick)第3封信,其中曾引用本文许多段。——开勒版

③ 阿威罗伊(Averroës),即伊斯兰教统治下生于西班牙的大思想家伊本·路西德(Ibn Roshd,1126—1198),曾注释亚里士多德著作,学说有唯物主义和泛神论倾向,企图调和犹太教义与亚里士多德哲学,认为耶和华创造世界说与物质永恒存在说可并行不悖。阿威罗伊学说后来在法国遭受巴黎大学反动学者排斥,并遭罗马教廷诽谤。——译者

的，而最末一环是连在他的永恒宝座上的。这种思想，实在说来，是华而不实的；但是距离无神论，跟距离虚无是一样远。

他曾经为了发财和争鸣而到处奔走；但是不幸争鸣跟发财是背道而驰的：谁跟多少学者或乡村学究争鸣，谁就要给自己树立多少死敌。瓦尼尼的不幸没有丝毫其他的来由：他在争论时的火气和粗暴态度使他跟几位神学家结下了仇恨；因为他跟一个名叫佛郎龚或叫佛郎勾尼的人争论了一次，这个佛郎龚又是他的仇敌们的朋友，就乘机诬告他是一个讲授无神论的无神论分子。

这个佛郎龚或名佛郎勾尼的人，靠了几个证人，蛮不讲理，把他预先编造好了的话拿来对证。瓦尼尼坐在被告席上，人家问他对于上帝的存在如何想法，他便回答说他跟教会一样也崇拜三位一体的上帝。他随手从地上捡起一根草来，就说："只是这根草梗就足以证明有一位造物主。"于是他发表了一篇很漂亮的演说，讲到生长和运动，讲到必然有一位神，否则就不会有运动和生长。

格拉蒙[1]主席，当时在土鲁斯，把这篇讲词收到他的《法国史》里，这部书今天已被人大大遗忘了；也就是这位格拉蒙，由于一种令人难解的成见，以为瓦尼尼说这些话，与其说是由于内心的信念不如说是由于虚荣或恐惧[2]。

---

① 格拉蒙(Grammont，即 Gabriel-Barthélemy de Gramond，1590—1654)，法国历史学家，历任最高会议顾问，图卢兹高等法院审查案件委员会主席，曾著有《法国通史》。——译者

② 格拉蒙这一段关于瓦尼尼的文字，曾由 La Croze 译成法文，载在我在下文的一段注解里谈到的一本著作里。——伯休版

格拉蒙主席的这一残酷的妄断能有什么根据呢？若照瓦尼尼的答复看来，显然对于有人控告他是无神论者这一点是可以免于起诉的。但是结果如何呢？这位不幸的外国教士也研究医学；有人在他家里一只盛满了水的缸子里发现一只大蛤蟆：又控告他是妖道。有人说这只蛤蟆就是他所崇拜的神；人家又把他著作里若干章节都解释成反神的意思，这本来也是轻而易举的很常见的事，只要把异议当作答案、把意义双关的几句话故意刁难一下，把一种天真的字句曲解为恶毒的语言就可以了。结果压迫他的乱党逼着法官决定对这个不幸的人处以死刑。

为了使这项死刑合法，就必须对这个不幸的人尽量加以诬蔑。渺小又渺小的梅尔塞纳①甚至狂妄到著书说：瓦尼尼带着他的十二位门徒从那波利出发去说服各国人民相信无神论。多么卑鄙无耻呀！一个穷教士怎么能够负担十二个人的薪给呢？他又怎么能说服十二个那波利人做费用浩繁的旅行，冒着生命危险，去到处散播这种讨厌的反叛学说呢？即或是一个国王，果然有足够的力量来支持十二个无神论者的说教者吗？在梅尔塞纳以前，没有人敢于这样荒谬绝伦地胡说过。但是自他说了以后，这样的说法便屡见不鲜了，并且毒化了报章、历史词典；世人大都喜欢奇谈异闻，也就不加思考地相信了这一荒诞的传说。

培尔自己在他的“思想杂谈”里是把瓦尼尼当作一位无神论者

① 梅尔塞纳（Le Père Martin Mersenne，1588—1647），法国哲学家，笛卡尔的朋友，曾著《有神论者、无神论者和不信神的人的渎神行为》一书，1624年出版。——译者

来谈的:他利用这一个例子来支持他的奇谈怪论,认为一种无神论者的社会是可以存在下去的。他断定瓦尼尼本是一个循规蹈矩的人,做了他自己哲学见解的殉难者了。其实他在这两点上都弄错了。瓦尼尼教士在拟埃拉斯谟[①]的"对话篇"里说他曾有一个情妇叫伊沙贝尔。瓦尼尼的写作如同他的行动一样都是无拘无束的;不过他并非无神论者。

他死后一个世纪,学者拉·克罗兹和一个托名菲拉莱德的学者都愿意为他申辩[②];但是没有人对这个不幸的那波利人感兴趣,所以也几乎没有人去读这些申诉书了。

耶稣会修士哈尔端[③]比嘎拉斯更博学,冒昧的程度也不比他差,在他那本无神论探讨(Athei de tecti)里,指控笛卡尔、阿尔诺[④]、帕斯卡尔[⑤]、尼古拉·马勒伯朗士等人都是无神论者:幸而这些人没有遭到瓦尼尼的厄运。

---

① 埃拉斯谟(Désiré ou Didier Geert,dit Erasme,1476—1536),文艺复兴时期荷兰著名人文主义者,拉丁作家。著有《愚人颂》。——译者

② 拉·克罗兹(La Croze)在他的"杂谈"(Entretiens sur divers sujets 1711 年版,十二开本)第四篇里没有对于人家责备瓦尼尼是无神论者的话进行申辩;相反地他说瓦尼尼是不信神的无神论者(见该书 356、359、360、374、379 等页)和坏人(363 页)。伏尔泰所指托名菲拉莱德 Philalèthe 的作者就是 J.-Fr. Arpe,此人曾著 Apologia pro Julio Cœsare Vanino,1712 年出版,八开本,卷首题名 Cosmopoli,typis,philaletheis。——伯休版

③ 哈尔端(Jean Hardouin,1646—1724),法国耶稣会修士,著作家。常发怪论,如谓罗驰诗《伊尼特》(维尔吉著)是中世纪本笃会僧众所写。——译者

④ 阿尔诺(Antoine Arnauld,1612—1694),法国冉森派神学家,反对耶稣会的教条。尝与马勒伯朗士论战。——译者

⑤ 帕斯卡尔(Blaise Pascal,1623—1662),法国十七世纪大数学家、物理学家、散文家、哲学家。名著有《思想录》。——译者

第 四 节

从这一切事实，我再谈到培尔提出来的道德问题，就是要知道一种无神论者的社会能否存在下去的问题，我们首先注意，关于这一问题人们在争论中矛盾有多么大：凡是起来激烈反对培尔意见的人，凡是用最恶毒的话否认无神论者的社会的可能性的人，一直都在勇气十足地坚持说中国政府规定信奉无神论学说。

他们对于中国政府确乎是认识错了；他们只要看一看幅员广大的中国的皇帝们的历代诏书，就可以看出这类诏书都是些训词，而且满篇所谈的不外是神明，赏罚严明的主宰。

何况同时他们对于无神论者的社会的不可能性，认识也不无错误；我不知道培尔先生怎么会把一个足能使他的理论取得胜利的实例给忘记了。

一个否认神的社会又怎么显得是不可能的呢？原来有人以为人类不受管束就永远不能在一块儿生活；以为法律对于秘密犯罪是无能为力的；以为需要一个上帝在这个世界或另外一个世界惩罚那些逍遥法外的坏蛋。

摩西的法律的确是丝毫没讲到死后未来的生活，也没有以死后的受罚作威胁，也没有教导最初的犹太人说灵魂不死；可是犹太人那时远非无神论者。远非相信自己不受神的处罚的人，却已经是人类中最有宗教信仰的人了。他们不仅相信有一位永恒的上帝，而且相信上帝随时随地都在他们中间：他们害怕自己受罚，害怕他们妻室、子女、直到第四代后裔还受神惩罚；这种约束力量是很强大的。

可是异教徒中,许多教派都没有任何约束:怀疑派怀疑一切,柏拉图派对于一切问题悬而不决;伊壁鸠鲁派坚信神灵不能干预人事,其实他们根本不承认有什么神。他们确信灵魂决非物质,而是一种与身体同生同死的机能:因此,除了道德和荣誉之外,就没有任何其他约束了。罗马元老和骑士都是真正的无神论者。神对于无所畏惧也无所希望于神的人是不存在的。罗马元老院实际上也就是恺撒和西塞罗时代的一种无神论者的集会。

这位伟大的演说家西塞罗,在他为克滦蒂乌斯①发表的演说里,对全体议会说:“死对于他又有什么不好呢?我们拒绝关于地狱的一切愚蠢的传说。死又给他夺去了什么呢?仅仅夺去痛苦的感觉罢了。”

喀提林的朋友恺撒想要反对这位西塞罗来挽救他的友人的生命,不是反驳西塞罗说处死一个罪犯毫不能惩罚他,说死是无所谓的事,不过是我们痛苦的终止,不过是一个幸福超过灾难的时刻吗?西塞罗和元老院全体元老不是都同意这些理由吗?已知世界的征服者和立法者显然形成一个无所畏惧于神的团体,这些人都是真正的无神论者。

培尔随后又研究偶像崇拜是否比较无神论更危险,根本不信神是否比对于神存着一些不适当的见解罪恶更大;在这一点上培尔是跟普路塔克意见相同的:他以为与其有一种不好的见解,不如

① 克滦蒂乌斯(Cluentius),公元前一世纪罗马历史人物,曾在公元前74年告发其岳父欧比阿尼古斯阴谋毒死他,因贿赂而获胜,十二年后欧比阿尼古斯之子又进行报复,控告克滦蒂乌斯企图毒死他,因西塞罗为之辩护,讼案以被告无罪获释告终。——译者

一无见解；但是，尽管普路塔克不高兴，对于希腊人来说，畏惧色列斯、尼普顿和朱庇特显然比什么都不信仰要强得多。圣洁的誓言分明是必要的，和相信虚假誓言并不受罚的人相比，应更信任相信虚假誓言要受处分的人。在一个开化的城市，无疑地，有一种宗教（哪怕是不好的）远比根本没有好的多。

似乎培尔更应该考虑一下迷信或无神论二者哪一方面最为危险。迷信一定是千倍万倍更有害，因为无神论丝毫引不起血腥的情欲，迷信却引起这种情欲；无神论不反对犯罪，迷信却令人犯罪。姑且按照《高卢事物注疏》一书作者的意思，设想掌玺大臣欧比塔尔是不信神的人；他修订了的倒是些贤明的法律，建议减刑跟和解；狂热的信徒却发动了圣巴托罗缪的大屠杀①。霍布斯被人视为不信神的人：他所过的倒是安分守己的清高生活：他那个时候的狂热信徒却血洗了英伦三岛。斯宾诺莎不仅是无神论者，而且他还讲授无神论，可是参与巴涅维特②法律谋杀案的却绝对不是他；把德·维特两兄弟撕成肉块插在烤肉叉上烤了吃的也绝对不是他③。

无神论者大多数都是一些大胆而迷失了方向的学者，他们不善于推理，不能理解创造、恶的根源和其他的难题，便求助于万物

① 1574年8月24日夜，法国国王查理九世在母后喀德林·德·麦第锡与居依兹家族挑唆之下，下令屠杀所有当时从各地来巴黎参加亨利·德·纳瓦乐（即后来的亨利四世）与查理九世之妹玛格丽特的婚礼的那些新教徒贵胄。这次屠杀的直接后果是使法国丧失独立，并引起法兰西第五次内战。——译者

② 巴涅维特（Barneveldt），荷兰古代大总统，生于1549年，是联合省共和国的创建者，1619年，被他的政敌莫理斯·德·纳梭（Maurice de Nassau）处死。——译者

③ 德·维特（Jean de Witt，1623—1672）与Corneille de Witt（1625—1672）两兄弟是荷兰政治家。法王路易十四入侵荷兰时，奥兰治派党团引起暴动，二人死于乱军中。——译者

是永恒的和必然的假说。

野心家和酒色之徒自然没有时间来思考，便采取了一种不良的思想体系：他们无暇比较卢克莱修跟苏格拉底。我们这里情况就是这样。

罗马元老院却不是这样的。这个元老院差不多全属理论上和实践上一致坚信无神论的人所组成的，也就是说由一些不信上帝和未来生活的人们所组成的；这是一个哲学家、酒色之徒和野心分子的会议，他们都是些危险分子，他们就这样地断送了罗马共和国。伊壁鸠鲁学说在历代皇帝统治下继续存在。元老院的无神论者在西拉和恺撒时代都是乱党分子，他们在奥古斯都和蒂贝尔统治下都是些干奴隶活的无神论者。

我不愿意跟一位不信神的王子打交道，他会高兴把我放在一个臼子里捣死；我相信我一定是会被他捣死的。如果我是个国王，我也不愿意宠用那些不信神的侍臣，他们会因争权夺利把我毒死：我得每天乱吃些解毒药以防万一。所以王子和人民都必须把一个赏善罚恶、管理和创造人类的上帝观念深深地铭刻在心中。

培尔在他的《彗星志》[1]里说起不信神的民族是有的。在卡弗尔人、霍屯督人、巴西的托比囊布斯人和许多其他小民族那里，是绝对没有上帝观念的。这是可能的；但是这也并不是说他们否认有一位上帝：他们既不否定其有，也不肯定其无；他们只是从未听说过上帝；若对他们说上帝是有的，他们会很容易相信；您如告诉

① 伯休(Beuchou)说这是培尔题名为《1680 年 12 月彗星出现寄索尔邦大学一博士的杂感》(Rotter dam 1721 年版共四卷十二开本)的一种著作。在杂感续集 118 节里，他谈到一种无神论者的社会。——开勒版

他们说一切都是由万物本性产生的，他们也一样会相信您的话。主张说他们是无神论者，这跟说他们是反笛卡尔派一样没有来由。他们既不赞成也不反对笛卡尔。他们全都是些天真的孩子；一个孩子既非无神论者，也不是自然神论者，他什么也不是。

我们由此可以得出什么结论来呢？可以说无神论在统治者中间是一种很危险的怪物；在书生中间也是一样，因为虽然他们过着洁身自好的生活，可是他们从书斋里可以影响到台上的人物；若说无神论不如迷信那样有害，它可对德行差不离也总是不祥之物。再说，自从哲学家们承认没有任何生物是没有种子的，没有任何种子是没有意图的，说小麦并非来自腐烂的东西以来，如今否认神的人也就比任何时候更少了。

非哲学家的几何学者们拒绝了目的因，但是真正的哲学家们却都承认有目的因；且正如一位著名作家所说的，一位传教士对儿童宣布有上帝，牛顿却给知书明理的人证明上帝。

有了无神论者，不怪那些践踏人心、唯利是图的暴君又该怪谁呢？他们迫使我们起来反抗他们的毒辣行为，逼得若干思想软弱的人否认被这些怪物闹得声名狼藉的上帝。多少次人民起来造反打倒国王，不是那些搜刮民脂民膏的人逼出来的吗！

有些拿我们的口粮来自肥的人对我们喊道：请你们相信真有一头母驴口吐人言[①]；请你们相信有一条鱼吞了一个人，三天后又把他放在岸上，依旧健康无恙[②]；请你们不必怀疑万有的主曾命令

① 见《旧约·民数记》第22章。——译者

② 见《旧约·约拿书》第1、2两章。——译者

一位犹太先知吃大粪(《以西结书》)[①],叫另外一位先知购买两个娼妇,叫她们生几个龟儿子(《何西阿书》)[②](这就是人们假托真实而纯洁的上帝亲口说出来的字眼儿!);请你们相信一百件或是显然可憎或是绝对不可能的事物,否则大慈大悲的上帝不仅要在亿万世纪后用地狱的火把你们烧死,而且还不论你们有没有肉体,都要永世永代焚烧你们。

这类莫名其妙的愚蠢言行激怒了思想软弱而又鲁莽的人起来反抗,也同样触犯了思想坚强而明智的人愤愤不平。他们说:我们老师们给我们把上帝描绘成世间荒谬绝伦、野蛮无比的东西了,所以我们认为根本就没有什么上帝;其实他们可以这么说:所以我们老师们把他们自己的荒谬和怒气都归之于上帝了,所以说上帝恰好跟他们所说的相反,所以他们把上帝说得又疯狂又恶劣,上帝恰好是又明智又善良。贤明的人都这样解说。但是这话倘若被狂热的信徒听到了,便到神父检查官那里去检举他们,而这位官老爷就会把他们用文火烧死,还满心以为是为他自己所糟蹋过的神明报仇雪耻,遵照神意办事哩。

① 见《旧约·以西结书》第4章。——译者

② 见《旧约·何西阿书》第1章、第3章。——译者

B

BACCHUS 巴克科斯

在世俗的古代一切真实的或传说的人物中，巴克科斯[①]在我们看来是最重要的了。我并不是说这是由于他那种除犹太人外全世界公认的美妙发明，而是说由于他的传说跟摩西的真实传奇极端相似。

古代诗人都认为巴克科斯出生在埃及，并且说他被人放在尼罗河上，从而被第一位俄耳甫斯称作米西，据懂得无人懂的埃及古文的人们说，米西就是从水里救出来的意思。他生长在阿拉伯一座名叫尼萨的大山一带，据说这座山就是西奈山[②]。人们想象有一位女神命令他去摧毁一个野蛮民族；想象他率领着为数极众的男女和儿童徒步渡过红海。又有一回，奥伦特河河水向左右两边分开断了流让他过去，印度希达斯普河河水也为他向左右分开断过流。他曾经命令太阳停止不动，那时便有两道光从他脑袋里射

---

① 巴克科斯(Bacchus 即 Bakchus)，罗马神话中的酒神，在希腊神话中名狄俄尼索斯，是主神宙斯与塞墨勒所生之子。——译者

② 西奈山(Sina 即 Sinaï)，汉译圣经作西乃山，在今之红海北端西奈半岛。——译者

出。他曾用他的松塔头的手杖击地，那里便涌出酒泉来。他也曾用两块大理石版铭刻他的法律条文。他的一生事迹只差没有降下十大灾难来苦恼埃及这一点，否则就是摩西一生完整的翻版。

我想伏西玉斯①是第一个主张这种类似论的人。阿弗郎什的主教胡埃②也这样说；但是他在他的《福音证实》里还说摩西不仅就是巴克科斯，而且还是奥西里斯③和蒂丰④。他这样提，自己仍觉得不够；照他说摩西也就是阿斯克勒庇俄斯⑤、安菲翁⑥、阿波罗、阿多尼斯⑦、普里亚波⑧。颇有趣的是胡埃为了证明摩西就是阿多尼斯，便以二人都曾牧羊为根据：

> 美男子阿多尼斯曾牧羊河浜
>
> 维吉尔，《牧歌集》x，v. 18

他证明摩西就是普里亚波，他说因为人们有时候画普里亚波和一头驴，而异教徒都认为犹太人敬奉一头驴；他还提出一项不合教规的证据就是摩西的棍子可与普里亚波的权杖相比拟：Scept-

---

① 伏西玉斯(Gérard-Joseph Vossius，1577—1649)，荷兰博学学者。——译者

② 胡埃(Pierre-Daniel Huet，1630—1721)，法国主教。阿弗郎什(Avranches)法国沿英法海峡一城市，在圣马洛湾内。——译者

③ 奥西里斯(Osiris)，古埃及掌管土地、丰收和尼罗河的神，又是阴司的主宰。埃及神话传说奥生前为埃及善良皇帝，曾教民稼穑，为其弟塞特(Set)杀害，其妻伊西丝(Isis)子荷拉斯(Horus)使之复活，成为来世王国皇帝，审判死者灵魂。——译者

④ 蒂丰(Typhon)，古埃及掌管罪恶、黑暗、绝育的神。——译者

⑤ 阿斯克勒庇俄斯(Esculape 或 Asclêpios)，希腊神话中医生的始祖，有起死回生之术，几使阴间无鬼，冥王普路同请主神宙斯把他用雷击毙。——译者

⑥ 安菲翁(Amphion)，希腊神话人物，宙斯和安提俄珀的儿子，音乐家，传说他在建筑底比斯城墙时，砧石受他七弦琴的吸引自动聚集在他面前。——译者

⑦ 阿多尼斯(Adonis)，希腊神话人物，年轻貌美，狩猎时为一野猪撞伤而死，爱神阿佛洛狄忒把他变形为秋牡丹。——译者

⑧ 普里亚波(Priappe)，希腊神话中的司园艺的神。——译者

rum tribuitur Priapo, virga Mosi[1]〔给普里亚波的是一根权杖，给摩西的是一根棍子〕。这类证明方式不是欧几里得的证明方式。

我们在这里根本不准备谈比较近代的巴克科斯，如特洛伊战争前二百年希腊人当作主神宙斯藏在他大腿里的一个儿子来纪念的那位巴克科斯。

我们姑且谈谈那位据说是生在埃及边界而又出现许多奇迹的巴克科斯。我们尊敬犹太圣书便不能疑心古代埃及人、阿拉伯人以及后来希腊人都曾经有心模仿摩西历史：难处仅仅在于知道他们从这部不容置辩的历史里怎么能获得教益。

论到埃及人，他们很像是从来也没有记载过关于摩西的那些曾令埃及蒙受侮辱的灵迹。倘若埃及人真是提过一句关于摩西灵迹的话，历史学家约瑟夫和斐洛也就免不了要引用这话来自己夸耀自己的民族了。约瑟夫在他对阿庇翁[2]的答辩中认真负责引述了一切提到过摩西的作者，却没有发现一位作者报道过一件这类灵迹。从来也没有犹太人援引过一位埃及著作家对于降在埃及的十大灾难，神奇地渡过红海等等奇迹提过只字。所以在埃及找不出什么根据来杜撰这种把神圣的摩西跟凡人巴克科斯来比拟的荒唐说法。

十分明显，只要有一位埃及作家提过一句关于摩西的伟大奇迹，亚历山大城的全体犹太教会和这座名城的能争善辩的基督教

① 见《福音证实》第 79、87 页和第 110 页。——伏尔泰

② 阿庇翁（Apion），公元一世纪时亚历山大城修辞学家，曾著《埃及史》和一部讥笑犹太人的讽刺诗集，史学家约瑟夫曾著《驳阿庇翁》一书为犹太民族进行辩护。——译者

会就都必然会引述，而且各按自己的方式加以夸耀。雅典纳哥拉斯[①]、克累芒、奥立泽尼都谈论过许多无益的事物，必然会千百遍地引证这段必不可少的话。这也就必然成为各个神甫们所掌握的最强有力的论据了。他们都一致保持沉默，所以说他们根本也就没有什么可以谈的。但是又怎么能使任何埃及作者都没有谈到曾惹人在埃及全境屠杀各户长子、血染尼罗、曾把国王和全军人马溺死海中的那个人[②]的丰功伟绩呢？

我国史学家都承认一个克洛德维克[③]，一个锡冈泊尔[④]率领一小撮蛮族蹂躏了高卢；英吉利人最先说过撒克逊人、丹麦人、诺曼人曾经先后轮流来殄灭他们民族的一部分。倘若他们未曾说出这件事，整个欧洲必然都会为之叫屈了。全世界按理也应该对于摩西、约书亚、基甸、参孙以及其他很多先知们的可怕灵迹表示责难，然而全世界却默不作声。多么深奥莫测啊！一方面，这些灵迹都是确凿不移的，因为在基督教会所称道的圣书里都找得到；而另一方面从来也没有任何民族提到过这类灵迹却也是不容置辩的事实。我们要崇敬天主，服从神意。

一贯喜爱奇事妙闻的阿拉伯人或许是最初在巴克科斯身上编造传说的人；这些传说后来不久就被希腊人采用而且美化了。但

---

① 雅典纳哥拉斯(Athenagoras)，公元二世纪希腊唯心主义哲学家，以为基督教会辩护而知名于时。——译者

② 即指摩西。——译者

③ 克洛德维克(Clodvic)，即法国古代法兰克王国墨洛温朝国王克洛维。——译者

④ 锡冈泊尔(Sicambre)，古代日耳曼民族名称。法兰克国王皈依天主教受洗时，施洗的主教圣雷米命令他低头接受洗礼圣水时便用这个名字称呼克洛维，因法兰克民族也是日耳曼民族一部族。——译者。

是阿拉伯人和希腊人又怎么能在犹太人那里吸取材料呢？我们知道希伯来人直到托勒密时代密藏他们的经书不传给任何外人，他们以为把经书传给外人就是亵渎神明。我们已经提过，约瑟夫为了替犹太人秘藏旧约摩西五经[①]不外传这件事进行辩护，说上帝曾惩罚过胆敢谈论犹太史的外人。照他说来，历史学家狄奥庞波[②]只是有意在他的著作里提到犹太人，便害了三十天疯病，而悲剧作家狄奥代克特[③]因为在他一出悲剧里说出了一个犹太人的姓名就双目失明了。这就是弗拉维俄斯·约瑟夫在他《驳阿庇翁》书中提出来的理由解释犹太史之所以长期不为世人所知的缘故。

这几部书非常罕见，仅仅在约西亚[④]王朝发现了一部当世孤本；而且根据把这一孤本送呈国王的大祭司希勒家的书记沙番报告，这本书早已被人遗忘，搁置在一口木箱里年深日久了。

根据列王纪第四卷[⑤]所载，这件事发生在纪元前 624 年，比荷马晚四百年，在希腊鼎盛时代。当时的希腊人几乎不知世上还有希伯来人。犹太人被虏至巴比伦为囚更加使他们对于自己民族典籍盲昧无知了。一直要到七十年后才由以斯拉[⑥]把这些书重新整

① 指《创世记》、《出埃及记》、《利未记》、《民数记》、《申命记》。——译者

② 狄奥庞波(Théopompe)，公元前四世纪希腊历史学家，著有《希腊史》与《雄辩史》二书。——译者

③ 狄奥代克特(Théodecte)，公元前四世纪希腊悲剧作家与伟大雄辩家，为雄辩家伊索克拉底与唯心主义哲学家柏拉图的弟子。——译者

④ 约西亚(Josias)，公元前 641—610 年间犹太国王。——译者

⑤ 即圣经《旧约·列王纪》第 22 章。——译者

⑥ 以斯拉(Esdras)，公元前五世纪犹太教士和博士，在巴比伦犹太囚虏被释放后，他率领数百名犹太人重返犹太定居在耶路撒冷，与尼希米二人合力恢复犹太民族国家和摩西法典，对照多种手稿，整理犹太人中间流传的所谓神授的圣书；旧约中有《以斯拉记》，记载他一生事迹。——译者

理出来。而那时巴克科斯的传说已经在希腊全境流传五百多年了。

倘若希腊人真在犹太史里挖掘他们的传说，必然会选取人类更感兴趣的一些事迹。亚伯拉罕的传奇、挪亚、玛土撒拉[1]、塞特、以诺、该隐、夏娃和她那条不吉利的蛇、知善恶树等等的故事，所有这些名字，对于希腊人一直是陌生的；而且他们在亚历山大[2]大帝在征服欧亚两洲以后许久许久才略略知道犹太民族。史学家约瑟夫对于这一点说得很清楚。请看他在《驳阿庇翁》一书开端是怎样写的（顺便说明一下，他驳阿庇翁时，后者已经去世，因为阿庇翁死于克劳德[3]皇朝，而约瑟夫写于韦斯巴芗[4]时代）：

“因为我们住在一片远离海洋的国土，故毫不经商，也不跟其他民族来往。我们安于稼穑，土地又很肥沃；主要的是努力培养我们的子女，因为我们以为必须教育他们懂得我们那些神圣的法典，信仰虔诚，自愿遵守这些法典规律。根据这些道理，和我所说过的道理，以及我们这种特殊生活方式，便可看出过去几个世纪，我们并没有像埃及人和腓尼基人那样跟希腊人往来……我们国家既不

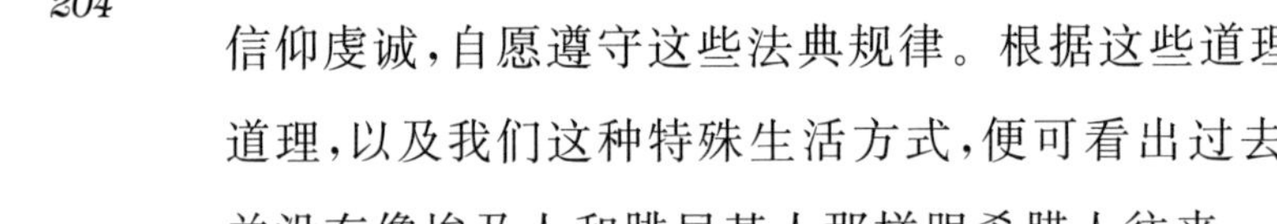

① 玛土撒拉（Mathusalem），圣经中人物，塞特族长，挪亚的祖父，据说活了969岁，是圣经人物中最高寿的人。——译者

② 亚历山大（Alexandre 即 Alexandros III，公元前356—前323），古代马其顿国王，前336—323在位。少时从亚里士多德习哲学。即位后，镇压希腊各城邦反马其顿运动；先后征服小亚细亚、灭波斯、侵印度，建立了亚历山大帝国，死后帝国即瓦解。——译者

③ 克劳德（Cloude I），罗马皇帝，公元41—54年在位。——译者

④ 韦斯巴芗（Vespasien 即 Titus Flavius Vespasianus，9—79），古罗马皇帝，弗拉维王朝的创立者。原为尼禄大帝的将军，公元67年镇压犹太人起义。在位时整顿财政，加强集权统治。——译者

临海，又根本什么也不喜欢记载，而且按照我所叙述的方式生活，少为外人所知，又何足为奇呢?”①

读了极端醉心自己民族荣誉的犹太人这样真实坦率的自白，我们很能看出古希腊人不可能从希伯来人的神书里吸取巴克科斯的传说以及其他如伊菲革涅亚、依多梅内②的儿子的牺牲，赫拉克勒斯的十二件功绩③，欧律狄刻④的奇遇等等传说。有很多很多古代故事彼此类似。希腊人怎么会把希伯来人加到历史里边的掌故编入神话里呢？是由于创作才能呢？是由于善于模仿呢？还是由于英才所见不谋而合呢？总之，上帝许可这样，这也就够了。至于阿拉伯人和希腊人跟犹太人所言雷同又有什么关系呢？我们研读《旧约》只是为了有思想准备接受《新约》；我们在新旧约中只可寻求关于善行、谦恭、宽大和真正仁慈的教益。

① 见“约瑟夫的答辩”Aruauld d'Andilly 译本。——伏尔泰

② 伊菲革涅亚(Iphig'enie)，希腊神话人物，阿伽门农与克吕泰涅斯特拉所生之女。阿伽门农在特洛依战争时期，为希腊联军统帅，为得诸神默佑，希望神风吹动希腊舰队不离奥利斯港，把女儿作为牺牲献与女神阿尔忒弥斯，女神用一羊羔代替伊菲革涅亚，把后者带到陶里德做女神的女祭司。依多梅内(Idoménée)古希腊传说人物，克莱特(Crète)国王，地府审判官米诺斯的孙子，特洛依战争中英雄之一，许愿不慎将亲子做了牺牲。——译者

③ 希腊神话中英雄赫拉克勒斯一生立下了十二件功绩：1. 杀死在奈梅为害的狮子；2. 斩杀在莱恩诺作祟的七首怪蛇；3. 活捉隐藏在埃黎芒特山害人的野猪；4. 捕获刻律涅亚的赤牝鹿；5. 射死斯丹发耳湖的铁嘴野鹤；6. 制服了龙王尼普顿送到克莱特岛伤害米诺斯王的妖牛；7. 杀死用外乡人喂马的色拉斯王狄奥麦德；8. 战胜了剽悍善战的阿玛宗妇女部落；9. 引阿尔菲河水为奥革阿斯王洗涤马厩；10. 杀死巨人革律翁并夺取他的牛群；11. 到赫斯白丽德三位公主的花园斩杀百头怪龙夺取金苹果；12. 从地狱里救出忒修斯。(或制伏冥国的看门狗刻耳柏洛斯，并把它捆送欧律斯透斯。)——译者

④ 欧律狄刻(Eurydice)，希腊神话中歌手俄耳甫斯的妻子。——译者

BAPTÈME 洗礼

洗礼(bartême)这个字是希腊语,意即"浸水"(immersion)。

第一节

我们根本不以神学家的身份来谈洗礼;因为我们不过是些可怜的文人,永远也登不上圣殿。

从太古时代起,印度人就都在恒河里净体,直到现在仍旧这样。人总是依靠感觉来行动,也就很容易设想洗濯身体的东西也能洗濯灵魂。埃及庙宇地下隧道里有为教士和新皈依宗教的人使用的大木桶。

> 啊!你想用河水洗清罪恶,这不是轻而易举的事。
>
> 奥维德:《岁时记》第二部 45—46

老布皆在八十高龄,把这两句诗戏译成两句打油诗:

> 罪用水来洗
> 真是滑稽到了底。

一切标志本身都是无所谓的,上帝有意把这一习俗在希伯来民族中神圣化。人们为所有移居在巴勒斯坦的外国人施洗礼,这些领受洗礼的外国人被人叫做定居改宗者。

他们不一定非行割礼不可,只要遵守上帝指示挪亚全家及其后裔的七条告诫,[①]不向外邦任何神献祭就可以了。合法的改宗

---

① 见圣经《旧约·创世记》第9章。——译者

者都行割礼并且领受洗礼。改宗的妇女，也赤身裸体，当着三个男子，领受洗礼。

信心极其虔诚的犹太人都来接受全民族最尊崇的先知们施洗。所以人们都跑去找那位在约旦河为人施洗的圣约翰[①]。

耶稣基督本人，虽然从来没有给人施洗，也愿意接受圣约翰施的洗礼。这种习惯作为犹太教规年代已久，又从我们的救世主本人获得了新的地位，新的价值，成了基督教主要仪式和钤记。然而耶路撒冷最早的十五位主教全是犹太人；巴勒斯坦的基督教徒保持割礼年代很久；圣约翰收的基督教徒从来没有领受过耶稣基督施洗。

许多旁的基督教会社使用通红的烙铁在领洗人的身上烫一个烙印。他们这样令人吃惊的作法，是根据圣路加[②]引述施洗约翰这样一句话："我是用水施洗；在我后来的人，就要用火施洗了。"[③]

西流基人、赫尔米尼亚人和其他几个民族都这样烙铁印。"他要用火施洗"这句话从来没有人解释过，对于圣路加和圣马太说的用火施洗有许多不同的见解。比较最可靠的或许就是认为火洗指的是叙利亚女神的信徒们的一种古老习俗一说了。这位女神曾经浸在水里用烧红的烙铁在身上烫了几个字。在悲惨的人间无往不是迷信，耶稣便用一种神圣的仪式、一种有效而崇高的象征代替这

① 即施洗约翰(Jeannes-Baptista)，圣经人物，见《新约·马太福音》第3章和第14章。——译者

② 路加(Luc)，希腊语 Loukas 的音译。圣经人物，原为医生，曾随保罗到各地传教。据说新约中"路加福音"和"使徒行传"二书都出自他的手笔。——译者

③ 见《新约·马太福音》第3章，又见《路加福音》第3章。——译者

类可笑的迷信[①]。

在基督教最初几个世纪，要等到临终时才领洗的情况极其普遍。君士坦丁大帝[②]的事例就是一个相当有力的证明[③]。圣昂布鲁瓦兹被任命为米兰主教时还未领过洗。等到临终再领洗的习惯不久就消失了。

为死者施洗

人们为死人也施洗。圣保罗在他致哥林多的一封信里证实了这种洗礼，信里说："若死人根本不会复活，又为什么给他们施洗呢？"[④]这是个事实问题。或者是为死者本人施洗，或者有人以死

① 这类烙印主要是烫在脖颈和手腕上，为的是用显明的烙印表示烫了烙印的人是入了教的，是属于女神的。请参阅一位新入教的信徒写的"叙利亚女神"一文，该文编入吕西安文集里。普卢塔克在他的《迷信大全》里说谁若吃了禁食的肉，这位女神便叫他在小腿肚子上长疮。这一点可能跟《旧约·申命记》有点关系，《申命记》(第 28 章 35 节)在提到禁止吃鸢鹰、骆驼、海鳗之后，说："你若不遵守这些诫命，你必受诅咒云云……主必使你在膝盖上和小腿肚子上生长毒疮。"所以幻想在叙利亚曾是希伯来真理的阴影，它本身又让位于一种更光辉夺目的真理。

用火施洗，也就是用烙印，曾到处流行。您可以在《以西结书》(第 9 章第 6 节)里读到："你们要把老少妇孺一齐杀光，只留下那带印记的"；您在《启示录》里(第 7 章第 3、4 节)可以读到："你们不可伤害大地、海洋和树木，一直要等到我们把上帝的侍者都打上了额印。打印记的人的数额是十四万四千。"——伏尔泰

② 君士坦丁大帝(Constantin，即 Flavius Valerius Aurelius Constantinus I，274—337)古罗马皇帝。313 年战胜马克森斯统一帝国。并颁布宽容基督教的米兰敕令。330 年迁都拜占庭，后该城名为君士坦丁堡。临终前领受洗礼，皈依天主教。——译者

③ 开勒版袖珍本在此处有以下数句，可以说明上文，兹译出供读者参考：他是这样推论的：洗礼净化一切，我可以杀死我的父母妻子，而后再领洗，便可魂升天堂了；事实上君士坦丁大帝也就这么样做了。这个实例是危险的，于是这种等到临终再领洗的习俗渐渐也就消失了。——译者

④ 见《新约·哥林多前书》第 15 章第 29 节。——译者

者的名义领洗，就像从那时以来人们就超度炼狱里[①]亲友的亡魂，为他们免罪一样。

圣埃皮法纳[②]和圣克里索斯通[③]两位神甫都告诉我们：在某些基督教组织里，特别是马尔丘尼派，常把一个活人安置在死人灵床下面；人们问他愿意不愿意领洗，那个活人便回答说愿意；于是便把死人浸在水盆里。这种习俗不久就被废除了。圣保罗曾提到这种习惯，但未加以否定；恰恰相反，他倒是把这一事例当做一个无敌的论据来证实复活是千真万确的事。

用圣水施洗

希腊人始终保持了浸水洗礼。拉丁民族在八世纪末叶把他们的宗教传入高卢民族和日耳曼民族，鉴于全身洗浴在寒冷地带儿童有丧生之虞，便用简单的洒圣水来代替沐浴，因此他们每每被希腊教会摈斥。

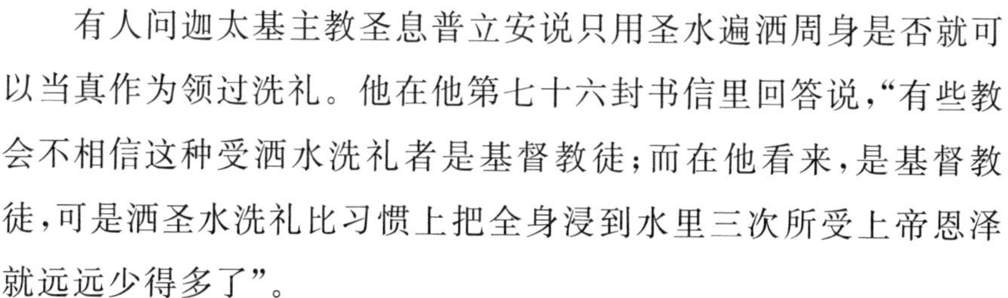

有人问迦太基主教圣息普立安说只用圣水遍洒周身是否就可以当真作为领过洗礼。他在他第七十六封书信里回答说，“有些教会不相信这种受洒水洗礼者是基督教徒；而在他看来，是基督教徒，可是洒圣水洗礼比习惯上把全身浸到水里三次所受上帝恩泽就远远少得多了”。

---

① 基督教传说凡有轻微罪恶的人死后先入炼狱受苦赎罪，在炼狱赎罪后，始能升入天堂。——译者

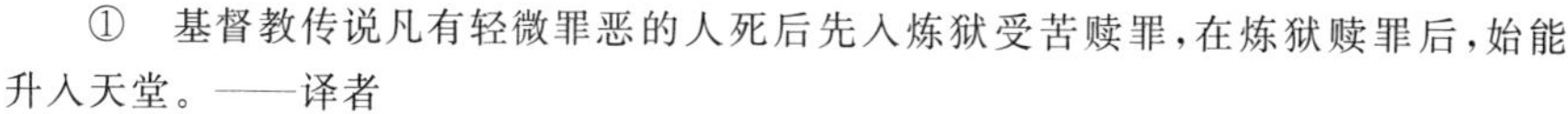

② 圣埃皮法纳（Saint Epiphane 即 Epiphanius，310—403），古希腊教会神甫。——译者

③ 圣克里索斯通（Saint Jean Chrysostôme ou Bouche d'or，347—407），诨号“金口”，君士坦丁堡大主教，长于口才。——译者

在基督教里，只要被浸入水里就算是入了教；在以前，这只能算是志愿入教人。为了入教，还必须有称为教父的保证人，为使教会能确保新基督徒忠诚不渝，绝不泄漏宗教的神秘。所以在最初几个世纪，异教徒大都不很知道基督教的神秘，就像基督教徒不懂得伊西斯①和色列斯·厄琉息纳②的神秘一样。

亚历山大的奚利耳③在他那封反对朱里安大帝的书信里这样表示："我如果不顾虑我的话会被没有入教的人听见，我必谈洗礼。"当时还没有什么宗教有神秘，有团体，有志愿入教者、新教徒和宣誓修道者。每一个宗派都要求有新品德，要求他的成员们过一种新的生活，Initium novæ vitæ〔开始新生〕，从而就产生了initiation〔入教〕这个字。基督教的善男信女的入教式就是把全身浸在冷水盆里，这一仪式表示赎愆一切罪恶。基督教洗礼不同于希腊、叙利亚、埃及、罗马的仪式，就如真理不同于空想。耶稣基督就是掌握新律章的大司祭。

到了二世纪已经有人给儿童施洗了。儿童若不领洗就会堕入地狱，基督徒们自然是愿意他们的孩子领洗，免得堕入地狱。结果人们便断定要给儿童在生后八天施洗，因为犹太人是在这个时候举行割礼的。希腊教会现在仍沿袭这种习俗。

依照最严谨的教会神父们的意见，在第一周夭亡的婴儿都得

---

① 伊西斯(Isis)，埃及女神。奥西里斯之妹及妻，掌管医药、婚姻和小麦种植，体现着埃及早期文化。——译者

② 色列斯·厄琉息纳，即罗马神话中的谷物女神(Cérès)，萨图恩与息柏列所生之女。——译者

③ 亚历山大的奚利耳(Saint Cyrille d'Alexandrie，376—444)，希腊教会神父，亚历山大里亚主教。——译者

要入地狱。但是彼得·克利梭罗格①在五世纪曾经想象有一种冥界“兰伯”，一种比较温和的地狱，照字的本义说就是地狱的边缘，地狱的郊区。凡没有领洗的儿童们都到那儿去，并且在耶稣降临地狱之前，大主教们都待在那里。所以认为耶稣降临“兰伯”而非降临地狱的见解从那时以来就占优势。

关于一个基督教徒在阿拉伯沙漠里是否可以用沙子举行洗礼的问题曾经发生过争论。有人回答说不可以。也曾争论是否可用玫瑰水施洗。有人决定应该用净水，可是也可用带泥的水。显而易见，这一整套规矩是出于早期订立这类规矩的教士们的谨慎。

再洗礼派和若干天主教圣会以外的教派都认为只有深知情况才可为人施洗。他们说，您为人施洗，就是叫他答应进入基督教会，而一个儿童却不能负任何责任。您给他指定一位保证人，一位教父。但这是古代习惯的一个缺点。这一谨慎措施在初期教会是很适宜的。若是有什么生人，成年男子、妇人、成年姑娘来见初期的耶稣门徒要求进入教会分享布施，必须有一位保证人保证他们忠实；对他们就要有把握；他们宣誓做您的孩子；可是一个孩子的情形正好相反：有时候一个孩子在君士坦丁堡由希腊人施了洗，后来又由土耳其人施了割礼；生下来八天做了基督教徒，十三岁上又做了伊斯兰教徒，背叛了他教父为他宣的誓。这就是再洗礼派可以当成口实的许多理由之一。但是这一理由在土耳其或许不失其为正当理由，而在洗礼确定公民身份的基督教国度却从来没有人

① 彼得·克利梭罗格(Saint Petrus Chrysologue，380—450)，西罗马帝国时代腊万纳城(在今之意大利北部亚得里亚湾沿岸)总主教。——译者

承认。人人必须守国法随乡俗呀。

希腊人为拉丁人再施洗，拉丁人便从拉丁教会转入希腊教会。上世纪习俗规定这些志愿入教者必须说这句话：“我唾弃我的父母，因为他们给我施错了洗礼”，这种习俗或许至今仍在沿袭，而且在外省还要沿袭多年。

严谨的神体一位派信徒对于洗礼的意见

“对于任何愿意不存成见思考问题的人说来，显而易见，洗礼即非圣宠的标志，也非神约的钤记，不过是发愿的一种简单标志罢了；

“显而易见，洗礼并非不可或缺的事。在教规上既非必需，在方法上也不是必要的；

“显而易见，耶稣基督并没有规定洗礼仪式，而基督教徒可以不领洗，也不致因而有什么不利之处；

“显而易见，不必给儿童或成年施洗，通常也不必给任何人施洗；

“显而易见，洗礼在基督教诞生时期对于那些脱离异教的人是有用的，可以公开他们发愿信仰基督，作为信仰的真正标志；但是时至今日，洗礼已全无益处，完全成了可有可无的举动了。”（摘自《百科全书》“神体一位”条目。）

第　二　节

洗礼，浸入水中，洗涤，用水清洗罪恶，溯自远古时代。清洁，就意味着在上帝面前洁白无瑕。从来也没有哪一位教士敢于身上有污迹走近祭坛。人们总是喜欢把身上的东西搬到灵魂上去的天然倾向使人容易相信涤清礼、净身仪式就像用水洗衣服一样,可以除去灵魂的污垢,洗净身体就等于洗净灵魂。因此印度古代就有在恒河里沐浴的习俗,古人相信恒河河水是圣水;从而在各个民族涤清礼是司空见惯的事。居住在热带的东方民族都极其虔诚地重视这种风俗。

犹太人每逢接触不洁的动物,每逢接触死人,或在许多别的机会,沾污身体后,必须沐浴净身。

犹太人接受一位外人皈依犹太教的时候,先给他举行割礼,然后再给他施洗;若是外国妇女,便只给她施洗,也就是说在三位证人面前把她浸在水里。这种浸水,据说可以使领洗人获得重生,获得一次新生命;领洗人便同时成了犹太教徒和洁白无罪的人。父母在接受这种洗礼以前所生养的孩子不能分享父母这样领洗获得新生以后所生养的孩子——他们的兄弟们——继承的遗产,从而犹太人认为领洗和重生是一回事,这一观念便与洗礼联系起来直到现在。所以先驱者约翰在约旦河施洗,也不过是随从一种远古的遗俗罢了。那些法定的教士们并不把这种洗礼当做新事物来责怪他,而是指控他篡夺了他们专有的权利,就好像罗马天主教教士们理应抱怨俗人越俎代庖做弥撒一样。约翰做的本来是一件合法的事,不过他没有合法地位来做。

约翰想要收些个门徒,他收下了。他做了下层民众的教派领袖,因此也就丧失了生命。似乎耶稣也曾在他门徒的行列里,因为耶稣曾在约旦河领洗于约翰,而后来约翰在死前曾派他的徒众到耶稣那里去。

史学家约瑟夫谈到约翰，却没提到耶稣，这就是施洗约翰在当时比他所施洗的这个人声望更大得多的明证。这位史学家说，有为数极众的人都追随着约翰，这些犹太人似乎都听从他指使。如此说来，约翰不仅是教派领袖，而且是一位党魁。约瑟夫又说希律王因此心中焦虑不安。他果然成了希律王疑忌的人物，终于被希律处死；而耶稣却只跟法利赛人有纠葛。所以说约瑟夫提到约翰，说他是一个挑唆犹太人起来反对希律王的人，说他是一个因才获罪成了国事犯的人；而耶稣因为没有接近宫廷，史学家约瑟夫便不知其人。

施洗约翰创建的宗派继续传下去，跟耶稣的道大大不同。我们从《使徒行传》里知道耶稣受刑死后二十年，亚历山大城的亚波罗[①]，虽然成了基督教徒，却只晓得约翰的洗礼[②]，而毫无圣灵观念。有许多旅行家，其中有信誉卓著的沙尔丹[③]，都说现在波斯还有约翰的门徒，那里的人叫他们萨比斯，还以约翰的名义领洗，真认为耶稣是一位先知，而并不把他当做一位神[④]。

① 亚波罗(Apollo)，原籍亚历山大城的犹太人，改信基督教，有辩才，在哥林多教会中威信很大，圣保罗称他为“兄弟”。——译者

② 见《使徒行传》第19章第24、25两节：有一个犹太人，名叫亚波罗，来到以弗所，他生在亚历山大，是有学问的……只是他单晓得约翰的洗礼。——译者

③ 沙尔丹(Jean Chardin，1643—1713)，法国著名旅行家，名著有《波斯与东印度旅行记》，以记事精确见称。——译者

④ 勒南(Renan)在《耶稣传》里写道：“净体仪式(在施洗约翰时代)在犹太民族就像在一切东方宗教里一样，已经很习惯了。戒行派信徒更普及了这一仪式。洗礼便成了初次皈依犹太教的人必须行的仪式，一种入教式。然而在施洗约翰以前，从来没有人这样重视浸水礼，也没有采用洗礼形式……使约翰教派具有它的特点，使约翰从而获得施洗约翰这个诨号的那种原来的做法一直以下迦尔底为中心，并且在那儿构成一种宗教流传到现在。”——乔治·阿弗内尔

谈到耶稣，他领受了洗礼，却没给任何人施洗。他的使徒们给申请入教者施洗，或者看情形，有时也给他们施割礼，所以保罗收提摩太①为门徒显然也是为他施过割礼的。

使徒们为人施洗的时候，也似乎一直仅用耶稣基督的名义。《使徒行传》根本没有提过任何人是以圣父、圣子和圣灵的名义领洗的：因此也就使人可以相信《使徒行传》的作者不知道《马太福音》，因为这部书里说："所以你们要去教导万民，并以圣父圣子和圣灵的名义为他们施洗。"②当时基督教还没有获得它的形式，所谓使徒《信经》的《信经》③本身在使徒们以后才有，这一点是无人怀疑的。我们从保罗致哥林多书里可以看出当时有一种很奇异的习俗，就是为死人施洗；但是不久之后，新兴的教会就只给活人施洗了。先是只给成年人施洗，有时常常要等到五十岁，等到他卧病不起时才给他施洗，为的是把刚刚举行过的洗礼的功德带到来世去。

现在人们给所有儿童都施洗。只有再洗礼派才把这一仪式保留到成年再举行。他们把全身都浸在水里。在英美会众很多的教友派④不举行洗礼；他们的理由是耶稣从来没有给人施洗过，而他

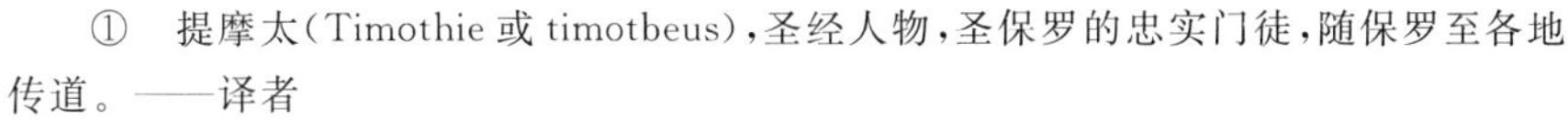

① 提摩太（Timothie 或 timotbeus），圣经人物，圣保罗的忠实门徒，随保罗至各地传道。——译者

② 见《马太福音》第 28 章第 19 节。——译者

③ 基督教内一种具有固定条文的信仰纲要。有"使徒信经"（Symbole des apôtes）"尼西亚信经"（Symbole de Nicée）等。主要内容为相信上帝只有一位，但包含圣父圣子、圣灵三位一体。圣父是创造天地的主宰；圣子耶稣是上帝的儿子，降生救世，将于世界末日审判全人类。——译者

④ 教友派又名贵格会（Les quakers），基督教新教宗派之一。主张教徒个人直接与上帝相通，不设立牧师，不举行洗礼。伏尔泰在《哲学通信》卷首四封信里对该派有所论述。——译者

们自己也就以只做耶稣时代那样的基督教徒而自豪;从而使他们跟其它教会大相径庭。

重要的补充

哲学家朱里安皇帝在他那部不朽杰作《恺撒的讽刺》里假借君士坦丁大帝之子君士坦斯①之口说道:“不拘谁,自知犯了强奸、杀人、抢劫,渎圣以及一切令人深恶痛绝的罪,一经我用这水给他洗过,他便清白无罪了。”

果然也就是这种倒霉的学说诱惑了信仰基督教的皇帝们和罗马帝国的伟大人物,把洗礼推迟到死亡时期。人们还以为是找到了活着虽罪恶累累,死时却能澡身浴德的妙诀呢。(摘自布朗日尔先生著作集)

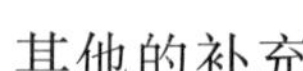

其他的补充

从洗濯里引申出来何等奇怪的观念哪!据说一盆水就能洗清一切罪恶!现在人们为所有儿童都施洗,也是由于一种同样荒诞不经的观念设想儿童们尽都是有罪的。这么一洗,他们便都免罪了,一直要到他们具有理性的年龄,才能变为有罪的人。倒不如趁早把他们都杀了来保障他们升入天堂更好。这一论断非常正确,因而就有一个信心虔诚的宗派竟至毒死或屠杀所有新领洗的小孩儿。这些信心虔诚的教徒想得十分对。他们说:“我们给这些天真烂漫的小孩做了最大的功德;我们避免他们在今生为非作歹和惨

① 君士坦斯(Constance),东罗马帝国皇帝,337—361年在位。——译者

遭不幸，而且赋予他们永生。”（摘录尼盖兹修道院长先生语）

BEAU 美

既然是在谈论爱情问题的时候我们引述了柏拉图的意见，谈论美的时候为什么不可引证柏拉图的话呢，因为美就是惹人爱的呀。人们或许很想知道一位希腊古人是怎样谈论美的，这已经是两千多年前的事了。

“人类在圣洁的神秘里悔罪，目睹一副美颜，形状神圣或者是某种无形的东西，首先便暗暗觉着毛骨悚然，内心引起一种无名的敬畏；便把这副仪容看成是神明……等到美的作用通过他们双目深入他们灵魂，人类便觉着有一股温暖劲儿；灵魂的双翅也受到了润泽，翅膀借以保藏种子的那种硬度也就消失了，于是化为玉露；翅膀后根里发胀起来的那些种子就从各种灵魂里挣脱出来。”（因为古人以为灵魂有翅膀。）

我倒愿意相信柏拉图这段话美极了，但是却没有提供我们什么关于美的性质的明确观念。

请您问问一只蛤蟆什么是美、伟大的美、to kalon？它必然会回答您说，就是它那只小脑袋上有两只凸出的大眼睛、扁平的大嘴巴、黄肚皮、赭脊背的牡蛤蟆。请再问一个几内亚黑人：他必然会说，在他看来，美就是油光闪闪的漆黑皮肤、一对深凹的眼睛、塌鼻梁儿。

再问魔鬼：他必然会跟您说美就在一对犄角、四只爪子和一条尾巴上。您再去请教哲学家们：他们必然会用一套支离破碎的说法来答复您;其实他们不知什么是 to kalon,什么是美的本质、美的规范。

有一天我坐在一位哲学家旁边看了一出悲剧。他说:“这出戏多么美呀!”我就问他:“您觉得哪一点美呢?”他说:“因为作者达到了他的目的。”第二天,他服了一剂药,很舒服,我就对他说:“这剂药达到了目的,可算是一剂美药了。”他懂得我们不能说一剂药是美的,明白一种事物若要说得上美,必须引起您的赞叹和快感来,于是承认那出悲剧曾经在他心中引起了这两种感情,承认这就是 to kalon,就是美。

我们俩人一同到英国旅行;那里也上演了同一出戏,译得也很好,却令满堂观众都打哈欠。他便说:“to kalon 对于英国人跟对于法国人不一样。”他经过深思熟虑之后,便作出结论说美常常是相对的,因为在日本认为合乎礼貌的事在罗马却又不合礼貌,在巴黎风行一时的东西在北京又未必合时宜,于是他也就不想再劳神去写一大部讨论美的书了。

有些行动是举世认为美的。恺撒有两名大将,彼此本是死对头,互相挑战,不像在我们这里那样躲在一丛荆棘后面击剑格斗,而是争夺着看谁能保卫好蛮族即将来攻的罗马人的阵地,其中一名,杀退敌人,几乎要倒下去了。另外一名急来援助,救了他的性命,胜利凯旋。

人为友舍生,子为父杀身……阿尔衮琴人①、法兰西人、中国人

① 阿尔衮琴人(Les Algonquins),北美东部和中部印第安人讲阿尔衮琴语族各种语言,现仅在加拿大有五万多人。——译者。

都必定说这是一种美德，他们都很喜欢这类行为，不胜赞叹之至。

他们也必定赞美那些伟大的道德格言，例如琐罗亚斯德说的。“疑行不正切莫为之”和孔夫子说的“以直报怨以德报德”。

圆眼睛扁鼻子的黑人，虽然不会把我国宫廷贵妇称做“美人”，却必定会毫不犹疑地说这类行为和格言是美行美言。坏人也会承认他所不敢仿效的德操的美。那种只触动感官、想象力和所谓心灵的美时常是捉摸不定的，而良心的美却是确切的。您可以遇到许多人对您说他们觉得《伊利亚特》一书的四分之三毫无美处，但是不会有谁对您否认柯德吕斯①献身于人民是很美的，假设真有其事的话。

耶稣会修士，阿提来神甫，第戎②生人，曾在北京城外数里处康熙皇帝的行宫③里充当御画师。

他在写给达索先生的一封信里说，这所离宫别馆比第戎城还大，宫室千院，鳞次栉比；风光旖旎、气象万千；殿宇间雕梁画栋、金碧辉煌。辽阔的林园里人工堆砌的山岭，高达二十到六十尺。山谷间细流密布，汇合成池海。可以乘八丈长二丈四尺宽的朱漆贴金画舫在海上游览。船上有富丽堂皇的客厅；河海沿岸，楼阁相接，格式迥异，穷奇极妙。处处林木苍翠，瀑布飞悬。山谷间曲径通幽，山亭岩洞，布置合宜。各个山谷景致不同；其中最大的围以

① 柯德吕斯(Codrus)，公元前十一世纪雅典末代国王。传说他为保障人民战胜多里安人，献出了自己的生命。——译者

② 第戎(Dijon)，法国一大城市，在巴黎与里昂之间。——译者

③ 即北京西郊圆明园，康熙时代所造，1860 年被英法帝国主义侵略军焚毁，至今遗址犹存。——译者

石栏。鸾殿重叠，金光闪闪。所有这些宫室，外金内玉，尽都华丽。每条溪流上每隔一段，便有一座石桥，桥上白玉石栏，浮雕玲珑。

大海中央，山石耸立，上有方楼，约有住室一百多间；登楼远眺，宫室园林，尽收眼底，共约有四百多院。

皇帝设宴的日子，但见万室灯火，一片光明，各院庭前，烟花齐放。

此外还有：在所谓"海"的对岸，文武百官在那里举办了一个集会。游船画舫，航行海上，驶往集会。内侍们都装扮成各行商贾和各业工人：有人开一座茶馆，有人设一间酒肆；一个装扮扒手，一个就当追捕扒手的弓箭手。皇帝、皇后和宫女妃嫔都来购买匹头；假商人便都尽情欺骗他们，对妃嫔们说斤斤计较价钱不体面，说他们是不好的顾客，皇帝陛下们就回答说他们碰上了一些骗子手；做买卖的便都生气不想干了：人们又出来安慰他们，皇帝把所有的货都买下分赐给宫廷人员。更远一点地方，又是各种表演和杂耍。

阿提莱神甫从中国回到凡尔赛，就觉得凡尔赛太小太暗淡无光了。德国人在凡尔赛树林子里跑了一圈看得出神，便觉得阿提莱神甫也未免太刁难了。这又是一种理由叫我根本不再想写一部美学概论。

BEKKER 贝克尔

或论《中魔的世界》，魔鬼，以诺书，巫师。

这位巴尔达扎·贝克尔[①]原是一个老好人，坚决反对永劫难

---

① 贝克尔(Balthazar Bekker)，神学家和传教士，1634年生于荷兰格罗宁根城左近，1698年在荷兰阿姆斯特丹城逝世。他的作品《中魔的世界》已译成法文(1737年在荷兰德汪台城出版，十二开本)。——贝多列尔

逃的地狱和魔鬼的传说，更说得确切一点，就是他曾以他的巨著《中魔的世界》一书（1694 年出版，十二开本，共四卷）轰动一时。

有一位杰克·乔治·德·肖弗撤[①]，自称是培尔事业的继承人，断言贝克尔在格罗宁根城学过希腊文。尼塞龙[②]相信在弗拉耐开尔城是有正确理由的。朝廷中对于这一历史问题疑虑不安得很呢。

事实是在福音宣教士贝克尔（正如荷兰人这样称呼）生前时代，十七世纪中叶，虽说有培尔和那些有头脑的人开始唤醒世人，形形色色的神学家们却还十分相信有魔鬼。魔法鬼道、神鬼附身以及这种漂亮的神学的一切附属品曾风行全欧，而且时常造成不幸的后果。

距今还不到一个世纪，亨利四世[③]戏称之为“杰克师傅”[④]的那位杰克王[⑤]（罗马教会和教皇权力的大敌）本人就曾把他那部《魔鬼学》付梓问世了（一位国王竟写出这样的书来！）；杰克王在这部《魔鬼学》里承认有魔法鬼道、梦魔妖精；他承认魔鬼和教皇各自的权能，教皇有权从魔鬼附身的人身上驱逐撒旦[⑥]，就像一般的教士

① 肖弗撤（Jacques-Georges de Chaufepié，1702—1786），荷兰耶稣教牧师和传教士，曾继续培尔的《历史与批评词典》编纂工作。——译者

② 尼塞龙（Jean-Pierre Niceron，1685—1738），法国作家，著有《文坛名人回忆录》一书，共四十三册。——译者

③ 亨利四世（Henri IV，1553—1610），法兰西国王，1589—1610 在位。——译者

④ 杰克师傅（Maître Jacques），法国莫里哀著名喜剧《吝啬鬼》中人物，兼作主人公阿尔巴贡的车夫和厨师，因而“杰克师傅”一名在法语里成了“包揽或过问一切的人”的代名词。——译者

⑤ 杰克王（le roi Jacques），即英王詹姆士一世（James I，1566—1625），斯图亚特王朝创立者。——译者

⑥ 希伯来语 Sātān 的音译，意即“仇敌”，在圣经中即魔鬼之王。——译者

一样。我们这些不幸的法兰西人,我们自己今天自夸恢复了一点点良知,可是当时我们却掉在多么可怕的野蛮愚蠢的污泥潭里!那时候没有哪一所高等法院或初等法院不是忙着在审讯巫师术士,没有哪一位严肃认真的法学家没写过关于魔鬼附身的高深研究报告。法官们对一些可怜的愚夫愚妇严刑拷打,逼令他们招认自己曾参与恶魔的集会,然后便用酷刑无情地杀害。这类情况遍及全法国。天主教徒和耶稣教徒尽都传染上了这种荒谬而骇人的迷信,借口说什么基督教福音书里说使徒们是天主派来驱魔除妖的。拷问姑娘们叫她们坦白曾经跟撒旦睡觉,叫她们承认这个撒旦化身为山羊,阴茎长在尾后,诱惑了她们,竟成了一种神圣的责任。这只山羊跟我们的姑娘们幽会的详情细节在对这些不幸的女人们的刑事诉讼里描写得淋漓尽致。结果便把她们活活烧死,不管她们招认不招认;全法国竟成了司法屠杀的大舞台。

我手边就有波尔多高等法院大法庭一位名叫郎克尔的顾问所著、1613 年印行的一部这类恶毒讼案的汇编;这部著作本是献给法兰西大法官西勒里①阁下的,西勒里阁下却从未想到开导开导这些无耻的检察官。首先就应开导开导大法官本人。当时法国情况又怎样呢?从瓦锡的屠杀②一直到昂克尔元帅及其无辜的配偶的被害,简直是一场连续不断的圣巴托罗缪惨案。

---

① 西勒里(Brulart de Sillery,1544—1624),法国大法官,生于西勒里城,曾主持魏尔弯和约谈判。——译者

② 1562 年 3 月 1 日,法国天主教派首领吉兹公爵率众经过瓦锡(Wassy),与当地耶稣教徒(即新教徒)冲突,耶稣教徒死 60 人伤 200 人,史称“瓦锡屠杀”,从此开始了法国历史上有名的宗教战争。——译者

谁能相信，就在这位贝克尔生前的时代，1652 年在日内瓦竟把一个名叫米晒勒·肖德隆的可怜姑娘给烧死了，人们一口咬定说她是个女巫。

请看这件可怕的蠢事的案卷所记载的确切内容，它并非是这类案件的最后一件：

“米晒勒出城碰上了魔鬼，魔鬼便亲她嘴，接受了她的敬意，并且在她上嘴唇和右边奶头上印上他习惯给他认为是他宠爱的人印的那个爪痕。这道魔鬼爪痕就是一个能令皮肤麻木的小小花押，那些研究妖魔鬼怪的法学家全都这么说。

“魔鬼曾命令米晒勒·肖德隆用妖术迷惑两个姑娘。她果然就依从了她主子的命令。两个姑娘的父母便都控告她用妖术迷人；两个姑娘被法院传讯，并与犯人当堂对证。她们都说她们老是觉着身上某些地方像有蚂蚁爬似的，她们被魔鬼附身了。于是就把医生或至少是当时被人认为是医生的人传来。医生们便访问了两个姑娘；他们又在米晒勒身上寻找诉讼记录里所谓撒旦印迹的魔鬼爪痕。他们在那痕迹上边深深刺入一根很长的针，这已经是很痛疼难忍了，长针刺出了血，米晒勒便号叫起来，表明了撒旦印迹一点也没使皮肤麻木。法官们一看没有充足的证据证明米晒勒·肖德隆是个女巫，便动刑拷问，这么一拷问，证据便百无一失地得出：这个可怜的女人，受刑不过，终于照着人们的意图招认了。

“医生们又寻找那个撒旦印迹，他们在她一条大腿上发现一个小小的黑色花押，又把针刺进去；拷刑痛苦得骇人，这个可怜虫简直被弄得奄奄一息了，也就几乎感觉不到那根针了；她一声不响，于是罪恶被证实；因为当时风俗已经改善，她是在被绞死以后才被

焚的。”

信仰基督教的欧洲的各个法庭里也都轰动着这类的判决。这种野蛮的愚蠢行为，年长日久，一直没有完，甚至在今天，在德国法兰科尼地区的维尔茨堡，1750 年还烧死了一个女巫。什么样的女巫呀！是一位品德高尚的少妇，一个修道院女院长！而且就是在现今奥地利的玛丽亚—黛莱兹皇朝治下！

这样骇人听闻的事，在欧洲到处都有，时日也很久了，促使贝克尔决心抗击魔鬼。虽然有人用诗文劝说他，不可以攻击魔鬼，因为他相貌丑得可怕，很像魔鬼；可是什么话也搁不住他：他开始绝对否认魔鬼的权能，甚至大胆坚持说没有魔鬼。他说：“倘若真有魔鬼的话，它必然会报复我对它的攻击。”

贝克尔说魔鬼若是真有，它必定会惩罚他，他论断得太不好了。他那些同僚支持魔鬼，控告了贝克尔。

因为异端也要逐出教门……
以上帝的名义，日内瓦效法了罗马，
就像猴子专会模仿人。

贝克尔在他的著作第二卷里就进入主题。照他说来，诱惑了我们人类老祖宗的那条蛇根本就不是什么魔鬼，其实是一条真蛇；就像巴兰的驴是一头真驴①，吞了约拿的那条鲸鱼②是一条真鲸鱼一样。那的的确确是条真蛇，所以它的整个族类，以前用脚走，都受惩罚用腹部爬行了。在旧约摩西五经里根本就没有一条蛇叫撒

---

① 巴兰(Balanm)，圣经中人物；见《旧约·民数记》第 22 章。——译者

② 约拿(Jonas)，圣经中人物，一犹太先知。相传旧约中的约拿书就是他记述他到尼尼微城去的使命而作的。见该书第 1、2 两章记载。——译者

旦或别西卜[①]或魔鬼。这五部书里压根儿没谈到魔鬼。

这位破除撒旦迷信的荷兰人倒的确是承认有天使；但是他同时又断言不能用理性证明有。他在他的著作第二卷第八章里边写道："而且倘若是真有，也很难以说天使是什么。圣书里根本就没告诉我们天使的本性，也没告诉我们一位神仙是什么……《圣经》不是为天使作的，而是为人写的。耶稣未曾为我们化身为天使，而是以人的面貌降临人世的。"

既然贝克尔对于天使有这么多的怀疑之处，也就无怪乎他怀疑魔鬼的有无了；而且看他那么费尽心思利用那些有利于他的原文而又巧妙地避开那些不利于他的部分，倒是一件颇有趣的事。他尽心竭力证明魔鬼跟约伯[②]的苦难毫无关系，在这件事上，他比这位圣人的几位朋友话倒还更多。

人们否定他的作品很显然是因为读起来浪费时间；而我却坚信倘若魔鬼自己不得不读贝克尔这部书，绝不会饶恕他那样放肆地惹魔鬼烦恼。

这位荷兰神学家的一项最大困难，就是怎样来解释以下这几句话："耶稣被圣灵引到旷野，受魔鬼的试探，受克拿特卜的试探。"[③]这几句圣经原文再明白清楚不过了。一位神学家为反对别西卜想写多少文章就可以写多少；但是他必须承认有魔鬼，然后他解释起那些难懂的原文来，便可以左右逢源了。

---

① 别西卜(Belzébuth)，圣经中人物，即魔鬼之王。——译者

② 约伯(Job)，圣经中人物，生在摩西以前的时代。《约伯书》记载的都是他和三位友人的问答。——译者

③ 见《马太福音》第4章和《马可福音》第1章。——译者

倘若想对魔鬼的究竟了解得清楚，就要参考耶稣会修士叔杜斯的著作；没有人谈魔鬼比他谈得更详细了；比贝克尔更啰嗦得多。

单从历史上来看，魔鬼的古代源流当上溯到波斯人的传说。哈里曼或阿里曼，就是恶元，把善元所做的一切好事都破坏。在古代埃及，蒂丰无恶不作，而奥西莱特——我们名之为奥西里斯——跟伊塞特或伊西丝做他们所能做到的一切善事。

在埃及人和波斯人之前，在印度传说有位天使长摩扎佐叛变了，背叛了上帝，变成了魔鬼；但是后来上帝又终于宽恕了他。倘若贝克尔和那些苏西尼派[1]信徒早知道印度天使堕落和恢复原位的这段故事，他们必会好好地加以利用来支持他们自己认为地狱并非是永劫难逃的说法，而且也使那些必然读他们的著作的堕入地狱的鬼魂有了获得赦免的希望。

人们不得不承认犹太人在旧约里从来没有谈过天使堕落；但是在新约里却有这一说。

人们认为大约在基督教创立前后，有一部书是亚当的七世孙以诺写的，里边谈的是魔鬼及其同伙的事。以诺说叛乱的天使的头子是色米西克萨，他的助手有阿拉谢尔、阿塔尔古弗、奥臧西菲；又说忠心的天使有拉斐耳、加百利、于列耳等等。但是他却根本没说在天上作战，正相反，是在地上的一座山上进行战斗的，而且是为了争夺姑娘。圣犹大在他那篇犹大书简里引述了以诺书：“以诺

① 苏西尼派（Les Sociniens），意大利新教徒苏西尼（Lelio Sozzini，1525—1562）所创教派，反对三位一体说。——译者

说，主用锁链把那些不守本位离开自己住处的天使永远拘留在黑暗里，直到大日[①]的审判。步该隐后尘的人都灾祸临身了。亚当的七世孙以诺曾预言过这些人。”[②]

圣彼得[③]在他第二封书简里也引用以诺书这么讲：“就是天使犯了罪，上帝也没有宽容他们，而且用铁缆把他们系入黑暗的地狱深坑里。”

贝克尔很难抵抗得住这几段意思极其明确的原文。然而他对于魔鬼较之对于天使还更能坚持己见不屈不挠，他丝毫没有被亚当七世孙以诺的书吓倒，却坚持说魔鬼与以诺书二者都属子虚。他说魔鬼其实只不过是古代神话的摹拟；又说这不过是旧调重提，而我们只是一些剽窃者罢了。

现在或者有人要问为什么我们把魔鬼叫流琪斐而希伯来译文和归之于以诺手笔的那本书却都把它叫做色米亚克萨或色莫克夏呢？这是因为我们听拉丁语比听希伯来语更容易懂的缘故。

我们在以赛亚书里读到一篇讽喻讽刺巴比伦王。以赛亚自己也把这篇东西叫做“讽喻”。他在第十四章里对巴比伦王说“你死了，众人都引吭高歌；松树也都为之高兴了，它们说：你的仆从再也不会来砍伐我们了。你那琴瑟之声虽犹在耳，你的盛气淫威怎么

① 指圣经中传说的世界末日。——译者

② 见圣经《新约·犹大书》。——译者

③ 圣彼得(Saint Pierre 约前 10—约 67)，圣经中人物，耶稣十二门徒中为首者。原名西门，为一渔夫，耶稣为他改名彼得，意为磐石。相传《新约·彼得前书后书》都是他的作品。——译者

也竟会堕入坟墓里呢？你怎么竟跟蛆虫同眠呢？赫莱耳，清晨之星啊，你怎么竟然会从天陨落呢？你这压迫列国的人，你也被砍倒在地了！”

人们把这个希伯来化了的迦勒底字赫莱耳〔Helel〕译为琉琪斐〔Leucifer〕。所以这颗晨星，这颗金星就是魔鬼，就是从天陨落，投入地狱的琉琪斐。一般意见就是这么样形成的，而且常常是仅仅听错了一个字或一个音节，仅仅改变或删去一个字母，便产生一个民族全体人民的一种信仰。从Soracté〔索拉克台〕这个字，人们就引出了Saint Oreste〔圣奥莱斯特〕这个名字；从Rabboni〔拉伯尼〕这个字，人们又造成Saint Raboni〔圣拉伯尼〕这个名字，圣拉伯尼改善了那些嫉妒成性的丈夫的性情，或是使他们当年死去①；从Semo Sanctus这两个字，人们又引出术士Saint Simon〔圣西门〕这个名字来。这类的例子多得不可胜数。

但是不拘魔鬼是金星也好、是以诺书中的色米亚克萨也好，是巴比伦人的撒旦也好、是印度人的摩扎佐、或是埃及人的蒂丰也好，贝克尔却说得好，不要认为魔鬼有我们直到现今还认为有的那么大的魔力。一千三百年中在各基督教国家为魔鬼牺牲了维尔茨堡的一位品德高尚的女人、米晒勒·肖德隆、本堂神甫高弗里底、昂克尔元帅夫人和十万多巫师、这也未免太过火了。贝克尔虽然坚决要斩断魔爪，却还似乎很受到礼遇，但是一位本堂神甫要想取消魔鬼，他就会失去了他的教区。

① 拉伯尼一字在法语有动词Rabonir与之同音，意即使什么东西从坏变好，也就是改善的意思。伏尔泰原文就使用Rabonir一词，说明Saint Raboni一名的由来。——译者

BÊTES 畜牲

说畜牲是无知无识也无感情的机器，永远用同样的姿势做它们的动作，什么也不学习，什么也不求改进等等①，这是多么无知多么可怜哪！

怎么！这只鸟在墙壁上筑巢就筑成半圆形，在角落里筑巢就筑成一个圆角，在树上筑巢就筑成圆形，难道它是按照同一方式做一切的吗？经你训练过三个月的那只猎犬难道不比训练以前知道的更多点吗？你教给那只黄雀一个调子，它就能立刻唱得出来吗？你不用很长一段时期教练它吗？你没看到它错了又改吗？

你不是因为我跟你说话，就断定我有感情、记忆、观念吗？好吧！我且不跟你说话；你看我愁眉苦脸的回到家里，心慌意乱地寻找一份文件，我记得放在书桌里了，便打开书桌，找到了，就高高兴兴地念起来，你便断定我感受到忧愁和快乐的感情，我有记忆和知识。

同样的判断也可以应用在那只狗身上，它失去了主人，便苦苦的吠叫着，在一条条道路上寻找主人，失魂落魄，心神不定的回到家里；跑上来，跳下去，一间屋子一间屋子地串，终于在书房里找到它所爱的主人，便柔声地叫着、跳跃着、磨蹭着来向他表示快乐。

有些野蛮人把这只在友情方面比人强得多的狗捉住，把它钉在一张桌子上，活活剖开，让你看看它肚皮下的脉管。你发现它体

① 这是笛卡尔的见解。在伏尔泰时代，中学里都讲授这种学说。——阿弗内尔

内有跟你体内完全一样的感觉器官。机械论者,请你回答我,自然在这个动物体内安排了一切感觉器官能令它无知无觉吗?它既然有神经,还能够麻木无知吗?万勿以为自然界里会有这种不合情理的矛盾。

但是学校的教师们却要问一问畜牲的灵魂是怎么回事。我不懂这个问题。一棵树有能力在它的纤维里吸收流通着的树液,有能力长出枝叶和结果的嫩苞:你们不是又要问我这棵树的灵魂是什么了吗?树的这些性能是天赋的;动物有感觉、记忆和若干观念,也是天赋的性能。是谁创造了这些天赋的性能呢?是谁赋予了这一切能力的呢?就是使野草生长、使地球绕日而行的人。

亚里士多德曾经说过畜牲的灵魂是物质的形式,在他以后这样说的有阿拉伯学派,阿拉伯学派以后又有天使学派,天使学派以后又有索尔邦神学院[1],索尔邦神学院以后就没有人这样说了。

又有旁的哲学家们叫嚣说畜牲的灵魂是物质的。这些人也并不比别人更成功,人们枉费唇舌地问他们一种物质的灵魂到底是什么,他们也只好承认是有感觉的物质。但是这种感觉又是谁赋予物质的呢?又是物质的灵魂,换句话说,就是物质把感觉赋予物质;他们总是绕不出这个圈子。

再听一听另外一些论断畜牲的畜牲的议论吧。他们说:畜牲的灵魂是一种精神的东西,跟肉体一同消逝;可是你们又有什么证据呢?这种精神的东西,实际上是有感情、有记忆、有观念和组合能力的,但是它又永远不能知道一个十岁的儿童所能知道的事情,

① 索尔邦神学院,即巴黎大学的前身,这里指该院的神学家们。——译者

你们对之又是怎样想法呢？你们根据什么来想象这种非肉体的东西与肉体一同消灭呢。最蠢的畜牲就是那些进而设想这种灵魂既非肉体也非精神的人。这倒是一套漂亮的学说。我们只能理解精神是一种非肉体的未知物：所以这些先生们的学说说来说去就是畜牲的灵魂既非肉体也不是什么非肉体的东西。

这么多矛盾百出的错误又是从哪儿产生的呢？由于人总是有这么一种习惯：还不知道一种事物究竟存在与否，却先忙着探讨这种事物到底是什么。人把风箱的活塞或小舌头儿叫做风箱的灵魂。这一灵魂又是什么呢？这是我们给这种活塞的一个名称。当我们拉动风箱时，活塞便落下，放进空气又起来，然后把空气由一根管子推出去，我们便管这个活塞叫做风箱的灵魂。

这里并没有一种跟机器区分开的灵魂。然而又是谁在推动动物的风箱呢？我已经跟你们说过了，就是那个推动行星运行的人。说 Deus est anima brutorum〔上帝就是动物的灵魂〕这话的哲学家是有道理的；不过他还得走得更远些。

BIEN SOUVERAIN BIEN　善、至善①

第一节　空想的至善

幸福是由若干快乐感觉构成的一种抽象概念。柏拉图，本是

① 在 Pierre Leroux 和 Jean Reynauol 的《新百科全书》“幸福”这一条内，有一大段反驳本文的文字。——阿弗内尔

写作长于思考的人，臆想了一种范型世界——即本原世界，臆想了一些关于美、善、秩序、正义等等的观念，一若世间真有一些世人名之为秩序、善、美、正义的永恒不灭的东西，而我们在尘世所面临的正义、美、善都是根据这些观念而来的不完善的摹本。

所以照他说来，哲学家曾经探讨至善，有如化学家寻求点金石一样；但是并没有至善，也就好像并没有什么至上的方形，至上的紫红一样；有紫红色、有方形，但是根本没有名为紫红和方形的一般的东西。这种空想式的推论伤害着哲学已年深日久了。

动物对于发挥它们必须发挥的机能感到快乐。人们想象着幸福必然是接连不断的快乐；其实这样无休止的快乐跟我们身体各部器官、跟我们的目的并不相容。饮食固然有极大乐趣，两性的结合快乐更大，但是人倘若老是吃个不停或经常贪恋情欢，他的器官显然必定支持不住；而且更显然必定不能满足生命的目的，在这种情况下人类必会亡于欢乐。

无止无休地寻欢逐乐，依然是一场空梦。受孕怀胎的妇女必须分娩，这是一场痛苦；男人须劈柴裂石，也并不舒服。

如若把生活中散见的若干快乐称为幸福，幸福果然是有的；如若说只有久欢长乐或一连串持续而多变的愉快感觉才叫做幸福，这种幸福在这个地球上是没有的：请到别处去寻找吧。

要是把人的境遇，如财富、权势、声望之类，叫做幸福，也同样是误解。有的烧炭匠比有的国王更幸福。若有人问克伦威尔①是

① 克伦威尔（Oliver Cromwelle，1599—1658），英国资产阶级革命中新贵族联盟代表人物。——译者

在做英国护国官时高兴还是在青年时代出入酒馆时快乐，他想必会回答说在他专政时期并不曾心情愉快过。有多少容颜丑陋的女市民却比海伦和克娄巴特拉更称心如意啊！

但是这里要稍加注意：就是我们如若说：可能是某人比某人更幸福，可能是一个年轻骡夫比查理·昆特[①]生活更优越得多，可能是一个女帽商比一位公主更称心如意，我们却要注意“可能”两个字。一个身体健康的骡夫比那位被风湿病折磨着的查理·昆特更愉快这是极明显的事；但是也很可能是这位架着拐的查理·昆特，回忆当年曾囚禁过一位法国国王和一位教皇，心里感到得意，也很可能是查理·昆特的命运无论如何也比一个身强力壮的年轻骡夫更好。

当然只有洞察人心的一位神灵，只有上帝才能断定什么人最幸福。一个人只有在一个场合才能肯定说他当前的情况比他邻居好或坏，就是在敌对的场合跟战胜之际。

我假设阿基米德跟他的情人夜晚有个约会，而诺门塔努斯[②]也在同时跟这个女人有约会。阿基米德到了她家门口，吃了闭门羹；人家却接待了他的情敌，让他吃了一顿丰盛的晚餐，席间这个人还不免把阿基米德嘲笑了一番，然后又跟阿基米德的情人寻欢取乐；这时阿基米德却流浪街头，饱受风吹、雨淋和雹子打。诺门

① 查理·昆特(Charles-Quint，1516—1556)，西班牙国王，神圣罗马帝国皇帝，领有西班牙及其殖民地、德国、意大利、尼德兰、奥国等广大领土，曾梦想统治世界，对外与法国土耳其长期战争。——译者

② 诺门塔努斯(Jean Nomentanus 即 Creseentius，？—998)，古罗马贵族，曾任护民官，985—995 十年间任罗马教皇，号称约翰十五世。——译者

塔努斯这时的确有权说:“今天晚上,我比阿基米德更幸福,我比他快乐,”但是他还得补充一句:“设若阿基米德仅仅是由于没有吃上一顿好饭、遭受一位美人轻视和欺骗,被他情敌取而代之而苦恼,仅仅是由于雨水、冰雹和寒冷而苦恼,”因为倘若这位流浪街头的哲学家心里寻思着,以为不拘是一个娼妇,还是雨水,都不应该扰乱他的心灵,倘若他正在思考一个美妙的问题,倘若他发现了圆柱体和球体的比例,他便能感受一种快乐,比诺门塔努斯的快乐高出一百倍。

只有在当前的快乐和痛苦中,其余一切都不考虑,才能比较两个人的命运。跟他情人寻欢取乐的人当时无疑是比他那位被人轻视而唉声叹气的情敌更幸福。一个身体康健的人吃一只上品竹鸡的时候当然比一个腹肠绞痛的人舒服;但是超出这个范围就没准儿了;不能把一个人的生存跟另外一个人的相比;根本就没有称量欲望和感觉的天平。

我们这篇文章从柏拉图和他的至善起笔,以梭伦[①]和他那句传诵一时的伟大名言作结论:“谁苦谁乐,盖棺始能定论”其实这句格言也不过是一句孩子气十足的话,跟古代的许多成语一样。死亡的时刻跟一个人在一生中所遭遇的命运毫无关系;人可以死得很惨,很卑鄙,而直到死前,一生却享尽了人的天性所能感受的快乐。一个享福的人忽然倒霉了,这是很可能的事,也是司空见惯的事,谁又能不相信呢?可是他也并不因此而不是曾经享

① 梭伦(Solon,约前638—约前559),古代雅典立法家和诗人,古希腊七贤之一。曾任执政官,进行政治改革,作品有断片留存。——译者

过福的人。

梭伦的这句话究竟是什么意思呢？一个人今日快活，明天不一定就快活。如此说来，这分明是一种不可否认的老生常谈，值不得一提。

第　二　节

幸福是罕见的。至善在这个世界岂不是可以视为顶大的空想吗？希腊哲学家们对于这个问题照例争论得很久。亲爱的读者，您岂不以为是看见乞丐们议论着点金石吗？

至善！这是什么字眼！简直等于问什么是至蓝，或至味、至行、至读等等。

每人各行其善，而且是尽量按照他自己的做法行事，姑息自己。

卡斯托要马，波吕克斯要战士。[①]

怎样调合这么多不同嗜好，这么多不同脾气？

善莫大于其力足以使您忘怀一切的赏心乐事，犹如恶莫大于使我们完全失去感觉的东西。这就是人性的两个极端，而二者又都是转瞬即逝的。

既没有极端快乐也没有极端痛苦能够延长一生的：至善与至恶都是些空想。

克兰托给我们说过一个美丽的寓言：他让“财富”“快乐”“健

① 卡斯托(Castor)与波吕克斯(Pollux)，罗马神话中人物，朱庇特与莱达所生孪生子。——译者

康”“德行”都参加奥林匹亚赛会；每人都要求得到苹果。“财富”说：“我就是至善，因为用我可以买到一切好处。”“快乐说：苹果应该是我的，因为人人要求财富都是为了我。”“健康”却坚信没有它就毫无快乐可言，那财富也就成了无用之物了。“德行”终于表示它在三者之上，因为有了金子、快乐和健康，若是行为不端还是会陷入十分苦恼的境地。“德行”便得了苹果。

这段寓言倒很巧妙，倘若克兰托说至善兼备道德、健康、财富、快乐四个对手的品德，就更显得妙了。但是这段寓言却丝毫没有解决至善这个问题。德行不是一种善，而是一种义务；它是另外一类的品德，是高一级的。德行跟痛苦或快感毫不相干。高行馨德之士，害了胆石病和风湿骨痛之疾，孑身茕独，举目无亲，既缺衣又少食，更被心宽体胖、荒淫无度的暴君折磨压制，可算是不幸之极了；而无耻的害人虫却在牙床上抚弄着新欢，倒很幸福。您可以说这位横遭迫害的贤人比那个无耻的暴君更好；您可以说您敬爱前者而厌恶后者；但是您可不得不承认贤人幽于缧绁，也是要愤怒的。倘若贤人不同意这一点，他就是在欺骗您，便是一个卖狗皮膏药的。

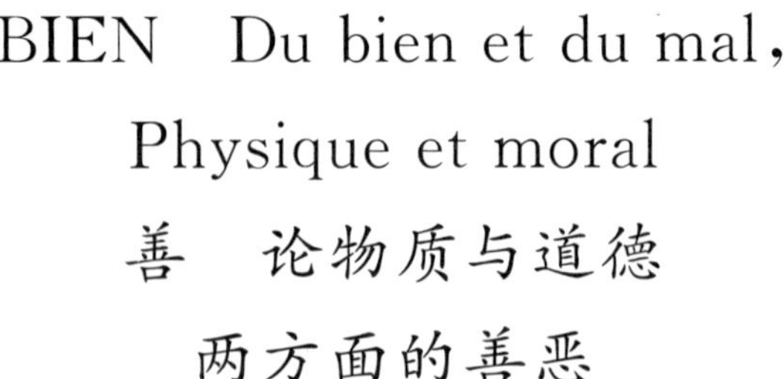

BIEN Du bien et du mal, Physique et moral 善 论物质与道德两方面的善恶

这是一个顶难而又顶重要的问题，关系到全部人生。更其重

要的是对症下药，却又根本无药可用，我们也只好苦思冥想，探究罪恶的根源。从琐罗亚斯德起，人们就在争论罪恶根源问题，而且看样子，在琐罗亚斯德以前就有人争论了。也就是为了解释善恶混淆，才有人想象出两个本源来：一个是创造光明的奥尔穆兹，一个是创造黑暗的阿里曼[①]：又幻想出潘多拉的盒子[②]、朱庇特的两只酒桶[③]、夏娃吃的那个苹果，以及其它许多故事来。第一个辩证法专家，著名的培尔（并非是第一个哲学家，）曾相当明白指出，信仰善良而公正的唯一上帝的基督徒对于承认有善恶二神的摩尼教派[④]所持异议多么难答辩。

摩尼教派的学说，虽然是很古老，但并不因而更合理。必得确立若干几何学式的预备定理才谈得到提出这一定理："有两个必然的实在，二者全是至高无上的，二者又都是无限的，二者权能相等，相互斗争，最后达成协议，要在这个小小的星球上，一个广施义举，一个无恶不作。"摩尼教徒用这样一种假说来解释善恶的因由是解释不通的；用普罗米修斯的传说倒还可以解释得更圆满一点。但

① 奥尔穆兹与阿里曼是波斯拜火教或祆教崇奉的两位主神，前者象征光明与善，后者象征黑暗与恶。——译者

② 潘多拉（Pandore 即 Pandora），希腊神话中人物。相传系宙斯命火神赫菲斯托斯用泥土所造第一个女人。宙斯把她嫁与世上第一个男人厄比墨修斯，临行前送给她一只盒子，内藏疾病、罪恶、嫉妒等等。厄比墨修斯把盒子打开，于是世间便充满了疾苦和罪恶、只有"希望"仍留在盒底。——译者

③ 罗马神话传说主神朱庇特神宫前左右两边各放一只酒桶，一只满装疾恶，一只满盛幸福。主神就两桶轮饮，以便安排每一世人的命运。——译者

④ 摩尼教派（Les manichéens）。摩尼教为公元三世纪波斯人摩尼（Manès 即 Mani，约 216—276）所创立。摩尼采取琐罗亚斯德学说及基督教义，以光明与黑暗象征善恶，光明是精神，是神，黑暗是物质，是魔鬼。他用这种学说说明善恶二元论。——译者

是用以说明事物存在理由的一切假说,若非建立在确切的原则的基础上,一律应该摒弃。

基督教神学家们(姑且不谈能令人相信一切的神启)对于善恶的起源解释得也并不比瑣罗亚斯德派更妙。

基督教神学家一旦谈到上帝是一位慈父,上帝是一位公正的国王;他们一旦把无限观念加到他们所认识的那种人类的爱,人类的善良和正义上去,立即会陷入最可怕的矛盾里。既然这位主宰是我们所知道的最公正的,既然这位父亲对于他的子女恩爱备至,既然这位神,权能无限,曾按照自己的形象创造了人,怎么竟然在不久之后又让一个狡猾的动物诱惑了人呢?怎么又竟然让人屈服呢?怎么竟然会让他所创造成永生的人丧生呢?怎么竟然会让人类的后裔灾难重重罪恶累累呢?还别提一种看来似乎与我们微弱的理性更抵触的矛盾了。上帝怎么竟然跟着又以他的独生子的死亡来赎买人类呢?或者不如说上帝既然自己创造了人而又为人而死,怎么竟然会使他自己为之捐躯的差不多全人类都遭受永久的可怕折磨呢?若仅从哲学方面来看(而不借助于信仰),这一学说诚然是骇人听闻、丑恶可憎的。学说或是把上帝说得很坏,而且无限地狡猾,竟然创造了能够思维的生灵而又令人永遭不幸;或者把上帝说成无能,甚至极愚蠢,既不能预见也不能防止他所创造的生灵遭受种种灾难。不过本文所讨论的并非永久灾难问题,只谈的是我们今生所感受的善恶罢了。多少教会的神学家都一致攻击本文,却没有谁能够说服任何一位明智的人。

我们想不通培尔既然把辩证法武器运用得得心应手极其微妙,怎么会竟然乐于假托一位摩尼教徒,一位加尔文派信徒、一位

莫利纳派①信徒、一位苏西尼派信徒的话来论证呢？为什么他没有假托一个有理性的人之口来谈论呢？培尔怎么没有自己谈呢？对于我们这里不揣冒昧妄自谈论的东西，他必然比我们论述得更高明得多。

杀死亲生子女的父亲就是个怪物，故设圈套陷害良民的国王就是个可憎的暴君。如果您以为上帝也像您要求一位做父亲的那样仁慈，也像您要求一位国王那样公正，您便无法为上帝开脱罪名了；您若认为上帝德比天地，无限仁慈，同时您也就令他无限丑恶了；您使人希望上帝并不存在，您武装了无神论者，后者便永远有理由对您说："与其责怪上帝犯了那种正是你们在人间要惩罚的罪恶，倒还不如根本就不承认有什么神明的好。"

让我们还是老实说了吧：不是我们人可以给上帝加上人的属性的，也不是我们人可以按照我们自己的形象来想象上帝的。人类的正义、善良和明智，没有哪一项是适合于上帝的。即令我们把这些性质扩大到无限，这些性质也终究不过是扩大界限的人类属性；就好像我们把无限坚固、永无止境的运动，和谐，无限分割性等等都归到上帝身上一般。这类属性不能是上帝的属性。

哲学家们告诉我们说这个宇宙应该是一个不可理解的、千古不朽的、由于本性而存在的"实在"安排下的；但是，再说一遍，哲学并不告诉我们这个本质的属性都是什么。我们知道这个本质不是什么，而却不知道它是什么。

① 十六世纪西班牙耶稣会修士莫利纳(Molina，1535—1600)所创教派，主张调合造物主超自然的辅导及其先知与人类意志自由。——译者

对于上帝说来,不拘是在物质方面还是在精神方面根本就无所谓善,也无所谓恶。

物质方面的恶又是什么呢?恶莫大于死亡。那么让我们来看看人是否可以永生不死吧。

要想一种像我们身体这类的物体永不灭裂,那它就必须是浑然整体,既不生也不养,既不食也不长;更不能经受任何变化。即使我们把这些问题各各加以研究,而每一位读者即使都尽情推敲,我们还是必然意识到人永生不死这一命题是自相矛盾的。

如若我们的机体是永生不死的,其他动物的也必然不朽;那么,显然不久地球便无力养活这许多动物了,这些不朽的生灵全靠用食物来维持身体新陈代谢作用而生存,缺少食物便不能新陈代谢,当然也就消灭了;这一切都是自相矛盾的。我们还可以举出更多的矛盾来;但是真正有哲学思想的读者都必会意识到有生就有死,死既不能是上帝的一种错误措施,也不是一件坏事,也不是一件不公正的事,更不是人所受的一种惩罚。

人生来就是要死的,既不能避免死亡也不能避免痛苦。要使一种具有天赋感觉的有机物体永不感受痛疼,一切自然规律都得改变;物质就必须是不可分割的,不能有重量、运动和力;一块岩石掉在一只动物身上就不得把动物砸死,并且水也淹不死动物,火也不能把动物烧死。所以没有感觉的人跟永生不死的人都一样是自相矛盾的观念。

为了提醒我们保护自身,这种痛苦的感觉是必要的,而且还可以为我们提供支配万物的一般规律所能容许的快乐。

倘若我们感受不到痛苦,便随时可以在不知不觉中弄伤自己而不觉痛。没有痛苦的发端，我们便不能执行任何生命功能；我们不能感受到痛苦，也就没有任何快乐。饥饿就是一种提醒我们进餐的痛苦的发端；烦闷无聊就是督促我们工作的一种痛苦；爱情原是一种得不到满足便苦恼的需要。总之，一切愿望都是一种需要，都是才发端的痛苦。所以说痛苦是动物一切行动最初的动机。如果说物质是可分的，一切具有感觉的动物都应该能感觉得到痛苦。所以痛苦跟死亡同样是必要的。所以痛苦既不能说是上苍的一种错误措施，也不能说是一种戏弄或惩罚。即使我们只见一些牲畜受苦受难，我们也绝不会抱怨自然。倘使我们眼见几只白鸽惨死在鹞鹰的铁爪之下，这只鹞鹰逍遥自在地吞噬鸽子的肠肚，它也不过干的是我们所干的事，我们也绝不会唠叨了；但是我们的肉体又根据什么权利可以不致像牲畜一样被撕碎扯烂呢？是不是因为我们的智慧超过牲畜？然而智慧在这儿跟可以分裂的物质又有什么关系呢？在脑髓里多一点或少一点什么观念难道说就必然或足以阻止火灼伤我们、阻止一块岩石砸伤我们吗？

古今关于讨论道德上的恶的著作，虽已汗牛充栋，而其实仍旧不过是物质上的恶罢了。这种道德上的恶也只是一个生物给另外一个生物引起的一种痛苦感情。巧取豪夺、侮辱欺凌之类的行为之为恶，也只因为这类行为引起一种痛苦感情。然而我们既是不能对上帝作恶，根据理性的推论（与信仰无关，信仰完全是另外一回事），对于最高的主宰，显然根本就无所谓道德上的恶。

因为在身体上恶莫大于死亡，在道德上自然是恶莫大于战争啦。战争带来种种罪恶：宣战时造谣诬蔑，缔约后又背信弃义；还有强掠、蹂躏、痛苦和形形色色的死亡。

这一切对于人来说都是身体方面的一种恶，对于上帝来说，这跟彼此咬做一团的一群疯狗的疯癫一样，都并非道德上的恶。说只有人才自相残杀，这本是一句既不真实又不理直的老生常谈；狼、犬、猫、鸡、鹌鹑等等动物都自相搏斗，同类相残；木蜘蛛还自相吞噬；一切雄的都因争夺雌的而彼此打斗。这类战争是自然规律、动物血液里含蓄着的自然动力的后果。一切都是联系着的，一切都是必然的。

大自然赋给人平均二十二岁上下的寿命，也就是说，在一个月里出生的一千婴儿当中，有的死在摇篮里，有的活到三十岁，有的享年五十整，有几个寿高八十，您若合计一下，便可发现每人约计活二十二岁。

人死于战争或亡于热病对于上帝来说，又有什么重要关系呢？战争伤亡人数比天花少。战祸是临时的，而天花猖獗寰宇长期不灭。一切天灾人祸都缠在一起，平均寿命二十二岁这条规律一般说来总是不变的。

您说：人杀人是要犯天怒的。这话果若真实，各国的领导人就都是最可怕的罪人了；因为他们甚至为了一点点不值得要的利益而杀死无数的同胞，还要说是秉承天意。（若仅从哲学角度来想）他们怎样冒犯了上帝呢？就如同老虎和鳄鱼一般冒犯了神明，其实他们所冒犯的不是上帝，是他们的同胞。人只能对人犯罪。一个强盗盗窃不了上帝。一点点黄金在哲罗姆手里或在波那汪图尔[①]手里对于上帝来说又有什么关系呢？我们有些必需的愿望，

① 波那汪图尔（Sait Bonaventure，1221—1277），基督教会神甫，任圣方济各会的总主教。——译者

必需的情欲和抑制这些愿望与情欲的必需的法律。正当我们在我们的蚂蚁窝上对于一支草茎争论一整天的时候，宇宙永远遵循着永恒不变的规律运行，而所谓地球的这个原子也受这些永恒不变的规律支配。

BIEN，TOUT EST BIEN
善，一切皆善[①]

诸位先生，我求你们给我解释解释"一切皆善"这句格言，我不大懂。

这句话是不是意味着遵循着动力原理"一切都安排妥善""一切都秩序井然"呢？而且我老实说，我了然。

你们以为人人都身康体泰，衣丰食足，没有人受苦吗？你们要知道这话是多么不实在。

你们的意思是不是以为，苦恼着世界的那些令人伤叹的灾难，对于上帝来说是"善"，并且令上帝高兴呢？我决不相信这种骇人听闻的想法，你们也不会相信。

请你们费神，给我解释解释"一切皆善"这句话。推论家柏拉图概允上帝有创造五个世界的自由，他说因为几何学中仅有五个边角均等的正立体、四面体、立方体、六面体、十二面体、二十面体。可是为什么要这样限制神的权能呢？为什么不许他按

① 伏尔泰曾根据这一格言写了他那部题名为《老实人》的美妙的小说。——乔治·阿弗内尔

照形体更匀整的球体以及圆锥体、多面角锥体、圆柱体等等来创造世界呢?

依柏拉图说来,上帝必然选择可以做得到的最好的世界。虽然由于人类始祖违背上帝诫命堕落之后,我们的星球已不复是最好的星球,从而柏拉图这一学说便似乎与原罪的教义抵触,还是有不少基督教哲学家采用过这个学说。我们这个星球已往既经是最好的星球,现在仍旧可以是,却有很多人以为是最坏的,不是最好的。

莱布尼茨在他那部《神正论》[①]里赞成柏拉图的学说。不只一位读者抱怨说对于他们俩人的学说弄不懂;至于我们,读了两人著作不只一遍,照我们习惯,说老实话,我们仍旧是茫然。既然新约关于这个问题对我们毫无启示,我们便糊涂下去,也无愧于衷了。

莱布尼茨,无事不谈,也谈论过原罪。正像所有创立学说的人往往把一切能驳倒他的论点都纳入他的体系之内一样,他想违背上帝意旨与随之而来的怕人祸事也是尽善尽美的世界不可或缺的一部分,也是一切真福的要素。“Calla,calla,señor don Carlos:todo che sehaze es por suben.”〔沉住气,沉住气,唐·卡尔罗斯先生;所有的这一切都是为了您好。〕

怎么!从一个乐园里被赶出去,而当初若是没有吃那个苹果的话,本来是可以永久在那儿生活下去的!怎么!在苦难中养一

① 莱布尼茨(Gottfried Wilhelmleibniz,1646—1716),德国著名科学家及唯心主义哲学家,曾与牛顿同时创立微积分。早年赞成机械唯物主义,晚年终于形成了他的客观唯心主义的《单子论》和《神正论》学说。——译者

些可怜的罪恶的孩子，他们又要受尽一切苦难，还要连累别人也受苦受难！怎么！害上一切病症，感受种种苦恼，在痛疼中死去，而且为了凉爽，还要被人用火焚化！这种遭遇果真是最好的吗？在我们说来这并不太好；在上帝说来这又有什么好呢？

莱布尼茨也觉得无话可答辩：所以他写了大部大部的书，他自己都还莫名其妙。

否认有坏事，这也只能由一位心安体泰，跟情妇和友人们在阿波罗客厅[①]举行盛宴的卢古鲁斯[②]笑着说出来；但是他只要伸首窗前也就会看见不幸的人群；只要他得了热病，他自己也会苦恼起来。

我实在不喜欢引经据典。这总是一件很感棘手的事。人们总会忽略引文的上下文而断章取义，引起无数争论。然而我却非引用教会之父拉克坦斯[③]的话不可。在他《论上帝的愤怒》一书的第十三章里这样假托伊壁鸠鲁的话说："或者是上帝愿意从这个世界除去恶而不能除；或者是他能除而不愿意；或者是他既不能除而又不愿意；或者是他既能够而且又愿意。如果他愿意而不能除，就是无能，这与上帝的本性相反；如若他能除而不愿意，就是不仁，这也一样不符合上帝的本性；如若他既不愿意又不能除，就是既不仁又无能；如若他愿意而又能够（只有这一情况才符合上帝本性），那么

---

① 意即华美的音乐厅。阿波罗是希腊神话中掌管音乐诗歌艺术的神。

② 卢古鲁斯（Lucullus，前109？—前57），古罗马将军，曾指挥罗马抵抗本都国王米特拉达悌六世侵略的战争，作战归来后即生活在一幢有名的华丽大厦里，以生活奢华闻名。——译者

③ 拉克坦斯（Lactance），古罗马基督教辩护士，诨名基督教的西塞罗，生年不详，卒于公元325年。——译者

世上的罪恶又是从哪里来的呢?”

这一论据倒是很难人的;所以拉克坦斯也回答得很不好,他说上帝许可有恶,但是又给我们明智以取善。老实说这个解答比起反驳来是很软弱无力的:因为它假定上帝只能够在产生恶时才给我们明智,之后我们就有了可笑的明智!

恶的根源从来就是看不见底的深渊。因而使许多古代哲学家和立法家都只能求助于两个本原,一好,一坏。在埃及,坏的本原是恶神蒂丰,在波斯是阿里曼。我们都知道摩尼派就采用了这一神学学说;但是这些人从来也没有谈论过什么好本原,也没有谈论过什么坏本原,不要相信他们的空话。

设想有两个全能的人,彼此拼搏,看谁能在人世间做出更多贡献,正像莫里哀所写的两个医生一样彼此成立一个协定:你把呕吐剂给我,我便把抽血法教给你。这种设想,在充斥世间可以算是我们诸多缺点的那许多荒唐事当中,也不算是不够荒谬的了。

在柏拉图派以后,巴西里得[①]从教会成立最初时期起就认为上帝曾经把我们的世界交给他其次的几位天使来创造,说这些天使手都不大巧,便创造出我们现在所看见的东西来。这一神学传说被猛烈的反驳粉碎了;反驳说全能全善的上帝的本性就不容由一些对于世界毫无所知的建筑师来建造一个世界。

西门[②]已经感觉到会有这种反驳,便预先解说说主持作坊的天使由于做坏了作品而被罚了;但是这种说法并不能回答我们的

① 巴西里得(Basilide),公元一、二世纪基督教诺斯替派主要代表之一。——译者

② 西门(Simon),圣经中十二使徒之一。——译者

反驳。

希腊潘多拉的故事并不能更圆满地答复这个反驳。那只匣子里边盛着一切痛苦和灾难、在匣底留下了希望，实际上是一个美妙的比喻；但是这个潘多拉只不过是由伏尔甘[①]制造来向那个曾经用泥做了个人的普罗米修斯进行报复罢了。

印度人也没猜对：上帝创造了人，就给了他一种药可以保障人永久健康；人叫驴驮着药，驴渴了，蛇指给它一处泉水；在驴饮水的当儿，蛇就把药据为己有了。

叙利亚人想象着以为男人和女人都是在第四层天创造的，他们竟然去吃一块圆饼子而不去吃他们的天然食物仙丹，仙丹是从汗毛孔排泄出去的。可是吃了圆饼之后，就得上厕所去。男人和女人请求一位天使告诉他们盥洗间在哪儿。天使就跟他们说："你们请看那个一点点大的小星球，离这里大约六千万古里左右，那儿就是宇宙的卫生间；快快去吧。"他们到那里去了，人家就把他们留在那里了；从那时候起我们的世界就成了现在这个样子。

人们不免要问叙利亚人为什么上帝允许人吃圆饼子，从而给我们招来一大堆那么可怕的疾病。

快把话头从第四层天拉回到博林布鲁克[②]阁下身上来，免得我烦恼。这个人的确是一位伟大天才，曾经把他的"一切皆善"的

① 伏尔甘(Volcanus 或 Vulcain)，罗马神话中的火神，即希腊神话中的赫菲斯托斯，工建筑与冶金为工匠始祖。——译者

② 博林布鲁克(Henry St. John Bolingbroke，1678—1751)，英国政治家和自然神论派的哲学家。贵族出身，反对基督教传统的神启说，主张用自然宗教代替传统的启示宗教。著有政论文艺书简和哲学论文集。——译者

计划交给了著名的蒲柏[①],我们确实在博林布鲁克的遗著里逐字逐句都找得出来,并且曾经沙弗茨伯里把它编入他的《特色集》里边。请读沙氏这本书里论道德家那一章,您就可以看到这些话:

"关于自然界的缺陷的这类怨言实在够人答辩的。自然从一位十全十美的人的双手里产生出来,怎么会那么软弱无能,那么残缺不全呢?但是我否认自然是残缺不全的……自然界的美是从许多矛盾的对立面而来的,而万物的和谐又产生于一种永久的搏斗……一物奉献给一物:植物奉献给动物,动物奉献给土地……;中心能力和万有引力的法则赋给各种天体以重量和运动,决不会为了怜惜一个瘦弱的动物而错乱了步骤。这个动物虽然完全是在这类法则保护之下的,但不久也就会被这类法则粉碎。"

博林布鲁克、沙夫茨伯里以及把他们的作品加以发挥的蒲柏,都并不能比别人把这问题解决得更好:他们所谓的"一切皆善",除了说明一切都受不变的法则支配之外,并没有旁的意思;谁又不知道呢?您跟着一切小孩子指出苍蝇生来是给蜘蛛吃的,蜘蛛是给燕子吃的,燕子是给伯劳吃的,伯劳是给鹰吃的,鹰是为被人杀的,人是为自相残杀,被大蛆吃,随后又被魔鬼吃的,至少一千个人里有一个是这样。

这就是各种动物之间的一种明确而永恒的规律。到处都有规律。一块石头在我膀胱里形成,这简直是一种惊人的机械作用:一些含石质的液汁一点一点的在我血中经过,它们被滤到肾脏里,通过输尿管进入我的膀胱,由于一种妙不可言的牛顿引力,就在那里

① 蒲柏(Alexander Pope 1688—1744),英国诗人和哲学家。——译者

边聚集起来；石子形成、长大，我痛苦万分，比死还厉害一千倍，都是由于世界最完美的安排；一位医生改进了土八该隐[①]所发明的艺术，在尻骨盘那里给我刺进一根尖锐的铁器，用铁器钳头夹住我的膀胱石：在医生努力之下，由于一定的机械作用，石子就碎了；也是由于这种机械作用我痛得要死。“这一切皆善”，这一切都是不变的物理学规律的显明结果：我同意，我也像您一样知道这一点。

如若我们没有感觉，对于这种物理学也就没有什么可谈的了。但是问题不在这儿：我们问您：是否世界上丝毫没有什么可感到的恶，若是有，这类恶又是从哪里来的。蒲柏在他“论一切皆善”的第四封信里说：“什么恶也没有，如若是有个别的恶，它也构成普遍的善。”

这真是一个奇怪的普遍的善，由胆石、风痛、一切罪恶、一切痛苦、死和永坠地狱所构成。

人类的堕落是我们拿来贴在您所谓“一般健康”的身心方面一切这类个别疾病上的一帖万应膏，可是沙夫茨伯里和博林布鲁克却都嘲笑原罪；蒲柏对此也只字未提；显然他们的学说是从基础上挖基督教的墙脚，什么也说明不了。

可是这个学说在不久以前曾经为若干神学家所称道，他们倒都愿意接受反面的意见；正好极了，不要嫉妒任何人在这个苦海无边的问题上随意推论聊以自慰。同意病入膏肓的人想吃什么就吃什么，这是正确的。人们甚至以为这种学说是安慰人的。蒲柏说：“上帝对于英雄与麻雀的死亡、一个原子或千万星球同归于尽、一

① 土八该隐(Tubalcain)，圣经中人物，相传他是冶金的始祖。——译者

个肥皂泡或一个世界的形成都是用同样的眼光来看的。”

我跟您说实话,这简直是一种笑人的安慰;在沙夫茨伯里阁下的药方子里您不是可以找到一大服安神剂吗?他说上帝是不会为一个微贱如人的动物改动他那些永恒的规律的。至少应承认这个微不足道的动物有权利谦逊的呼喊,呼喊着要求了解为什么这类永恒的规律不是为每人的幸福而创设的。

这个“一切皆善”的学说只能把整个自然的创造者表象成一个强暴不仁的国王,只要能实现他的企图,不惜牺牲四五十万人的生命,并使其他的人也都在饥荒和泪水中苦度岁月。

最好的理想世界的想法也远不足以安慰人,凡是采取这一学说的哲学家都大失所望。善恶问题对于诚心研究它的人始终是一个不可解的谜;对于争论的人简直是一场思想游戏:他们就好像一些被罚做苦役的人用他们身上的锁链子玩耍一样。那种不知思考的人,又好像从河里移入盆里的鱼一样,不知道它们在那里是供复活节前吃斋时拿来吃的:所以我们一点也不知道支配我们命运的原因到底是什么。

我们几乎要在所有形而上学的篇章末尾注上罗马裁判官当他们听不清一项诉讼时所用的两个字母:N. L.,拉丁文 non liquet 的缩写,意思就是“这个不清楚”。我们特别要强令那些缺德鬼、阴险分子不得胡说乱道;其实他们也跟我们一样被人类的灾难重重压扎着,却还要造谣诬蔑,兴风作浪。我们要依靠信仰与上帝来整他们那些可憎的欺世言行。

有的议论家曾以为万物主宰的本性就不能容许万事万物不是现在这个样子。这是一个艰难的问题,我还知道得有限,岂敢研究。

BIENS D'ÉGLISE　教会的财产[①]

第　一　节

福音书禁止那些希望功德圆满的人聚积财宝和保留他们的世俗财产。

> 不要在人世间为自己积攒财宝。[②]
>
> 你若愿意作个完人，便去变卖你所有的，分给穷人。[③]
>
> 凡以我的名字撇下房屋或弟兄、或妻妹、或父母、或妻子、或儿女、或田产的必将收获百倍，并将承受永生。[④]

使徒们和他们初期的继承人根本就不接受不动产，只收这种产业变卖的价银；而且留下维持生活必需的钱，把其余的就都分散给穷人了。撒非喇和亚拿尼亚[⑤]并没有把他们的产业交给圣保罗，而是变卖了产业把价银交给他：

> 变卖你所有的，分给穷人。

将近三世纪末叶，教会就已经拥有大量的不动产了，因为戴克

---

① 教会财产的转移是十八世纪财政上的重大事件。拉斯、马收耳二人曾试图没收教会所占有的二十亿不动产，没有办到。但是1789年11月2日，制宪会议终于下令没收教会财产归为国有，不久便执行了拍卖工作。——阿弗内尔。

② 见《新约·马太福音》第6章第19节。——伏尔泰

③ 见《新约·马太福音》第19章第21节。——伏尔泰

④ 见《新约·马太福音》第19章第29节。——伏尔泰

⑤ 撒非喇(Saphire)和亚拿尼亚(Ananie)，圣经新约中的人物。按《使徒行传》第5章记载皈依基督教的犹太人亚拿尼亚和他的妻子撒非喇因变卖田产，捐献教会，私自留下几分价银，便被视为欺哄圣灵，当场断气毙命。——译者

里先和马克西米安[①]在公元302年曾宣判没收教会不动产。

君士坦丁大帝一登皇位，便下令允许教会如古代宗教的寺庙一样接受捐献；而从那时起教会便获得大量的良田。圣·杰罗姆在他致厄斯托施[②]的一封信里曾指责这种情形："您看他们遇见富有的孀妇，接待时态度温和圣洁，也许以为他们伸出手来是给人祝福，其实正相反，是为接受他们虚伪行为的代价。"

那些神甫们不必化缘就有人施舍。瓦郎蒂尼安一世[③]曾认为必须严禁圣职人员接受孀妇或妇女以遗嘱或其他方式捐献的钱。我们在《狄奥多西法典》[④]里发现的这条法律，后来被马尔西安[⑤]与查士丁尼[⑥]先后两次废止。

查士丁尼为了庇护圣职人员，曾在他所制定的那部《诺维勒宪法》第十八篇第十一章里明文规定有利于教会的遗嘱，即使不合法定格式，审判官也不得宣判无效。

阿那斯塔斯[⑦]在491年规定教会财产所有权有效期为四十年。查士丁尼曾将这一条法令编入他那部民法里去。可是这位君

① 马克西米安(Maximien)，古罗马皇帝，286—305年在位。——译者

② 厄斯托施(Sainte Eustochie即Eustchium，364—409)，古罗马一女修道院长。早年随其母到东方，在巴勒斯坦建立修道院，圣·热罗姆曾与之长期通信。——译者

③ 瓦郎蒂尼安一世(Valentinien I)，古罗马皇帝，364—375年在位，以过分苛酷和排斥异教著称。——译者

④ 古代东罗马皇帝狄奥多西二世(Theodose II，408—450年在位)下令编纂的法典，内中包括公元312—438年历代罗马信仰基督教的皇帝所订宪法。——译者

⑤ 马尔西安(Marcien)，东罗马皇帝，450—457年在位。——译者

⑥ 查士丁尼(Justinien，即Flavius Petrus Sabbatius Justinianus，483—565)，东罗马皇帝，527—565年在位，曾下令编纂《民法大全》，以巩固集权统治，并兴兵大举侵略，以图恢复罗马旧日版图。——译者

⑦ 阿那斯塔斯(Anastase)，东罗马帝国皇帝，491—518年在位。——译者

王经常改变裁判条例，曾把这条法令规定的有效期又延长到一百年。当时有些圣职人员，不满意他们的职业，便伪造假文件：他们利用一些依照旧法律已经失效而根据新法令又有效的旧遗嘱。老百姓们都被这种欺骗行为弄得倾家荡产。直到当时还认为是神圣不可侵犯的财产，就都被教会侵占去了。终于因为舞弊行为闹得太厉害了，查士丁尼本人也不得不恢复阿那斯塔斯在他的《诺维勒宪法》一百三十一篇第六章里规定的法律。

法国的法庭曾长期援引《诺维勒宪法》十八篇十一章，当时有人死后遗赠给教会的财产只限于银钱或家具什物等动产；但是从1735年圣谕颁布以来，信徒对于教会的遗赠便享受不到这种特别待遇了。

至于房屋田地不动产，从大胆菲利普①以下历代法国国王都禁止教会未获国王批准私自接受。关于这一措施，最有效的法令当属大法官阿格索②所拟定的1749年敕令，从这道敕令通谕以后，不论是由捐赠、遗赠，或交换，没有法院登记的国王敕书，教会不得接受任何不动产。

第二节

在最初五个世纪里，教会财产由助祭掌管，并且由他分发给僧众和贫民。到了五世纪末叶，这种共有制不复存在；教会财产就分

① 大胆菲利普（Philippe Le Hardi，1342—1404），法国瓦洛亚朝国王。——译者

② 阿格索（Henri-Francois d'Agucsscau，1668—1751），法国路易十五朝代著名法官，法国资产阶级历史家称道他长于口才而且博学，为人刚正不阿，热情维护公共利益。——译者

成四份，一份给主教，一份归僧侣，另外一份归教区财产评议会，第四份指定分给贫民。

这样划分没有多久，主教们就把四份独占了；所以低级僧侣一般都很贫困。

1651 年 4 月 18 日，图卢兹[①]法院宣判一项判决案，责成法院辖区内各主教须在三日内供给贫民食物，逾期则没收各主教在该辖区内各教区所有收入六分之一云云。

在法国，教会财产的转让，如果未经办理浩繁的手续而与教会又无益，便不生效。人们判断占有四十年，不具产权证书也可有效取得教会财产，但是虽有产权证书而手续不完备，购买人或继承人所有权也根本不能生效；从而就引出这句格言：与其有产权证书而不完备，宁可不要产权证书。这种判例是根据一种推定，以为产业获得人的产权证书不完备就是居心不良，而按照教规，业主居心不良，绝不能取得产业所有权。但是根本没有产权证书的人岂不也应该推定是篡夺他人财产的人吗？岂能认为由于不知道应有的手续因而手续不完备便可推定是居心不良呢？岂能根据这种居心来剥夺业主呢？岂能因为祖上获得产业时没有履行一种手续，而子承父业，便是居心不良呢？

教会财产，虽是维持一种可敬的等级所必需的，跟贵族和平民的财产性质又何尝不同；这三种财产都应服从相同的规定。现今我们已经尽可能向这种公正法律靠拢了。

似乎神甫和僧侣既然渴望着功德圆满，就绝不可诉讼：假使有人跟你起诉，要脱你的内衣，你连外套也给他[②]。

① 图卢兹(Toulouse)，法国西南部加龙河上游重要城市。——译者

② 见《新约·马太福音》第 5 章第 40 节。——伏尔泰

圣·巴齐尔[①]说在福音书里有一条法律特别禁止基督徒从事任何诉讼，想必就是指上述这句话而言的。萨尔维安[②]也指这句话说过：基督命令我们不要争讼，他不仅是命令……而且命令我们只可摆脱争端，命令我们把惹起争端的东西也放弃。

迦太基第四次主教会议也重申这一禁条：主教对于转让的东西不准争执。

但是，从另一方面来说，主教放弃权利可也不对呀。他既是人，就可以享用人们赠送给他的财产，不能因为他是神甫就可掠夺他的财产。（以上两节出自克里斯丹先生手笔，他是贝藏松[③]地方法院著名律师，曾为消灭奴役制度进行辩论而在他家乡万古流芳。）[④]

第三节　论多种多样的圣职俸禄，有俸无职的隐修院长和拥有奴隶的修士

有各种各样的有大宗收益的圣职俸禄、有总主教区的、有主教区的、有修道院的圣职俸禄，有三万、四万、五万、六万帝国弗罗仑[⑤]大小不等的圣职俸禄，就像有各种各样的女人一样。这是一

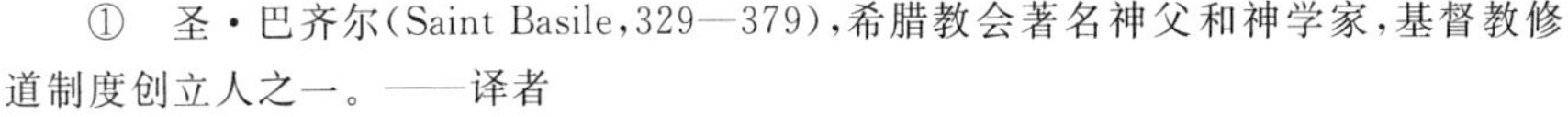

① 圣·巴齐尔（Saint Basile，329—379），希腊教会著名神父和神学家，基督教修道制度创立人之一。——译者

② 萨尔维安（Salvien，390—484），法国马赛一神甫。他关于马赛的沉痛有力的讲词使他获得“新耶利米”这一诨号。——译者

③ 贝藏松（Besançon），法国东部靠近瑞士日内瓦地区的一大城市，钟表业很发达。——译者

④ 这位律师曾为圣·克劳德地方农奴进行申诉。——乔治·阿弗内尔

⑤ florin，荷兰和奥国古代金币名。——译者

项只属于有权有势的人的权利。

帝国的一位王子,王室的幼子,如果只拥有一个主教区,他的基督教资格便很浅了。必须有四、五个主教区才足以证实他的基督教资格。可是一个贫穷的本堂神甫,生活困难,根本就弄不到两份圣职俸禄;至少也是极少见的。

说自己是循规蹈矩的、只有一份俸禄并且已经心满意足了的那位教皇,是很有理性的。

有人说有一个名叫埃布栾的,普瓦提埃城的主教,是第一个同时拥有一所修道院和一个主教区的圣职人员。那是秃头查理大帝[①]赠送给他的两宗礼品。修道院就是巴黎近郊圣日耳曼的那一所。那倒是一块肥肉,不过还没有现下的那么肥。

在这位埃布栾之前,我们见过许多教会人士拥有许多所修道院。

查理大帝[②]宠臣、助祭阿尔琴[③]神甫同时拥有图尔的圣马丁[④]、费里埃[⑤]、默科里和其他等地的修道院。他掌管修道院之多简直无以复加了;因为一个人既然是位圣徒,就应感化更多的灵

① 秃头查理大帝(Charles Le Chauve,823—877),法兰克王国查理大帝之孙,兄弟三人瓜分查理帝国,成为法国国王。——译者

② 查理大帝(Charlemagne,742—814),法国古代法兰克王国加洛林朝皇帝,先后征服许多民族,建立了庞大的查理帝国版图包括现在的德、法、意三国领土。一生整文经武,加强统治并推行所谓"加洛林文艺复兴"政策。死后帝国即瓦解。——译者

③ 阿尔琴(Alcuin,约 735—804),中世纪英国神学家和经院哲学家,曾受查理大帝之聘赴法讲学,成为"加洛林文艺复兴"运动重要人物。——译者

④ 图尔的圣马丁(Saint Martin de Tours),法国西部城市图尔城内圣马丁教堂。——译者

⑤ 费里埃(Ferrières),法国中部一城市,有古代本笃会隐修院。——译者

魂，既然不幸是一位交际大家，就应该活得更惬意一点。

从那时候起，这些修道院长很可能都是有俸无职的人；因为他们不能同时在七、八个地点诵经祈祷。查理·马特①和他儿子佩潘②都有许多修道院的俸禄，却都不是有圣职的修道院长。

一位有俸无职的修道院长跟一位有圣职的修道院长区别又何在呢？区别就如一个人有五万埃古银币③的年金收入用来享受，一个人有五万埃古银币的年金收入用来治理。

这话也并非是说有圣职的修道院长就不可享受了。请看约翰·特里戴姆④在本笃会修道院长一次集会上的讲话里是如何讲修道院长们的安闲如意的生活的：

> 忽略了祭祀上天，唾弃了上帝的王国，
>
> 容忍着巴克科斯和异教的爱神云云。

约翰·特里戴姆死后若干年月，有一位好心人把他的话译了出来，或者不如说摹拟了出来。以下便是：

> 他们既不敬上苍，也不尊真主；
>
> 喜欢的倒是巴克科斯和爱情之母；
>
> 这便是他们白昼和黑夜的两位伟大圣人。

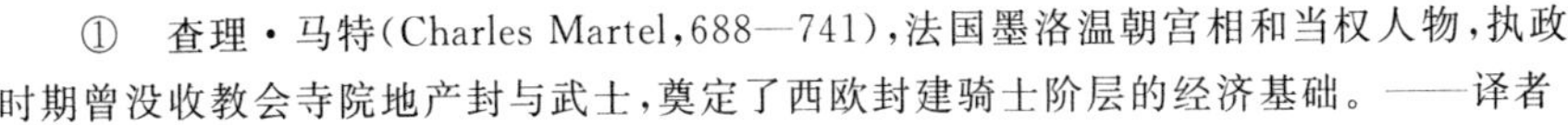

① 查理·马特(Charles Martel，688—741)，法国墨洛温朝宫相和当权人物，执政时期曾没收教会寺院地产封与武士，奠定了西欧封建骑士阶层的经济基础。——译者

② 佩潘(即矮子佩潘 Pépin le Bref，714—768)，前查理马特之子，墨洛温朝宫相，751 年篡位，是为加洛林王朝。——译者

③ 法国古代银币名，十三世纪圣路易时代开始铸造。——译者

④ 约翰·特里戴姆(Johann von Tritheim 即 Tritheme，1462—1516)，德国历史学家和神学家，1485 年起任斯潘海姆地方的本笃会修道院院长。1506 年又改任维尔茨堡本笃会修道院院长。——译者

他们以金价出售穷人的血汗，
他们用金杯痛饮；黄金在他们天花板上方；
黄金也在他们高价换来的娼妇身上；
懒洋洋地从床笫移近餐桌，
他们既不怕王与法，也不惧神与魔。

可见约翰·特里戴姆显然是大放厥词。简直可以用恺撒 3 月 15 日前所说的那句话来回答他。恺撒说："我怕的不是那些酒色之徒，怕的倒是那些毫无血色的干瘦的议论家。"在夜课祈祷时唱"爱神之夜"这一歌曲的修士们并不危险，那些争长论短、说教劝善、玩弄阴谋的修士比约翰·特里戴姆谈的所有那些修士做的坏事更多。

贝雷地方的著名主教[①]苛待修士也不亚于特里戴姆。这位主教在他那部《梅立托的启示录》里引用何西阿[②]的话来申斥这些修士们："欺骗穷人的肥母牛啊、你们喋喋不休地说：拿来吧，我们就痛饮；主曾经以他的圣名起誓说，苦难的日子就要临到你们头上了，你们都要厌烦、而且家家户户都要绝粮。"

这几句预言并未应验；不过遍及全欧洲的不信任修士的警惕心理，限制了修士们的贪婪，使修士们也言行端庄了一点。

虽然有人写书指摘修士们的弊端，也应该承认他们中间总还有些在学问和德行方面出类拔萃的人物；即使他们干了些坏事，却也有所贡献；一般说来，可以寄予同情的地方比应该谴责的地方倒

① 即卡穆斯，参见"启示录"条第二节。——译者

② 何西阿（Osée），公元九世纪希伯来十二先知之一，圣经旧约有《何西阿书》。——译者

还多。

第　四　节

教会圣职俸禄分配上的一切重大弊端，从十世纪一直延续到十三世纪，现今都没有了；虽然这类舞弊行为跟人类天性是分不开的，但是由于这类弊端表面却显着一派正经，就不大引人起反感。一位马雅尔①若在今日也不会在宣教的讲座上说："噢，夫人，叫主教先生赏心的夫人！你要是问这个孩子怎么会在十岁上就有了一份教会圣职俸禄，人家必然回答你说，孩子的母亲很需要主教先生呢？"

我们现在已经听不见一位鞋匠默诺②在讲坛上高声喊道："两支主教杖，两顶主教冠，而他们还不满意。"

"你们彼此之间，夫人们，你们都知道怎样获得主教欢心：随后你们便说：噢！噢！他必给我孩子好处，这孩子必会是教会资助最多的一个了。"

> "这些罗马教皇法庭总书记虽然有了三份甚至十五份教会圣职俸禄的特许证，而且还都是沽圣渎圣的人，他们仍旧不断地猎取一些本来不得同时兼领的圣职俸禄，这在他们说来横竖是无所谓的。主教出了缺，为了获得这个位置，他们会出上寥寥几份圣职俸禄，首先拼凑几个首席司教区、几所隐修

① 马雅尔（Olivier Maillard，1430—1509），法国路易十一时代宣教士。遗著《布道录》文字极其滑稽。——译者

② 默诺（Michel Menot，1440—1518），法国宣教士，遗著《宣教录》有若干章节，文字怪异可笑。——译者

院，两所修道院、四五份圣职俸禄，这全都是为了换取那个主教缺。”①

这位宣教士在另外一处又这么说：“我们在法院里遇到的控诉人，四人中必有一个修士”；要是有人问他们在那儿干什么，就会有一位教士回答说：“我们的教务议事堂被封闭了，不许议长、主教、和其他教会人员进去，我就是尾随这些位先生来办理这件事的。你呢，修士师傅，你在这儿干什么？”“我为我们师傅一所有八百里弗尔②年金收入的隐修院打官司。”“你呢，白衣修士？”“我为我自己的一所小修院打官司。”“你呢，化缘修士，你一寸土地也没有，你到这儿来闲逛做什么？”“王上钦赐我们盐、柴和旁的东西，可是他的官员们又拒绝给我们这些东西。”或是有人回答说：“某某神父，由于待人又吝啬，又嫉妒，要我们阻挡举行这几天才去世的一个人的葬仪，不去照办死者的遗嘱，因此我们不得不来法院。”

最后这一弊端轰动过罗马教会各个法庭，至今并未根绝。

还有更凶恶的，就是曾经许可本笃会修士、圣伯纳会修士、圣布吕诺会修士拥有农奴和奴隶。在法德两国许多省份，在他们统治下就有各种奴役现象：

人身奴役，

财产奴役，

人身和财产奴役。

人身奴役就是农民子女若不与父母同吃同住，农民便不能在

① 原文为拉丁文。——译者

② 法国古代银币。——译者

处理财产上照顾他这些子女。那时候一切便均归修士所有。一个汝拉山区的山民把财产交给巴黎一位公证人代管，这份财产就在巴黎市内竟成了原先曾在汝拉山区宣誓度福音式贫苦生活的那些人的虏获物。其子在父亲自建宅屋门前乞讨，而那些修士，却不对他大发慈悲，竟至擅自认为有权不偿这位父亲的欠债，否认他们霸占的那所房子所抵押的债款。那位寡妇跪在他们脚下苦苦索还她一部分嫁资也是枉然：这笔嫁资，这些债款，这份父业，全都根据神权转给修士们了；债权人和孤儿寡妇都终生沦为乞丐。

实物奴役是施于一种住所的。谁若来这些修士的帝国住一所房屋，住上一年另一日，便成了他们的终生农奴。曾经有一个法国批发商，一家之父，被他的生意吸引到这个野蛮地方来，租了一所房子住了一年，随后死在法国另外一个省份里。在他的家乡，他的寡妻和儿女眼见法院执达吏拿着法院执行辖区以外案件判决书来查封他们的家具，以圣克娄德①的名义出售，并且把全家人都从父亲的住宅里赶出去，个个都觉得没头没脑，大吃一惊。

混合奴役包括人身和财产二者在内，是贪得无厌的欲望所能想得出的极端可憎的、连强盗也不敢想象的事。

所以说竟有些基督顺民呻吟在一些曾经宣誓要忍微安贫的修士们三重奴役之下！人人都要问各朝政府怎么会允许这种不幸的矛盾现象？这是因为修士们都富有而他们的奴隶们又都贫穷；这是因为修士们为保持自己的强权，便给那些有权制裁这种压迫行为的人左右的员司和姘头送些礼物。弱肉强食，一向如此，可是却

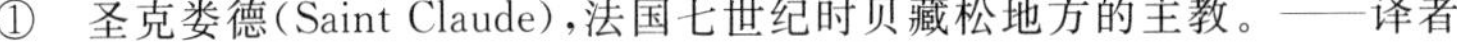

① 圣克娄德(Saint Claude)，法国七世纪时贝藏松地方的主教。——译者

为什么必定是修士们最强呢?

一所阔绰的隐修院的修士,处境何等可怕!他自身所处的困境跟院长、住持、会计、秘书、园林师傅等人有钱有势的生活的对比,使他出入殿堂斋房,每每痛心疾首,五内俱裂。他咒骂他宣读荒谬誓言的日子;他悲观失望,希望人人都像他一样不幸。倘若他有些本领模拟别人的笔迹,便施展这项才能来伪造特许状,取得副院长的欢心;他也来摧残压榨那些隶属一所隐修院有苦难言的庄稼汉:只要他善于伪造文件,他便有了一官半职,而他却又冥顽不灵,一生不是怀疑恐惧,就是怒气冲天。

BLASPHÈME
布拉斯费姆(侮辱神明)

这是一个希腊字,意指“毁损名誉”。布拉斯费米亚〔Blasphemia〕这个字在德摩斯梯尼的著作里就有。梅纳热①说 blâmer〔非难,谴责〕就是从布拉斯费姆一字来的。布拉斯费姆这个字在希腊教会里只用以表示对上帝的侮辱。罗马人从来没有使用过这个字眼儿,因为他们显然不相信人能够像侮辱人的荣誉一样侮辱上帝的荣誉。

这个字几乎没有同义词。布拉斯费姆并不完全是渎圣的意思。人们说一个人平白无故使用上帝的名字,在大发雷霆的时候

---

① 梅纳热(Gillcs Ménage,1613—1692),法国文学家,专事研究法语词源学和法语法。曾为法国著名尺牍家塞维涅夫人(M^m de Scvigne)之师。——译者

就诅咒上帝,是个侮辱神明的人,却不说他是个渎圣的人。渎圣的人是拿“福音”立伪誓,贪图圣物,破坏祭坛,两手沾满教士鲜血的人。

严重的渎圣罪犯在一切民族国家总是被处死刑,尤其是有血案的渎圣罪犯。

《刑法浅论》的作者把不遵守节日或礼拜日规则的行为列为二等渎圣罪。他还应补充一点:这不遵守规则行为还带着明显的轻蔑态度,因为正像他所说的,单单的忽视是一种罪,而不是渎圣。像该书作者所罗列的那样,把买卖圣物、劫夺修女和在一个节日忘了做晚祷一律看待,是荒谬不经的。这就是那些未经授权制定法律却越俎代庖解释国家法律的法学家们所犯错误的一个严重的实例。

在酒足饭饱时,在盛怒之下,在放荡过度中,在冒冒失失聊天聊得正起劲的时候,失口说出侮辱神明的话来,对于这类情况,立法家规定处以更轻得多的刑罚。例如上文我们已经提过的那位律师,便说法国法律对于率直的侮辱神明的人,初犯科罚一笔罚款,再犯便加倍,三犯罚三倍,四犯罚四倍。第五次重犯就带枷,第六次重犯仍旧是带枷,并用烧红的烙铁烫去上嘴唇;第七次重犯,就被割舌。还得补充一句:这就是 1666 年的法令。

刑罚几乎总是武断的;这是法学中的一个大缺点;但是这种缺点也为仁慈宽厚和怜悯同情开了一道门;而这种怜悯同情却又出于一种严格的裁判:因为处罚一个少年出于一时激怒的行为,像处罚一桩毒死人命或害死父母的罪行一样也就太凶了。对只应体罚的轻罪判处死刑不过是法剑律枪犯下的一桩谋杀案罢了。

在这里难道不应适当注意到，在一个国度里视为侮辱神明的，在另外一个国度里却认为是虔诚吗？

推罗城[①]的一个商人，在卡诺浦[②]上岸，看见人隆重地拿着一头洋葱，一只猫，一只公山羊，不胜愤慨；他或许要用下流话来谈伊西丝、奥西里斯和荷拉斯；他看见人们列队而行高举比天然形状更大得多的人类生殖器官，或许要扭过头去不下跪。他在吃晚饭时不免要谈谈他对于这件事的意见，他甚至会唱一首歌曲，歌里边表达了推罗城的水手们对于埃及的荒诞不经事儿的讥笑。酒馆里的一位女招待会听懂这首歌曲，她的良心不容她掩盖这件严重的罪行，便跑到那个胸前缀着一幅真理画像的首席法官面前去告发这个罪犯；我们知道这幅真理图像是怎样绘制的。法庭便把这个推罗城的侮辱神明的犯人判处极残酷可怕的死刑，并且没收了他的船只。这个商人在推罗城却被人看做是腓尼基一位最虔诚的人物[③]。

努马眼见一群罗马人是一帮拉丁盗贼，东偷西摸，碰见什么牛、羊、家禽、姑娘便盗窃。他便对他们说他曾经在一个山洞里跟仙女埃热里亚[④]谈话，说仙女把朱庇特的法典传授给了他。元老

① 推罗城(Tyr)(今译蒂尔)，古代腓尼基城重要工商业中心，即今之叙利亚的苏尔城。——译者

② 卡诺浦(Canope)，下埃及一城市，邻近地中海，尼罗河口上。——译者

③ 伏尔泰在此处影射的是拉·巴尔骑士事件。拉·巴尔(La Barre 1747—1766)是法国一缙绅，因被人诬告毁损一只十字架圣像惨遭诛刑，尸体被焚。——乔治·阿弗内尔

④ 埃热里亚(Egérie)，古罗马传说中能未卜先知的女仙。相传罗马第二代皇帝努马曾在阿里锡树林中接受女仙指点。——译者

院的元老们起先把他当成侮辱神明的人,威胁他要把他头朝下从塔尔培岩石[①]上投下去。后来努马自己组织了一个强大的党派。他争取了一些元老们跟他一道到仙女埃热里亚的山洞去。仙女便跟这些元老们谈话,把他们说服。这些元老们又说服了全元老院和人民。不久,侮辱神明的人就不是努马了。这个名儿便只安到怀疑有仙女的人们头上了。

我们觉得令人伤心的是在罗马、在罗来特圣母院里、在桑热纳罗修院里认为是侮辱神明,而在伦敦、阿姆斯特丹、在斯德哥尔摩、在柏林、在哥本哈根、在伯尔尼、在巴塞尔、在汉堡却又认为是虔诚。还更令人伤心的是在一国、一城、一巷里,人们却彼此指控对方是侮辱神明的人。

我又好说什么呢?在罗马的一万犹太人里边,没有一人不把教皇看做是侮辱神明的头子;反过来住在罗马的十万基督教徒,取代了图拉真时代住满罗马城的二百万崇拜朱庇特的人,却坚信犹太人每星期六聚集在他们的犹太教堂里侮辱神明。

一个方济各会修士轻易便说多明我会修士侮辱神明,因为多明我会修士说圣母是在原罪中出生的,虽说多明我会曾经教皇通谕许可他们在他们修道院内部讲他们那种犯了原罪而受胎的学说,而且除开这道教皇通谕外,他们还得到圣托马斯·阿奎那特地为他们做的声明。

在四分之三的瑞士和下德意志一部分,分裂的根本原因就是

① 塔尔培岩石(Roche Tarpéienne),罗马城附近七座名山之一。古罗马帝国时代,叛国罪犯常被人从这一岩石顶巅投下。——译者

在法兰克福的大教堂里一位不知名姓的方济各会修士跟一位名叫维干的多明我会修士俩人之间的争吵。

按照那个时候的习惯说法,他们两人都醉了。醉态酕醄的方济各会修士宣教布道,在他的讲词里感谢上帝,他不是多明我派,赌咒说应该把那些相信圣母在不可赎的滔天大罪中出生[①]、只因儿子有功始得免罪、侮辱神明的多明我派斩尽杀绝;而酒意酩酊的多明我会修士却高声回答:你们瞎说胡扯,侮辱神明的人就是你们自己。方济各会修士便手里拿着一尊十字架圣像,走下讲坛,用十字架打了他的对手一百下,几乎把他当场击毙。

就是为了对于这种凌辱进行报复,多明我会修士们在德国和瑞士才显示了许多奇迹,以为用这类奇迹便可证实他们所信的是真实的。他们竟然想出了一个办法,在伯尔尼给一个名叫惹再尔的小徒弟在身上烫一个耶稣烙印,就是由圣母自己给他烫;可是圣母假手于一位妇人打扮、头戴光环的副修道院长。倒霉的小徒弟,鲜血淋漓,躺在祭坛上供人景仰,终于大喊救命,口出不逊,亵渎神明。修士们为了使他住声,连忙给他往嘴里塞了块撒上氯化汞的祭饼,辣得他把饼吐了出来。

于是修士们便在洛桑主教前控告他犯了极端严重的渎圣罪行。伯尔尼市民群情激昂,也来控告修士们。结果 1509 年 5 月 31 日那天,四名市民在伯尔尼市马锡里门被焚身处死。

这件丑恶的争吵就这样结束,终于促使伯尔尼人另外选择了一种宗教;说真的,在我们天主教徒看来,那是一种坏宗教,可是在

① 意即凡胎。——译者

这个教里,他们倒可逃出圣方济各会修士和多明我会修士之手。

许许多多像这类的渎圣事件都是令人难以置信的。这也就是党同伐异所导致的后果。

百年来耶稣会派坚持说冉森派是侮辱神明的人,而且用上千份的拘捕人犯的圣谕来证实。冉森派又著书四千余卷来答辩说是耶稣会派侮辱神明。《教会日报》的作者竟说一切正人君子都侮辱了他;他也从他的顶楼上对着全国的正人君子进行侮辱。发行报纸的书商又骂他,并且抱怨说他自己穷得要命,还是规矩一点、体面一点才好。

有一件事,既令人惊异又令人快慰,那就是在地球上任何国度,即使是在崇拜偶像最狂热的民族,从来也没有人认为承认有一位最高的永恒而全能的上帝是侮辱神明。无疑,并非由于苏格拉底承认这一真理才有人令他服毒,因为有一位最高的上帝这件事是在希腊一切宗教奥义里都宣扬过的。是一群党徒害死了苏格拉底。有人偶然非难他不信那些属神;而就是在这个问题上人家把他当做侮辱神明的人来看待。

人们非难初期的基督教徒侮辱神明也是根据这个理由。但是罗马帝国古代宗教的拥护者,那些崇拜朱庇特的人,都曾经谴责初期基督教徒侮辱神明,终于在狄奥多西二世治下自己也被人认为是侮辱神明的人了。德莱顿[①]说过:

每个党派都一样,固执己见,盛怒难当,

① 德莱顿(John Dryden,1631—1700),英国诗人与批评家。名著有《论戏剧诗》(1668)。——译者

今日有权定罪，明日下台，入牢遭殃。

BORNES DE L'ESPRIT HUMAIN
人类心灵的界限

有一天有人问牛顿为什么他想要行走便行走，他的胳膊和手怎么会按照他的意志来活动。牛顿便勇敢地回答说他一点也不知道。人家便对他说：但是至少您还熟知星球引力，请您跟我说一说星球由于什么理由朝一方转动而不朝另一方转动，牛顿还是老老实实说他一点也不知道。

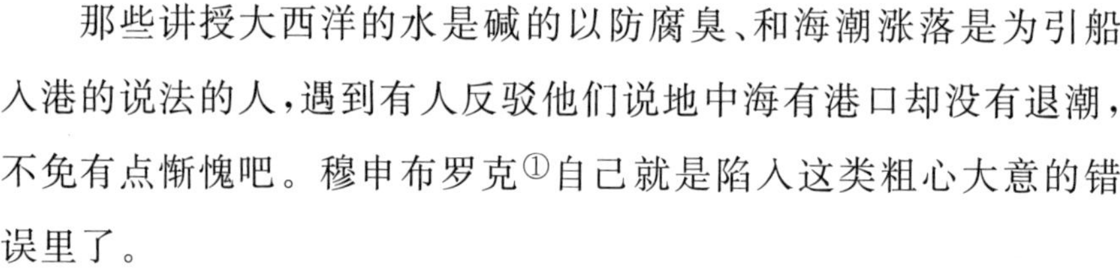

那些讲授大西洋的水是碱的以防腐臭、和海潮涨落是为引船入港的说法的人，遇到有人反驳他们说地中海有港口却没有退潮，不免有点惭愧吧。穆申布罗克[①]自己就是陷入这类粗心大意的错误里了。

有谁又曾经能够说清楚一块木柴怎样在灶膛里变成熊熊的红炭呢？石灰遇见凉水又由于什么作用而冒烟呢？

动物心脏跳动的基本原理是否已为人所熟知？有人清楚知道生殖作用是怎样进行的吗？有人懂得什么东西使我们有感觉、观念、记忆了吗？我们像儿童们只触到物质外表一样，并不认识物质的实质。

谁又能告诉我们撒在地下的这颗麦粒由于什么作用会生出一

① 穆申布罗克(Pierre Van Musschenbroeck，1692—1761)，荷兰物理学家，1746年发明莱顿瓶。——译者

棵上边长着麦穗的麦秆？而同一块土地怎么会在这一株树上长一只苹果，在邻近一株树上又长一个栗子呢？许多位博士都说："我什么不知道呢？"蒙田却说："我又知道什么呢？"

狠心无情的裁断人，夸夸其谈的教师，金玉其外的理论家，你不是在寻找你的心灵的界限吗？心灵界限就在你自己鼻子底下。

> 你能告诉我：永恒的创造者
> 用什么微妙手段促使物体生长？

我们的心灵界限处处都有；我们却像孔雀一样骄傲炫耀。

C

CARACTÈRE 性格

性格这个词儿是从希腊语“盖印”(impression)“雕刻”(gravure)二词来的。性格就是大自然在我们内心所刻划的东西。

人能改换性格吗？能够，倘若可以改换身体的话。一个人可能生来懵懵懂懂，性子又倔强粗暴；晚年中了风，简直成了个好哭、胆小、温静的傻孩子。他的身体跟已往不一样了。但是只要他的神经、血液、延髓情况照旧，他的天性就不会比一只狼和一只黄鼠狼的本能更能起变化。

有一首英国小诗题名《药房》，比意大利诗《卡庇托勒庙》[①]高明得多，甚至或许也在布瓦洛的《圣歌队》一诗之上。我觉得这首诗的英国作者在诗里说得很好：

> 一付水、火、土的秘密混合剂，
> 便做成了恺撒和拿骚[②]的心。
> 一种未知动力不可战胜的威力，

① 卡庇托勒庙(Capitole)是古罗马祀奉朱庇特主神的庙宇。——译者

② 拿骚(Guillaume Ier,de Nassau,1533—1584)，荷兰奥兰治亲王，曾企图从西班牙统治下解放荷兰，被刺身死。——译者

能使斯罗纳厚颜无耻，使他妻子感触灵敏。

性格是由我们的观念和感情形成的。然而我们分明是不能自赋感情和观念的，所以我们的性格不能由我们自主。

倘若可以由我们自主的话，那就没有人不是十全十美的了。

我们既然不能自赋情趣和天才，为什么我们可以自赋若干品德呢？

我们若不深思熟虑，便自以为可以主宰一切，一旦仔细考虑一下，就会看出原来什么事也不由我们做主。

您想完全改变一个人的性格吗？那就请您用泻药每天给他泻一下，一直把他弄死为止。查理十二世[①]在邦德尔大路上由于创伤化脓而发烧的时候，已不是原来的查理了。别人可以把他像一个小孩一样自由摆布。

如果我有一个歪鼻子和一双猫儿眼，我还可以用一副假面具遮盖起来。我能够把我的天赋性格遮盖得更好么？

有一个人，生性粗暴激烈，晋见法国国王弗朗索瓦一世，控诉有人仗势欺人。弗朗索瓦一世的脸孔，众侍臣恭恭敬敬的姿势，甚至连他站的地方，这一切都给这人留下一种强烈的印象；他不由得就把眼睛低下去，粗暴的嗓音也温和起来，谦逊地呈上他的诉状；人家或许以为他生来跟那些侍臣一样地温和（至少在这个时候），在这些侍臣们当中，他甚至还显得局促；但是如果弗朗索瓦一世会看面部表情，便不难从他那双俯视着然而却又燃烧着阴暗的火焰

① 查理十二世（Charles XII，1682—1718），瑞典国王，在位时曾先后征服丹麦、沙俄、波兰等国，又干涉苏格兰王位，并图进攻法兰西和西班牙等南欧国家，1718 年被刺殒命。——译者

的眼睛里，从他面部紧张的肌肉上，从他紧闭的嘴唇上看出这个人并不像他被迫装出的那样温和。这个人跟随弗朗索瓦一世到了帕维亚[①]和他同时被擒，一道被解进马德里的监狱；弗朗索瓦一世的威严对他不再产生以前那样的印象；他同他尊敬的对象亲昵起来：有一天，他给国王脱靴子没有脱好；国王因遭不幸，脾气变坏，便生气了：我说的这个人便把国王给赶出去，靴子也给他从窗口扔出来了。

西克斯特·昆特[②]生性轻率固执、自高自大、急躁傲慢、又喜报复。这种性格似乎在他学道期间所受考验中温和了一些。他才一开始在他会内有些威望，便对一名守卫人员大发脾气，用拳头殴打了他；他刚一在威尼斯担任宗教裁判官，便在执行职务时专横独断；做了红衣主教，便发起教皇式的脾气来[③]。这类癫狂行径令他失去了本性；使他的人品和性格隐晦不明；他又伪装谦逊，并且做出行将就木的样子来；因而人家把他选为教皇。这一机会使他长期为政治约束着的百折不挠的本性又活跃起来：他是教皇中最骄傲最专横的一位。

摆脱开自然奴役的，总是要回到自然奴役里去

（贺拉斯集一卷九首）

把天性驱逐开，他仍旧大步跑回来。

① 帕维亚(Bavia)，意大利北部米兰以南一城市，弗朗索瓦一世曾在该城战败被擒。——译者

② 西克斯特·昆特(Sixte-Quint)，罗马教皇，1585—1590 年在位。传说他在被选为教皇前，弓腰拄拐而行，红衣主教们以为他行将就木，便投了他的票。一旦被选，当场丢开木拐，昂首挺胸，高唱圣诗，声震窗棂。——译者

③ 原文后有拉丁文 dalla rabbia papale，意即教皇式的发脾气。

（戴杜舍[1]:《光荣的人》第三幕第五场）

宗教、道德钳制着天性的力量，却不能把天性毁灭。酒徒在一所隐修院里，把每餐的苹果酒减到四两，便不会再醉了，但是他却老是爱酒。

年龄令人的性格减弱。这就好像一棵树，虽只结一些变种的果子，但是果性未变；这棵树虽长了一些藓苔，生了蛀虫，总还是橡树或梨树。如若有人能改变树的本性，他也就可以凭空生出一棵树来，那便成了自然的主宰。我们能够由自己产生什么东西吗？我们一切不都是接受来的吗？试让一个懒散无为的人勤劳好动，试让一个性子急躁的人神志迟钝，沸腾着的心灵冷静下来，让那个缺少鉴赏力和音乐感的人对于音乐和诗感到兴趣：您是办不到的，就像您企图给天生的盲人恢复视觉一样。我们能改善、缓和、隐蔽自然所禀赋在我们身上的；然而我们什么也不能有所增进。

有人对一个种田的人说："您的鱼池里鱼养得太多了，它们长不好的；您的牧场里牲畜太多，缺少草，它们是要饿瘦的。"在这次劝告以后，就发生了这样的情形：竹签鱼把这个种田人的鲤鱼吃去了一半；狼把他的绵羊吃了一半；余下的便都肥起来。他高兴他这种经营管理吗？这个乡下佬，就是你自己；你的一种情欲吞噬了其他情欲，你却以为你战胜了你自己。我们大家岂不几乎都像那位九十高龄的老将军，他遇到一些青年军官调戏妇女，便怒气冲冲地对他们说："先生们，这也是我给你们做的榜样吗？"

---

① 戴杜舍(Destouches，原名 Philippe Néricaulte，1680—1754)，法国戏剧作家，其名著《光荣的人》是一部优秀的风俗喜剧剧本。——译者

CATÉCHISME CHINOIS
中国教理问答

孔子弟子榖俶与鲁公子虢的问答录。鲁是我们西方俗历纪元前 417 年周安王时的公国。(由前耶稣会修士福开神父译成拉丁文。稿存梵蒂冈图书馆,登记号 42 759。)

第一次问答

虢:人家跟我说敬天(上帝),这是什么意思?

榖俶:并非是我们所看见的有形的天,因为天不过是空气,这种空气是由地球上的各种浊气合成的:敬空气未免太荒唐了。

虢:我倒不会为之有所惊奇。人类似乎还干了一些更荒唐的事呢。

榖俶:的确是;不过您将来既要治国理家就应该明理。

虢:有许多民族都在敬天和日月星辰!

榖俶:日月星辰也只是跟我们地球一样的星球。例如月亮也最好敬敬我们的沙石和泥土,就跟我们在月亮的沙石和泥土之前下跪一样。

虢:所谓“天地,升天,对得起上天”是什么意思?

榖俶:这话真是糊涂万分。哪里有天:每个星球都有大气围绕着,犹如一个蛋壳,围绕着它的太阳在空中旋转;每个太阳都是许多星球的中心,星球绕着它继续不停地运行。无所谓上下,也无所谓升降。如若月亮上的居民说有人升到地球上去,说应该对得起地球，您会觉得他们是在胡说吧。当我们说“应当对得起上天”的时候，我们也是说了一句没有意义的话；这就好像我们说：“应该对得起空气，对得起龙星座，对得起空间”一样。

虢：我明白您的意思；只能敬创造天地的神。

榖俶：不错，必需敬神。但是当我们说天地神造的时候，我们是在信心虔诚他说了一句极端空洞的话。因为如若我们以为天就是奇妙的空间，神明在里边点燃了许多太阳，转动了许多地球，那么我们说天和地就比我们说大山和一颗沙粒更可笑得多了。我们的地球比起我们在其中便顿失形迹的亿万宇宙来，就比一颗沙粒更无限地小了。我们顶多只能把我们微弱的呼声合入太空中光辉神明的万物的声音里。

虢：有人告诉我们说佛化身为白象从第四层天降临人间，原来完全是骗我们的吗？

榖俶：这是和尚们给小孩和老太太们说的故事：我们只应敬崇创造万物的永恒的造物主。

虢：但是一个“实在”又怎么能创造其他许多“实在”呢？

榖俶：请看这颗星星；它距离我们微小的地球有一万五千万万里远。它所发出的光线在您眼里做成顶端相等的两个对角；它在一切动物眼里都做成同样的角：这不是一个显明的意图吗？这不是一条惊人的规律吗？那么，若不是一位工人，又是谁做的工作呢？若不是一位立法家，又是谁定的规律呢？所以说有一位工人，一位永恒的立法家。

虢：但是这位工人又是谁造的呢？怎么样造的呢？

榖俶：公子，昨天我在您父王所修建的广大宫殿近旁散步。我听见两只蟋蟀在谈话。一只对另外一只说："这是一座可怕的大房子。"另外一只便说："是呀，虽然我很自负，可是我却承认是一个比蟋蟀更有力的东西造成这个奇迹；但是我对于这个一点观念都没有；我看见他存在，可是我却不知道他是什么。"

虢：我对您说，您是一个远比我见多识广的蟋蟀；我所为您高兴的就是您并不强不知以为知。

第二次问答

縠俶：那么您同意有一个全能的人，凭他自己而存在，是整个自然的最高创造主吗？

虢：是呀；但他若是凭他自己而存在，那么就什么也不能限制他了，那么他就到处都在：那么他就存在于一切物质里，存在于我自身的各个部分吗？

縠俶：为什么不呢？

虢：那么我自己就会是神明的一部分了。

縠俶：这或许并非是一种结论。这块玻璃处处都是透光的：然而它本身就是光线吗？这不过是矽石，仅此而已。一切都存在于神明之中，这是无疑的：发动一切的应该无处不在。上帝不像中国皇帝住在皇宫里叫阁老们传达他的圣旨。只要上帝存在，他必然会充满在空间和他的作品里；他既然在您身内，这便是一种经常的警告，叫您不要做出您在他面前要面红耳赤的事来。

虢：为了在上帝面前敢于正视自己而无愧于衷，应该如何行事好呢？

縠俶：公正。

虢:还有什么呢?

穀俶:还是要公正。

虢:但是老君学派又说是既没有公正也没有不公正,既没有淫邪也没有德行。

穀俶:老君学派说既没有健康也没疾病吗?

虢:不,老君学派根本没说过这样错误的话。

穀俶:以为既没有灵魂的健全,也没有灵魂的病害,既没有德行,也没有邪念,有这种想法的人非但犯了错误,并且为害更大。凡是等视一切的人都是些牛鬼蛇神之类的东西:养育亲子跟把他用石头砸死,二者相等吗?帮助母亲跟在她心口上插进一把攮子去,二者相等吗?

虢:您把我可吓坏了,我厌恶老君学派。可是有种种公正与不公正,何只千差万别呀!人往往是难以肯定的。谁又准知道什么是许可的,什么又是犯禁的呢?谁又能把善恶之间的界限划分准确呢?您可以给我指出分辨善恶的方法吗?

穀俶:吾师孔子的办法就是:"善终吾身,死而无怨;己所不欲,勿施于人。"

虢:我承认这类格言应该是人类的法典;但是临终时觉得活得很不坏,于我又有什么好处呢?我又有什么收获呢?这座大钟毁了以后,是否会因为曾经把时刻报得准确而觉得幸福呢?

穀俶:这座大钟无知无觉;它不会有什么后悔的心理,您自己觉得罪有应得时候您是要后悔的。

虢:可是,我如果犯了几次罪案之后,便不再后悔了呢?

縠俶:那么只有您断了气才成;您要知道在那些不喜欢受人压迫的人当中,一定有人会让您不能再干新的罪恶勾当。

虢:如此说来,充塞他们体内的上帝,既容许我作恶之后,也必将容许他们本身作恶吗?

縠俶:上帝给了您理性:不要用来胡思乱想,糟蹋自己,糟蹋别人;否则不仅今世会遭遇不幸,谁又能保证您来世就会幸福了呢?

虢:谁又跟您说过还有来世呢?

縠俶:这只是猜想着吧。您作人行事自应有来世才好。

虢:但是我若是知道的确是没有来世呢?

縠俶:您这话靠不住。

第三次问答

虢:縠俶,您启发了我。为使我脱离人世以后还能受到赏罚,必须在我体内有什么在我死后还能感受还能思考的东西才行。可是在我出生以前,什么思想感情都没有,为什么我死后又有呢?这一部分莫名其妙的自我到底是什么呢?蜜蜂死后,它那种嗡嗡的鸣声还留得下吗?植物被拔去以后,这棵植物的生长力还继续存在吗?生长力不是我们拿来表示神明要植物从土壤里吸取汁液的那种无法说明其状态的东西的一个词吗?灵魂也是同样造得含含混混、辞不达意地说明我们生命动力的一个词。凡是动物都在活动:我们管这种活动的能力叫*活动力*;但是并没有另外一种东西可以是这种力。我们有种种情欲、记忆、理性;但是这类情欲、这种记忆和理性确实不是什么另外的东西;这也并非是一些存在我们心中的东西;也并非是一些个别存在的小人物。这本来都是为了确定我们观念而造的通用词。意味着我们记忆、理性、情欲的灵魂，本身不过是一个词罢了。谁在自然里发动了运动呢？神明。谁使一切植物生长呢？神明。谁在动物体内活动呢？神明。谁创造了人的思想呢？神明。

倘若人类灵魂是一个关在我们体内的小人物，指挥我们的动作和思想，这岂不是指出世界永恒的创造者无能、指出有一种本不配由他来创造的机械动作吗？难道说他不能做些本身能动能思维的自动机械人儿吗？您教我读过希腊文，您又教我读过荷马；我觉得伏尔甘做了一些自动去赴神会的金爵，真是一位神匠；但是倘若这位伏尔甘在这些金爵里边暗装一个小人儿推动它们，令人看不出来，在我看来，他就是一个可怜的卖狗皮膏药的了。

有些想象贫乏的空想者，以为一让些神仙不停地推动星球旋转这个主意倒是想得妙；但是上帝倒不一定非采取这一下策不可：总之，给一种作品装上一盘发条就够了的时候，为什么要装两盘发条呢？您总不敢否认神明能使我们所谓物质的这个不大为人认识的东西活动起来；他又何必另用一个原动力来使它活动呢？

还有：您那么慷慨的加到我们身体上的这种灵魂究竟是什么呢？从哪里来的？什么时候来的？宇宙的创造主是否必须随时伫候男女交配的时机，注意一个种子从男人体内出来进入女人体内的当儿，赶快把灵魂送进这个种子里去？这个种子若是死了，这个灵魂又怎么办呢？它就白白的被创造出来了，或是它再等另外一个机会。

我老实跟您说，对于宇宙的主宰，这真是一件奇异的工作；他不单是要不住的留神人类的交媾，而且还要注意一切动物的交配；

因为这些动物也像我们一样都有记忆、观念、情欲；若是为构成这类感情、记忆、观念、情欲，必须要有一个灵魂的话，神明就得不停的给象、虱蚤、猫头鹰、鱼跟和尚铸造灵魂。

亿万宇宙的建筑师，必须不住的制造些看不见的小蛹虫来维持他的作品，您说这可成什么建筑师啦？

这就是能使我怀疑灵魂存在的很小一部分理由。

穀俶：您想得倒也好；这种有道德感的意见，即或是不对头，神明也是高兴的。您可能想错了，但是您并不想有意犯错误，因而就可以原谅。但是请想一想您向我提出的都是些怀疑，这样怀疑是苦恼的。还是承认一些比较令人心安理得的近似真理吧：虚无是很苦闷的；请您对生活抱着希望吧。您知道一种思想根本不是物质，您知道它跟物质一点关系没有；为什么您却很难相信神明在您身上安放了一个不能消散不能死亡的神灵呢？您敢说您不能有一个灵魂吗？无疑，您是不敢说的；如果是可能有的话，您岂不是也很可能真就有一个了吗？您能够拒绝一种对于人类说来既很美又很必要的学说吗？有什么困难令您不能接受呢？

虢：我愿意信奉这种学说，但是我想得到证实。在我没有明确以前是不由我相信的。上帝创造了一切，他到处都在，深入一切，把运动和生命赋给一切：这一伟大思想总是使我受到感动；如若在我各部分就如同在自然各部一样，到处都有神明，我却看不出来我有什么必要要有一个灵魂。我既是被上帝所发动，我拿这个小附属品做什么呢？这个灵魂对我又有什么用处呢？并不是我们自己赋给自己观念，因为我们差不多总是不由自主的就有了；我们睡着了的时候也有观念；一切都在我们心中做好了，我们并没有去管。灵魂白白的对血液对精气说:“我请你们这么样流通,好使我舒服”;它们却总是按照上帝给它们规定的方式循环。我情愿作我已经得到证实的上帝的机器,不愿作一个我所怀疑的灵魂的机器。

縠俶:好吧!若是上帝自己让您活起来的话,那么就永远也不要让罪恶玷污了您身上的神明;若是给了您一个灵魂的话,也就永远不要让这个灵魂冒犯上帝。不管哪一种说法,您总是有一个意志;您是自由的,也就是说您有权做您所想要做的:您要使用这个极力为赐给您权利的上帝效命。好在您是哲学家,但是您必须正确。您若相信有一个永生的灵魂,您也就越发正确了。

请您回答我:上帝不的确是最高的正义吗?

虢:不错;即使上帝一旦不是最高的正义(这本是亵渎神明的话),我仍要按公正行事。

縠俶:您一旦登基,您的责任不就是赏善罚恶吗?难道说您愿意上帝不做您自己认为必须做的吗?您知道在现世总是有遭遇不幸的善行和未受惩罚的罪恶;所以善恶必须在来世得到判断。就是这种极其简单、自然、普遍的观念在好多民族中建立了信念,相信灵魂不死并且灵魂在摆脱遗骸后受到神明的正义裁判。还有比这更合理,于神明更适宜,而于人类更有益的学说吗?

虢:为什么又有许多民族根本就不信奉这种学说呢?您知道在我们省里有大约两百家旧西奴[①],他们从前居住在石地阿拉

① 犹太十族在崩溃中进入中国;他们在那里被称为 Sinous 西奴。——伏尔泰

伯:他们和他们的祖先从来不相信有不死的灵魂:他们也有自己的五部经典,像我们有五经一样;我读过经典的译本;他们的法律当然跟其他各民族法律相似,命令他们孝敬父母,不可盗窃,不可说谎,不通奸,不杀人;但是这些法律却没有对他们谈到来世的赏罚①。

穀俶:虽然这种思想还没有在这个可怜的民族中得到发展,早晚终会有一天要得到发展。当巴比伦、埃及、印度和一切开化了的民族都已经信奉了这种有益的学说,一个不幸的小民族还没有信奉,可有多大关系呢?您若患病,有一种为所有中国人都证实有效的药,您能够推托还有几个山野村夫不愿意服用,您就拒绝吃它了吗?上帝给了您理性,理性告诉您说灵魂不死;这也就是上帝本人在对您说这话的。

虢:但是当构成我这个人的一切,什么也没有了的时候,我已经不是我自己了,我又怎么能受到赏罚呢?我之所以为我,只是靠了我的记忆:我在最后一场病中丧失了记忆,我死后不是必须有一种奇迹才能恢复记忆吗?才能使我重温已经失去的生存的旧梦吗?

穀俶:换句话说。若是一位王子为了坐天下杀死全家人,若是他虐待了庶民,他只要对上帝说:"不是我呀,我失去了记忆,您错怪了我,我已经不是原来的人了。"他就可以无罪了。您以为上帝会喜欢这种诡辩吗?

---

① 孟克(Munk)说,至于来世的赏罚,摩西并没有谈,或者是因为他以为灵魂像一阵神风,应该在人死后立即恢复它原始的纯洁状态,或者是因为他不愿意对于一个充满形而上学困难的问题表示意见。——阿弗内尔

虢：好！[①] 就算是吧，我信服；我愿意为我自己行善，我也愿意取悦于神而行善；我想只要我的灵魂在现世正直，我便可以希望它在来世幸福。我看这个意见对于人民对于王子都好，但是信奉上帝却使我很为难。

第四次问答

縠傚：您觉得为中国历代皇帝所最尊重的第一经典《书经》里，有什么不合理的地方？您为给人民做个榜样，下田躬耕，并且把第一批收获献给上帝，上天，神明；您每年祭天四次；您是国王又是大祭司；您对上帝许愿，尽力行善；有什么不顺您意的吗？

虢：我实在没有什么可说的；我知道上帝根本不需要我们的牺牲和我们的祈祷；但是我们需要这样做；礼拜上帝不是为了上帝而

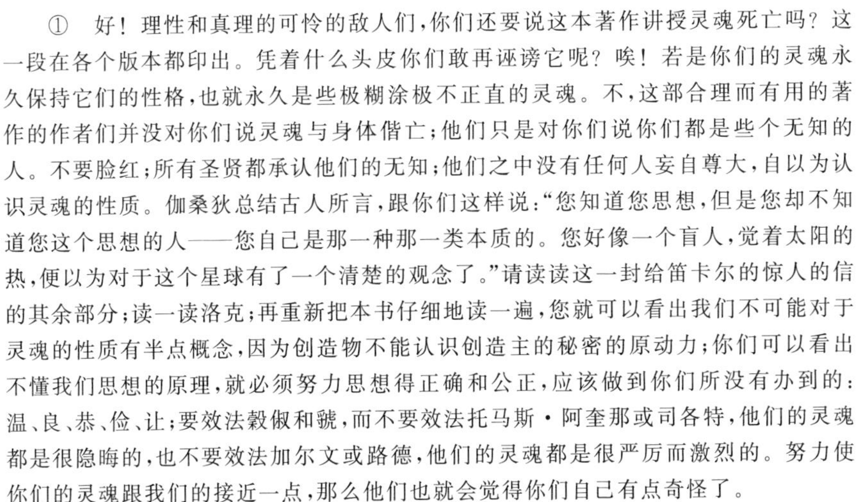

① 好！理性和真理的可怜的敌人们，你们还要说这本著作讲授灵魂死亡吗？这一段在各个版本都印出。凭着什么头皮你们敢再诬谤它呢？唉！若是你们的灵魂永久保持它们的性格，也就永久是些极糊涂极不正直的灵魂。不，这部合理而有用的著作的作者们并没对你们说灵魂与身体偕亡；他们只是对你们说你们都是些个无知的人。不要脸红；所有圣贤都承认他们的无知；他们之中没有任何人妄自尊大，自以为认识灵魂的性质。伽桑狄总结古人所言，跟你们这样说："您知道您思想，但是您却不知道您这个思想的人——您自己是那一种那一类本质的。您好像一个盲人，觉着太阳的热，便以为对于这个星球有了一个清楚的观念了。"请读读这一封给笛卡尔的惊人的信的其余部分；读一读洛克；再重新把本书仔细地读一遍，您就可以看出我们不可能对于灵魂的性质有半点概念，因为创造物不能认识创造主的秘密的原动力；你们可以看出不懂我们思想的原理，就必须努力思想得正确和公正，应该做到你们所没有办到的：温、良、恭、俭、让；要效法縠傚和虢，而不要效法托马斯·阿奎那或司各特，他们的灵魂都是很隐晦的，也不要效法加尔文或路德，他们的灵魂都是很严厉而激烈的。努力使你们的灵魂跟我们的接近一点，那么他们也就会觉得你们自己有点奇怪了。

——在索尔邦大学给雷纳尔修道院长的著作所做的删改中，贤明的大师们用拉丁文写道伏尔泰否定灵魂的精神性，用法文写道，他否定灵魂不死，或反过来说也一样。——开勒版是为了我们自己。我极喜欢祈祷,我尤其愿意祈祷不流于庸俗:因为,倘若我喊了半天“上帝的山是一座肥沃的山,千万不可望那些肥沃的山”,我把太阳赶跑,把月亮弄干,这些莫名其妙的举动能够让上帝高兴吗,能够对我的百姓和我自己有益吗?

我特别不能容忍包围着我们的那些邪说。一方面我知道老子,他母亲因天地交合而受孕,怀胎八十载。我对于他那种清净无为和万物蜕变的学说并不比他出生即生白发和他骑着青牛去传道更加相信。

虽然佛的父亲是白象,虽然佛许人长生不老,可是也骗不了我。

特别使我不满意的,就是这样的鬼话却经常由和尚们宣讲来愚弄人民,为的是统治这些人民;他们用骇人听闻的苦行博得人们的尊敬。有的和尚一生不吃丰腴餐物,好像只有吃粗羹冷饭才讨好于神;有的在脖子上套上一个脖锁(有时候他们也实在值得戴锁);他们在大腿上钉上钉子,好像他们的大腿是木板子一样;人民成群结队的跟着他们。如若国王传旨不合他们的意,他们便冷淡的对您说这种旨意不见之于佛经,还是服从神比服从人更好。怎么样医治人民的这样一种极其泛滥极其危险的病呢?您知道仁恕本是中国以及亚洲所有政府的原则;不过这种仁恕一旦使帝国由于邪说而濒于颠覆,岂不是就很可悲了吗?

穀俶:但愿上帝使我无意伤害您的宅心仁恕,这种可敬的德行,这种仁心属于灵魂犹如许可进食属于肉体一样。自然的规律准许每人要信仰什么就信仰什么,犹如爱吃什么就吃什么一样。医生无权杀死没有遵守他指定的禁忌而妄食的病人。一位王子无权绞死思想与他不同的庶民;但是他却有权防止叛乱,他若是贤明的话,他不难根除迷信。您知道大约四千年前迦勒底第六代国王达翁的事么?

虢:不,我一点不知道;很愿意向您请教。

縠俶:迦勒底的教士们竟然要崇拜幼发拉底河里的竹签鱼。他们认为有一条名叫奥内斯的出名的竹签鱼,曾经给他们传授神学,说这条竹签鱼是长生不老的,有三尺长,尾巴上有一个小月牙章。为了崇敬这条奥内斯便禁止吃竹签鱼。在神学家们中间引起了一场大争大辩,争论奥内斯到底是有鱼白的还是有卵的。双方相互开除教门,并且屡次大打出手。请看达翁王是怎样处理来停止这场混乱的。

他命令双方严格绝食三天,然后召见主张竹签鱼有卵的一派来出席他的晚宴:他命人拿来一条三尺长的竹签鱼,尾巴上印了一个小月牙章。他便对博士们说:“这就是你们的神么?”他们回答他说:“是,陛下,因为它有一枚小月牙章在尾巴上,它一定有卵。”国王命人剖开竹签鱼,它原来有世界上最好的鱼白。王说:“你们看,它既然有鱼白,不是你们的神了。”国王和他的侯爷们吃了,有卵派的博士们看见人家把他们敌方的神炸了都大大高兴起来。

于是又立刻打发人去找对方的博士们;给他们拿出一条三尺长带卵、尾巴上有一个月牙的神来;他们肯定那是奥内斯神,并且有鱼白;这条神也像前一条一样被炸了,并且也看出原来是有卵的。这时候同样愚蠢可笑的双方,原来都还没有吃午饭,善良的达翁王便对他们说晚饭只有竹签鱼可以给他们吃;他们就都狼吞虎咽地吃下去了,有卵也好,有鱼白也好。内战终止,各个都感谢善良的达翁王。从那时候起，老百姓们在餐席上随意要吃多少竹签鱼都可以。

虢：我很喜欢达翁王，遇到机会我决心效法他。我要尽量阻止（不对任何人施加暴力）人们拜佛和竹签鱼。

我知道在缅甸的北古和越南的东京有些小神仙和小达拉般（和尚）可以把月牙儿摘下，预言未来。换句话说，他们清清楚楚看得见还没有发生的事，因为未来根本还没有。我将竭力阻止达拉般来我这里把未来当成现在，把月亮摘下来。

有些教派专跑城市说鬼话，就像卖狗皮膏药的走江湖卖膏药一样，多么可怜！有些小国以为只有他们才有真理，幅员广大的中华帝国全只有谬误，这是人类多么大的耻辱啊！永恒的上帝只是台湾岛的神或是婆罗洲的神吗！神能把世界其余的地方都抛弃了吗？我亲爱的縠俶，神是人人的父亲；也允许人人都可以吃竹签鱼；对神最诚恳的敬意就是有德：就像大圣尧帝说过的，一颗纯洁的心就是神的最美的庙堂。

第五次问答

縠俶：您既然好德，一旦做了国王，又将怎样实践呢？

虢：不对邻邦和庶民做不义的事。

縠俶：岂止不做恶而已，您还得为善；要给穷人安排有用的工作来养活他们，不让他们游手好闲；要修大道，通沟渠，筑宫室，奖励种种艺术，表扬诸般功劳，宽恕无心中犯的过错。

虢：这也就是我所说的不做不义的事，这同样也是义务呀。

縠俶：您的想法真是王者的想法；但是有王的一方面，也有人的一方面，有国事也有私事。不久您就要成婚了；您打算要多少女人哪？

虢：我想有十二个就足够了；再多就要影响我的办公时间了。我实在不喜欢那些拥有三百嫔妃七百宫娥和几千宦官使用的国王。我觉得特别是这种使用宦官的怪癖简直把人给糟蹋透了。我顶多只能原谅人骟鸡，鸡骟了更好吃：但是还没有人把宦官也叉到烤肉叉上烤。把他们阉割了又有什么用呢？达赖喇嘛有五十个宦官在他宫里唱歌。我倒很想知道上帝是否真高兴听这五十匹骟马的清亮嗓音？

我还觉得有些和尚根本不结婚简直太可笑了；他们却夸耀自己比旁的中国人更贤明；好吧！希望他们生些个贤明的孩子罢。崇拜上帝却不让上帝有崇拜的人，这简直是开玩笑的崇拜方式！做出消灭人类的榜样，这也是为人类服务的一种奇怪的方法！名叫 Stelca ed isant Errepi[①] 的善良小喇嘛却要说凡是教士都应该尽量生孩子；自己先以身作则这个现身说法在当时起了很好的作用。至于我，我要让所有的喇嘛、和尚、女喇嘛和尼姑统统都结婚，他们对于这种神圣事业都有天分：必然因而成为优秀的公民，我以为这样也给鲁国做了一件大好事。

瞉俶：噢！我们有一位好公子了！您让我高兴得眼泪都流出来了。只有后妃和庶民，您还是不会满意的：因为您究竟不能成天光生孩子和下圣旨呀；您一定会有朋友罢？

① Slelca ed isant Errepi 意即 Castel de Saint Pierre 修道院长。——伏尔泰（阿弗内尔按：前者就是后者的变形文。下文中的 Ereville 和 Lanourt 是 Lelièvre 和 Arnoult 二字变形文。）

虢：我已经有了，而且是好朋友，他们提醒我的缺点；我也可以给他们提意见；他们安慰我，我也安慰他们；友谊是生活中的止痛香膏，比化学家埃尔危的还好，也甚至比大拉奴[①]的香囊还香。我很奇怪没有人把友谊定在宗教教规以内；我倒很想把它编入我们的礼记里。

穀俶：您要多加小心；友谊本身是相当神圣的：永远不要用命令来规定；要心里觉着自由才行；而且您若把友谊定为规则、不可泄漏的奥秘、教仪、礼节、就会有成千的和尚在宣讲和写作他们的鬼话的时候把友谊弄成庸俗可笑的东西了：不要让友谊遭受亵渎。

但是您又怎么样跟您的敌人们讲交情呢？孔夫子每每教人要爱敌人：这个您倒不觉得有点为难吗？

虢：爱敌人！呃！我的老天爷，那再通常也没有了。

穀俶：这话您怎么讲？

虢：我以为应该怎么讲就怎么讲。我在代孔公子对维斯—布伦克[②]公子作战中在代孔门下实习作战，只要有一个敌人受伤，落到我们手里，我们马上就来护理他，如同亲手足一样地待他；常常把床铺让给受伤的敌人或俘虏们睡，自己弟兄们就在地下铺的虎皮上靠着他们身旁睡下；还要亲身来侍候他们；您还要我们怎么样呢？难道说，要我们爱他们像人家爱情妇一样吗？

---

① 大拉奴(Granol Lanourt)，法国历史人物，身世不可考。——译者

② 这倒是一件颇值得注意的事，把代孔(Décon)和维斯—布伦克(Vis-Brunck)这两个中国姓名各个字母颠倒一下，就是Condé(孔代)和Brunswick(布伦斯维克)因为伟大人物，在全世界都是出名的呀！——伏尔泰(译者按：Condé是法国波旁王室旁系支族，Brunswick是德国一贵胄家族，两族都出了很多重要历史人物。)

縠俶:您这一席话,真是动人肺腑,我希望各国都懂得您的意思:因为有人跟我说真有些相当狂妄的民族竟敢说我们不懂真正的德行,说我们的善良行为都出于钓名沽誉,说我们需要他们的达拉般①的教训来为我们制定善良的规范。嘻!这些可怜虫!他们只不过昨天才学会念书和写字,现在就要来教他们的老师啦!

第六次问答

縠俶:我不给您重复五六千年以来在我们这儿说来说去的一切品德问题上的老生常谈。其中有的只是为我们自己实践的,像"慎以修身""和以养体":这都是些政治原则和卫生之道。真正的品德是那些有益于社会的,像忠诚老实、宽宏大量、好善乐施、仁恕之道等等。托上天的福,我们这里没有哪个年高的老太婆不把这些品德教给她的儿孙的:这是我们的幼学初步,在城里和乡下都一律通行。但是有一项品德开始有点不大时兴了,我很生气。

虢:哪一种品德,快说出来;我要努力提倡。

縠俶:就是好客,这种有益世道人心的美德,这种人与人之间的神圣联系,自从我们有了小酒店以来,就开始废弛啦。据说这种有害的设置是从西方某些野蛮民族那里传来的。那些无赖汉显然没有什么房子招待旅客。在鲁国大城,Honchan〔皇上〕的漂亮广场,我的 Ki〔吉〕房里,接待来自撒马尔罕的一位慷慨的外国人是多么开心哪!他马上把我当成圣人看,并且按照天理人心,等我一旦到鞑靼去旅行,他势必在他家里招待我,成了我的亲密的朋友。

① 十八世纪欧洲人称暹罗佛教徒为达拉般(talapoin)。——译者

我跟您提起的那些野蛮人只是为了金钱才把外国人招待在那些令人厌恶的小屋子里;他们这种肮脏的招待,价钱还不便宜哩;我这话是说这些可怜的人自以为胜过我们,他们夸耀自己有更纯洁的道德,说是他们的宣教士比我们孔夫子讲得更动听;总之据说是他们来给我们讲授公正之道,因为他们在大路上卖坏酒,因为他们的女人像疯子一样满街乱跑,蹦蹦跳跳而我们的妇女却都在养蚕。

虢:我觉得好客是很好的,我很喜欢照办,但是我又怕做得过火。靠近大西藏一带,有些人居住得很坏,喜欢东奔西跑,什么事也没做却走遍天下;您一旦到大西藏去,在他们那里享受被款待的权利,您既找不到床也找不到炖肉锅;这样的敬客令人生厌。

穀俶:不便之处并不大;只要招待受人尊敬的人就好办了。毫无危险的德行是没有的;正因为有危险,贯彻这种德行才高尚。

我们孔子是多么大德至圣啊!种种德行给他设想得一无遗漏;人类的幸福系于他的句句格言中;我想起一句来了,就是格言第五十三:

以直报怨,以德报德。①

西方的民族能够用什么格言什么规则来反对这样纯洁完美的道德呢?孔夫子在多少地方要人谦逊哪!如若大家都实践这种美德,人世上也就永不会有争吵了。

---

① 见《论语》卷七宪问第十四,以德章。——译者

虢：我也读过孔夫子和古圣贤们所写的论谦逊的种种文章；但是我觉得他们从未做出一个足够明确的定义来：敢于谴责他们也许不够谦逊；但是我至少也有谦逊之德来承认我并没有了解他们。您以为如何？请以告我。

縠俶：谨遵台命。我以为谦逊是灵魂的虚心，因为表面的虚心不过是礼貌而已。谦逊不在于自己否认自己能有什么长于他人之处。一位好医生不能隐瞒他自己比他昏迷不省的病人知道的更多；讲授天文学的人也承认他自己应比他的学生们更博学多闻；他不能不自信，但是也不应该自欺。谦逊并非自卑：它是矫正自尊心的，犹如虚心是矫正骄傲心的一样。

虢：啊！我愿意活着履行所有这类德行，并且信奉一位单纯而普及万方的神，远避那些荒诞不经的诡辩和虚伪预言的迷惑。我要从政以仁敬神以礼。我要佞佛，不崇尚老子，不轻于信奉在印度屡次化身为人的毗湿奴神、从天而降在暹罗放风筝玩的萨摩诺勾东神和那些从月亮里降临日本的卡米[①]神。

不幸一个民族竟然愚蠢、野蛮到相信只有属于他们本省的一位上帝！这简直是亵渎神明。怎么！阳光普照众生，而那神光反倒只照着大地一个犄角里的蕞尔小国！这是多么可恶多么糊涂的话呀！神言通众心，因缘结四方。

縠俶：贤明的虢啊！您讲话简直好像一个受了上帝感化的人一样；您将成为一位有道明君。我曾充当过您的太医，而您现在却成了我的医师了。

① 卡米，日文，意为神。——译者

CATÉCHISME DU CURÉ
教士教理问答

阿立斯通：那么，亲爱的狄奥蒂姆，您要做乡村教士了？

狄奥蒂姆：是呀，人家划给我一个小小的教区，倒比一个大教区更叫我高兴。我的才能有限，只有一个灵魂，自然不能领导七万；我倒是佩服担任大教区的人的信心。我觉得那种管理工作我真难以胜任；一大教区的教徒真叫我发愁，可是给一个小教区的教徒们做点什么有益的事我倒办得到。我着实钻研过法理学，可以尽我绵薄防止教区里可怜的教徒们为了打官司而倾家荡产。我也相当懂得医学，他们有病的时候，可以给他们开几味药吃。我也有相当的农业知识，有时候可以给他们出点好主意。当地的领主和他女人都是正直的人，并非假意虔诚之辈，也可帮助我做点好事。我幸喜可以活得相当舒服，不致连累别人跟着我倒霉。

阿立斯通：您不着急没有妻室吗？有一房妻子是很舒心的事；讲道、诵经、听忏悔、给人领圣体、施洗礼或送殡之后，回家看看温良的女人必然是很惬意的。她可以给您浆洗衣服，照料生活，身体好的时候逗您高兴，遇您有个灾儿病儿的，可以服侍您，还可以给您生几个大胖小子，教养成人，也可效忠国家。我真替您抱委屈，您为人服务，却缺乏人生必不可少的一项乐趣。

狄奥蒂姆：希腊教会很注意鼓励教士结婚；英国教会和耶稣教也有同样贤明措施；拉丁教会有相反的贤明措施，我必须遵守。或许，今天哲学思想大大进步了，一次主教会议或能定出一些戒条来，比较特兰托公会议[①]决定的更有利于人类。但是,在等候期间,我还是应当恪守现行的戒条:这个代价很大,我是知道的,但是那么多的人,都比我强,也都恪守戒条,我更不应该口出什么怨言了。

阿立斯通:您有学问,您有明理善辩的才干。您打算在乡下人面前怎么样讲道呢?

狄奥蒂姆:就像我在国王跟前讲道一样。我总要讲解道德,但是总不争论。上帝防止我推敲共通圣宠、推敲那为人们所抗拒的有效圣宠和不能满足的圆满圣宠;上帝防止我考查同亚伯拉罕和路德同餐的天使们是否都有凡身,或是他们只做出吃的样子来;上帝防止我考查魔鬼阿斯莫戴是否真是钟情于年轻的多比雅的妻子[②];防止我考查耶稣被魔鬼带上去的山是什么山,[③]并且防止我考查耶稣到底是赶了两千还是两个魔鬼到猪群里去;[④]诸如此类,有千千万万的事是我的听众们所不懂的,我自己也不了解。我要努力劝人为善,我也努力做个善人;但是我不让人做神学家,我自己也尽量少当神学家。

阿立斯通:噢!好教士!我真想在您的教区购置一所乡间的住房。我求您告诉我,您在听忏悔的时候怎么办呢?

狄奥蒂姆:忏悔本是一件好事,是远古时代发明的制止罪恶的办法;在古代一切神秘典礼中人们都进行忏悔。为使抱恨终天的

① 特兰托公会议(Concile de Trente,1545—1563),天主教会的第19次公会议,主旨在反对宗教改革运动,提出在内部进行改革。——译者

② 见《多比雅书》第6章。——译者

③ 见《新约·马太福音》第4章第8节。——译者

④ 见《新约·马可福音》第5章第13节。——译者

人能够谅解，为使小偷把他偷窃邻居的东西奉还原主，忏悔是很好的办法。也有些个缺点。有许多听忏悔的，尤其是在修士当中，不道德，有时候他们竟教给女孩子们一些糊涂行为，是全村所有男孩子都不能对她们干出来的。在忏悔中不必详细说明：这又不是法律审问，是一个罪人在另一个罪人手中向上帝坦白他的过错，然后这另一个罪人再自首一次。这种有益的坦白丝毫不是为满足一个人的好奇心的。

阿立斯通：那么绝罚[①]呢，您也执行吗？

狄奥蒂姆：不；有些仪式绝罚舞女、巫人和戏子们，不许他们参与：我却并不禁止舞女进教堂，因为她们从来也不进去：我也不绝罚巫人，因为根本就没有；至于戏子们，因为他们是内廷供养而且又是经司法官所批准的，我自己也就很注意不伤害他们的名誉。您不是外人，我不瞒您说，我自己对于喜剧也感兴趣，只要它不伤风败俗。我喜欢《愤世嫉俗》[②]《阿达丽》[③]和其他我觉得像是载道派的剧本。我们村里的领主叫年轻多才的人在他府第里演几出这类的戏：这些演出妙趣横生，劝人行善，又能陶冶情趣，教人谈吐文雅，发音正确。我只觉得这类戏剧很质朴，甚至极有益。为了我自己的学习，我倒很想去欣赏这类戏剧，不过要在有遮栏的包厢里，免得带坏了那些意志薄弱的人。

阿立斯通：您越对我发挥您的高见，我越想当您的教民。可是有一点很重要，令我难以索解：您打算怎么阻止农民在节日里尽情

① 天主教内用语，意即开除教门。——译者

② 法国喜剧家莫里哀著名杰作之一。——译者

③ 法国古典派悲剧家拉辛的代表作。全集本此处缺这几个字。——译者

痛饮狂醉呢？这种痛饮就是他们庆祝节日的豪迈方式。您看有些人灌醉了有毒的酒精，脑袋歪着垂到膝盖上，两手耷拉着，什么也看不见，什么也听不见，比没有理性的人还不如，脚步踉跄地由他们哭哭啼啼的老婆领回家去。第二天也不能工作，每每有因此成了残疾的，和终身变成呆子的。您还没看见另外一些人呢，酒醉肇事，大吵大闹，酗殴打架；有时这类可怕的场面要弄到杀人才算了事，简直是人类的耻辱。老实说，国家由于过节而丧失的人丁比打仗还多。您怎么做才能在您教区里减少这么恶劣的陋习呢？

狄奥蒂姆：我的主意早已拿定：我在节日提早祭了神，之后，我便准许他们，甚至要催促他们耕田。安息日的闲散无事便把他们引到酒馆里去。做工的日子就不会干纵酒无度、酗杀斗殴的勾当。适当的劳动对于身心都是有益的；而且，这种劳动对于国家也是必要的。设若有五百万人，平均每人每天做十个铜钱的手工活，这笔账本来不算很大；您若让这五百万人在一年中有三十天闲起来不用，国家就在手工上损失十个铜钱一枚的钱五百万枚的三十倍。所以上帝定然从来没有安排过这样的损失和酗酒①。

① 我们不要以为这是伏尔泰个人独有的思想。十八世纪所有哲学家和慈善家对于星期天必须休息的义务都是这样看法，伏尔泰的议论也不过是他无形中记起那位为卢梭非常崇拜的慈善的修道院长圣彼得的思想罢了：这位修道院长说："用七八小时的工作分配给贫寒家庭来资助一家大小的生活，用上午三四点钟的时间在教堂里使他们大小人口学习学习，这或许是比一次单纯仪式更令上帝愉快的巨大布施和慈善事业……要理解穷人能继续工作对他们来说是多么宽慰的事，只要想一想法国的五百万家庭当中至少有一百万家几乎只有劳动的收入，换句话说有一百方家是穷人；我所谓穷人就是没有三十立弗尔金币、也就是说六百斤面包代价的收入的人。这些穷人家在一年中八十多天的星期日和节日里，平均每家每半天假日的劳动就可至少挣五个铜子儿。所以每家人一年至少都可以多挣二十立弗尔；一百万人家就可多收入两千万立弗尔。那么，每年有两千万立弗尔按贫穷程度分散给穷人不是一宗布施又是什么？"（第七卷）。——阿弗内尔

阿立斯通:如此说来您把祈祷跟劳动调和起来了;上帝安排下这二者的关系。您为上帝和人服务。但是在圣教的争论中,您有什么主张呢?

狄奥蒂姆:什么主张也没有。人们从来对于德行问题是不争论的,因为德行来自上帝:人们所争论的是来自人间的意见。

阿立斯通:噢!好教士!好教士!

CATÉCHISME JAPONAIS
日本教理问答[①]

印度人:从前日本人真是不会烹调吗?你们把你们的国王归顺了大喇嘛。这个大喇嘛便高高在上决定着你们的饮食,大喇嘛随时派一个小喇嘛到你们那里去收服那些部落,用大拇指、食指和中指给你们做一个表示保护的记号作为交换的代价,都真有其事吗?

日本人:咳!再真也没有了。您想一想,甚至我们岛上最大的厨师们——那些戛努西[②]的位置都是大喇嘛指定的,而且还不是

---

① 这段问答里,日本人代表一个英国人;厨工指的是教士;大喇嘛就是教皇;文中提到的皇帝是法国国王亨利八世;包高斯比(pauxcospie)是 épiscopaux 一字的变形词,指的是主教们;伯来希(Breuxeh)应读作希伯来(Hébreux);皮斯巴特 pispates 应读作巴皮斯特(papistes,罗马旧教徒。——译者);德路(Therlu)应读作路德(Luther);文加尔(Vincal)应读如加尔文(Calvin);格贵(quekars)巴底斯塔帕纳(batistapanes)吉业斯特(diestes)等应读作贵格(quakars)阿纳巴普底斯特(anabaptistes 再洗礼派教徒)戴依斯特(déistes,自然神教信徒)等。——阿弗内尔

② 戛努西(Canusi)是日本古代的教士。——伏尔泰

白白指定。我们在家人每家每年还要出一盎司银子给这位西藏大厨师。为了补偿我们的损失，他只同意给我们一些味道不好而且又是小盘的所谓残羹剩菜吃。一旦他玩什么新花样，例如跟唐古特民族[①]打仗，便又在我们这里征收新的贡税。我国常常申诉苦处，但是总也无结果。甚至每申诉一次，结果反要多付一点。终于还是靠了万灵的爱情把我们从奴役中挽救出来了。我们有一位皇帝为了一个女人跟大喇嘛决裂了；但是老实说在这一事件中帮助我们最大的倒是我们的戞努西们，换句话说就是 pauxcospie[②]。我们感激他们叫我们摆脱羁勒。情形是这样：

大喇嘛有一种可笑的毛病，他总以为他有理。我们的达依里和戞努西们都也想要至少有时候理直气壮一下。大喇嘛却以为这简直是异想天开，荒唐无稽。我们的戞努西们坚持己见，毫不退让，便跟他永远绝交了。

印度人：那好哇！从那时候起，你们一定是幸福安宁了？

日本人：一点也不：差不多整整有两个世纪我们一直是被迫害、分裂、吞并。我们的戞努西想要理直气壮也是徒劳无功的，从近一百年来，他们才算是达到他们的愿望。所以从那时以来，我们可以大胆自视为世界上最幸福的人了。

印度人：若是人家对我说的果属真实的话，在你们帝国有十二个厨子党，每年就可以有十二次内战，你们又怎样能享受这样一种幸福呢？

---

① 唐古特（Tangut），即“唐古忒”。清初文献中对西藏地方的称谓。元时蒙古称党项为唐古，后渐用以指青海西藏一带藏语系民族。——译者

② 即 épiscopaux〔主教会员〕一字的变形。——伏尔泰

日本人:为什么呢?若是有十二位厨师傅,每人手里有一个不同的菜谱,是否因此就得自相残杀而不吃呢?正相反,每人便可以在他顶称心的厨师那里吃最心爱的肴膳。

印度人:的确是不应为了口味争论;可是人家却偏偏要争论,争得面红耳赤。

日本人:等到争论了半天,看出这一切争吵只能令人自食恶果,大家也就决定互相原谅了,这的确是最好的办法。

印度人:请问您,在饮食艺术方面分割你们的民族的那些饭店老板是些什么人哪?

日本人:首先就是伯莱希,他们从来不给您吃熏香肠和肥肉;他们坚持古代烹调法,死也不肯炸一只鸡吃;而且是精打细算的能手,若是他们跟另外十一派厨师分一盎司银子,他们自己先拿一半,其余的就给那些最会打算的人。

印度人:我想您难得同这类人一道进晚餐吧?

日本人:不能。其次就是皮斯巴特,他们每个星期某几天,甚至一年中有很长的一段时间,极愿吃一百埃居银币的比目鱼、白鲈鱼、靴底鱼、鲑鱼、鲟鱼,也不肯吃一份不值四文钱的白煮小牛肉。

至于我们戛努西们,我们很喜欢牛肉和一种日语叫做布丁的点心。再说,大家都同意我们的厨师,那比皮斯巴特的厨师高明得多了。没有人比我们对于罗马人的肉糜研究得更深透,也没有人比我们更懂得古埃及的葱、最初阿拉伯人的蚂蚱酱、鞑靼人的马肉;戛努西的经书,通常叫做包高斯比,里边总有一些东西可以学到。

我不准备跟您谈那些只按照德路方式吃饭的人，也不谈像文加尔那样为摄生而节制饮食的人和巴底斯塔帕纳以及其他人等；但是那些格贵却值得加以特别注意。只有这些稀有的客人，我未见过他们吃醉了骂人。他们很难为人所欺骗，但是也永不会欺骗您。好像爱人如爱己这条规则只是为这些人立下的一样：因为，实在说来，一个善良的日本人，为了一点银钱，就大张旗鼓地用枪打人，用四指宽的马刀杀人，他怎么能自己吹嘘爱人如爱己呢？他自己也冒着挨刀挨枪的危险；所以倒不如说他恨人如恨己来得更切实呢。格贵们就从没有这种疯狂病；他们说可怜的人类都是些生就不能经久的泥瓦罐儿，用不着无缘无故的彼此自相碰碎。

我老实告诉您，如果我不是戞努西，我倒不讨厌做一个格贵哩。您也会对我承认简直无法跟这样心平气和的厨师傅吵架。另外有些所谓吉业斯特的，人数很多，不拘是谁，他们都不分亲疏地请他人吃饭，您在他们家里可以自由自在地吃您所喜欢吃的一切，夹肥肉的，包肥肉的，不夹肥肉的，不包肥肉的；鸡蛋拌的，油拌的；竹鸡，鲑鱼，淡酒，红酒，请您随意吃，对于这一切他们是满不在乎的。只要您在晚餐以前或晚餐以后，甚而单只在午餐前对上帝做一次祈祷，只要您是正人君子，他们就可以跟您一道笑大喇嘛，这于大喇嘛也无损，一道笑德路、文加尔等等人物。好在我们的吉业斯特们都承认我们的戞努西是精通烹调的，而且特别好的是他们从来不谈扣除我们的年金：于是从此我们便可以在一块生活，相安无事了。

印度人：但是究竟也应该有占统治地位的烹调术，国王的烹调术。

日本人：我承认应该如此；但是当日本天皇精制佳肴的时候，他应该脾气好一点而不应该妨害他的善良子民消化食物。

印度人：但是如果有些固执的人要当着天皇的面前吃天皇所讨厌的香肠呢？如果他们聚集四五千人，手里都拿着铁丝网预备烤他们的香肠，如若他们对着不吃香肠的人辱骂呢？

日本人：那就应当把他们当做扰乱治安的醉鬼来处罚。我们对于这一危险已经有所戒备了。只有按照王家方式进餐的人才能担任国家的要职：其余的人可以随意用膳，但是不能担任职务。纠众肇事是绝对禁止的，立即严惩不贷，依照我们日本的大厨师的训诫，餐桌上的一切争论都须小心制止，这条训诫是用圣语写的，SUTI RAHO CUS FLAC：[1]

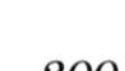

酒杯本是用以行乐的东西，

战斗是武事……

贺拉斯：颂诗一卷二十七首 1—2 句

这是说：宴会是为了一种肃静而堂皇的快乐，不位该用酒杯砸脑袋。

有了这些格言，我们便能在国内生活得很幸福；我们在天皇治下的自由确是巩固的；我们的财富也在增加着；我们有两百艘战船，威震四方。

印度人：那位印度诗人莱辛纳[2]的儿子莱幸纳本是出色的韵文家，作品情调缠绵、字句严谨、音韵和谐、言语动听，他在一本用

① 即 Horatius Flaccus 两字的改写。——阿弗内尔与贝多列尔

② Recina 即法国悲剧家拉辛 Racine 一名的改写。——阿弗内尔与贝多列尔

韵文写的题名是“圣宠”而不是“诸圣宠”的诲人训世的著作里为什么说

“日本，往昔曾闪烁过万丈光芒，

现在却不过是一堆凄凉的疯狂幻象”

呢？

日本人：您跟我所提的这位莱辛纳，他本人就是个大幻想家。这位可怜的印度人难道不知道是我们给他讲解的什么是光线，不知道今天在印度、人们认识行星的真轨道，应该感谢我们；只有我们曾经给人讲解最初的自然规律和无限数的计算；下而至于最通用的事物，他们那地方用数学比例造船也是从我们这里学去的；甚至他们腿上穿的所谓“机织袜”的裤子也是我们这里的，难道他都不知道吗？我们发明了那么多令人佩服而有用的东西，而我们却只是一些疯子，一个人把别人的梦话写成诗倒成了唯一无二的圣贤，能有这回事儿吗？请他让我们做我们的饭菜吧，他若是愿意，请他在更富于诗意的题材上去赋诗吧①。

印度人：有什么办法呢！他是死抱着他那个国家、他那个党和他本人先入为主的成见哪。

日本人：噢！那未免成见太深了！

① 这个印度人莱辛纳，根据他本国的梦想家的话，相信只有婆罗门出于一种特殊意志，亲自给他的亲信们讲授酱油做法，人们才做得出来好酱油；相信有无数的厨师坚决要做好一种烧肉却办不到，相信是婆罗门戏弄他们把他们的做法给夺走了。在日本，人们不相信这样无聊的话，坚持日本这句格言是不可否认的真理：

上帝行事，从不偏心，而是遵循一般规律。——伏尔泰

CAUSES FINALES 目的因[①]

第一节

维吉尔说：

心灵支配世界；它干预世界，使世界活跃。

——《伊尼特》，VI，727.

维吉尔说得对。而伯努阿[②]·斯宾诺莎本没有维吉尔那样思想明晰，也比不上维吉尔，却不得不承认有一个主宰一切的智慧。他倘若对我否认这个，我就会对他说：伯努阿，你疯了；你有一种智慧，而你却否认有，你是向谁否认呀？

① 被爱尔维修称做目的因制造者的伏尔泰，在本文里攻击霍尔巴赫男爵著名的《自然体系》一书。这部无神论著作，于1770年以已故莫·米拉波的名义出版。米拉波系法兰西学院终身秘书，前奥拉道尔修士，和奥尔良王室公主们的教师。霍尔巴赫理论的基本论点，在古希腊忒拉西布勒致留基伯书中就有所论述。这封书信也是以已故学者尼古拉·弗雷莱的名义发表的。但是有的人把这封书信归之于莱米斯格，有的人又把它归之于奈戎。可以肯定，是狄德罗把这一学说传授给霍尔巴赫，后者尽毕生之力来讲述，并且用学说的一部分写成《自然体系》。霍尔巴赫原籍是德国人，为人勤恳、亲切、慷慨、忠厚，在家里很活跃，为朋友尽心竭力。照柔弗兰夫人说来，这个人十分淳朴。他把他的住所作为一个学会。狄德罗、爱尔维修、雷纳尔、马尔蒙奉尔、圣朗贝尔、莫尔莱、加利阿尼、格里姆、拉·格郎日、奈戎等人经常在那里定期聚会。在他家里也可见到杜尔哥、休谟、孔狄亚克、达朗贝和布丰。还有卢梭。卢梭跟霍尔巴赫派不和是众所周知的。这个团体名为犹太教室。霍尔巴赫男爵比谁都更倾向于革命，曾幸福地目睹革命发生，因为他于1789年才逝世。——乔治·阿弗内尔

② 或巴吕克；原来他自称巴吕克(Baruch)就像人们在别处这样称呼他。他自己也签名为B. Spinoza。有几个基督徒很不了解情况，也不知道斯宾诺莎脱离了犹太教，并未皈依基督教，便把这个B字当做Benedictus即Benoît的字首了。——伏尔泰

1770年，来了一个人，在某些方面大大超过斯宾诺莎，有雄辩的口才，不像荷兰犹太人[①]那样语言枯燥；在条理方面略逊一筹，但是思想百倍明晰透彻；这个人或许也是一位几何学家，却不喜欢在一个形而上学和道德学问题上运用可笑的几何学程序：这个人就是《自然体系》一书的作者，却以法兰西学院的秘书米拉波署名。唉！我们这位真的米拉波却写不出我们那位令人生畏的敌手的著作的一页来。你们大家都想运用你们的理性，都想学习，请读一读《自然体系》中的这段雄辩而有害的文字吧（第二部，第五章，153页及以下各页）：

“有人硬说动物为我们提供了一个令人信服的证据，证实它们的存在的一个强有力的起因。人们还对我们说，从动物身上各部分令人惊叹的协调一致中可以看出各部分彼此互助以便发挥它们的作用来维持整体，这种协调一致向我们显示有一位权能与明智双全的创造者。我们不能怀疑自然的能力；自然借着在不断活动中的物质组合来产生我们目睹的一切动物；这些动物身体各部分的协调一致是自然和它们组合的必然规律的结果；一旦这种协调中止，动物必然自行消灭。那么，人们认为具有被人大肆夸耀的协调的那个假想原因的明智，智慧[②]和慈爱又到哪儿去了呢？这些动物，如此奇妙，令人认为是一位永恒的上帝的作品，难道不是不住地在衰败而终于要自行消灭吗？一个看来只是忙于搅乱和弄断机器发条的创造者，人们却都向我们宣称这架机器就是他的能力

① 指斯宾诺莎——译者

② 是否智慧就少了呢，因为动物一代一代还要繁衍下去！——伏尔泰。

和才干的杰作，那么他的明智，慈爱，先见和永恒性①又都在哪里呢？如果这位上帝不得不这么做②，那么他既不是自由的，也不是全能的。如果他变更意志，那他根本就不是永恒的。他如果任凭他使之具有感觉的机器感受苦痛，那他就缺乏慈爱③。如果他未能使他的作品更坚固，就是因为他缺乏才干。目睹那些动物和神的其他一切作品都自行毁灭，我们不禁要从中作出结论说，或者是自然所做的一切全都是必然的，那只不过是自然规律的结果，或者是使自然行动起来的那位创造者缺乏计划、能力、恒心，才干和慈爱。

“人，自视为神的杰作，却比其他创造物更能为我们提供证据，证明那个臆造的所谓人的创造者自身的无能和存心不善④。这个有感觉，有智慧，能思维的人，自信是经常受到神的偏爱，而又按照自己的形象塑造他的上帝。在这人身上，我们只能看出是一架机器。由于这机器十分复杂，就比其他最粗糙的生物更灵活，更脆弱，更易损坏。无知无识的畜生，默默生长的植物，麻木不仁的顽石，在很多方面却比人得天独厚得多，它们至少是免除了人经常遭到的精神负担，思想苦恼和折磨人的忧闷。人们每逢失去了心爱的东西，而又无法补偿，谁不宁愿是个动物或一块石头呢⑤？人与

① 您看到永恒的结果，就是有永恒的计划。——伏尔泰

② 自由，就是如意行事。如若他这样做了，他就是自由的。——伏尔泰

③ 参阅无神论和上帝条目中的答辩。——伏尔泰

④ 如若他狡猾，他根本就不是无能，如若他能干，这就包括了明智，他也就不狡猾。——伏尔泰

⑤ 作者在此处犯了粗心大意的毛病，而我们人人都会如此。我们时常说，由于我吃了那些苦头，我情愿当飞禽走兽而不愿为人。可是我们这么说的时候，并没有想到盼望自己被消灭；因为您倘若不同于您自身，您就什么自身也没有了。——伏尔泰

其做一个惶惑不安,迷信鬼神,在上帝枷锁下,只是在人世间发抖,而又预见到在死后未来生活中的无限苦恼的人,难道不宁愿当一堆没有生命的东西吗?那些没有生命,感觉、记忆和思想的东西根本也就不会被过去、现在和未来的观念所苦恼;它们也不会认为自己会像那许多硬说世界的创造者是为了他们修建了宇宙的得天独厚者推论不当便有永恒不幸的危险。

"希望人家不要对我们说,我们不能具有一件作品的观念而不具有与作品区别开来的一位创造者的观念。自然根本就不是一件作品:它从来就自存自在[①]。一切事物都是在自然内部形成的;大自然就是广阔无垠的工场,它自备原料自造工具用以活动。它的一切作品都是它的能量和它所包含,制造并使之行动起来的动因或原因所产生的结果。一些永恒因素,开天辟地以来就有,坚不可摧,永远在运动中,在组合各种不同形式中。产生了我们所目睹的一切存在和现象,产生了我们所感受到的一切好坏结果,产生了我们永远只能以我们所具有的各式各样方法来区别的秩序和混乱;总之产生了我们所深思和推论的一切奇妙事物。因此这些因素,只需要有它们特殊的或联合的属性和它们固有的运动,无须乎借助于一位未知的工匠来安排、加工、组合、保存和瓦解它们。

"但是,姑且假设没有一位工匠创造宇宙并且守护着他的作品则不可能想象有宇宙,那么我们又把这位匠人的位置设想在哪里呢[②]?他是在宇宙之内还是在宇宙之外呢?他是物质呢还是运动

① 您把成问题的东西当做"想当然耳"了,而这一点对于那些创立学说体系的人说来,太司空见惯了。——伏尔泰

② 是否应由我们来为他寻觅位置呢?应该有由他来给我们规定位置。请参阅答案。——伏尔泰

呢？或者说他只是空间，太虚或真空吗？在所有这类情况下，或者它什么也不是，或者它也许就是包含在自然之内而遵循自然规律。倘若他真在自然之内，我只认为是在运动中的物质，因此我便应当断定说令自然活动的动因是有形体的，是物质的，所以它是会自行解体的。倘若这一因素是在自然之外，我对于它所占据的位置，对于一个非物质的存在，对于一个不具广延的心灵如何能作用于与它分离开的物质，这类问题，就没有任何观念了[①]。这类无名空间——我们的想象力把它的位置设想在可见世界之外——对于一个勉强只能看到自己两只脚的生物来说根本就不存在[②]：处在我所身处的世界里我的想象力不得不盲目地组合虚幻色彩时，才能在我心灵里显现出来无名空间的理想权威；在这种情况下，我仅仅是在观念里复现出我的五官感觉实际上感觉到的东西罢了；而我所力求跟自然区别开来，安置在自然外部的这位上帝却总是必然地不由自主地闯进自然里来。

"人们必然会强调说，倘若有人送给野人他从来没有见过的一座雕像或一只表，这个野人不禁要认为这是什么比他自己更伶俐更手巧的聪明人的作品。人们从而便断定说我们自己也一样不得不承认宇宙机体，人，自然现象，都是一个智慧与能力大大超越我们之上的人的作品。

"我首先要回答说，我们不可以怀疑自然是很强大和有技巧[③]

① 您生来就对一切有观念吗？而您难道在这自然中没见到一个令人赞美的智慧吗？——伏尔泰

② 或者世界是无限的或者空间是无限的，任您选择。——伏尔泰

③ "强大和有技巧"；我坚持这个。能力足以创造人和世界的人就是上帝。您不由自主地也得承认有上帝。——伏尔泰

的。每逢我们费神来沉思默想自然的那些作品，在这些作品的效果里突然发现一些范围广泛，千变万化而又错综复杂的东西，我们便惊叹自然的技巧。然而自然在一个作品里所表现的技巧并不比在另外一个作品里或更多或更少。我们既不理解自然是如何产生像牛顿的头脑一样有组织的头脑，也同样不理解它是如何产生一块石头一块金属的。一个人能做我们所做不到的事物，我们便说他心灵手巧。自然是万能的；只要有一个东西存在，这就证明自然能够制造这个东西。所以我们从来就只是根据我们自己来判断自然的技巧；我们便把自然比做我们自己；又因为我们自己具有一种我们称之为智慧的品质，靠了这种智慧我们生产作品，而显示了我们的技巧，我们从而便断定自然最令我们惊异的作品根本不是出自自然之手，而是由一位像我们一样聪明的创造者制造的。我们根据这位创造者的作品令我们惊异的程度大小来估计他的智慧高低，也就是说根据我们的软弱无能和我们自身的愚昧无知来估计①。”

对于这些论据的答辩，请阅读无神论和上帝二文，以及下边第二节。第二节是在《自然体系》发表前早就写好了的。

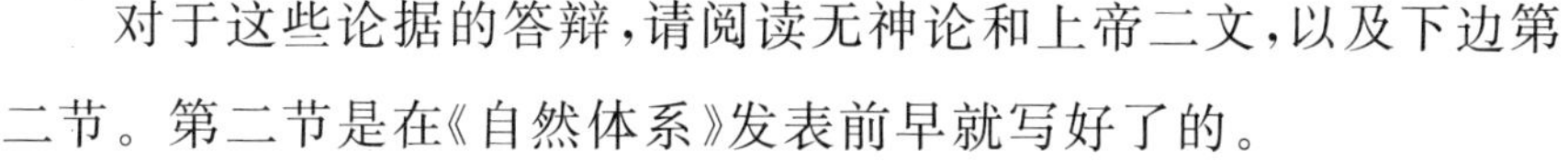

第　二　节

倘若一座时钟不是制造出来指示时辰，我会承认目的因是一些空想，也会以为人家称我为目的因制造者②——也等于说一个

① 既然我们这么愚昧无知，又怎敢肯定说万物都是无神而自生的呢？——伏尔泰

② 指爱尔维修。——译者

糊涂蛋，称呼得倒也很好。

然而这个世界机器的各个零件似乎都是制造出来彼此相互为用的。有几位哲学家喜欢讥笑伊壁鸠鲁和卢克莱修所拒绝的目的因。我认为他们其实应该讥笑伊壁鸠鲁、卢克莱修二人。他们对您说，眼睛根本不是为看而生长的，而是人们发现眼睛可以看东西才为这一用途而使用它们。照他们说来，嘴生来决不是为说话，吃东西的，胃也决不是生来为消化的，心脏生来也决不是为接受静脉血液而随后又把血液输入动脉的，脚也不是为行走的，耳也不是司听的。可是这些人却又承认裁缝为他们缝制衣服是为了给他们穿着，建筑工人盖房子是为了给他们居住；而他们竟然又敢于不向自然神、万有智慧，承认他们向最普通的工人所承认的事。

当然，毫无疑问，决不可滥用目的因这个观念。我们曾经注意到修道院长先生在《自然之奇观》一书里，徒劳无益他说什么海洋有海潮是为了便利船只容易驶进港口，为了使海水不发腐。他还会枉费心机他说什么小腿是为了穿靴子的，而鼻子是为了戴眼镜的。

为了能够证实一种原因的确是有的放矢的，那它的后果就必须随时随地都一样。并非在各大海洋上时时刻刻都有战舰，所以不能说海洋是为战舰生成的。我们那些片面的技艺本来也发明得很迟，要是认为自然自古以来就是为配合这类发明而工作，就未免太可笑了；但是很显然的是：鼻子虽非生来就是为了戴眼镜的，却是为了能闻到气味，而且自从有人以来就有鼻子。同样的道理，手虽非为了缝制手套的匠人而生长，但却显然是为了满足手掌，手指骨关节和手腕环状筋活动给我们提供的各种用途的。

西塞罗本来是怀疑一切的人，却并不怀疑目的因。

尤其是似乎很难说生殖器官不是用以延续种族的。这一机构很令人赞赏，但是自然给这个机构附加的感觉就更令人叫绝。伊壁鸠鲁必是承认这种快乐是神圣的，它本身就是一种目的因；由于这一目的因便连续不断生出一些并没有能为自己提供感觉的有感觉的人来。

这位伊壁鸠鲁本是他那个时代的一位伟大人物。他看到了为笛卡尔所否定、为伽桑狄所肯定、为牛顿所证明的道理：看到没有虚空就根本不会有运动。他设想必须有原子作为各种不变物种的组成部分：这是十分有哲学意义的思想。尤其是真正伊壁鸠鲁派的道德思想是最令人敬佩的。这种道德思想主张远离公共事务，因为后者是与明智不相容的；也主张重视友谊，因为没有友谊，生活便成了一种包袱。至于伊壁鸠鲁的物理学却并不比笛卡尔的有槽管柱形物质说更可令人接受。我觉得主张在自然中没有任何意图，便等于把视觉和悟性全都堵塞住；如若有意图，便有一个有智慧的原因，便有上帝。

有人举出地球的不规则，火山，流沙荒原、几座塌陷的小山和地震造成的另外的一些小山等等情形来反驳我们。但是由于您的四轮轿车车轴可以着火，难道就可以说您的轿车不是专为载您从一个地方到另一个地方而制造的吗？

环绕在东西两半球的山脉，从这些山下直流入海洋的六百多条江河，从那些相同的池沼流出来的条条川溪，肥沃了农田之后，注入江河；从同一源头流出的成千上万泉水，供动物饮水植物吸取水分，这一切现象跟视网膜接受光线，眼球水晶体折光，砧骨、锤骨、中耳镫骨、耳鼓膜接收声音，我们血管里血液循环的路线，心脏——这个制造生命的机器的钟摆——的收缩和舒张等等现象，同样都不像是一种偶然情况或原子倾斜的结果啊。

第　三　节

似乎必须是个狂人才会否认胃生来是为消化的，眼是为看的，耳是为听的。

另一方面，也必须对于目的因特别有好感，才能确认石头是为盖房子而形成的，蚕生在中国是为我们在欧洲好有绸缎穿。

然而，据说，上帝如若显然按照计划创造一件事物，他也就会按计划创造万物。在一种场合承认有造物主，在其他场合又否认有造物主，这岂不可笑。一切被创造的事物都是预先筹划好，预先安排妥当的。没有什么安排是没有目的的，也没有什么结果是没有原因的；所以万事万物都同样是一种目的因的结果或产物；所以，说鼻子是为戴眼镜的、手指是为戴钻石戒指的，跟说耳朵是为听一切声音而生的、眼睛是为接受光亮而构成的，一样正确。

我觉得从这一异议里只能得出结论说万事万物都是一个总目的因或近或远的后果，说一切都是永恒规律的后果。

我认为这一难题很容易澄清。既然一切结果随时随地始终一致，既然这类结果又并不受它们由之而产生的那些事物的影响，那么显然是有一个目的因的。

一切动物都有目以司视，有耳以司听，有口以司食，有胃或近乎胃的东西以司消化；都有一条孔道以排泄粪便；都有生殖器官以传种接代。这些自然赠品在它们身上起作用而不需其他手段干预。这些便是证据确凿的目的因，如若否认这么一条普遍的真理，就是混淆迷惑我们的思维能力。

但是石头并非随时随地都盖成房屋；每人的鼻子上并不都戴眼镜；每人的手指上也并不都戴一枚戒指；也不是人人脚上都穿着丝袜子。所以蚕并不是为我两只脚穿丝袜子而生的，并不恰好像您的嘴是为吃东西而生的，您的臀部是为去厕所而长的那样。所以说，有些结果是由目的因直接产生的，而有许许多多结果却都是这类目的因产生的遥远的后果。

自然界万物都是一致的，万变不离其宗，都是造物主亲手创造的作品；海洋涨潮退潮的原因，有四分之三是由于月亮，四分之一是由于太阳，这类规律是造物主制造的；太阳自转运动使它只要七分半钟①便可把日光射入我们人、鳄鱼和猫的眼里，太阳这种运动也是造物主赋给它的。

但是，经过许多世纪以后，我们想到了发明剪刀和铁叉，想到了用剪刀剪羊毛，用铁叉烤羊肉吃，若非上帝创造我们的时候，就有意使我们有一天必然会心灵手巧而且成为肉食动物，又能归纳出什么别的结论来呢？

绵羊决不是生来就是让人烧熟了吃的，因为有许多民族都不肯干这类残虐行为；人类也不是生来就要自相残杀的，因为婆罗门教徒和那些所谓贵格派的原始人都不杀人。但是我们人类生性却每每好残杀，犹如我们生性就会造谣污蔑，追求虚荣，迫害无辜，言行不恭一样。这也不是因为人的教养恰好就是他的狂怒行径和

① 哲学辞典袖珍本作“五分半钟”，全集本改写为“七分半钟”。——译者

愚蠢动作的目的因,因为目的因随时随地都是普遍而不变的;可是在万物永恒不变的秩序中,人类丑恶和荒谬的情况并不因此而减少。我们打麦的时候,梿枷就是麦粒脱落的目的因。但是倘若打麦时打死许许多多虫子,这根本不是出于我的固定意志,也不是由于偶然,而是因为这些虫子这时候正在梿枷下边,而且必然是在那里。

有人野心勃勃、招兵买马,他或者取胜,或者败北,都是事物本性的必然后果;但是也绝不能说:人由上帝造出来就是为了在战争中供人杀戮的。

大自然赋给我们的那些工具不能总是在运动中的目的因,而这种目的因必有其结果。眼睛生而司视,却不一定时时刻刻睁着;每一种感官都有休息的时刻。甚至于有些感官从来就没有使用过。例如一个倒霉而低能的女孩子,从十四岁就关在修道院里,应该生出新的一代来的那道红门在她身上就永久封闭了;但是目的因并不因而不存在,这个女孩子一旦自由,目的因便会起作用。

CERTAIN,CERTITUDE
确实,确实性

我确信;我有朋友;我的财产安全可靠;我的父母绝不会遗弃我;人们对待我必然会公正不阿;我的工作是好的,必然会受欢迎;有人欠我钱,必然会偿还我;我的情人必会是忠实的,他起过誓了;总长就会提升我,他已顺便应许我了:一切这类的话都是一个稍有生活经验的人要从他的词典里涂去的。

当法官们判处朗格拉德、勒布兰、卡拉斯、西尔旺、马尔丹、蒙巴伊[①]以及其他许许多多后来都认为是无辜的人死刑的时候，都相信或必定相信这些倒霉的人确实犯了法；然而这些法官们都错断了。

可能有两种错误，或是错误判断，或是盲目处理；前者是有头脑的人办了错事，后者是糊涂虫乱做决定。

在朗格拉德事件里，法官们就是有头脑的人却做错了事。他们被一些可以令人眼花缭乱的假象蒙蔽着了，却根本没有考察相反的可能性；他们自作聪明，确信朗格拉德犯了他确实并没有犯的抢劫罪，而且由于有头脑的人的这种不可靠的可怜信念，一位绅士竟惨遭非刑拷问，从而陷身囹圄，无人援救，并且被判处苦役，死于监中；他的妻子带着她七岁的女儿关在另一个牢里。后来这个女儿就嫁给判处她父亲苦役、又判处她母亲驱逐出境的那个法院里的一位顾问。

倘使法官们不是自以为是，他们必然不会宣判。然而案子刚刚宣判，就已有好几个人知道这件抢劫案是一个名叫嘎尼阿的教士串通一个剪径强盗犯下的，而朗格拉德冤屈死后才得申雪。

法官们仍旧是自认确切无误，才在初审的一纸判决书中把无

① 六人都是当时几桩冤狱的受害人。其中卡拉斯(Jean Calas)是法国图卢兹的一个商人，被人诬控杀死亲子以杜绝后者信奉新教，1762 年经当地法院判处轮磔刑，死于非命；西尔旺(Sirven)是法国一新教教徒，被人诬控为阻止亲女信奉天主教而加以杀害，1764 年被图卢兹法院处死；两案都于事后五年经伏尔泰为之进行辩护，冤屈终获申雪。其它四桩冤狱也都是由伏尔泰仗义执言为受害人申冤雪耻的。——译者

辜的勒布兰处以轮磔的刑罚。他在上诉被驳回后便在残酷的刑罚中四肢折断而死。

卡拉斯和西尔旺的事例是大家相当熟悉的;马尔丹事件,知道的人就少。他本是洛来省巴尔城附近的一个善良的庄稼汉。有一个无赖汉偷去了他的衣服,便穿着这件衣服,跑到大路上去,知道一个旅客腰缠累累,便窥伺行踪乘机杀了他。马尔丹被控,他那件衣服就连累了他;几位审判官便认为罪证确凿。犯人已往的品行,他那教养有方的一大家子人,他身上钱很少最可以说明他没有抢劫死者这一事实,这一切情况都挽救不了他。副审判官以严格认真自鸣得意。他把这个清白无罪的人判处轮磔,而不幸判决又被巴黎法院图尔奈勒刑事法庭批准。马尔丹老人活活被打得四肢骨断皮连而死,直到断气以前,一直在向天呼冤。一家人东逃西散;一份小小家业也被没收。他的骨断皮连的肢体刚刚放在大道上示众,那个杀人越货的真凶手又因犯了另外一件案子被拿在监;这次也轮到他被处轮磔刑,当他被磔断肢骨放在车轮上待毙的时候,坦白了真情,说马尔丹为之受刑身死的那件命案是他一人干的。

蒙巴伊,因为跟他妻子同宿,被控与妻同谋杀死母亲。其实他母亲分明是因中风而卒的。阿腊斯[①]法院判处蒙巴伊轮磔刑,他妻子被处火刑。夫妇二人的冤屈情况终于获得申雪,不过已是蒙巴伊被磔身死以后的事了。

即使搁下这些令人为人类境遇悲叹不已的凄惨遭遇不谈,至

① 阿腊斯(Arras),法国北部一大城市。——译者

少也要对于法官们做出这样的判决案时信以为然的那种坚决信念感叹一番。

只要事物在物质上或精神上可能是另外一种情况，便根本无确实性之可言。怎么！必须证明才敢断言一个球面的面积等于它的大圆的面积的四倍！而却不必证明就可以用一种可怕的刑罚结果一个公民的性命！

人类虽然是这样不幸，不得不满足于极度的或然率，至少却也要参考参考被告的年龄、地位、品行，他在犯罪时可能获得的利益，他的敌方致他于死命可以得到的利益；每一法官必须扪心自问："子孙后代，全欧洲的人民是否不谴责我的判决？两手沾满无辜者的鲜血，我能安安静静地睡着吗？"

把我们的话题从这幅可怕的画面转到另外几个关于一种确实性的实例上来，这种确实性把我们一直引入了迷途。

"狂热而盲从的不幸的行者，你为什么要戴着锁链子？你为什么把你那难看的阴茎套上一个粗铁环？""因为我相信我自己确实会有一天升入第一层天，厕身在伟大先知左左。""咳！朋友！请你跟我一同到你附近的阿托斯山[①]上来，你会看到有三千名乞丐，他们都相信你确实必将堕入尖桥孔下的深潭里，而他们都升入第一层天。

算了罢，可怜的马拉巴[②]孀妇，千万不要相信那个疯子！他叫你确实相信你若在你丈夫火葬柴堆上焚身殉葬，便可同他一道驾

① 阿托斯山(Mont Athos)，希腊北部一大山。——译者

② 马拉巴(Malabar)，印度德干高原西部地方。——译者

返瑶池。""不,我定要焚身殉葬,因为我确实相信我必定会跟我丈夫一同生活在极乐世界,我们的婆罗门教士跟我这么讲过。"

我们再来谈谈比较不大凄惨可怕的确实性,那倒还有点近似真实。

"您的友人克里斯托夫有多大岁数啦?""二十八岁;我看见过他的结婚证书和他的领洗证;从小儿我就认识他;他有二十八岁,我有把握,他确实有二十八岁。"

我刚刚听到这个对于自己所说的话十分确信的人和另外二十个证明这一事实的人两方面的答话,跟着就听说原来有人为了某些秘密理由,曾经用一种奇方异术把克里斯托夫的领洗证改过,把日期提前了。我方才同他们谈话的那些人还一点儿也不知道这回事;然而他们老是坚信本来没有的事。

如若您在哥白尼时代以前询问全地球上的人说:"今天太阳出来了吗? 太阳落下去了吗?"所有的人都会回答您说:"我们完全相信日出日落是千真万确的事。"他们以为确实是如此,其实他们错了。

在很长的年代里,魔法巫术、占卜星相、关亡扶乩的把戏,在一切民族心目中都曾经是世界上最确实可靠的事物。见过这类漂亮玩艺儿而信以为真的人可真多得不可胜数呀! 今天这种事儿的确实性有点儿站不住脚了。

有个初学几何学的年轻人来找我;他才学三角定义。我问他:"您不觉得三角之和等于二直角是确实的吗?"他回答我说他不单不觉得确实,而且他对于这道命题一点明确的概念都还没有。我给他证明;他于是非常相信了,他将确信一辈子。

这种确实性跟别的确实性大不相同。别的确实性都不过是些或然性，这类或然性经过考验，都变成了错误；但是数学的确实性是天长地久颠扑不破的。

我存在，我思想，我感觉痛苦：这一切是否都跟几何学真理一般确实呢？对的。尽管我多疑，我也承认这一点，为什么？因为这些真理都是由同一事物不能同时既存在又不存在这一原则所证实的。我不能同时既存在又不存在，不能同时既感觉又不感觉。一个三角形不能同时既有两直角之和的一百八十度又没有这一百八十度。

我的存在和我的感觉二者的物质确实性同数学的确实性有同样的价值，虽然是种类不同。

建立在表面现象或众口同声的传说上的确实性就跟这个不一样了。

但是怎么！您跟我说您不知道北京是否确实存在？您家里没有一点北京的绸缎么？有些不同国别不同意见的人，在北京讲真理，又写文章激烈地互相攻击，没有切实跟您说过的确有这么一座北京城么？我要回答说我觉得很可能有这么一座北京城；可是我一点也不愿意拿我的生命来打赌说这座城市是存在的，我却情愿以我的性命担保三角之和等于二直角。

有人在《百科全书》里写了一件有趣的事：他坚持说如果巴黎全城的人都告诉一个人说萨克斯元帅①复活了，这个人便应该信以为实，就如同巴黎全城的人都告诉他说萨克斯元帅在封特纳打了胜仗，他便坚信不疑一样。请看以下这个推论是多么令人钦佩：

---

① 萨克斯(一译萨克森)元帅(Le Maréhal de Saxe，1696—1750)，法国元帅，曾在封特纳、卢古、拉菲尔德各次战役取得胜利。——译者

既然巴黎全城的人告诉我一件在精神上可能的事，我就相信他们，所以巴黎全城的人如果跟我说一件在精神上和物质上都不可能的事，我也应当相信他们。

显然，《百科全书》这一条目的作者意在嘲笑，另外一位作者读后叹赏无已，便在文后写了针对自己的话，也有意嘲笑。①

至于我们，我们写这本小“辞典”只是为了提出一些问题，远非自以为确实无误。

CHAINE DES ÊTRES CRÉÉS
创造物的链索

万物从最轻的原子直到最高的主宰，层层递进。这种无限的层次等级颇令人惊叹；但是仔细一瞧，这个伟大的幻影就烟消云散了，就像往昔每当鸡鸣报晓，一切鬼魅幽灵就都消形灭迹一样。

人的想象首先乐于看看万物之间难于察觉的转化：从无机物到有机物，从植物到植物性动物，从植物性动物到动物，从动物到人，从人到神仙，再从这类形体缥缈的神仙到非物质的实体，而最后这类千千万万种类纷繁的实体，从完善无缺到至美境地，一直提高到神。璞玉浑金的人们都很喜欢这种一层层的等级，好像见到

---

① 参阅《百科全书》“确实性”一条。——伏尔泰

该条系普拉德修道院长所撰，他不久便因在巴黎大学提出一篇论文而遭通缉，被迫逃往普鲁士王腓特烈宫中避难。修道院长在这一条文字中有意反驳（或者不如说“嘲笑”）狄德罗在他的《哲学思想录》一书里提出来反对“复活说”那个论点。狄德罗有意嘲笑，便在修道院长文章后边针对自己这样写道：“原来他同意保护宗教……但愿《哲学思想录》的作者不见爱于普拉德先生，如若他无限爱真理的话！”——阿弗内尔

教皇和红衣主教们后边跟随着总主教、主教，然后是教区本堂神甫、主教助理、普通神甫、助祭，副助祭；然后又有修士，整个行列最后由方济各会修士来结尾。

但是在上帝与他最完美的创造物之间的距离比在教皇与红衣主教会司祭长之间的距离稍稍大一点：这位司祭长能够升为教皇，可是上帝所创造的最完善的神仙能升为上帝吗？在他和上帝之间不是有着一道无限的鸿沟吗？

这一条链索，这一种所谓层层的等级，在动植物界并不存在；理由就是有许多种动植物都消灭了。我们现在已经没有莿螺了。从前犹太人禁止吃格利风雕和伊克雄鹞子；不拘波沙①怎样提到它们，这两种鸟已经在这个世界上绝迹了：那里又有什么链索呢？

我们有若干动物即或是没有绝迹，但是显而易见是要消灭的。狮子、犀牛都开始稀少起来了。如果世界其他民族学习英国人，地球上也不会有狼了。

很可能有些曾经存在过的种族，现在找不到了。但是我想他们都曾经存在过，就像白人、黑人、自然给他们在肚皮上长一个天然皮围裙一直挂到大腿上的卡弗尔人、妇女有乌木般漆黑的乳头的萨莫耶德人②等等种族一样。

在人与猿猴之间，不是显然有一段空隙么？设想有一种两只脚而无羽毛的动物③，不使用语言，也不具我们的形象，却聪明得

① 波沙(Samuel Bochart，1599—1677)，法国神学家、语言学家和地理学家。卢昂市人。——译者

② 即俄罗斯境内之涅涅茨人，在西伯利亚从事畜牧渔猎的民族。——译者

③ 有两只脚没有羽毛的动物是柏拉图给人下的定义。——译者

叫我们可以驯养，可以依照我们的手势而动作，为我们服务；想象出这样一种动物来，不是也很容易吗？而且在这个新种类和人类之间，不是还可以想象出别的种类吗？

神圣的柏拉图，您在人类以外，在天上，安置了一系列天体；其中的若干是我们这些人所相信的，因为信仰使我们相信。但是您呢，您又有什么理由相信呢？您显然没有跟苏格拉底的精灵谈过话，而且特地复活来给您报告另外一个世界的秘密的赫雷斯老人并没有跟您说到这类天体。

在可感的世界中这条所谓链索，也不是接续得上的。

我请问您，在您那些星球之间又有什么层次呀！月亮比我们的地球小四十倍。您一从月亮走到空中，您就遇到金星：它跟地球差不多一般大。从那儿您再到水星上去；水星沿着一个椭圆形轨道运转，这个轨道跟金星所走的圆圈儿大不相同。水星比我们地球小二十七倍，太阳又比地球大一百万倍，火星比地球小五倍；火星每两年绕日一周，它的邻居木星要十二年才能绕一圈儿，土星就要三十年，而且这个土星离我们最远，并不像木星那么大。所谓层层的等级又在哪里呢？

并且您怎么说在这个太空中有一条链索联系着一切呢？如果有的话，那一定就是牛顿所发现的那个；就是牛顿发现的这条链索使行星世界的各个星球在这个无极的太空中彼此吸引着。

噢！万人崇敬的柏拉图！我担心您说的只是些神话，担心您从来就只是诡辩多端。

噢，柏拉图！您所造成的损害大大超过您的意料。有人问我说怎么竟会这样呢？我就不说了。

CHAINE OU GÉNÉRATION DES ÉVÉNEMENTS
事件的链索或繁衍

据说现在产生未来。长期来人们认为一切事件都是由一种不可克服的宿命把它们彼此连起来的。在《荷马史诗》里，命运之神比朱庇特的地位还高。这位神和人的主宰明言他不能阻止他儿子萨皮顿[1]在注定的时刻死去；萨皮顿是在他应该出生的时候生的，不能在另外一个时间出生；他不能不死在特洛伊城下；他只能葬在吕西亚；他的尸体该在指定的时间生长出一些蔬菜，这些蔬菜又应变成几个吕西亚人身上的东西；他的继承人应在他国内建立新秩序；这种新秩序又该影响到他左近的那些王国；从而又引起了吕西亚跟它邻国的邻国之间的战争与和平的重新安排：这样由近及远，全世界的命运都系于萨皮顿的死亡，那萨皮顿的死亡又系于海伦的被劫夺，海伦被劫又必然跟希姑巴[2]的婚姻有关系，而这一件事又经由许多别的事件一直上溯到一切事物的渊源。

如果这些事件中间有一件安排得不同，也就会产生出另外一个世界来；然而现在的世界又不可能不存在，所以朱庇特尽管是朱庇特，也拯救不了他儿子的生命。

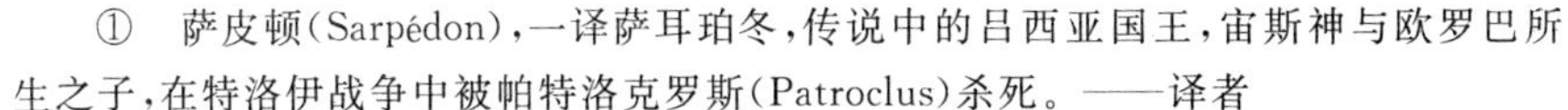

① 萨皮顿(Sarpédon)，一译萨耳珀冬，传说中的吕西亚国王，宙斯神与欧罗巴所生之子，在特洛伊战争中被帕特洛克罗斯(Patroclus)杀死。——译者

② 希姑巴(Hécube)，希腊神话人物。特洛伊末代国王普里亚莫的妻子，劫走海伦的帕里斯王子的母亲。——译者

这种关于必然和宿命的学说是莱布尼茨最近发明的，据说是在“充足理由”的名义下；其实这本来是很古老的东西了：说没有无因之果，说最小的原因往往产生最大的结果，这话不是从今日才开始有人说的。

博林布鲁克爵士承认是马尔巴罗[1]夫人跟马夏姆夫人之间的细小争执给他产生机会缔结安娜女王同路易十四之间的特定条约：这个条约带来了乌得勒支和约[2]；这个乌得勒支和约肯定了腓力五世在西班牙的王位。腓力五世从奥地利王室取得那不勒斯和西西里；今天做那不勒斯国王的西班牙亲王显然是从马夏姆夫人那里获得他的王国；如果马尔巴罗公爵夫人对于英国女王态度殷勤一点的话，这位西班牙亲王也就没有他的王国甚至或许他就不会出生。他在那不勒斯的存在跟伦敦宫廷的愚蠢行动的或多或少息息相关。

请观察世界上一切民族的现状，它们都是基于一连串的事实；这些事实看起来好像是跟什么都没关系，其实却关系着一切。在这个巨大无比的机器里，尽是些齿轮、滑车、弦、弹簧。

在物理程序方面也是一样。一阵风从非洲尽头和南海刮来，带来一部分非洲的大气，到了阿尔卑斯山的山谷降而为雨；这些雨水使我们的田地丰饶；我们的北风也把我们的水蒸气输送到黑人那里去；我们为几内亚造福，几内亚也为我们造福。链索从世界一端一直延伸到另一端。

---

① 马尔巴罗（一译马尔巴勒）（Marlborough，1650—1722），英国著名大将，曾在赫喜斯特剌弥利斯诸战役取得胜利。——译者

② 乌得勒支和约终止了1713年西班牙王位继承战争。——译者

但是这条真理似乎被人拿来滥用了。有人就从此作出结论说很小的原子也没有不影响到现在整个世界的安排的；说不拘多么小的事故，或是人间的，或是动物界的，没有不是这条命运大链索中间的一个重要的环节的。

我们以为：从原因到原因追溯上去一直可以追溯到永恒的深渊里去，一切结果显然都有原因；但是直至世纪末一切原因并不都有结果。一切事情都是彼此相生的，我承认这一点；如若过去是从现在产生的，现在就产生未来；人人都有父亲但不是人人都有孩子。这里恰好就像一堂家谱：每一支都可往上追溯到亚当，但是在每一家里却有不少的人是没有留下后代就死了的。

世界上各种事件都有一个谱系。高卢和西班牙的居民无疑是歌篾[①]的后裔，俄罗斯人是他弟弟玛各[②]的子孙：这一支宗谱在许多巨著里都找得到！根据这种情形，我们便不能否认也是玛各后裔的土耳其大帝在1769年大败于叶卡捷琳娜二世女皇而感谢他（玛各）。这一事件显然又系于其他重大事件。但是不拘玛各在高加索山旁左边吐口水或是在右边吐口水，他在一口井里做了两个圆眼还是三个，他睡觉时面朝左还是朝右，我都看不出这些情况对于现在的事有什么多大影响。

应当想到在自然界一切并不是没有空隙的，如牛顿证明的那样，而一切运动并不是像牛顿所证明的一样由近及远的传送着直绕地球一周。把一个密度同水差不多的物体扔到水里去，您不难

① 歌篾（Gomer），圣经人物，是雅弗之子，挪亚之孙。——译者

② 玛各（Magog），圣经人物，是雅弗之子，挪亚之孙。——译者

计算出在若干时间后这个物体的运动和它传导给水的运动都消灭了;运动自己消失自己补偿;所以玛各在一口井里吐口水所能产生的运动对于今天在俄罗斯和普鲁士所经过的事不能有所影响。所以,现在的事情并不是过去一切事情的后果;这些事情有它们的直接线索;但是千万条细小的旁节支线对于他们一点什么作用也没有。再说一遍一切事物都有原因,但是并不是一切事物都有后果①。

CHANGEMENTS ARRIVSÉ DANS LE GLOBE

地球上发生的变化

人们目睹一座山在一片平原上向前移动,也就是说,这座山的一大块岩石脱落下来,盖满了田野,整座城堡陷入地下,一条大河没入地下,随后又从深渊里涌出;又有无可置疑的迹象表明一个现在有人居住的地方过去曾经被大水淹没,成为一片汪洋;还有地面变迁的成百个遗迹,于是便容易让人信服地以为那些破坏了地面的巨大变化是确有其事的,和一位巴黎妇人仅仅知道建造她的住宅的那块地方过去曾经是一块农田相比,更容易使人相信这一点。但是那波利的一位妇人,目睹赫尔居拉诺姆废墟②,就更不容易被

① 请参阅《命运》一文。——伏尔泰(1764 年袖珍本在这里最后有一句:我们将在谈"命运"时再详谈这一问题。——译者)

② 赫尔居拉诺姆(Herculanum),意大利古代城市,纪元 75 年被维苏威火山岩浆埋没,1719 年被挖掘出土。——译者

那种令我们相信现在的一切跟过去一样亘古至今没有变化的成见所左右了。

果真有过法厄同[①]时代的一次大火吗？再没有比这个更像是真有其事了。但是既非法厄同的雄心，也非怒气冲天的朱庇特雷击法厄同引起的这场灾祸；同样情况，在1775年，根本不是宗教裁判所经常在里斯本点燃而招致天怒神怨的火引起的地下火灾[②]，因为当时梅克内斯、得土安[③]和许多巨大的阿拉伯游牧部落遭受的灾难都比里斯本更严重，可是在那些地方并没有宗教裁判所。

不久以前，圣多明各岛[④]全岛天翻地覆，并非是圣岛比科西嘉岛更不得神心。万物都受永恒的物理规律支配啊。

琉黄、沥青、硝石、铁都蕴藏在地下。由于这些物质的混合、爆炸，颠覆了千百座城市，炸开了千百个深潭，堵塞了千百个无底洞。我们天天都经受这个世界形成方式带来的变故威胁着，就像我们在隆冬季节许多地方都受着饿狼饥虎的威胁一样。

如若德谟克利特以为火是万物之源，火骚乱了大地的一部分，泰勒斯所谓水是万物最初的起源，也一样引起了巨大变化。

---

① 法厄同(Phaithon)，希腊神话人物，太阳神赫利俄斯(Helios)与克利梅纳(Clymène)所生之子。一天，他要求驾驭太阳神战车，因乏经验，险些焚毁宇宙，主神朱庇特盛怒之下雷击法厄同，投之于埃立当河(即今之意大利北部波何)内。西方文学语言以法厄同比喻不自量力狂妄自大之人。——译者

② 葡萄牙首都里斯本于1775年发生大地震，全市半毁于火。——译者

③ 梅克内斯(Méquinez 或 Meknès)与得土安(Tétuan 或 Tétouan)均系摩洛哥城市。——译者

④ 圣多明各岛(Saint-Domingue)，即今之多米尼加，中美洲加勒比海安的列斯群岛之一。——译者

被马腊尼昂河①、拉普拉塔河②、圣劳伦斯河③、密西西比河④和横亘美洲大陆举世最高的巍巍崇山峨峨峻岭常年积雪所增涨的条条河流，往昔洪水泛滥，淹没大半个美洲大陆。这些洪水几乎随地积聚便成泽国。邻近土地也都沦为荒无人烟之区；而那本来人力可以使之肥沃的土地，却产生了毒害。

同样的情况也发生在中国和埃及；不知要花费多少世纪才能开凿那些运河渠道来排水。看到在这些长期灾难之外，再加上海水的泛滥，夺去了一些土地，荒芜了一些土地，又从大陆隔离开一些岛屿，您会发现海水泛滥从东方到西方，从日本到阿特拉斯山⑤脉，使八万平方古里的土地满目荒凉，人烟绝迹。

阿特兰蒂得岛⑥被大西洋吞没这件事，被人看做是一个历史问题，又有人说是一种传说，二者可能都有道理。从大西洋东岸到加那利群岛，海水不深，或许可以证实这件大事是实有其事，而加那利群岛很可能就是阿特兰蒂得岛未被淹没的残余部分。

柏拉图曾经游历过埃及，在他那部《蒂迈欧篇》里，说埃及教士保存的古代纪事，记载这个岛屿确实是沉没在海中。柏拉图说这场灾难是在他出生前九千年发生的。没有人能够仅仅由于

① 马腊尼昂河(Maragnon 或 Marañón)，即南美秘鲁的亚马孙河。——译者

② 拉普拉塔河(Rio de Laplata)，南美阿根廷主要河流。——译者

③ 圣劳伦斯河(Saint Lawrence)，加拿大南部河流，出自安大略湖，注入大西洋。——译者

④ 密西西比河(Mississipi)，美国中部主要河流，发源于明尼苏达州伊塔斯加湖，注入墨西哥湾。——译者

⑤ 横亘北非的大山脉。——译者

⑥ 阿特兰蒂得(Atlantide)，古代神话传说中的岛屿。据说曾存在于直布罗陀海峡迤西大西洋中。——译者

信任柏拉图就把这项纪年信以为实;但是也没有人能提出任何物证,甚至任何从世俗作家作品引证的史实见证来反对柏拉图的说法。

普林尼①在他那部《自然史》第三卷里说,自古以来西班牙南海沿岸居民都相信海水在加尔培和阿比拉二山②之间冲过,冲出一条通道:"当地居民称为赫拉克勒斯之柱,并认为它们被凿开后把以前被阻住的海水放了进来,从而改变了事物的自然面貌。"

一位细心的旅游者通过目睹可以深信基克拉迪群岛③和斯波拉提群岛④从前本是希腊陆地的一部分,特别可以深信西西里岛原本是跟阿布里⑤接连的。埃特纳和维苏威两座火山,在海底有相同的山基,加里伯得⑥的小旋涡是这片海洋中唯一的深处,两边陆地完全相似,这些都是这一地区岛陆接壤的颠扑不破的明证。德卡利翁和俄古革斯⑦时代的洪水是人所熟知的。根据这一事实而编出的寓言传说,至今仍在西方流传,成为人们谈论的话题。

① 普林尼(即大普林尼,Pline l'Ancien 23—79),罗马博物学家,著有《自然史》,凡三十七卷,是一部古代自然百科全书。——译者

② 加尔培和阿比拉(Calpé et Abila),古代山名,在直布罗陀南北两岸,传说由希腊神话中伟大英雄大力士赫拉克勒斯分开二山,故名赫拉克勒斯二石柱。——译者

③ 基克拉迪群岛(Les Cyclades),爱琴海中希腊岛屿。——译者

④ 斯波拉提群岛(Les Sporades),爱琴海中希腊岛屿,分南北两群岛。——译者

⑤ 阿布里(Apulie),意大利南端古代地名,今名布伊耶(Pouille)。——译者

⑥ 加里伯得(Charybde),意大利南端墨西拿海峡中著名危险旋涡。对面就是西拉暗礁(Scylla),最为危险。船只航行至此避开旋涡又易触礁。从而得出一句法语谚语:避开加里伯得旋涡又触西拉暗礁,即灾难愈益深重之意。希腊神话传说该暗礁上有六头女妖,名西拉,故名西拉暗礁。——译者

⑦ 德卡利翁(Deucalion)、俄古革斯(Ogygès),均系希腊神话人物。前者是忒萨利地区佛提亚国王,后者是底比斯国王。当时曾流传关于洪水的传说。——译者

古人曾谈到过亚洲的其他许多次洪水。倍楼兹[①]谈到过的一次据说是俗历纪元前四千三、四百年在迦勒底发生的洪水。关于这场水灾的故事,在亚洲非常之多,到处流传,就像幼发拉底河和底格里斯河以及条条注入好客海[②]的河流的泛滥的故事一样多[③]。

这许多次洪水泛滥固然仅能淹没田野几尺深,但是酿成田荒园芜、桥断房塌、牲畜死亡的灾情,而损失却是需要几乎整整一个世纪才能恢复过来。我们知道洪水给荷兰带来很大的损失;荷兰自从1050年以来失去了本土的大半。这个国家现在还天天跟惊涛逼人的大海搏斗;而它用于抵抗敌人的兵力从来也不及它为了防范大海随时涨水吞没陆地而使用的劳力那么多。

从埃及到腓尼基沿锡尔崩湖[④]的陆路从前本来是很好走的,很久以来,早已不能通行了。现在不过是一滩流沙饱吸了一潭死水。总之,一大片土地,没有人类勤勤恳恳的劳动,尽都成了污水遍地怪兽栖息的沼泽。

这里我们不想再谈挪亚时代的世界洪水了。只要以顺从的精神阅读圣书就可以了。挪亚时代的洪水泛滥是一桩难以理解的奇迹。是由于一位难以用言语形容的上帝,出于正义和善心,意欲毁灭有罪的人类,并创造天真无邪的新人类。要是新的人

---

① 倍楼兹(Bérose),纪元前三世纪迦勒底教士,名著有《迦勒底与亚述史》,今已佚失。——译者

② 好客海(Pontos Euxeinos),又译攸克辛海,即今之黑海。——译者

③ 参阅《世界洪水》一文。

④ 锡尔崩湖(le lac Sirbon),在塞得港东,地中海沿岸,由一细长沙滩围成。——译者

类比原来有罪的更恶劣，一个世纪接着一个世纪传下去，改造了又改造，罪孽却越发深重起来，这依然是这位上帝所起的作用呀。而上帝的神意又是深不可测，我们也只有依照我们应该做的那样崇敬那不可思议的天机；这类天机，是几个世纪以来，通过七十人译本①，传给西方人民的。我们永远也不进入这类令人生畏的庙宇内殿②；而在我们那些论题中，仅仅考查考查单纯的自然罢了。

CHINE (DE LA)　论中国

第　一　节

我们在其他篇章里，也曾一再指出，跟一个例如中国这样的民族争夺它那些名副其实的名望是何等鲁莽笨拙。我们以欧洲而论没有那一家名门贵族的古老程度能比得上中国的那些世家。我们设想一下要是阿陀斯山 ③的一位马龙派④学者怀疑马罗西尼⑤、蒂埃波罗⑥以及威尼斯城其他许多古老名门贵族、德意志一些亲

① 指圣经拉丁文译本。——译者

② 指天机或宗教奥秘。——译者

③ 阿陀斯山(mont Athos)在希腊马其顿萨罗尼卡半岛南端。山中隐修院藏有许多珍奇的手稿。——译者

④ 马龙派(Les maronites)，叙利亚天主教派，奉行叙利亚礼仪。——译者

⑤ 马罗西尼(Marosini)，意大利历史人物，身世不详。——译者

⑥ 蒂埃波罗(Giouani Batista Tiepolo，1693—1770)，意大利出色的彩色画家、名版画家。——译者

王、芒模伦西①、沙蒂雍②、法兰西的塔列兰③等等的贵族成分，而以在圣托马斯和圣波那汪图尔的著作里都未曾提到这些家族成员为借口，这位马龙派还能算得上是一位有良知有善意的人吗？

我不知道在我们国土有什么文人对于中国民族的上古时代表示惊奇。但是这里根本不是什么烦琐哲学问题。任凭中国所有的文人、官吏和皇帝都去相信伏羲氏是大约在我们俗历纪元前二千五六百年在中国制定法律的最早的人之一吧。您应该同意必须先有人民然后才有国家。您也应该同意在一个人口众多而又发明了那些生活必需的技艺的人民集合起来选择一位主宰之前，必须先有一个惊人的非凡时代。要是您不同意这一点，那我们也不在乎。我们永远相信二加二等于四，不管您相信不相信。

在西方的一个省份，过去叫做克尔特④的那里，人们的奇谈怪论竟然发展到说中国人仅仅是埃及的殖民地人，或者说是腓尼基的殖民地人。人们竟还认为，就像证实许多事物一样，证实了一位埃及国王被希腊人称做米那⑤的就是中国国王大禹，亚托埃斯⑥就

① 芒模伦西(Montmorency)，法国名门。历代有名人出自此家：如马蒂厄一世(Mathieu Ier)，法国路易七世王朝元帅；马蒂厄二世，法国伟大元帅，曾参与布文战役，没于1230年；安纳一世(Anne Ier，1493—1567)，法国元帅，在与加尔文派战斗中受重伤，等等。——译者

② 沙蒂雍(Chatillon)，法国古代贵族世家。于德·德·沙蒂雍，即法人第一次任教皇的于尔般二世(Urbain II)1088—1099在位；高晒·德·沙蒂雍(Gaucher de Chatillon，1250—1370)法国美男子腓利王朝元帅。——译者

③ 塔列兰(Charles Maurice de Talleyrand-Périgord 1754—1838)，法国倍内汪亲王，外交家，欧丹主教；1797年起历任督政府、执政府、第一帝国和复辟王朝外交部长，以机变多诈闻名。——译者

④ 克尔特(Celtique)，指法兰西。——伏尔泰

⑤ 米那(Ménès或Mena)，传说中的埃及第一代国王。——译者

⑥ 亚托埃斯(Atoès)，埃及传说中的第二国王。——译者

是中国国王启,不过是更换了几个字母罢了。而且人们更进一步竟然这样推论:

埃及人有时候在夜间点燃火炬,中国人也点灯笼,所以中国显然是埃及的一块殖民地。耶稣会教士帕尔南①曾在中国生活过二十五载,又精通中国语言和学术,他既不失礼而又蔑视地驳斥了这一切想象之谈。所有到过中国的传教士和中国人,凡是听到有人对他们说西方人们改变了中国这个帝国,尽都付之一笑。帕尔南神甫回答得还较认真一点。他说,你们说的那些埃及人到中国去势必要路经印度。当时的印度是否有人?要是有的话,又怎么能让一支外国军队过境呢?要是印度当时还没有人的话,埃及人岂不就会留在印度了吗?那么他们本来也就可以在印度河和恒河肥沃的两岸开辟殖民地,还会穿越荒无人烟的沙漠和难以通行的山岳到中国去拓殖吗?

一部在英国印行的世界史的编写者们也曾想要否定中国史的上古时代,因为耶稣会教士是最先介绍中国情形介绍得最好的人。无疑,这就是一个很好的理由来对整个一个民族说:你们撒了谎!

我觉得应该好好思考一下孔夫子——我们这里称做 Confucius——对于他的国家的上古时代所作的见证;因为孔夫子决不愿意说谎;他根本不做先知;他从来不说他有什么灵感;他也决不宣扬一种新宗教;他更不借助于什么威望,他根本不奉承他那时代的当朝皇帝,甚至都不谈论他。总之,他是举世唯一的一位不让妇

① 帕尔南(Domlnique Parrenain,1665—1741),法国耶稣会传教士。1698 年到中国,获康熙信任,汉名:巴多明,1741 年在北京逝世。——译者

女追随他的教师。

我认识一位哲学家，在他的书房里间悬挂了一幅孔子画像；他在这幅画像下边提了四句诗[①]：

唯理才能益智能，但凭诚信照人心；
圣人言论非先觉，彼土人皆奉大成[②]。

我钻研过他的著作；我还作了摘要；我在书中只发现他最纯朴的道德思想，丝毫不染江湖色彩。他生在我们俗历纪元前六百年。他的著作经过中国饱学之士注释，倘若他所言不实，倘若他犯了一处编年错误，倘若他谈过一位实际上并未存在过的什么皇帝，怎么会在一个博学的民族里竟然没有谁来改正孔夫子的纪年学呢？只有一个人曾经想要反驳孔夫子，他却招致了举世的嘲笑。

这里无须拿中国古迹万里长城跟其他国家的古迹对比；后者绝对比不上万里长城；也无须再提起埃及金字塔比起万里长城来不过是一些无用而幼稚可笑的堆堆罢了的话；也无须再沦到中国古代编年史中计算出来的三十二次日蚀，其中倒有二十八次是已经欧洲数学家证实是准确无误的；也无须叫人注意到中国人崇敬古代祖先是如何可以肯定他们古代祖先确实存在过；也无须再详细论述他们崇敬祖先如何在中国阻碍了物理学、几何学和天文学的进步。

我们相当了解中国人现在还跟我们大约三百年前那时候一样，都是一些推理的外行。最有学问的中国人也就好像我们

① 伏尔泰诗。——全集本

② 中国封建王朝历代帝王都封孔子为大成至圣先师。——译者

这里十五世纪的一位熟读亚里士多德的学者。但是人们可以是一位很糟糕的物理学家而同时却是一位杰出的道德学家。所以,中国人在道德和政治经济学、农业、生活必需的技艺等等方面已臻完美境地,其余方面的知识,倒是我们传授给了他们的;但是在道德、政治经济、农业、技艺这方面,我们却应该做他们的学生了。

谈谈中国驱逐传教士

从人道方面说,除开耶稣会教士为基督教所能做出的贡献之外,他们万里迢迢来到世界上疆域最广文化最高的帝国,散布不合理的东西,制造混乱,岂不是很不幸吗?尤其是在日本酿成血流成河之事后,岂不是肆意践踏东方各民族的宽容和善良品德吗?那是一场可怕的惨剧,因而这个帝国为了杜绝后患,便对一切外国人关上了大门。

耶稣会教士曾经获得中国康熙皇帝许可他们传教。他们便利用这个来使一小部分由他们指挥的人民相信,除开那位在人间代表上帝而住在意大利一条名叫台伯的小河河畔的人①之外,不可以侍奉其他的主宰;要他们相信一切其它的宗教见解、宗教信仰,在上帝眼里,都是可憎恶的,而且上帝永远要惩罚任何不信耶稣会教士的人;要他们相信耶稣会教士们的恩人康熙皇帝,因为不会说Christ[基督]这个字(因为中国人根本没有 R 这个字母),将要受罚永刑;要他们相信康熙的儿子雍正皇帝也要受罚永刑不赦;要他

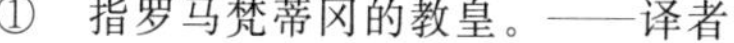

① 指罗马梵蒂冈的教皇。——译者

们相信汉人和满人的祖先和后裔以及地球上其余一切的人都要受罚永刑；还要他们相信耶稣会神甫们对于这么多灵魂受罚抱着真正慈父般的怜悯心情。

他们也终于说服了三位满洲血统的亲王。可是这时候康熙皇帝于1722年底晏驾。他传位四太子雍正。这位雍正皇帝以其朝政公正廉明、爱惜庶民而又驱逐了耶稣会传教士闻名于世。

他们首先先给三位亲王和他们家里许多人施以洗礼。这些新信徒不幸在有关兵役问题方面违背了皇帝意旨。正当这个时候，全国人民爆发了反对传教士的怒火，各省巡抚，朝中元老，都纷纷上奏折告他们的状。对他们的指控如此严重，以致人们就把耶稣会传教士们的门徒三位亲王都关起来了。

显然并非是因为他们领了洗才对待他们这么严厉，因为耶稣会教士在他们的通信里自己也承认他们并没有为了这三位亲王受到什么粗暴待遇，而且他们甚至于还被允许觐见皇上，皇上赐给他们几件礼物。所以这证明雍正皇帝决不是迫害人的人；既然三位亲王被监禁在靠近满洲的一所监狱里，同时却十分礼遇说服这三位亲王改变宗教信仰的神甫们，这就无可置疑地证明被监禁的三位亲王是国事犯而非殉教者。

不久之后，皇帝在全中国怒吼声中退让了。人们要求遣返耶稣会传教士，就像那时候以来在法兰西和其他国家人们要求取缔他们一样。中国各地官府衙门一致要求把他们遣送到澳门去。澳门当时被认为是与帝国分离的割让地，连同中国驻军一道，永久割让给葡萄牙为属地。

雍正还好心征询了各省衙门和巡抚的意见，想要了解一下把耶稣会传教士送往广东省去是否有风险。在等候各地回奏的时候，他又亲自当面召见了三位耶稣会教士，对他们说了以下这些话，由帕尔南神甫老老实实把原话报道了回来：“你们这些欧洲人在福建省有意破坏我们的法律①，在民间制造混乱，各地衙门都在我这里检举告发这些欧洲人。这些乱子，我不得不整饬；事关帝国利益……要是我派遣一群和尚和喇嘛到你们国里去宣扬他们的法，你们又怎么说呢？你们又怎么接待他们呢？……虽然你们会欺骗我的父皇，你们却别想再欺骗我……你们想要中国人做基督教徒，你们的法律这样要求，我很清楚；但是我们又成了什么人呢？成了你们那些国王的庶民。基督徒只相信你们；在时局混乱的时候，他们也只听从你们的声音。我知道现在倒是没有什么可担心的，但是，当军舰成千成万开来的时候，就会出乱子了。

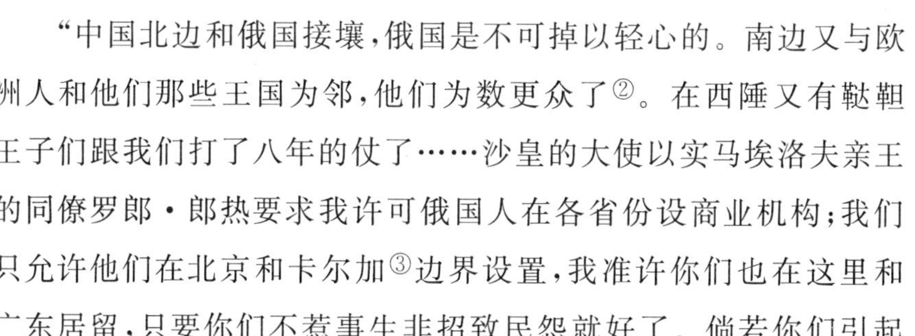

“中国北边和俄国接壤，俄国是不可掉以轻心的。南边又与欧洲人和他们那些王国为邻，他们为数更众了②。在西陲又有鞑靼王子们跟我们打了八年的仗了……沙皇的大使以实马埃洛夫亲王的同僚罗郎·郎热要求我许可俄国人在各省份设商业机构；我们只允许他们在北京和卡尔加③边界设置，我准许你们也在这里和广东居留，只要你们不惹事生非招致民怨就好了。倘若你们引起民怨，我就不准你们在这里和广东居留了。”

① 教皇已经在福建省任命了一位主教。——伏尔泰

② 雍正在这里指的是在印度的欧洲人殖民地。——译者

③ 卡尔加(Kalkas)在我国东北额尔古纳河西岸。——译者

人们便把他们在各省的住宅和教堂都拆毁了。最后,控诉他们的怨声倍增。责难他们最深的,就是削弱了孩子们对父辈的尊敬,不敬奉祖先;在他们叫做教堂的大庭广众之下,把青年男女胡乱聚在一起;叫姑娘们跪在他们两腿之间,就在这样的姿势中对她们低声细语;对于温文尔雅的中国人说来,再没有比这种情形更骇人听闻了。雍正皇帝甚至把这类情况也曾谕知耶稣会传教士们;随后皇上就把大部分传教士送往澳门去了,但是对待他们还是礼遇有加关怀备至,也只有中国人才能做得到。

皇上把几位耶稣会教士数学家留在北京,其中就有我们已经谈到过的帕尔南神甫。帕尔南神甫精通满汉语言,常常供职译事。有好些位耶稣会传教士隐匿在边远的省份,有的仍旧留在广东;人家睁一只眼闭一只眼,装作没有看见。

雍正皇帝晏驾,他的皇子和继位人乾隆终于把能够找到的那些潜伏起来的传教士统统都遣往澳门去,满足了全中国老百姓的愿望。有一道圣谕永远禁止他们再进来。倘若有什么传教士回来,人们便客客气气请他们到旁的地方发挥才能去。既毫不苛待,也毫不迫害。有人告诉我说,1760 年有一位耶稣会传教士从罗马到了广东,被一个荷兰邮递员告发了,广东巡抚就馈赠他一匹绸缎、食品和银两,把他打发走了。

谈谈所谓中国的无神论

人们屡次谈论我们西方讲授神学的司铎们在世界的另一端指责中国政府为无神论者;这确实也是我们的疯狂行为和卖弄学问矛盾百出的言论发展到了极端的表现。在我们的大学里有人时而认为中国官府都是崇拜偶像的，时而又说他们根本不承认有神；而这些推论家有时候把他们推理的狂热发展到主张中国人同时既是无神论者又是偶像崇拜者。

1700 年 10 月，索尔邦①把一切主张中国皇帝和国老都信奉上帝的命题宣布为异端。有人写了大本大本的书，论证根据神学论证方式，证明中国人都信奉实实在在的有形的天。

崇拜的只是云天

但是既然他们崇拜这个有形的天，那便是他们的神。他们好像波斯人，据说波斯人崇拜过太阳；他们又好像古代阿拉伯人，阿拉伯人崇拜星辰；他们既非塑造偶像的人，也非无神论者。但是一位教会司铎在他阴暗房屋里把一道命题宣布为异端和难以入耳的言论的时候，他不会是很认真仔细考察过的。

这些可怜虫，在 1700 年对于中国人的有形的天吵嚷得不亦乐乎，却还不知道在 1689 年中国人跟俄国人在两国接壤的尼布楚订立了尼布楚和约，他们双方在当年 9 月 8 日建立了一块大理石碑，上面用中文和拉丁文刻着这几句令人永铭不忘的话：

“若有人有意重启战端，愿洞察人心的万物主宰，惩罚这类背信弃义之徒……云云。”

只须略微通晓近代史，便可以终止这类可笑的争论了；但是那些以为人的职责在于注释圣·托马斯和司科特②的作品的人，是不

① 索尔邦(La Sorbonne)，法国天主教司铎索尔邦(Robert de Sorbon)创设的巴黎神学院(1253—1794)，其后即成为巴黎大学文理两院，今仍袭用这个名称。——译者

② 司科特(Duns Scot，1274—1308)，英国中世纪神学家，反对托马斯派。——译者

会降格屈尊来了解一下世界上两大帝国之间发生过什么事件的。

第　二　节

我们到中国去寻找瓷土，就好像我们这里一点瓷土都没有似的：去找绸缎，就好像我们缺少绸缎一样；去找一种泡在饮料里用的小草儿，好像在我们土地里一点草药都没有。为了答谢中国人，我们想说服他们改变宗教信仰；这是一种很可赞扬的热烈情怀；但是却不应该否认中国人的古老文化而说他们是偶像崇拜者。认真说来，一位方济各会修士在蒙莫朗西①的府第里受到款待，说蒙莫朗西家的人一定都是新贵胄，犹如国王的秘书一样，而又诽谤他们都是偶像崇拜者，因为他或许在这座府第里看见两三尊深受敬仰的武官塑像，会有人觉得这么样做好吗？

哈勒大学数学教授，知名的沃尔夫②有一天发表了一篇很好的演说推崇中国哲学；他称赞这个眼耳鼻须和推理都跟我们不同的古老的民族；他称赞中国人敬奉一位至高无上的神并且好德；他把这归功于中国皇帝、国老、法官、学士。对于和尚的看法就完全两样了。

要知道这位沃尔夫教授在哈勒吸引了一千多名各国的学生。在这个大学里有一位名字叫郎格的神学教授，他却一个人也吸引不到。这个人在课堂里坐冷板凳很失望，就有理由想要毁坏数学教授。他不免依照他那一类人的习惯，诽谤数学教授不信神。

① 蒙莫朗西(Montmorency)，法国历史上有名望的家族。——译者

② 沃尔夫(Johann Christian Wolf，1679—1754)，德国数学家和哲学家。名著有《基本哲学》。——译者

有几位从来没有到过中国的欧洲作家曾经以为北京政府是无神派。沃尔夫既经称赞过北京的哲学家们，所以沃尔夫是无神派。嫉妒和仇恨从来没有做过比这更好的三段论式。郎格的这一论据由一群喽啰和一位保护人来支持，就获得国王的决定，给数学家下了一道两刀论法式的命令，叫他选择或是在二十四小时内离开哈勒市，或是被处绞刑。因为沃尔夫很会推理，当然不免一走了事：他的隐退使国王失去每年二三十万埃古银币的收入，这笔钱是这位哲学家由于他的学说的影响给国王输入的。

这个例子可以让君王们觉悟，不应常常听信谗言，由于一个愚夫的恼恨而牺牲一位伟大人物。我们把话题再回到中国问题上来。

干什么我们在西方，为了要知道中国在伏羲皇帝以前，是否曾经有过十四位王，这位伏羲是否生在我们俗历纪元前三千年还是二千九百年，我们竟自争论的怒发冲冠，破口大骂呢？我倒很愿意有两个爱尔兰人肯在都柏林争辩一下，在十二世纪，到底谁是我今天所占据的这块地方的所有者；我手中有古代典籍，他们不是显然应该来找我吗？照我的意思，关于中国最初的皇帝问题也是一样：应该去问那个地方的有资格解决这个问题的人。

不管你们怎样争辩在伏羲以前的十四位王，你们的动人争论只能证实中国在当时人口很多，法律已经通行。现在我问你们如果一个聚族而居的民族，有法律、有国君，就不需要有一个灿烂的古老文化吗？请想一直需要多少时间、若干场合的凑巧才能在矿石里发现铁，才能把铁用在农业上，才能发明梭和其它一些技艺呢。

那些笔下生孩子的人空想了一种很有趣的计算。耶稣会修士佩托，用一种庞大的计算，算出在地球上太古洪水以后二百八十五年，人口比现在人们敢于设想的数目大一百倍。坎伯兰和惠斯顿之流也做过同样可笑的计算；这些善良朴实的人只要去参考一下我们南美洲殖民地的纪录，他们就要大吃一惊：他们也就可以知道人类的繁殖是何等的少，每每是人口减少而不是增加。

我们不过是昨天的人，是刚刚开拓了荒野森林的克尔特族的后裔。我们还是不要去打扰中国人和印度人，让他们安安静静地享受他们的锦绣河山和古老文化吧。特别是不要再把中国皇帝和德干①的苏巴王称做偶像崇拜者。也不要过于迷信中国的好处：他们的帝国组织确实是世界上最好的，是唯一把一切都建立在父权的基础上的国家；是唯一对于一个在卸任时没有受到万民爱戴的外省巡抚要加以处分的国家；当各国法律只限于惩罚罪行的时代是唯一设置奖金表彰德行的国家；当我们还在被迫接受征服我们的勃艮第人，法兰克人和哥特人的习惯的时代，是唯一使征服者采用它的法律的国家。但是我们却应该承认那些在精神上被和尚们统治着的小民，也跟我们的小民一样的调皮；在中国也像我们这里一样，对于外国人便把东西卖得很贵；在科学上中国人还处在我们二百年前的阶段；他们跟我们一样，有很多可笑的成见；就像我们曾经长期迷信过符咒星相一样，他们也迷信这些东西。

我们还要承认他们很惊奇我们的温度表，惊奇我们用硝石冻结液体和托里拆里②、奥图·德·盖里克③的一切实验，就像我们

① 德干(Dekan)，印度半岛南部高原。——译者

② 托里拆里(Euangelista Torricelli，1608—1647)，意大利物理学家。曾做著名实验：用装满水银的玻璃管倒立在水银缸里，他证明水银玻璃管上端真空是大气压力所形成，从而创制了气压表。——译者

③ 奥图·德·盖里克(Otto de Guerieke，1602—1686)，德国物理学家，真空器的发明者。——译者

初次看见这类物理学游戏一样。再说他们的医生也并不比我们的医生更能起死回生，而在中国就像在我们这里一样，自然本身治愈一切小病。可是这些情况却也阻挡不住中国人，早在四千年前，我们还不知读书识字的时候，他们就已经知道我们今日拿来自己夸口的那些非常有用的事物了。

再说一遍，中国的儒教是令人钦佩的。毫无迷信，毫无荒诞不经的传说，更没有那种蔑视理性和自然的教条。对于这类教条，和尚们赋予千百种不同的意义；因为这类教条根本就没有任何意义。自从四十多个世纪以来，他们一直觉得最简单的宗教也就是最好的宗教。他们都像我们心目中的塞特、以诺和挪亚[①]：他们都乐于跟世界上所有的贤明人士一道崇敬一位上帝，而在欧洲人们却分裂为托马斯派和波那王图尔派加尔文派和路德派，冉森派和摩利那派，彼此对峙。

CHRISTIANISME　基督教

第一节　基督教社会地位和政治地位的树立

上帝警惕我们在此胆大妄为混淆神圣事物与俗物！我们根本不去探索最高主宰的那些意图。我们既是人，只能和人谈。

当安东尼和后来的奥古斯都把犹太和他们在那地方的臣民赐给阿拉伯人希律的时候，这位王子，犹太的异族人，便成了历代犹

① 塞特、以诺和挪亚三人都是圣经人物，人类始祖亚当的子孙。——译者

太王中最强大的了。他在地中海据有托勒迈伊德①,阿什克伦②等港口。他还建造了几座城市;在罗多斯③城为阿波罗神修了一座庙宇;在塞扎雷④为奥古斯都也修了一座神堂。他彻底修建了耶路撒冷的庙宇,把该城建成一座壁垒森严十分雄伟的城堡。巴勒斯坦在他治理下太平无事。他最后被人视为救世主,虽然他在家里十分野蛮,对于百姓也十分暴虐;为了给他浩大的兴建工程提供经费,他敲骨吸髓地吞噬了人民的血汗。他只崇拜恺撒,而且他几乎也为希律第安派⑤所崇拜。

许久以来,犹太教派就分布在欧亚两洲;但是他们的教义全然不为世人所知。没有人见过犹太书虽然好多部据说已经在亚历山大被译成希腊文。人们对犹太人的认识就像现今土耳其人和波斯人对于亚美尼亚人的认识一样,以为他们都是商界的掮客、经纪。而且,一个土耳其人永远也不会去过问一个亚美尼亚人是否是优底克斯派⑥或雅各派⑦,或圣约翰信徒,或亚利玉斯派。

中国的有神论,和生活在希律以前六百年的孔夫子的那些令

① 托勒迈伊德(Ptolémaïde),古代地中海东部港口,在叙利亚境内。——译者

② 阿什克伦(Ascalon),巴勒斯坦古代城市。——译者

③ 罗多斯(Rhodes),古代希腊著名城市,在今之南斯波拉提群岛之罗得岛上。——译者

④ 塞扎雷(Césarée),巴勒斯坦古代城市,原名塞巴斯特(Sébaste),今日仅留有废墟。——译者

⑤ 希律第安派(Hérodiens),犹太教派之一,由犹太王希律王族党徒组成。——译者

⑥ 优底克斯(Eutychès)教派,神学家优底克斯(378—454)所创,认为基督的人性已被神性所吞没,因而基督只有一个本性,后被判为异端。——译者

⑦ 雅各派(Jacobites),叙利亚和美索不达米亚两地主张基督单性说的教派。——译者

人起敬的著作，比起犹太教仪式来，在西方更少有人知道。

阿拉伯人把印度的珍贵食品提供给罗马人，对于婆罗门教的神学却比我们那些到本地治里或马德拉斯[①]去的水手们所知道的并不更多。印度妇女从远古以来一直是执意要在自己丈夫遗体上焚身殉葬；这类惊人牺牲现在仍在盛行，也像美洲的习俗一样不为犹太人所知。犹太人的经典，谈到歌革和玛各[②]，却根本没有谈到印度。

古代的琐罗亚斯德教本是闻名一时的，而在罗马帝国也不为人所知。人们平常仅仅知道那些占星卜卦的术士承认复活、天堂、地狱；这种教义必然会传到迦勒底邻近的犹太人那里，因为巴勒斯坦在希律时代分裂为法利赛和撒都该两派[③]，前者已经开始信奉复活的教义，后者却蔑视这一教义。

亚历山大是全世界商业最繁荣的城市，那里居住着崇拜塞拉庇斯神[④]并且用猫来献神的埃及人、谈论哲学的希腊人、统治世人的罗马人和发财致富的犹太人。这些民族，人人都拼命赚钱，耽于享乐，或狂热迷信，热衷于发展或摧毁宗派；特别是奥古斯都大帝一关上雅努斯[⑤]庙门，他们享受悠闲清福的时候，就来得更起劲。

① 本地治里(Pondichéri)和马德拉斯(Madras)均为印度东南岸港口。——译者

② 见《旧约·以西结书》第38章。——译者

③ 法利赛派(Pharisiens)，犹太教派之一，标榜生活外表的圣洁，墨守犹太教传统礼仪，圣经中称他们为言行不一的伪善者；撒都该派(Saducéens)，犹太教派别之一，赞赏希腊文化，否定灵魂不死、肉体复活、来世和天使。——译者

④ 塞拉庇斯(Sérapis或Sarapis)，埃及托勒密王朝时代埃及人信奉的神，从神牛阿庇斯或奥西里斯—阿庇斯(Osiris-Apis)与另一异邦神混合而来。——译者

⑤ 雅努斯(Janus)，神话人物，是古希腊腊提奥姆地方最早的国王，曾因款待被天庭放逐的萨图恩而获该神赋予洞察一切的神力，过去与未来的一切经过都能展现在他眼前，从而成为守护门户的两面神。在罗马，仅在共和国平靖的时候，雅努斯庙才关闭。一千年中只关闭过九次。——译者

犹太人分成三个主要派别:撒马利亚派[1],他们自称是最古老的,因为耶路撒冷及其神庙在巴比伦列王治下被摧毁的时代,撒马利亚(当时叫塞巴斯特)是硕果仅存的地带;但是这些撒马利亚人都是波斯人和巴勒斯坦人的混血儿。

第二个派别,也是最强大的派别,就是耶路撒冷派。这些就本义而言的犹太人,讨厌那些撒马利亚人,而后者也憎恶他们。这两派人的利益完全互相抵触。耶路撒冷派想使人们只在耶路撒冷的庙堂致祭。这样一限制,就给这个城市带来很多银钱。也就是由于这个理由,撒马利亚人只愿在他们那里献祭。一个小小民族,在一个小城市里,也只能有一座庙宇;但是一旦这个民族就像犹太人这样在长七十古里宽二十三古里的地带扩展起来,一旦他们的领土像朗格多克或诺曼底[2]幅员一般大、人口一样多的时候,仅仅有一座教堂就不成话了。蒙彼利埃的居民若是只能在图卢兹听弥撒,他们又到哪里去听弥撒呢?

第三派是操希腊语的犹太人,主要有经商的和在埃及和希腊从事各种职业的犹太人。这些人跟撒马利亚人利益一致。欧尼阿斯是一位犹太大祭司的儿子,他自己也想做大祭司,便从埃及国王托勒密·斐洛托尔那里,特别是王后古娄巴特拉那里,获准在布巴斯特[3]城附近修建一座犹太庙宇。欧尼阿斯告诉克娄巴特拉王后

① 撒马利亚(Samarie),古代巴勒斯坦城市,以色列首都;撒马利亚人所信宗教与犹太教基本相同,但其圣经仅包括《摩西五经》,且不以耶路撒冷圣殿为崇拜中心,而以撒马利亚山为中心。——译者

② 朗格多克(Languedoc)和诺曼底(Normandie)均系法国古代一行省,前者在东南地中海沿岸,后者在巴黎西边大西洋沿岸。——译者

③ 布巴斯特(Bubaste 或 Bubastis),古代下埃及城市,以每年举行宗教圣会闻名。——译者

说，先知以赛亚[①]曾经预言说主将在这个地方有一座庙宇。欧尼阿斯给克娄巴特拉奉献过一件漂亮的礼物，王后便通知他说，既然以赛亚说过，就应当相信他的预言。这座庙宇就命名为欧尼雍；欧尼阿斯虽然没有当上大祭司，却也当上了自卫队队长。这座庙修建在我们俗历纪元前一百六十年。耶路撒冷的犹太人一贯厌恶这座欧尼雍庙，就像他们不喜欢圣经七十人译本一样。他们甚至还选定了一个赎罪节，来为这两桩所谓亵渎神明的行为赎罪。

欧尼雍神庙的犹太教教士们，跟希腊人混在一道，就变得比耶路撒冷和撒马利亚的犹太教士们更博学了（照他们的方式说）；而这三派之间便开始论战起来。这种论战就必然使他们的性情变成好钻牛角尖、言行虚伪和孤独怪僻了。

埃及的犹太人为了像以斯尼派和巴勒斯坦犹太人一样艰苦严肃，就在基督教以前若干年代成立了帖拉帕特派，帖拉帕特派像他们一样过着一种禁欲的苦修生活。

这些不同的团体都是模仿古代埃及、波斯、色雷斯、希腊的宗教教义的。这些教义从幼发拉底河和尼罗河直到台伯河曾经到处泛滥。

起初，新参加的成员人数不多，而且被人看做是特权阶层，与世隔离。但是在奥古斯都时代，他们人数大增，以至于从叙利亚内地到阿特拉斯山和日耳曼海，人们谈论的话题无非是宗教罢了。

在这许多宗派和信仰当中兴起了柏拉图学派，不仅是在希腊

① 以赛亚（Isaïe），圣经人物，希伯来四大先知之一，犹太国王西希家（Ézéchias 或 Hiskiam）的顾问。旧约圣经中有《以赛亚书》。——译者

而且也在罗马，尤其是在埃及，各地都有。人们认为柏拉图从埃及人那里获得他的学说的，而埃及人便相信只要阐明了柏拉图的理念、语言，和人们从柏拉图几部著作里清理出来的三位一体一类的观念，就可以把他们自己原有的精神财富追还过来了。

这种哲学精神在当时闻名四海的西方传布，似乎至少向着巴勒斯坦发出几点爱好推理的精神的星火。

在希律时代，人们的确是在争论神的属性、人类心灵永生不死问题，争论肉体复活问题。犹太人说克娄巴特拉王后问他们，人复活时是赤身裸体呢，还是穿着衣服呢。

所以犹太人是照他们的方式推理的。好过甚其辞的约瑟夫作为一名军人是很博学的。既然一个武人而兼博学，必然也有其他专职学者了。他同代的人斐洛也会是誉满希腊的。圣保罗的老师迦马列①是一位伟大的论战家。米士拿②的作者们都是博学多闻的人物。

在犹太，贱民们谈论宗教，就像我们今日在瑞士、日内瓦、德国、英国，尤其是在法国塞文山区一带所见到的最下层的居民们激烈地争论一样。而且更有甚者，还有人民中的渣滓建立了些个教派：福克斯在英国③，闵采尔在德国④，最初的宗教改革派在法国。

① 迦马列(Gamaliel)，纪元一世纪耶路撒冷犹太法庭陪审教士，犹太教义的先驱。——译者

② 米士拿(Mischna 或 Mishna)，古犹太教法令与圣经注释汇编。——译者

③ 福克斯(George Fox，1624—1690)，英国公谊会教派创建人。——译者

④ 闵采尔(Thomas Munzer 或 Muntzer)，德国宗教改革运动的思想家和改革家，曾与再洗礼派合作，支持马丁·路德的宗教改革。后发动起义，1525 年被俘后牺牲。——译者

最后要说到穆罕默德，除了他的巨大勇气之外，也不过是个贩卖骆驼的商人罢了。

除了这些开场白，我们还可以谈一谈在希律时代人们就想象世界末日了，我们已经提到过了①。

就是在神圣的最高主宰准备好的这些时代，永生的父派遣了他的儿子到人世间来；这是可崇敬而又不可理解的奥秘，我们不谈这个了。

我们仅仅说，在这类情况中，既然耶稣布了纯正的道，既然他宣告有一个未来的天国来报酬那些遵守教规的信徒，既然他有些门徒信服他本人和他的德行，既然他的德行本身为他招致了犹太教士们对他的迫害，既然对他的诽谤诬蔑使他死得冤屈，他的教义既然由他的门徒经常宣讲，就应该在世上产生很大效果。再重复一遍，我这里只从人的角度来谈，至于那许许多多奇迹和预言，我就略而不谈了。我认为耶稣死了比如果他未被迫害更能使基督教获得成功。他的门徒又发展了新门徒，人们都感到诧异。倘若他们没有吸收许多人加入他们那一伙，倒使我更惊讶了。七十人坚信他们的领袖是无辜的，坚信他的行为纯洁而审问他的那些法官行动野蛮，必会激起许多心肠软的人忿忿不平。

圣保罗成了他自己老师迦玛列的敌人(不拘是什么理由)，也只有他，从人的角度来说，必会为耶稣引来千千万万人的崇敬，虽然那时候耶稣还不过是一个被压迫的人。圣保罗博学多才，能言善辩，感情热烈，精力充沛，学习过希腊语，又有许多比他更热心维

① 参阅《世界末日》一文。——伏尔泰

护他们老师荣誉的人的帮助。圣路加①是亚历山大城的一个希腊人②,是文人,因为他是医生。

圣约翰的福音书第一章有柏拉图的卓越精神,必然会令亚历山大柏拉图派高兴的。而且不久在这个城市里果然由路加或马可(或是一位福音史家或另外一个什么人物)建立了一个学派,后来由雅典那哥拉斯③、庞泰纳④、奥立泽尼、克雷芒诸人延续下去;这些人都是博学多闻、能言善辩的人物。这一学派,一经建立,基督教便不会不迅速取得进展的。

希腊、叙利亚、埃及都是这类古代迷惑人民的教义发生和活动的场所。基督教徒也像这些人民一样,有了他们自己的宗教教义。人们必然是急于求得这些教义的入门知识,哪怕是仅仅由于好奇

① 圣路加(Saint Luc 或 Loukas),圣经中人物,四大福音史家之一。著有《路加福音》和《使徒行传》,均收入圣经新约全书中。——译者

② 《路加福音》叙利亚文本有"《路加福音》,福音史家路加在亚历山大城用希腊语传播福音。"这样的字句。在《使徒行传》里,还有以下字句:"亚历山大第二主教是阿维留斯,由路加任命。"——伏尔泰原注　按近代评论家意见,古代传说对于《路加福音》写作年代根本没有提供任何确切资料。历史学家勒南先生(Ernest Renan,1823—1892)却说这部福音书是在耶路撒冷被围困不久之后写的。有人还说,路加可能就是保罗的同伴,他可能在罗马跟随着保罗;《路加福音》可能就是保罗口述的福音。但是勒南先生以为路加曾经切切实实地研究过《马可福音》和马太的《罗佳》,融会贯通,分析研究,有所创见,使之完善。勒南说路加是民主派,狂热的埃皮翁(Ebion,一世纪异端,否定耶稣的神性,认为只有贫苦的人才能升入天堂。——译者)信徒。评论家艾克塔尔先生在《福音史》一书中说,路加不过是一位作家,他作了某些研究,把他研究所得,传达给他的友人狄奥菲洛;但是在这位批评家狄氏看来,路加的著作根本没有妄谈灵感,仅仅有一种反犹太的倾向罢了。——乔治·阿弗内尔

③ 雅典那哥拉斯(Athénagoras),二世纪希腊哲学家,皈依基督教,曾上书罗马皇帝马可·奥勒留为基督徒辩护。——译者

④ 庞泰纳(Panthène 或 Pantène),基督教学者,斯多葛派哲学家。亚历山大总主教代梅特留斯任命他为教理学校校长,学生中有亚历山大的克雷芒。——译者

心的驱使;但是没有多久,这种好奇心却成了坚定的信心了。未来世界末日的观念必然特别促使新皈依的信徒轻视他们在尘世过眼云烟似的短暂的财产,这些东西也将跟他们一道消失。埃及犹太苦修士的榜样促使人们过一种孤独苦行的生活,所以这一切都强有力地推动基督教的创建。

这个新生的庞大社会各个不同集团事实上是彼此不协调的。五十四个集团就有五十四部不同的福音,全都像他们的教义一样保守秘密,异教徒们全茫然不知个中奥秘。二百五十年后,犹太教外的人才见到我们四部福音的正经。这许多不同的集团,虽说各自分立,却都承认一位牧师①。跟圣保罗对立的埃皮翁派;希姆纽斯、亚历山大、埃尔莫泽纳的门徒,拿撒勒派②;卡尔波克拉特派③,巴西利德派④,瓦朗坦派⑤,马尔西翁派⑥,萨贝利派⑦,诺斯替教

① 按此处指耶稣。——译者

② 拿撒勒派(nazaréens 或 nazaréistes),耶路撒冷的一个犹太基督教派,该派把摩西律与福音教义结合起来。希姆纽斯(Hymeneos)亚历山大(Alexandros)埃尔莫泽纳(Hermogène)均为公元二世纪异端创建人。前二人身世不详,埃尔莫泽纳是画家兼希腊芝诺学派哲学家。——译者

③ 卡尔波克拉特(Carpocrate),柏拉图派哲学家,公元二世纪诺斯替教派(gnostique)信徒,用波斯和希腊宗教哲学说明基督教教义。——译者

④ 巴西利德(Basilide),公元二世纪埃及诺斯替教派信徒。——译者

⑤ 瓦朗坦(Valentin),公元二世纪异端创始人。埃及生人,167 年没,是诺斯替教派中一派的首领。——译者

⑥ 马尔西翁(Marcion),诺斯替教派哲学家,二世纪初生于西诺帕(Sinope),曾任主教。由于提倡异端教义,被弃绝出教。他否定圣经旧约和新约一部分,仅保留路加福音与使徒行传,并且加以修改,马氏教义曾风行一时直到十世纪。——译者

⑦ 萨贝利乌斯(Sabellius),公元三世纪异端创始人,创立了萨贝利教派,否认三位一体中的圣父、圣子、圣灵的区分。——译者

派①,蒙塔尼斯派②;有一百多教派彼此对立,互相责难,可是却在耶稣身上取得一致,都援引耶稣,在耶稣身上看到他们思想的对象和工作的价值。

所有这些派别,都是在罗马帝国内形成的。最初帝国政府对这些教派并没有理会。在罗马,只把这些教派的人笼统看做是犹太人,帝国政府也没注意他们。犹太人用金钱取得做买卖的权利。在蒂贝尔③当政时代,他把犹太人从罗马逐出四千人。在尼禄当政时代,人民控诉这些犹太人和新的半基督徒犹太人焚毁了罗马。

在克洛德④当政时代,人们又驱逐了犹太人,但是他们的钱财总是使他们又都再回来。这些犹太人被人轻视却泰然自若。罗马的基督徒比希腊、亚历山大和叙利亚的人数少。罗马人在最初几个世纪中没有编写教会法典的教父,也没有创立异端教义的人。他们离开基督教诞生地愈远,他们当中的神学博士和著作家人数就愈少。当时的教会是希腊式的,而且十分希腊化,以致没有一种教义、一宗教仪、一条教条不是用希腊文表达的。

一切基督徒,希腊人也好,叙利亚人也好,罗马人也好,埃及人

① 诺斯替教派(les gnostiques),是用波斯与希腊宗教哲学说明基督教教义的一个教派,他们自以为对自然以及神的属性有完整的先验知识。——译者

② 蒙塔尼斯(Montanus),腓尼基人,自然女神锡贝尔的祭司,皈依基督教,在160年创立蒙塔尼斯教派,认为圣灵永久干预一切。——译者

③ 蒂贝尔(Tibère,前42—后37,)古罗马第二代皇帝,性格多疑,极端残忍。——译者

④ 克洛德(一译克劳德)(Claude),即罗马皇帝克洛德一世。纪元前10年生于里昂,长于行政管理,被皇后阿格丽宾娜毒死。——译者

也好，到处都被人看做是半犹太人。这就更给他们增加一层理由，不把他们的圣经传达给教外的人，为的是让他们团结得更紧密，外人无法渗入。他们的奥秘比伊西斯和色列斯[①]的奥秘保守得还更严密。他们构成另外一个共和国，一个国中之国。他们一座庙宇也没有，一个祭坛也没有，完全没有祭神的牺牲，没有任何公开宗教仪式。他们用多数票选出秘密的高级圣职人员。这些圣职人员以祭司、神甫、主教、助祭的名义管理公共钱财，照顾病人，调解基督徒之间的争端。他们认为在法院诉讼，参加民兵都是可耻的，犯罪的；因而在百年之间没有一个基督徒参加罗马帝国军队。

因此，他们隐遁于人世之外，就是出来也没有人认得。他们避开那些独裁官和审判官的暴虐，在尽人皆知的奴隶制中自由自在地生活。

没有人知道题名为《教皇宪章》的这本出色的著作的作者是什么人。也没有人知道那五十部没有收进新约全书的福音书、彼得行传、十二大主教圣约书和最早的基督徒们的许多著作的作者是何许人。但是《教皇宪章》很可能是二世纪的。虽说这些作品被人假托为出自使徒们的手笔，却是很宝贵。从其中可以看出一位由基督徒选出来的主教的职责是什么，看出基督徒对于这位主教应有的尊敬和他们应当给他缴纳些什么贡品。

主教只能有一位配偶照料他的家[②]："一个男人只拥有一个唯一的、一妻制的妇女，他美满地把她置于他的家务之首。"

---

① 伊西斯(Isis)，埃及神话中掌管医药、婚姻、生育、繁殖的女神；色列斯(Cérès)罗马神话中司谷物的女神。——译者

② 第二卷第二章。——伏尔泰

人们鼓励那些富有的基督徒收养穷人的孩子。人们为孀妇和孤儿募捐;但是不收罪人的钱,特别是不准酒店老板捐钱。据说他们把这些人看做是骗子手。所以很少酒店老板是基督徒。这一点甚至阻止基督徒出入酒馆,而且使基督徒们全都远离教外的人。

妇女,因为可以升到女执事的显要职位,所以对于教友情谊比较深厚。人们把她们奉献上帝;主教也用圣油擦她们的额门,就像往昔人们为犹太王擦圣油一样。以牢不可破的紧密关系把基督徒们联系起来的理由可真多呀!

历来一次又一次的对基督徒的迫害,虽然都只为时短暂,却只有使信徒的信心倍加虔诚,燃烧起笃信教义的热情来,以致在戴克里先朝代,罗马帝国三分之一的人都是基督徒。

以上就是促使基督教进展的人世原因的一小部分。再加上那比起人世原因来就如同无限大与一之比一样的神圣的原因,那么就只有一件事能令您惊讶,那就是这个如此正确的宗教,却没有一下子扩展到东西两半球,连那最野蛮的岛屿也没有达到。

上帝既然是自天下降,以死为一切人赎罪,为的是在地上永久根除罪孽,可是又听任绝大部分人类犯罪,造孽,着魔。对于我们的薄弱心灵来说,这似乎是一种不幸的矛盾。但是我们却不可质问最高主宰;我们在上帝面前,只好销声匿迹了。

第二节　关于基督教史的探讨

好几位学者都诧异不曾在历史学家约瑟夫的著作里发现耶稣基督的什么事迹:因为今天所有名副其实的学者都同意在他那部

历史里有关这个问题的那一小段是别人加进去的[1]。弗拉维乌斯·约瑟夫的父亲原是目睹耶稣历次所显灵迹的一位见证人。约瑟夫又是司铎的后裔,大希律之妻玛丽昂娜王后[2]的亲族。他详细叙述了这位国王的一切行动;可是他对于耶稣的生平和死亡却只字未提,并且这位历史学家并没有隐瞒希律的任何残酷行为,却丝毫没谈到希律由于获得有一位犹太之王降生的消息便下令屠杀所有的婴儿。据希腊纪年史的记载,这次共杀了一万四千个儿童[3]。

这是所有暴君的一切行动中最残酷的一次了。是全世界史无前例的事。

然而这位犹太人中所曾有过的最杰出作家,唯一被罗马人和希腊人所钦佩的作家,对于这件既稀奇又骇人的事变却一点没有提到。他只字不提在救世主降生以后东方所出现过的一颗新星;这个光辉灿烂的天象,是逃不出识见高明的历史学家约瑟夫的智识领域的。在救世主临死时适逢中午,黑暗笼罩大地有三小时之

① 基督徒们用所谓信心虔诚的一种欺骗手法粗劣地伪造了一段约瑟夫的文字。他们替这位十分坚持自己宗教信仰的犹太教徒编了四行伪文插入正文,令人觉得好笑,而且在这一段末尾还加上一句:“他就是基督。”怎么!如果约瑟夫真听说过那么多惊天动地的事件,他能在他本国史里仅仅写了四行上下的文字来报道这类事件吗?怎么!这位固执的犹太教徒竟然会说:耶稣就是基督。唉!你如果相信耶稣是基督,你也早就成了基督徒啦,教约瑟夫以基督徒的口吻来说话是何等荒谬啊!怎么会还有这些相当愚蠢或相当无耻的神学家试图证明初期基督徒们的这一欺骗手法是正当的呢,而初期基督徒们早以捏造手法比这次欺骗更甚百倍的伪文而闻名了!——伏尔泰

② 玛丽昂娜(Mariamne 公元前 62—前 28),大希律之妻,传说由于撒罗米的(Salomé)的诬陷而被杀。——译者

③ 据孟克先生说,当时在伯利恒(Bethléem)的小城里及其附近一带,仅仅有十一二个两周岁以内男婴儿还活着。——乔治·阿弗内尔

久，这时有无数的坟墓裂开，成群的圣徒复活，对这些事情，他也是保持缄默的。

学者们总是不断地表示诧异，为什么不见任何罗马史家谈到在蒂贝尔帝国时代、罗马总督和罗马驻军眼前发生的那些奇迹。总督和驻军总应该给皇帝和议会打过报告，陈述人类所从未听说过的这类最神奇的事迹吧。罗马当地也必然曾经浸没在最深沉的黑暗里达三小时之久；这奇迹应该曾经记载在罗马和其他所有国家的大事记里。上帝不愿意这些神圣事迹由一些亵渎神明的手写出来。

这些学者们在福音史里又遇到一些困难。他们注意到在马太福音里，耶稣基督对文士和法利赛人说，世上所流义士的血，都应归还到他们身上，从义士亚伯所流的血起，直到他们在殿前和祭坛中间所杀的巴拉加①的儿子撒迦利亚的血为止②。

他们说在希伯来史里并没有弥赛亚救世主降世以前在圣殿里被杀的撒迦利亚这个人，也没有这个时期：只是在约瑟夫写的耶路撒冷被围记里发现一位巴拉加的儿子撒迦利亚，是被反对罗马的乱党在殿宇当中杀害的。事见于该书第四卷第十九章。因此他们便怀疑圣马太认为福音书是在耶路撒冷被占领后由蒂图斯写的那种说法。但是只要一注意到由神启示的书跟人写的书二者之间该

① 巴拉加(Barac)，圣经中人物。传说他从迦南人的奴役下解放了以色列人，把迦南将军西西拉杀死在基顺河边。故事详见旧约士师记第四、五两章。——译者

② 撒迦利亚(Zacharie)，圣经中人物。大祭司耶何耶大(Joïada)之子。据马塞尔神父所编宗教词典注解，谓圣经马太福音二十三章中说撒迦利亚是巴拉加(Barachie)之子系抄书人的笔误。——译者

有天壤之别，一切这类怀疑和异议就都冰消雪释了。上帝要让他的降生、生活和死亡都裹上一层可敬而又模糊难解的疑云。神的道路与我们人的道路完全不同啊。

学者们对于耶稣基督有不同的两本家谱，也感觉着十分头痛。圣马太认定约瑟的父亲是雅各，雅各的父亲是马但，马但的父亲是以利亚撒①。圣路加却又相反地说约瑟是希里的儿子，希里是玛塔的儿子，玛塔是利未的儿子，利未是麦基的儿子等等②。他们不愿意调和路加给耶稣从亚伯拉罕起追述的五十六代祖先跟马太给他也从亚伯拉罕起追述的四十二代全然不同的祖先。而且马太声言有四十二代，实际上却只报道了四十一代，这也使他们惊慌失措。

他们对于耶稣根本不是约瑟的儿子，而是马利亚的儿子这一点也感觉有一些困难。他们对于我们的救世主显圣的灵迹也提出一些怀疑的看法，引证了圣奥古斯丁、圣希莱尔和旁的作家的著作，这些作家都认为这类神奇的故事含有一种神秘的意义，一种比喻的意义：如像那棵无花果树因为没有结无花果就被咒诅而枯干了，那时还不是结无花果的时候；如像在不养猪的地方把鬼驱入猪身；又像在席终客醉的时候又把水换了酒。但是学者们的这一切批评都被信仰折服了，信仰反倒因此显得更纯正。本文的目的仅在于沿着历史线索明确一些无人争辩的事实。

首先，耶稣是在摩西法律治下诞生的，他遵照这种法律行了割

① 参阅《新约·马太福音》第1章。——译者

② 参阅《新约·路加福音》第3章第23节。——译者

礼，循规蹈矩，庆祝节日，劝人为善；严守他是上帝化身的神秘；从来不对犹太人说他是一位处女生的；他在约旦河里领受约翰施的洗礼，许多犹太人都履行这种礼节，但是他从来没有给人施过洗礼；他没有谈过七种圣事①；他生前并没有建立圣职等级。他没有告诉他同时代的人说他是永生上帝的儿子，与上帝同在，圣灵来自圣父与圣子。他没有说他本人的身体是两个天性两个意志合成的；他要这些重大的神秘以后由那些被圣灵的光辉照耀的人向人们宣布。他生时事事遵守他祖上的法律；对人类只显示出一种令上帝喜悦的正直，被嫉妒他的人们迫害，由居心不正的一些法官们判处死刑。他要他所建立的圣教会做以后的一切。

约瑟在他的史书的十二章里谈到一种严肃的犹太教派，新由一个名叫犹达斯的加利利人创立。他说他们蔑视人间的罪恶云云。

必须看看当时罗马帝国的宗教处在什么状态。神秘和赎罪祭典几乎流行整个帝国。皇帝、贵族和哲学家们倒的确都不信这类神秘；但是平民却奉为宗教，对贵族制成法律，强制他们在表面上必须奉行平民的教仪。为了给老百姓带上枷锁，必须显得自己也带上跟他们一样的枷锁。西塞罗本人就皈依过埃琉西斯②的神秘。认识唯一的神就是这类神秘而庄严的祭典上所宣告的主要的宗教信条。老实说这些祭典给我们遗留下来那些祷词和赞美诗歌，都是古代偶像教中所有最虔诚最令人赞叹的了。

---

① 天主教七圣事即：洗礼、坚振、圣体、补赎、临终洗礼、神品、婚礼。——译者

② 埃琉西斯(Eleusine，即 Eleusis)，雅典城西北一小镇，有谷物女神色列斯庙，庙中举行闻名全希腊的赞美神秘的仪式。——译者

基督徒们也只崇拜一位唯一的神，从而便很容易说服许多外邦人。柏拉图派的几位哲学家都成了基督徒。所以最初三个世纪的教会神父都是柏拉图派。

有几个信心不诚的人也丝毫损害不了根本真理。有人责怪基督教初期的一位神父圣查士丁，在他那部《以赛亚注疏》里说过，圣徒都将在尘世的千年朝代享受欲界幸福。他曾经在他的《基督教的申辩》那本书里说上帝创造了世界，就让天使来照管，天使爱上了女人，让她们生了孩子，这些孩子便是妖魔鬼怪；人们认为他说这些话是犯罪的。

有人谴责拉克坦斯①和别的神父曾经伪造过巫婆们的预言。他说巫婆厄立特里亚曾经作过四句希腊诗，逐字解释就是：

用五块饼和两条鱼
他在沙漠养活了五千人
并且拾起饭后的残羹冷炙
他又装满了篮子十二个②

也有人谴责初期的基督徒们伪造一个古代女巫的字头诗，每句开端的字母都是耶稣基督名氏里的字，逐字按序排列。人都谴责他们曾经在埃代斯③根本没有什么国王的时代伪造了若干封耶稣基督致埃代斯国王书；谴责他们曾经伪造过马利亚的书信，塞涅

① 拉克坦斯(Lactance，260—325)，君士坦丁当政时代基督教辩护士，人称基督教的西塞罗。——译者

② 耶稣所显的奇迹，故事见《新约·马太福音》第 14 章。——译者

③ 埃代斯(Edesse)，古代美索不达米亚北部一城市，即今日土耳其境内的于尔发城(Urfa)。——译者

卡致保罗书,彼拉多书简和行传、伪福音书、伪灵迹和千百种其他赝品①。

还有关于圣母马利亚的出生和婚姻的历史或福音书。书中说她三岁的时候,有人带她到庙里去,她自己迈台阶不用人提携;书中说从天外飞来一只鸽子宣告约瑟应娶马利亚为妻。还有约瑟前妻的儿子,耶稣的哥哥——雅各写的原本福音。书中说马利亚在丈夫不在的时候怀了孕,她丈夫便报怨,就有教士给他们两人都喝了嫉妒水,说二人都已经宣告洁白无罪。

还有归之于圣托马斯手笔的《圣童福音》。依照这本福音说来,耶稣五岁时候曾和一些年龄跟他一般大的孩子在一块儿捏泥人儿玩。他用泥捏了几只小鸟儿,有人把鸟儿拿走了,他便赋给鸟生命,鸟儿就都飞了。又有一回,一个儿童打了他,他便使这个孩子当场毙命。另外还有一部阿拉伯文的《圣童福音》,内容比较可靠一点。

还有《尼勾麦德福音》。这部书似乎更值得注意,因为其中可以找到在彼拉多面前控告耶稣的那些人的名字;这些人就是犹太

① 伪造赝本和添章加句的情形,在基督教初期屡见不鲜。犹太教徒跟基督教徒之胆大妄为,两方面彼此也不相上下。犹太教徒假托俄尔浦斯的口气来谈亚伯拉罕、摩西及其十诫,或假托荷马的口气来谈第七日创造完毕的情形,基督教徒却先把故事占为己有,然后又从他们那方面尽力伪造旧约希腊译文,好拿经文做根据来反对犹太人。他们也就是利用添句的办法来把基督的十字架插入旧约《诗篇》里去,把降入地狱的事写在《耶利米书》里。而犹太人一起来大嚷大叫,提出抗议说希伯来文版里根本就没有这些章句,说这都是添进去的,教会神父们便肆无忌惮或天真愚直地拿这种谴责反过来责怪犹太教徒不怀好意把他们的经书里上述几段给删除了。(关于这一问题,请参阅斯特劳斯著的《耶稣新传》奈甫裁尔与道耳夫斯法译本“引论”部分。)——乔治·阿弗内尔

教会里的首领们，亚那、该亚法[①]、苏马斯、达唐、迦玛列、犹太、拿弗他兰。在这部史书里有些内容跟神授的福音符合，还有些内容是旁处找不到的。我们从书中可以获悉那个患血漏病痊愈了的妇人名叫维罗尼格[②]。在书中可以读到关于耶稣降临那些地狱，在那儿所做的一切事。

还有两封人家假托彼拉多写给蒂贝尔的信，信中提起耶稣受刑的事；但是写信使用的拉丁文很不高明，足以暴露这两封信的虚假。

有人尽伪造之能事，甚至流传几封耶稣基督的手书。有人还收藏了据说是耶稣写给埃代斯国王阿卜戛尔的一封信，而当时早已没有什么埃代斯国王了。

人们又赝造了五十部福音书。后来都被宣布为伪书。圣路加自己就告诉我们说有许多人写过伪福音书。人们曾经相信有过一部名为《永远的福音》的伪书，是关于《启示录》第十四章里所说的："我看见一位天使飞在空中，手里捧着《永远的福音》"。方济各会修士，在十三世纪，就滥用这两句话作了一部《永远的福音》。根据这部书，圣灵的统治必然是接替了耶稣的统治。然而在教会最初几个世纪中根本就没出现过这样题名的一本书。

人们还伪造了圣母致殉道者伊尼亚斯[③]、墨西拿[④]居民和其他

---

① 亚那(Anne)该亚法(Caïphe)二人均圣经人物，犹太教大祭司。见《约翰福音》第 18 章。——译者

② 故事见《马太福音》第 9 章，《马可福音》第 5 章。——译者

③ 伊尼亚斯(一译伊格那斯)(Saint Ignace，797—877)，基督教会神父，君士坦丁堡主教。——译者

④ 墨西拿(Messina)，意大利西西里岛上一城市，临近墨西拿海峡。——译者

的人的几封书简。

在使徒们之后，紧接着就是阿卜迪亚斯①，他为使徒们著书纪行。他在书里羼入若干极其荒诞的传说，因而日久天长，这部书便无人过问了；可是它当时曾经风行一时。就是这位阿卜迪亚斯述说过圣彼得跟行邪术的西门的斗法②。原来在罗马有一个手很巧的机械师名叫西门，不仅会令人在舞台上飞来飞去，就像现今舞台上所表演的一样，而且他自己也作了传说是代达洛斯所显的那种奇迹③。他自制双翼飞翔，而且也像伊卡洛斯一样堕下；这也就是普林尼和苏埃托尼二人④讲述过的。

阿卜迪亚斯住在亚洲，并且用希伯来文写作，说彼得跟西门在尼禄时代相遇于罗马。有一个年轻人，是皇帝的近亲，突然死了；全宫中人都恳求西门使他复活。圣彼得也表示愿意做这件事。西门施尽他的全套本领；他似乎成功了，死人的头摇动了。圣彼得却叫嚷说，这还不成，要死者说话；又说要西门离开灵床，再看看这个年轻人是否活了。西门走开了，死人便不再动弹，彼得一句话就使他又活过来。

西门便去向皇帝告状，说有一个卑贱的加利利人竟敢做出更

① 阿卜迪亚斯（Abdias），犹太第四位小先知。——译者

② 行邪术的西门（Simon le magicien），圣经人物，见《使徒行传》第 8 章第 9 节。——译者

③ 代达洛斯（Dédale 即 Daidalos），希腊神话中的建筑师，曾为弥诺斯国王在克里特岛上建造迷宫，囚禁半牛半人怪兽弥诺陶洛斯。后代达罗斯自身也被国王下令囚于迷宫。代与其子伊卡洛斯（Icare 即 Ikaros）用蜡与羽毛制成双翼，借以逃遁；但伊卡洛斯因飞近太阳，蜡遇热融化，翼羽纷纷脱落，便堕海而死。——译者

④ 普林尼（Pline 62—113），即小普林尼，罗马政治家、作家；苏埃托尼（Suétone，75—160）罗马史学家。——译者

大的奇迹来超过他。彼得便跟西门出庭对质，这就要看谁的本领更大了。西门对彼得叫嚷说："把我心里想的事说给我听"。彼得便回答说："请皇帝赐给我一块黑面包，你就会知道我是不是知道你心里所想的是什么。"人家就送给他一块面包。这时候西门立刻放出两条恶狗来，狗便要咬彼得。彼得便把面包扔给狗吃；狗吃面包的时候，彼得就说："好啦！我怎么不知道你的想法呢？你想要叫你的两条狗咬我。"

经过这第一堂官司以后，人家又向西门和彼得两人提议斗飞，看谁飞得最高。西蒙先开始飞起来，圣彼得用手比画了个十字，西蒙便把腿跌断了。这个故事是模拟人们在《耶稣言行录》一书里读到的故事，书中说耶稣自己也飞过，说犹大也想要飞得跟耶稣飞得一般高，却摔了下来。

尼禄一见彼得把他的宠臣西门的腿给摔断，当下勃然大怒，马上命人把彼得头朝下倒钉在十字架上；人们关于彼得在罗马逗留、他的受刑和他的坟墓的传说就是根据这段故事而来的。

这位阿卜迪亚斯还令人相信是圣托马斯曾到印度贡达费尔国王那里去宣扬基督教义，并且说他是以建筑师身份去的。

在基督教兴起的最初几个世纪里这类著作之多真可说是汗牛充栋。圣热罗姆和圣奥古斯丁都以为塞内加和圣保罗的通信是很可靠的真本。塞内加在第一封信里祝他兄长保罗身体康健：敬祝兄长玉体安康。保罗的拉丁语没有塞内加那么好，他说："昨接手书欣慰之至若有可以派到尊处的一年轻人在我跟前，我也就立即给您回信了。"这些篇通信人们必以为可以提供资料，其实仅是一些颂词。

虽说有些孤陋寡闻而又假惺惺热心的基督教徒编造了许许多多谎言，却丝毫也没损害基督教的真理，也根本没有影响基督教的成立；这类谎言反倒令人看出基督教会日益扩大，每一位教徒都想为教会的发展效劳。

《使徒行传》根本不提使徒们一致同意一种信经。倘若他们真撰写过一种信经，就像我们所具有的信条，圣路加便不会在他的史书里遗漏基督教这种重要的根基。信条的内容都散见各部福音书内，但是条文还是在很晚以后才凑集起来的。

总之，我们的信经，不可非议，确是使徒的信仰，但不是他们写的经文。阿基莱[①]的教士吕凡是首先谈这种经文的人。传说是出自奥古斯丁手笔的一部《福音通诠》是伪造这一信经诵读方式的第一部著作。彼得在集会中说："我信上帝是全能的父"；安得莱便说："我信耶稣基督也是全能的父。"杰克又补充说："这位基督是圣灵投胎"；如此接续下去。

这种信经条文希腊文名叫三波罗斯(Symbolos)，拉丁文名科拉休(Collatio)。不过须注意希腊文信经里有"我信上帝是全能的父，天地的制造者"这句话；拉丁文信经把"制造者"译成"创造者"。后来翻译第一次尼西亚[②]大公会议的信经时，却又用了"制造者"三个字。

---

① 阿基莱(Aquilée)，意大利北部古代一市镇。天主教曾在该地举行两次公会议(即宗教会议)。——译者

② 尼西亚(Nicée 即 Nicæa)，古代小亚细亚一城市，基督教在该城曾举行两次大公会议。一次在公元 325 年，否决了否认三位一体的阿里乌斯主义，统一了基督教信条。另一次在公元 787 年，反对了毁像派。——译者

君士坦丁大帝在与君士坦丁堡遥遥相对的尼西亚城召开了第一次大公会议，会议由欧泽阿主持。会上决定了引起教会争论的重大问题，牵涉到耶稣基督的神圣性问题。有的人以奥立泽泥的意见为依据，因为奥立泽泥在《驳塞尔修》[①]第六章里说过："我们通过耶稣向上帝呈献我们的祈祷，因为耶稣就在创造物和非创造物之间，给我们带来他的天父的圣宠，并以我们的大祭司的身份向上帝呈献我们的祈祷。"他们又依据圣·保罗书的若干段，有人引述了其中几节。他们特别是根据耶稣说的这类的话："我父比我更伟大"；他们把耶稣看成是创造主的长子，好像是最高神明的最纯正的显示，而却并非就是上帝。

另外的人，因为都是东正教徒，便引证了一些更符合耶稣的永恒神性的语句，如：《我父和我，我们是一回事》；这句话被反对派解释成："我父和我有同样的意图，同样的意志；我丝毫没有我父愿望以外的愿望。"亚历山大城的主教亚历山大[②]和他以后的阿塔纳斯[③]都是东正教中为首的人物；尼哥梅迪的主教厄赛伯，和另外十七位主教，阿里乌斯神甫[④]，还有若干其他神甫，都是相反的一派。争论起初是很激烈的，因为圣亚历山大把他的反对者看成是基督

① 塞尔修(Celse)，二世纪柏拉图派哲学家，曾著书严厉批判耶稣及其宗教；奥立泽尼著《驳塞尔修》为基督教进行辩护。——译者。

② 亚历山大(Alexandre)，公元312—326年间任亚历山大城东正教主教，325年在尼亚亚公会议上反对阿里乌斯派。——译者

③ 阿塔纳斯(Athanase，约295—373)，亚历山大城东正教主教，坚决反对阿里乌斯派。——译者

④ 阿里乌斯(Arius约280—336)，基督教教士，著名的异端领袖，创立了反对三位一体说的阿里乌斯主义。——译者

的敌人。

经过反复辩论以后，圣灵终于在大公会议中，以二百九十九票对十八票，做出了这样的决定："耶稣是上帝的独生子，出自圣父，也就是说出自圣父的实体，上帝的上帝。光的光，真神的真神，与圣父同体；我们也信圣灵，等等。"这就是大公会议的信经条文。我们从这个例子上可以看出主教们在这问题上是如何压倒了普通的神父们。在亚历山大城的两位曾经用阿拉伯文写过亚历山大城编年史的主教的报告书里，说有两千第二等级的人都同意阿里乌斯的意见。阿里乌斯被君士坦丁放逐出境；但是没有多久阿塔纳斯也被放逐出境，阿里乌斯却又被召回君士坦丁堡；但是圣徒马凯尔[①]祈求上帝乘阿里乌斯还没有进入大教堂以前，治死这位神父。他的祈求极其热诚，上帝便许诺了。330 年阿里乌斯在去教堂途中死了。君士坦丁大帝死在 337 年。他把遗嘱交给一位阿里乌斯派教士手中，就死在尼哥梅迪的主教、阿里乌斯派领袖攸栖比乌斯怀里，在灵床上才受了洗礼，留下了胜利的但又是分裂的教会。

阿塔纳斯派跟攸栖比乌斯派进行了一切残酷的战争；而所谓阿里乌斯主义曾长期在帝国各省盛行。

哲学家朱里安，别名叫阿波斯塔，想要终止这种四分五裂的状态，没有能办到。

381 年在君士坦丁堡举行了第二次大公会议扩大会议。会上

① 马凯尔(Saintmacaire，约 301—约 392)，埃及一隐修士，诨号"埃及人"。——译者

解释了尼西亚大公会议关于说明圣灵性质问题所没有断定的部分，就在尼西亚信经条文中增添上“圣灵是使万物获得生命的主，导源于圣父，与圣父和圣子同受崇拜和荣耀”。

直到九世纪拉丁教会才渐次断定圣灵导源于圣父和圣子。

431年，在以弗所举行的第三次公会议大会决定玛利亚真是上帝的母亲，耶稣有二重性质和一个位分。君士坦丁堡的主教聂斯托里主张称耶稣的母亲为基督母亲，被公会议宣布为犹大①。卡尔西杜阿纳②的公会议仍旧确认了耶稣的二重性质。

我略为谈谈后来的几个世纪，都是世人所熟知的。不幸没有一次争论不引起战争，教会总是被迫作战。上帝为锻炼信徒们的耐性，还允许希腊人跟罗马人在九世纪断然决裂；他还允许在西方为了争夺罗马的宝座发生二十九次残忍的分裂。

然而几乎全部希腊教会和整个非洲教会又都沦为阿拉伯人的奴隶，随后又沦为土耳其人的奴隶。

若像有些学者所说的，地球上约有十六亿人口，万民信仰的天主教就拥有将近六千万，这就占了已知世界的居民二十六分之一还多一点。

CIEL DES ANCIENS　古人的天

蚕若是把茧壳外边包着的一层绒毛叫做天，它的想法便跟古

① 意即叛徒。——译者

② 卡尔西杜阿纳(Chalcédoine)，小亚细亚古代城市，在今日土耳其博斯普鲁斯海峡沿岸。——译者

人的想法相同。古人把大气层叫做天，正如丰特奈尔先生[1]在他的《大千世界谈》一书里比方得很好，天就是我们人类外壳的绒毛。

从海洋和大陆蒸发起来的水蒸气，酿成云雾虹霞、风雨雷电种种气象的水蒸气，起先曾经被人当做神仙的住处。在荷马史诗里，神仙总是驾着金色彩云下降；因此画家今日还是描绘神仙坐在一块云彩头儿上。可是神仙们又怎么样坐在水蒸气上呢？主神倒也真应比其他神仙更舒服一点，画家就给他画上一只鹰托着他，因为鹰比别的鸟飞翔得更高。

古代希腊人看见城市的主子都住在山顶上的堡垒里，以为神仙们也都能有一座堡垒，便说他们是在色萨利亚的奥林波斯山上，山尖有时隐入云中；所以神仙们的宫殿都跟天一般高。

好像钉在大气层的苍穹上一样的闪烁繁星，随后也都成了神仙的住处；有七位神各居一星，其他的神仙也都住在他们所能住的星球上。神仙大会在一座大厅里举行，有银河大道通往大厅；原来是因为人在地上有市政厅，神仙们当然在天上也有一座大厅了。

泰坦神族是介乎人神之间的一种动物。他们本是天与地所生的儿子，便向这些神仙理直气壮地宣战，要求他们的父系遗产的时候，仅仅把三四座崇山峻岭层层重叠起来，以为这样就足以占领天堂和奥林波斯神宫。

人们向天地一齐进攻；

巨人们敢于向诸神发动战争，

① 丰特奈尔(Bernard Le Bovier de Fontenelle，1657—1757)，法国作家，悲剧作家高乃依的侄子，最长于谈论科学问题，名著《大千世界谈》(*Entretriens sur la Pluralité des mondes habités*，1686)是一部优秀的科普读物。——译者

把大山重叠起来高达夜星。

奥维德:《变形记》一卷151—153句。

然而这些星星远在六万万古里之外,而从若干星球到奥林波斯山还更远得多。

维吉尔却能在他的《牧歌集》里大笔一挥写道:

达夫尼斯①俯视他脚下的星和云。

可是达夫尼斯又在哪儿呢?

在歌剧院里,上演那些比较严肃的剧本时,就让一些神仙乘着风云雷电下降,也就是说叫神在我们这个小小的地球的水蒸气里飘逸。这类想法倒也跟我们人类的软弱无能很相称,所以我们觉着很伟大。

这种老幼皆知的物理原是非常古老的:但人们认为古时迦勒底人也有跟我们所谓“天”同样正确的观念;他们以为太阳是宇宙的中心,距离地球,远近跟我们所知道的也差不了多少;他们以为地球和其他各个星球都围绕着太阳转:这本是萨摩斯岛的阿里斯塔克②告诉我们的;差不多也就是哥白尼后来又改良了的天体学说;但是哲学家们却对于迦勒底人的创见保持缄默,为的是更受国王和人民的尊敬,或者不如说是为避免受迫害。

错误的语言在人间真是司空见惯了,我们现在还用天这个名词来称呼水蒸气,称呼地球跟月亮之间的空间;我们说升天,就像

① 达夫尼斯(Daphnis),希腊神话传说中创始牧歌的牧人。——译者

② 阿里斯塔克(Aristarchos 即 Aristarque de Samos,前310—前230),古希腊天文学家,生于希腊东部邻近土耳其的萨摩斯岛;首倡地球自转并绕日旋转的学说,因而被时人诬陷说他扰乱了天上诸神的安息。——译者

我们说太阳旋转一样，虽然我们明明知道太阳并不转；我们这儿对于月亮上的居民说来或许就是天，每个星球把它邻近的星球都看成是天。

倘若有人问荷马，萨尔佩东[①]的灵魂到哪个天上去了，赫丘利的灵魂在哪里，荷马会很窘：他必然会用悦耳的诗篇来答复。

我们又有什么把握说赫丘利的在天之灵住在金星上和土星上比住在我们地球上更舒服？他也许住在太阳上吧？在这个大火炉里又似乎不能居住。究竟古人怎么理解“天”呢？他们毫无所知，却整天的嚷天地天地，就好像我们说“无限”和“原子”一样。真正说起来，并没有什么天：有非常多的星球在空中旋转，我们的地球也像旁的星球一样在转。

古人以为到天上去是升天；但其实并不是从一个星球到另外一个星球上去，天体中的那些星球时而在我们上头，时而又在我们底下。所以假设爱神维纳斯来到帕福斯[②]，等到金星[③]下坠，她要回到她的星球上去，对于我们地上来说，她就不是上升而是下降了，我们就要说“降到天下边去”。不过古人分得并不这样细致；他们对于有关物理的一切现象都抱着空泛、模糊不清、彼此矛盾的观念。有人写了卷帙浩繁的著作来研究古人对于许多这类问题的想法。一句话便可道破：他们并没有想。还得把少数明智者除外；不过他们出世晚了；也少有人讲过他们自己的思想；他

① 萨尔佩东(Sarpédon)，希腊神话传说中的吕西亚国王，主神宙斯跟欧罗巴所生之子，在特洛伊战争中被帕特洛克罗斯杀死。——译者

② 帕福斯(Paphos)，塞浦路斯岛上一城市，有著名的爱神维纳斯庙。——译者

③ 金星在法语中就是 Vénus〔维纳斯〕。——译者

们一讲，世上卖狗皮膏药的人就用最迅捷的办法把他们送回西天去。

有一位著作家，我相信人们都把他叫普吕舍[1]，曾经主张把摩西当成一个大物理学者；又有另外一位著作家曾经想调合摩西和笛卡尔，并且出版了一本 Cartesius mosaizans（《摩西·笛卡尔》）[2]；照普吕舍的说法，旋风和微尘是摩西首先发现的；但是我们明明知道上帝让摩西成为一位伟大的立法者，一位伟大的先知，根本就没想要让他成为一位物理学教授；摩西教犹太人如何尽他们的义务，并没有给他们讲过一句哲学。加尔梅[3]编纂过很多书，从来没有论断过什么，却谈到了希伯来人的学说；但是希伯来这个粗野的民族距离有一种学说还远得很；他们连几何学学说都没有；就连几何学这个名词也不知道；希伯来人绝无仅有的科学就是做经纪人和放高利贷的职业。

在希伯来人的书籍里边，有一些关于天体构造的支离破碎、含糊不清的观念，显然是野蛮民族的想法。他们的第一层天是空气；第二层天是苍穹，上边附着许多星星；这一苍穹是冰冻的固体，上边有水，在洪水时代，水就顺着一些闸门像瀑布一般从这个天池里流出来。

在这个苍穹的上头，或是在天上的水的上头，就是第三层

---

① 普吕舍（Noël-Antcine Pluche 1688—1761），法国学者。名著有《自然奇观》《天体史》。——译者

② 据伯休（Beuchou）说，该书于 1669 年在荷兰雷互顿城出版十二开本，作者是约翰·阿梅波尔（Jean Amerpoel）。——袖珍本

③ 加尔梅是本笃会修士。——译者

天，或是圣·保罗曾经在那上边如醉如痴的最高的天。苍穹是一道半圆形的穹窿，笼罩着大地。太阳不是围绕着他们不知道的地球转。它落到西方，又从一条无人知晓的道路回到东方来。没有人看得见，是因为，正如弗乃斯特子爵所说的[①]，它是在夜里回返东方的。

而且希伯来人还是从别的民族学来的这类呓语妄谈。大部分民族，除了迦勒底学派以外，都是把天看成是固体；大地是固定不动的，东西比南北长三分之一多；我们所采用的经度纬度两个名词就是从这儿来的。可见在这种说法里不可能有什么地球背面之说。所以圣·奥古斯丁认为地球背面的观念是荒谬的，我们已援引过的拉克坦斯说得明白："有人发疯相信有头朝下脚朝天的人吗？云云。"

圣克里索斯通[②]在他福音讲义第十四讲里写道："主张天是动的和天的形状是圆的的人又在哪儿呢？"

拉克坦斯在他的教育篇第三卷里还说："我可以用许多论据给你们证明天包围着地是不可能的。"

《自然奇观》的著者尽管可以向骑士先生说拉克坦斯和圣克里索斯通都是大哲学家，人家却会回答他说这两人都是大贤大圣；而做一位圣贤，却不必一定是一位好天文学者。有人会相信他们在天上，但是必会承认不知道究竟在天上哪块儿。

---

① 见《佛乃斯特子爵奇遇记》(*Aventures du baron de Fœneste*)第3卷第8页。——袖珍本

② 圣克里索斯通(Saint Jean Chrysostôme ou Bouche d'or，347—407)译号"金口"，君士坦丁堡大主教，长于口才。——译者

CIRCONCISION 割礼

希罗多德叙述他曾经身历其境的那些野蛮民族对他讲的事物的时候，他说的都是一些莫名其妙的事，而我们的大多数旅行家也都是这样：所以他讲吉热斯和堪多利兹的传奇①，讲骑在一只海豚上的阿里翁②，讲那个为卜问克雷苏③的所作所为而求的签，签词回答说克雷苏当时在盖着的锅里煮一只乌龟；他又讲大流士的马，这匹马第一个首先嘶鸣起来，宣告他的主人为王；讲成百的合乎修辞家编出来哄小孩用的童话，他并不要求人家信以为真；但是当他谈起他亲眼看见的事、他所考察过的民族、他所研究过的古迹来，他便是在跟成人讲话了。

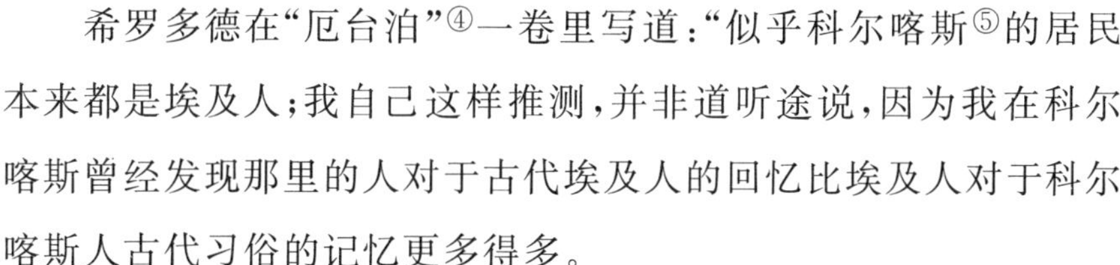

希罗多德在“厄台泊”④一卷里写道：“似乎科尔喀斯⑤的居民本来都是埃及人；我自己这样推测，并非道听途说，因为我在科尔喀斯曾经发现那里的人对于古代埃及人的回忆比埃及人对于科尔喀斯人古代习俗的记忆更多得多。

① 吉热斯(Gyges)是古希腊吕底亚国一牧童，传说他有隐身金圈，前往堪多利兹(Candolles)王宫，做了首相，后弑王篡位。——译者

② 阿里翁(Arion)，公元前七世纪希腊诗人和音乐家。相传海豚曾为他所弹琴音感动，搭救了他的生命。——译者

③ 克雷苏(Crésus)，吕底亚(Lydia)末代国王。——译者

④ 厄台泊(Euterpe)，神话中的音乐之神。“厄台泊”卷，即希罗多德《历史》的第二卷。——译者

⑤ 科尔喀斯(Colchide 即 Colchos)，古代亚洲地名，在黑海东岸，希腊神话传说阿尔戈远征英雄们曾往该地觅取金羊毛。——译者

“好客海[1]沿岸的这些居民自称是塞佐斯特里斯王[2]安置下来的移民；在我看来，我推测他们是埃及移民，不仅因为他们褐肤绻发，而且因为只有埃及、埃塞俄比亚和科尔喀斯的民族是世上历来就行割礼的民族：因为腓尼基人和巴勒斯坦人都承认他们采取了埃及人的割礼。今日居住忒尔摩东河和帕尔台尼河两岸的叙利亚人和他们邻居马可龙人都承认他们沿袭这种风俗没有多久；他们被人认为本来是埃及人，主要的是由于这个。

“论到埃塞俄比亚和埃及，因为这种礼节在这两个民族中为时很古了，我也说不上来他们到底是谁从谁那里学来的割礼；不过好像是埃塞俄比亚人从埃及人那里学来的；因为，相反地，腓尼基人自从跟希腊人断绝通商，就废止给新生婴儿行割礼的习俗了。”

从希罗多德这一段话里可以看出显然有许多民族都从埃及采取了割礼；但是还没有任何一个民族说割礼得之于犹太。那么这种风俗的根源可以归之于谁呢？或是归之于那个有四五个旁的民族承认割礼取之于它的那个民族？或是归之于另外一个不大强盛、不大会做生意、不大好战、躲在石地阿拉伯从未与任何民族交流过丝毫习俗的民族？

犹太人说从前在埃及由于人们动了恻隐之心而收容了他们；小民族模仿大民族的一种习惯，犹太人从他们主人那里学来若干习俗，不也是很可能的吗？

---

① 好客海，又名彭一攸克辛(Pont-Euxin)，黑海古代名称。——译者

② 塞佐斯特里斯(Sésostris)，古埃及国王拉美西斯二世(Ramses II，公元前1317—前1251在位)的别名。——译者

亚历山大的克莱芒说毕达哥拉斯在埃及游历，为了参加埃及人的弥撒，不得不行割礼；所以要做埃及教士就绝对必须行过割礼了。约瑟来到埃及的时候，埃及就有教士；政体已经很古老了，埃及古代礼仪都是严格被遵守的。

犹太人承认他们在埃及居住了二百零五年。他们说在这一段期间内没有行割礼，显然在这二百零五年中埃及人并没有从犹太人那里学得割礼。根据犹太人自己的说法，他们曾经席卷了埃及人借给他们的所有陶器逃往沙漠；在这以后，埃及人的割礼还能取之于犹太吗？一位主子能从他那逃亡的贼奴那里采用宗教的主要标志吗？这是不近情理的。

约书亚书里说过，犹太人是在旷野受的割礼。耶和华对约书亚说："我今日将埃及的羞辱从你们身上辊去了"，那么对于这些跟腓尼基人、阿拉伯人和埃及人一同居住的人说来，这种羞辱不是使他们在这三个民族之间为人轻视的事物又是什么呀？怎样从他们身上把这种羞辱辊去呢？给他们取下点包皮来。耶和华这句话的本意不就在此吗？

创世记说亚伯拉罕早先曾经受过割礼；但是他到过埃及，这个地方多年以来就是一个昌盛的王国，由一位权势强大的国王统治着。没有什么可以阻挡这个很古的王国在犹太民族形成以前早已通行割礼。而且，亚伯拉罕的割礼没有人继承下去；他的后裔到了约书亚时代才行割礼。

所以根据以色列人自己说的话，在约书亚以前，他们跟埃及人学了不少的习俗；在许多祭典上、在许多仪式上，也跟在伊西斯节前罢斋上、在洗礼上、在削发为僧上一样，以色列人都模仿埃及人；

香、蜡、赤牛祭神①、香草净身、忌食猪肉、忌用外邦人炊具，这一切都证明希伯来小民族，虽然厌恶埃及大民族，却从他们古代主子那里学来无数的习惯。以后把那只阿撒泻勒②公羊负着人民的罪，赶入旷野，显然是对埃及的一种风俗习惯的模仿；犹太教神学博士们甚至都以为阿撒泻勒这个字并非希伯来文。所以没有什么足以阻止希伯来人，像他们邻居阿拉伯人所作所为一样，在割礼上模仿埃及人。

上帝圣化了在亚洲很古老的洗礼，也圣化了在非洲不算不同样古老的割礼，这本来是毫不足奇的。有人早已指出上帝可以自由宠爱他所乐意选用的示意方式。

而且，自从在约书亚时代犹太民族行了割礼以来，犹太人保存这种习惯直到现在；阿拉伯人也始终坚持这种习惯；但是埃及人在初期给男女儿童行割礼，后来就不给女孩子做这种手术了；最后便只限于教士、星相家和预言家。这就是亚历山大的克莱芒和奥立泽尼告诉我们的。总之，从来未见托勒密王朝历代国王行过割礼。

---

① 圣经《旧约·民数记》第19章记载以色列人宰杀纯红色母牛（Vache rousse）焚烧成灰，撒入圣水，用以洁身免罪。——译者

② 阿弗内尔在全集本注中写道："人们曾经写了卷帙浩繁的书籍论述阿撒泻勒（Hzaze 或 Azazel）这个字。伏尔泰意见与拉丁文版圣经相同，以为阿撒泻勒就是公山羊的名字。但是孟克先生声称这是沙漠里的一个最可怕的恶魔的名字，人们把一只公山羊赶去牺牲。孟克并且以为这个字是个希伯来复合词，而一般意见却正相反。"《旧约·利未记》16章7—10节写道："亚伦也要把两只公山羊安置在会幕门口耶和华面前，为两只羊拈阄，一阄归与耶和华，一阄归与阿撒泻勒。亚伦要把那拈阄归与耶和华的羊，献为赎罪祭。但那拈阄归与阿撒泻勒的羊，要活着安置在耶和华面前，用以赎罪，打发人送到旷野去，归与阿撒泻勒。"克郎彭译法文版圣经（1723年初版）注释阿撒泻勒为一反对耶和华的魔王。在魔西时代以前名阿撒泻勒，后又名撒旦。但又有人注释说阿撒泻勒是一希伯来字，意即使者（émissaire）指替罪羊（bouc émissaire）而言。——译者

拉丁作家极端轻视犹太人，把他们叫做 Curtus Apella〔割过包皮的被释放的人〕，加以嘲弄，又称 Credal Judæus Apella，Curti Judæi〔被释放的犹太人轻信，割过包皮的犹太人〕，却根本不用这类字眼来形容埃及人。现今埃及全体人民都行割礼，但是来由不同，因为伊斯兰教采取了阿拉伯的古代割礼。

也就是这种阿拉伯割礼曾经传到埃塞俄比亚，在那儿男女儿童还在举行割礼。

老实说，这种割礼仪式起初好像很奇怪；但是应当注意东方的教士们从来都是用一些特殊的标记来敬他们的神明的。人们用凿子在供奉巴克科斯酒神的教士们身上雕刻一支常春藤叶。吕西安告我们说，伊西斯女神的信徒们都在手腕和脖子上自己印几个字。供奉锡贝勒土地女神①的教士们都自行阉割其势。

极其明显的是埃及人崇拜生殖器，在敬神的行列中高举生殖器的形象，想象着把伊西斯女神和奥西里斯神用以使人类生生不息的器官的轻微的一部分，献给这二位神明。古代东方的习俗跟我们的大大不同，稍为读过一点书的人都不会觉得奇异。一个巴黎人听到人说霍屯督族人都给他们的男孩子阉割一个睾丸就大吃一惊。霍屯督族人也许惊讶巴黎人竟保留了两个。

CLERC 僧侣

即使在杜·康惹辞典和大百科全书里已经收了这个字，关于

① 锡贝勒(Cybele)，罗马神话中掌管大地的女神，是稼穑神萨杜恩之妻，主神朱庇特之母。——译者

它或许还有可以谈谈的问题。例如我们可以注意,到了十、十一世纪,人们已经是博学多闻了,以致有一种在法、英、德三国都有法律效力的习俗被人采用,那就是对所有会读书能识字的判刑罪犯可以赦免死刑。因为一个会读书能识字的人对国家是必不可少的。

私生子威廉[①],英国的征服者,把这一习俗带到英国去。这叫做圣职身份特权,拉丁文是 beneficium clericorum aut clergicorum。

我们曾经不只在一处看到,在旁的地方已失传的旧习俗又在英国遇到,就像人家在萨莫色雷斯岛[②]又发现古老的祭奥尔甫斯神的秘密仪式一样。现今在英国对于一桩非蓄意的杀害罪和赃款不超过五百英镑的初次行窃,这种圣职身份特权仍旧完完全全地继续有效。会读书识字的犯人请求这一特权,人们不能拒绝。古代法律认可的本人不会读书识字的法官,还要信赖监狱指导神甫。这位神甫把一本书交给犯人看。然后法官便问指导神甫:Legit?[他会读吗?]指导神甫便回答说:Legit ut clericus;[他读起来像一位僧侣一样]于是人家就只用烧热的烙铁在犯人手掌上烙一个印记。人们还特意用油脂涂抹烙铁;烙铁便冒一阵烟儿,刺的一声响了,没有给那个被视为僧侣的挨烙的人吃一点苦头。

谈僧侣的独身生活

有人问,在初期教会是否准许僧侣结婚,并且到什么时代又禁止他们结婚。

---

① 私生子威廉又名征服者威廉(Guillaume le Bâtar 或 le Conquérant,1027—1087),诺尔曼底公爵。1066 年击败英哈罗德,征服英国。——译者

② 萨莫色雷斯(Samothrace),希腊爱琴海中一岛屿。——译者

在犹太教里，僧侣的确远非必须过独身生活，正相反，结婚反倒是受到鼓励。不仅是由于仿效他们教长的榜样，而且由于以生而无后为耻。

可是在犹太人最后一次遭难之前的一段时间里，兴起了严守戒律的以斯尼派，犹太教派，泰拉珀特派①，希律王党②派。有些派别，像以斯尼派和帖拉波特派，其中最虔诚的修士，是不结婚的。这种禁欲是模仿由努马·庞皮利乌斯③设置的灶神女祭司④的贞操的；是效法曾经创立一所女修院的毕达哥拉斯的女儿守身如玉的生活的，也是以狄安娜⑤女神的女祭司、特尔斐⑥的阿波罗神庙女祭司和更早期的阿波罗神女祭司卡桑德尔同克里泽伊斯以及酒神巴克科斯的女祭司的贞洁为榜样的。

锡贝勒的祭司不仅许愿保持身体圣洁，而且由于深恐违背自己所许的愿，还自行阉割去势。

① 泰拉珀特派(les thérapeutes)，初世纪生活在亚历山大附近的犹太教苦修教派。近于以斯尼派。——译者

② 希律王党派(les hérodiens)，犹太教派之一。《新约·马可、马太》二福音均名之为希律党人，由希津王族保护下的犹太平民组成。——译者

③ 努马·庞皮利乌斯(Numa Pompilius，公元前714—前671)，罗马传说中的第二代国王。——译者

④ 古罗马由神长在名门闺秀中选一少女任此职。她必须日夜守护神火，在任职期间要严守贞操和保持圣火不息，违者活埋；但她也有许多特权，特别是她在路上偶遇已判刑犯人被解赴刑场，有权特赦犯人。——译者

⑤ 狄安娜(Diane)，罗马神话人物，相当于希腊神话中的阿尔忒弥斯(Artémis)，主神朱庇特与拉托纳(一译勒托)(Latone)所生之女。他主要活动是狩猎，因此被视为猎神。——译者

⑥ 特尔斐(Delphes)，古希腊帕纳斯山下一城市，今名Castri。有阿波罗神庙。——译者

普卢塔克[①]在他那部《座谈集》第八问题里谈到在埃及有些祭司团体拒绝结婚。

初期的基督徒，虽说是公开主张过一种跟以斯尼派和帖拉波特派一样纯洁的生活，却决不视独身为一种美德。我们看到使徒和门人几乎人人都是结了婚的。圣保罗在致提多的书信里说："您要选择一位只有一房妻室、儿女都信主、并且无人指责他的儿女放荡不羁的人作长老。"[②]

保罗对提摩太也说："要求作监督的只有一房妻室。"[③]

他似乎对于结婚非常重视，所以在同一封书信里又说："失职的女人，就必在生儿养女上得救。"[④]

在著名的尼西亚公会议上，关于教士结婚问题所发生的情况是值得十分注意的。有几位主教，就索佐梅纳[⑤]和苏格拉底的陈述[⑥]，建议订立一条教规，禁止主教和教士今后再接触他们的妻室；但是埃及底比斯主教、殉教者圣帕弗尼斯[⑦]强烈反对这一建

① 普卢塔克(Plutarque, Ploutarchos 约 45—约 125)，古希腊传记体裁历史家兼散文家。著作有《名人传》和政治、哲学、宗教等论文集。——译者

② 《圣经新约提多书》第 1 章第 6 节：汉译本译作"若有无可指责的人，只作一个妇人的丈夫，儿女也是信主的，没有人告他们是放荡不服约束的，就可以设立"(此处指设立长老)。——译者

③ 见汉译《新约·提摩太前书》第 3 章第 2 节："作监督的必无可指责，只作一个妇人的丈夫。有节制、自守、端正、乐意接待远人，善于教导。"——译者

④ 同上书第 2 章第 15 节："然而女人若常存信心、善心，又圣洁自守，就必在生产上得救。"——译者

⑤ 索佐梅纳(Sozomène)，古希腊五世纪历史学家。——译者

⑥ 见索佐梅纳集第一卷；苏格拉底著作集第一卷。——伏尔泰

⑦ 圣帕弗尼斯(Saint Paphnuce)约 280—约 350)，埃及主教，在罗马皇帝马克西民(Maximin)时代受迫害。——译者

议。他说:“跟他的结发之妻同床就是贞洁”;而他的意见就由主教会议采纳了。

絮伊达斯①、热拉兹·西吉塞纳、卡修多尔和尼塞伏尔·卡利斯特②也都陈述过同样的意见。

这次主教会议仅仅决定,圣职人员家里,除开母亲、姊妹、伯叔母和不会惹人怀疑的老妇人之外,不许有什么管家圣女、女伙伴之类的人。

从这时候起,独身虽然未经规定,却受到推崇。圣杰罗姆许下愿,度孤独生活,是所有早期基督教阐明教义的著作家中突出宣扬教士度独身生活的人,但他却毅然决然效法了西班牙主教卡尔台里乌斯,后者曾经两度娶妻。他说:“我若要例举结过两次婚的主教的姓名,便可举出比出席里米尼③主教会议的主教人数更多的人来。——Tantus numerus congregabitur ut Riminensis synodus superetur。”④

结了婚同妻室一道生活的僧侣的例子不胜枚举。第五世纪奥维涅省⑤克勒蒙城主教西多尼玉斯娶了罗马皇帝阿维杜斯⑥的女

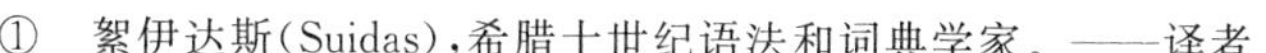

① 絮伊达斯(Suidas),希腊十世纪语法和词典学家。——译者

② 热拉兹·西吉塞纳(Gelase Cyzicène),罗马教皇,492—496年在位。卡西奥多尔(Magnus Aurelius Cassiodore,468—562),拉丁作家,狄奥多利克当政时代政治家。尼塞福尔·卡利斯特(Saint Nicéphore Caliste,758—829),806—815年任君士坦丁堡大主教。——译者

③ 里米尼(Rimini),意大利亚得里亚海沿岸城市。——译者

④ 见热罗姆书信集第7封信。——伏尔泰

⑤ 奥弗涅省(Auvergne),法国旧制行省之一,在里昂省西,首府克莱蒙城(Clermont),即今日的克莱蒙·费朗(Clermont-Ferrand)。——译者

⑥ 阿维杜斯(Avitus),西罗马皇帝,454—456年在位,后被里西梅尔(Ricimer)废黜。——译者

儿帕庇亚尼拉;而世家名门波利尼亚克据称是他们的后裔。布尔日城的主教散普里玉斯曾同他的妻室帕拉第阿生过两个孩子。

纳兹扬泽的圣格列高利是另外一位格列高利——纳兹扬择主教和诺娜的儿子。这位主教跟诺娜共生三子,即恺撒里玉斯、哥尔格尼亚和圣格列高利。

人家在《罗马通谕》和《欧兹玉斯圣名录》里发现长长的一列主教名单,尽是教士之子。教皇欧兹玉斯本人就是副助祭五品修士埃田纳的儿子,而教皇滂尼法斯一世是雅孔德教士的儿子。教皇费里克斯三世是费里克斯教士的儿子,他本人又做了教皇大格列高利的祖先。教皇约翰二世的父亲是普罗杰克杜斯教士。教皇亚戛佩的父亲是哥尔第安教士。教皇西勒维斯特尔是教皇赫尔弥斯达斯之子。教皇狄奥多尔一世又是耶路撒冷大主教狄奥多尔结婚所生的儿子:这使两个教会重归于好。

最后,关于圣职人员毕竟要度独身生活问题,不只举行了一次主教会议,都未获得解决。之后,教皇格列高利七世把所有已婚教士全部开除教籍。这样做,要么是为了用更为严格的纪律来使教会进一步受人尊敬,要么就是为了使其它国家的教士和主教只能以教会为家,而更紧密地依附于罗马教廷。

这条法规的订立,不是没有遇到强烈反对的。

很值得注意的是巴塞尔主教会议①废黜了教皇厄日纳四世,至少是口头上废黜了他,选举了阿梅戴·德·萨瓦。不少的主教

① 巴塞尔(Basel),即瑞士北部边界城市 Bâle,1431—1449 年在该市举行主教会议,力图彻底改革教会。——译者

都持异议说，这位亲王曾经结过婚。埃乃阿斯·锡尔维攸斯从那时以后，就任教皇，称庇护十一世，用他亲口说的话支持过阿梅戴当选。他说："Non solum qui uxorem habuit, sed uxorem habens, potest assumi。〔不仅曾经结过婚的人，就是现在已婚的人，全都可以做教皇。〕"

这位庇护十一世态度是彻底的。请读他文集里致情人书简。他坚信意图欺骗自然是疯狂行为，对于人类天性只能顺其自然，而决不可加以摧残。

虽然如此，自从特兰托主教会议①以来，在罗马天主教会里关于教士过独身生活问题已经没有争论了，只是情愿与否还有问题。②

所有新教团体都在这一问题上和罗马有分歧。

希腊教会现今从中国边境一直延展到马塔潘角③，它的教士们结婚一次。普天之下，习俗各异，纪律也因时因地而变迁。我们在这里只是述而不作，决不争论。

① 特兰托(Trente)，意大利北部城市，1545—1563年在该城召开主教全体会议，进行天主教大改革。——译者

② 伏尔泰若是在这里滑过去避谈问题，也是由于谨慎，因为他本来有很多问题应该谈。我们都知道十八世纪圣职团是如何混乱不堪。法郎西斯格·布维说，路易十五有一天想到把那些在巴黎嫖妓或跟情妇幽会的圣职人员拘捕起来，被监禁的人数很快就激增到二百三十六人，其中有九十三个是本堂神甫，一百人是各种不同的教士会里的显要圣职人物。丑闻传播得很远，适值革命爆发，巴黎人民首先提出的要求之一，就是要教士结婚。1790年11月和12月，圣·爱田·杜·蒙区便根据法兰西学院法国文学教授、修道院长古尔南的提议讨论了这一个大问题，而这位博学的修道院长(第一位结婚的教士)当时讲了一段话，值得全文引证："婚姻是神圣的制度：在时代中，在社会里都属于头等的圣事；这是人类的联系，社会公约的基础，私人道德的保证，也是公共道德安全之所系，任何法律都不能禁止一个社会阶级的人结婚，因为任何法律都不能剥夺天赋的人权。"——乔治·阿弗内尔

③ 马塔潘角(le cap de Matapan)在意大利伯罗奔尼撒半岛南端。——译者

CLIMAT 气候

Hic segetes, illic veniunt felicius uvæ:
Arborei fœtus alibi atque injussa virescunt
Gramina. Nonne vides, croceos ut Tmolus odores,
India mittit ebur, molles sua thura Sabæi?
Ut Chalybes nudi ferrum, virosaque Pontus
Castorea, Eliadum palmas Epirus equarum?

Georg., 1, 54 et seq.

这里应该引用修道院长德里勒先生的译文。他的译文有好几处措词之典雅都可与他的克服翻译难点的才能媲美。

这儿是耕作使之丰硕的果木园，
那儿是自然经营的如茵草原；
珍贵的藏红花香遍特莫勒山①；
为了诸神香树长满萨巴②田野；
海狸欢腾在好客海的波涛间；
本都③以其深厚矿藏而自满；
印度出产象牙；而埃庇鲁斯④沿岸

① 特莫勒山(Tmolos)，小亚细亚的一座山。——译者

② 萨巴(Saba)，古代阿拉伯也门一王国的一个城市，以香料闻名。——译者

③ 本都(Pont)，古代波斯黑海沿岸一王国，公元64年为罗马帝国所灭。——译者

④ 埃庇鲁斯(Epirus)，古希腊马其顿南部地方。——译者

在自己的战场为埃利德[①]训练雕鞍。

土壤和气候，对于一切自然产物——从人一直到蘑菇，确实显示着支配力量。

在伟大的路易十四时代，才华横溢的丰特奈尔说过：

“我们可以相信热带和两极寒带对于科学发展是不适宜的。直到现在科学一方面还未越过埃及和毛里塔尼亚，另一方面也未超出瑞典。或许是由于偶然吧，科学的发展只限制在阿特拉斯山脉和波罗的海之间的地带。我们不知道这是否就是自然给科学发展所划定的界限，也不知道人们是否永远也没有希望可以见到伟大的拉普兰[②]作家或黑人作家。”

夏尔丹[③]是一位既善论断又能深入研究的旅行家，谈到波斯的时候，他的论点比丰特奈尔更进一步。他说：“炎热天气的温度令人身心双方都感到软弱无力，消散了发明创造所不可少的强烈想象力，在这类气候下，无法终日不眠专心致力于写作文艺、学术和工艺科技等等著作。”

夏尔丹没有想到萨迪[④]和洛克曼[⑤]是波斯人。他也没有注意阿基米德是西西里人，那儿的温度比波斯四分之三的地方还高。

① 埃利德(Elide)，古希腊伯罗奔尼撒岛西部海岸。——译者

② 拉普兰(法名 Laponie 英名 Lapland)，斯堪的纳维亚半岛北部。——译者

③ 夏尔丹(Jean Chardin)，法国著名旅行家，著有《波斯与东印度游记》，以描述见闻精确而为世人珍视。——译者

④ 萨迪(Moucharif-ed-Din Saadi，1184—1291)，波斯伟大的诗人，名著有《玫瑰园》。——译者

⑤ 洛克曼(Lokman)，阿拉伯作家，著有《寓言集》，仿效伊索寓言。生年不详。——译者

他忘记了毕达哥拉斯曾学几何学于婆罗门人。

修道院长杜波斯①支持并尽力发挥了沙尔丹的意见。

早在他们二人之前一百五十年，博丹②曾经在他那两部《共和国概论》和《史学方法论》里奠定了他的学说体系的基础；他说气候的影响是支配人民及其宗教的原动力。

西西里的迪奥多尔③在博丹很早以前也有这种意见。

《法的精神》一书的作者，并未援引任何作者的话，把这种想法更往前推进一步，比杜波斯、夏尔丹和博丹想得更远。一部分国人认为这是他的杜撰而责怪他。这些人生性如此。到处都有些人激情超过才能。

我们可以问问那些主张气候左右一切的人，为什么朱里安大帝在他那部《米佐波贡》(*Misopogon*)一书里说，巴黎人最令他喜爱之处就是他们性格严肃风尚严正；而今气候未变，这些巴黎人却为什么都成了一些好开玩笑的孩子，政府鞭笞他们，边打边笑，事后他们自己也笑，一边又讽刺着他们的家庭教师呢？④

为什么人家给我们描述得比巴黎人还更严肃的埃及人今日却成了最软弱无能、最轻浮、最怯懦的人呢？而以前，据说，他们曾经

---

① 杜波斯(L'abbé Jean-Baptiste-Dubos，1670—1742)，法国考古学家和历史学家，代表作有《诗与绘画评论集》。——译者

② 博丹(Jean Bodin，1520—1596)，法国法学家和哲学家，在他的两部著作里，反驳意大利史学家马基雅维里的理论，主张由三级会议控制君主立宪制。——译者

③ 西西里的迪奥多尔(Diodore de Sicile)，古罗马奥古斯都大帝时代希腊史学家，著《史学丛刊》，是一部世界史。——译者

④ 而且为什么这些巴黎人在伏尔泰写了这篇以后，过了十八年又显示出一种史无前例的英雄气概来要求他们的人权和公民权呢？……——乔治·阿弗内尔

在一位名叫塞佐斯特里斯[1]的国王统治下征服世界来消遣。

为什么在雅典不再有阿那克里翁[2]、亚里士多德和泽克西斯呢[3]？

罗马既然有西塞罗、加图[4]和提图·李维这些人才，怎么会只有不敢言语的公民和昏头昏脑、贫困无聊的贱民呢？这些人心目中最高的幸福莫过于偶尔获得一点廉价食油和看看迎神会罢了。

西塞罗在他的通信里对英国人大加讥笑。他要求他的兄弟昆图斯[5]——恺撒的将官，如果出征英国时在英人中发现大哲学家的话，就要通知他。他并未想到这个国度有一天将会产生一些他从没听说过的数学家。可是气候丝毫未变而伦敦的天空依然像历来那样多云。

物体和精神都随着光阴的流逝而变动。也许有一天美洲人会来教欧洲人学技艺。

气候是有某些威力的，然而政府的治理却比气候影响大百倍；宗教加上政府的治理，力量就更大了。

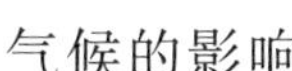

气候的影响

气候对宗教在礼仪和习俗方面都有影响。一位立法家不难令

---

① 塞佐斯特里斯（Sésostris），即古埃及国王拉美西斯二世（Ramsès II，公元前1330— 前1260），曾在叙利亚与他以前的世仇赫梯人（Héthéens）联合作战。——译者

② 阿那克里翁（Anacreon 或 Anakrēon，公元前560—前478），古希腊抒情诗人。——译者

③ 泽克西斯（Zeuxis，公元前464—前398），古希腊最著名的画家。——译者

④ 即大加图（Marcus Porcius Major Cato，公元前234—前149），古罗马政治家和作家，拉丁散文文学创始人。主要著作有《起源》和《论农业》。前者已佚失，后者是关于罗马共和国庄园经济的重要资料。——译者

⑤ 昆图斯（Quintus），罗马大将。——译者

印度人在阴历某些时候在恒河里洗澡:这对于印度人是很大的乐趣。倘若他建议德维纳河[1]靠近阿尔汉格尔斯克城两岸居民到河里沐浴,就会有人用石头把他击毙。

猪肉在阿拉伯人那里是很不好、很讨厌的肉,他们以为吃了这种肉就会生麻风。您要是不许他们吃猪肉,那他们就很乐于听从您。您倘若去禁止一个威斯特法伦[2]人吃猪肉,他准会把您揍一顿。

在阿拉伯,忌酒是一条良好的宗教戒条;在那个地方,橙子水、柠檬水对于健康是必需品。穆罕默德到了瑞士或许就不禁酒了,特别是临阵之前。

有些习俗纯属奇思幻想。为什么埃及教士竟然想到割包皮?并非为了健康。对待他们恰如其分的冈比西,他们和他们的神牛阿匹斯,冈比西的朝臣们,冈比西的士兵们,压根儿就都没有切除过他们的包皮,可是却还是很健康。气候并不能影响一位教士的生殖器官。人们向伊西斯女神呈献自己的包皮大约就像人们到处都在馈赠时鲜一样。这就是奉献生命果实的时鲜。

宗教总是在两根门轴上转:戒律和信仰。戒律大部分牵涉到气候;而信仰却根本不在于气候如何。人们在赤道跟在两极一样接受一种教义。但是这种教义可以在巴塔维亚[3]和奥克尼群岛[4]

---

① 德维纳河(Dvina),俄罗斯一河流,注入白海。——译者

② 威斯特法伦(Westephalie),德国莱茵河东一州。——译者

③ 巴塔维亚(Batavia),即现在印尼首都雅加达。——译者

④ 奥克尼群岛(法名 Orcades,英名 Orkneys)在苏格兰北端。——译者

遭受拒绝，在西班牙的萨拉曼卡[①]却又被人们坚信不疑。这根本不在于土壤和气候，却完全由于人世间那位变化无常的王后——见解的作用。

某类奠酒仪式在一个种植葡萄园的国度可能是一种规定，而在一位立法家的头脑里决不会想到在挪威规定一种非有奠酒不能举行的祭神仪式。

必须在一座庙宇的中庭焚香，因为要在那里屠宰牲口来祭神和供祭司们晚餐。这座叫做《庙宇》的屠宰场，若非不断地净化，就会变成一处可怕的传染疾病的场所，没有香料的补救，古代宗教就会带来瘟疫。人们甚至用鲜花枝编的花彩装饰庙宇内部，为的是使空气不难闻。

在炎热的印度半岛，没有人用母牛来做牺牲，因为这种为人提供日常饮用牛乳的动物在干旱的乡间是很稀有的，而且肉又干又硬，很少营养。婆罗门教徒用牛肉也做不出佳肴来，正相反，母牛成了神牛，因为它又稀少又有用。

人们只有光着脚才能进朱庇特·阿蒙[②]神庙，因为庙里异常炎热。可是在哥本哈根，脚上必须有穿得暖暖的鞋才能去祈祷、忏悔。

至于宗教教义并非如此。在各种气候地带，都曾有人信仰多神教；不拘是克里米亚半岛的鞑靼人也好，或是麦加的居民也好，都同样易于承认一位用言语无从传达的、既非出生的又不繁殖的

① 萨拉曼卡(Salamanque 或 Salamanca)，西班牙北部大城市。——译者

② 阿蒙(Ammon 或 Amoun)，古埃及太阳神。——译者

独一无二的神。一种宗教从一种气候地带传到另外一种气候地带,多半是靠了教义而不是靠宗教仪式。一神教教义从麦地那不久便传到高加索山脉,而气候却在信心面前退避三舍了。

阿拉伯人对土耳其人说:“我们不大了解在阿拉伯行割礼到底是为了什么?把自己最珍贵的一小部分献给奥西里斯神是埃及教士们的一种古老风尚,我们在成为伊斯兰教徒之先,三千年前就已采取了这种习俗。您也跟我们一样要割包皮,必然也像我们一样每逢星期五就跟您的一位夫人同眠,而且要把您每年的收入百分之二点五施舍给贫穷的人。我们只饮水和果汁,能够醉人的饮料我们都不准喝,这些饮料,在阿拉伯,人们都认为是有害的。您必须遵守这种饮食制度,即使您非常喜欢酒,即使您在法泽河①和阿拉克斯河②两岸很需要酒,也是不准喝的。最后,您若是想升天堂,希望在那儿找到个好位子,那么您就得到麦加去朝圣。”

高加索北部的居民都遵守这些规定,而全境居民都信奉一种对他们本来就不适宜的宗教。

在埃及对动物象征性的崇拜代替了托特神教条,罗马诸神后来跟狗、猫和鳄鱼分享埃及人。基督教随后继承了罗马教;基督教又被伊斯兰教全部驱除。伊斯兰教将来或许要让位于一种新宗教。

在这种变迁过程中,气候根本没起什么作用,政府的治理决定了一切。我们在这里只考虑到那些次要的原因,并没有举起我们

① 法泽河(Le Phase),即今鲁吉亚境内注入黑海的留尼河(Rioni)。——译者

② 阿拉克斯河(Araxe),即今亚美尼亚境内阿拉斯河。——译者

的俗眼来瞻望指引这些原因的最高主宰。基督教诞生于叙利亚，在亚历山大屡获发展，现在就占据了曾经崇拜过得塔泰斯①、伊尔敏苏②、弗里达(Frida)、奥丹③诸神祇的那些地方。

在有些民族那里，地方的气候和国家的治理都没能促进宗教的形成。什么原因把德意志北方、丹麦、瑞士四分之三、荷兰、英吉利、苏格兰、爱尔兰等地摆脱开罗马的共同信仰呢？……就是贫穷。对于缺钱少银的人的灵魂把免罪符和炼狱拯救书卖得太贵了。教会里的司教、修士把一省全部收入都吞没了。人家宁愿选择一种价廉的宗教。经过二十次内战后，人们终于相信教皇的宗教对于大领主是好的，而新教却对于人民是好的。时间会使人看出在爱琴海和好客海一带希腊教和土耳其教二者谁压倒谁。

CONSÉQUENCE 结论

我们的天性究竟是什么？我们虚弱的理智又是怎么回事？怎么！没有常识也能推论出最正确最明晰的结论来吗？这再真实不过了。雅典的疯子认为停靠在雅典比雷港口④的船只都是他的，他能惊人地计算出这些艘船装载的货物共值若干，从士麦拿⑤到比雷，船要航行多少日子。

---

① 得塔泰斯(Teutate 或 Teutatès)，高卢人视为高卢之父而崇拜的神祇。——译者

② 伊尔敏苏(Irminsul 或 Irmino)，古代萨克森人崇拜的神。——译者

③ 奥丹(Odin)，斯堪的纳维亚神话中的神，司口才、智慧、诗歌等。——译者

④ 比雷(Pirée)，即希腊港口比雷埃夫斯(Piraiévs 或 Piraeus)。——译者

⑤ 士麦拿(Smyrne)，土耳其港口，今名伊兹密尔(Izmir)。——译者

我们见过有些呆子会做出很惊人的计算和推论。您会对我们说啦，那么他们并不真呆呀。对不起，他们是呆子。他们整部构思体系都是根据一项荒谬原则的。他们经常把些个空想联结起来。一个人走起路来可能健步如飞，却会迷失方向，那么他越是健步如飞，方向就越发迷失得远了。

印度人的佛的父亲是一头大象。这头大象降尊叫一位印度公主生了个孩子，公主从左肋下生出佛来。这位公主是印度一位皇帝的御妹，所以佛是皇帝的御外甥，而大象和君王的孙儿们也就成了表兄弟了。所以，根据该国的法律，皇室一经绝嗣，象的后裔就应继承皇位。原则一定，结论就再清楚不过了。

据说这头神象身高九尺。你可以想到象坊的高度必在九尺以上，象才可以出入自如。它每天吃五十斤米，二十五斤糖，喝二十五斤水。一算，你就可发现它每年要吞食三万六千五百斤重的东西，算得准极了。可是你说的这头大象到底有没有呀？它当真是皇帝的御妹丈吗？它的妻子果真从左肋下生了个孩子吗？这才是应该认真研究的问题。在交趾支那居留的二十位作者，个个著书立说，论述过这个问题。你应当比较一下这二十位作者的意见，研究一下他们的论据，参考参考古籍，看看在古代记载里有没有谈到这头大象，查考查考是否有些骗子为了赚钱，把这个神话传播出去。你从一项荒谬的假说出发，却要得出一个正确无误的结论。

人所缺乏的不是逻辑而是逻辑的源泉。问题不在于说：我所拥有的六艘船，每艘重二百吨，每吨重两千斤，所以我在比雷港拥有十二万斤货，问题关键是要知道这些艘船是否当真属于你的？这就是你的财富关键所在。先把这一点确定，你然后再算账。

一个狂热迷信而又彻头彻尾无知的人常常是个令人喷饭的人物。他或许读过非尼哈的故事吧①：非尼哈热情奔放，遇到一个犹太人同一个米甸女人睡觉，就把两个都杀了。后来利未人又效法他屠杀了所有米甸犹太混血人的家庭。这个狂热而迷信的呆子，当他知道他的一个天主教徒邻居和他的一个胡格派女邻居同床，便很轻率地把二人都杀了，再没有比这么干得更干脆了。用什么办法才能医治这类精神病呢？就是要及早叫儿童拒绝相信一切违背理性的事，永远也不要对孩子说神说鬼，不讲那些愚蠢可笑的奇迹。一个想象力薄弱而又过敏的女孩子听人讲鬼神附身的故事，便会害精神病抽搐起来，自以为真是鬼神附身了。我就看见过一个女孩子由于这类可憎的故事在她身体内作怪引起各部器官变化而丧了命。

CONVULSION 痉挛

将近1724年代，有人在圣梅达尔②的坟墓跳舞；在那儿出了很多灵迹；在梅纳公爵夫人的一首歌里，就提到一回灵迹：

胡子擦鞋匠，
左脚后跟瘸，

① 非尼哈(Phinées，犹太名 Phinehas)，圣经人物，以利亚撒(Éléazar)之子，亚伦(Aaron)之孙，以色列第三代大祭司。米甸人曾派遣他们的姑娘们到以色列营地诱惑希伯来人，使之沉湎酒色崇拜偶像，非尼哈的热忱阻止了这件丑事。故事见圣经旧约《民数记》第25章第7节。——译者

② 冉森派的灵迹是1727年在助祭帕里斯坟墓上显现的。这位助祭是个贫困可怜的疯子，曾住在圣马尔索区一个潮湿院落的一间木板房屋里。——乔治·阿弗内尔

特别受圣宠，

又把右脚蹩。

大家都知道，神奇的痉挛一直闹得人家把坟地看守起来。

国王的旨意，禁止神明

在此处显现灵迹。

大家也都知道，自从格扎维埃用尽耶稣会的圣宠，总共复活了九个死者以来，耶稣会修士就再也不能显现这样的灵迹。他们为了压倒冉森派的声望，竟自刻了一幅穿着耶稣会修士服装的耶稣像板画。大家也都知道，有一位调皮的冉森派，便在板画下面题了四行：

请您欣赏诡计巧，

这般修士真是妙：

他们道袍给您穿。

主啊，怕是有人爱您了。

冉森派为了进一步证明耶稣从来不曾穿过耶稣会修士的服装，便在巴黎全城到处引起痉挛，把大家都吸引到他们的中庭里去。国会议员卡雷·德·蒙热龙给国王呈递了一本四开本的记录①，记录着有成千的人证实了的这类灵迹。他照理被人关在一座别宫里，节制他饮食来整他的脑筋；不过真理总要胜过迫害：灵迹持续了三十个年头，一直没有中断。有人把修女罗丝、伊吕米廼、普罗米兹、龚菲特都弄到他家里来：她们任人鞭挞，第二天便渺

① 即《列人真福者帕里斯灵迹真实情况》。据米舍莱先生说："这本书值得参考，历史家和医生都可在其中发现当时疾病和贫困情况的真实描述。"——乔治·阿弗内尔

无伤痕；在她们的坚硬饱满的胃部用斧子砍，也伤不着她们；叫她们躺在烈火前面，脸上涂着油膏，却也烧不着他们；各种技艺总是越来越进步，结果，便用剑刺在她们的肉里，又把她们钉上了十字架①。有一位小学教师也沾了被钉十字架的光②：这一切都是为令世人相信某一道教皇谕旨是可笑的，这本来也用不着费那么大的事就可以证明。然而耶稣会修士们跟冉森派又都联合起来反对《法的精神》③，反对……反对……反对……反对……。在这之后，正如我们说过多次的一样我们还竟敢讥笑拉普人④、萨莫耶特人和黑人呢！

CORPS 物体

物体与物质，虽然认真说来并非同义词，在这里说的却是一回事。也有人把"物体"理解为精神了。他们说：精神原本就是"嘘气"的意思，因为只有一种物体能嘘气；所以精神与物体归根到底很可能是一个东西。拉·封丹⑤就是根据这个意义写给著名的

① 请参阅德国作家格林（Grimm，1723—1807）的《文学通信》（1760 年 3 月和 1761 年 4 月）图尔诺版第四卷第 208 页和第 379 页。——伏尔泰

② 1749 年 3 月 2 日神学家亚伯拉罕·肖梅克斯（Abraham Chaumeix）在圣德尼大街被钉十字架。就是肖梅克斯在巴黎法院检举过《百科全书》。——乔治·阿弗内尔

③ 即法国启蒙思想家孟德斯鸠的名著《论法的精神》。——译者

④ 拉普人（Lapps 或 Lapons），居住在挪威、瑞典、芬兰三国北部拉伯兰和俄罗斯科拉半岛的游牧民族，以养驯鹿为生。——译者

⑤ 拉·封丹（Jean de La Fontaine，1621—1695），法国著名寓言作家，名著有"寓言集"，系用韵文写成的寓言二百四十篇，刻画拟人化的动物形象，讽刺当时法国上层社会的丑行和罪恶，文笔极尽尖锐而生动之能事。——译者

拉·罗什富科公爵[1]的：

“我以为精神就是用物质揉合起来的物体。”

（见拉·封丹寓言“兔子”）

他也是本着这个字同一个意义为拉·萨布列尔夫人[2]写道：

“我或许要把一块物质精神化了……

原子的真髓，火焰的精华

也不知是什么比火更生动更灵活的东西。”

（见拉·封丹寓言“两只老鼠，狐狸和鸡蛋”）

还没有人敢于质问善良的拉·封丹，在这些用语上跟他打官司。倘若有一位可怜的哲学家或甚至一位诗人在今天用这类字眼说得这么多，不知会有多少人为了多管闲事兴风作浪，不知会有多少报屁股作家为了卖他们的十二文钱一篇的东抄西录的文章，不知会有多少骗子手居心作恶，都要出来咒骂哲学家、逍遥学派、伽桑狄的门人、洛克和初期教会神甫们的学生，咒骂他们“该死”！

我们不知道物体是什么，正如我们不知道心灵是什么一样：我们看到一些属性；可是这些属性依附的主体是什么呢？德谟克利特和伊壁鸠鲁都说只有物体；埃利亚的芝诺的门徒又都说什么物体也没有。

克罗因主教贝克莱是曾经百般诡辩以为是证明了物体不存在的最后一位哲学家。他说物体无色无味无热；这些形态只在您的

---

① 拉·罗什富科（La Rochefoucauld，1613—1680），法国著名伦理学家，名著有《格言集》，是拉·封登的好友和保护人。——译者

② 拉·萨布列尔夫人（Madame de La Sablière，1636—1693），法国十七世纪女才子，拉·封丹晚年曾寄宿她家二十载，受她保护。——译者

感觉里存在，并不在东西里。这个真理是尽人皆知的事，他可以不必费神来证明。但是从这儿他又扯到物体本质——广延性和填充性上边去，他以为在一块绿毯子上显然并没有什么广延性，因为这块毯子实际上并非是绿色的；这种绿色感觉只在您自己身上，所以这种广延的感觉也在您自己身上。于是他把广延性摧毁之后，便得出结论说连带的填充性也就不推自倒了，他说所以在世界上只有观念。按照这位博士的意思，那么一万人被一万发炮火轰毙，实际上也只是我们心中一万次领会罢了。而当一个男人让他妻子生个儿子，这只不过是一个观念进入另一个观念，从而生出第三个观念。

是否不陷入极端可笑的境地，那就在于克罗因主教了。他以为分明是没有广延，因为他用一个镜头看一个物体有他用肉眼看时的四倍大，用另外一个镜头看又小四倍。从这里他得出结论说一个物体不能同时有四尺、十六尺和仅只一尺的广延性，这种广延性并不存在：所以说什么也没有。其实他只要采取一种尺度，并且说："无论我觉得一个物体有多么大的广延性，它有若干尺度"就可以了。

他很容易看出广延性和填充性并不像声音、颜色、滋味、气味等等东西一样。这些东西分明是各部分器官的形状引起我们的感觉；但是广延性却丝毫不是一种感觉。烧着的木柴熄灭了，我就不再暖和了；不拍打空气，我就听不见声音了；那朵玫瑰萎谢了，我就闻不着它的香味了；但是这块木头、这部分空气、这朵玫瑰、没有我它们仍然是有它们的广延性呀。贝克莱的谬论是不值一驳的。

往昔埃利亚的芝诺、巴门尼德[①]之流都曾这么议论过，而这些人也还都是很有才气的：他们给您证明一只乌龟跟阿基琉斯跑得一样快；证明运动根本就不存在；他们还争论了上百的其它有益的问题。大部分希腊人都用哲学来变戏法儿，把他们的戏法台子传给我们的经院派哲学家们。培尔也曾经是这一伙儿的人物；他也像另一个人一样织过蜘蛛网，设立圈套骗人：他曾在“论芝诺”一文里反对物质广延的可分性和物体的连续性；他说的一切话都是一位学过半年几何学的人不应说的话。

顶好是知道知道贝克莱主教之所以陷入这一谬论的原因。这话有很久了，我曾经跟他谈过几回话。他说他之所以有这种想法，是由于人们不能理解获得广延性的主体究竟是什么。其实，当他在他书里问希拉斯这个主体、这个基体、这个实体是什么的时候，他取得了胜利。希拉斯回答说：“就是有广延的物体。”于是主教便托名菲洛努斯[②]讥笑他；可怜的希拉斯发觉自己说广延性就是广延性的主体这是一句糊涂话，很难为情，便承认他自己一点也不了解，承认没有什么物体，物质世界是不存在的，只有一个精神世界。

其实希拉斯应该对菲洛努斯只说：我们不知道这个主体究竟是什么，究竟这个有广延性的、有填充性的、可分割的、活动的、有形的……实体是什么；我对于它并不比对于有思想、感觉和意志的

① 巴门尼德(Parménide，约公元前540— 约前450)，古希腊埃利亚学派唯心主义哲学家。在他的《论自然界》一书里，主张宇宙是永恒的、一体的，不间断和不变的。认为世界只是人类的虚构。——译者

② 菲洛努斯(Philonoüs)，希腊语，Philo 意即爱，noüs 意即智慧，悟性。——译者

主体更认识得清楚；但是这个主体既然是有一些属性摆脱不掉，它也就不会不存在。

我们大家都像巴黎大部分妇人一样：她们做饭不知菜里面有什么；同样地，我们享用物体却也不知道这些物体是什么构成的。物体是什么做的呢？是许多部分，这许多部分又分成许多部分。这许多部分又是什么呢？总是物体；您不断的分，您却永远分不尽。

最后，有位玄妙的哲学家，鉴于一张画是由许多点组成的，任何一点都不成其为画，又鉴于一座房屋是由建筑材料构成的，任何一砖一木都不成其为房屋，便想象出（用一种略微不同的方式）物体是由无数的非物体的微小的实在构成的；这些微小的实在就叫作单子（Monade）。这种学说不见得有什么好处，可是，如果它是神的启示，我自然要竭力相信它；所有这类微小的实在，可能是一种数学的点，某种只待穿上衣服的灵魂：这或许是一种循环不断的轮回；一个单子时而进入鲸鱼体内，时而进入树身，时而又跑到一个骗子的体内去。这个学说跟别的学说也没有什么两样；我很喜欢这种学说，就像我很喜欢原子的聚散运动、物质的形式、变化多端的风韵和戛尔梅教士的吸血鬼一样。

CRITIQUE 批评

由马蒙泰尔[①]先生为《百科全书》撰写的《批评》这一条目，写

---

① 马蒙泰尔（Jean François Marmontel，1723—1799），法国作家，代表作有小说《印加》（*les Incas*），法兰西学院院士。——译者

得很好，若是在这里再用这一题目写一条新的而没有全然不同内容的东西，那就不可原谅了。我们这里所谓的批评，是指那种出之于嫉妒心的批评，这跟人类是一样源远流长的。大约在三千年前，赫西奥德就说过："陶工嫉妒陶工，铁匠嫉妒铁匠，乐师嫉妒乐师。"

我一点也不想在这里谈那种把一位古代作者本来为人们理解得清楚的词句修改坏了的经典注释家的批评。我也丝毫不提那些尽可能整理了历史与古代哲学的真正的批评。我想谈的是关于讽刺诗的批评。

一位文学爱好者有一天和我一同阅读塔索①的作品，他不期看到这一节诗：

地狱里号角粗哑的声音
在召唤永恒之阴暗中的居民。
宽旷的黑色洞穴一齐摇动；
朦胧大气随着声响在回应；
巍巍穹苍未曾暴发过
如此凄厉无比的迅雷闪电；
即令是胸琐火焰大地也没有
如此破坏无遗地发抖震撼。

《得救的耶路撒冷》第四曲第三节

他跟着又偶然读到好几节有这种力量与和谐韵律的诗。他惊

---

① 塔索（Torguato Tasso，1544—1595），意大利文艺复兴时期诗人，代表作有田园诗《阿曼塔与得救的耶路撒冷》。——译者

呼道:“啊!这难道就是你们的布瓦洛①所谓的华而不实吗?布瓦洛他竟然要这样贬低一位比他早生百年的伟人来更进一步抬高生活在一千六百年前自己对塔索也会做出正确评价的另外一位伟人吗?”我对他说:“您别生气,我们来阅读基诺②的歌剧吧。”

我们一开卷便遇到令我们对于批评感到恼火之处。《阿尔米德》的美妙诗句呈现眼前,我们读到这些诗句:

西　多　尼

仇恨可憎又野蛮,
爱情迫使它所占领的心田
感受深沉的苦恼。
倘若您能支配自身的命运,
就请选择是非勿论
可令幸福安息可靠。

阿尔米德

不,不,这在我不可能
从心慌意乱转入思念平宁;
我的心不再能安定不乱杂;
勒诺欺我太甚,只是他又太可爱;

① 布瓦洛(Boileau-Despeéaue,1636—1711),法国诗人,批评家。——译者

② 基诺(Philipe Quinault,1635—1688),法国戏剧作家与诗人布瓦洛批评他文字华而不实,但是他的代表作歌剧《阿尔米德》(*Armide*)是一部世界名著,由音乐家吕里(Lully)为之谱曲。他是法兰西学院院士。——译者

今后对于我只有一个选择

或是恨他或是爱他。

《阿尔米德》第三幕第二场

我们便通读了《阿尔米德》全剧本,塔索的诗才通过基诺的手笔更增添了令人陶醉的魅力。我便对友人说:“怎么!布瓦洛总是要把他看成是最令人看不起的作家的就是这位基诺呀。布瓦洛甚至叫路易十四相信这位作品语言亲切感人,哀婉动听,潇洒风雅的作家除了借助于音乐家吕里而有可取之处外,并没有什么其他可称道的东西。”友人便回答说:“我很了解这个,布瓦洛并不对这位音乐家有所嫉妒。他嫉妒的是诗人。一个人为了押一句以‘收’为韵脚的诗句的韵,时而贬低布尔索[①],时而诋毁埃诺[②],时而又诽谤基诺,全看他跟这几位先生关系好坏而定,我们可又根据什么来评判这个呢?”

“但是为了不给您这种反对不正之风的热忱泼冷水,请您只把头伸向窗前,看看这座卢浮宫漂亮的外观吧,佩罗[③]曾因之名垂不朽。这位精巧的巨匠是法兰西学院一位博学院士的手足,而布瓦洛却跟院士有过几次龃龉不合的争执,这就足够被他当成不学无术的建筑师了。”

这位友人略微思量了一下,接着又叹息着说道:“人生性如此,

① 布尔索(Edme Boursault,1638—1701),法国戏剧作家,曾与莫里哀争执激烈。代表作有《风流的墨丘利》。——译者

② 埃诺(Charles-Jean François Hénault,1685—1770),法国历史学家诗人。——译者

③ 佩罗(Claude Perrault,1613—1688),法国建筑师,曾设计巴黎艺术展览馆,卢浮宫和天文台的柱廊。——译者

絮利公爵[①]在《回忆录》里认为奥萨红衣主教[②]和维勒鲁瓦[③]国务秘书都不是好大臣；卢瓦[④]尽其所能的不尊重伟大的柯尔柏。”我回答说：“但他们二人生前没有发表文章彼此攻讦；马尔巴勒公爵[⑤]没有发表过任何文字来反对彼得巴勒伯爵。相互攻击，本是一种愚蠢行为，只是在文学、诉讼和神学方面才有呀。可惜《皇朝政治经济学》这类书里有时候也沾上了这种缺点。”

拉莫特·乌达尔[⑥]是一位多才多艺的人，他写过几节很优美的诗句：

对于火热激情的诱引
有时候抵御着一位年华方懋的美人，
以一种难耐的坚忍
她武装自己来反对自身。
咳！这种极端的克制
令她失去了心爱的瑕疵，

① 絮利公爵(le due de Sully,1559—1641)，法国亨利四世挚友，大臣，掌管财政，保护农业，建立了税收制度。——译者

② 奥萨红衣主教(le Cardinal d'Ossat,1536—1604)，法国外交家，亨利四世派驻罗马使节。他的《书信集》很有参考价值。——译者

③ 维勒鲁瓦(Nicolas de Villeroi,1598—1685)，法国元帅。——译者

④ 卢瓦(le Marquis de Louvois,1641—1691)，法国路易十四时代政治家，掌管军事，曾改组部队，改进征兵制度，组织兵站运输与粮仓、军需等，与当时掌管财政与工商业的柯尔柏(Jean-Baptiste Colbert, 1619—1683)有矛盾，促使后者失势。——译者

⑤ 马尔巴勒公爵(John Churchill,due de Marlborough,1650—1722)，英国将军，英军驻荷兰部队统帅，屡建战功；彼得巴勒伯爵(le Comte de Peterborough,1658—1735)英国海军统帅与政治家。——译者

⑥ 拉莫特·乌达尔(Antoine de Lamotle Houdar,1672—1731)，法国作家，一位厚今薄古派的诗人。——译者

全是为了避免她所痛恨的羞耻。
严峻的态度不过是表面文章，
被人视为贞洁的那种荣誉光芒
令她果然洁身自持。

虽然这位严峻的禁欲者呀！
千百缺点把他压折，
却还以英豪来自夸。
说是全然倾心于道德；
他所好的根本就不是德行之类，
他的心自我陶醉，
一心却想窃取祭坛牌位；
用他那轻浮的才智
只想装饰偶像木石
拿来搞个人崇拜钦佩。

献给苏瓦松主教的颂诗《自尊心》第5、9节。

在战场法尔萨利亚和阿尔贝勒①
二位胜利者凯旋归来，
二人尽都堪为楷模
人人都这么提出，那些伟大胸怀。
然而是成功造成他们的荣耀。

① 法尔萨利亚(Pharsale)，古希腊拉里萨省一城市，纪元前48年，恺撒在此击败庞培；阿尔贝勒(Arbelle即Arbèles)古代亚述城市，纪元前331年，亚历山大在其附近击败波斯大流士三世。——译者

倘若胜利的志标
未能令这些神人名垂青史,
亚历山大在世俗人的眼中
也只有一个鲁莽形象
恺撒也只不过是个叛乱分子。

《王者明智应变裕如》第四节。

我说:"这位作者是一位哲人,他不仅一次把诗的魅力注入哲学。倘若他经常写过这类诗句,可能是抒情诗人中首屈一指的了。可是当他写出这些优美文学片段之际,却有一位与他同时代的人称他为:

某一只小鹅,家禽野味。

"他在另外一处又谈到拉莫特说;

他那语言的美令人厌烦。

"他又在一处说;

……我只看出一个缺点
就是作者原应当用散文来写。
这些颂歌很像基诺的作品。

"他处处纠缠着他不放过,他处处指摘他文章枯燥,缺少谐音。

"这位批评家以大师的身份品评拉莫特而又站在敌对立场贬低后者。您看到他几年后写的那几首颂歌会不会感到奇怪呢?请您读一读:

这种至高无上的影响
对他来说只是一条显赫的链索
把他跟他人幸福拴在一起

一切使他美化的光彩
一切令他高贵化的智才
都贯注在他身上，却不属于他自己。

时间无所不吸收，无所不吞噬，
而为人所不知的事实
与那些尚未实现的事实所差也无几。

在她身上闪耀
最温和的魅力的品质优良
是她在您身上看到的闪耀
优良品质的形象。
而她文质彬彬的美德，
丝毫阴暗均已摆脱，
由您一人发扬起来
本是您崇高的清澈
反射出来的闪闪光彩。

他们真看到了
他们那些惊慌失措的人民父老
幸而未成事实的震惊，
和那和平恢复之后
残存的遗恨心情
永远拔尽除透。

请在我急切的目光之下
揭露那些外来的神明，
他们都是思维的同义语呀
都是抽象思维的象征。

本是一项共同的任务，
理当两半各自担负，
分到最少的一半要求把更多的来完竣，
肉体却独自担负
灵魂的幸福，
这岂不是一种幸运？

“我们这位颇具鉴别力的文学爱好者于是乎说道：[①]当然不当用这么可厌的作品来为他们极其严厉批评的人提供样板啦，还不如让对方宁静地拥有自己的长处，保留人家已有的优点更好。但是，您说怎么好呢？这类 genus irritable vatum〔肝火旺的诗人〕依旧害的是往日折磨着他们的那种肝气病。读者们都原谅才子们这种无聊诗句，因为他们自己也不过是真要消遣罢了。

“读者们在一首题名为《冥王》的寓言诗里看到有些法官被处剥皮之刑，在阴司里坐在一张铺着他们自身的肉皮的凳子上，而不是坐在百合花[②]上。读者并不关心这些法官是否罪该受这样的

① 袖珍本在这里原有这一句，全集本已删去。——译者
② 百合花在诗中象征着洁白无瑕。——译者

刑，也不管告发他们的人在冥王面前是否有理。他读这些诗句也不过是为了消遣消遣罢了。如若从中获得一点趣味，也就不用追求其他的什么东西了；倘若并不感兴趣就把这段寓言诗一丢了事，并不进一步去肯定或否定冥王这一判决。

“拉辛的那些难以模拟的悲剧全都受到了批评，而且把这些作品评得很坏，那是因为这类评语都出自他的对手的手笔。艺术家的确是评判艺术的里手，但是这类内行的批判却几乎总是由人收买的。

“一位优秀的批评家必是学识渊博、富于情趣、没有成见、没有嫉妒心思的艺术家。这是很难遇到的呀。”

在各个国家，人们对于那些成功作品的恶劣批评也都司空见惯了。《熙德》这部悲剧就遭遇到了斯居代里[1]的恶意批评。后来高乃依便长期被王室布道教士、自命戏剧立法家的奥比尼亚克修道院院长[2]攻击得很恼火。这位院长便是那部最可笑的悲剧的作者。他这部作品完全符合作者所提出的规律。他对《西拿》和《贺

---

① 《熙德》(*le Cide*)，法国古典派戏剧作家高乃依(Corneille)的悲剧-喜剧(1636)。剧情是：罗得里格为父报仇杀死未婚妻希梅纳之父，希梅纳为了尽孝道为父报仇，追捕凶手罗得里格，但依旧爱他，在追捕过程，二人彼此爱慕之情反更有增无已。该剧上演博得观众热烈赞赏，但遭到法兰西学院的批评，认为该剧结构违反悲剧规律。

斯居代里(Georgos de Scudéry，1601—1667)，法国作家，早熟而文笔有矫揉造作之缺点。法兰西学院院士。——译者

② 奥比尼亚克修道院院长(Abbé François d'Aubignac，1604—1706)，法国古典主义戏剧家，在其著作《戏剧实践》一书里，提出了古典主义戏剧的“三一律”(即剧情发展只能有同一个事件，在同一时间和同一地点)。他写过一部拙劣可笑的悲剧，剧名为《帕尔米王后芝诺比亚》(*Zénobie*，*Reine de Palmyle*)。——译者

拉斯》[1]的作者什么咒骂之词都用尽了。奥比尼雅克院长，国王的讲道者，最好是对奥比尼雅克讲讲道吧。

我们看到在那些致力于文学事业的国家，有些人做职业批评家，就像人们设置了猪肉检查员，来检查输送市场上去的猪只是否有病一样，文艺检查员总觉得找不出一个作品健康的作家来。他们每个月都报告两三次各种流行病，在首都和外地写的歪诗，泛滥欧洲各地的味同嚼蜡的小说，各种新物理学说，杀臭虫的秘方。他们干这一行挣几个钱，尤其是靠把好书说成是坏书，把坏书说成是好书来赚钱。他们就好比那些癞蛤蟆，据说这些东西从泥土里吸了毒液，然后又把毒液传给接触它们的人。有一个名德尼斯的人，在伦敦操这一职业达六十年之久，一直藉以维持生活。这位作者自以为是一位新阿雷蒂诺[2]，相信可以在意大利靠他的文学诈骗来发财，并没有能在那里发家致富。

前耶稣会教士居约·德丰丹[3]从比塞特尔精神病院里出来，

① 《西拿》(*Cinna oula Clémence d'Auguste*)，高乃依五幕悲剧(1641)；西拿是庞贝的曾孙，曾密谋杀害奥古斯都大帝，得到后者的宽大，剧中在奥古斯都角色中，显示了一位真正的君主所能具有的伟大宽厚的心灵。《贺拉斯》(*Horace*)，高乃依五幕悲剧。主题是在罗马赫斯狄利攸斯大帝治下，罗马的贺拉三兄弟依照传统与阿尔伯城护城卫士居里亚斯三兄弟在两军阵前搏斗，胜利一方将统帅另一方。首战贺方三人死二存一，居方三人则均已负伤，生存的贺拉斯佯装败走，乘居氏三兄弟因负伤轻重不一，追赶贺拉斯便有先后，贺拉斯乘机猛然反身扑杀，将居氏三兄弟各个击破尽杀三人而取胜。但贺拉斯之妹卡米尔是居里亚斯三兄弟之一的未婚妻，见其兄身覆她的未婚夫的人皮，悲痛之余大骂其兄辱及罗马，贺拉斯出于爱国之心，大义灭亲挥剑刺死其妹，罗马人民因其有功于罗马，赦免其杀死亲妹之罪。——译者

② 阿雷蒂诺(Pierre l'Arétin，即 Aretino，1492—1556)，意大利讽刺诗诗人，作品内容猥亵，但颇富激情。——译者

③ 居约·德丰丹(Guyot Desfontaine)，天主教耶稣会教士，身世未详。——译者

便从事这一职业，捞到了一点儿钱。就是他，在警察总监威胁他要把他送回精神病院，问他为什么操这么可恶的工作时，回答说：我总要活下去呀。他胡乱攻击那些最可器重的人，而他所谈到的数学和物理著作，他连读也没有读过。

有一天他把克卢瓦纳主教贝克莱的《阿尔西夫龙[①]》一书当成是一本反宗教的书。瞧，他是怎么讲的：

“为了使你们鄙视这一本既损坏作者思想又伤害作者正气的书，我也说得够清楚的了；这是一部不具信仰、信口雌黄、诡辩连篇、破坏宗教、政治和伦理原理的书。”

在另外一处，他把英语作糕点讲的 Cake 一词当成巨人卡居斯(Cakus)了[②]。他谈到悲剧《恺撒之死》，说什么布鲁图斯是野蛮的贵格会信徒。[③] 他全不知道贵格会信徒是最讲究和平从来不流人血的。他就是根据这类的知识来丑化二位在他们时代最受人尊崇的作家丰特奈尔[④]和拉莫特的。

他这一佐伊勒[⑤]式下等职务为另外一位名叫弗雷隆的前耶稣

---

① 阿尔西夫龙(Alciphron)，纪元前三世纪希腊演说家。——译者

② 卡居斯(Cakus)，神话传说中的巨人大盗，住在罗马郊区七座大山之一阿旺丹山巅洞穴里。他乘大力英雄赫丘利熟睡之际，盗走了他的公牛和牛犊各七头，为了不露足迹，他把牛倒拉，拖进岩穴，赫丘利跟踪牛叫声音找到了这个山洞，杀死怪物巨人。——译者

③ 《恺撒之死》(*La Mortde César*)是伏尔泰写的悲剧之一；布鲁图斯(Brutus)是该剧中角色之一的放债人；贵格会信徒(Quaker)是英国公谊会教徒的诨号，因为他们相信受到圣灵感应就会战栗发抖，所以叫战栗者，英语就是 Quaker。——译者

④ 丰特奈尔(Fontenelle，1657—1757)，高乃依之侄，法国科学院院士，法兰西学院院士，所著《谈宇宙的多样性》是一部科普读物。——译者

⑤ 佐伊勒(Zóile)，纪元前四世纪胡乱批评荷马史诗而贻笑大方的文艺批评家；弗雷隆(Elie Fréron，1718— 1776)，法国文学评论家。敌视伏尔泰和其他哲学家。曾创立过文学年鉴。——译者

会修士所接替，仅仅是弗雷隆这个姓名就构成一种耻辱。不久以前，有人给我们读过他的一篇毒化下流文学的作品。他在文中说："马赫穆德二世时代就是阿拉伯人进入欧洲的时代。"短短一语就包含了多么大一堆错误啊！

凡是受过一点教育的人，谁都知道阿拉伯人围困君士坦丁堡是在七世纪初哈里发毛维亚统治时代。他们在纪元713年又征服了西班牙，不久之后，又占领了一部分法兰西，大约是在马赫穆德二世以前七百年。

这位马赫穆德二世是阿穆拉特二世之子，根本不是阿拉伯人而是土耳其人。

要说他是进入欧洲的第一位土耳其君主，那还差得远。奥尔坎，在他一百多年前，就已占领了色拉斯、保加利亚和部分希腊领土。

我们看到这位穷酸蹩脚文人胡乱谈论最容易知道而他却根本不知道的事物。可是，他却攻击法兰西学院，辱骂那些最正直体面的人士和最好的著作，肆无忌惮到了荒谬透顶的程度。但是他为自己辩解的理由就是居约·德封丹的理由：我要生活呀。这也就是人们所惩罚的那些罪犯为自己强辩的理由。

我们不可以把批评家这个称号送给这类人。批评家这个词来自 krites〔批判者〕，juge〔裁判〕，estimateur〔评价人〕arbitre〔仲裁人〕。批评家意味着好的鉴赏家，要成为昆体良①才敢于评判他人

① 昆体良（Marcus Fabius Quintilianus，约35—95），古罗马著名演说家和教育家。——译者

的著作;至少必须像培尔①写他那部《文人共和国》那样写文章;他有过若干效法者,但为数不多。特雷乌评论②由于态度偏袒得十分可笑,令读者感到无趣味而失去了名声。

有时候刊物编写疏忽。或是读者不过是感到厌倦,有时候作者提供不出有趣的材料,于是刊物为提高读者的兴趣,就采用一点儿讽刺作品。所以拉封丹说:

一切热衷于编刊物的人必须机灵

但是还要有理性和公正才好。

有些旁的批评家老是在等着有一部好著作问世,就来写一本书反对这部著作。一位写诽谤小品的作者,越是攻击一位威信卓著的人士,他就越是保险拿到一笔钱,靠着破坏对手的名誉来混几个月生活。像费迪③其人就是如此,他时而著文反对波舒埃④,时而又反对蒂耶蒙⑤,时而又反对费奈隆⑥。有一个名叫皮埃尔·德·希尼雅克·德拉巴斯蒂德·迪克洛的酒色之徒,巴黎最高法

① 培尔(Pierre Bayle,1647—1766),法国著名批评家和哲学家,曾创办《文人共和国新见闻》(*Les Nouuelles de la République des Lettres*)并著有著名的培尔辞典(*Dictionnaire de Beyle*)。

② 特雷乌评论(*Journal ou Mémaires de Trévoux*)是1701—1775年间耶稣会在特雷乌地方编印的批评与文艺丛刊。专为反对哲学学派的。——译者

③ 费迪(Faidit),法国批评家,身世未详。——译者

④ 波舒埃(Jacques-Benigne Bossuet,1627—1704),法国作家高级教士,演说家,名著有《世界史讲话》和《悼词》等。——译者

⑤ 蒂耶蒙(Sé bastien Le Nain de Tillemond,1637—1698),法国历史学家,曾参与天主教隐修院波尔·卢瓦雅尔的编修工作。——译者

⑥ 费奈隆(一译费纳隆)(François de Salignac de la Mothe-Fénélon,1651—1715),法国作家,高级教士。代表作有《泰莱马格历险记》,书中间接批评了路易十四的政策因而失势。

院律师，也是这样的人。西赛罗也像他一样有三个名字。后来又有些批评家批评皮埃尔·德·希尼雅克，随后后者又进行反批评。这些漂亮的书籍都附有无数小册子，作者在其中要读者判断作者及其对手孰非孰是。然而判断者又从未听说过他们的笔墨官司，很难表态。一个要人家参考他那篇在《文学报》上的论文，另一个又要人家读他在《法兰西信使》周刊[①]上发表的解说。这个人又嚷叫说他正确无误地译述了半行琐罗亚斯德的著作，而且说人们既没有理解这半行译文，也根本不懂波斯文。人们对他关于肖弗皮埃一段文字的批评提出了反批评，他又进行答辩。

总之没有一位批评家不是自以为可以评判天下的人，而天下的人也都听信他的评判的。

啊！朋友，谁知道你在这儿呀？

CROIRE 相信

我们在《确实》一文里看到，在我们认为有把握的时候往往可能很没有把握，而我们按照常情判断是非的时刻又可能缺少良知。但是您把“相信”二字又怎么讲呢？

有一个土耳其人跟我说：“我相信报喜天使加百列[②]常从九重

---

① 《法兰西信使》(*Mercure de France*)法国周刊，创办于1672年由多诺·德·维泽(Donneau de Vise)主持，专载宫廷新闻，短小韵文剧本和故事。直到1825年停刊。1890年法国象征派文人又以同名创办一文学月刊直到现在仍继续发行。——译者

② 加百列(Gabriel)，圣经人物，伊斯兰教传说他向穆罕默德口述古兰经。——译者

天上下降人间，给穆罕默德传来一页页蓝色羊皮纸金字古兰经。”

好吧！穆斯塔法[①]，你那剃光了的头又根据什么理由来相信这种令人难以置信的事物呀？

土耳其人便说：“由于我有十分的把握，根本不会有人在叙述这类似乎不大可能的奇迹时蒙哄我；由于穆罕默德岳父阿布贝克尔[②]、他的女婿阿里[③]、女儿嫒沙或嫒丝和莪默[④]、奥斯曼[⑤]他们都当着五万人的面证实这件事，他们收集了所有这些古兰经文篇页，在信徒面前宣读，并且申明只字未易。

由于我们历来只有一部古兰经，而从来也没有另外一部古兰经加以反驳过；由于真主根本也没许可人在这部经书里做过些微篡改。

由于那些戒律和教义都是完美无瑕的道理。教义就在于我们应该为之而生，为之而死的真主的独一无二性；教义就在于灵魂永生不灭；教义就在于善有善报恶有恶报，在于我们伟大先知穆罕默德所完成的并由于他战无不胜而证实的使命。

戒律要我们正直英勇，救苦济贫，要我们克制自己，不要像东

---

① 穆斯塔法(Moustapha)，土耳其奥斯曼帝国四位苏丹(皇帝)名，此处指土耳其人。——译者

② 阿布贝克尔(Abubeker 或 Abou-Bekr)，伊斯兰教主穆罕默德岳父与继位人，第一代哈里发(Calife 伊斯兰国家君主)。——译者

③ 阿里(Ali)，第四代哈里发，656—661 年在位。——译者

④ 莪默(Omar)，阿布贝克尔继承者，634—644 年在位。曾征服叙利亚、波斯和埃及，借口藏书丰富的亚历山大图书馆藏有违反伊斯兰信仰的图书，将该馆付之一炬。——译者

⑤ 奥斯曼(Othman 或 Osman，1259—1326)，土耳其奥斯曼帝国缔造人。——译者

方那些国王特别是那些犹太小国王那样厚颜无耻，三宫六院，后妃成群；要戒饮隐基底[①]和塔德木尔[②]两地的美酒，这些酒是希伯来酒徒们在他们的书里大事吹嘘的东西；还要每天祈祷真主五次。

这一崇高的宗教曾由最卓越最确切的奇迹证实，而且也是有史以来无可置疑的真实宗教；因为穆罕默德被那些荒唐愚蠢而又食古不化的法官所迫害，并且决定逮捕他，因而被迫离开祖国，只是在取得胜利后，才凯旋而归；他便把审判他的那些低能而残忍的法官打成足下凳、阶下囚；他终生为真主而战，经常以寡敌众，以少胜多；他和他的继承者说服了半个世界皈依了他的教，而我们在真主的协助下有朝一日也会说服其余半个世界的人都来皈依真主。”

再没有比这段话更耸人听闻的了。穆斯塔法虽然如此坚信不疑，可是有人向他问难质疑，提出关于报喜天使加百列的访问，关于从天上传下的古兰经的一章宣告伟大先知根本没戴过绿帽子，关于牝马波拉克[③]在一夜之间把伟大先知从麦加载到耶路撒冷等等问题，他的心中产生一些疑云。穆斯塔法结结巴巴地做了很不像样的回答，因而面红耳赤很难为情；可是他不仅说他相信，还要劝您相信。您再追问穆斯塔法，他便张口结舌，两眼发花，为了真主安拉的荣誉，沐浴净身去了。净身从肘开始，到食指结束。

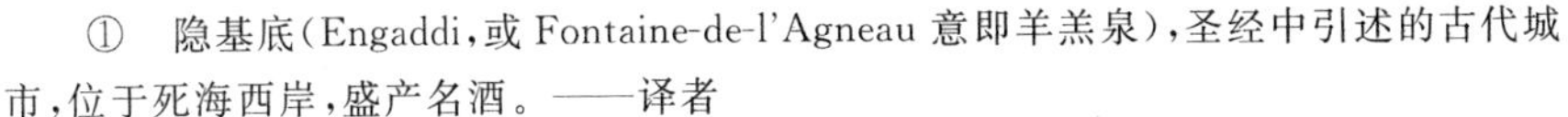

① 隐基底(Engaddi，或 Fontaine-de-l'Agneau 意即羊羔泉)，圣经中引述的古代城市，位于死海西岸，盛产名酒。——译者

② 塔德木尔(Tadmor)，又名巴尔米拉(Palmyre)意即棕榈之城，叙利亚古代名城，盛产名酒，今已成废墟。——译者

③ 波拉克(Borak 或 Al Borak)，阿拉伯语，意即闪光或白亮。这是穆罕默德夜游天空时所乘坐骑的名字。——译者

穆斯塔法果真坚信他对我们所谈的一切吗？穆罕默德确确实实是由上帝派遣来的吗？一如斯坦布尔①的存在、俄国女皇卡德琳娜二世确曾从北海开一只舰队到伯罗奔尼撒半岛（这也是件跟一夜之间从麦加到耶路撒冷的旅行一样令人惊异的事）、这只舰队在达达尼尔海峡摧毁奥斯曼舰队，都那样确有其事吗？

穆斯塔法谈话的实质是他相信他并不相信的事物。他就像他的毛拉②一样惯于说一些他当做是想法的话。相信常常就是怀疑。

阿尔巴贡③说："你根据什么相信这个呀？"杰克回答说："我相信这个就是因为我相信。"大多数人都会这么回答。

亲爱的读者，请您相信我这句话吧：万万不可以轻易相信。

但对那些劝说别人对他们不相信的东西要坚信的人，我们会说什么呢？对那些用谦逊而合理的怀疑学说和自我怀疑学说使他们同行不得安宁的人，我们又会说什么呢？

CURÉ DE CAMPAGNE
乡村教士

一位教士，我为什么谈起一位教士来呢？就是一位伊玛姆④、

① 斯坦布尔（Stamboul），即君士坦丁堡，现名伊斯坦布尔，土耳其博斯普鲁斯海峡西岸一港口。——译者

② 毛拉（mollah），伊斯兰教区域内对教士、学者、官员的尊称。——译者

③ 阿尔巴贡（Harpagon），法国喜剧家莫里哀代表作《吝啬人》主角，在法语中即高利贷者、守财奴的同义词。——译者

④ 伊玛姆（iman 或 imam），伊斯兰教教长。——译者

一位塔拉布安[①]、一位婆罗门[②]，也都应该有体面的生活费用。教士在各地都应由祭坛供养，因为他是为公众服务的。但愿狂热的骗子不会在这里胆敢说我把一位天主教教士和一位婆罗门同等看待，说我把真理与欺骗相提并论。我仅仅是比较一下为社会做的服务工作，比较一下辛苦和报酬罢了。

我认为无论谁担任一种艰苦的职务，总应该由他的同胞们偿付他足够的报酬；我并非说他应拥有万贯家资，像吕居吕斯[③]那样豪华地进晚餐，像克劳狄那样盛气凌人。我同情一位乡村教士，他不得不跟他的不幸的教区信徒争一束小麦，起诉控告信徒；不得不征收扁豆和豌豆的什一税；不得不被人痛恨和痛恨别人；不得不在接二连三的争吵中度他的苦日子。这些争吵弄得他灵魂堕落，性情乖戾。

我更同情圣职俸禄仅能糊口的教士。有些称作征收什一税的大户修士，竟然给这位教士出四十杜加银币[④]的报酬，支使他长年去离家三四公里远的地方，白天黑夜，日晒雨淋，踏雪踩冰，去完成那些最讨厌而且又常常是最无用的事务。然而征收什一税的大户的修道院长，却在那里饮他的沃尔内、博纳、香佩尔坦、西勒里[⑤]等

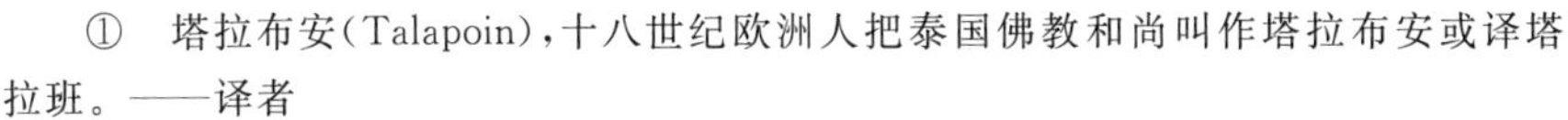

① 塔拉布安(Talapoin)，十八世纪欧洲人把泰国佛教和尚叫作塔拉布安或译塔拉班。——译者

② 印度婆罗门教中的祭司。——译者

③ 吕居吕斯(Lucullus)，古罗马大将。在庞培之前，曾指挥过反击密特里达特(Mithridate)的战争。回师后，以生活豪华闻名于时。——译者

④ 杜加(ducat)，法国古代银币名称，约值五个法郎。——译者

⑤ 沃尔内(Volnay)、博纳(Beaune)、香佩尔坦(Champertin)、西勒里(Silleri)都是法国汝拉(Jura)山区盛产名酒的地方。——译者

地的名酒;吃他的山鹑和野鸡;同他的女邻居睡在鸭绒褥子上;又建造他的宫殿。两者相差悬殊,真有天壤之别呀。

在查理曼大帝时代,人们以为僧侣除开他的土地以外,还应该拥有征收他人土地什一税的权;而这项什一税,算起耕种费用来,至少占去了收成的四分之一。为了保证什一税的缴纳,人们还规定什一税是什么神的权利。它又怎么成了神权的呢?上帝果真下降人间来把我的财产的四分之一交付给蒙·卡森、圣·德尼斯、弗尔得三个地方的修道院各位院长了吗?我不知道;但是过去人们在以倘、何烈、加低斯·巴尼亚三处沙漠荒野分给利未人四十八座城[①]和土地上所有产物的什一税。

好吧!征收什一税的大户们到加低斯·巴尼亚去吧;你们就住在这片荒无人烟的沙漠地带的四十八座城里去征收该地出产的鹅卵石的什一税吧,你们可就发大财了!

但是亚伯拉罕为所多玛而战斗,便向撒冷王兼祭司麦基洗德缴纳了什一税[②]。好吧!你们为所多玛而战斗吧;可是但愿麦基洗德别收割我所种的小麦。

在一个一百二十万平方古里的基督教国度里,在整个北方,在半个德意志,在荷兰和瑞士,人们都用公款支付僧侣的薪俸。在那些地

① 见《旧约·民数记》第35章第7节:“耶和华在摩押平原……晓谕摩西说……你们要给利未人的城共四十八座,连城带郊野都要给他们。”以倘(Etam)何烈(Horeb)加低斯·巴尼亚(Cadès-Barné)均系沙特阿拉伯古代地名。——译者

② 见《圣经·创世记》第14章:亚伯拉罕(原名亚伯兰)听说他侄儿罗得和罗得的财物在所多玛被基大老玛等四个国王掳去,便率领家中精练壮丁前去击败敌人,夺回侄儿和财物,把所夺回的东西拿出十分之一来给撒冷王麦基洗德(Melchisédech)。——译者

方,法院里根本就没有封建主和僧侣之间、征收什一税的大户和小户之间、原告牧师和被告信徒之间的各种讼案,这是由于第三次拉特兰公会议①一项决议的缘故,但信徒们却从来也没听说过这次会议。

在今年1772年,那不勒斯王刚刚在他的一个行省取消了什一税;教士们薪俸从优,而全省庶民都对国王称颂不已。

据说埃及教士根本不收什一税。不收;但是有人却十分肯定地说他们把全埃及的三分之一的土地都据为己有啦。噢,真神奇啊!噢,这至少是难以置信的事。他们占有了一国三分之一的土地,却并没有在不久之后又占有其余的三分之二!

亲爱的读者,不要以为犹太人——一个永不低头的倔强民族,从来不会抱怨什一税啊。

请您读一读巴比伦的塔尔穆德古经②;您若是不懂迦勒底文,可以读出自吉尔贝·高尔曼③手笔的译文;全书连同那些注释,是由法布里西乌斯④整理出版的。您在这本书里可以读到一个贫苦的寡妇同大祭司亚伦的故事,看到这位寡妇的不幸遭遇怎么引起大坍、可拉、亚比兰三人和亚伦之间的争吵⑤。

---

① 1179年教皇亚历山大三世召开第三次拉特兰公会议,解决了1163年杜尔主教会议关于禁止交纳教会的封建性的什一税问题。——译者

② 塔尔穆德古经(Talmud),犹太教经典。——译者

③ 吉尔贝·高尔曼(Gilbert Gaulmin,1585—1665),法国语文学者,曾著书介绍摩西的一生。——译者

④ 法布里西乌斯(J. Albert Fabricius,1668—1736),法国耶稣教神学家。——译者

⑤ 大坍(Dathan)、可拉(Coré)、亚比兰(Abiron)、亚伦(Aaron)、摩西(Moïse)均系圣经中人物。《旧约·民数记》第16章里曾提到这几个人,说大坍、可拉、亚比兰是以色列会众中的首领,因反对大祭司摩西和亚伦,被上帝使地裂口,吞没了他们三人及其人丁牲畜,下入地狱,大地裂口又重新合拢。故事见该章第25—31节。——译者

书中说：[1]有一位寡妇仅有一只母羊；她要剪羊毛，亚伦便来把羊毛据为己有；他说："根据法典，羊毛应归我所有。经书上说，'你应该把第一批剪下的羊毛奉献给上帝'。"寡妇便哭哭啼啼地恳求可拉保护。可拉便去找亚伦。他的恳求没有效果；亚伦回答他说，根据法典羊毛应归他所有。可拉便给寡妇几个钱，就愤愤不平地回去了。

过了不久，母羊生了一只羊羔；亚伦又来把羊羔据为己有。寡妇又到可拉身旁哭泣，可拉徒然想要说服亚伦。这位大祭司便回答说：法典明文规定："你的羊群头生的公羊应该是属于你的上帝的。"他便把羊羔吃了，可拉又怒气冲冲地走开了。

寡妇实在无法可想，便把那只母羊宰杀了。亚伦又来取走了母羊的前腿和肋条；可拉又来抱怨。亚伦便回答他说：明文规定："你必须把肋条和前腿送给教士。"

寡妇苦恼得忍无可忍，便诅咒她的母羊。于是亚伦就对寡妇说，经书上写得明白："在以色列，一切被诅咒的都要归你所有"，他便把整只母羊拿走了。

并非十分有趣而却很奇怪的，倒是在兰斯的一件僧侣与市民之间的讼案中，从塔尔穆德古经里引证来的这个例子，竟然被公民这边的辩护律师引以为证。高尔曼还说他就是见证人。然而人们可以向他答辩说，什一税的征收户并不把人民所有的全部收了去；农户的伙计们也绝不容许。每人都分一份，这多么公道啊。而且，我们以为不拘是亚伦还是我们的哪一位教士也都并没有把我们可

[1] 见该书 165 页 297 条。——伏尔泰

怜的国度里的寡妇们的母羊和羊羔据为己有呀。①

最好用我们已经印行过的那段对话作为《乡村教士》这篇公正的文章的结束语。

第　二　节

请阅读《教士教理问答》②

① 什一税是在著名的 1789 年 8 月 4 日之夜宣布废除的。这是沙特莱(Châtelet)公爵在多少相互交错的提案中首先倡议的提案。这次取消什一税构成著名的法令第五条的目标：

“第五条各种性质的什一税以及代替什一税的租税，不拘以什么名称来征收，即使是一次支付的，由世俗的或正规的宗教团体、圣职薪俸领受者、教会产业、一切永久营业者等等所享有的，即使是由玛尔特修会(l'ordre de Malte，源于十字军的教会组织。——译者)和其它教会或军事团体所享有的，以及为换取圣职薪俸而让与非教会的世俗代理人的什一税，一律废除。除非考虑到用另外一种方式补助举行宗教仪式的费用，维持祭坛司祭们的生活费用，用作救济贫民、修葺和重建教堂与教区本堂神甫住所的费用，用作维持一切机关、修道院、小学、中学、医院、教会团体等的费用不予废除……至于其它的什一税，无论什么性质的，均将由国会规定其赎回方式。”——乔治·阿弗内尔

② 参看本书第 292 页。——译者

珍藏本
纪念版

汉译世界学术名著丛书

哲学辞典

下册

〔法〕伏尔泰 著

王燕生 译

商务印书馆
SINCE1897 The Commercial Press

2017年·北京

目　　录

D

E

F

G

H

I

J

L

M

P

R

S

T

V

D

DÉCRÉTALES 教令

教皇解决教义和纪律问题的书信在拉丁教会内有法令的效力

除开由小德尼斯[①]收集的那部真本之外，还有一个赝本集子，也不知是什么人在什么时代伪造的；是由一位名叫里居尔夫的美因兹总主教于八世纪末在法国散发的；他又把教皇格列高利[②]的一封书信带到沃尔姆斯城。这封书信在过去从来还没有人听说过；但却也没有留下片纸只字的断简残篇，而那些赝本教令，正如下文所述，却在八个世纪中，一直是风靡一时的书籍。

这本教令汇编作者署名伊西多尔·梅卡托尔[③]，里边收集了

① 小德尼斯(Denys-le-Petit，？—530)，希腊神学家，他介绍以耶稣诞辰为纪元的纪年法。著有一大部教令汇编。——译者

② 格列高利(Grégoire，540—604)，即格列高利一世，意大利籍教皇，590—604年在位。——译者

③ 伊西多尔·梅卡托尔(Isidore Mercadore)即这本伪教令汇编作者的化名。——译者

无数伪托为历代教皇从克雷芒一世直到西里斯[①]所写的教令；教皇君士坦丁的伪赠与证书；在教皇西尔韦斯特时代的罗马主教会议；教皇阿塔纳斯[②]致马可书；阿纳斯塔斯[③]致日耳曼和勃艮第主教们的书信；教皇西克斯特三世[④]致近东人书；教皇利奥一世有关乡村代理主教职务的副本堂神甫的特权的书信；教皇约翰一世致总主教撒迦利亚书；还有一封卜尼法二世[⑤]致亚历山大的厄拉利亚的书简，和一封约翰三世致法兰西和勃艮第主教们的书简；格列高利所写的一封内容有关圣·梅达尔隐修院一项特权的信；格列高利致墨西拿主教费利克斯书；还有其他一些书信。

该书作者的目的是要扩大教皇和主教的权限。为了达到这一目的，他证明主教若有问题只能由教皇一人亲自审理，他反复强调这一准则，就是说不仅所有的主教，就连所有的教士和一般受压迫的人们，不论在什么情况下，都可直接向教皇申诉。他还规定了一条不容置疑的原则，就是未经教皇许可，任何主教会议，即使是省级主教会议，都不得举行。

这些教令为主教不受处分开了方便之门，尤其是助长了教皇们野心勃勃的奢望。于是他们双方都迫不及待地采用了这些教令。纪元861年，苏瓦松主教罗塔德，由于抗命而在一次省级主教会议上被撤销主教职务，便向教皇申诉。兰斯城的安

① 克雷芒一世（Clémenr I），91—100年在位；西里斯（Sirice，324—398），384—398年在位，是第一封公认为真本的教令的作者。——译者

② 阿塔纳斯（Sainr Athanase，298—374），亚历山大总主教。——译者

③ 阿纳斯塔斯（Anastase），罗马教皇，398—402年在位。——译者

④ 西克斯特三世（Sixte III，360—440），432年当选为教皇。——译者

⑤ 卜尼法二世（Boniface Ⅱ），罗马教皇，530—532年在位。——译者

克玛尔[①]是他上级总主教，不顾这一申诉，在另外一次主教会议上罢免了他，借口说他已撤回向教皇的申诉而服从主教们的审理。

教皇尼古拉一世，得知这件事，便致书安克玛尔，谴责后者的行为。教皇在信中说，您应当崇敬圣彼得而等待我们的审理，即使罗塔德并没有向我们申诉。在另外一封书信里，谈到这件事便威胁安克玛尔说，他若不恢复罗塔德主教职位，将被开除教籍。这位教皇做法还更进一步：罗塔德来到罗马，教皇便在纪元864年圣诞前夜举行的一次主教会议上宣告罗塔德无罪，并且叫他携带着教皇的几封书信回到他原来的主教席位去。这位教皇致全高卢主教们的一封书信颇值一读。该信内容如下：

你们说罗塔德在向罗马教廷申诉之后，又改变了态度，重新服从你们的审理。这话是无稽之谈。他果真这样做了，那你们也应该纠正他，并且告诉他根本不可以对上级的判决向下级提出申诉。但是，即使他并未向教廷提出申诉，没有我们参与，你们也决不可以违背前任教皇们许许多多的教令，罢免一位主教。因为他们既然可以判断其他司铎们的著作是否应该加以赞同或否决，他们自己关于教义和教规问题的决定亲笔所写的东西就更应该受到人们十分尊重啊！或许有些人对你们说这些教令根本没有载入教会法典；可是当他们觉得教令对他们的意图有利的时候，便不加区别地采用，只是在想要降低教廷权力的时候，他们才否定这些教令；若是因为前任教皇们的教令没有载入教会法典就必须加以否定，那

① 安克玛尔（Hincmar，800—882），是秃头查理主要顾问之一。——译者

么又多么应该否定圣·格列高利以及其他初期教会神甫们的著作甚至于否定圣经啊。

“你们说，教皇继续写道，有关主教的判决并非重大案件，我们要说它们是很重大的，而且主教在教会里地位越高，有关他的案件也就更重大。你们或许要说只有大主教的事件才称得起是重要案件吗？但是大主教也并非另外一种主教，而且我们对于大主教和主教的证人和仲裁人并不要求有什么格外不同的身份；所以我们要保留这两方面的案件都归我们来处理。其次，果真有哪一个相当缺乏理智的什么人说得出来，人们应该为各个教会都保留特权，而只有罗马教廷却可以失去特权吗？”他最后在信尾作出结论，命令他们接受罗塔德，恢复他的原职。

教皇阿德里安二世是尼古拉一世的继位人，对于一件拉昂城的主教安克玛尔的类似案件，其热衷程度也不低于尼古拉。这位高级教士由于为人不公正而又粗暴，引起僧侣界和他管辖的主教区教民们的憎恶。纪元869年在维尔勃里[①]主教会议上被人控告。这次会议是由他的叔父又是他的上级大主教兰斯城的安克玛尔主持的。他便向教皇申诉，并请求许可他去罗马。这项请求被会议拒绝了。人家只是把讼案停止审议，并未越过雷池一步。但是后来法国国王秃头查理和兰斯城的安克玛尔又控告他有什么罪行，人家先在阿提尼主教会议上传讯他，他在那里出廷受审，不久

① 维尔勃里(Verberie)，法国北部一城镇，在博韦(Beauvais)与贡比涅(Compiègne)之间，墨洛温和加洛林两朝代王室行宫所在地，于725、859、863、869年举行四次主教会议。——译者

他就逃遁了。后来他又在杜齐[①]主教会议上提出申诉，会议罢免了他的主教圣职。这次主教会议以会议的名义在纪元 871 年 9 月 6 日上书教皇，呈请教皇批准会议呈送给他的文件档案。教皇阿得里安远未同意会议的决定，否决了对于拉昂城安克玛尔的判决，措词十分强硬，认为拉昂城主教安克玛尔在主教会议上申诉，要在教廷当廷为自己辩护，便不可以对他宣告判决。这就是教皇致主教会议的主教们和国王的一封书信里的词句。

以下就是查理对阿得里安作出的刚强有力的答复："来函谓：'我们要、并且以教廷的权力命令拉昂城主教安克玛尔仰仗您大力支持来罗马当面见我们。'我们奇怪这封书信的作者从何想起，竟然认为一位有责任处罚坏人而惩治罪行的国王却应当把一个根据教规受到处分的人遣送到罗马去。这个人受到处分，主要是鉴于他在被罢免之前人们已经在三次主教会议上确认他有扰乱治安的行为，而在他被罢免以后继续顽抗不驯。

"我们必须写信告诉您，我们法国国王，出身于王族，至今从未被人视为主教的助手，而是王土的领主。而且正如圣·拉昂和罗马主教会议所说的，上帝为控制人间而设置的国王和皇帝，允许主教们依照他们的法令处理他们的事情；但是国王和皇帝们并非主教的总管；请您试翻阅您前任各位教皇的记录，决不会发现他们也像您一样给我们写过这样的信。"

随后他又引证圣·格列高利两封书信来指出格氏不仅是在给

① 杜齐（Douzy），法国色当左近一城市，871 年举行主教会议，会上罢免了拉昂主教安克玛尔。——译者

国王写信的时候、就是在给意大利那些代理大主教写信的时候，态度是多么谦虚。他结束说："我请求您以后不再给我和我的王国主教们写这类的信，以便我们仍旧能够对他们保持应有的尊敬。"出席杜齐主教会议的主教们给教皇复信，语气也一样。虽然我们手中没有该信的全文，他们似乎是想要表明安克玛尔的申诉不应该在罗马受理，而应该在法国按照萨尔迪克[①]主教会议决议授权的审判员来受理。

这两个例子足以令人察觉教皇们凭借这些伪教令来扩展他们的权限到了何等程度！而且，兰斯城主教安克玛尔虽然反驳过阿德里安，说这些教令根本没有载入教会法典，不能推翻由教会法典所规定的教规，从而使他在教皇约翰八世面前被人指责说他违抗教皇教令，可是他自己在书翰和其它小册子里却也不忘了援引这些伪教令。后来就有许多位主教仿效他的做法援引。他们先是承认那些根本不与新近的教会法规相抵触的教令，随后也就更少顾虑了。

主教会议本身也使用了这些伪教令。例如在纪元992年举行的兰斯主教会议上，主教们在阿尔努案件中便引用了阿纳克莱特、尤里乌斯、达马泽和其他教皇的教令。后来的主教会议便效法兰斯主教会议的做法。格列高利七世[②]、乌尔班二世、巴斯卡二世、乌尔班三世、亚历山大三世都肯定他们在这些伪教令里读到的那

① 萨尔迪克(Sardique)，古代城市，即今日保加利亚首都索非亚(Sophia)。——译者

② 格列高利七世(Grégoire 或 Gregrius VII)，旧译额我略七世，罗马教皇，1013年生，1073—1085年在位，曾采取有力措施整顿教规。——译者

些箴言，坚信这些箴言是教会朝气蓬勃时代的教规。最后，教会法典的编纂者，孚姆斯城的布沙尔、夏特勒城的伊弗斯和格拉田[①]都把这些教令充斥在他们搜集的材料里。人们开始在学校里公开讲授神的意旨并且加以解释的时候，一切论战的和经院学派的神学家以及宗教法典的解释者都争先恐后地引用这些伪教令来证实天主教教理或是创立教规，在他们的著作里便塞满了这类伪教令。

只是到了第十六世纪，人们才开始对这些教令的真实性有了初步的怀疑。埃拉斯谟和好几位主教都怀疑它们的真实性，根据下列几点：

1. 伊西多尔的集子里收的教令在小德尼斯的集子里一篇也没有。后者所收篇章只从教皇西里斯的教令开始。可是小德尼斯却告诉我们说他曾非常细心地搜集了这些教令。所以这些教令在罗马教会的档案馆里如果有的话，必然不会为他所遗漏，因为他曾在罗马逗留过。这些教令对于罗马教会本来是有利的，后者若是不知有这些教令，那么其它各地教会必然也一样不知道。最初八个世纪的神甫们和历次主教会议根本没提过这些教令。然而他们这样一致的缄默，又怎么能够跟这些教令的真实性调和得起来呢？

2. 这些教令跟人们所设想的写作时代当时的事物情况毫无联系。这些教令对于最初三个世纪的异端以及天主教会的其它事情只字未提，而当时的真正著作却处处提到这些问题，这足以证明这些教令是后来伪造的赝品。

① 格拉田(Gratien)，十二世纪意大利一隐修士，著作有名为“教令”的教令汇编，是有系统地收集教皇教令的第一部集子。——译者

3. 这些伪教令的日期几乎全是错误的。伪教令作者们一般都按照主教志的纪年记载日期，而据巴罗尼乌斯①说，这本主教志是错误百出的。这就是一个很有说服力的标志，足以说明这个集子是在教皇志问世以后才编纂的。

4. 这些教令在引用圣经的地方，都用拉丁译本的译文。这个译文出自圣热罗姆的手笔，至少也是经过热罗姆校改过的。

5. 最后，这些教令都是用一种文笔写的。文笔也很不规范，这一点正好与第八世纪的无知相吻合。然而所有在其中有名姓的各个教皇都用同一笔法写是极其不可能的事，从而我们可以断定所有这些教令都出自一人之手。

除开这些一般的理由之外，伊西多尔集子里的每一篇教令都有它本身固有的疑窦，而对每一疑窦大卫·布隆代尔②的严厉批评都没有漏过。我们今日对于这部现在被人称作《伪教令汇编》的伪书能有所认识，全得力于布隆代尔。但是由这些伪教令所产生的惯例至今在欧洲一部分地区仍旧存在着。

DÉLUGE UNIVERSEL 世界洪水

我们先要声明我们是相信世界曾经有过洪水泛滥这件事的，因为这是那部传给基督徒的希伯来圣书里叙述过的。

---

① 巴罗尼乌斯(Baronius,1538—1607)，1564 年在罗马成立了天主教神甫团体奥拉托利会(Oratoire)，巴罗尼乌斯任会长，他的名著有《圣职编年史表》。——译者

② 大卫·布隆代尔(David Blondel,1591—1655)，耶稣教牧师和神学家，曾著书批判《伪教令汇编》。——译者

我们把这件事看作是一桩奇迹：

第一，因为上帝愿在圣书里过问的一切事无往不是奇迹的。

第二，因为海洋未必能高出最高的山巅十五肘[①]或二十一尺半而不露出海底来，又不违反液体重量和平衡规律，这显然就需要有一桩奇迹了。

第三，因为即使海面可以升高到书中提出的高度，根据物理规律，方舟也未必能够容纳得下世界上种种动物和它们要吃很长时期的那么多饲料，既然是狮子、老虎、豹、金钱豹、雪豹、犀牛、熊罴、豺狼、鬣狗、老鹰、鹞子、鸢、秃鹫、隼和一切肉食动物，只以肉为食，即使它们把所有其它各种动物吃光，也必然不免于饿死。

从前，有人在《巴斯卡思想集》后边印上卢昂的一个名叫勒·佩尔蒂埃[②]的商人写的一篇论文，在该文中提出一种造船方式，可以容纳所有动物，并且可以饲养一年之久。我们分明看得出这个商人压根儿没有管理过饲养场。我们只好把建造方舟的工程师勒·珀耳帖看作是一个不懂动物是什么的幻想家，我们也只好把洪水传说当成是一柱令人崇敬的、可畏的而又为勒·珀耳帖老爷的薄弱理性所不能理解的奇迹，就如同我们的理性也不能理解这一奇迹一个样。

第四，因为一次洪水泛滥世界按照自然规律是办不到的，这一情况已经严格地证明了。以下就是这种证明：

各大海洋覆盖了地球的一半；按照从海岸起到远离海岸的大

① 法国古代长度名，约合半公尺或一市尺半。——译者

② 此处指 Le Pelletier，十七世纪法国诗人。又是律师。——译者

洋深处计算，平均深度有五百尺。

仅仅为了海洋能够覆盖东西两半球上达五百尺，不仅需要有一重五百尺深的海洋盖在可以居住的陆地上，而且还需要有一重新的海洋来覆盖在我们现在的海洋上面；否则重力规律和液体规律就会使地球负载的这一片五百尺深的新水泄下去了。

所以就要有深仅五百尺的双重新的海洋才足以覆盖住地球水陆面积。

姑且认为大山高两万尺，就须有五百尺深的海洋四十重，彼此重叠起来，才能有高山巍峨山巅那样高。每一重上层的海洋包括其下各重海洋，而最上面一重海洋的圆周面积就包括最下面第一重海洋圆周面积的四十倍。

要形成这样一厚层的水，就必得无中生有。要把这一厚层水退下去，就必得把它消灭。

所以说，洪水泛滥这桩事是一桩双重奇迹，也是显示各个星球永恒主宰权能的最大奇迹。

我们十分诧异有些学者竟然把散布在我们大陆上这里或那里的几种蚌壳归因于这次洪水泛滥。

我们更十分诧异在《大百科全书》的“洪水”一条里所读到的说法。这一条里，援引了一位作者的话，他谈过许多非常深奥的事物[①]，人们认为他这些话都是言之无物的空谈。这个人就是那位普吕舍[②]。他拿希腊神话中那些跟诸神作战的巨人们的故事来证

---

① 见《天体史》第一部，从 105 页开始。——伏尔泰

② 普吕舍(Pluche，1688—1761)，法国文学家、科学家，拉昂中学教授。因拒绝附和教皇《Vnigenitus〔独生说〕》诏书而被解职。著作有《论圣油瓶书》(1719)，《自然之奇观》(1732)(该书曾被译成欧洲各国文字)，《天体史》(1739)，《论语言的技巧》(1751)。——译者

明洪水是可能发生过的。

照他说来，巨人布里亚雷[①]显然就是洪水，因为布里亚雷这个名字意味着顿失宁静。在什么语言里有这个含义呢？在希伯来语里。但是布里亚雷是希腊字，意思是强壮。这个字根本就不是希伯来语。当它偶尔成了希伯来语的时候，我们也要警惕，不要效法博夏尔[②]。包氏把许许多多希腊字、拉丁字，甚至于法语字都说成是来自希伯来惯用语。希腊人对于希伯来惯用语并不比对于中国语文更熟悉。

巨人奥图斯[③]，照普律士说来，也是在希伯来语中指季节颠倒而言。但是其实这仍旧是个希腊字，没有什么意义，至少我知道是如此。至于这个字若有所指，请问这跟希伯来语又有什么关系呢？

波尔菲里雍[④]在希伯来语里，意思是地震；但是在希腊语却是斑岩，跟洪水风马牛不相及。

米玛斯[⑤]，就是一阵滂沱大雨，这一回总算是跟洪水有些联系的东西。但是在希腊语，米玛斯是模仿者或喜剧演员无法给洪水安上这么一个来源。

昂色拉得[⑥]是希伯来语中又一个证明洪水的字。因为照普律

① 布里亚雷(Briarée)，希腊神话中巨人之一，天地之子，有五十个头，一百只手臂，被海神尼普顿(Neptunis)抛入海中，又被主神锁在埃特那山下，以惩罚他的叛逆行为。——译者

② 博夏尔(Bochart，1599—1667)，法国神学家、语文学家和地理学家。——译者

③ 奥图斯(Othus)，希腊神话中巨人之一。——译者

④ 波尔菲里雍(Porphyrion)，希腊神话中巨人之一，希神乌拉诺(Ouranos)和该亚(Géa)所生之子，困欲侵犯天后赫拉而被主神宙斯用雷击毙。——译者

⑤ 米玛斯(Mimas)，希腊神话巨人之一，天地之子，被主神宙斯击毙。——译者

⑥ 昂色拉得(Enselade)，希腊神话中巨人之一，天地之子，被主神宙斯用雷击毙。——译者

士说，这是时间之泉；但是在希腊语里这个字意思是杂音。

厄菲阿尔特[①]，又是另外一个证明洪水的希伯来字，因为这个字在希腊语里意思本是**跳跃者**、**压迫者**、**梦魇**，而照普律士说来，却是一大块浮云。

然而，希腊人从他们并不熟悉的希伯来人那里学习了一切，显然把普律士能从希伯来语援引来的这些名字都给他们的巨人安上了；这一切都是回忆洪水泛滥这件事的。

德卡利翁这个名字，照普律士的说法，意味着日薄西山气息奄奄。这不对。但是这也无关紧要。

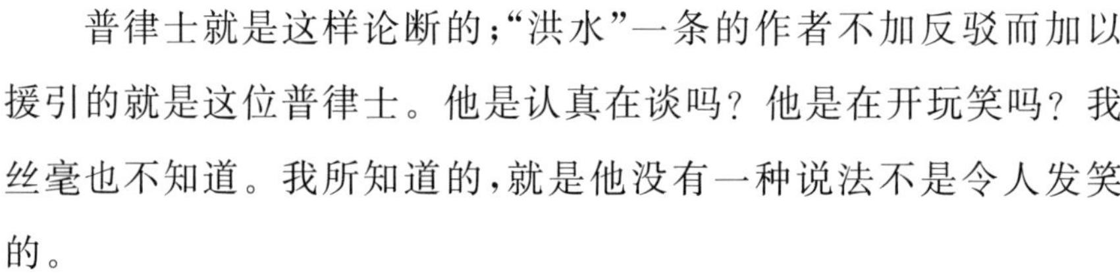

普律士就是这样论断的；“洪水”一条的作者不加反驳而加以援引的就是这位普律士。他是认真在谈吗？他是在开玩笑吗？我丝毫也不知道。我所知道的，就是他没有一种说法不是令人发笑的。

我以为**大辞典**这一条目恐怕是出自布朗热[②]的手笔，这篇文章恐怕不是严肃认真的笔墨。若是果然如此，我们就要问这篇东西是否哲学作品？哲学常常有认识错误之处，因此我们也就不敢再怪布朗热了。

我们更不敢问那个开了口子的深渊和那条下泄的天河[③]到底

---

① 厄菲阿尔特（Ephialtes），巨人之一希神波塞冬（Poseidor）与伊菲梅戴 Iphimédée 所生之子，与其弟奥托斯（Otos）试图登天，被女神阿耳忒弥斯（Artemis）将二人杀于纳克索斯岛（Naxos）。——译者

② 布朗热（Nicolas-Antoine Boulanger，1722—1759），法国文学家、哲学家。——译者

③ 指《创世记》对世界洪水的说法。——译者

是怎么回事。伊萨克·沃西于①否定了洪水曾泛滥世界;hoc est pie nugari〔就是说诚心寻开心〕。加尔梅②断言物体只由于受到空气压力才在空气中有重量,从而肯定有世界洪水。加尔梅并非物理学家,而空气重量也跟世界洪水毫无关系。我们乐于阅读并且尊重圣经中所说的一切,虽然是一个字也不理解。

我不了解上帝怎么会创造了人类却又把人类淹死,而又用一个更坏的人类来替换。

我也不了解怎么 X 对非不洁的各种禽兽会同两对不洁的禽兽一道从地球四面八方而来,而在一路上的狼竟没有吃掉羊,鹞鹰没有扑杀鸽子,等等,等等。

我也不了解八个人怎么能管理、饲养船上那么多的动物,将近两年之久;因为即使洪水退后,青草还没有长大,还要再等待一年才能有草来喂它们。

我不跟勒·珀耳帖先生一样。我赞赏一切,却对于任何事物也不加以解释。

DESTIN 命运

自古流传到现代的西方书籍,最古的是《荷马史诗》。在那里可以找到不敬上帝的古代习俗、按照人的形象塑造出来的粗鲁的

① 伊萨克·沃西于(Isaäcus Vossius,1618—1689),荷兰人,历任荷兰国史编纂、瑞典克丽斯丁女王图书馆员。1670 年定居于英国温泽(Windsor),英王,查理任命他为温泽议事司铎。——译者

② 加尔梅(Augustin Calmet,1672—1757),法国天主教本笃会学者。——译者

英雄们和粗鲁的神灵们的习俗;但是在那里在幻想和不合逻辑的情节中,也发现有哲学的种子,尤其是命运这个观念。命运是诸神的主宰,犹如诸神是天地的主宰一样。

荷马史诗虽说到英勇的赫克托尔一定要和杰出的阿克琉斯作战,因此在战斗前他尽力长跑,绕城三周,为了积聚精力;作者荷马还把追赶赫克托耳的飞毛腿阿克琉斯比作一个昏睡沉沉的人,而法文版译者达锡耶夫人对于这一段书的描写艺术和伟大意义佩服到了极点,史诗写到这里,荷马便说朱庇特要挽救曾为他鞠躬尽瘁的伟大的赫克托尔,给他算命;他在天平上衡量赫克托尔和阿克琉斯两人的命运[①],断定这个特洛伊人一定会被那个希腊人杀死,而他也无力反抗。并且从这时候起,连赫克托尔的守护神阿波罗也不得不离弃了他。荷马并非不往往依照古人的天性在诗篇里尤其是这一段里尽情发挥着跟命运观念全然相反的思想;但是他终归是最早的一位在作品中表现了命运观念的作家。所以,相信命运,在荷马时代还是很流行的风气。

在小小的犹太民族中,法利赛派只是在若干世纪以后才相信命运;因为法利赛派在犹太人中是最早有文化的人,是新形成的人。他们在亚历山大城把一部分斯多亚学派的信条跟古代犹太思想混合起来。圣·热罗姆甚至认为他们的学派并不比我们公历的纪元早很多。

哲学家们压根儿就不需要有荷马和法利赛派才来相信一切事物都有不可动摇的规律,一切都是前定的,一切现象都是一种必然

① 见荷马史诗《伊利亚特》(一译《伊利昂纪》)第二十二卷。——伏尔泰

的结果。请看他们是如何推论的：

或者是世界由于它们的本性而存在，由于它们的物理规律而存在，或者是一个最高存在物按照最高的法则创造了世界。无论在哪种情形下，这些规律都是不可动摇的；无论在哪种情形下，一切都是必然的；有重量的物体都倾向于地心，不能停留在空中。梨树永远也不会结菠萝。一只西班牙长毛猎犬的本能不会是一只鸵鸟的本能。一切都是安排好的，啮合着的、被限定的。

人只能有有数的牙齿、头发和观念。他的牙齿、头发和观念总有一天会一一丧失。

说昨日存在过的未曾存在，今日存在的不存在，这话是矛盾的。说应该存在的东西不应该存在，也是自相矛盾的。

你如果能够改变一只苍蝇的命运，也就没有任何理由妨碍你决定其它个个苍蝇的命运，决定种种旁的动物、一切人和整个自然的命运；你结果就会觉得你自己比上帝还更有权能。

有些傻子说：我们请的医生能起死回生，把我婶母从一场绝症里挽救过来；为她增寿十载。别的笨货冒充能干，又说：谨慎的人能创造自己的命运。

幸运何足道，拜之也枉然，

谨慎才是神，唯它可求援。

(玉外纳，《讽刺诗集》，第十首中第三六五句)

但是小心翼翼的人远不能创造他的命运，却反被命运整倒了；倒是命运创造了小心翼翼的人。

有些精明的政治家们确信如果在英王查理一世被斩首的八天

前有人把克伦威尔、拉得罗[1]、爱尔吞[2]和十二个左右的众议员谋杀了,这位国王或许还能活下去并且得到善终:他们很有道理;他们还可以说倘若全英国都沉入大海,这位君主就不会在白厅旁边断头台上断送性命;可是查理该被斩首那是早已安排定了的事情。

奥萨红衣主教[3]无疑是比疯人院里的疯子来得懂事;但是这位奥萨贤明长者的器官不是显然比这疯子的不同,犹如狐狸的器官也不同于野鹤或百灵鸟的吗?

你请的医生虽然为你婶母起死回生,可是他并没有因此违背自然规律,他不过是顺应自然罢了。显然你的婶母不会不在某一城市里出生,不会不在某时某刻得病,显然医生不会不在他所居住的城市里,你婶母也必然请他来,他也必然给你婶母开几味把她医好的药,或者唯有自然是医生时,人们以为把她治好了。

一个农民以为在他的田地里偶然下了一阵冰雹;但是哲学家却知道丝毫没有什么偶然,知道依照这一世界的构造,在这一天和这个地点,必然会下冰雹。

有些人害怕这一真理,同意一半,就好像债务人只还债主一半,要求延期再付其余的一半。他们说有些事情是必然的,有些又不是。说这个世界的一部分是有条理的,另外一部分却没有;说一部分发生的事情应当发生,另外一部分发生的事情却不应当发生,

---

① 拉得罗(Edmund Ludlow,1617—1692),英国历史人物,共和党人,曾任爱尔兰驻军总司令,审判查理一世的法官之一。——译者

② 爱尔吞(Henry Irton,1611—1651),英国历史人物,克伦威尔的女婿,曾任英国将官。——译者

③ 奥萨红衣主教(Cardinal Arnaud d'ossat,1536—1604),法外交家,曾任亨利四世王朝驻罗马大使。——译者

这未免可笑。但仔细一瞧,我们就可看出与命运学说相反的说法是荒谬的;可是有许多人命定不善于思考,另外有些人根本就不思考,还有人专门迫害思考的人。

有些人会跟你们说:“不要相信宿命论;因为相信宿命论必定会觉得一切都是不可避免的,必定也就什么事都不做啦,必定也就在淡漠无为的心情中沉沦下去,必定也就不爱财富,荣誉和颂扬啦;你们必然什么也不想要,自以为既无功绩也无能力;任何才能也必然得不到培养,一切都将在淡漠无情中殒殇。”

诸位先生,丝毫不必担心,反正我们总归会有欲望和成见。因为我们命定地要受成见和欲望的支配;虽然我们很明白有无丰功伟绩和巨大才能并由不得我们自己就像有没有长得好的头发和生得春笋般的手也由不得我们自己一样:我们会深信我们不应有任何虚荣心,但我们却又总有虚荣心。

我必然有欲望写这个;而你也必然有欲望谴责我;我们二人都同样是傻子,都同样是命运的玩物。你的天性是作恶,我的天性是爱好真理,并且不管你是否愿意,也要把真情实况公诸于世。

猫头鹰在那破屋漏洞里靠吃老鼠过活,对夜莺说:“你不要潜身绿翠送好声了,到敝洞里来,叫我把你吞噬了吧”;而那只夜莺却回答道:“我生来就是为在这儿鸣柳啼春和讥讽你这只猫头鹰的!”

你们问我自由又将如何呢。我不懂你们的意思。我不知道你们所说的这种自由是什么。你们争论自由的性质争论了这样久,那就可以断定你们不知道它。倘若你们愿意,或者不如说倘若你们肯好好跟我一道研究研究自由是什么,那么,就请翻阅字母L部①。

DIEU,DIEUX 上帝,诸神

第 一 节

我们最好再次指出这部辞典并非是为人云亦云而写作的。

对于一位上帝的认识根本不是自然之手印在我们心中的;因为人人都可以有相同的观念,而却没有任何观念是与生俱来的。观念的来源不像光线、大地一类的知觉那样只要我们眼睛和悟性一开就可获得。对于神的观念是否一种哲学观念呢?不是。人类在有了哲学家之前,老早就承认有神了。

这个神的观念又从何而来呢?是从最粗野的人心中随年龄的增长而发展起来的那种感觉和自然逻辑而来的。人们看见大自然的惊人效果,丰收和荒年,晴空万里和暴风骤雨的日子,好事和灾难,人们便感到必有一位主宰。必须有领袖人物来治理社会,人们便需要承认在由于人类的软弱无能而产生的新统治者当中还要有一些更高的统治者,承认必须有一些具有无上威力能使那些欺压同类的人们胆战心惊的人。最早的君王也曾使用过这类概念来加强他们的威力。这就是人们对于神明初步形成的观念,这就是为什么每个小小的社会都有它的神。这类概念本是粗糙的,因为那

① 请参阅本选集《论自由》(本书第615页)一文。——译者

个时候一切都还是粗糙的。人们用类比的方法来推理本是很自然而然的事。一个在一位领袖带领之下的社会，决不会否认邻近的民族也有他们的仲裁人和他们的首领；因此他们不能否认他们近邻也会有自己的神。但是每个民族都希望着他们自己的首领是最好的，他们也愿意相信，从而他们也相信他们自己的神是最有威力的。由此就产生了那些古代传说，流传很久，说一个民族的神攻击另外一个民族的神。从而希伯来的书籍里边有许许多多段落，时时显示犹太人的意见，以为他们敌人的那些神是存在的，可是犹太人的那位神却胜过敌人的神。

然而在那些大国里都有了教士、占星术士、哲学家，因为那里完善的社会，可以容纳一些有闲人士从事思考。

其中有些人把他们的理性向前推进，直至暗中认为有一位独一无二无所不包的神。所以，虽然古代埃及人崇拜奥西里、奥西里斯或者更不如称之为奥西来特①（意即：这块土地是属于我的）；虽然他们还崇奉其它高级的神，可是他们却承认有一位至高无上的神，一个万物唯一的本源，他们叫作克耐夫（Knef）。庙宇正门门楣上方安放的圆球就是它的象征。

根据这一事例，希腊人就有了他们的宙斯，他们的朱庇特，众神之主。这里所谓的众神不过是巴比伦人和希伯来人所谓的天使，罗马帝国基督徒所谓的圣徒。

既然是有许多威力相等的神祇，他们能否同时共存呢，这倒是

① 奥西里斯（Osiris）或奥西来特（Osireth），古埃及神祇，死人的保护者。——译者

个比人们设想更棘手而很少深入考虑过的问题。

我们本来没有什么关于神的适当观念,我们对于神的认识从猜想到臆测,从似是到可能是,缓慢地进展。我们获得很少数的确切概念。既有些事物存在,所以就有些永恒的事物,因为根本没有无中生有的事。这就是我们思想所认为确切的真理。一切为我们显示出手段和目的来的作品,都宣告有一位制作者;所以说这个由许多动力和各具其目的的手段组成的宇宙,表明有一位能力很强大智慧极高超的匠人,这就是接近最大确切性的一种可能性。但是这位最高的匠人是否无限的呢?是否无所不在呢?或者同在一个处所吗?以我们有限的智慧和肤浅的知识又怎么能回答这个问题呢?

我唯一的理性为我证实有那么一个匠人,他安排了世上的物质;但是我的理性却没有能力为我证实这位匠人创造了这个物质,为我证实他是从无中生有的。古代一切有理智的人都毫无例外地相信有永恒的自存自在的物质。我不靠一种高级智慧的帮助而能做到的就是相信这个世界上唯一的神——上帝也是永恒而自存自在的。上帝和物质由于事物本性而存在。其他的神和世界就不存在了吗?有些民族全体和有些知识渊博的学派曾经十分肯定地认为在这个世界有两位神,一位是善的根源,另一位是恶的根源。他们承认在这两种势均力敌的威力之间有着无休止的战争。诚然,大自然在它那广阔无垠的空间里,对于许多在自己领域内做绝对主宰独霸独行的神比较可以容易容忍,而对于两位智力有限,在这个世界上又表现得软弱无力的神,一位无能为善,一位无力作恶,倒是难以容纳了。

如果上帝和物质从来就是存在的,就像古人所信以为然的那样，那么这就是两个必然存在的神了；那么，如果有两个必然存在的神，也就会有三十个了。这些仅有的疑问，滋生了无限的深思；至少足以证明我们悟性的薄弱。我们必须像西塞罗一样坦率承认我们对于神性是完全无知的。我们绝不会知道得比西塞罗更多。

那些学派徒然对我们说上帝的无限性是消极的而不是排他性的，是形式的而不是实质的；上帝是最初行动能力，中间行动能力和最后行动能力。他无所不在，又不在任何一处。对于这样的定义就是用连篇累牍的注释，也不能给我们提供一点点启发。我们既无阶梯也无据点来升高到这样的认识。我们感觉到我们是在一位不可见的神的手中：情况就是这样，我们再也无法越过雷池一步。要想猜测出这位神之所以为神，他是否广阔无垠，是否存在在一定处所，他是如何存在的，如何起作用的，这就未免狂妄了。

第　二　节

我总是担心自己会弄错；但是一切纪念建筑都显然令我看出古代文明民族都认为有一位最高的上帝。没有一部书、一枚纪念章、一面浮雕、一座碑铭是把朱诺、密涅瓦、尼普顿、玛斯以及其他的神当作是创造一切的神，当作整个大自然的主宰。正相反，今日所有最古老的世俗书籍中，赫西俄德、荷马把他们的主神宙斯表现为唯一的雷击手，神和人的唯一主宰。他甚至可以惩罚其他诸神；他把朱诺锁在一条铁链上；他从天庭驱逐了美神阿波罗。

婆罗门的古代宗教是第一个承认有天仙并且谈论这些天仙叛乱活动的宗教，却也绝妙地讲到上帝的独一无二性和权能，正如我们在“天使”一文中所谈论过的。

中国人，虽然很古老，也只是在印度人之后而兴起的；他们从远古时代就承认有一位独一无二的上帝；上帝以下什么属神都没有，在上帝和人之间什么神仙或魑魅魍魉都不存在；什么显圣、降神谕之类的事也没有；根本没有什么抽象的教条；在通儒文士之间也从来没发生过神学一类的争论；皇帝本人就是教长；那里宗教一贯是庄严纯朴的。所以这个幅员辽阔的帝国虽然经过两次被异族征服，却仍然保持它的完整性，而且令它的征服者遵守了它的法律，以致就在人类被罪行和灾难纠缠着的时候，它却依然是地球上最繁荣昌盛的国家。

迦勒底的术士，拜星教徒，都只承认有一位最高的上帝而朝着这位上帝的作品——星辰顶礼膜拜。

波斯人奉太阳为神来崇拜。在孟菲斯庙宇前门门楣上方安置的圆球就是独一无二的上帝的象征，被埃及人称作克耐夫(Knef)。

罗马人把 Deus optimus maximus[至善至大的神]这个头衔只加在朱庇特主神身上。

人类和诸神的创造者

不要过于重复我们在别处指出过的这一条伟大真理[①]。

对一位最高上帝的这种崇拜，从罗慕路斯起一直持续到帝国及其宗教的毁灭。虽然罗马人民狂热地崇拜一些次要而又可笑的神祇，虽然伊壁鸠鲁派实际上并不承认其中任何一位神，罗马的行政官员和贤者都实实在在一直是在崇奉一位最高的上帝。

---

① 所谓生于希腊克里特岛的主神朱庇特，只是历史上或诗歌中的传说人物，一如其他神祇。他起先名叫 Jovis〔柔维斯〕，随后又名 Jupiter〔朱庇特〕，本是希腊字 Zeus〔宙斯〕的译音，而 Zeus 又是腓尼基语 Jehova〔耶和华〕这个字的译音。——伏尔泰

在这一真实情况为我们留下来的许许多多见证中，我首先选择在安东尼时代享有盛誉的推罗城马克西姆的见证，选择这些真正笃信的典范，因为这都是人类的典范。以下就是他在题名为《论柏拉图的上帝观》一书中说的话。凡欲博知多闻的读者务请认真权衡权衡这些话：

“人们曾经有一种弱点，总是想赋予上帝以一种人类的形象，因为他们未曾见过人类以外的任何事物。但是按照荷马的想法，把朱庇特或最高神明想象成为乌眉金发而一挥发蹙眉就能震撼天庭的神人却是可笑的。

“每逢有人一问起人们神明的性质来的时候，各个人的回答却都彼此各异。然而在这大量的不同意见当中，您在全球都可发现同一种看法，就是只有一位上帝是万有之父，等等……”

在这种明确的肯定之下，在西塞罗、安东尼、爱比克泰德等人的那些篇不朽的演说词之下，我要说，多少无知的村学究在今日还在念念有词反复背诵的那些美辞丽句的演说术又算得了什么呢？对于一种荒诞无稽的多神教和一种幼稚可笑的偶像崇拜的无休止的非难，使我们相信那些创立这类多神教和偶像崇拜的人们对于健全合理的古代连浅薄的知识也没有，这又有什么用呢？这些人把荷马的幻想当成圣贤的学说了。

还需要一种更强有力和表达明确的见证吗？您可以在玛多尔城的马克西姆[①]致圣奥古斯丁的信中找到。这两个人都是哲学家

① 马多尔城的马克西姆(Maxime de Madaure)，古罗马神学家和哲学家。——译者

和演说家,至少他们是以此自诩的:他们坦率地相互通信,他们之间的友谊也已经达到一位旧教徒和一位新教徒之间可以做到的程度了。请阅读马多尔的马克西姆书简和希波纳主教圣奥古斯丁的复函。

马多尔城的马克西姆的书简

"然而就算是有一位最高上帝,他是没有起源的,也没有产生与他类似的什么,可是他却是万物之父,什么人又会愚蠢和粗野得能够怀疑这一点呢?

"就是我们以各种名称来崇敬的、权能弥漫在世界各处无所不在的那位上帝。所以,用各种不同的宗教仪式分别崇拜的那些像是这位万物之父的不同肢体一样的东西,我们也就崇拜了他的整体……就算是他们给您保存下来那些属神,只要我们是世上的人,我们便全都通过各种不同仪式来崇拜万神万人共同之父,然而事实上这些仪式虽然千变万化,各不相同,却全部相互一致,为了同一个目的!"

什么人写的这封书信呢?是一个努米底亚[①]人,是一个阿尔及尔人。

奥古斯丁[②]的复函

"在您那儿的公共广场,有两尊战神玛斯塑像,一尊全身裸体,

① 努米底亚(Numidia),现在北非洲一带地方古代名称。——译者

② 奥古斯丁(Augustin,354—430),古罗马神学、哲学、史学家。名著有《上帝之都》。——译者

另一尊身着武装。紧旁边有一座人像，他用三个手指指着战神像，为全城镇住这位倒霉的神明……关于您对我谈这类的神均为唯一真正上帝的肢体这一层，我不揣冒昧，大胆放言，奉劝您千万注意，不可被这类亵渎神明的戏言所愚弄：因为您所说的这位独一无二的上帝无疑就是众所公认的上帝。在这一点上，就像某些古人所言，人无分贤愚，都一致同意。然而您或许要说那位神力（为了避免说残忍二字，我这里用神力二字表达）被一死人塑像所压服的神就是这位上帝的一个肢体吗？我不难为您提供一切机会来深入论述这个问题，因为您很可以看得清楚，人们会用什么言论来反对这种说法。但是我克制住自己这样做，以免您要说这是我为反驳您而使用的修辞武器，并非真理武器。"[①]

我们不知道这两尊遗迹荡然无存的塑像意义何在。但是在罗马到处都有的一切神像，万神殿和所有为属神以及十二位大神建立的庙宇，从未妨碍 Deus optimus maximus［至善至大的神］在罗马帝国全境为众所承认。

罗马人不幸昧于摩西律，又不懂我们救世主耶稣基督的门徒们的律条，不幸没有信念，把崇拜最高上帝和崇拜那些实际上并不存在的战神玛斯、爱神维纳斯、智慧女神密涅瓦、美神阿波罗混为一谈，而且把这一多神教一直保存到狄奥多西大帝[②]时代。幸而是那些毁灭这个帝国的哥特人、匈奴人、汪达尔人、赫尔吕勒人、伦巴德人、法兰克人都顺从真理，享受了一种幸福，是西庇阿、加图、梅泰

① 最近的一位基兹公爵的家庭教师杜布瓦（Dubois）的译文。——伏尔泰

② 狄奥多西大帝（Flavius Theodosius，346—395），罗马皇帝，379—395 年在位，曾促进基督教对多神教的胜利，屡败蛮族之入侵，推迟了罗马帝国的衰亡。——译者

卢斯、爱弥儿、西塞罗、瓦罗、维吉尔和贺拉斯等人所未曾享有过的。[①]

所有这些伟大人物都不知有耶稣其人;这是他们所不能认识的。但是他们却根本没有崇拜过魔鬼,并不像许许多多村学究天天在喋喋不休讲来讲去的那样。他们既然压根儿就没听说过魔鬼,又怎么会崇拜它呢?

论沃尔巴尔顿[②]关于最高上帝问题对西塞罗所做的诽谤

沃尔巴尔顿曾经诽谤过西塞罗、古罗马[③]以及当时的同代人物。他大胆伪造文件,硬说西塞罗在为弗拉居斯[④]致的悼词中说:Majestatem imperü non decuit ut unus tantum Deus colatur[崇拜唯一的上帝是与罗马帝国的尊严格格不相入的]。

谁又会相信这话呢?这句话在为弗拉居斯致的悼词里片言只字未见,在西塞罗其它著作里也没有。问题在于有人指控弗拉居斯有某些犯众怒的地方,因为他曾在小亚细亚担任总督之职,被当时充斥于罗马的犹太人秘密控告:原来这些犹太人靠着金钱在罗马获得一些特权,就是在克拉苏[⑤]之后,庞培攻占了耶路撒冷,绞死他们的小国王阿里斯托布勒[⑥]之子亚历山大的时代。弗拉居斯

① 请参阅《偶像、偶像崇拜者、偶像崇拜》一文。——伏尔泰

② 沃尔巴尔顿(William Warburton,1698—1779),英国高级教士。——译者

③ 见《摩西使节》(*Légation de Moïse*)二卷第二部序言,第 91 页。——伏尔泰

④ 弗拉居斯(Vallerius Flaccus),初世纪拉丁诗人,名著有《阿耳戈英雄传》。——译者

⑤ 克拉苏(Marcus Licinius Crassus,公元前 140—前 91),罗马执政官。——译者

⑥ 阿里斯托布勒(Aristobule),初世纪犹太国王。——译者

曾经禁止向耶路撒冷带入金银，因为这些金银货币从那里再流出去，成色就变低了，而商业便因之受害。他曾经派人没收私自运入那里的金子。西塞罗说，这项金子仍旧存在国库里，弗拉居斯像庞培一样廉洁奉公。

随后，西塞罗又以他平时的讥讽语气说了以下这些话："每个国家都有它的宗教；我们这里也有我们的宗教。当耶路撒冷还自由、犹太人还在平静无事的时期，这些犹太人并非不厌恶这个帝国光辉情景、并非不嫌憎罗马姓名的尊严以及我们祖先的各项制度。今日这个民族更加以它的武力显示出它对罗马帝国应有的想法。它以它的重要地位显示出它是如何受永生诸神的珍爱。它在被征服、分散和屈从的时候，也给我们证实了这一点。"

所以说什么西塞罗或任何一个罗马人曾经说过承认有一位至高无上的上帝对于罗马帝国的尊严是格格不相入的这类的话是很错误的。他们的朱庇特，希腊人的那位宙斯，腓尼基人的那位耶和华，从来都是被人视为众神之主的。再没有比这一真理更深入人心的了。

罗马人是否袭用了希腊人的众神作为自己崇拜的神呢？

罗马人不是有许多神并非是从希腊人那里袭用下来的吗？

例如希腊人崇拜乌拉诺斯，罗马人则崇拜的是克娄姆；希腊人祈求嘎亚和克罗诺斯，而罗马人则祈求萨杜恩和泰吕斯。所以说他们并不能算是抄袭了希腊人的神谱。

他们把希腊人称作黛欧和得墨忒耳的神称作色列斯。

他们的尼普顿就是希腊的波塞冬；他们的维纳斯就是希腊的阿佛洛狄忒；他们的朱诺在希腊名赫拉；他们的普罗塞尔平娜就是希腊的柯拉；最后，他们最喜爱的战神玛斯在希腊就是阿瑞斯；他们最喜爱的女战神贝洛娜在希腊神话中叫以尼欧。这其中没有一个名字是相似的。

希腊罗马英雄所见果然相同吗?后者有没有袭用前者的事物而改换了一下名称?

很自然的事是罗马人并未借鉴希腊人,自己创造了天、时等神明,创造了一位掌管战争的神和一位掌管生殖、收获的神,没有在希腊人那里去寻找这些神,并不像他们后来从希腊人那里吸取法律那样。每当您遇到一个跟什么也不相似的名字,要相信它是当地原有的,似乎是不会弄错的。

但是朱庇特,万神之主,岂不是从幼发拉底河直到台伯河之间各个民族共有的一个名字?那就是最初的罗马人那里的约夫(Jow)、约维斯(Jovis),希腊人那里的宙斯(Zeus),腓尼基人、叙利亚人、埃及人那里的耶和华(Jehova)。

这种相似之处岂不是可以证实所有这些民族都知道有一位最高主宰吗?老实说,这种认识还是模糊不清的,但是什么人又能对于这一点有清楚的认识呢?

第三节　斯宾诺莎[①]研究

斯宾诺莎自己不由得不承认在物质内部含有一种起作用的活

---

① 巴路克·斯宾诺莎(Baruch Spinosa),1632 年生于阿姆斯特丹,出身于葡萄牙犹太人家庭。他的新颖宗教思想,招致了基督教徒和犹太教徒双方的迫害。所有为他写传记的作家,包括反驳他的学说的培尔在内,都一致赞扬他的聪明才智、渊博学识,公正廉明和大公无私的风度。他在 45 岁时,因患肺疾逝世。他仅有两部著作在他生前问世:一部《笛卡尔哲学原理》(1663 年出版,4 开本)和一部《神学政治论》(1670 年出版,4 开本)。他的著作最佳善本是由波吕斯(Poulus)编的八开本两卷集(德国耶拿版 1803 年出版)。——贝多列尔

跃的智慧，与物质合而为一。

他说："我应当总结说绝对实体既非思维也非广延，这二者彼此互不包含，但是广延和思维二者却都是绝对实体的必然属性。"

就是在这方面，他似乎跟古代所有的无神论者诸如卢卡斯(Ocellus Lucanus)、赫拉克利特、德谟克利特、留基伯、斯特拉东、伊壁鸠鲁、毕达哥拉斯、狄亚哥拉斯、爱利亚的芝诺、阿那克西曼德以及许多其他的人有所不同。他跟这些人特别在方法论方面有不同之处。他读了笛卡尔的著作，从中汲取了后者的全部方法论，甚至直到文笔方面也是模仿笛卡尔的。

尤其是令那些欢呼"斯宾诺莎！斯宾诺莎！"而却从未阅读过他的著作的群众惊讶的是他以下的声明。他这段声明并非说来为向人炫耀自己，平息那些神学家的意见而为自己寻求保护人的，并非用以缓和一个派别的态度的；他是以哲学家身份讲而不透露自己的姓名，并不炫耀自己。他用拉丁语表达，为的是只让极少数人听。以下就是他的信条告白：

斯宾诺莎信条告白[①]

"倘若我也断言上帝的观念包含在无限宇宙观念之内，使我可以免得服从、爱戴和崇拜，我便会把我的理智运用得更有危害；因为我分明觉得我的那些并非由于别人的关系或通过别人而是直接受自上帝的法则或规律，都是自然的智慧使我认为是一种合理行为的真正指南。我若是在这方面不顺从，我就不仅违反了我自身

① 见《斯宾诺莎著作集》44 页。——伏尔泰

存在的原理和与我一样的人们的社会，也违反了我自己，使我失去我自身存在的最可靠的利益。这种顺从也的确只是要我对我自己负责，而使我对于其余的一切也只当作是无足轻重的宗教仪式罢了。这些仪式也都是由于迷信而杜撰出来的，或是为了建立这些仪式的人们谋取利益而搞出来的。

关于对上帝的爱戴，这一顺从观念远非足以削减这种爱戴，我认为再没有比它更能增进这种爱戴的了，因为上帝的观念使我认识上帝是深入我的存在的，它赋予我以我的存在以及我的一切属性；然而他赋予我这些是慷慨大方的，没有什么怨言，没有私心，使我除去顺从自己本性以外，并不强使我顺从其它事物。这种顺从观念去尽了恐惧、焦急疑虑的心情和庸俗利己的感情的一切缺点。它使我感觉到这是一种我不可失去的产业，而只要我能认识它，珍惜它，我就更能占有它。”

这些思想不是出自德高望重温文尔雅的费纳隆[①]的手笔吗？不是出自斯宾诺莎的手笔吗？这两位彼此十分相反的人物在爱戴上帝本身这一观念上何其所见相同而对于上帝的观念却又彼此十分差异呢？

应该承认他们二人抱同一目的，一位是基督徒，另一位不幸却不是基督徒。圣徒大主教是一位坚信上帝不同于大自然的哲学家，另一位则是笛卡尔的一位误入歧途的门徒。笛卡尔想象上帝

① 费纳隆（一译费奈隆）（François de Salignac de La Mothe Fénelon，1651—1715）法国坎伯雷大主教，布尔戈涅公爵家庭教师。他成功地改正了他的学生的狂暴邪恶的性格，为后者写了他的名著《泰来马格历险记》（*Aventures de Télémaque*）。——译者

就是自然整体。

前者是东正教徒，后者却错了，我应该这么说；而且虽说是在这位模仿荷马史诗《奥德赛》的作家和一位淡漠无情手中掌握许多论据的笛卡尔派之间，在路易十四宫廷中一位官高位显的才子和一位靠年金三百弗罗兰荷兰金币维持生活[①]默默无闻的不信奉犹太教的贫穷犹太人之间毫无瓜葛。但是二人都具有善意，品德忠诚朴厚，令人敬重。

如若说在这二人之间有什么相似之处，那就是费纳隆在新宗教法的裁判庭上被人控告过[②]，而斯宾诺莎却也曾在无能又无理的旧犹太教法庭受审。但是前者屈服，后者却反抗。

斯宾诺莎的哲学基础

伟大的辩证论者培尔反驳了斯宾诺莎。斯宾诺莎这一哲学思想体系并非像欧几里得几何学的一道命题那样被证明过。倘若是的话，也就没有人反驳它了。所以这一体系至少是晦涩不明的。

我总是怀疑斯宾诺莎对于他所谓的普遍实体、实体的形态和偶然性的理解跟培尔理解得不一样，因此培尔可能有道理，却又难不倒斯宾诺莎。我尤其是总以为斯宾诺莎常常自己跟自己的意见也不一致。这就是人们之所以没有弄懂他的学说的最主要的理由。

---

① 在他逝世后，人们在他的日用账簿里发现他有时候一天三餐只用了四个半铜钱，这不是一位参加教务会议的修士应有的饭食。——伏尔泰

② 费纳隆曾与波舒埃(Bossuet)进行政治论战而受罗马教廷审讯并屈服。——译者

我觉得人们可以从培尔忽略了的那一方面突破斯宾诺莎学说体系的防御壁垒。斯宾诺莎认为不可能只存在一种实体;他的整部著作看来都建立在笛卡尔的“一切都是满无虚隙”这一误解上的。然而,说一切均满无虚隙,跟说一切皆空同样是错误的。今日已经证实运动在满无虚隙的条件下是不可能的,就像在一个平衡的天平上,两斤的重量不能抬起四斤的重量来一样。

然而,若是运动绝对需要空洞的空间,斯宾诺莎的唯一的实体又会成了什么呢?在一颗星球和我们之间是一片无边无际的空间,这颗星球的实体又怎么会恰好是我们星球的实体呢?又怎么会正好是我自身的实体呢?又怎么会正好是那只被蜘蛛吃掉的苍蝇的实体呢?

或许是我自己想错了;但是我从来也不能理解既然斯宾诺莎承认有一个无限的实体,思维和物质是这一实体的两种形态,既然他承认有一种他称之为上帝的实体,而我们所目睹的一切都是这一上帝实体的形态或偶有的性能,他又怎么会能扬弃了那些目的因或终极原因。如若是这一无限而普遍的实体能思维的话,它又怎么会没有意图呢?如果有意图的话,它又怎么会没有一种意志呢?斯宾诺莎说,我们是这一绝对的、必然而无限的实体的一些形态。我就要对斯宾诺莎说,我们既然想要这样做那样做,我们有意图,而我们又只是一些形态,所以这一无限、必然而绝对的实体便不能没有这些意愿意图,所以它有意志、意图和潜在能力。

我十分清楚有若干哲学家,其中尤其是卢克莱修都否认目的因,否认有具有目的性的原因;我也知道卢克莱修虽然不大讲究词藻文笔,从他的描写艺术和道德水平看来,却不失为一位伟大诗人；但是在哲学方面，我坦率地说，我觉得他远不如一所圣职会守门修士和教区的一位教堂执事。认定目非司视，耳非司听，胃非司消化，那岂不是人类理智从未有过的最大荒谬、最令人愤慨的疯狂吗？我虽然是一个坚持怀疑观点的人，我要说在我看来，这显然是荒谬绝伦的想法。

至于我，我在自然中就像在艺术中一样，处处看到有目的性的原因——目的因：我相信苹果树是为结苹果而生的，就如同我相信一只表是为计时而创造的一样。

我在这里应该提出斯宾诺莎在他的书中有好几处讥笑目的原因，可是他自己在他那部《一般的存在和特殊的存在》一书里却又比任何人都更明确地承认这类目的原因。

以下就是他的话①：

“让我在这里略加论述，来赞赏大自然奥妙的分配。这种分配由于使人的体质具备了各种必要的手段而足以令他那脆弱的生存延年益寿，并且用远离身外的无限事物来加强他对于自身的认识，似乎有意忽略了赋予他一些手段来更能熟悉他通常必须运用的那些知识，以及认识他自己的同类。然而试一认真体会，就可知道这种情况，与其说是由于拒绝的结果，不如说是由于一种极端慷慨的结果，因为倘若有什么有聪明才智的人，能够不由自主地渗透到另一个有智慧的人心内，前者对于后者便会占有某种优势，而因此就会被他的社会所摈斥；而每个人在现况下却都享有完全的独立性，只是在对他适宜的条件下才可表露自己的思想。”

① 见《斯宾诺莎著作集》第14页。——伏尔泰

从这段话里,我又可以得出什么结论来呢?我可以说斯宾诺莎常常自相矛盾;可以说他并非经常思清意明的;可以说他在各种学说体系巨大灭顶之灾中时而抓住一块木板以自救,时而又抓住另外一块木板以脱身;由于这一弱点,他颇似马勒伯朗士、阿尔诺[①]、波舒埃、克洛德[②]等人这些人在他们的争论中有时候是自相矛盾的;所以说斯宾诺莎跟许许多多形而上学家和神学家都相似。我要总结说我更有理由怀疑我自己在形而上学方面具有的一切观念;并且要说我自己就是一个很软弱的动物,在流沙上行走,流沙在我脚下不住地滑开,而或许是再没有比相信自己总是有理更荒唐的了。

巴路克·斯宾诺莎[③],您思想很混乱;可是您果如人们所说的那样危险吗?我以为不是;我的理由就是您思想混乱,您的拉丁文也写得不好,虽说是有人把您的著作译成了法语,而在欧洲却找不到十个人把您的著作从头到尾读完过,什么作者才是危险的作者呢?就是被宫廷中有闲情逸致的人和贵妇人阅读的书的作者。

第四节　论自然的体系

《自然体系》一书的作者使学者、不学无术的人、妇女们阅读自己的书而占了便宜;所以说他能笔下生花,这是斯宾诺莎所没有的本事。这部书的作者时常是论述明晰,有时也还有雄辩之才,虽说

① 阿尔诺(Arnaulol,1591—1661),法国索尔邦大学著名博士和神学家。名著有《波尔鲁阿修院逻辑学》,《法语理论语法》。——译者

② 克洛德(Jean Claude,1619—1687),法国新教著名牧师,与波舒埃有过激烈论争。——译者

③ 他名巴路克(Baruch)而非伯努瓦(Benoît)。——伏尔泰

人们可以责怪他重说复述啰啰唆唆、夸夸其谈，而且又像其他作者一样常常自相矛盾。对于事物的底蕴，却不可不在肉体方面和伦理方面质疑问难。这关系到人类的利害关系。所以我们来研讨一下他的学说是否真实而有益。我们姑且尽量谈得简短一些。

“秩序与紊乱根本不存在……”[①]

怎么！在肉体方面，如果有个儿童生下来就是盲人，或是缺臂少腿，这么一个怪胎不是跟人类本性相反吗？不是大自然平时的规律性形成秩序井然的景象，而不规律性就形成了紊乱的状态吗？

大自然赋予一个儿童以饥饿感而又堵塞了他的食道，这岂不是一种很大的紊乱、一种致命的错乱吗？各种动物的排泄作用都是必要的，而排泄渠道却往往没有开口：人们只好予以医治。这一种紊乱必有其原因。世上没有无因之果。可是这种结果却又忒紊乱无绪了。

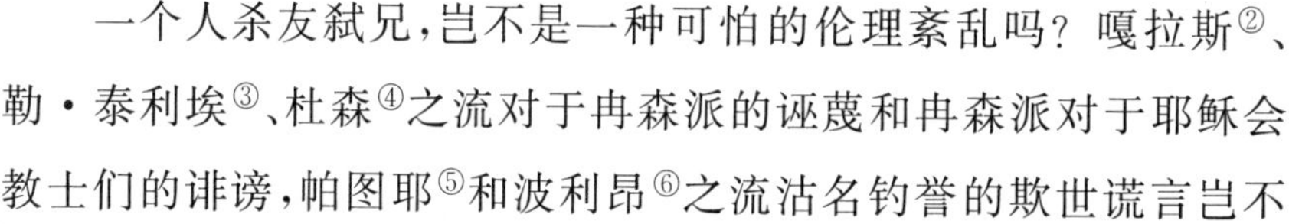

一个人杀友弑兄，岂不是一种可怕的伦理紊乱吗？嘎拉斯[②]、勒·泰利埃[③]、杜森[④]之流对于冉森派的诬蔑和冉森派对于耶稣会教士们的诽谤，帕图耶[⑤]和波利昂[⑥]之流沽名钓誉的欺世谎言岂不

① 见《自然体系》上卷第60页。——伏尔泰

② 嘎拉斯(Garasse，1585—1631)，法国耶稣会教士，以其激烈的文艺和哲学争论闻名于时。——译者

③ 勒·泰利埃(Le Tellier，1648—1719)，法国耶稣教士，法王路易十四最后一位听忏悔的神甫。——译者

④ 杜森(Louis Doucin，1652—1721)，法国耶稣会教士，以争论关于教皇克雷芒十一世谴责冉森主义敕书问题而闻名于时。——译者

⑤ 帕图耶(Louis Batouiller，1699—1779)，法国耶稣会教士，宗教问题辩论家。——译者

⑥ 波利昂(Pauliar)，法国耶稣会教士。——译者

也是小小的紊乱行为吗？历史上的圣巴托罗缪之夜的惨案[①]、爱尔兰大屠杀[②]等等，等等……岂不是几次可憎的暴乱吗？这种罪行的原因在于狂热的信仰；但是其结果是非常可憎的；其起因是灾难性的；这种暴乱令人胆战心寒。要是可能的话，还应该揭露这种混乱无序的根源；但这种混乱是存在的。

"实验证明我们看作是无自动力的不动的物质，一旦以某种方式组合起来，就有行动、智慧和生命。"[③]

困难点恰好是在这里。一个萌芽如何有了生命。该书作者与读者都一点也不知道。由此就产生了整整两卷的《自然体系》；而世界上一切的学说体系岂不都是一些幻想吗？

"应当给生命下一个定义，明确生命的意义，这是我认为不可能的事。"[④]

生命的定义岂不是很容易下的吗？岂不是很共同的吗？生命不就是人体组织和感觉吗？但是因为您只抓住物质运动这两种属性，所以就无法加以证实。既然是无法证实，却又为什么肯定呢？为什么提高嗓门儿说"我知道"，却又低声自言自语地说"我不知道"呢？

---

① 圣巴托罗缪(Saint Barthélemy)惨案。1572 年 8 月，法国胡格诺教徒（新教）重要人物聚集巴黎参加胡格诺派领袖那瓦尔王亨利四世(Henri IV，roi de Navarre)婚礼。法王查理九世受其母卡特琳·麦迪锡(Cathérine de Médicis)之主使，于 23 日夜间 5 时率领武装部队屠杀胡格诺派贵族教徒二千多人，引起法国第五次内战，因 24 日为圣巴托罗缪节，故史称"圣·巴托罗缪之夜"。——译者

② 1649 年 8 月，英国克伦威尔(Cromwell)率军入侵爱尔兰，迫害天主教徒，进行大屠杀。战争结束后，原有 150 万人口，仅剩一半未遭杀害。——译者

③ 见《自然体系》上卷第 69 页。——伏尔泰

④ 见上书第 73 页。——伏尔泰

“人们要问人是什么，等等。”①

这一篇文字当然并不比斯宾诺莎最晦涩难懂的文字更明快而通畅，而有不少读者对于文中那么果断、可是又令人觉得什么也未说明的语气必然会感到气愤。

“物质是永恒的和必然的；但是物质的那些形式和组合却是短暂而又带着偶然性的，等等……”②

物质既然是必然的，而照作者说来，任何自由实体也不存在，那么很难理解怎么又会有些偶然事物。我们理解偶然就是可有可无；但既然一切都是绝对必然的，一切存在的形式——他在此不恰当地称之为偶然——必然跟存在本身同样也是一种必然。就是在这一点上我们又陷入迷途，一点出路也看不到了。

当人们敢于肯定说根本就没有上帝，肯定说物质本身、由于一种永恒的必然而起作用的时候，就应当证明这种说法像欧几里得的一道命题一样正确，否则您也只能把您的学说体系建立在一个“或许是”上边罢了。对于最涉及人类的事物来说，这又是什么基础呀！

“人若是根据自己的本性不得不爱自己的幸福，也就不得不爱达到幸福的手段。如若一个人不使自己陷于不幸，便不会品德高尚，那么要求他有高尚的品德也是枉然，而且或许根本就不公正。如果一个人一旦生活沾上放荡不羁的习惯能令他幸福的话，他便会爱上了这种放荡生活。”③

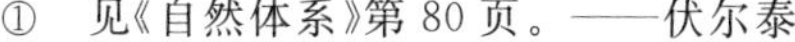

① 见《自然体系》第 80 页。——伏尔泰

② 见《自然体系》上卷第 82 页。——伏尔泰

③ 见上书第 152 页。——伏尔泰

这句箴言在道德上比其它谬于肉体的箴言还更有害得多。若是一个人不经过受苦便没有道德行动，那么，就应当鼓励他具有良好的德行。这位作者的命题显然是摧毁社会。况且，作者又怎么知道人没有恶癖便不会有幸福呢？经验岂不是正相反证明一个人抑制住恶癖所感到的满意比较抗拒不住这种恶癖而得到快乐更大百倍吗？而且这种恶癖所带来的快乐总是有毒害的。这种快乐总是会导致不幸或成为灾祸。人们抑制住自己的恶癖便获得心安理得的宁静和良心的安慰，否则若沉溺于自己的恶癖，便会失去安宁和健康，便会牺牲一切。所以作者自己也在二十处要人们为了德行牺牲一切，而他提出这一命题也只是为了在他的学说体系中再次证明人必须有德行。

“那些用很多理由否认天赋观念的人或许也能感到人们置之于支配世界地位的、又是我们五官感觉所不能证实其存在和它的种种属性的那种难以形容的智慧，就是一种理性的存在。”[①]

其实，从我们根本没有天赋观念这种立论又怎么能导致根本没有上帝这一结论呢？这种结论岂非荒谬？如果说上帝通过我们的感官赋给我们观念不是有点自相矛盾吗？上帝若说他是一全能的存在，我们的生命都系之于他，我们的观念和感官也像其它事物一样都由他而来，这岂不是更明显的道理吗？先要证明上帝不存在，这就是作者所根本没有办到的，而甚至于一直到第十章这一

① 见《自然体系》上卷第 167 页。——伏尔泰

页，作者也还无意证明上帝不存在。[①]

为了避免研究这些零零碎碎的段落以免读者费神，我现在就谈谈这部书的理论根据，谈谈他如何在骇人听闻的谬误上建立了他的学说体系。我仅在此复述一下我们在别处所说过的。

自然体系的根据——鳗鱼的故事[②]

将近1750年的时候，法国有一位英籍耶稣会教士，名叫尼达姆，冒充为非修道会的一般神甫。当时他任图卢兹城大主教狄龙先生侄子的家庭教师。这个人做物理实验，特别是化学实验。

他先把有角麦病的稞麦面粉放在一些用瓶塞塞好的密封瓶子

① 人们读了伏尔泰气势磅礴地写下的这一页之后，对《自然体系》一书很难得出一个概念来。为了对于一位唯心主义者如何判断霍尔巴赫的学说体系有一个明确的概念，必须阅览一下达弥隆先生(M. Damiron，1794—1862)为研究这位哲学家而在他那部《十八世纪哲学研究报告》里为霍尔巴赫认真撰写的一篇专章。达弥隆虽然是在批评霍尔巴赫，却也让读者注意到霍尔巴赫的结论是对于人权和公民权的肯定。——乔治·阿弗内尔

② 这里谈的是自然生成说。这是现在人们谈论最多的问题。由英人尼达姆证实。约翰·图伯尔维勒·尼达姆(Jean Turberville Needham)1713年生于英伦，双亲都是天主教信徒，他自己献身圣职，在32岁时就发表了他的显微镜学的发现。在一次旅游巴黎时，与正在研究纤毛虫纲和精液生物的布丰(Buffon)邂逅，布氏便与之合作，二人使用这位英国人的显微镜共同所做的研究发表在四开版本《自然史》第二卷第六章里(关于生物生成问题的实验)。尼达姆主要著作书名《显微镜新观察》。作者在书中不仅研究鳗鱼，并且还研究鳟鱼。这类鳟鱼曾经维克托·雨果用十分奇幻的想象文笔描述过它们的习性。正当自然主义哲学家们取用了尼达姆的发现作为他们学说体系的基础时，尼达姆却极力证明生物自然生成的假说与宗教信仰完全一致。他说人是通过创造主的道路从物质里以自然生成的方式生出来，并且说夏娃只是亚当身体的一次突然扩张，从她丈夫身上分离开来，就像珊瑚虫离开母体一般。他也在神迹问题上攻击伏尔泰。尼达姆在1781年逝世于布鲁塞尔，比利时女皇玛丽·黛莱兹在1765年召他进入比京学会。——乔治·阿弗内尔

里,又把羊肉汁放在另外一些塞好的密封瓶子里,他以为他的羊肉汁和稞麦里都生出来一些鳗鱼。这些鳗鱼不久又生出了一些鳗鱼来,因此从肉汁里或稞麦里都可以生鳗鱼。

有一位有声望的物理学家并不疑心他是一位无神论者。这位物理学家做出结论说,既然可以用稞麦面粉产生鳗鱼,那么也可以用小麦粉创造人;又说大自然和化学能生产一切;并且说已经证实一切可以不假手于一位创造万物的上帝。

面粉的这种性能轻易地就欺骗了一个人[①],他当时不幸正迷惘于一些糊涂观念中,这些观念令人为人类思想的弱点不寒而栗。他想要凿一洞穴,一直穿入地心,来看看地心的火;还想要解剖巴塔哥尼亚人[②]来了解一下灵魂的性质;又想用松香把病人们周身涂抹起来防止他们出汗;又想激发自己的灵魂预言未来。若是再说到他还更不幸要想方设法压迫他的两位同僚,这件事并不为无神论增光,不过是令我们反躬自省感到惶惑不安罢了。

很奇怪的是人们一面否认有创造主一面,自以为能够创造鳗鱼。

更可悲的是有些很有学问的物理学家却也采纳了耶稣会教士尼达姆可笑的学说而把它跟梅耶的学说联系在一起。后者认为大西洋形成了比利牛斯山脉和阿尔卑斯山脉,而人类最初本是海豚,海豚分叉的尾部后来随着时间的推移就变形成为臂部和两条腿,正如我们已经提到过的。这类想象之谈倒是可以同面粉形成的鳗

① 即莫佩都依(Maupertuis)。——伏尔泰

② 巴塔哥尼亚(Patagonie)在南美洲南端,由智利与阿根廷分占。——译者

鱼相提并论了。

不久以前还有人断言过在比京布鲁塞尔有一只兔子叫一只母鸡生了十二只小兔呢。

这种用面粉和羊肉汁变成鳗鱼的演变由一位比尼达姆略微高明一点的斯帕朗扎尼先生[①]证明实际上是虚假可笑的。[②]

甚至用不着这类观察就可以指出一项明显的错觉荒谬来。不久尼达姆的鳗鱼就会去寻找布鲁塞尔的母鸡去了。

然而在1768年，卢克莱修作品的译笔精确优美而认真的译者[③]也被欺骗了，误以为果真如此，也竟然在卢克莱修著作集第三卷第361页他作的注释里，不仅提到了尼达姆的实验，而且还尽其所能事地来证实这种实验。

以上就是《自然体系》一书的新根据。作者在第二章开端就这样写道：

"用水调稀了面粉，把这混合物封起来。过一些时候，人们就可以用显微镜发现混合液里产生了一些生物，是人们认为面粉和水都不能产生的。也就是这样没有生命的自然过渡到生命，后者本身不过是运动的组合罢了。"

即使这段闻所未闻的蠢话是真实无误的，我认真思考起来也看不出这段蠢话可以证实上帝根本不存在。因为很可能有一位至

① 斯帕朗扎尼(Spallanzani，1729—1799)，意大利自然科学家，对于血液循环、消化、生殖和微生物研究都有重大贡献。——译者

② 尼达姆批评过斯帕朗尼扎关于微生物的发现。后者便反驳他，证明这位微生物学者自己在纤毛虫的本性和习性的鉴定中也错误百出。就是在这一场论争后，斯帕朗尼扎发现了复苏的纤毛虫变为轮虫的惊人性能。——乔治·阿弗内尔

③ 即拉格朗日(Lagrange)。——全集版

高无上和聪颖而全能的神。这位神构造了太阳和一切星球,也愿意构造一些不具胚胎的微小动物。其中并没有命题各项之间的矛盾。必须另外找出证据来证明上帝并不存在,这正是绝没有人找到过而且将来也不会找到的。

作者以轻视的态度论述目的原因,以为这一论据是老生常谈。但是这个遭人十分轻视的论据却是西塞罗和牛顿所引用过的。仅此一端,就可以叫那些无神论者多多少少有点怀疑自己了。有相当多的明智之士,仰观行星运行,俯察万物构造,其中显示出惊人的艺术,便都承认有一只全能的手在运转这些连绵不断的奇迹。

《自然体系》的作者认为盲目无择的物质可出有智慧的动物。不假手智慧却能造出有智慧的动物来,这是可以理解的吗?这一学说体系有一丝一毫近似真实之处吗?一种矛盾百出的议论也要有跟它本身一样惊人的证据来证明。书的作者并没有提供这样的证明;他什么也证明不出,而却肯定他所提出的一切论断。这多么混乱无绪啊!多么模糊不清啊!而且又是多么轻率啊!

斯宾诺莎至少也还承认在构成大自然的伟大总体中有一种能动的智慧,这想法里边倒还有哲学意味。但是我却不得不说在“自然的体系”这一新学说里竟找不到任何哲学的意味。

物质是有广延、体积、引力的,是可分的;我本身跟石头一样具有这类属性。但是谁又见过一块有感觉能思维的石头呢?我若是有广延、有体积,若是可分的,这也是来之于物质。但是我有感觉有思维,这又是从何而来的呢?这并非来之于水,也非来之于泥土;似乎是来之于比我自己更强有力的什么东西。您要对我说这只是来之于各种元素的组合。那么就请您为我证实证实这个吧;

请您让我清清楚楚看见一种有智慧的原因并不能赋予我以智慧。这就是您不得不陷入的境界。

作者成功地驳斥了经院派哲学的神。后者是一位由各种互不协调的品质组合而成的神，就像人们对于《荷马史诗》里的神一样，赋予这位神以人类的各种情欲；这是一位任性刁难、喜怒无常、性喜报复、自相矛盾、荒谬绝伦的神。但是作者却驳斥不了明智者的神。明智的人，静观自然，承认有一种最高智能。人类的理智缺少神的援助或许就寸步难行了。

作者问这个神在什么地方存在。由于任何非无限的人都说不出来神在什么处所存在，便做出结论说他根本不存在。这种论断不符合哲学。因为我们并不可以由于我们说不出来一种结果原因何在，便断言根本就没有这个原因。倘若您从未见过炮手而却看到一排重炮轰击的结果，您却不可以说大炮是由于它本身的性能而轰击的。

难道说只是由于您说"根本就没有上帝"，人们就可以相信您的话了吗？

总之，他的重大的反对意见，根据就在于为什么有灾难和人类的罪行。这是跟哲学一般古老的反对意见，一个老生常谈的反对意见，但又是命中要害的可怕的反对意见。对于这种意见，只能在一种更美好的生活的希望中找到答案。而这种希望又是什么呢？我们根本不能依靠理性而对于这种希望有什么把握。但是我敢说只要证实有一座由不论是哪一位建筑师用最伟大的艺术建造的大厦，我们就应当相信这位建筑师真有其人，即使这座建筑物溅满我们的鲜血，沾满我们的罪行，而且倾倒坍塌后把我们都压死，也要相信它的建筑师确有其人。我并不考虑建筑师是好是坏,并不研究是否应该对他修建的大厦感到满意或不满意,并不想想我应否从那里边走出来,还是宁可待在那儿,也不去了解一下同我一样在这座房子里住了几天的那些人是否喜欢这座建筑物。我只是研究一下是否真有一位建筑师,或者是这座华屋陋室充盈其中的楼房是否是自行拔地而起的罢了。

第五节　必须信仰一位至高无上的神

我觉得最大的意图,最大的兴致并非是在形而上学上找论据,而是衡量一下为了我们这些悲惨而又能思维的动物的共同利益,是否必须承认有一位赏罚严明的上帝,他可以同时作为我们的约束者和安慰者呢,还是扬弃这一观念,一任我们陷于绝望的灾难中、沉溺于不知悔过的罪行中呢。

霍布斯说如果在一个不知有上帝的共和国里有人出来主张有一位上帝,人家会把他处以绞刑。

他这一夸大其词的奇谈,显然指的是一个想要假借上帝的名义来进行统治的公民,指的是一个想当专横暴君的江湖骗子。我们却理解为一些公民鉴于人类的弱点、邪恶行为和遭受的苦难而寻觅一种精神上的依靠来保持他们的道德,为他们在人生中的颓废和恐怖精神状态寻求一种支持。

自从约伯[①]时代到我们今天,有很多人诅咒他们的生存,所以

---

① 约伯(Job),圣经人物,是一位以信仰虔诚,一生能忍受一切考验而闻名的教长。——译者

我们总是需要得到安慰和希望。您的哲学夺去了我们的希望和安慰了。关于潘多拉那段寓言[①]比起您的哲学来倒还更不错，它给我们留下了希望，而您却夺去了我们的希望。按照您的意见，哲学不能对于来世幸福提供任何证明。不；但是您也没有任何相反的证明。在我们身上可能有一种牢不可破的单子正在感觉正在思维，而我们却全然不知道这种单子是如何造成的。理性绝对不会反对这一观念，虽然它自身却也不能单独证实这一观念。这种信念较之您的信念岂不是更令人获益良多吗？我的见解对于人类是有益的，而您的却是有害的。不论您怎么说，您的信念只能鼓励尼禄、亚历山大六世[②]、卡图什[③]之流，而我的信念则能抑制他们。

马可·奥勒留、爱比克泰德二人都以为他们所说的单子，不论是什么种类的，都要回归到神的单子中去。这两个人是世上最德高望重的人。

在您和我双方都持有的怀疑里，我并不跟随着帕斯卡尔对您说“**要采取最稳妥的态度**”。在捉摸不定的情况中根本就没有稳妥之可言。这里不在于下一些赌注，而是要审慎研究。应当有所判断，而我们的意志并不决定我们的判断。我并不向您建议相信一

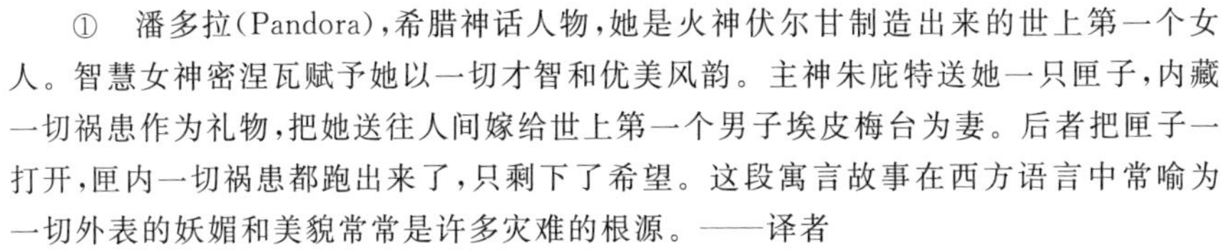

① 潘多拉(Pandora)，希腊神话人物，她是火神伏尔甘制造出来的世上第一个女人。智慧女神密涅瓦赋予她以一切才智和优美风韵。主神朱庇特送她一只匣子，内藏一切祸患作为礼物，把她送往人间嫁给世上第一个男子埃皮梅台为妻。后者把匣子一打开，匣内一切祸患都跑出来了，只剩下了希望。这段寓言故事在西方语言中常喻为一切外表的妖媚和美貌常常是许多灾难的根源。——译者

② 亚历山大六世(Alexandre VI)，罗马教皇，1492—1502年在位。精明的政治家，曾对意大利封建主作无情斗争。以专横闻名。——译者

③ 卡图什(Cartouche，Louis-Dominique Bourguignon，1693—1721)，法国著名的贼首，他的胆量和技巧传为奇谈，后在巴黎格来沃广场被处磔刑。——译者

些荒诞无稽的事物来摆脱困境,我并不对您说:到麦加去吻吻墨石以求得到知识,手执牛尾,肩披无袖披肩,当一个笨伯和崇拜狂者来乞求万物主宰施恩赐惠。我对您说:要继续不断修养品德,广施恩泽,以憎恶和蔑视的态度对待种种迷信;但是要像我一样崇敬在整个自然界所显示出来的意图,而且因此也就要崇拜这些意图的创造者——万物最根本的和终极的原因;要像我一样希望我们的单子——它论证永恒的主——能够由于这位永恒的主而得福。这里决没有什么矛盾。您也证明不出来这是办不到的,一如我无法用数学为您证明事物就是如此。我们在形而上学方面只能推论可能性。我们大家都是在一片一望无际的茫茫大海里游泳。叫那些在游泳中打斗的人们倒霉去吧!谁能靠岸就上岸去吧。但若有人向我喊叫:您白游啦,根本没有什么港口,他可就使我泄了劲,夺去了我全身力量。

我们争论的是什么呢?争论的是如何安慰我们多灾多难的生存。谁能安慰呢?是您还是我?

您在您的大作某些地方自己也承认对于上帝的信仰曾使有些人在罪恶边缘上悬崖勒马,您同意这一点,对于我来说,这就足够了。这一信念只要能在人世间防止十桩谋杀案的发生,防止十次恶意中伤的诽谤言论的流传,防止十桩案子极不公正的判断,我也坚决认为举世都应接受这一信念。

您说啦,宗教曾经制造了亿万桩罪行,简直是罪大恶极了;应说是迷信笼罩着我们多灾多难的星球;迷信本是人们对于至高无上的主应有的崇拜的最狠毒的大敌。我们要鄙弃这头总是撕裂生母乳房的怪物;那些跟它斗争的人们都是为全人类造福的人;它本是一条盘曲身躯缠紧了宗教的毒蛇；应该砸烂蛇头而切勿伤损了被蛇所毒害和吞噬者的头。

您担心“人们崇奉了上帝不久就会变成迷信之徒和崇拜狂者”；但是人们否定了上帝，岂不是会沉溺于最残酷的情欲和最可憎的罪恶之中而更令人担忧吗？难道在这两个极端之间就没有一个合乎理性的中庸之道吗？在这两种危险之间，避免危险的安全之处又在哪里呢？那就是上帝和开明的法律。

您认定在崇奉和迷信之间只有一步之差。其实对于有清醒头脑的人来说，这二者之间相距是遥远的。这些人今日为数甚多，他们都是站在各民族前头的带路人，影响着政治风尚。遍布人间的崇拜狂一年一年地眼见就要被人把它那些可憎的侵夺行为铲尽除绝了。

我还要对您书中223页里的话略加答辩：您写道：“倘若人们断定在人和这位难以置信的神之间有一些关系，那么就应当为他设祭坛上供品等等；如若人们一点也不理解这位神，就应当相信教士，他们……”等等的话。在收获季节，人们集合起来感谢上帝赐给我们面包吃，真真是大错特错！谁跟您说要给上帝上供啊？这个主意简直是可笑。但是委托一位人们称之为老人或教士的公民代表其他公民向神明表达感恩之情坏处又在哪儿呢？只要这位教士不是一个目中没有各国国王的格列高利七世或亚历山大六世之流的人，后者曾以乱伦的秽行玷污了他自己，由于一次伤风败俗的丑行而生的女儿，而且还假手于他的私生子谋杀和毒死各个邻国国王；只要这位教士在教区里不是一个扒窃向他做忏悔的善男信女的腰包，而又用他这样扒来的钱诱惑由他传授教理的小姑娘们的飞贼;只要这位教士不是一个勒·泰利埃式的人物;勒·泰利埃曾用一种值得被处以绑在刑柱上示众的刑罚的狡猾奸计把整整一个王国弄得混乱不堪;只要他不是个沃伯顿式的人物,沃伯顿违反社会法则,把一位国会议员的秘密证件展示出来致这位议员于死地,而谁不同意他的意见,他便造谣诽谤谁。这类情形本来也是罕见的,圣职的身份就足以使人遵道守礼。

一位愚蠢的教士招人轻视;一位恶劣的教士惹人憎恨,一位温良、虔诚、不迷信、慈善而又开明的教士是人人应当珍重和尊敬的人。您害怕恶习,我也一样,我们要联合起来防范它。但是对于那些有益于社会的习俗,在没有被崇拜狂或骗人欺世的言行所败坏的时候,却不要加以非难。

我有一件很重要的事要对您说。我坚决相信您大大地搞错了;但是我也照样坚决相信您是好人犯了错误。您以为人们就是没有上帝也会德高行善,虽然不幸您又说过“一旦缺点能令人感到幸福,他就应当喜爱缺点”。您这个骇人听闻的建议,就是您的友人们也应奉劝您把这话删去。在所有其他地方,您都唤起正直的情感。这个哲学上的争论只能是您和分散在欧洲各地的几位哲学家之间的争论,世上其他的人根本就不爱听这类的谈论;人民也不读我们的著作。倘若有什么神学家想要加害于您,他必是个坏人,必是个冒失鬼,倒会令您更加坚强起来,而且促使许多新的无神论者产生出来。

您错了;但是古希腊人根本就没有迫害过伊壁鸠鲁,罗马人也从未加害过卢克莱修。您错了;但是虽然要尽全力反驳您,却又应当尊重您的天才和品德。

照我的想法，人们能够对上帝表达的最好敬意就是心平气和地拥护他，因为给上帝塑造的最不相称的画像莫过于把他描绘成性喜报复而又暴跳如雷的样子。他就是真理，而真理是没有什么情欲之可言的。宣扬上帝是位心情温良而精神坚定不移的神才是他的门徒。

我跟您一样，认为狂热崇拜是个比哲学上的无神论还更危险千百倍的怪物；斯宾诺莎并没有做过一件坏事，而夏斯泰尔[①]和拉瓦雅克[②]二人都是虔诚的信徒，却刺杀了亨利四世。

书斋里的无神论者总是个心地平静的哲学家；狂热崇拜分子总是个喜欢乱吵乱闹的人。但是宫廷的无神论者，主张无神论的国王很可能是人类的祸星。波贾[③]及其同类都跟明斯特城和塞文山区的狂热崇拜分子一样作恶多端，我指的是敌对双方的狂热崇拜分子。书斋里的无神论者的不幸是产生了宫廷的无神论者。喀戎[④]养育了阿喀琉斯[⑤]。他用狮子的骨髓喂养阿喀琉斯。有一天阿喀琉斯就会拖着赫克托尸体围绕特洛伊城墙转，牺牲与他复仇

① 夏斯泰尔（Jean Chastel 即 Châtel，1574—1594），法国一富商之子，少年就学于克莱蒙耶稣会中学，笃信天主教，成了狂热崇拜分子。自以为杀死亨利四世即可赎罪。1594 年 12 月 27 日行刺亨利四世未果，被处四马分尸磔刑。同时巴黎最高法院判决放逐耶稣会教士。——译者

② 拉瓦雅克（Francois Ravaillac，1578—1610），杀死亨利四世的刺客，被处磔刑。——译者

③ 波贾（Borgio），即罗马教皇亚历山大六世。——译者

④ 喀戎（Chiron），希腊神话中半人半马怪物。——译者

⑤ 阿喀琉斯（Achille 即 Akhilleus），荷马史诗《伊利亚特》中的英雄。在特洛伊战争中杀死海克托，但被巴利斯毒箭射中身亡。在西方语言中阿喀琉斯的名字成为英勇的象征。——译者

无关的十二名俘虏。

但愿上帝防止我们有一位教士用圣刀把一位国王剁成碎块，或是一位教士以七十古稀高龄，头戴盔胄，身着索甲，竟然胆大包天，用他沾满鲜血的三个手指对一位法兰西国王[①]签署了一纸可笑的开除教籍的弃绝文书，或是……或是……或是……！

但愿上帝保佑我们不要有一位怒气冲天而野蛮专横的暴君；他不信仰上帝，自以为“朕即上帝”；他与他的神圣职位极不相称，践踏了自己的职责。他为了满足自己的情欲，随意牺牲他的友人、双亲、侍从、百姓，丝毫悔恨之心也没有！这两只虎，一只削发秃头，一只冠冕在顶，同样都是可怕的。我们用什么约束才能控制住他们呢？……

既然我们心灵所能想到的上帝的观念产生了蒂图斯[②]、图拉真、安东尼[③]、马可·奥勒留等等人物，还有那世界上最古老而版图辽阔的第二个帝国——中国，它那些伟大皇帝。这些先例足以维护我的事业，而我的事业也就是世人的事业。

我不信在全欧洲没有一位政治家、一位略通世事的人对过去比现今尤为充斥人间的那些小册子的圣徒传不表示极度轻蔑。若说现今宗教不再制造内战，我们只能感谢哲学；神学上的争论开始被人们视若在集市上演出的闹剧中小丑和傻瓜之间的争吵了。一

① 指笃诚者罗贝尔二世(Robert II ble Pieue)，996—1031年在位。——译者

② 蒂图斯(Titus)，韦斯巴芗之子，罗马皇帝，79—81年在位，为政仁慈，诨号为人类的快乐。——译者

③ 安东尼(Antonin le Pieux)，罗马皇帝，138—161年在位，为政温和公正。——译者

种令人啼笑皆非、巧取豪夺的行径，一方面以欺诈为基础，一方面又由于愚蠢，是随时会被理性摧毁的，现在是理性当政了。教皇谕旨 In cœna Domini 这篇蛮横无理、狂妄非为的杰作就是在罗马市内也不敢再露面了。倘若有那么一团僧侣稍微蠢动一下，触犯了国法，马上会被摧毁。但是怎么样！难道因为驱逐了耶稣会教士，就应该赶走上帝么？正相反，应该更加热爱上帝呀。

第　六　节

在阿卡迪乌斯[①]皇朝，君士坦丁的神学教授罗高玛高斯前往徐西亚、停在高加索山下，泽非灵的肥沃平原，紧靠科尔喀斯的边界上。善良的老头儿东丹达克正在他的大羊棚和他的宽敞的粮仓当中的大厅里；他跟他的妻子，五个儿子，五个女儿，他的双亲，他的仆人们都跪着，在吃完一顿清淡的饭餐之后，唱颂主诗歌。罗高玛高斯问他说："你在这儿干什么哪，崇拜偶像的人？"东丹达克说："我根本就不是个崇拜偶像的人吆，"罗高玛高斯说："你当然是崇拜偶像的人，因为你是徐西亚人，你不是希腊人。这个，告诉我，你用野蛮的徐西亚土话唱的是什么？"徐西亚人便回答说："在上帝耳朵里一切语言都是平等的。我们唱的是颂主诗歌。"神学教授便回答说："这才真叫奇怪了，一家子徐西亚人，未经我们教育过，居然会祈祷上帝！"他立刻就跟这个徐西亚人东丹达克攀谈起来：原来神学教授懂得一点徐西亚话，那个徐西亚人也懂得一点希腊话。

① 阿卡迪乌斯（Arcadius，377—408），东罗马帝国皇帝狄奥多西一世的长子。395—408 年在位。——译者

有人曾经在君士坦丁图书馆保存的手稿里发现他们这段谈话：

罗高玛高斯：让我们瞧你是否很懂你的教义，为什么你祈祷上帝呢？

东丹达克：应该崇拜最高的主宰才对呀，我们一切都靠主啊！

罗高玛高斯：对于一个蛮子说来，这倒不坏呀！你又向主求什么呢？

东丹达克：我感谢主给我们所享的福，就连主来考验我的痛苦我也感谢他；但是我避免向他要求什么；我们需要什么，他比我们知道得更清楚。我的邻居要求下雨，我却连晴天也不敢要求。

罗高玛高斯：啊！我还以为他要说些个傻话呢。我们还是来谈谈上面的事物吧。蛮子，谁又对你说有一位上帝呀？

东丹达克：整个大自然。

罗高玛高斯：这还不够。你对上帝抱着什么观念呢？

东丹达克：他是我的创造者，我的主。我若做好事，他就嘉奖我，我若做坏事，他就惩罚我。

罗高玛高斯：鸡毛蒜皮，真可怜！咱们来谈谈主要的吧。上帝无限，是由于第二性的什么呢，还是由于本体呢？

东丹达克：我不了解您的意思。

罗高玛高斯：粗东西！上帝是在一处呢？还是在一切之外呢？还是无往不在呢？

东丹达克：我一点也不知道……您高兴怎么说就怎么说吧。

罗高玛高斯：糊涂虫！他能让已经存在的一点也没有存在吗？他能让一根棍子没有两头吗？他把未来看成是未来呢还是现在呢？他怎么能从无中生存呢？怎么又消灭有呢？

东丹达克：我从来也没有考虑过这些事儿。

罗高玛高斯：多么愚的人哪！想一想、应该谦虚，应该有分寸。告诉我，朋友，你相信物质能永久存在吗？

东丹达克：物质永久存在不永久存在跟我有什么关系？我，我不能永久存在。上帝永远是我的主；他给了我正义观念，我应当依从他。我根本就不想当哲学家，我想做人。

罗高玛高斯：跟这些顽固脑筋在一块儿可真是难受。咱们一步一步地谈；什么是上帝？

东丹达克：我的主，我的裁判官，我的父。

罗高玛高斯：我问的不是这个。上帝的性质是什么？

东丹达克：他万能而善良。

罗高玛高斯：但是他是有肉体的呢还是精神的？

东丹达克：你想我怎么能知道呢？

罗高玛高斯：怎么！你不知道什么是心灵吗？

东丹达克：一字不知；这对我有什么用呢？我知道了我会更正直吗？我知道了我会成最好的丈夫、最好的父亲、最好的老师、最好的公民吗？

罗高玛高斯：绝对应该告诉你心灵是什么；听着：是，是，是……我改天再跟你说。

东丹达克：我很担心您跟我说心灵是什么说得少，说它不是什么说得多。请允许我也来向您提一个问题，从先我看见过您的一座庙，您为什么给上帝装饰上一把大胡子呢？

罗高玛高斯：这是一个很难的问题，需要预先调查研究一番。

东丹达克：在得到您的指教以前，我应当跟您说说我有一天遇

到的一件事情。我刚刚在我的花园一头儿修了一间书房，我听见一只鼹鼠跟一只金龟子争辩，鼹鼠说："这是一座美丽的建筑，必然是一只很能干的鼹鼠做的这个作品。"金龟子说："您说笑话，这座房子的建筑师是一只很有天才的金龟子。"从这时候起，我决心永远不再争论。

DIVINITÉ DE JÉSUS
耶稣的神性①

被人视为亵渎上帝分子的索西奴斯教派根本不承认耶稣·基督的神性。他们敢于像古代哲学家、犹太人、穆罕默德信徒和许许多多民族一样认为人形上帝的观念是骇人听闻的；认为人神之间距离有无限之远，而无限的、无边无际的、永恒的神不可能包含在一个可以毁灭的肉体里。

---

① 索西奴斯教派原由意大利锡耶纳城法学家雷利乌斯·索西奴斯(Lélius Socinus)在维也纳建立的一个真的俱乐部于 1549 年为讨论宗教史问题而创立的。这个团体的成员被告发通缉，其中没有来得及逃走的都被处极刑。雷利乌斯·索西奴斯在各国流浪之后，1562 年在瑞士苏黎世逝世，时年 37 岁。

他的侄子，孚斯杜斯·索西奴斯(Faustus Socinus)，是《波兰联合丛书》(荷兰阿姆斯特丹版，对开本，1656 年出版)头两卷的作者，在波兰宣扬索西奴斯和反三位一体说的教义。他的信徒有约翰·克雷利乌斯(Jean Crellius)及其子斯比诺西乌斯·克雷利乌斯(Spinosius Crellius)约翰·孚尔克利乌斯(Jean Volkelius)等人。后者的著作《论真宗教》于 1630 年在波兰克拉科夫出版，1642 年又在阿姆斯特丹再版。人们又在该书中附入约翰·克雷利乌斯的《论上帝的存在及其特征》。索西奴斯教派试图实践的特殊宗教信仰就像圣西门的门徒们的宗教信仰一样，逐渐消失了，但是二者的学说却留下永不磨灭的痕迹。——爱弥尔·德·拉·贝多列尔他们满怀信心引述塞扎雷主教攸栖比阿斯[①]为证。他在《教会史》一书第一卷第十一章里声称:认为全能上帝非被造而永恒的性质具有人形是荒诞无稽之谈。他们又引述教会神甫查士丁[②]和德尔图良[③]为证。前者在他那篇《与特立冯[④]对话》里,后者在他的著作《反普拉克塞阿斯[⑤]论》里都这样主张。

他们又引述圣保罗[⑥]为证。圣保罗从未称耶稣·基督为上帝,倒是时常把他称为人。他们大胆断定基督徒经过整整三个世纪才逐渐把耶稣尊奉为神,而他们这一惊人的构造也是仿照多神教徒们封人为神的先例树立起来的。起初,照他们说来,人们只是把耶稣视如由神启示的人,随后又把他当作一个比其他的人更为完善的人。又过了若干时代,正如圣保罗所说的,人们又把他列为天使以上的神。他的重要性与日俱增。最后他又成了上帝在时间中的显示。这还不够,人们又把他说成是先于时间本身而生的。最后,人们就把他当作与上帝同体的上帝了。克雷利乌斯、沃凯尔西乌斯[⑦]、纳塔利斯·亚历山大、赫尔诺贝克等人都根据若干令明

① 攸栖比阿斯(Eusèbe 即 Eusebius,267—340),古代小亚细亚城市塞扎雷(césarée)的主教,古史家,名著有《教会史》《世界通史》等。——译者

② 查士丁(Justin),古罗马哲学家,基督教护教者。——译者

③ 德尔图良(Terlullien 即 Tertullianus 约 150—220),著名的拉丁护教者,北非迦太基人。博学,极力排斥异端,主张信仰高于理性。——译者

④ 特立冯(Tryphon),查士丁著作《基督教辩》一书中引述的人物。——译者

⑤ 普拉克塞阿斯(Praxéas),二世纪异端,是一派主张只有圣父具有神性的教派领袖。——译者

⑥ 圣保罗(Saint Paul),基督教教规和教义的首创人。叙利亚塔尔斯城的犹太人。初世纪在罗马殉教。——译者

⑦ 沃凯尔西乌斯(Voquelsius),即约翰·孚尔克利乌斯(Jean Volkelius)。——译者

智者诧异软弱者颓废的论据来支持这类亵渎上帝的主张。尤其是孚斯杜斯·索西奴斯在欧洲播下这一学说的种子，到了十六世纪末，几乎形成又一种新的基督教，而过去已有三百多种基督教义了。

DOGMES 教条

我们知道由教会传授的任何信仰是一种必须信奉的教条。不幸有些教条由拉丁教会接受，又被希腊教会否决。虽然缺少一致的意见，但是爱德却代替了一致，尤其是在人心之间，必须彼此汇合。

提起这话来，我以为我们可以叙述一场梦。这场梦已经蒙若干和平人士欣赏过了。

在俗历 1763 年 2 月 18 日，太阳进入黄道十二宫的双鱼宫，我的友人们全都知道，我被带上天去。我的坐骑决不是穆罕默德的牝马波拉克①；我的车更不是以利亚升天所乘的火焰车②；我既不是骑在暹罗人萨摩诺柯多姆③的大象身上，也不是骑在英国守护圣人圣乔治④的马上，更不是骑在圣安东尼⑤的猪身上；我坦率地

---

① 波拉克(Borak 或 Al Borak)这个字是阿拉伯语，意即明亮，或闪光。是穆罕默德在天空中巡游时所骑的牝马。——译者

② 以利亚(Elie)，圣经人物、犹太先知，有门徒名以利亚他乘火车火马升天的故事见《旧约·列王纪》第 2 章第 11 节："他们正走着说话，忽有火车火马，将二人隔开。以利亚就乘旋风升天去了"。——译者

③ Sammonocodom，暹罗古代神话人物。——译者

④ 圣乔治(Saint George)，四世纪时殉教者，被英人尊为守护圣人。——译者

⑤ 圣安东尼(Saint Antoine，251—356)，古代上埃及著名隐修士，传说他曾抵制住许多次魔鬼的诱惑。——译者

说，我也不知道我的旅行是怎么搞的。

人们一定是以为我头昏眼花了。但是人们却决不会相信我看见了审问所有的死者。谁是审判官呢？不管您乐意不乐意，审问的人都是有益人群的人：有孔夫子、梭伦、苏格拉底、蒂图斯、安东尼、爱比克泰德、沙朗[①]、德·图[②]、掌玺大臣奥斯皮塔尔[③]。一切伟大人物，传授并且实践了上帝所要的道德，似乎才有资格作出这类判决。

我并不想谈他们是坐在什么宝座上，也不谈有几百万天神俯伏在一切星球的永恒建筑师面前，也不谈那数不尽的星球上的什么居民群众出庭在审判官前受审。我这里只谈一谈我所看到的若干十分有趣的细小情节。

我注意到每个为自己申诉的死者都陈述他的善良心意，在他周围便拥着他种种行为的见证人。例如洛林红衣主教[④]夸耀他在特兰托主教会议上通过了他的几项意见，而为了报酬他的正统见解，要求永生，马上在他周围就出现了二十个高等妓女或宫廷贵妇，每人额头上都标记着她们跟这位红衣主教幽会的次数。还看见那些跟他一道为天主教联盟奠定下基础的人和他所干的那些败坏道德的阴谋诡计的同谋者都把他围上了。

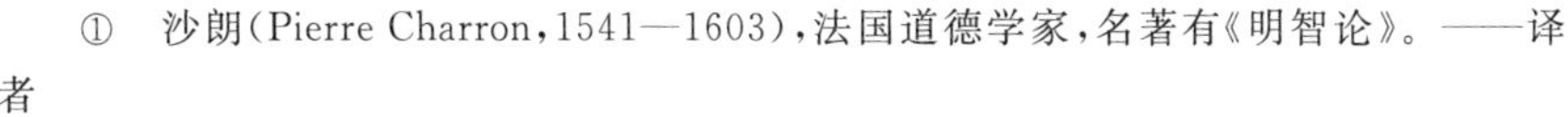

① 沙朗(Pierre Charron,1541—1603)，法国道德学家，名著有《明智论》。——译者

② 德·图(Jacques Auguste de Thou,1553—1617)，法国检察官，史学家，著作有:《我的时代史》及拉丁诗集。——译者

③ 掌玺大臣奥斯皮塔尔(le Chancelie de L'Hospital)，法国16世纪著名政治家。——译者

④ 指基兹城的查理(Charles de Guise,1525—1574)。——译者

与洛林红衣主教面对面的是约翰·肖纨[①]。他操一口粗野的方言，夸耀他在别人把教皇偶像打翻后自己又踢了它几脚。他说："我写过文章反对绘画和雕塑，我指明那些优秀作品毫无用处，而且我还证明跳小步舞[②]是魔鬼一般的行为。快把洛林红衣主教从这里赶走，把我安放在圣保罗身旁。"

正当他说话的当儿，就只见在他身旁有一堆柴火垛燃着了。有一具吓人的鬼魂，颈项上戴着西班牙白色折叠领，领子一半已经烧着了，从火焰里出来，喊声骇人。他叫道：怪物，可恶的怪物，发抖吧！你认一认这个塞尔维[③]，他是你用最残酷的毒刑害死的，由于他曾经跟你争论过三位是否可以成一体的问题。于是所有的审判官一致决定要把洛林红衣主教投入深渊，但是加尔文更必须狠狠处罚[④]。

我见有一大群死者都说："我信过，我信过。"但是他们额门上却都写着："我做过"；他们全被判刑了。

耶稣会教士勒泰利埃手捧教皇圣谕 Unigenitus[自生论]，神气十足地就出现了。但是在他身旁却忽然摞起两千件一摞拘票。一位冉森派教士把这摞拘票点燃：勒泰利埃被焚烧得尸骨成灰了；而那位冉森派耍的阴谋诡计并不少于这位耶稣会教士干的勾当，所以也被烧得焦头烂额了。

---

① 约翰·肖纨(Jean Chauvin)，法国历史人物，身世不详。——译者

② 小步舞(le menuet)，十八世纪欧洲流行的一种三个拍子的雅致而严肃的交际舞。——译者

③ 塞尔维(Michel Servet，1509—1553)，西班牙阿拉贡人，医生兼神学家，1553年由于加尔文派的煽动，在日内瓦被活活烧死。——译者

④ 这话并不公正；洛林红衣主教比加尔文点燃了更多柴火垛。——开勒版

我看见从左右两边都出来几群伊斯兰苦行僧、暹罗和尚塔拉班、行者、白色黑色和灰色和尚。他们全都想象着以为讨好最好的神明，就必须歌唱、自己鞭挞自己或是赤身裸体地行走。我听见一个可怕的噪音问他们说道：你们都为人做了些什么好事呀？话音落后，鸦雀无声，没有一个人敢回答。他们便都被带往宇宙疯人院去了。这座疯人院是人们想象之所能及的一座最大的建筑。

有一个死者叫嚷道：应该信释迦牟尼的化身；另外一个说道：应该信萨摩诺柯多姆的化身。这个说酒神巴克科斯定住了太阳和月亮；那个说神明使佩洛普斯[①]复活；又新来一个说这就是教皇圣谕《Incœnâ Domini》[在上帝圣餐中]。法官们的执达吏便喊道：进疯人院，进疯人院！

这些案件审问完毕，我便听见这么一项判决：**依照永生者、创造者、保护者、赏罚者、宽恕者等等的意旨**，令我们所乐意创造的亿万人民周知，我们从来不根据这些人的空洞意念来审判，而只是根据他们的行动。因为这就是我们的正义。

我承认这是我第一次听见这样一种法令：在我出生的小沙粒上，我所曾读过的所有法令都以这句话作为结束：因为这就是我们的乐趣[②]。

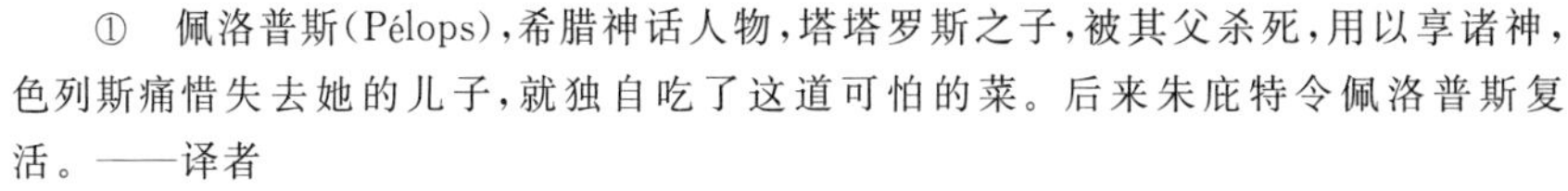

① 佩洛普斯(Pélops)，希腊神话人物，塔塔罗斯之子，被其父杀死，用以享诸神，色列斯痛惜失去她的儿子，就独自吃了这道可怕的菜。后来朱庇特令佩洛普斯复活。——译者

② 这是国王敕令的程式结尾套语。——乔治·阿弗内尔

E

ÉGALITÉ 平等

第一节

凡是具有天然能力的人显然都是平等的；他们在完成动物功能和进行理解的时候是平等的。中国的国王，蒙古的大可汗，土耳其的帕迪沙[①]都不能对地位最低微的人说：我禁止你消化、上厕所和思维。每种动物，在同类之间，彼此都是平等的。

一匹马决不会对他的同胞讲：
叫谁给我梳理俊鬃美鬣，刷毛和打铁掌：
你，跑吧，给我传达圣旨，
传达给这一方的骡子和邻国的驴子；
你给我备好慷慨施恩的料谷，
赏赐我那些得意的宠臣和温顺的情畜。
给我骟阉那些骏马，指定它们服侍牝驵(zâng)，
这些风骚的牝驵由我独享：

① 帕迪沙(Padischa)，波斯语，意即苏丹，指土耳其皇帝。——译者

众马都要当心，并且俯首听命：

你们哪一个胆敢在我面前嘶嘶出声，

为了惩治这类大逆不道——

对于马和神的法律轻藐，

为了正当地为上天和祖国雪耻，

定要把它在厩旁草坪上绞死。

动物自然比我们人更独立自主。倘若有一头公牛追求一头牝牛，被一头比它更壮的公牛给顶开了，它便可以到另外一块草地上去再找一个对象，可以活得自由自在。一只雄鸡被另一只雄鸡战败了，可以在另外一间鸡蝌去安慰自己。我们却不能这样：一个小"维齐尔"[①]把一个"波斯坦奇"[②]放逐到利姆诺斯[③]，"维齐尔"阿藏便把小"维齐尔"放逐到泰内多斯[④]，"帕迪沙"又把"维齐尔"阿藏放逐到罗德岛[⑤]，土耳其近卫军又把"帕迪沙"囚禁起来，另外选了一个"帕迪沙"；这位"帕迪沙"必然又要随意放逐那些善良的伊斯兰教徒；倘若他只限于行使他这种神圣权力，人们倒还会感谢他的恩典。

倘若这个世界有它应有的面貌的话，就是说倘若人在世界上到处找得到一种容易获得而又可靠的物质和一种适合于人的天性的气候的话，显然人是奴役不了别人的。假若这个地球长满了养

① 维齐尔(Vizir)，古代土耳其大臣。——译者

② 波斯坦奇(Bostangi 或 Bostandji)，土耳其宫廷侍卫。——译者

③ 利姆诺斯(Lemnos)，希腊爱琴海峡一岛屿。——译者

④ 泰内多斯(Ténédos)，土耳其一岛屿，在小亚细亚沿岸。——译者

⑤ 罗德岛(Rhodes)，希腊东南沿岸一岛屿。——译者

人的果实;假若应该维持我们生命的空气并不给我们带来疾病和过早死亡;假若人只需要麃子和獐子的住处和床铺:那么成吉思汗和铁木儿之流也就只好以子为仆了。他们的孩子们也必然会是很正直的人,在他们晚年帮助他们。

在一切飞禽走兽爬虫都享受着的那种极其自然的状态中,人也会跟这些动物一样幸福,统治也就成了一种空想,没有谁会想到的无稽之谈:因为您不需要任何人伺候的时候,为什么还要去寻找仆从呢?

倘若有什么人,生性残暴,膂力过人,心想奴役体力比他差的同胞,这是办不到的事:在压迫者还没来得及在伏尔加河有什么举动之前,被欺凌的人早已跑到多瑙河上去了。

如若人人都没有需要,必然会彼此平等。纠缠着人类的灾难使人隶属于别人;真正的不幸并非是不平等而是依附关系。什么人称为陛下、什么人称为圣上,这倒无关紧要;但是最苦的是侍奉这位陛下或那位圣上。

有一户人丁兴旺的人家,耕种一块肥田,邻近两小户人家种的是块无法耕种的不毛之地:必定是这两户穷人服侍那户富豪,要不然就是两家穷人把富户杀死,也就没有什么困难了。两家赤贫户有一家去给阔人帮工来糊口;另外一家去抢劫富户被人打败。为人服役的那一家就是仆人和长工的起源,被人打败的那一家就是奴隶的起源。

在我们灾难重重的地球上,人生活在社会上,不会不分成两个阶级:一个是指挥人的富有阶级,一个是服侍人的贫苦阶级;这两个阶级内部又划分成上千的阶层,而这上千的阶层内部又是千差万别。

当土地分配完毕后，你来了，对我们说：我跟你们一样，也是人；我有两只手两只脚，跟你们一样有自尊心，而且比你们的自尊心还多一点。我有一个至少跟你们的一样混乱、一样不合逻辑、一样自相矛盾的头脑，我是圣马力诺[1]或腊古扎[2]，或沃日拉尔[3]人，请分给我应得的一份土地。在我们的已知半球约有五百亿阿尔庞[4]田地，有好有坏。我们只有大约十亿没有羽毛的两只脚动物[5]。每人合五十阿尔庞，请补给我应得的五十阿尔庞。

有人回答他说："你到卡弗尔人，[6]或是霍屯督人[7]，或是萨莫耶特人[8]那里去要吧；你好好地跟他们商量，这里全分完了。你要是想在我们这里获得衣、食、住和取暖，你就得给我们干活儿，就像你父亲那样干，伺候我们或是给我们解解闷，你就会得到报酬。否则你只有去乞讨，这就未免令你过于受委屈了。这实际上也就阻碍你能按照你高尚的自尊心的要求跟国王们或者甚至跟乡村教士们平起平坐。"

---

① 圣马力诺(Sainr Marin)，意大利境内一小共和国首都。——译者

② 腊古扎(Raguse)，即克罗地亚亚得里亚海沿岸一城市，现名杜布罗夫尼克。——译者

③ 沃日拉尔(Vaugirad)，巴黎郊区一小镇。——译者

④ 阿尔庞(Arpent)，法国古代田地面积单位约合 50 公亩。——译者

⑤ 柏拉图给人下的定义。——译者

⑥ 卡弗尔人(Cafres)，南非在南部卡弗勒里地方的讲班图语各族黑人的旧称。——译者

⑦ 霍屯督人(Hottentots)，南非西南部开普敦与好望角一带说科依桑语的黑人。——译者

⑧ 萨莫耶特人(Samoyèdes)，俄罗斯境内从白海到叶尼塞河一带涅涅茨人、恩加纳桑人、谢尔库普人等民族旧称。——译者

第　二　节

所有的贫穷人并非都是不幸的人。他们大多数生来就贫穷，不停地工作叫他们不怎么深深感觉到他们的处境。但是他们一旦察觉到他们这种处境，于是人们便看到了战争，就像在罗马平民党对元老党的战争一样，像德国、英国、法国的农民战争一样。所有这类战争迟早以奴役人民来结束；因为强者有钱，而在一个国家里，金钱就主宰一切。我是说在一个国家里。因为民族与民族之间情形便不同了。善于使用兵器的民族总会征服那些黄金多而勇气少的民族。

人人生来都对于统治、财富、快乐具有一种相当强烈的爱好，对于安逸则更为嗜好；结果人人都想要有金钱和女人，或是他人的女儿，做她们的主子，强迫她们满足他种种私欲，而且什么事也不想做，或者顶多做些很舒适的事。您显然看得出来人们有这类高尚禀性就不能彼此平等，就如同两位宣教士或两位神学教授彼此不会不嫉妒一样。

这样的人类是存在不下去的，除非有无数有用的人才，己身却一无所有，这才行。因为一个人自由自在的，定然不会离开他自己的土地来耕种您的田。您若是需要一双鞋，也绝不会是一位请愿书审理官来给您做。所以平等是最自然的事同时又是最荒诞的事。

由于人们只要能把一切事物搞得过度，总要搞得过度，于是把这种不平等就给发展得过分了。在许多国家里，有人主张不准一个偶然生在那个地方的人出国。这条法律的意义是很明显的，就是：“这个国家很糟糕，治理得很不像样子，我们禁止每个人出国，怕的是大家都走光。”请搞得更好一点，让您的小民都乐意在您那里居住，让外国人也都高兴到您这里来。

人人在心里都有权自信与别人完全平等：可是一位红衣主教的厨师并不因此就可以命令他的主人给他做饭；厨师却可以说："我跟主人一样，也是人；我出生时也跟他一样呱呱坠地；他将来也会跟我一样在同样的不安和同样的仪式中去世；我们俩都发挥了同样的动物机能。设若土耳其人占领了罗马，设若那时候我当上了红衣主教，我的主人成了厨师，我便叫他伺候我。"这一整段话都是合情合理的；可是在等候大土耳其占领罗马的时候，厨师还应当尽他的职务，否则全人类社会就糟糕了。

至于一个既非红衣主教的厨师，又没有担任国家其它任何职务的人，一个不隶属于任何方面的个别人，不高兴到处被人用保护人的神气或是轻视人的眼色接待的人，明明看出有许多司教学识并不如自己，德才也更差，有时候等在这类司教的候见室里，心里感到厌烦，该怎么办呢？走开嘛。

ENFER 地狱[①]

拉丁语地狱一词 inferum 就是地下的意思。各地人民埋葬死

① 1757 年 5 月 24 日，伏尔泰给达朗贝的信里写道："我看见德·饶古尔骑士在《地狱》一文里认为地狱是摩西教义里的一个疑难问题，觉得很遗憾；""绝对不是！为什么要瞎说呢？"达朗贝便答复他说："您把地狱一条文字算在德·饶古尔骑士账上，实在是冤枉了他。这条文字出自神学家德·那伐尔教授手笔。教授因积劳病逝，现在他便可知道新约里边所提到的地狱是否比旧约里边所说的更真实。再者，《地狱》这篇文章也不无贡献，因为作者在文中还有勇气说我们不能用理性证实永劫不复的苦刑；这一点对于一位巴黎大学神学院教授说来便很不容易了。"——阿弗内尔

者把尸首放入地下；死者的灵魂当然也跟着一道到地下去了。这便是古代埃及人和希腊人最初的物理学和形而上学的一些概念。

印度人，文化更古老得多，曾经创造了轮回说，压根儿就不信灵魂在地下的传说。

日本人、朝鲜人、中国人、东西鞑靼广大地区的人民，对于地下哲学一无所闻。

年湮代远，希腊人把地下想象成为一个广阔的王国，慷慨地赠与了普路同和他妻子普罗塞尔平娜[①]。希腊人还给他们两人分配了三位国务参事，三位总名芙莉[②]的女管家，三位命运女神帕尔卡，司理纺出、卷绕和割断人类生命线[③]；因为古时候每位英雄各有一只守门犬，他们便又分配给普路同一只大三头犬，因为万事以三为宜。三位国务参事是弥诺斯、埃阿科斯和拉达曼提特[④]；第一位管理希腊，第二位管辖小亚细亚（因为当时希腊人还不知有大亚细亚。）第三位是为欧洲委派的。

虚构过这类地狱的诗人们又都是最早嘲讽地狱的人。维吉尔时而在《伊尼特》里严肃地谈论地狱，因为当时他的主题需要严肃

① 普路同（Pluton），希腊神话人物，又名哈得斯，与其妻普罗塞尔平娜（Proserpine）同为阴间主宰。——译者

② 芙莉（Furies），希腊神话中名厄里尼厄斯（Erinnyes）。罗马神话中三位复仇女神第锡丰纳、阿莱克托、梅日尔的总称。她们身材高大，背生双翼，眼中流血，头发由许多条毒蛇蟠结而成，一手执火炬，一手执匕首，居住地狱，专司惩罚人类罪行。——译者

③ 帕尔卡（Parques），罗马神话中命运女神总名（希腊神话名莫伊拉 Moirai）在地狱中掌握人类命运和生死。克洛托（Clotho）手执纺锤竿，掌管降生；拉克西斯（Lachésis）转锤绕线，阿特罗波斯（Atropos）手执生死簿，割断生命线。——译者

④ 希腊神话中冥府判官 Minos，Eaque，Radamanthe。——译者

的笔调,时而又在《农事诗集》里(第二卷第 490 首及以下各首)嘲笑地狱:

幸福的是那些探索自然规律的人,

是那些一脚踢开骗人的空洞成见的人;

幸福的是那些轻视冥河和阴水的人,

是那些轻视三头犬克尔柏罗斯[①]和卡戎[②]船的人。

在罗马的舞台上人们朗诵《特洛伊妇女》一剧里的诗句(第二场的帮腔)时,两万观众,掌声雷动:

阎王殿和那只三个头的守门犬,

那些随时咬人的地狱蛇,冥水和火河,

都是些童话、讨厌的幻想,没有意义的字眼。

卢克莱修、贺拉斯也以同样的笔力表达了自己的意见;西塞罗、塞内加在许多处也都这样谈地狱。伟大的马可·奥勒留皇帝[③]比这些人都想得合乎哲理:"害怕死亡的人都或是怕失去五官感觉,或是怕感受其他感觉。但是倘若你的五官感觉都没有了,你也就不会再受苦受难了;倘若你有其他的感官,你也就成为另外一种创造物了。"(《自省录》第八篇 62 条)

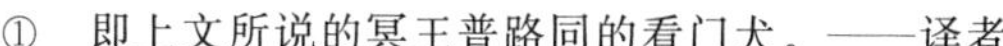

① 即上文所说的冥王普路同的看门犬。——译者

② 卡戎(Charon 或 Caron),希腊神话中冥河上的船夫,用渡船渡亡魂过冥河,过河的亡魂都必须出一枚铜钱作渡资,从而流传下来装殓死人时使死者口含铜钱一枚的习俗。——译者

③ 马可·奥勒留(Marcus Aurelius Antoninus,121—180),古罗马皇帝,161—180 年在位。在位时南征北讨,巩固边境。对内采取迫害基督教政策。曾发挥斯多葛派哲学思想。遗著有《自省录》。——译者

在世俗哲学里，没有只字可以反驳以上的推论。然而由于人类天性似乎根本就有矛盾，当西塞罗公开说“没有一个老太婆相信这类荒诞无稽之谈”的时代，卢克莱修却认为这些观念渗透人心；所以他又说他就是为破除这类谎言而降生的：

人们倘若看出他的灾难有了止境，
便会忍受痛苦，向错误斗争，
便能支持生命的重担；
但是人们说生命后边跟随着一种更大的苦刑：
悲惨的日子挨过去，又要恐惧永恒。

(卢克莱修诗集第一卷第108句及以后各句。)

在庶民中倒也的确是有的嘲笑地狱，有的却又想到地狱就战战兢兢。前者把克尔柏罗斯，芙莉和普路同都看做是不值一笑的神话故事；后者却又不停地给地狱的牛鬼蛇神焚香上供。全然像我们这里一样：

他们哀求着我们任意塑造出来的神明，
他们以无谓的牺牲烦扰着冥王普路同；
黑色公羊的血沿着刀口往下倾，
他们越是不幸，越是信心虔诚。

(卢克莱修诗集第三卷第51—54句。)

好几位哲学家本来不相信地狱的传说，却要庶民受这种信仰的约束。例如古希腊蒂梅·德·洛克尔[①]是这样主张，古希腊政

① 蒂梅·德·洛克尔(Timée de Locre)，公元前六世纪毕达哥拉斯派唯心主义哲学家，对于后世柏拉图的思想有重大影响。——译者

治历史家波里比阿[①]也是这样想。后者说:“地狱对于开明贤达的人是枉然无益的,但是对于愚昧小民却是必要的。”

世人大都知道旧约摩西五书的戒律压根儿就没有宣称有地狱[②]。大家正陷入重重矛盾疑难不决中,而耶稣降世了。他肯定了古代的地狱学说;不是异教徒诗人的学说,也不是埃及教士的学说,而是基督教义采取的学说,一切都要服从这一学说。耶稣宣告有一个即将来临的王国和一个永劫不复的地狱。

耶稣在加利利专指着迦百农[③]说:“凡骂弟兄是拉加的难免受公会的审判[④],凡骂弟兄是疯魔[⑤]的难免要受 gehenei eimom〔地狱火〕焚烧。”[⑥]

这证明两件事:第一是耶稣不愿意人们开口骂人,因为只有他自己是老师才有权把法利赛派渎职人员称做“毒蛇的种族”。第二

① 波里比阿(Polybios,约公元前 201—前 125),古希腊政治历史学家。生于阿卡狄亚的麦加罗城(Megolopolis en Arcadie)。亚加亚联盟中知名人物。前 168 年入罗马,凡十六载。著《通史》共四十卷。——译者

② 在百科全书里神学条目《地狱》一文的作者引述圣经《旧约·申命记》第 32 章第 22 节及其下文等,似乎大大错解了。引文中谈的既不是结婚和舞蹈,更不是地狱。书中假托上帝的口气这样说道:“他们以那算不得神的神激起我的愤怒,以虚无的偶像惹我生气;我也要以那不成其为子民的人民激动他们的嫉妒心,以愚昧的民族刺激他们发怒。因为我心中焚起了怒火,这火必将蔓延阴间,火焰必将吞噬大地及其出产,山的根基也必被焚烧着。我要他们祸患缠身,我要向他们射尽我鞬中的箭。我必使他们饿死;他们必被猛禽鸷鸟用利嘴曲喙苦啄痛噬。我要放出野兽用巨齿獠牙咬伤他们,放出那在泥土中爬行的毒蛇毒死他们,内忧外患必使他们男女老少灭尽死绝。”——伏尔泰

③ 迦百农(Capharnaüm),约旦河口临近一古城市。——译者

④ 拉加(Raca)是古叙利亚语骂人的话,意即“草包”“混蛋”。——译者

⑤ 疯魔一词圣经法文译本作 fou,汉译本译作“魔利”。这个字希伯来原文意指“背叛上帝者”或“恶汉”,都是骂人的话。——译者

⑥ 见《马太福音》第 5 章第 22 节。——伏尔泰

是谁对自己的亲友和近邻口出不逊便应罚入地狱：因为“热亥那”位在埃嫩河谷一带[1]；往昔在那一带人们焚烧活人燔祭奉献给牛头神魔洛克[2]；这种“热亥那”就象征着地狱的火。

耶稣另外又说道[3]：“倘若什么人叫信仰我的弱者栽了跟头，最好是把这个人颈系磨盘沉入大海。

“倘若你的一只手叫你栽了跟头，把手砍下来；你宁可断臂进入永生，也不要落入‘热亥那’，掉到那永不熄灭的火里去，在那儿蛆虫是不死的，火是不灭的。

“倘若你的一只脚叫你栽了跟头，把脚砍断；你宁可瘸腿进入永生，强如有两只脚被丢在‘热亥那’里，在那儿蛆虫是不死的，火是不灭的。

“倘若你的一只眼睛叫你栽了跟头，把眼挖了；你宁可瞎一只眼进入天国，强如有两只眼被丢在“热亥那”里，在那儿蛆虫是不死的，火是不灭的。

“因为必须用火当盐腌每一个人，一切祭神的牺牲也都必须用盐腌。

“盐本来是好的；若失了盐味，你们又用什么好腌呢！

---

① “热亥那”(gehenna)系希伯来语，字面意义是“希农之子的河谷”(Vallée du fils d'Hinnom)。该河谷位在圣城耶路撒冷西南，古时盛行对于魔洛克的崇拜，成为恐怖地区，从而成为地狱的形象，所以“热亥那”一词转意为“地狱”。——译者

② 魔洛克(moloch)，古希伯来语，意即“国王”。系古代摩押人，亚们人和腓尼基人信奉的牛头人身的太阳神。举行祭神仪式时把童男童女放在铁铸神像手臂上，在神像腹内燃点火钵，孩子即被烤死。这就是 géhenne à l'enfert(地狱的火)这一名称的起源。——译者

③ 见《马可福音》第 9 章第 41 以下各节。——伏尔泰

“你们当中有盐，在你们彼此之间保持和睦。”

另外他在去耶路撒冷的路上又说：“等到家长进去关上门，你们站在外面叩门说：主啊，给我们开门，他就回答说：Nescio vos〔我不认识你们〕，你们是从哪儿来的？于是乎你们就要说啦：我们跟你一道吃过喝过，你也曾在我们十字街头诲人不倦；他会要回答你们说：Nescio vos〔我不认识你们〕，你们是从哪儿来的？你们这些作恶的坏人！等你们看见亚伯拉罕、以撒、雅各和众先知，你们被赶到外面去，就要切齿哀哭了。”

救世主虽然说了其他这类肯定的话，断定凡是不皈依圣教的都要打入地狱永劫不复，可是奥立泽尼和其他数人还是不相信真有这种永世的刑罚。

苏西尼派信徒反对奥立泽尼这些人，但是他们却是在圣会之外的人。路德派和加尔文派，虽然徘徊在圣会之外，却又承认有永劫的地狱。

人们一旦接触社会生活，必然会发觉有好多有罪的人逍遥于法外。人们惩处公开的罪行，但对于那些隐蔽的罪行也应该建立一种制裁。制裁之道，唯有宗教。波斯人、迦勒底人、埃及人、希腊人都想象着死后有种种惩罚；我们所知道的古代各个民族里，承认有现世惩罚的也只有犹太人，正如我们已见过的一样。依据几节晦涩难懂的文字就相信或假意相信犹太人的古代法律、他们的《利未记》一书和“摩西十诫”都曾认为实有地狱，那就未免可笑了，其实对于有关死后可能有的惩罚，这些法律条例的作者只字未提。我们简直可以理直气壮地对摩西五经的作者说：“您是个言不顾行而毫无正义缺乏理性的人，跟您自封为立法者这个名位很不相称。

怎么！像地狱这样具有压制力而为人民所必需的教义您是知道的，您怎么不明白宣布？您邻近的各个民族都早已承认这一教义，您却只乐于让这教义由几位在您以后四千年才出世的注释家来猜度？他们篡改割截了您原来说的几句话，找出您所没有提到过的话来。或者您是个无知无识的人，不知道这种信仰在埃及、迦勒底和波斯是早已普及了的；或者您是个拙于深思远虑的人，因为您明明知道这条教义，却不以之作为您的宗教基础。”

犹太法的作者充其量只能回答说：“我们承认我们极其无知；承认我们直到晚近才学会写作；我们本是一族未开化的野人，而老实说，我们曾经在那行旅维艰，黄沙漠漠的荒野里流浪了差不多半个世纪之久；最后终于用令人深恶痛绝的劫掠行为和史无前例的令人痛恨唾弃的残暴手段侵夺了一个弱小国家。我们跟开化的民族毫无往来；您叫我们怎么能(我们这些最末世凡俗的人)发明一套很玄妙的学说呢？

“我们使用含义是‘灵魂’的这个字眼，只表达‘生命’的意思；我们把我们的上帝和他的侍臣们、天使们都看成是肉体凡身：灵魂和肉体的区别，死后生活的观念，都只能是个长期沉思默想和一种很微妙的哲学的果实。请问居住在比我们国土大一百倍的地方的霍屯督人和黑人，他们是否懂得死后阴世生活。我们曾相信这样做已足够了，即使我们的人民信服上帝要把恶人一直惩罚到他的第四代子孙为止，或是要罚他得癞病，或是要罚他暴死骤亡，或是要罚他失去他所仅有的一点微薄财产。”

有人或许要反驳这种辩护说：“您瞎编了一套显然可笑的学说；因为没灾没病，家运昌盛的坏人必然会讥笑您。”

犹太法辩护人可就要说啦：“您弄错了：因为有一个犯罪的人

想得对，倒有一百个犯罪的人根本就不想。一个犯了罪的人没有感觉身受惩罚，儿辈也没有因而受累，是会为他的孙子担忧的。况且他今天若没有害上我们很容易生的臭气熏人的恶疮，几年内他难免不得这种病：一家中总有旦夕祸福，而我们却很容易使人相信这类灾难是神灵之手降于罪孽尚未昭彰的人的报应。"

这段话是很容易回驳的，而且可以这么说："您所搪塞的辩解不顶事，因为天天有很正直的人丧失健康和财产；并且，既然没有一家不遭灾遇难，既然这类灾难又都是上帝的惩罚，那么家家户户的人就都是骗子了。"

犹太教士还可回驳说有些灾难是人类天生带来的，有些灾难却是上帝有意降与人间的。但是人家可以让这位辩护士明白看出，把猩红热和冰雹时而设想成为神的惩罚，时而又当成是大自然产生的结果，这是多么可笑。

总之，犹太人中的法利赛派和以斯尼派都欣赏按照他们各自的方式而信以为然的地狱；这一教义已经由希腊流传到罗马。并曾为基督教徒所接受。

基督教会好多神甫们根本都不相信有永恒的刑罚。在他们看来，把一名偷了一只母山羊的可怜虫永世不息地用火焚烧是荒谬绝伦不近人情的。维吉尔在他那部史诗《伊尼特》第六曲里虽然写道：

……永坐椅上

不幸的忒修斯[①]。

① 忒修斯（Theseus 即 Thésée），希腊神话中的英雄，雅典埃勾斯之子。一生英勇事迹与赫拉克勒斯类似。曾闯入迷宫杀死牛头怪物弥诺陶洛斯，登王位后又征服妇女部落阿玛宗。因为获罪于冥王哈得斯，死后入地狱被罚永坐椅上。——译者

维吉尔虽然以为忒修斯是永久坐在一把椅子上,以为这一姿势就是对他的处罚。别人都相信忒修斯是一位英雄,他根本就不坐在地狱里,而是在瑶池仙境。

不久以前有一位善良正直的加尔文派教士[①],口宣笔述,说地府冥国的幽灵亡魂,终有一天会得蒙恩赦,说应按罪施刑,一时的过错不应受无穷尽的罪罚。同一宗派的众教士便把这位仁恕的审判官罢免了;其中一位便对他说道:朋友,我也跟您一样不相信永世的地狱;但是最好是您的女仆、您的裁缝,连为您掌管财务的教士都相信有永世的地狱。

为了阐明这一段文字的用意,我还要补充一段来向那些在作品里满口否认有地狱的哲学家们进一言。我要对他们说:诸位先生,我们不是生活在西塞罗、阿蒂居斯[②]、加图[③]、马可·奥勒留、爱比克泰德[④]、掌玺大臣奥斯皮塔尔、拉·莫特·勒·维耶[⑤]、德·伊沃托[⑥]、笛卡尔、牛顿、洛克诸人的时代,也不是生活在异常幸运的

① 伯休说这位教士的一本小册子名《小彼得先生关于他的死后永劫不复学说的辩护》1761 年版,十二开本。——Flammarion 版

② 阿蒂居斯(Titus Pomponius Aiticus,公元前 109— 前 32),罗马骑士,西塞罗挚友,西致阿书简达 396 篇。——译者

③ 即小加图(Marcus Porcius Cato Uinor,公元前 95—前 46,法语译名 Caton),古罗马政治家。斯多亚派哲学的信徒。——译者

④ 爱比克泰德(Epictète,约 50—140),古罗马斯多亚派哲学家。原为奴隶,由尼禄皇帝赎为自由民。遗著《爱比克泰德语录》由他的门徒阿里安(Arrien)编纂而成。——译者

⑤ 拉·莫特·勒·维耶(La Motte Le Vayer,1588—1672),法国文学家,著作有《论法国雄辩术》。——译者

⑥ 德·伊沃托(Des Yve tteaux,即 NicolasVauquelin,seicgneur des Yveteaux,1554—1649),法国文学家。他作品中发挥了享乐主义哲学思想,成为十七世纪法国自由思想派先驱。——译者

可敬的培尔的时代，更不是在道高德重、不信神的斯宾诺莎的时代；这位斯宾诺莎穷得四壁如洗，却把荷兰人曾食其心也一无所获的伟大的荷兰首相德·维特赠给他的三百弗罗兰金币养老年金璧还给这位首相的公子们。跟我们打交道的人并非个个都能像德·巴罗一样，赔偿诉讼人自己忘记交还他们的有价证券[①]。一切妇女也并不都像尼农·德·朗克罗[②]；她能兢兢业业地为人保存寄托的东西，而那些官高爵显的人物却私吞这些东西。诸位先生，“一言以蔽之”，并非人人都是哲学家啊！

我们必须应付许多轻举妄动的骗子手，面对一群小人、暴徒、醉鬼、盗贼。倘若你们愿意，你们尽可向这类人宣传说压根儿就没有什么地狱，而灵魂也是要死亡的。至于我，我却要在他们耳边大声疾呼，告诉他们说倘若他们偷窃我的东西，死后就要堕入地狱。我也要照那位乡村本堂神甫的样儿如法炮制。他家曾经被教区内信徒们盗窃一空，他便在星期天布道时对教民说：“我简直不知道耶稣是怎么想出来的，竟然为你们这样的坏蛋而舍生。”

① 也并非人人都是伏尔泰一样的人物。伏尔泰用自己的钱来帮助跟他打官司的人。《手稿杂志》报道说，在 1770 年，德尼斯夫人（译者按：即伏尔泰侄女，为伏尔泰经管家务）曾经为争一块她认为产权属于她叔父的田地而跟一位庄稼汉打官司。这位种庄稼的人因为缺钱来维护他自己的产权，便请求伏尔泰供给他 25 路易金币。他说：“人家要夺走的地是我父亲留下的遗产，只有您能提供我这笔钱来申冤。”伏尔泰便大声喊叫说道“啾！啾！这可真新奇！”他又对他的秘书说：“瓦格涅尔，我们有这笔现款吗？”“有，伏尔泰先生，”“好吧！如数付给这位到这儿来找鞭子抽我的正直的汉子吧，他到真看准了我的善心肠啦。”那位庄稼汉果然打赢了官司，伏尔泰立刻跑去祝贺靠他的帮助赢了官司的潘……先生。——阿弗内尔

② 朗克罗（Ninor de Lenclos，1620—1705），法国女才子，当时的自由思想家常出入她的沙龙。——译者

由耶稣会神甫乌特尔芒大师撰写,又经巴黎附近犹太镇本堂神甫枯隆大师增补的《基督教教师》一书,是一部给痴人阅读的好书。谢天谢地,这部书已发行了五十一版,书中没有一页里可以发现一点儿常识的踪迹。

乌特尔芒教士断言(见该书四开本版第157页)有一位名叫洪斯登子爵的(其实压根儿就没有这个人)伊丽莎白王后的大臣对国务秘书薛西尔[①]和其他六位国务参事发表预言,说他们将要堕入地狱,而且他自己也是一样。结局果然如此,这也是一切异教徒遇到的结局。薛西尔和其他几位国务参事很可能不相信洪斯登子爵这句话;但是倘若这位假子爵跟六位市民阶级说,他们或许很相信他的话。

今天伦敦的市民阶级,没有哪一个相信什么地狱了。这应该怎么办呢?我们能有什么制裁之道呢?那就靠荣誉,靠法律,以至于靠神明。神明当然是要我们为人公正,不论是有地狱或是没有地狱。

ÉTATS,GOUVERNEMENT
国家,政府

什么是最好的国家和政府?——直到现在我还没有认识曾经治理过什么国家的人物。我不谈那些实际上执政两三年或执政六

---

① 薛西尔(William Cecil,lord Burghley,1520—1598),英国伊丽莎白一世首席国务秘书(1558)及财政大臣(1572)。——译者

个月、六个星期的阁员先生们；我来谈谈别的人们，这些人他们在吃晚餐的时候，或是在他们书房里，议论风生地谈论他们为政之道，改革军队、教会、司法和财政等等。

布尔择斯[1]的修道院长在将近1645年的时候，以红衣主教黎塞留的名义开始治理法国，著了一部《政治遗书》。在这本书里他主张把贵族征入骑兵，服役三年，要求国会和审计局征收人头税，不许国王动用盐税；他肯定以为用五万人开始作战，必须征募十万人来作后备兵。他肯定说："只要普罗旺斯一省就有比西班牙和意大利合起来更多的最优良的港口。"

布尔择斯的修道院长没有旅行过，而且他的著作错误百出，记时紊乱；他签署红衣主教黎塞留的署名，笔迹是他从来没有用过的，而他借这本书的口气发表议论，也好像他压根儿没有发表过议论一样。此外，他用整整的一章书来说明理性应该是一国的准绳。并且他努力想证实这一创见。这本晦涩难懂的书——布尔择斯修道院长的这个私生子，有很长一个时期被人视为红衣主教黎塞留的合法的儿子；法兰西学院各位院士人人都在他们的入院演说里过分地称赞这本政治名著。

迦先·德·库尔蒂兹先生眼看黎塞留的《政治遗书》的大获成功，就在海牙印行了一本《柯尔柏[2]的遗书》，附了柯尔柏先生上国王的一封书信。若是这位大臣真的著了一部类似的政治遗书，显然必会被禁止出版；然而这本书却曾为几位作家引用过。

---

① 布尔择斯(Bourzeis)，法国地名。——译者

② 柯尔柏(Jean-Baptiste Colbert，1619—1683)，法国路易十四王朝首相，当时以推行柯尔柏主义经济政策闻名。又长于财政。——译者

另外有一个卑鄙的小人,不详其姓名[①],也出了一本《鲁瓦[②]的遗书》,比《柯尔柏的遗书》还更坏得多;有一位名舍甫勒蒙的修道院长给洛林的公爵查理也出了一本政治遗书。我们还有红衣主教阿尔贝罗尼[③]、贝勒—伊斯勒元帅[④]以及芒德兰[⑤]等人的《政治遗书》。

1695 年印行的《法国的行政》的作者,德·布阿吉贝尔先生[⑥]托名沃邦元帅[⑦],制定了一项不能付诸实施的王家税收计划。

有一个疯子名字叫拉·戎晒尔[⑧],因为没有饭吃,便在 1720 年代,制定了一项财政计划,有四大本之多。有些个傻瓜曾经把这部作品当作是国库总管拉戎晒尔作的,以为一位国库总管该不致写出一部恶劣的财政著作来。

但是应当承认有些很贤明或许很适宜于执政的人,或是在法国,或是在西班牙,或是在英国,都曾经写过论述国家行政管理的

① 即上文所提的迦先·德·库尔蒂兹。——阿弗内尔

② 鲁瓦(Michel Le Tellier,marquis de Laurois,1641—1691),法国路易十四王朝大臣,以改善军事给养和军火供应闻名。——译者

③ 阿尔贝罗尼(Jules Alberoni,1664—1752),原为意大利一修道院长,后任西班牙腓力五世王朝红衣主教。——译者

④ 贝勒-伊斯勒(Charles Fouquet de Belle-Isle, 1684—1761),法国历史人物,曾任法国元帅,以善于指挥法军从普拉格退却闻名于世。——译者

⑤ 芒德兰(Louis Mandrin,1724—1755),法国历史上著名强盗首领,于 1755 年在瓦朗斯城被处轮磔刑。——译者

⑥ 德·布阿吉贝尔(Pierre de Bois-Guillebert,1646—1714),法国经济学家,系沃邦元帅之侄。——译者

⑦ 沃邦元帅(Sébastien le Prestie,Seigneur de Vauban,1633—1707),十七世纪法国著名元帅。——译者

⑧ 拉·戎晒尔(La Jonchère),法国历史人物,财政家,身世不详。——译者

作品。他们的书起了不少的良好作用：这并非是说这类书籍出版能够改正那时在位的大臣们的错误，因为一位大臣是毫不自改其过的，他也不可能自我整改，他已飞黄腾达了；他再也听不到忠言，再也听不到劝告了；他也没有时间来听这些，因为日常的事务把他缠住了；但是这些好书却培养着行将走上仕途的后生，培养着那些亲王，而第二代人是会受到教益的。

各国政府的优点和弱点，近来都曾仔细的经过研究。您既经遍游四方，博览群书，见多识广，愿请您告诉我，您究竟愿意生在哪一个国家，哪一种政府的统治下？我想法国的一位封建领主不会不高兴生在德国，在德国他就可以为工，不必再做臣民。法国的一位上议院议员倘若有英国上议院议员的特权，他或许很满意了，因为他就可以是立法委员了。

法官和财政家在法国比在别的国家好得多。

但是一个开明贤达、思想自由的人，一个财产微薄而没有成见的人又选择哪一种国家呢？

本地治里[①]议会的一位欧洲议员，颇有学识，同着一位比较平常的更有文化修养的印度婆罗门教徒沿着大陆回到欧洲。“您觉得蒙古政府怎样？”议员说。“讨厌，”婆罗门回答说，“您说一个国家怎么能由鞑靼人治理得好呢？我们的剌查王、昂拉官、伊斯兰教巡抚都很兴高采烈，可是公民们却一点也不高兴；几百万公民非同小可啊！”

① 本地治里(Pondichery)印度东南沿海一大城市，曾沦为法帝国主义殖民地，1954年获得解放。——译者

议员和婆罗门一路上辩论着，经过整个亚洲内地。婆罗门说："我有一点感想，就是在世界上一块这么大的地方，没有一个共和国。"议员说："过去曾经有过推罗[①]共和国，但是这个国家没有存在多久；还有另外一个共和国，在石地阿拉伯的一个名叫巴勒斯坦的小角落里，倘若我们可以把一帮贼盗和放高利贷的人的国家也美其名为共和国的话。这帮人时而由一些法官治理着，时而由一种类似国王者统治着，时而又由一些大祭司治理，曾经七八次沦为奴隶，而且最后终于从他们篡夺过来的地方被驱逐出去。"婆罗门说："我以为地球上只能有很少的共和国。人是难以称得上能自己管理自己的。这种自治的福气只能由一些弱小民族享有，他们隐藏在一些岛屿上或大山里，就好像逃避猛兽的兔子一样；但是日子久了，他们仍旧总是被发现、被吃掉。"

当这两位旅行家达到了小亚细亚的时候，议员就问婆罗门教徒说："在意大利的一个角儿上有一个共和国，已经存在五百多年了，它拥有小亚细亚、亚洲、非洲、希腊、高卢、西班牙和意大利全境，您真相信有吗？"婆罗门教徒说："那么这个共和国很快就会转变为君主国啦？"那个议员就说："您猜对了；但是这个君主国已经垮了，我们天天在写漂亮文章来探讨它衰亡的原因。"印度人说："您未免太劳神了。这个帝国崩溃了，因为它本来存在着嘛。一切当然都有个衰亡；我很希望大蒙古帝国也一样要崩溃。"

"提起这个来，"欧洲人说："您相信在一个君主国家里更需要

① 推罗(Tyr)，黎巴嫩沿海古代一大城市，今名苏尔。——译者

有声誉，在一个共和国里更需要有品德吗[①]？”印度人问清楚所谓声誉是指的什么，便回答说在共和国里比较更需要有声誉，在一个君主国里却更需要有品德。“因为”他说，“一个人想叫人民选举他，没有声誉是不成的；至于在宫廷里，他很容易得到一官半职，依照一位伟大亲王[②]的格言说来，一个侍臣，要想掌握权势，就不应该毕露锋芒，盛气凌人。说到品德，那倒是很要有点品德才敢在宫廷里坚持真理。有品德的人在一个共和国里是泰然自若，因为他不必奉承任何人。”

欧洲人说：“您以为法律和宗教也像在莫斯科需要皮货，在德里需要纱罗一样，都是随着气候改变的吗[③]？”婆罗门说：“是的，不错，各项法律都关系到物理，都是按照人民居住的纬度计算好的；一个德国人只需要一个老婆，一个波斯人就得有三四个女人。宗教的礼仪性质也一样。在我们那一省，既没有面包，又没有葡萄酒，倘若我是个基督徒，您可叫我怎么做弥撒呀？说到教义，又当别论：气候对它没有什么影响。你们的宗教不是在亚洲发起的又从那里被驱逐出去的吗？它现在不是在靠近波罗的海的地方存在了吗？在那里它本来是不为人所知的。”

议员说：“您最喜欢在什么国家、哪一种政权之下生活呢？”他的旅伴说：“除了我国以外到处我都喜欢，并且我遇到很多暹罗人、东京人[④]、波斯人和土耳其人，他们也都这么说。”欧洲人说：“但

① 孟德斯鸠的名言。——译者

② 指奥尔良公爵(Le due d'Orléans)。——译者

③ 这是孟德斯鸠的学说。——译者

④ 即越南人。——译者

是，再问您一遍，您到底选择哪一种国家呢？”婆罗门回答说：“选择人们唯法是守的国家。”议员说：“这仍旧是句老生常谈。”婆罗门说：“这话也并不更坏呀。”议员说：“这一国在哪儿呀？”婆罗门说：“还得去现寻找。”（请阅读《百科全书》中“日内瓦”条目）①

EUCHARISTIE　圣体

在这个棘手的问题上，我们根本不站在神学家的立场上来谈论。我们从心灵里服从我们诞生于其中的宗教，服从我们生活在其约束之下的那些法律，我们决不从事争论。因为争论太敌视一切宗教了，而它又自夸支持一切宗教，争论太敌视一切法律了，而它又假装解释法律；尤其是太敌视和睦、协调一致了，和睦是争论世世代代从大地上排挤完了的。

有一半欧洲人在圣体问题上诅咒另外一半欧洲人，因而约有两百年有一半欧洲人为了一个意指温和的仁慈的字，就使血液从波罗的海海岸一直流到比利牛斯山下。

在世界这一部分，有二十个国家十分厌恶天主教把面包和葡

① 这是达朗贝的著名文章，发表时曾引起巨大反响，达朗贝赞颂这个共和国说：“日内瓦由于它的自由和商业而致富，常常目睹四方烽火燎原，自身却从未受到影响。致令全欧动荡不安的那些事变对于它来说，只是一场场表演，自己仅只观赏而不参与。日内瓦由于条约和商业而依附法国，由于商业和宗教而依附英国，却极其明智，对于这两大强国之间的战争，绝不参与。它对于这些战争表示不偏不倚的公正态度，评价欧洲各国君主，既不奉承，也不伤害，更不畏惧。日内瓦政府的民主有百利而无一弊……那里的宗教只限于崇敬一位上帝……理性迫使我们相信日内瓦人几乎是世上最幸福的人了……”——阿弗内尔

萄酒化为圣体代表耶稣基督的肉和血的变体教义。他们都大声疾呼说，这种教条是人类疯狂的最大努力。他们证实西塞罗两段名言是正确的：西塞罗说过，人类虽然把他们所能干出的一切可怕的疯狂行为都干尽了，却还没有敢吃他们所崇拜的神。这些国家的人说几乎所有民间的信念既然都是建立在一些歧义词句上边的，都是由于滥用字眼而产生的，罗马帝国天主教徒把他们的圣体学说和以面包和葡萄酒代表耶稣的肉和血的体化学说只建立在一种双关用语的歧义语义上边；说他们把只用以作引申意义的当本意用了，而且说自从一千六百年以来为了字句的争辩和误解血溅了全世界。

各国宣教者在讲坛上，各国学者在书中，老百姓在谈论中，不断反反复复地说耶稣基督根本并没有用自己的双手把他自己的身体掰给他的使徒们吃：说一个身躯不能同时在千千万万的处所，不能同时在面包里又在盛酒的圣餐杯里；说人们排泄为大便的面包，排泄成尿水的葡萄酒不能是创造宇宙的上帝；说这一教条可以使基督教化为最简单的令人啼笑皆非的事物，遭到教外全人类的轻视和憎恶。

这就是蒂洛松、斯马尔里奇、蒂尔坦、克洛代尔、达耶、阿米罗尔特、梅斯特扎特、迪穆兰、布隆代尔[①]以及十六世纪无数宗教改革家所说的，而当时非洲和欧亚两洲绝大部分的平静的主人穆罕默德却在蔑视地耻笑我们的争论，至于世界其他各地人们都还不

① 蒂洛松(Tillotson)、斯马尔里奇(Smalridge)、蒂尔坦(Turretin)、克洛代尔(一译克洛岱尔)(Jean Claudel)、达耶(Daillé)、阿米罗尔特(Amyrault)、梅斯特扎特(Mestrezat)、迪穆兰(Dumonlin)、布隆代尔(Blondel)均系欧洲古代著名的宗教改革家。——译者

知道有这些争论。

重申一遍，我毫不争论，我真诚的相信使徒传布的天主教关于圣体的一切教义，虽然我对于这些教义只字不提。

以下就是我唯一的目的：要尽最大可能制止罪行。斯多葛派哲学家们说他们心中有上帝；这是马可·奥勒留和爱比克泰德的表达语。这两个人是人间最德高望重的人，甚至可以说是人中之神，他们把“我心怀上帝”这几个字理解为指的是神圣而普遍的赋予一切智慧以生命的那一部分灵魂。

天主教还走得更远，它对人们说：“你们将会在身体方面具有斯多葛派哲学家在形而上学方面所具有的。你们不必问我给你们所吃的和所喝的，或是仅仅给你们所吃的。只要相信我把上帝给了你们就可以了，他在你们的胃里。你们的心会用不公正和卑鄙的意念玷污了他吗？所以有些人在一座金光闪闪祭坛前、一种庄严的意识中，灯烛辉煌，奏罢令人如醉如痴的音乐之后，在他们体内迎进了上帝。这时想象停止、心灵激动、人们平息静气，摆脱尘世千丝万缕的联系，与上帝合为一体，上帝在我们血肉之内。在这之后谁又敢谁又能犯一桩错误呢？哪怕仅仅是在思想中有一念之差？当然不能想象以为一种神秘宗教仪式就可以把人紧紧维系在德行之内。”

然而路易十一在他身上迎进了上帝之后，却毒死他的亲兄弟；佛罗伦萨大主教扮演上帝，那些帕吉家族成员迎进上帝时，却都在主教大教堂里谋杀美第奇家族成员①。教皇亚历山大六世，从他

① 帕吉家族(Les Pazzi)和美第奇家族(Les Médicis)是意大利十五世纪先后执政的对立的两大家族。——译者

的私生女儿的床上下来，给他的私生子恺撒·鲍尔吉亚进圣餐。凡是谁有两阿尔庞合乎他们胃口的田地的人，这父子二人就会用绳子、毒药、刀剑把谁致之死地。

优里乌斯二世[①]扮演上帝又吃上帝圣体，但是他却也披甲戴胄，屠杀人群，血溅战场，玷污了自己。利奥十世[②]胃纳上帝，怀抱情妇，箱子里藏着用免罪符勒索来的钱，还在他姐姐的箱子里收藏着这类钱。

乌普萨拉主教特罗尔[③]手捧教皇诏书叫人在他眼前杀害瑞典参议员们。明斯特[④]城主教范加伦与他各个邻国作战，以掠夺行径而出名。

修道院长N某，满腹上帝，开口闭口只谈上帝，把他所能指挥的一切妇人，或则愚蠢，或则疯狂，都献给上帝，而他却偷窃在他跟前忏悔的善男信女的银钱。

从这些矛盾里又能得出什么结论来呢？结论就是这些人并没有真正信仰上帝；他们更不相信他们吃过上帝的肉体，喝过上帝的血液；他们根本就没有想象到在他们胃里有上帝圣体，倘若他们坚决相信这一点，也就决不会犯这类经过深思熟虑的罪行了；对人类

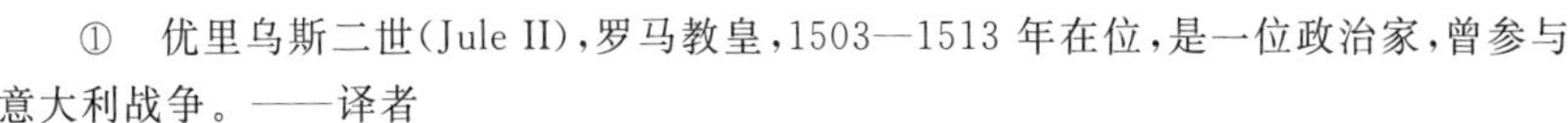

① 优里乌斯二世(Jule II)，罗马教皇，1503—1513年在位，是一位政治家，曾参与意大利战争。——译者

② 利奥十世(Léon X，Jean de Medicis)，1513—1521年间任罗马教皇，保护文艺和科学，在位期间，值路德派分裂。——译者

③ 乌普萨拉(Upsala)，瑞典斯德哥尔摩西北一大城市。特罗尔(Troll)，瑞典天主教的大主教。——译者

④ 明斯特(Munster)，德国威斯特法伦洲一大城市。范加伦(Van Galen)，德国天主教主教。——译者

残酷暴行下的最厉害的药也是最没有效的药。总之一句话，医治人类残酷罪行的药方越妙，越是被狡黠的人类暗暗地丢掉。

为我们那些治理过国家的大罪犯们和他们下边曾经想要篡夺一部分治理权柄的人们不仅是并不相信他们真的在他们脏腑里接受过上帝，而且他们也并不真正信上帝，至少他们从头脑里抹去了上帝观念。他们对于他们所做的和授予的圣餐轻视到了就连上帝也遭他们轻视。我们还有什么办法来反对劫掠、蛮横、残暴、造谣诽谤、迫害呢？那就是要说服那些压迫弱小人物的有权有势的人要相信上帝的存在，他们至少不会笑这种意见；即使他们并不相信上帝是在他们胃里边，他们也会相信上帝是在整个大自然里。一种难以理解的宗教仪式使他们讨厌：难道他们可以说一位赏罚严明的上帝的存在也是一种不可理解的奥秘吗？总之，即使一位天主教主教对他说：这就是我所指定的人放在你口里的上帝，他也不服主教的话，他能抵制一切星球和有生命的生物对他大声疾呼“是上帝创造了我们”这种话吗？

ÉVÊQUE　主教

人们都知道出生在瑞士巴塞尔城的萨米埃尔·奥尔尼克是个很逗人爱的年轻人。他熟读希腊文和德文新约全书。在他二十岁的时候，他双亲就叫他出外游历，托他给巴黎副主教[①]捎带几本书

① 即雷斯红衣主教(le Cardinal Retz)，请对照本文参阅莱兹主教的回忆录和投石党时代回忆录。——乔治·阿弗内尔

去，这时候正当投石党时代。他来到大主教门前，教堂警卫对他说主教大人什么人也不接见。欧尔尼克便对他说，老兄，您对待乡亲[①]未免有点粗暴；使徒当初让人人都接近，而耶稣基督叫人许可小孩子来见他。我并不有求于您主人，正相反，我是给他捎东西来了。门警便对他说，那么请进吧。

他在第一间候见室里等了一个钟头。因为他很天真，便跟一个仆人攀谈起来。这个仆人又很喜欢谈他所知道的主人的私事。欧尔尼克说，我看这家里有这么多仆从和警卫员跑来跑去，您主人必定是很阔吧。那个仆人便回答说，我不知道他有多少收入，可是我听若利[②]和夏里埃修道院长说，他已欠下了两百万的债了。欧尔尼克说，这位主教应该派人到一条鱼嘴里去搜索一下来付他在司库那里的欠账。但是从一间书房里出来走过去了的那位夫人是谁呀？仆人回答说，那是主教的一位情妇德·波梅乐夫人。欧尔尼克便说，她可真是美丽；但是我从来也没有见过什么书上说使徒们在他们卧室里一大早会有这样的伴侣。嗳呀！是了，我想先生就要接见了。仆人说，您要称呼他的尊称主教大人才是。欧尔尼克说，唉！那当然喽。他使他的主教大人行礼如仪，把他带来的那几本书呈上去，得到主教微笑着接待他。主教对欧尔尼克说了四个字便乘上四轮马车走了，有五十名骑卫队前呼后拥着。上车的当儿，主教大人脱落了一只剑鞘。欧尔尼克十分惊奇，说，主教大人在衣袋里竟然还揣着这么大的一只文具盒呢。那位好说话的人

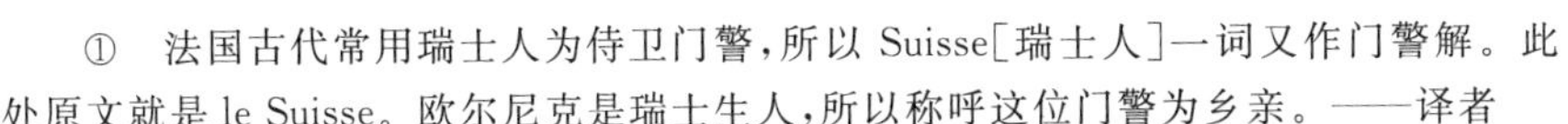

① 法国古代常用瑞士人为侍卫门警，所以 Suisse［瑞士人］一词又作门警解。此处原文就是 le Suisse。欧尔尼克是瑞士生人，所以称呼这位门警为乡亲。——译者

② 若利·德·弗勒里(Joly de Fleury，1675—1756)，法国巴黎检察官。——译者

便说道，您没看出来那是一把匕首吗？到议会去，人人总都是把自己的匕首带上的。欧尔尼克便说道，这倒真是一副有趣儿的军官架势呀；说完他便万分惊奇地走开了。

欧尔尼克走遍了法兰西，从一个城市到一个城市，到处都受到了教化。他从法兰西又到了意大利。当他走上教皇的领土时，路遇一位年金收入一千埃古银币的主教。这位主教步行赶路。欧尔尼克本是个彬彬有礼的人，便在自己的轿车里给主教让出一个位子来坐。他对主教说，主教大人，您一定是去安慰什么病人去的吧？主教回答说，先生，我到我老师家里去。欧尔尼克便说，您的老师！定然是耶稣·基督啦？主教回答说，先生，是红衣主教阿佐兰；我是他的布施分配僧。他虽说给我的待遇很微薄，但是他答应把我安排在奥林比亚夫人那里，她是我们主教大人得意的兄弟媳妇。欧尔尼克说，怎么！您原来是一位红人儿主教驾下的人吗？您难道不知道耶稣·基督和圣约翰时代根本就没有什么红衣主教吗？这位意大利高级教士喊叫着说，当真有这回事儿吗！欧尔尼克便回答说，再也实在不过啦，您在福音书里读过的呀。主教反驳说道，我从来也没读过福音书，我只晓得圣母日课。欧尔尼克便说，我对您说，过去就没有过红衣主教，也没有主教。要是照热罗姆在好几处肯定过的说法说的话，在有了主教的时候，教士们几乎是跟他们地位平等。这位意大利人便说，圣母啊！这个我毫无所知，那么教皇呢？欧尔尼克回答说，也并不比红衣主教更会有过。那位善良的主教画了画十字，他以为遇上了坏人，便跳下车扬长而去了。

ÉZÉCHIEL 以西结书

论这位先知的几段奇文和几种古代习惯

现在大家都颇懂得不应当用现今的习惯来论断古代的一些习俗。谁若是打算按照土耳其皇帝的殿宇或路易十四的宫廷来修改荷马史诗《奥德赛》里边描写的阿尔辛诺斯[1]的王宫,就不会受学者们欢迎;谁若是谴责维吉尔叙述伊凡得王[2]披着熊皮携着两条狗来接见外国大使们,就不是一位高明的批评家。

古代埃及人和犹太人的习俗比阿尔辛诺斯王、他的女儿诺西揆亚[3]以及那个老好人伊凡得的习俗更与我们的不同。

以西结本是迦尔底人的奴隶,有一次在那条流入幼发拉底河的迦巴鲁小河旁走过,眼前呈现了一幅幻觉憧憬。我们切莫以为他看见了几只有四张脸两对翅膀的牛蹄兽和几盘自动旋转栩栩如生的车轮而惊奇;因为这些形象原能怡悦想象。但是不少的批评家却对主命令以西结用大粪蘸大麦面、小麦面和黍子面的面包,吃三百九十天这件事感到不平。

这位先知曾说:“呸!呸!呸!我的灵魂在此以前是从来未受

① 阿尔辛诺斯(Alcinoüs 或 Alcinoos),希腊神话人物,法雅西亚国王,诺西揆亚的父亲,曾在海上搭救尤利西斯。——译者

② 伊凡得(Évandre),维吉尔名著《伊尼特》中人物,拉丁姆国王,曾接待特洛伊王子伊尼斯。——译者

③ 诺西揆亚(Nausicaa),希腊神话人物,阿尔辛诺斯的女儿。——译者

污染的”;主便回答他说:“好吧!我不给你人粪,给你牛粪吧,你要把面包跟牛粪捏成一团吃。”

因为压根儿就没有用这样的果子酱蘸面包的吃法,大多数人都觉得这项命令跟赫赫神威不相称。然而老实说牛粪跟莫卧儿皇帝的钻石是完全相等的,这不仅在神目中是如此,就是一位真正的哲学家也是这么看。至于说到上帝能命令先知吃这样的早餐的理由,那却不是我们可以过问的。

只要指出,这类神令,在我们看来很古怪,犹太人却不以为奇,这就够了。

在圣·热罗姆时代,犹太教会的确不允许三十岁以下的人阅读以西结书;但是,那是因为在第十八章里,以西结说儿子不再担当父亲的罪孽,谁也不会说,父亲吃了生葡萄,儿子的牙也会酸倒。

在这一点上,以西结是有意跟摩西作对的。摩西在《民数记》第二十八章里,肯定说子嗣要一直担当父亲的罪孽到第三、四代。

以西结在他的书的第二十章里还假借主的口气说主赐给犹太人的训诫都不是好的。所以犹太教会禁止青年阅读那本足以令人怀疑摩西的戒律都是不可或拒的经典。

现今的批评家对以西结书的第十六章更感惊讶:请看这位先知是如何来揭露耶路撒冷的罪行的:他提到主对一个妓女讲话,主对这个妓女说:“你初生的日子,还没有人给你断脐带,也没有在你身上撒过一点盐,你还赤身露体的时候,我就可怜你了;你渐渐长大,两个奶也发育形成了,7 月毛也长出来了;我从你旁边经过,看见你,我看出正是春情发动的时期;我遮盖着你赤裸裸的身体;我披着斗篷躺在你身上;你就归于我了;我给你洗了身体,抹了香料,给你从头到脚穿戴得整齐漂亮；我给了你一条棉披巾，一对镯子，一挂项链；我给你鼻子装饰上一块宝石，给你耳朵上戴了一副耳环，给你头上戴了一顶花冠，等等。

"于是你仗着自己的美貌，招蜂引蝶，勾引路人跟你私通……你又建造了一个妓馆……你卖淫一直卖到公共场所去，向个个路人开怀……你跟一些埃及人睡觉……并且最后你还给你的情夫倒贴钱，你送给他们礼物，为的是叫他们跟你睡觉……你不要人家给你钱，你反倒倒贴出去，你做的跟别的妓女正相反……俗语说：有其母必有其女，这正好说的是你。"

有人更加反对第二十三章。这一章里说有一位做母亲的膝下有两个女儿，老早就已失去童贞：大的名叫阿荷拉，小的名叫阿荷利巴[①]。"……阿荷拉曾经热恋那些年轻的贵胄、法官、骑士；她很年轻时就跟一些埃及人睡觉……她的妹妹阿荷利巴更淫乱，跟军官、法官和漂亮的骑士私通；她显露下体，淫欲无度；狂热追求恋人身壮精足、如驴如马……"

这些描绘，吓倒许多精神软弱的人，其实也只不过是说明着耶路撒冷和撒玛利亚两地的伤风败俗的；有些字句，在我们看来都是放肆的，在当时却并不如此。在圣经里，不只一处毫无顾忌地表现出这种朴质。书里常常提到张开阴户。圣经用来叙述波阿斯跟路得交合、犹大跟他儿媳交合的字眼，在希伯来文里丝毫没有不体面的意思，在我们的语言里就不免有伤大雅了。

当人不以裸露为耻的时候，就根本不用布遮盖下体；在那时

① 阿荷拉（Oolla）、阿荷利巴（Ooliba），圣经《以西结书》中人物。——译者

候，既然人向谁许诺什么事就用手摸他的生殖器，说一说生殖器又怎么会脸红呢？摸生殖器是表示尊敬，象征忠诚的意思，就好像从前我们这里城里的领主跟山上的寨主握手言欢一样。

我们把生殖器翻译成大腿。以西结把手放在亚伯拉罕的大腿下；约瑟把手放在雅谷的大腿下。这种习俗在埃及是很古老的。埃及人对于我们所不敢启视也不敢叫出名字来的东西一点也不以为猥亵。所以他们高举一只名叫法龙的巨大的象征阴茎的东西游行赛会来感谢神灵用阴茎繁殖人类的恩惠。

这一切都足以证明我们的礼仪跟旁的民族不一样。在什么时代又比罗马的奥古斯都时代更讲究繁文缛节呢？然而贺拉斯在一出道德戏剧里却丝毫不感困难地说：

同她交合时我不怕他男人从田里跑回来。

〔第一卷，讽刺诗第二首，第 127 句〕。

奥古斯都在他写的一首讥笑法尔维亚[①]的讽刺诗里也用了同样的词句。

要是有人在现今说出相当于拉丁文 futuo 的字眼来，必然会叫人当做一个粗野的醉汉看待。这个字跟贺拉西以及其它作家使用的许多旁的字，在我们看来都好像是比以西结书的词句更不雅驯。我们阅读古代作家的作品或是在遥远的国家旅行的时候，都要把种种成见抛开。天性虽然到处相同，习惯却是随地而易。

有一天我在阿姆斯特丹遇见一位十分醉心以西结书这一章的

---

① 法尔维亚(Fulvie)，古罗马统帅安东尼之妻，死于公元前 40 年。西塞罗在《反安东尼演说》里曾加以攻击。——译者

犹太教士。他说："噢！朋友，我们可真感激您哪！您介绍了犹太法律的一切精华，以西结吃的早餐，他向左侧睡卧的优美姿势①；阿荷拉和阿荷利巴都是尤物；我的亲兄弟，这些事物都是象征性神兆啊，象征着有朝一日犹太民族必会成为世界的主人；但是您怎么把很多差不多也有这种意味的事物都遗漏了呢？您为什么没有介绍何西阿书从第一章第二句起就记述了的主对何西阿说："何西阿，你去娶一个娼妇为妻，叫她生几个妖姐儿的儿子，"这段情节呢？这就是上帝亲口说的话。何西阿便娶了妓女，生了个男孩子，随后又添了个女儿，后来又养了个男孩儿；这是一种神兆，而这一次神兆延续了三个年头。在三章里记载着：主说："你要娶一个不仅为娼而且又是别人姘头的女人为妻。"何西阿遵命照办了；可是他因此还破费了十五枚金币和一石五斗大麦；"因为，您知道，福地很缺小麦。但是您知道这一切事物的意义吗？"我对他说不知道。他便说他也不知道。

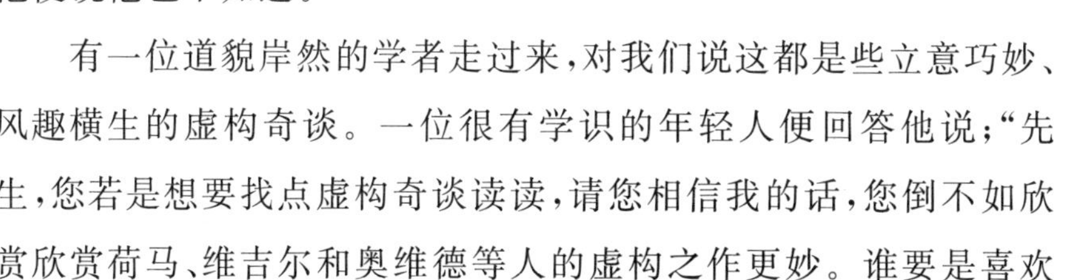

有一位道貌岸然的学者走过来，对我们说这都是些立意巧妙、风趣横生的虚构奇谈。一位很有学识的年轻人便回答他说："先生，您若是想要找点虚构奇谈读读，请您相信我的话，您倒不如欣赏欣赏荷马、维吉尔和奥维德等人的虚构之作更妙。谁要是喜欢以西结的那些预言，谁就值得同他一道进早餐。"

① 见《旧约·以西结书》第 4 章第 4 节：你要向左侧卧，承当以色列家的罪孽。——译者

F

FABLE　寓言和传说

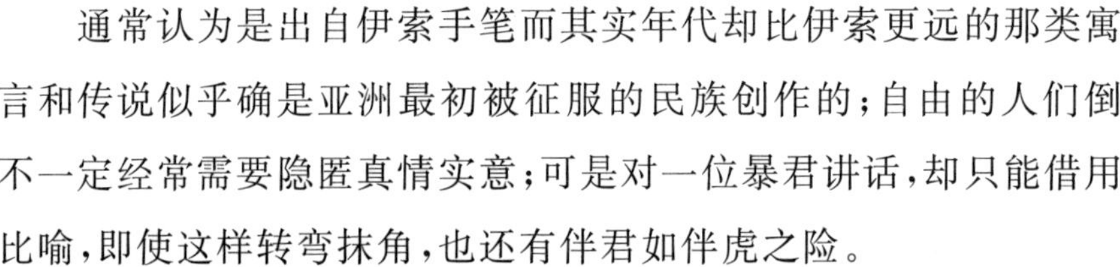

通常认为是出自伊索手笔而其实年代却比伊索更远的那类寓言和传说似乎确是亚洲最初被征服的民族创作的；自由的人们倒不一定经常需要隐匿真情实意；可是对一位暴君讲话，却只能借用比喻，即使这样转弯抹角，也还有伴君如伴虎之险。

因为人们总是爱听隐喻之谈和故事，也很可能是有才气的人们为了解闷儿，编点故事说给他们听，并没有别的意思。不管怎么说，人类天性既是这样，寓言和传说比历史记载就更年代悠远了。

犹太人比起他们邻近部落迦勒底人和推罗人来，还是一个晚近的部落[①]，但是比我们却古老得多了。我们发现他们从《士师记》时代起，有些寓言完全和伊索的类似，也就是纪元前一千二百三十三年，倘若可以根据这样算法估计的话。

所以《士师记》里边便说基甸有七十个儿子，都是他亲生的，因

① 希伯来部族在迦南已经有了巨大城市，推罗、西顿、贝鲁特等城繁荣时代才来到巴勒斯坦，这是确凿的事。据说约书亚毁灭了耶利哥和那座富有文学、典籍和学派、名叫卡利亚特·色费尔的名城；所以犹太人当时不过是给文明民族带来灾难的异邦人。——伏尔泰

为他有许多妻子;并且说他跟一个女仆又生了个儿子名叫亚比米勒。

可是这位亚比米勒却按照习俗把他的六十九位亲兄弟全都杀死在一块磐石之上;而那些犹太人十分敬重和钦佩亚比米勒,便去那个在历史上不怎么闻名的米罗城的左近一株橡树下为亚比米勒加冕。

亚比米勒最年幼的弟弟约坦未遭屠杀(在上古史中经常有这类大屠杀),只身脱险,便对犹太人发表演说。他对犹太人说有朝一日树木必会去自己选立一位国王。我们不大懂树木怎么会走路;但是他们既然会说话,也就能走路。树木首先去找橄榄树并对他说道:"请你做王吧。"橄榄树回答说:"我决不会放着我的油果不管却来统治你们。"无花果树也说它对于它那些无花果比对于棘手的王位更喜欢。葡萄树表示更爱它的葡萄,最后树木们便去找荆棘;荆棘回答道:"我就来统治你们,为你们遮荫;你们若不愿栖身在我的树荫下,火便会从荆棘丛里烧出来,把你们烧光。"

这个寓言根本就不对头,因为绝不会从荆棘丛里冒出火来;但是它却表明寓言的通行已年湮代远了。

约在二千三百年前,有个关于胃和四肢的寓言①,平息了罗马一次暴乱,可谓巧妙无疵。寓言愈古老,寓言也就愈深刻。

① 见拉封丹寓言《四肢和胃》。(参阅汉译《拉封丹寓言选》163 页)寓言说胳膊腿四肢以为胃终日养尊处优,全靠四肢获取食物供应太不公平,便怠工不动,结果得不到营养,力气完全消失,这些造反的肢体才明白,他们认为无所事事的胃对整体利益比他们更大。——译者

像在赫西俄德作品里讲的那个维纳斯传说,岂不是对于整个大自然的一种比喻吗?这个神话说生殖器官从太空降落到海滨;维纳斯就是从那一堆泡沫里出生的;她最初的名字就叫做生殖器的情人 Philometès,还有比这一形象更具有感性的吗?

这位维纳斯就是美神;倘若美神不偕同三位风韵女神同行,也就不再惹人喜爱了;美神生爱神,爱神有箭,刺穿人心;他眼睛上蒙着遮眼巾,看不见爱人的缺陷。他有两只翅膀,来得飞快,去得也神速。

那智慧是在诸神之主的脑子里孕育而成的,名叫密涅瓦;人的灵魂就是密涅瓦指点给普罗米修斯的一把神火,普罗米修斯就用这把神火点活了人的生命。

在这些寓言和传说里,不能说看不出整个自然的一幅生动的图画。其他的寓言或传说,大都或者是古代史实以讹传讹,或者就是奇思幻想。古代寓言或传说也跟我们现代故事一样:有的警世益俗、美妙动听,有的却又平淡无奇。

古代智灵心巧的民族的寓言或神话曾经被一些粗野的民族粗制滥造地模仿过;例如酒神巴克科斯、赫拉克勒斯、普罗米修斯、潘多拉以及其他许多寓言和神话传说都是这样;这些寓言和传说都是古代人们茶余酒后的趣谈。蛮族模模糊糊听见人家讲这类传说,便把这些东西编进自己的草昧神话里去;随后他们竟然敢说:“这都是我们创造的。”唉!可怜而无知的无名民族啊,你们从来就不懂什么既悦人又有益的艺术,甚至连几何学这一名词从来也没有传到你们那里去,你们能说你们发明过什么事物吗?你们既不知发现真理,又不会把瞎话说得巧妙一点。

最美的希腊神话要数普赛克的传说[①]了。最有趣的却是关于以弗所的贞节妇人的传说[②]。

近代最动听的传说是关于嬉婆的，她因为挖了爱神的眼睛，被罚做他的向导。

归之于伊索手笔的寓言都是些象征的话，教育弱者尽力防御强者的欺凌。各个稍有学术文化的民族都采用了。拉封丹便是以情趣横生的手法处理了这些寓言和传说的人：约有八十篇，尽都是文章质朴、语言典雅而寓意精妙的杰作，有时甚至诗意漾然；路易十四时代出了一位拉·封丹，也可说是这个时代的光彩了。拉封丹几乎是无意追求却找到了使他的作品传诵百代的妙诀，从而使他在法国的声誉竟然超过了寓言的创作者伊索。

布瓦洛从来没有把拉封丹算在那些为这一伟大时代增光生辉的才子之内。他所持的理由或借口，便是拉封丹压根儿就什么也没创作过。还有可以叫布瓦洛这样想的，便是拉封丹寓言里的大量语言和修辞上的错误，都是作者可以避免的，所以这位要求严格

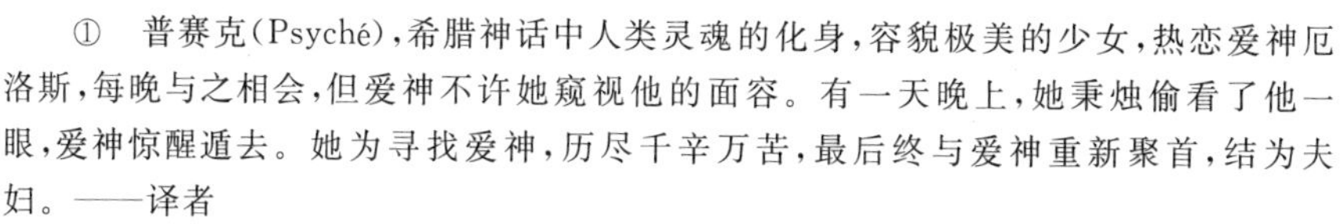

① 普赛克(Psyché)，希腊神话中人类灵魂的化身，容貌极美的少女，热恋爱神厄洛斯，每晚与之相会，但爱神不许她窥视他的面容。有一天晚上，她秉烛偷看了他一眼，爱神惊醒遁去。她为寻找爱神，历尽千辛万苦，最后终与爱神重新聚首，结为夫妇。——译者

② 故事最初见古罗马诗人贝特罗尼乌斯(Pétrone 即 Petronius? —65)传奇小说《萨蒂利孔》(*Satiricon*)(原著 111—112 页)：巴勒斯坦古城以弗所有一贞节妇人极端崇拜她丈夫，夫死后，她自己禁闭在亡夫墓中断食待毙。她呻吟的声音引来一位在坟墓附近看守一具绞刑犯人尸首的士兵，士兵便对这位痛哭流涕的美人献殷勤，使她忘了亡夫，但是不料犯人尸首在这时候竟被一窃贼盗走，士兵因失职有被处绞刑之虞，为了搭救新欢，这位贤妻便捐弃亡夫遗体顶替被盗死尸。——译者

的批评家不能原谅。例如那只蝉[①]“整整歌唱了一夏，最后却跑到邻居蚂蚁家里叫喊粮荒。”蝉对蚂蚁说。“动物一言为定，明年秋收前，它一定连本带利一并归还给蚂蚁”；蚂蚁却回答它道：“您歌唱一夏？好极了，我真高兴！那么好吧！现在就请您跳舞吧。”

例如那只狼[②]，看见狗的脖锁痕迹，便对狗说：“就是给我一件宝贝，要出这种代价，我也不要。”好像狼也用得着宝贝似的。

例如那种像土拨花一样正在冬蛰的甲虫[③]。

例如那位掉在井里的星相家[④]，有人对他说：“可怜虫，就在你脚底下你都看不清楚，还想在你头顶上探究出什么奥妙来吗？”事实上，哥白尼、伽利略、卡西尼[⑤]、哈雷等人都曾经在他们头顶上空探索得很好，最杰出的天文学家很可以摔个跟头而却并非是个可怜虫。

占星卜卦其实是一种很可笑的生意经。但是可笑处倒不在于仰观天空，而在于本来在天上并没有探察出什么来却硬要人相信他真有所领悟。不少这类寓言，不是选得不当，就是写得不好，也实在值得叫布瓦洛批评。

① 故事见拉封丹寓言《蝉和蚂蚁》（汉译《拉封丹寓言选》，新文艺版，第1页）。——译者

② 故事见拉封丹寓言《狼和狗》（《拉封丹寓言选》第28页。）寓言叙述一只瘦得皮包骨的狼对一只肥壮的猛狗表示羡慕之意，狗劝狼离开山村随他去为主人效命便可吃到残羹剩菜来果腹。——译者

③ 见《鹰和甲虫》（同上第164页。）寓言叙述一只兔子被鹰追逐钻进甲虫穴里躲藏，因为一只甲虫土洞不能容纳得下一只兔子。所以故事情节不合理。——译者

④ 见《掉在井里的星相家》（同上第208页）。——译者

⑤ 卡西尼（Jean Dominique Cassini，1625—1712），法国天文学家，原籍意大利，曾创建巴黎天文台。——译者

最无趣的是一则《淹死的女人》[1]这段寓言；因为寓言说有人讲要寻觅她的尸首须顶着逆流到上水去找，因为这个女人生前是个好标新立异跟人顶嘴的人。

《群兽献给国王亚历山大的贡品》是一段虽然古老并不见佳的寓言[2]。兽类根本就不给国王献金，而一只狮子也绝对不会想到诈财。

有一位半人半羊的神在家里接待一位过客，绝不能由于客人先因为手冷而吹手指，然后用牙齿拿起汤盘来又用嘴吹那碗太热的汤，就下逐客令。过客很有道理，半人半羊的神却是个呆子。再说根本也没有人用牙齿拿汤盘子[3]。

说母虾责备女儿走道儿不直，女儿顶嘴说她妈妈走路弯弯曲曲那一段寓言，一点儿意思也没有。

有一篇寓言说灌木和水鸭跟一只蝙蝠搭伙做买卖，“有账房，有代理人，有经理，有本有利，还有法院执达吏逼上门来，”既不真实，也不合情入理，更无趣味。

---

① 拉封丹寓言，故事叙述一个女人落水淹死，其夫来到河边寻找死者尸首，问路人看见他妻子踪迹没有？有人回答说没看见，请他往下游去找，别人又说须往上游去找，因为好顶嘴的人的尸体漂流方向也跟常人不一样。——译者

② 见汉译《拉封丹寓言选》第 112 页。故事说裘彼得之子，国王亚历山大命令所有民族和飞禽走兽都去朝见他。群兽由猴子带领驴马和骆驼，携带贡品金银若干出发，在狭路跟一只狮子相逢，因而合伙同行，后来狮子托词有病要与它们分手便把大部分贡款讹走。——译者

③ 见汉译《拉封丹寓言选》第 99 页。寓言说有一个半人半羊的正在洞内同儿女们准备吃饭，忽然进来一个路人避雨。主人留过客吃饭，因见客人先用嘴吹手取暖，后又用嘴吹汤促汤冷却，以为吹气能暖手又能冷汤根本是矛盾的，便下逐客令把客人赶走。法文原文有这样一句：Et prendre l’écuclleaux dents〔用牙齿拿汤盘子〕，这本来是一句民间成语，意思就是着手吃饭。——译者

一株灌木跟一只蝙蝠出国去贸易，是一种枯燥无味的想象，而且也不合情理。拉封丹本来不应选取这个寓言。

有一所住宅，满宅的狗和猫，“相处如兄弟，为了争一块肉而失和。”这段寓言[①]不像出自一个趣味高雅的人的手笔。

关于多嘴多舌的麦葛喜鹊的那个寓言[②]更差多了；鹰对喜鹊说他不需要他这位旅伴，因为喜鹊太饶舌。根据这段故事，拉封丹指出在朝为官应该像喜鹊一样穿黑白两色衣服。

说有一个捉鸟人献给一位国王的一只鸢，鸢用铁爪抓住国王的鼻子不放，又有什么意义呢[③]？

一只猴子娶了一位巴黎姑娘，又殴打她，是拉封丹听人说的一

① 即拉封丹寓言《狗和猫的争吵，猫和鼠的争吵》。故事说一家住宅里猫狗很多，主人三令五申不许猫跟狗斗，违者重责；它们也就相亲如堂兄弟。为了一只猫多吃了一块肉，多分到一块骨头，对方就控诉这种不公道的行为。人家提出解决办法，猫族不满意，律师说最好找出主人的命令条文，它们便到代理人收藏这项命令的角落去找，原来被老鼠吃了。于是又引起一场猫鼠争讼。老奸巨猾的猫恨透了鼠类，就把老鼠捕获，下了毒手。——译者

② 即《鹰和喜鹊》，汉译《拉封丹寓言选》第 125 页。寓言叙述鹰与喜鹊相遇于途，鹰约喜鹊与之同行，说它是服侍天神之王的，也要解解闷儿，请喜鹊与之攀谈，喜鹊就夸夸其谈，自动建议向鹰报告一切情形，却惹得鹰大怒，拉封丹最后提出结论说：供职神廷并不是人们平常想象的那么回事。因为那里有小广播间谍，面似忠厚内藏奸诈的人，惹人憎恶。然而在那些地方也要像喜鹊一样穿两个教区的衣服。（喜鹊羽毛有黑白两色，就像两个教区共用的一个执事要穿两个教区的服装一样。）——译者

③ 见拉封丹寓言（第 12 卷 12 篇）《鸢、国王和猎人》。故事叙述一猎人献给国王一只鸢，不料这只鸟竟用铁爪抓住国王鼻子不放，国王为顾全尊严一声不响。在猎人拳威饵诱之下，鸢鸟仍不松爪，最后才离开国王回到它主人那里。国王便命令说：“让这只鸢和那个自以为呈欢于我的人走开，我懂得为王之道，赦免他们受苦刑。”——译者

个很坏的故事[1]，不幸他竟把这段故事用韵文写了出来。

诸如此类的寓言以及其它几篇都的确足以证实布瓦洛的批评是对的；甚至于连拉封丹自己也分辨不清他那些寓言的好坏。

萨布列尔夫人称拉封丹为一寓言家，自然而然会生产寓言，就像李子树结李子一样。

他的确只有一种笔法。他写过一部歌剧剧本。也是用他谈傻瓜兔子和猫王[2]的笔法写的。他在这部歌剧《达佛涅》[3]里写道：

我经历过的那个时代，
年幼的小姑娘可以单身儿去林中徘徊：
现在呀，现在呀，牧羊人都成了狼豺，
我告诉你，我告诉你，小姑娘你可要小心受害。
朱庇特和你们列神本领一般高，
爱神阿穆尔惹他哭泣，我也不免要笑：
列位神明，什么人并未把你们惊扰，
一时敢于自卫，对他攻击切莫要。
总督夫人哪！
您是多么出尔反尔，许下事情又取消！

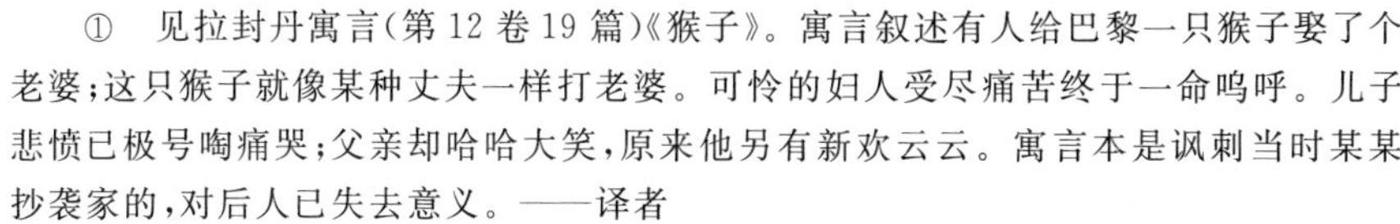

① 见拉封丹寓言（第 12 卷 19 篇）《猴子》。寓言叙述有人给巴黎一只猴子娶了个老婆；这只猴子就像某种丈夫一样打老婆。可怜的妇人受尽痛苦终于一命呜呼。儿子悲愤已极号啕痛哭；父亲却哈哈大笑，原来他另有新欢云云。寓言本是讽刺当时某某抄袭家的，对后人已失去意义。——译者

② 寓言《猫、黄鼠狼和小兔》中的人物。——译者

③ 达佛涅（Daphné），希腊神话中的水仙，本是一位河神的女儿，因为要逃避太阳神阿波罗而哀告她的母亲地母娘娘，便被变形为一株桂树。另一传说谓达佛涅为皮兹国王厄诺冒之子吕西波所爱，后者乔装女子混入女仙群中，阿波罗劝告女仙入浴，从而破吕之诡计，吕遂为众女仙杀死。——译者

虽然有这些问题，布瓦洛还是应该承认这位老好人(布瓦洛就是这样称呼拉封丹)的特殊功绩，跟读者公众一样喜欢他那些篇优美寓言的文笔。

拉封丹不是天生的创作家；也不是一位卓越的作家和经常有雅兴的人、更不是一位伟大时代的第一流天才。语言不正确更是他的一项很突出的缺点；他在这方面比较费德鲁斯[①]差得多；但是从他给我们遗留下的那些绝妙文章来说，他又是一个绝无仅有的人。他这些好文章为数可观，凡是有过良好教养的人都能背诵；而这些作品对于他们的教育也有帮助，可以流传万代；这些文字人人可读，老幼咸宜；而布瓦洛的作品却只适合文人欣赏。

谈谈几位想要禁绝古代寓言与神话传说的热狂信徒在所谓冉森派当中，有一小撮头脑顽固而空洞的人想要禁绝古代美丽的寓言和神话传说，以圣普罗斯佩[②]的作品代替奥维德的诗篇，以桑特尔[③]的颂主诗歌代替贺拉斯的杰作。

倘若信从他们，画家们也就不会再挥毫泼墨描写站立在虹彩上端的伊丽丝，也不会再染笔丹青塑造手持羊皮盾的密涅瓦形象，而却要在画中表现彼得尼古拉和阿尔诺对耶稣会士和新教徒作战；表现贝利耶女士用耶稣戴的荆棘冠上的一根刺医好眼疾、从耶

---

① 费德鲁斯(Phèdre，即 Phaedrus 约前 30—约 44)，古罗马寓言家，曾模仿伊索用拉丁韵文写了若干寓言。——译者

② 圣普罗斯佩(Saint Prosper，约 390—约 460)，古罗马历史学家、诗人、神学家；在神学方面曾击败贝拉吉亚主义(Pélagianisme)。——译者

③ 桑特尔(Jean de Santeul，1630—1697)，近代罗马诗人，曾作颂主诗歌若干篇。——译者

路撒冷来到波尔-罗雅尔隐修院①；表现卡雷·德·蒙热龙②参议员向路易十四呈献圣梅达尔③历次由热狂信仰而发生的痉挛的记录和那个使儿童复活的圣奥维德。

在这些严峻的君子心目中，费纳隆④仅仅是一个仿照埃涅阿斯纪目无神明的诗篇把小爱神丘比特引入仙女厄卡丽斯心中的偶像崇拜者⑤。

普律什⑥在他那部题名为《历史》的关于天的神话传说的末尾，长篇大论地证明在他那些幅栽绒地毯上有取材于奥维德《变形记》的图案很不雅观；并且还说泽菲尔和弗洛尔⑦，维塔姆纳斯⑧和波莫纳⑨都应该从凡尔赛花园摈斥出去。他还劝告文艺学会反对这种坏风气；他并且说只有文艺学会能够挽救文风。

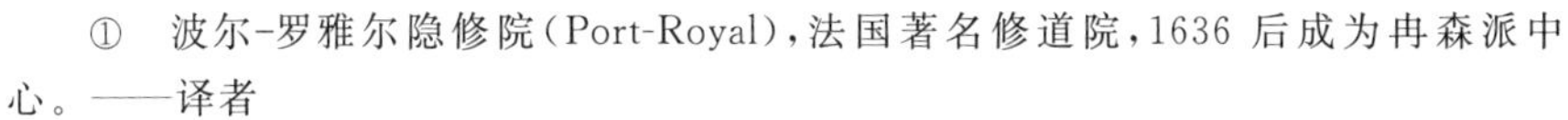

① 波尔-罗雅尔隐修院（Port-Royal），法国著名修道院，1636 后成为冉森派中心。——译者

② 卡雷·德·蒙热龙（Carré de Montgeron），法国十八世纪历史人物，身世不详。——译者

③ 圣梅达尔（Saint Médart），法国努阿雍城（Noyon）主教，生年不详，死于545年。——译者

④ 费纳隆（François de Salignac de la Moth-Fénelon，1651—1715），法国作家，十八世纪启蒙运动先驱之一。早年以《论女子教育》一书闻名。后又有《寓言集》、《死人对话》等书问世，代表作《忒勒马科斯历险记》批评路易十四的专横，提出限制君权的改革方案，为十八世纪新思潮奠定了基础。——译者

⑤ 厄卡丽斯（Eucharis），希腊神话中仙女，费纳隆小说《忒勒马科斯历险记》中人物之一。——译者

⑥ 普律什（Pluche，1688—1761），法国自然科学家，天文学家，名著有《自然奇观》（1732 年出版，曾被译成欧洲几种语言。）和《天体史》。——译者

⑦ 泽菲尔（Zéphyre）是希腊神话中的风神，弗洛尔（Flore）是花神，泽菲尔的爱人，春神的母亲。——译者

⑧ 维塔姆纳斯（Vertumue），罗马神话中的季节神。——译者

⑨ 波莫纳（Pomone），罗马神说中掌管水果和花园的女神。是春神的妻子。——译者

以下给亲爱的读者们一小段保卫寓言和传说的辩护词，以防读者们受到这类艺术敌人的怪癖之害。

另外又有若干严格主义分子，严厉有余，明智不足，不久前曾经想要禁绝古代神话传说，认为这类神话有如一本哄小孩的故事集，与我们的严肃风尚格格不入。然而把奥维德、荷马、赫西奥德的著作，以及我们的一切美丽的栽绒毯，绘画和歌剧剧本全都付之一炬也未免太不像话。许多寓言和传说毕竟远比这些位先生之为哲学家更富有哲学意味。既然他们对伊索的通俗故事无所苛求，为什么对于那些有益人群素为世人尊重的优美寓言和传说却下毒手呢？这些寓言和传说是有枯燥乏味之处，可是什么事物又都是完美无瑕的呢？然而世世代代都仍会传说潘多拉的盒子，因为盒子里有慰藉人心的希望；都仍会传说朱庇特的那两只酒桶，因为桶里不断流出善与恶来；却仍会传说伊克西翁[1]王所拥抱的云彩，因为那是野心家的象征和惩戒，而美少年那尔基索斯[2]的死亡也是对自尊心的处罚。还有比关于那位在万神之主的头脑里孕育成形的智慧之神密涅瓦的传说更优美的吗？还有比关于永远与三位风韵女神在一道的美神的传说更真实而怡悦人心的吗？关于记忆之神的女儿们——司理艺术的女神们的传说不是跟洛克一样告诉我们没有记忆就丝毫判断、丝毫心灵智慧也不能有了吗？爱神阿穆

① 伊克西翁(Ixion)，希腊神话中忒萨利亚英雄拉比提国王。主神宙斯允许他避难于奥林比亚山，因诱惑天后赫拉，主神宙斯便化一朵云彩为赫拉形象与伊克西翁亲近后生半人半马的肯托洛伊。伊克西翁误以为真是天后所生，大事夸耀，被主神绑在一个永久在地狱里旋转不停的火轮上。——译者

② 那尔基索斯(Narcisse 或 Narkissos)，希腊神话人物。塞菲兹河(Céphise)之子，因自恋水中自己的倒影，落水而死，变为水仙花。——译者

尔的箭、遮眼巾和他表现的稚气，泽菲尔抚爱弗洛尔等等不都是整个大自然的感性标志吗？提供这些神话传说而以之为神圣事物的宗教虽然都过时了，这些传说本身不是依然流传人间吗？供奉埃及、希腊、罗马的种种神祇的庙宇都不存在了，而以这类神祇为题材的奥维德的作品仍旧流传下来。人们可以毁灭盲目轻信的对象，却不能消除愉悦人心的对象；我们必然会永远喜爱这些真实而愉快的比喻。卢克莱修并不相信这类神话传说里的神明；但是他却借爱神与美的女神维纳斯来歌颂大自然：

温柔的维纳斯，宇宙的心灵，
一切由你而生、由你而爱，由你而呼吸；
你的火焰燃烧在海底，
你支配了天与地。

卢克莱修诗集(第一卷，2 至 5 句)

即使蒙昧的上古时代只在这种神灵形象中认识神祇，又有多少可以谴责之处呢？创造世界的心灵向来是贤者所崇敬的；她化名为尼普顿统治五湖四海，化名为朱诺统治着天空，化名为潘[①]统治着田野。她又化名为马尔斯[②]做了军队的神祇；人们使所有这类象征具有活力；朱庇特则是独一无二的神。他用以锁拿属神和人的那条金锁链是万物主宰至尊性的一种突出形象。民众把它误解了；但是这对于我们又有什么关系呢？

① 潘(Pan)，希腊神话人物。赫尔墨斯与得里奥波斯公主所生之子，生来就是个有羊腿、羊脚和羊毛的人物。常携带他自己所创造的箫游息山林，与女仙一同嬉戏。古希腊、罗马奉为畜牧神。——译者

② 马尔斯(一译玛斯)(Mars)，罗马神话中的战神，在希腊神话中称阿瑞斯(Arès)。——译者

天天都有人问为什么古希腊罗马法官允许在戏剧中嘲弄庙堂里崇敬的那些神祇呢？人们在这个问题上设想错了：并没有在戏剧里嘲弄神祇，而嘲弄的是曲解古代神话的人所错加到这类神祇身上的那些愚蠢言行。罗马执政官和裁判官们认为可以在舞台上拿真假索齐[①]的传奇故事来逗笑，但是却决不能容忍在民众面前攻击朱庇特和墨丘利。例如有千百种事物表面上看起来似乎是彼此矛盾，其实根本就不矛盾。我在一个多才多艺的民族国家舞台上看见人家表演一种取材于圣徒传的戏：谁又可以因此便说这个国家允许侮辱宗教事物呢？在巴黎听了歌剧《普罗塞尔平娜》[②]或是在罗马看了教皇宫廷里拉斐尔绘的《普赛克的婚礼》，也不必担忧会变成异教徒。寓言和神话传说培养人的雅兴和情趣，绝不会令人崇拜偶像。

古代美丽的传说比起历史来还有这项巨大的优点，就是它们表现一种道德感：这可说是一种道德教育；而全部历史都几乎是许多罪恶的成绩。据神话传说，朱庇特曾降临人间来惩罚坦塔罗斯[③]和莱孔尼[④]：然而在历史上我们人间的坦塔罗斯和利卡翁都是

---

① 索齐(Sosie)，莫里哀喜剧《昂飞特里翁》中人物。剧中墨丘利模拟索齐形象和动作，惟妙惟肖，以便更易完成朱庇特交给他的任务。后来在西方语言中，索齐一词便指称与他人的形貌酷似的人。——译者

② 《普罗塞尔平娜》(*Proserpine*)，法国十七世纪悲剧作家基诺(Quinault)的五幕抒情悲剧。内容以冥王普路同劫夺朱庇特与色列斯所生之女普罗塞尔平娜传说为题材。——译者

③ 坦塔罗斯(Tantalos)，希腊神话中吕底亚国王，因杀死亲子，用他的肢体做馔招待化身为人的神祇，被宙斯吊在临湖的一株果树上，口渴时喝不到脚下的湖水，腹饥时吃不到树上的果子，永久处在饥渴状态。——译者

④ 利卡翁(Lycaon)，希腊神话中亚加底亚国王，因杀死小孩做馔招待化身为客人的宙斯，被主神变形为狼。——译者

地上的神明。鲍席斯和菲利蒙[①]都获得了善报，他们俩的茅屋变成了庙堂；我们今日人间的鲍席斯和菲利蒙却眼看着他们的铁锅被人头税吏拍卖，而在奥维德著作里神明却把他俩的铁锅变成金瓶。

我知道历史能给我们多么大的教益，我也知道历史是多么必要；然而其实却应该帮助历史从史实中总结出行为准则来。希望那些只从书本上认识政治的本本主义者回忆高乃依这几句诗词：

倘若人们只应照例行动，
最近这些事例就足以给我们教训：
有时候哪里有人受挫，哪里却又有人获救。
哪里有人灭顶，哪里却又有人幸免命殒。

亨利八世，对于他的法院、大臣、对于他的妻室、信仰、钱囊，都是个专制的暴君，平平安安地活着，寿终正寝地死去，然而善良正直的查理一世却在一座断头台上断送了性命。我国令人敬佩的女豪杰马格丽特·德·昂儒[②]亲自督师对她丈夫的臣民英人打了十二次仗也未获胜利，而威廉三世不需战斗就赶走了英国的杰克二世。今天我们又目睹波斯皇室被杀，外人篡夺了他们的宝座。在那些只见历史事件的人心目中，历史似乎在控诉老天爷，而那些美

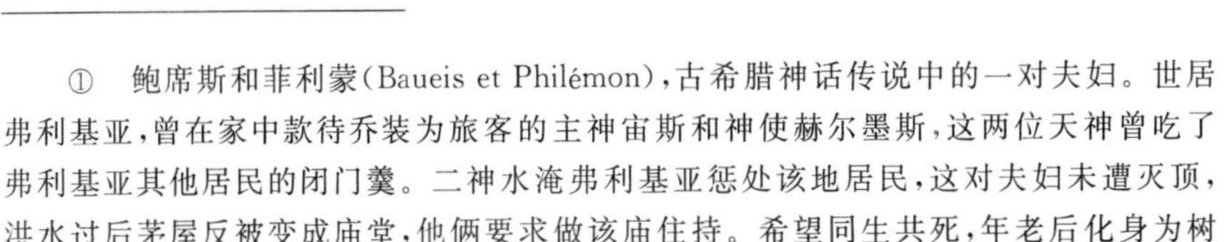

① 鲍席斯和菲利蒙(Baueis et Philémon)，古希腊神话传说中的一对夫妇。世居弗利基亚，曾在家中款待乔装为旅客的主神宙斯和神使赫尔墨斯，这两位天神曾吃了弗利基亚其他居民的闭门羹。二神水淹弗利基亚惩处该地居民，这对夫妇未遭灭顶，洪水过后茅屋反被变成庙堂，他俩要求做该庙住持。希望同生共死，年老后化身为树木。——译者

② 玛格丽特·德·昂儒(Marguerite d'Anjou，1430—1432)，法国东兹公爵、西西里国王老好人勒奈(René Le Bon)的女儿，英王亨利六世妻室。在1455—1485年英国两玫瑰战争中以英勇善战闻名。——译者

丽的道德寓言和神话传说却都在为上天辩护。人们显然可以在寓言和传说里发现有益的和有趣的事物。而世上那些既无益又无趣的人才大嚷大叫反对寓言和传说。让他们去说吧，我们要读荷马和奥维德的诗篇，也要读李维和拉潘・托瓦拉斯[①]的作品。雅趣令人有所爱好，狂信使人排斥一切。

各门艺术都亲密无间，也都是神圣典范；
想分割艺术的人不识庐山真面，
历史告诉我们实际的人间，
寓言传说指示人类应该怎么办。

FANATISME 宗教狂热

第　一　节[②]

这是一种错误意识构成的结果。这种错误意识使宗教为变幻

① 拉潘・托瓦拉斯(Paul de Lapin Thoyras，1671—1725)，法国历史学家，新教徒，退隐英国，名著有《英国史》。——译者

② 第一节是只字未改地摘自百科全书中德莱尔(De Leyre)先生撰写的《宗教狂热》条目。伏尔泰仅仅略加删节而把前后次序调换一下罢了。——开勒版

哲学家德莱尔与孟德斯鸠是同乡，又是托马斯和卢梭的朋友。在他出使维也纳之后，便任巴马亲王(l'infant de Parme)的图书馆员有若干时候。当时哲学家孔迪亚克是这位亲王的教师。1792 年，吉隆德省派他为代表出席国民制宪会议。在审讯法国国王路易十六的时候，德莱尔说："为了维护共和国，为使人民获得解放，为了人类的文化教育，我投票表决判处死刑。"在 1795 年，他负责监督师范学校。后来他又出席五百议席会议，于 1797 年逝世。他所撰写的《宗教狂热》这一条目著称于时。人们小心谨慎地把这一条编入"迷信"条内，并加按语说："因为宗教狂热是付诸实践的迷信，我们在这里要介绍一下这种来自宗教信念的狂热和盲目的虔诚心。"文章最后称颂了爱国者的狂热心理，他认为这种心理跟宗教狂热相反。——乔治・阿弗内尔

莫测的想象和紊乱失常的情欲所奴役。

总的说来，宗教狂热是由于创立戒律的人眼光过于狭窄，或是由于人们逾越了他们所规定的限度。他们所定的律条只是为少数经过选择的人物制定的。这些法规戒律，由于一种热心而扩及全体人民。又由于一种雄心壮志而从一地移植到另一地，它们本来应该因地制宜地加以更动以便适应于当地环境和人物才是。但是实际上又如何呢？实际上就是某些人跟那一小群信徒（清规戒律是为他们制定的）性格比较相合，他们就以同样的热情接受了这类清规戒律，成了这些戒律的虔诚的传播者，甚至宁可为之殉难，也一字不愿放过。另外一部分人则正相反，没有那么热烈，更多地留恋他们那些教育成见，曾为反抗这种新枷锁而奋斗。他们只是在其变得宽容些时才同意信仰它。从而便在严峻派和宽大派之间发生了分裂，他们两方面便都狂热起来。前一派主张强制，后一派则赞成自由。

我们可以想象有一座圆顶建筑，一座万神殿。圆堂中央，有各个已经消灭或现在仍存的教派的一位虔诚信徒，在他所崇拜的神明跟前按照自己的方式以人们想象得出来的各种各样古怪样子崇拜他的神明。在右方，是一位冥想派，躺在一领席上，露着肚脐，等候天光来萦绕他的灵魂。在左方，是一位狂热信徒，趴在地上叩头，乞求大地丰产。那边又有个在街头广场翻跟头练把式的卖艺人在他向之祈求的那个人的坟墓上翩翩起舞。这边又是苦修会的一位修士，一动不动默默无声，一如他卑躬屈膝崇敬的那尊神像一般。有个人露出羞耻心所要遮蔽的东西，因为上帝对于跟他自己相似的形象并不觉着害羞；另外一个人又把自己一直遮盖到面部，就好像创造主嫌恶自己的作品似的。又有一个背向南方，因为那儿有魔风；另外一个把手臂向东伸出，由于上帝是在东方显现他光芒四射的面孔的。有些少女哭哭啼啼摧残着自己那尚未破身的肉体，用那足以刺激色魔的方法，叫后者宁静下来；另外又有几个少女在与之正相反的姿势中祈求神明降临。有个青年为了削弱男性器官，在那上边拴上重量与其体力相称的一些铁坏；又有个青年却用全然是非人道的截断手术来根除诱惑，把他所牺牲的遗体悬挂在祭坛上。

看，他们全都走出寺门，浑身附着那令他们激动的神灵，在地球上散布恐怖和幻想。他们瓜分了世界，不久，四方便战火蜂起，老百姓们侧耳倾听，国王们战战兢兢。一个人的狂热兴奋影响着那些张目注视着他、侧耳倾听着他的群众。集合起来的群众，相互交流着热情，这一切喧嚣扰攘的活动，每个个人的骚动都会增加这种扰攘的程度。不久之后，人人便都头晕目眩起来。只要一个被人迷惑、如醉如痴的民族跟着几个欺世骗人之徒，诱人魅力又令奇迹纷纷出现，人人便会陷入迷途永不醒悟。人心一旦背离自然界光明大道，再也就回转不过来了。它便围绕着真理徘徊，只能偶遇真理闪闪微光，其余什么也看不见了。真理的这道闪闪微光与那种由迷信围绕着的虚假光辉混在一道，终于令人心陷入黑暗之中。

可怕的是目睹用屠杀的办法来使上天息怒的信念，一旦被人采纳，就会普遍地扩散开来，几乎扩散到各个宗教里去，而且人们为这种牺牲还增添了多少理由，弄得无人能够逃避屠刀。时而是

要用敌人来祭祀灭绝种族的战神：例如锡特人[①]在他们祭坛上屠杀百分之一的俘虏。根据这种胜利习俗，人们可以断定战争的正义性。所以在其它民族中间这么做不过是为了提供祭品，以至于，我认为这种祭典本来是为暴行赎罪而设置的，结果却拿来肯定暴行了。

时而又是一位野蛮神祇要人们把一些正人君子拿来做祭祀的供品。日埃特族人[②]都争相为祖国向扎莫尔克西斯神[③]献身的荣誉。有运气能够去做牺牲的人，便被人用力把他投到白刃林立的标枪丛上去。如果他落到枪尖上受到致命的一刺，这便是他与神商谈成功的吉兆，也是这位代表的功绩；但是他若是受伤后仍旧活下来，他便是一个坏人，神明根本就不会理睬他。

时而是神明向儿童索取他们刚刚赋予儿童们的生命。蒙田[④]说这是贪恋无辜人血液的裁决。时而又是要最宝贵的血液：迦太基人把自己亲生儿女奉献给萨杜恩神做祭品，好像时间吞噬他们还不及时似的。时而又是要最美的血：就是那个阿梅斯特里斯叫人活埋了十二名男子汉，用这份供品来祈求阎王普路同赐他长寿。这位阿梅斯特里斯还为这位贪婪成性的神明牺牲了波斯第一流家

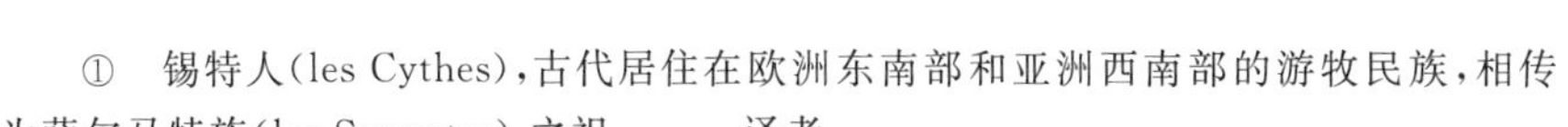

① 锡特人(les Cythes)，古代居住在欧洲东南部和亚洲西南部的游牧民族，相传为萨尔马特族(les Sarmates)之祖。——译者

② 日埃特人(Les Gètes)，锡特族人之一部，后与哥特人同化。——译者

③ 扎莫尔克西斯(Zamolxis)，古希腊色拉斯的日埃特部落神话传说中的立法家。初为毕达哥拉斯之奴，后来在日埃特人中传播灵魂不死说，被后者奉为神明。——译者

④ 蒙田(Michel de Montaigne，1533—1592)，法国十六世纪著名哲学家和道德学家，散文作家，名著有《散文集》。——译者

族的十四名少年儿童，因为那些祭司的教士总是对人说要把他们最宝贵的东西献上祭坛。也就是根据这个道理，在若干民族那里人们杀死初生婴儿来献祭，而在别的氏族那儿，又用一些对于司祭神甫更有用处的东西来赎回这些准备作为牺牲供品的童男童女。因此无疑在欧洲，几百年间人们曾经准许给儿童从五岁起就许愿要终身过独身生活，并且把王储的亲手足都禁锢在隐修院里，就像在亚洲人们把他们全都杀死一样。

时而要做牺牲供品的又是最纯洁的血液：不是有些个印第安人开店接待各路人士，而他们自己却认为杀死在他们店里投宿的一切品德高尚学识渊博的外国人以便把他们的品德和才能保留下来是件功劳吗？时而要做牺牲上供的又是最圣洁的血液：在一大部分偶像崇拜者的地方，是教士们在祭坛上担任刽子手的职务；而在西伯利亚，人们杀死教士送往另一个世界去为人民祈祷求福。

但是还有其它的狂热行为和触目惊心的情景。全欧人民通过一条犹太人血染黄沙的道路过到亚洲去。这些犹太人因为不愿自己倒在敌人刀剑之下，便自相残杀。这场流行一时的瘟疫竟然令全世界居民半数绝灭：国王、教长、妇孺和老人，全都被卷入那种神圣疯狂里去：两百年间在一位和平上帝陵墓上屠杀了无数民族。于是人们便看到一些欺世骗人的神谕，一些好战的苦修僧；看到一些帝王君主之流登上宣教的讲坛，一些高级僧侣出入于兵营。各个国家都充斥着失去理性的无知愚民，他们拔山渡海、抛弃合法的领土去窃去他们征服的土地。从此这些地方便呈现赤地千里的景象。在异域天空之下，风俗习惯也腐化败坏了。一些国王们搜刮完自己的王国来赎买一个根本就不归他们所有的国土，终于为了他们个人的私怨毁灭了这些王国。千千万万的士兵,在多头领导下不知所措,便一个领袖也不承认,纷纷叛变,加速了领袖们败北;而这一场灾病最后又由一场更可怕的传染病所代替[①]。

同样的狂热信仰思想支持着远征的狂热行动:欧洲刚刚医好疮伤、弥补好损失,一个新世界的发现又加速了我们这个世界的毁灭。在“去呀,去夺取呀!”的可怕口号下,美洲便被毁坏了,那里的居民也遭受灭种绝迹之灾,欧非两洲竭尽全力也无法使美洲再度人丁兴旺。黄金和欢乐毒害了人类,使之软弱无力,世界呈现一片荒芜景象,而意欲在海外岛屿扩张领土的野心在我们大陆上又燃起连绵战火,使得大陆越发荒凉起来。

现在有数以千万计的奴隶是狂热信仰造成的:在亚洲也好,那里未受割礼便视为一种可耻的污点;在非洲也好,那里作为基督徒就是一桩罪行;在美洲也好,那里借口洗礼扼杀了人性。有千千万万的人,眼见死去了:有的是在迫害时代死在刑台之上;有的是在内战中死在自己同胞之手;有的是由于过度的苦行亲手把自己摧残而死。我们走遍世界,看一眼那些旌旗招展的队伍,以宗教名义,在西班牙进攻摩尔人,在法兰西进攻土耳其人,在匈牙利进攻鞑靼人;还有许许多多军事性质的修会用利剑来使异教徒改奉基督教,又在他们本来应保卫的祭坛前自相火并;看过这些之后,移开视线,再也不想看那座建立在无辜者和不幸者肉体上的法庭了。这个法庭审判现世活人宛如上帝将来审判死者一般,但是衡量是非善恶的天平却甚为不同。

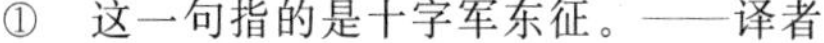

① 这一句指的是十字军东征。——译者

总之，十五个世纪来的一切恐怖悲惨情景在一个世纪内便反复重演了好几次。有些手无寸铁的人民在祭坛跟前被杀，有些国王横遭刺杀或毒死。一个疆土辽阔的国家被它本国人民搞得只剩下了半壁河山。最好战而又最和平的民族自行分裂，父子之间祸起萧墙兵戎相见，篡位夺权者，专横的暴君，残忍成性的人们，杀害父母者和亵渎神明的歹徒，用宗教思想践踏了人间一切神圣习俗惯例，这就是宗教狂热及其战功的历史。

第　二　节

即使宗教狂热 fanatisme 还跟它的词源有点联系，这也只是靠了一条极其细微的线索维系着。

伐那蒂库斯 Fanaticus〔宗教狂热信徒〕，本来是一个光荣称号，指的是一座庙宇的副本堂神甫或行善的人，就像《特雷乌辞典》(*Dictionnaire de Trévoux*)所说的，考古学者曾经找到过一些铭文，其中罗马重要人物都有伐那蒂库斯 Fanaticus 这一称号。

在西塞罗的演说词 Pro domo sua〔为家屋辩护词〕有一段里 Fanaticus(伐那蒂库斯)这个字在我看来是难解之词。那个腐化堕落的叛乱分子克洛狄乌斯①，曾经因为西塞罗拯救了共和国便把他放逐出去流亡异域，不仅抄了西塞罗的家，拆毁了这位伟大人物的房屋，而且为使西塞罗永不得重返他在罗马的家园，把那块屋基也捐献出去了。教士们便在那块地皮上为自由神修建了一座

① 克洛狄乌斯(Publius Appius Clodius)，古罗马政治煽动家，以残暴闻名，纪元前 52 年，在一场群众殴斗中，被护民官米隆(Milon)所杀。——译者

庙，其实还不如说为恺撒、庞培、克拉苏以及克洛狄乌斯当时把共和国陷入其中的那种奴隶制度而修建的。宗教在各个时代都为迫害伟大人物而大效其劳啊！

最后终于在一个较为升平的时代，西塞罗又被召回，他便在人民面前申诉要求归还他故居的基址，要求由罗马人民出资重建他的家屋。以下就是他在控诉克洛狄乌斯的辩护词里讲的。Oratio pro domo sua〔为家屋辩护词〕：

“Adspicite，aolspicite，pontifices，hominem religiosum，et... monete eum，modum quemolam esse nelligionis：nimium esse superstitiosum non oportere. Quid tibi necesse fuit anili supertitione，homo fanatice，saciificium，quod alienæ domi fieret，invisere?”

Fonaticus 伐那蒂库斯〔狂热信徒崇拜狂者〕这个拉丁字，在这里的含义是否就像现今人们理解的那样，是指失去理智的狂热信仰分子、残酷无情的狂热信徒、令人憎恶的狂热崇拜者呢？还是指虔诚的笃信者、授圣品者、信徒、全心全意的信仰者呢？这个字眼在这儿是一种厚笃的话还是一种讽刺的赞美呢？我不大清楚，无法回答这个问题，但是我姑且把这几句话译出来：

“请看，诸位大祭司，请看这位虔诚的人士……请告知他敬神有某种限度，不宜过分迷妄。狂信之徒啊，你有什么必要仿效老妇人的迷信，来参与在外人家中举行的祭祀呢？”

西塞罗在这段话里暗指善良女神的秘密祭礼，这是克洛狄乌斯所亵渎过的女神。他装扮成妇人，跟随一个老妪悄悄潜入恺撒家里同后者的女人同眠。这里显然是一种讥讽。

西塞罗称克洛狄乌斯为笃信宗教的人，讥讽之意当然是包含

在这一整段里。他使用了美称来突出克洛狄乌斯的可耻行为。所以我认为他是把 fanatique〔狂热崇拜者〕这个字当做一个美称来使用的，当做一个包含着奉献祭品的祭司、笃信者、一座圣殿虔诚的侍奉者诸含义的字眼来使用的。

从那时以来，人们便可以用这个名称来称呼那些自信是受神启示的人。

> 神明们给那些传达他们意旨的人
> 送了一份奇异礼品：
> 若不失去理性
> 岂能充当先知？

特雷乌辞典谓法兰西古代纪年把克洛维[①]称做狂热崇拜者异教徒克洛维。读者必定希望有人能为我们指出这些纪事的出处来。在我居住的克拉巴克山中所备有的为数有限的书籍里根本没有发现克洛维的这个外号。

今日人们把宗教狂热(le fanatisme)这个词理解为一种阴暗而残酷的宗教疯狂。这是一种心灵疾病，像天花那样传染。图书传播这种疾病远逊于集会和演讲。人们在阅读的时候很少头脑发热，因为这时人们可以心情平静。但是当一个感情激动而想象力奔放的人对一些想象力较弱的人讲话，两眼冒火，这股火力便传播开来，他的声调、手势、姿态震撼着听众神经。他喊嚷着：上帝在看着你们，舍弃人间的一切，参加主的战斗吧。人们

---

① 克洛维(Clovis Ier，466—511)，古代法兰克国王，法兰克王国缔造者。——译者

便都去战斗了。

宗教狂热之于迷信，犹如狂暴之于感情激动，暴跳如雷之于愤怒。

凡是神魂向往，心有幻象，把梦想当成现实，把想象当成先知，都是看来大有希望的宗教狂热信徒的新手儿，他不久也就必会因要取悦于上帝而去杀人了。

巴托罗缪·迪阿兹[①]原是个发誓信神的狂热信徒。他在纽伦堡有一位兄弟，约翰·迪阿兹，尽管只是个狂热的路德派，却坚信教皇就是启示录里提到的伪基督，因为教皇有《启示录》里描绘的那只十角七头兽的各种特征[②]。巴托罗缪更坚信教皇就是人世间的上帝，便从罗马出发去说服他的兄弟改宗，否则就杀死他：他后来居然把他兄弟杀害了，真是十足的狂热信徒。我们在它处已经为这位被害的约翰·迪阿兹昭雪过了。

波利耶克特[③]在一个大祭典的日子到庙堂里推翻并捣毁了神像和那些神堂装饰，是一个发宗教狂热病的狂热信徒。他没有迪阿兹那么令人深恶痛绝，但其愚蠢也并不亚于他。刺杀法郎西斯·德·基兹公爵、奥兰治亲王威廉、亨利三世和四世两位国王以及其他许多人的那些凶手，都是像迪阿兹一样疯魔附身的狂热之徒。

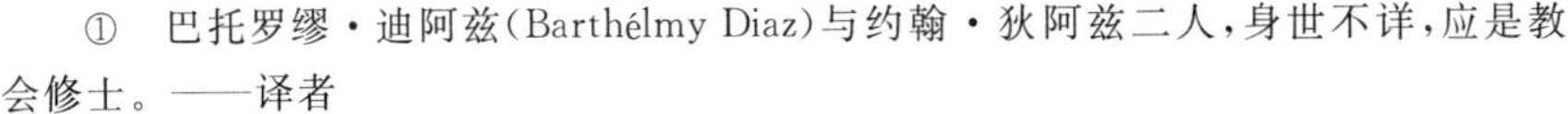

① 巴托罗缪·迪阿兹(Barthélmy Diaz)与约翰·狄阿兹二人，身世不详，应是教会修士。——译者

② 见新约圣经《启示录》第13章："我又看见一个兽从海中上来，有十角七头，在十角上戴着十个冠冕，七头上有亵渎的名号……"——译者

③ 波利耶克特(Polyeucte)，古罗马百夫长，约于254年或299年在亚美尼亚殉教。——译者

宗教狂热最大的事例莫过于巴黎市民在圣·巴托罗缪喜庆之夜[①]争先恐后赶着去残杀那些不肯去望弥撒的同胞，把他们扼杀，又从窗口里扔出去粉尸碎骨，剁成万段。居荣、帕图耶、肖东、诺诺特、前耶稣会教士波利昂[②]也都不过是些街头巷尾发宗教狂热的狂热信徒、没有人理睬的卑鄙小人。可是有一天，像巴托罗缪之夜的日子一旦来到，他们也会干出大事来呢。

有些铁石心肠的发宗教狂热的人，就是那些把只因思想不同于他们而别无他罪的人判处死刑的法官，并非像克莱芒、夏斯泰尔、拉瓦雅克、达米安[③]等人那样在盛怒之下作出决定，他们似乎可以诉诸理性，因而也就更其罪大恶极，为人类所共弃。

治疗这种传染病，除了哲学精神以外，没有旁的药剂。哲学精神一旦逐渐传播开来，就能使人类移风易俗，预防这种病的传染：因为这个病一旦传播开，就必须躲避，等待空气澄清。法律和宗教都不足以制止灵魂的瘟毒；宗教对于灵魂远非一种有益健康的精神食粮，在受病毒感染的脑筋中反而转为毒素。这类病人心里经

① 法国查理九世王朝时代，在信仰天主教的母后卡特琳娜·麦迪锡指使之下，于1572 年 8 月 24 日之夜，新教徒亨利那伐尔与查理九世之妹玛格丽特举行婚礼次日，乘新教贵族齐集巴黎参加婚礼之际，以钟声为信号，挨门屠杀新教贵族，惨案直接后果，导致了又一次宗教战争的爆发。——译者

② 居荣（Guyon）、帕图耶（Patouillet，1699—1770）、肖东（Chaudon）、诺诺特（Claude-François Nonnotte，1711—1793）、波利昂（Paulian）均系耶稣会教士，其中帕图耶曾被伏尔泰百般讽刺，诺诺特以与伏尔泰论战而闻名。——译者

③ 克莱芒（Clément ）、夏斯泰尔（Chastel）、拉瓦雅克（Ravaillac）、达米安（Damien）都是审判嘎拉、拉·巴尔等案件的法官。关于嘎拉案件，请参阅《著名的判决》一文；拉·巴尔（La Barre，1747—1766）本是法国一位年轻贵族骑士，因被诬损坏一十字架圣像而被斩首焚尸。伏尔泰曾为这两桩冤案平反昭雪。——译者

常想着谋杀国王伊矶伦的以笏[①]、在跟霍娄腓纳同眠时割下了其头的玉狄[②]、把亚甲王剁成碎块的撒母耳[③]、在马厩门口暗杀他皇后的若阿这些人的榜样。他们看不出这些榜样在古代是可敬的，在现今却可恶极了。他们还要在他们那种被谴责过的宗教里吸取他们的狂暴嗜癖。

制止这类疯狂暴怒的感染，法律更无能为力，犹如您对一个狂人宣读一项判决书一样。这类疯疯癫癫的人确信圣灵附体，故能超越一切法律，唯一应该服从的法律，在他们看来，就是他们的狂热激情。

有人对您说他情愿服从上帝不愿服从人，并且说他坚信把您杀死他便可升天堂，您又回答他什么呢？

一个人头脑一旦被宗教狂热毒害，也就几乎是无法挽救的了。我见过发宗教狂热的人，一提到帕里斯[④]的神迹来，便不由自主渐渐激动起来。他们两眼冒火，手舞足蹈，全身颤抖起来，激奋得面目变色。倘若有谁反对他，他准会把反对者杀掉。

是的，我见过这类颤抖派，见过他们扭转四肢口吐白沫。他们

① 伊矶伦（Eglon）、以笏（Aod 或 Ehoud），故事见汉译圣经《旧约·士师记》第 3 章以笏兴起一段。——译者

② 玉狄（Judith），圣经经外书中的玉狄篇中所述犹太女英雄。当巴比伦王尼布甲尼撒驾下大将霍娄腓纳（Holopherne）围攻犹太城伯特利时，寡妇玉狄偕同使女一人，前往敌营，迷惑了霍娄腓纳，乘其酒醉，割下他的头来，当夜奔归伯特利，于是被围困的犹太人大举出击，围敌溃散，解放了犹太人。——译者

③ 亚甲王（Agag）、撒母耳（Samuel），故事见汉译圣经《旧约·撒母耳记》上第 16 章。——译者

④ 帕里斯（François de Pâris，1690—1727），法国冉森派副祭，以荒诞不经言论和搞伪神迹闻名于世，颤抖派常在他墓前显现这类伪神迹。——译者

叫嚷:要流血！他们终于指使一个走狗[①]刺杀了他们国王而最后便只是一味叫嚣反对哲学家。

通常总是一些骗子在操纵那些发宗教狂热的狂热信徒,并且把匕首递到他们手里,他们都好像那位山上的老人,据说他让一些傻子略微尝到一点天堂快乐的甜头,并且应许他们永远享受他先给他们尝过一下的那种快乐,只要他们肯去杀死他点出姓名的那些人。在世界上仅有一派宗教没有被宗教狂热所玷污,就是中国的儒教。那里哲学家之间的各个派别不仅没有受这种瘟疫所传染,而且还是治疗这种瘟病的良药。因为哲学的效果是使灵魂宁静,而宗教狂热是跟宁静水火不相容的。如果说我们的圣教经常为这种疯魔般狂热所败坏,人们的狂妄应负其责。

伊卡洛斯[②]把自己身上的羽翎
拿来胡作非为;
得来本是为造福,
他却用以去闯祸。

——塞兹主教贝尔托[③]

第　三　节

狂热信徒并不总是为老天爷打仗;也并不总是刺杀国君和亲

---

① 指达米安。——全集版

② 伊卡洛斯(Icare 或 Ikaros)希腊神话人物,希腊克里特岛上迷宫建造者代达罗斯(Daidalos)之子,与其父用蜡粘羽翎为翅,飞离迷宫,因飞近太阳,蜡融羽落,坠海而死。——译者

③ 贝尔托(Jean Bertaut,1552—1611)法国诗人,与龙沙(Ronsard)同一时代。——译者

王。他们当中固然有老虎,但是更多见的倒是狐狸。

罗马教廷的那些狂热信徒罗织了多少欺骗、诽谤、偷偷摸摸的罪名来攻击加尔文派的狂热信徒啊!耶稣会的人攻击冉森派的人,反之,后者也照样攻击前者!如若上溯已往,便可看出一部教会史本是一所道德学校,但也是各个宗派之间相互攻讦的恶毒手段的传习所。不管是在焚烧敌方城镇、屠杀居民、施以酷刑的时候也好,或只是进行欺诈、发财致富和统治人民的时候也好,这些宗派的狂热信徒尽都是一叶蔽目的人。同样的宗教狂热使他们成了睁眼瞎子,自以为是。一切发宗教狂热的狂热信徒全是诚心诚意的骗子,就如同他们都是为了正确事业而杀人的善意的杀人犯一样。

如若您办得到的话,请阅读一下那记载冉森派和莫利纳[①]派在一百年间彼此相互谴责他们的诈骗行径的五六千本谴责录,请看看司卡潘和特里沃兰[②]是否赶得上他们。

[③]历来人们干过的十足诡诈的欺骗勾当中,其中有一桩,我以为就是一位小小的主教(有人在闲谈中告诉我们说这是个比斯开主教;总有一天我们会发现他的姓名和教区的);他的驻地一部分在比斯开,一部分在法兰西。

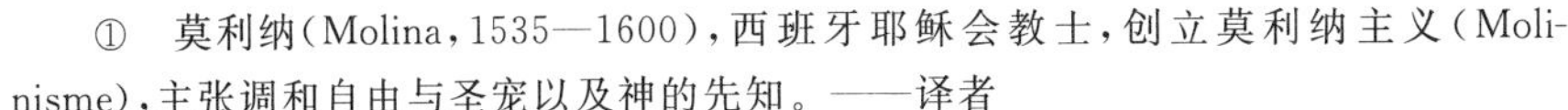

① 莫利纳(Molina,1535—1600),西班牙耶稣会教士,创立莫利纳主义(Molinisme),主张调和自由与圣宠以及神的先知。——译者

② 司卡潘(一译斯卡班,Scapin)、特里沃兰(Trivelin)均为意大利喜剧中诡计多端、善于欺诈的丑角。——译者

③ 以下所谈与作者同安西主教比奥尔(Biord,évêque d'Annecy)的争论有关;关于这场争论,在伏尔泰的《历史评论》(见1776版《论丛》)和1768年通信集以及他处有所论述。——开勒版

在法兰西的那一部分，有一个教区先前曾居住着摩洛哥的摩尔人。教区的领主根本不是伊斯兰教徒；是个很好的加笃力教徒，就像天下的人都应当是加笃力教徒一样，因为加笃力[catholique]这个词就是普天之下的意思。[①]

这位可怜的领主本来一生只忙于行善，主教先生却怀疑他心底里思想感情都不正，有不知什么异端的味道。他竟然指责领主曾经在谈笑中说过在摩洛哥也跟在比斯开一样有正直的人，并且还说过一个正直的摩洛哥人总不至于是最高主宰的死敌，既然最高主宰是万众之父。

这位发宗教狂的狂热信徒便给法兰西国王奏上长长的一本奏章。国王是这位可怜的教区领主的君主。他在奏章中请求君主把这位不忠诚的教徒的庄园迁往下布列塔尼或是迁往下诺曼底，悉照御意决定，以免他因他那些不良笑谈对巴斯克人放毒。

法兰西国王和他的国务会议当然没有理睬。

过了些日子，我们这位主教听说他教区里的这位教徒病了，禁止给他做临终人授圣体的司铎为他授圣体，除非他交出一份忏悔证明书，表明临终人并未受过割礼，并且全心全意反对穆罕默德的异端和一切其它这类异端，如加尔文主义、冉森主义之类，证明他的想法跟这位比斯开主教一模一样。

忏悔证明书当时很时兴。临终人叫人把那位喝得酩酊大醉又痴又呆的本堂神甫唤来，威胁着他说若是不给临终人举行他所急

① 加笃力教徒(catholique)，即天主教徒，这个字源于希腊语 katholikos，意即普遍的，普天之下。——译者

需的临终圣体仪式，就要波尔多法院把他绞死。本堂神甫吓坏了，便给他的教民举行了临终圣事。这位临终人，在仪式举行完毕之后，便当着见证人的面，公开声明是那位比斯开主教在国王御前诬告他对于伊斯兰教有兴趣，声明他本是个善良的基督徒，而那个比斯开人却是个诽谤者。他在公证人面前签署了这份书面声明。一切都合乎法定手续；事后他便觉得身体好转。心安理得的休息，没有多久，就使他完全康复了。[1]

小小的比斯开人，受了一位垂危老人讥讽，愤愤不平，便决心进行报复。以下就是他如何着手进行报复的情形：

过了十五天，他在主教管区指使人伪造了一桩信仰告白[2]，由本堂神甫假称听取过了。于是便令本堂神甫和三四个压根儿就没

① 这一切都是确有其事。有一份文件于 1769 年 5 月 30 日送达费尔奈本堂神甫，请他对一位病人做到国王法令和法院判决要他做到的那样，符合在王国境内传授的加笃力教会法典……，上述文件由伏尔泰、比热克斯和瓦涅尔签署；随后当天又有一份在公证人面前的声明，否认前自称耶稣会教士的诺诺特和自称修道院长的居容二人所说的事。上述声明是在自称耶稣会教士亚当先生、日内瓦人莱茵巴尔摩市民西门·比热克斯先生、金银首饰商小炉匠克洛德·埃田·莫热耶先生、巴黎市议会总务委员彼得大主教诸位必要证人面前当面写就的，并由伏尔泰签署。随后，在当天，伏尔泰在病榻上领圣体时又有一份声明。他在声明中说了以下几句话："我口含上帝圣体，声明我真诚原谅那些给国王上奏章反对我而并未达到他们险恶目的的人"（他在此处指安纳西主教）。文件上签名的有本堂神甫格罗斯（Gros）、亚当（Adam）、比热克斯、嘉布遣会修士克洛德·约瑟夫（Cloude Joseph）、大主教莫热耶（Maugier）和伏尔泰以及公证人。——乔治·阿弗内尔

② 这第四份证件："伏尔泰先生的信仰告白"，实际上是在上述其它证件之后，晚十五天做出的，就是说在 1769 年 4 月 15 日当着热克斯（Gex）法院管辖区的公证人的面，在伏尔泰未在场的情况下立下的。该证件中称伏尔泰声明他坚信加笃力教会所信奉和传授的信条，说他信三位一体唯一的，并且相信三位一体中的第二位具有人形，相信他名耶稣·基督，说他反对一切异端，他誓要坚持这种信心终身不变云云。这一切都在热克斯地方经过核查无误，收费 15 古铜币。——乔治·阿弗内尔

有参加过这次仪式的农民签了名，然后又叫人核对这项伪证件，于是这么一核对就使伪证件成了真证件了。

一纸证件，当事人单方未曾签字而却由一些陌生人于十五天后签字，又经真正的证人所否认，显然是一桩伪造罪行；既然事关信仰，这桩罪行显然要把那位本堂神甫连同他那些假证人带到人间地狱去受苦刑，死后还要入地狱。

小小的城堡领主，性喜嘲弄，但却毫无恶意，垂怜这些可怜虫；他无意与之对簿公庭，不过是想把他们嘲弄嘲弄罢了。但是他宣称，他一旦与世长辞，便乐意把这些比斯开人的全部阴谋连同证据公诸于世，以娱少数喜欢这类故事的读者，而丝毫也不是为了教育世人。因为有那么多作者向全世界人发表言论，自以为能引起世人注意，自以为全世界的人都为他们所吸引，所以这个人便不信普天之下会有十二个左右的人读他的东西。现在言归正传，我们还是来谈宗教狂热罢。

就是劝人入教的这种疯狂劲儿，请他人饮自己的酒的这种狂热把耶稣会教士卡斯泰尔和卢特推到临终的名人孟德斯鸠跟前。这两个狂热之徒想要夸耀自己说服了孟氏，使后者相信痛悔前非以及充足圣宠两方面的功能。他们说：“我们使他心回意转改了宗，皈依了天主；他心地是善良的；他热爱耶稣会。我们劝说他赞同某些根本真理时稍感困难；但是在这种时刻人们总是头脑清晰的，我们很快就说服了他。”

这类宣教者的狂热十分强烈，使得这位最放荡荒淫的修士也撇开了他的情妇到城市另一端去说服一个灵魂信教。

我们见过巴黎方济各会修士普瓦松[①]神甫；他为了嫖妓把他的修道院弄得破了产。并且由于他的堕落行为被监禁起来。他却是巴黎一位最受欢迎的宣教人，又是一位最热衷于劝人入教的人。

凡尔赛著名的本堂神甫方丹[①]也是如此。这些名字罗列起来，可以是长长一大串；但是不应该透露构成有某种地位的某些人物的胡闹行径。你们都知道闪，由于泄露了他父亲的不恭之行而获得的遭遇，他变成炭一般黑了。[②]

我们朝夕乞求上帝为我们摆脱那些宗教狂热分子，一如麦加地方的朝圣者乞求真主不要让他们在路上碰见那愁眉苦脸的面孔。

第　四　节

路德洛[③]与其说是个崇奉宗教的狂热分子，不如说是个自由的热烈拥护者。这个正直君子，痛恨克伦威尔更甚于憎恶查理一世，揭露说内战一发端时，议会自卫队都是被王军击败，就像"大车门"营[④]在福隆德时代敌不住路易二世一样。克伦威尔对费尔法克斯[⑤]将军说"怎么能叫伦敦脚夫和目无纪律的店员来抵抗那个

① 普瓦松(Poisson)，方丹(Fantin)都是教会人物。——译者

② 闪(Cham)，圣经人物，挪亚次子，传说闪的后裔是黑人。《创世记》记载闪的父亲吃醉了酒，赤身裸体躺在帐篷里，姿势不雅，闪和弟弟雅弗拿了件衣倒退着进去，脸朝外不屑看他父亲，为他盖上身子。——译者

③ 路德洛(Edmond Ludlow，1617—1692)，英国政治家，共和派，独立党领袖，为审判查理一世的法官之一。——译者

④ 大车门营(le régimenr de Portes-cochères)。—— 译者

⑤ 费尔法克斯(Thomas Fairfax，1611—1671)，英国大将，曾积极参加以克伦威尔为首的英国革命，击败查理一世于纳泽比(Naseby)，其后又囊助查理二世复辟。——译者

由虚无飘缈的荣誉幽灵来鼓舞着的贵族呢？让我们给他们也提供一个更巨大幽灵——宗教狂热吧。我们敌人只是为国王而战，说服我们的人为上帝而战斗吧。”

“请给我颁发一份特许证，我就可以去招募一营杀人教友，我保证会令这些人成为战无不胜的宗教狂热分子。”

他果然做到了，组织好一营忧郁狂人赤色修士，把全营驯成一些唯命是从的驯虎。就是穆罕默德也没有这般受他的士兵供使过。

但是为了激发起这些宗教狂热分子的灵感，还要有时代精神来佐助。法兰西议会在今天想要征召一营大车门营也是办不到的，就连菜场上的妇女十个也动员不起来。

要想训练一些崇拜宗教的狂热分子并且驾御他们，就得靠手段高明；但是光靠狡诈毒辣手段和大胆还是不行的。我们已经说过，一切都要应运而生适逢其时才可以。

第 五 节

几何学不能经常令人思维正确。由于理性的这些摆布，什么深渊不会堕入呢？有这么一位了不起的新教徒①，人们都认为他是当代第一流数学家之一。他步牛顿、莱布尼茨、贝尔努伊②诸人的后尘，在本世纪初，竟然想到推出一些相当奇异的推论来。据说用一星星一点点信心就可移山，而这位了不起的新教徒却用一种

① 指法修·迪耶(Fatio Duillier)。——伏尔泰

② 贝尔努伊(Jean Bernouilli，1667—1748)，瑞士著名数学家。——译者

全然是几何的分析，自言自语说："我有许多星星点点的信心，所以我能做到的就不只是移山了。"有人于1707年在伦敦看见过他，跟同几位学者一起，而且是几位颇有头脑的学者，一道公开宣称人们随便在那一个坟院里指定一个死者，他们都可以使之复活。他们的推理总是由概括来引导的。他们说：真正的使徒应该能施奇迹，我们是真正的使徒，所以我们便可以为所欲为。罗马教会的普通圣徒们，根本也不是几何学者，使好多人都复活了，所以，我们，曾经改造过新教徒的我们，就更能从心所欲地使人复活了。

这些论据，无隙可击，是最合乎程序的论据。这就是上古时代之所以奇迹到处泛滥；这就是为什么埃皮丹努城[①]和其它城市的阿斯克勒庇奥斯[②]神庙里充斥着供品，庙宇穹顶上装饰着重新伸直的大腿，重新安装上的胳膊，白银塑制的小孩儿。这一切都是奇迹。

最后，我所说的这位出色的新教徒数学家信心十足，以肯定的态度断言他将使死者复活，而这个像煞有介事的提议在人民中间轰动一时，致使安娜王后不得不给他指定一个日子，一个时辰，由他选定一处坟墓，令他正正当当施他的神奇妙术，而且是要当着司法当局的面。这位数学家圣徒选择了圣保罗大教堂来作现场示范表演：围观的老百姓人山人海。还派来士兵看守活人和死人，防止他们乱来。法官们各就座位。法院文书把一切经过都记录在法院

① 埃皮丹努(Epidaure 即 Epidanus)，希腊古城市，在爱琴海沿岸。——译者

② 阿斯克勒庇奥斯(Esculape 即 Asklcpios)，古希腊医神。他不仅想起死回生医好病人，而且还要令死人复活。冥王普路托恐地狱空虚无鬼，控告于主神朱庇特，后者即以雷击毙阿斯克勒庇奥斯。——译者

公簿上。证实新奇迹的这项工作再也完备不过了。人们便挖出一个经这位圣徒选定的死者来。圣徒跪下祈祷,做着很虔诚的痉挛动作。他的同道们也都照着他的样子发着痉挛。死人却连一点儿复活的动静也没有。人们又把死人送入墓穴。把这位说是能复活死者的人和他的从者都一一轻轻处罚了一下。后来这些可怜虫当中,有一个我遇见了。他向我承认说,他们当中有人犯了一点小小过失,殃及死者,否则复活是万无一失的。

如若对于应该十分尊敬的人也不必隐恶扬善的话,我在这里就要一提伟大的牛顿,他曾在《启示录》里发觉教皇是个伪基督,还有不少类似这种事情之处。我要说他还是个很严肃的阿里乌斯派。我知道牛顿的这一点误入歧途之处跟我说的这位数学家的差错实有天壤之别,毫无可比之处。但是,倘若伟大的牛顿真以为在《启示录》里边发现了欧洲现在的历史,人类又是何等可怜哪。

迷信好像是一种传染病,即使是最坚强的心灵,也常常未能幸免感染。在土耳其有些思想意识很健康的人,为了有阿布·贝克尔[①]的某些想法而身遭尖桩穿身刑。这些原则一旦被接受,他们便一贯地推论下去。那些纳互里先派、拉达里斯派、扎巴里斯派,都用很巧妙的论据来互相把对方罚入地狱。他们都得出一些言之成理的结论来,却从来也不敢审查审查那些原则是否正确。

若是有人在世上散布说有个身高七十丈的巨人,没有多久,所有的学者就都来研究这巨人的头发应该是什么色的,他的大拇指

① 阿布·贝克尔(Abubeker 即 Abou-Bekr),穆罕默德岳父和继承人,首任哈里发,纪元 634 年逝于麦地那。——译者

又该是多么大，指甲的尺寸有多么大，他们就吵吵闹闹，互施阴谋，彼此殴打。那些坚持巨人小拇指只有十五道指纹的人就把那些肯定巨人小拇指有一尺厚的人处以死刑。但是有一位过客很虚心地问道：你们所说的那个巨人到底有没有呀？所有参加争论的人便都喊叫说：这是多么可恶的怀疑呀！多么亵渎神明的语言哪！多么荒谬绝伦哪！于是暂时休战，齐来把这个过客用石块砸死。在他们隆重而又极其残酷地杀死行人之后，为了争执小拇指和指甲问题彼此依旧打起来。

FAUSSETÉ DES VERTUS HUMAINES
人间道德的虚伪性

拉·罗什富科公爵[1]在著书论述他对于自尊心的意见时，曾经把人类的这种动机揭露出来，布道会有一位埃斯普里先生便写了一本哗众取宠的书，题名为《论人间道德的虚伪性》[2]。这位才子先生说根本就无所谓德行。然而多亏他仁心美意在每一章结束时都要提到基督教的仁慈。所以按照埃斯普里老爷的意思，加图、阿里斯蒂德、马可·奥勒留、爱比克泰德都不是什么好人，而好人只有基督教里才有。在基督徒中，也只有天主教徒才有德行；在天主教徒中，还要把耶稣会教士除开，他们都是布道会教士的反对者。所以只有耶稣会教士的反对者才有德行。

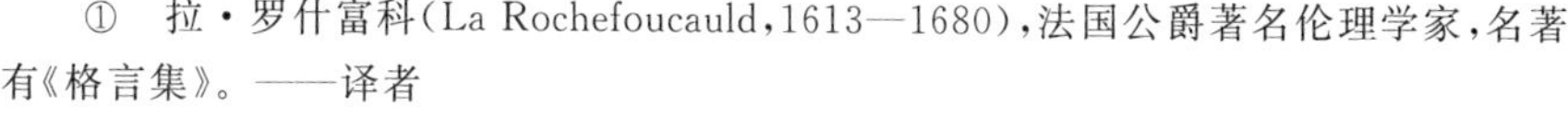

① 拉·罗什富科(La Rochefoucauld，1613—1680)，法国公爵著名伦理学家，名著有《格言集》。——译者

② 八开本两卷，1678年巴黎出版。——袖珍本

这位埃斯普里先生开头就说谨慎并非一种德行。他的理由是虽然谨慎也常常会出错儿。这话犹如说恺撒不是一位伟大的军事领袖，因为他曾在迪拉丘姆败北[①]。

如若埃斯普里先生是位哲学家，他或许不以慎重为德行而为才能，把它当成有益的可贵的品质来研究：因为重罪犯也可能很慎重，我就见过这一类人。啊，以为

唯有我们和我们友人才有德行[②]。

的这种说法真是疯狂啊！

德行是什么呀，朋友？就是做好事啊：为我们做点好事，这就足够了。我们也就不再问你的动机了。怎么着！依你说，在德·图主席和拉瓦雅克[③]之间、西塞罗和那个波皮利乌斯[④]之间不是就毫无区别了吗？可是西塞罗也曾救过波皮利乌斯的性命，后者却为了金钱杀害了前者。而你会由于爱比克泰德和波菲利[⑤]不随从我们的教义就说他们是坏蛋吗？这么蛮横无理是令人愤慨的。我不再多说了，因为我也要生气了。

---

① 迪拉丘姆（一译迪拉基奥姆）(Dyrrachium)，古地名，即今之都拉斯(Durrëss)，在阿尔巴尼亚中部沿海地区。——译者

② 见莫里哀名剧《女学者》(*Les Femmes savantes*)第三幕第二场。——袖珍本

③ 德·图(Francois Auguste de Thou,1607—1642)，法国路易十三宠臣、历史学家及检察长约翰·奥古斯特·德·图之子，因为揭发其友森·玛尔斯(Cing-Mars)谋刺首相黎塞留计划与森·玛尔斯同被斩首；拉瓦雅克(Ravaillac, 1578—1610)，杀害亨利四世之刺客。

④ 西塞罗(Ciceron,公元前 106— 前 43)，罗马著名演说家与政治家，被安东尼指使人刺死；波皮利乌斯(Popilius) 是刺杀西塞罗的凶手。——译者

⑤ 波菲利(Porphyre 即 Porphyrios,233—303)，古希腊新柏拉图派哲学家，曾发明逻辑学中的两分法。——译者

FOLIE 疯狂

什么是疯狂？疯狂就是思想和行为错综凌乱没有条理。最有理智的人想要了解疯狂是怎么回事吗？他只要想一想他在梦中的思想活动就可以知道了，倘若他夜间消化困难，就有成百成千的、乱七八糟的观念搅扰着他。似乎是大自然在惩罚我们吃东西吃得太多，或是没有选择好食物，叫我们胡思乱想。因为人只有在消化不良时，睡眠中才会想事。那些扰人安宁的梦实际上就是一种短短的疯病。

醒着的时候发疯，也是一种阻碍个人像人一样思维和行动的疾病。不能管理他自己的财产的时候，人家就禁止他掌管；不能有适合社会的想法，人家便把他从社会里排斥出去；他若是会伤人，人家便把他关起来；他若是暴跳如雷，乱打乱闹，人家便把他捆绑起来；有时候，可以用水疗法、放血法、饮食制度来治好病人。

这个病人毫未丧失思想意识，他醒时也跟其他的人们一样有这些，而且他常常在睡眠中也有，我们可以试问他的心灵、永生的心灵，留在他的脑髓里，通过五官感觉接受一切很明确很清楚的观念，然而却从来不会对之有一种健全的判断。他的这个心灵看东西一如亚里士多德、柏拉图、洛克和牛顿一样。这个心灵跟他们一样听声音，也跟他们一样有触觉，跟最有理智的人一样有知觉，怎么却把这些感觉混集成一堆十分离奇古怪的东西，却又摆脱不开呢？

这种单纯而永生的实体的行动手段既是与最有理智的脑筋所

具有的心灵、行动、手段是一般无二，他也应该能像后者一样地进行思考。谁又能阻止他这样做呢？我尽量地设想，若是我说的这个疯子把什么东西看成是红的，而最有理智的人们却看成是兰的；有理智的人们听着是音乐，而我说的这个疯子却听成是驴鸣；他们要是在教堂内讲道，疯子却认为是在看喜剧；他们若是说是，疯子就说不是；那么他的心灵必然想法跟人的想法倒着。但是这个疯子的知觉却跟别人的一样。毫无明显的道理叫他的灵魂由五官感觉获得一切手段，却不能运用这些手段。据说他的灵魂是完善无缺的、他本身无以致残之处，他具备了一切必要的应急手段，不拘有什么东西在他身内发生，却也不能改变它的本质；然而人们却把这个灵魂连同它的躯壳送进疯人院去了。

这种想法令人怀疑上帝赋予人类的思维能力也像其他感觉一样可以错乱。一个疯子就是一个脑子苦痛的病人。就像一个痛风患者手痛脚痛一样。他用脑筋思维就像他用脚走路，丝毫不认识他那不可思议的走路能力，也不认识他那一样是不可思议的思维能力。人们在脑髓里患痛风犹如在脚上患痛风一样。总之，想来想去，也许只有信仰可以说服，我们相信一种单纯而无形的实体也是可以患病的。

学者或博士们要对疯人说啦：朋友，你虽然失去了常识，你的灵魂跟我们的灵魂一样有才智，一样纯洁、一样永生。但是我们的灵魂安顿得很好，而你的却没有安顿好。屋子的窗户对于你的灵魂是堵塞着的，它缺少空气，感到出不来气。那位疯子，在他心神清醒的时候，便会回答他们说；朋友们你们把有问题的人当作跟你们常人一样来设想了。我的窗户也跟你们的一样开得敞敞的，因为我也跟你们看见一样的东西，听见一样的话语：所以必然或者是我的灵魂使用五官感觉使用得不当，或者我的灵魂本身就是感官不良、品质败坏，总而言之，或者是我的灵魂本身就疯癫，或者我根本就没有灵魂。

一位博学之士便会回答说：我的同道，上帝或许创造了一些疯狂的灵魂，犹如他创造了一些有理智的灵魂。那位疯人便会反驳说：我若是相信你对我所说的话，我或许更会疯癫得利害。发发善心吧，您既知道得这么多，告诉我，我为什么疯。

倘若那些医生但凡还有一点点通情达理的心，他们便会回答他说：我一点也不知道。他们不懂为什么一个脑子会胡思乱想；他们更不懂为什么另外一个脑子却又思想正常而有条理。他们自以为有理智，而他们却是跟疯子一样地疯疯癫癫。

若是疯子有个意识清醒的时刻：他必会对他们说：可怜的人，你们既不会知道我的病因，也不会治好我的病，叫你们因为担心变得跟我一样的疯狂甚至疯得还更利害而发抖吧。你们的家世并不比法王查理六世、英王亨利六世，文塞斯拉[①]皇帝的家世更好，他们也都在同一世纪之内失去了思考能力。你们也并不比布莱斯·帕斯卡尔、雅克·阿巴迪[②]、乔纳森·斯威夫特更有才气，而这三人却都是死于疯病的。后者至少还为我们创建了一所医院。你们愿意不愿意我去为你们订好一个位子呢？

① 即文塞斯拉四世（Venceslas IV），1372 年波希米国王，1378 年做了德意志皇帝。——译者

② 雅克·阿巴迪（Jacques Abbadie，1654—1727），法国耶稣教会神学家。——译者

注意:我惋惜希波克拉底[1]用驴驹子的血来医疗疯症,而贵妇手册的作者[2]又说,感染上疥疮可以医好疯症更使我感到遗憾。这都是些取笑的偏方儿,似乎是疯人想出来的方子。

FRAUDE 欺骗

是否可以对老百姓进行好心的欺骗

伊斯兰教苦行僧邦巴贝夫有一天遇见孔夫子(我们西方人称为 Confucius)一位弟子,他姓王。邦巴贝夫认为对老百姓须得欺骗,王却主张永远也不可欺骗任何人。以下就是他们的讨论:

邦巴贝夫:应该仿效真主,他不把事物本来面目显示给我们,只让我们看到直径两三尺的太阳,虽然这颗星球比地球大一百多万倍;真主让我们把月亮和星辰都看作是挂在一面碧空上,而其实它们都高低不同;他叫我们从远处把一座方塔看成是圆的;他又叫我们把火看成是热的,而其实火不冷也不热;总之,真主用一些适合我们天性的误差包围着我们。

王:您所谈的误差根本不是误差。在远离我们星球几百万几百万里之外的太阳,并非是我们所看到的那个样子。我们实际看到而我们也能看到的太阳是从一定角度映在我们视网膜上的太阳。我们的双眼决非生而为辨认大小和远近的,还要有其他办法

① 希波克拉底(Hippocrate,约公元前 460 年),古希腊最伟大的医学家,名声直传到亚洲。波斯王阿尔达克塞克斯(Artaxexres)曾召他往波斯防止瘟疫流行。——译者

② 阿尔努·罗伯勒维尔(Arnault Robleville)著。——全集版

和作用才能辨认。

邦巴贝夫听了这话很惊讶。王很耐心，为他讲解了光学原理；而邦巴贝夫本来是有理解力的，听从了孔夫子弟子的论证，接着又用这些词句来讨论。

邦巴贝夫：即使真主根本没有通过我们的感官来欺骗我们，像我以为的那样，至少也要承认医生经常为了孩子们好而哄骗他们。他对孩子们说他给他们糖吃，而事实上都是给他吃的大黄。我这个苦行僧，我可以哄骗老百姓，他们跟娃娃们一样无知无识。

王：我有两个儿子，我从来没有哄骗过他们。他们要是病了，我便对他们说：这儿有一服药，很苦，必须有勇气把它吃了。药若是甜，会对你们有害。我从来不允许家庭教师用鬼魂、幽灵、淘气的小妖精，妖婆巫师来吓唬他们。这样我便把他们培养成勇敢，而有理智的公民。

邦巴贝夫：老百姓并非都生来跟您家里人一样幸运。

王：人人都差不多，都是生来就有相同禀性的，不可以毁坏了人的天性。

邦巴贝夫：我承认，我们用错误来教他们，但是也是为了他们好。我们叫他们相信，倘若他们不购买我们的圣钉，倘若他们不给我们钱来赎罪，他们就会在来生变驿马，变狗或变四脚蛇。这可使他们胆小了，也就变成好人了。

王：您不觉得您是在毒害这些可怜的人吗？他们当中有人们料想不到的那么多人会思考，并不在乎您这些神迹，您这些迷信之谈。他们很看得清楚他们决不会变四脚蛇，也不会变驿马。他们又怎么样了呢？他们有相当清楚的头脑看得出来您是在对他们胡说八道，但是又没有足够的理智，来提高自己走向一种纯正而不带迷信的宗教，像我们儒教那样的教。但他们的偏激的情感使之以为根本就无所谓宗教，原来人们传给他们的教是荒谬可笑的。您这样做就要对他们陷入其中的伤风败俗的缺德行为负责。

邦巴贝夫：绝对不是，因为我们传给他们的只是一种善良的道德。

王：您要是讲授一种不纯正的道德，会被人民把您给用石块砸死。人生来就总想作恶，却不肯听人劝诫。只要不把纯正的道德跟荒谬的神话混为一谈就可以了，因为您会由于欺骗人而削弱了您必得讲授的道德的，本来您可以不必进行欺骗。

邦巴贝夫：怎么！您以为给老百姓讲真理不必靠神话传说吗？

王：我坚决相信是这样。我们的儒人跟裁缝、纺织工、农夫都是一个料子做成的；他们崇奉赏罚严明的造物主；他们既不宣扬荒谬的教义，也不采取稀奇古怪的仪式来糟蹋他们的宗教信仰，而且儒人犯罪的远较老百姓为少。为什么不像教养我们的儒人那样来教育我们的工人呢？

邦巴贝夫：这样您不免做了一件大蠢事。这就像是您要百姓都跟儒人一样彬彬有礼，都跟儒人一样是法律学家，这既办不到，也不适宜。应该给主人吃白面包，给仆人吃粗面包。

王：我承认不是人人都有同样的知识。但是有些事物却是人所必需的。每人总必须是正直的，而启发人的正义感的最妥善的方式就是启发他们信一种没有迷信的宗教。

邦巴贝夫：这倒是个好主意，可是却行不通。您以为让人信一位赏罚严明的真主就够了吗？您对我说过总是老百姓中最灵敏的人反对我的神话传说，他们也会反对您的真理的。他们会说：谁能对我保证真主有赏有罚呢？证据又在哪儿呢？您有什么使命呢？您显示了什么神迹叫我相信您呢？老百姓会比我更对您满不以为然了。

王：您的错误就在这里。您还以为人们会因为拒绝接受一些荒诞无稽、既无用又危险、触目惊心的事物，就会脱离一种正直真实，裨益人群的思想，一种为人类理性所能接受的思想哩。

老百姓很容易相信他们的行政官员的。当后者只给他们建议一种合理信仰，他们是很愿意采纳的。人们并不需要有了奇迹才相信一位公正的真主、主是明察人心的。这一思想是非常自然、十分必要以致无法反对的。并非必须说真主要赏要罚；只要相信他是公正的就可以了。我切实告诉您我看见过全城的居民几乎没有任何其它教条。可是老实说这是我所见到过的最有德行的人民。

邦巴贝夫：请您留神；您在这类城市里会遇到一些向您否认有赏有罚的哲学家。

王：您也要承认这些哲学家更会强烈地否定您的那些捏造。所以您在这上边毫无所获。即使有些哲学家不同意我这些原则，他们也还照样是好人；他们也还照样培养自己的德行。这种德行得到力行必然是由于爱，而决非由于恐惧。但是再进而言之，我对您坚持说，任何哲学家也永远不会得到保证说最高主宰不惩恶、赏善。因为他们倘若问我谁对我说主惩罚，我便要回答他们说谁又对他们说过主不惩罚呢。总之，我对您坚持说哲学家们必会支持我的，决不会反对我，您愿意做个哲学家吗？

邦巴贝夫:愿意;但是不要让苦行僧们知道。

王:尤其要想着一位哲学家若是愿意有益于人类社会,他就应该宣告有一位主。

G

GLOIRE,GLORIEUX　光荣，光荣的

第　一　节

光荣本是声名结合尊重：一旦再加上钦佩，它可就达到顶峰了。光荣总是要人在行为、品德、才能各方面有所表现，光辉照人，而且总要能克服巨大困难，才能享有荣誉。恺撒、亚历山大都曾享有光荣。苏格拉底却很难说享有过荣誉。他受尊敬，崇拜、怜悯，引起人们对于他的仇敌表示愤慨；但是荣誉这个字眼儿对于他来说就不相称了：因为他给后人留下的印象，与其说是光荣的，不如说是可敬的。阿提拉[①]也曾闪耀一时，却毫无光荣可言，因为历史可以搞错，未曾赋予他任何美德。查理十二[②]倒还有光荣，因为他德高望重、大公无私、慷慨大方的品质都达到了至善至美的境地。成就足以获得声名，却不能享有光荣。亨利四世的光荣与日俱增，

① 阿提拉(Attila,432—453)，匈奴王，五世纪时各处侵扰。最后定居于多瑙河上，殁于该处。——译者

② 查理十二(Charles XII,1682—1718)，瑞典国王。伏尔泰著有《查理十二传》，述其生平。——译者

因为时间令人认识了他的一切美德;比起他缺点来,他的美德就大得无与伦比了。

在艺术界,创作者也可分享光荣,那些模仿者却只能博得喝彩。光荣也可赋予才能出众的人,但指的是崇高的艺术领域。人们很可以谈维吉尔、西塞罗的光荣,却不可称道马夏尔[①]和奥吕·热埃尔[②]的光荣。

可是人们竟然提到上帝的光荣。说什么他为了上帝的光荣而工作;说什么上帝为了自己的光荣而创造了世界。其实并非最高主宰会有什么光荣,而是因为人类根本没有适合于最高主宰的词汇表达,便把他们自己认为是最美好的称赞之词用在他身上了。

虚荣,就是那种满足于外表的小小雄心,炫耀豪华排场而又绝无什么了不起的东西可言。我们也曾见过一些君王,他们本来已经享有实在的光荣,却还喜爱虚荣,一味地追求颂扬,太喜欢讲究排场。

虚假的荣誉每每由于虚荣而来,但又常常导致粗暴;而虚荣却更局限于气量狭窄的行为。一位君王,以报复为荣,他所追求的与其说是虚荣,还不如说是虚假的荣誉。

追求荣誉,猎取虚荣,自以为荣,这些话有时意思相同,但有时又含义各异。人们同样也说他追求荣誉,猎取虚荣,他以豪华、多多益善为荣,那么这里所谓的荣就是虚荣;说他以为善良事业而遭受苦难为荣,而不是说在追求虚荣;说他以自己的善良为荣,而不

---

① 马夏尔(Martial),拉丁诗人,文笔优美,但格律不严。——译者

② 奥吕·热埃尔(Aulu-Gelle),二世纪语法家和批评家。——译者

是说他以其善良在追求荣誉或虚荣。

恢复光荣意味着承认、证实。为真理恢复光荣就是承认真理。

> 公主，为您侍奉的上帝恢复光荣，
>
> 阿达莉[①]，第三幕，第四场

这句话就是说请您为您所侍奉的上帝作证。

光荣也被当作上天、天国解，例如说他住在光荣中。

> 你们把他领到哪里去呢？——带到死亡里去。——领到光荣里去。
>
> 波利耶克特[②]，第五幕，第三场

只有在我们的圣教里才有人用这个字指上天。谈到巴克科斯、赫丘利的光荣结局，却不可说他们是被迎接到天国里去了。

光荣的这个字眼儿作为形容不具生命的事物用，总是一种颂扬，战斗，和平，光荣的事情。光荣的地位意味着地位高，而并非指的是使人享有光荣的地位。可是地位高便可获得光荣。光荣的人，光荣的英雄，总是一种嘲骂人的话，表示这个人贪人之功为己有。所以人们说光荣的统治而不说一位光荣的国王。可是这个词用以指多数人时又不算是错用。例如说最光荣的征服者不如一位施仁政的君王。但是人们不用光荣的君王来指那些声名赫赫的君王。

光荣的人并不完全是高傲的人，也不是自负的人，也非骄傲的人，高傲的人近于狂妄自大、轻视他人，而又少与人接谈。自负的

① 法国古典派作家拉辛的五幕韵文悲剧。——译者

② 法国古典派作家高乃依的五幕悲剧。——译者

人遇到别人对他略有尊重之意,便自以为了不起。骄傲的人过度炫耀他自以为是之处。光荣的人更是满心虚荣,他追求人们对他评价高。他想以外表来掩饰他实际上的缺点;骄傲的人自以为很了不起;光荣的人想要装成了不起的样子。新的暴发户一般都是比他人更显得自以为荣。人们有时候把圣徒和天使们称做光荣的人,就像是说他们是住在天上的居民。

光荣地一词总是用于褒义。例如:他光荣地统治着;他光荣地脱离了一次严重的危险,摆脱了一次困境。

光荣一词,时而用于褒义;时而又用于贬义,那要看它们指什么事物而言。例如说:某人以才华横溢而遭受嫉妒,因而得祸,他却自以为荣。

人们说有些殉道者荣耀了上帝,这就是说他们坚贞不屈的精神使他们宣告降临人间的上帝受到万民崇敬。

第　二　节

要是西塞罗在粉碎喀提林[①]的阴谋之后喜谈光荣,人们都原谅他。

要是当普鲁士国王腓特烈大帝在罗斯巴赫和里萨两次战役之后,在他祖国成为立法家、历史学家、诗人和哲学家之后这样想,要是他酷爱光荣而又善于谦虚,人们就更加赞美他了。

要是俄国女皇卡特琳二世被土耳其的一位苏丹粗暴不恭的言行激怒而不得不施展她的天才:从欧洲尽北部派出四只舰队,

① 喀提林(Catilina,公元前 109— 前 61),罗马没落贵族苏拉的追随者。——译者

震慑了达达尼尔海峡两岸和小亚细亚，在1770年从这些吓得欧洲惊惶不安的土耳其人手里夺取了四个省份，人们便都觉得他享有光荣是理所当然的，而且人们不禁要敬佩她谈论这些成就时带着那种无所谓和超然的态度，令人看出她的功勋是值得称赞的。

总之，光荣对于这类天才是适当的，尽管他们也是身虚体弱的凡人。

但是，倘若在西方的西端，靠近戈内斯镇的一座名为巴黎的城市，有一位市民，当一位大学理事向他致颂词说："大人，您在奉行职务中和您名扬四海的名著所获得的光荣……"的时候，自以为很光荣，我便要问在这个世界上是否有足够的喝倒彩的嘘声来庆祝这位市民的光荣，庆祝那位在大人的官邸里像驴叫一般高声喊嚷着的村学究所致的颂词。

我们设想上帝也像我们一样有光荣，这未免太愚蠢了。

邦·阿里·贝蒂弗，伊斯兰教苦行僧的这位可敬的领袖，有一天对苦行僧们说："弟兄们，诸位最好是常常引用我们《古兰经》里的这句绝妙的箴言：以大慈大悲的真主的名义。因为真主广施仁慈，诸位常常背诵这几个字，便可以学会广施仁慈了。这几个字表示要有一种缺乏则会使世人绝迹的德行。但是，弟兄们，万万不可效法那些来不来就以"为真主光荣而工作"而自豪的鲁莽汉。若是有个傻小伙子提出一篇关于范畴问题的论文来进行答辩，答辩由一个穿皮袍子的无知的人主持，他总不免在他的论文篇首用老大老大的字写上：Ek Allah abron doxa：ad majorem Dei gloriam〔为了真主最大荣誉〕。一位穆斯林刚一粉刷好他的客厅，便在门上刻上这句蠢话。说什么一头东方大鼻羚羊驮着水也是为了真主的最大光荣。这是一种亵渎宗教的习俗，人们却都虔诚地照着样子做。要是一个小扎乌赫给我们苏丹倒马桶，却叫道："为了我们战无不胜的君王的最大光荣"，您又怎么说呢？苏丹之离真主诚然要比小扎乌赫离着苏丹远得多啊。

"所谓芸芸众生者，实在是一些可怜的蚯蚓，你们跟无限的真主的光荣又有什么共同之处呢？真主诚然能爱光荣吗？真主诚然能从你们这里获得光荣吗？真主诚然愿意欣赏欣赏光荣吗？没有羽毛的双足动物[①]，你们照着自己的形象塑造真主的形体，直到何时为止呢？怎么！因为你们自己羡慕虚荣，爱好光荣，便要真主也爱好光荣！若是有好多位神，每位神或许都想获得同辈有口皆碑的爱戴，这就是一位神的光荣了。若是无限伟大可与极端卑微相提并论，那么这位神也就好像那只顾与国王们争夺的亚历山大大帝或斯堪得尔国王了。然而你们这些可怜虫，你们又能给真主以什么光荣呢？不要再亵渎真主的圣名了。昔日有一位罗马皇帝，名叫屋大维·奥古斯都，曾禁止过他人在罗马的学校里颂扬他，怕的是有损他的盛名。可是你们既不能玷辱真主，也不能荣耀真主。自惭形秽吧，崇拜真主，三缄尔口，少说废话。"

邦·阿里·贝蒂弗这么说了，苦行僧们便都高呼："光荣归于真主！邦·阿里·贝蒂弗说得很对。"

---

① 这是古希腊哲学家柏拉图为人类下的界说。——译者

GRÂCE 圣宠

近代罗马神圣的教法顾问，著名的绝无差失的神学家们啊，没有人再比我更尊重你们的神圣决议了；但是，倘若保罗·爱弥儿[1]、西庇阿[2]、加图[3]、西塞罗、恺撒、蒂图斯、图拉真、马可·奥勒留等人又回到往日他们曾经威震四方的罗马，你们必会承认他们或许对你们关于圣宠的决议有点惊异。倘若他们听说依照圣托马斯[4]来解释的健康圣宠、依照卡热唐[5]来解释的医疗圣宠，听说内外、无偿、圣化、现世、习惯、协作等等圣宠，听说有时又没有结果的有效圣宠，听说有时又感不足的胜任圣宠，听说变化多端和应对如流的圣宠，他们又会说什么呢？老实说，他们真会比你我更有所了悟吗？

这些可怜的人对于你们的高明的指教又有什么需要呢？我好像听他们说：

可尊敬的神甫们，你们的天才真是吓人；我们冥顽不灵，以为永生的主绝对不会依照微贱的人类的特殊规律来行动，而是本着

---

① 保罗·爱弥儿(Poul-Emile，公元前228—前160)，纪元前182年和168年执政官，罗马贵族党领袖之一。——译者

② 西庇阿(一译西庇翁)(Scipion 即 Scipio 公元前235— 前183)，古罗马大将，曾战胜迦太基的汉尼拔。——译者

③ 加图(Caton 公元前234— 前149)，罗马政治家，一生力图消灭迦太基。——译者

④ 圣托马斯即托马斯·阿奎那。——译者

⑤ 卡热唐(Cagetan，1469—1534)，意大利红衣主教，曾出使德国，受命说服路德回归天主教，未果。——译者

他那些像他一样永恒的普遍法则来作为的。在我们当中，从来也没有谁想象着上帝好像一个没有理性的主子，赐给一个奴隶赎身的钱，又拒绝给别人食物；命令一个没有手的人去揉面，让一个哑巴给他朗读，叫一个没有脚的人做他的信差。

一切都是上帝的圣宠；他恩赐我们所居住的地球得以形成、树木生长、动物获得食物。但是有人要说、倘若一只狼在路上找到一只羔羊吃，另外一只狼却饥饿而死，上帝赐给头一只狼特殊的圣宠了吗？上帝是否用预备圣宠来使一株橡树比另一株缺少树液的橡树生长得更好呢？倘若在整个自然界一切生物都受一般规律支配，怎么能单独有一种动物却不这样呢？

为什么万物的绝对主宰对于指引单独一个人的内心比驾御整个自然更多操心呢？由于什么怪癖心理他偏偏要在一位库尔兰[①]人或是一位比斯开人的心中有所改变，而对于他给各个星球制定的规律却毫无更动呢？

设想上帝不断变换我们内心的感情，这种想法多么可怜哪！以为我们人类异于禽兽，这种想法又是多么大胆哪！再说所有这类变更也都只是为了进行忏悔的人们设想出来的。一个萨瓦[②]人，一个贝加摩[③]人，星期一就可以花费十二枚铜钱献一场弥撒：星期二他到吃花酒的小酒馆儿去，圣宠就落空了；星期三，他可以获得通功圣宠，引导他忏悔，但是他丝毫不会获得彻底忏悔的显灵

① 库尔兰人(Courlandais)，北欧拉脱维亚库尔兰地区的居民。——译者

② 萨瓦人(Savoyard)，法国东北部萨瓦(Savoie)居民。——译者

③ 贝加摩人(Bergamasque)，意大利米兰市东北贝加摩(Bergame)城居民。——译者

圣宠；星期四就是一次充足圣宠，但是却一点也不充足，如我们已经说过一样。上帝继续在这个贝加摩人的脑袋里工作，时而紧张、时而松缓，世上其余的人，他就不理了！他也不愿干预印度人和中国人的内心了！倘若你还有一星半点理性的话，我可敬的神甫们，你们难道不觉得这一学说非常可笑吗？

可怜的人们，请你们看看这棵橡树高耸入云，那棵芦苇却俯伏在地；你们不能说橡树获得了显灵圣宠、芦苇却没有。请你们仰观青天，看看永恒的代米乌尔哥斯[①]创造了几百万世界。这些世界由于永恒的普遍法则，互相吸引。请看同一道光线从太阳照射到金星，从金星又照射到我们；在许多急速运行的星球的这种和谐中，在整个大自然的这种驯服中，你们敢相信，倘若你们能够的话，你们敢相信上帝赐给泰雷兹修女[②]的是一种变易圣宠，赐给阿涅斯修女[③]的却是一种共同圣宠！

有一个糊涂原子对原子说：神对于你的左邻右舍有特殊的待遇；说神赐圣宠给这一个原子，不给那一个；说某一个原子过去没有获得圣宠，将来会要获得，原子没有重复这种糊涂话。上帝创造了世界，决不会再在世界的一个角落里又创造一点儿风吹草动的小乱子。神学家们就像荷马史诗里的战士们一样，以为诸神拿起武器时而反对他们，时而又卫护他们。设若荷马未被人视若诗人，

① 代米乌尔哥斯(Demiourgos)，古希腊柏拉图哲学中的造物主名称。——译者

② 泰雷兹修女(Sceur Thérèse，1515—1582)，生于西班牙阿维拉城，天主教加尔默罗修会(le Carmel)的改革家。——译者

③ 阿涅斯修女(Sceur Agnès，290—303)，意大利萨勒诺城(Salerne)处女，13 岁时在纪元 303 年罗马戴克里先大帝时代殉教。——译者

他也就被人当作是亵渎神明的人了。

是马可·奥勒留这样说的,并非是我说的:因为辱承对你们有所启示的上帝令我相信你们所说的、你们所说过的,以及你们将要说的一切。

GUERRE 战争

一切动物都经常处于战争状态;每种动物又都生来是为吃另外一种动物的。直到绵羊和洁白的和平鸽没有不是吞食大量极细微的动物的。同一种类的雄性为了争夺雌性而战斗,就像墨涅拉俄斯和帕里斯[①]一样。水陆空尽是厮杀毁灭的战场。

似乎是上帝赋予人类以理性,而这种理性应该是告诫人类万勿堕落到仿效动物,况且自然并未赋予他们杀害同类的武器,也没有赋予他们使之吮吸同类的血液的本能。

然而造成人类大量死亡的战争却是人类可怕的劣根性,以致除了两三个民族是例外,几乎没有哪些民族的古代史不是表现他们彼此兵戎相见的。靠近加拿大那里,人和战士是同义词,而我们在我们这个半球盗贼和士兵是一回事。摩尼教徒[②]们,这便是你们的理由了。

---

① 墨涅拉俄斯(Menelaus)和帕里斯(Pâris)均系希腊神话人物。墨涅拉俄斯是斯巴达王,迈锡尼王阿伽门农之弟,其妻海伦为帕里斯夺走,从而引起特洛伊战争。——译者

② 摩尼教,是波斯人摩尼(Manés)创立的以善恶二元论为教义的教派。——译者

最喜欢歌功颂德的人[1]，只要略为看一下德军的医院，略微经过几处战火燎原的村镇，也就不难同意说战争总是要带来瘟疫和饥馑的。

蹂躏乡村、摧毁住房并且常年每十万人要伤亡四万，这无疑倒是一种很漂亮的艺术了。这种发明首先就由一些议会国家为了他们的共同利益而钻研着；例如希腊议会就曾经向弗里吉亚及其附近民族的议会宣布说，倘若可能的话，希腊人要乘千只渔船去歼灭他们。

罗马议会判断罗马宜于在割麦季节以前去攻打维伊民族或沃尔斯克民族，并且，几年以后，全体罗马人都生迦太基人的气，便在海上和陆上打了很多年的仗。现今却不是这样了。

有一位研究年谱的人证明一位王子是一位伯爵的嫡系后裔，这位伯爵的父母在三四百年前曾经同一个已经被世人遗忘了的家族结盟。这一家族曾经对一块征服地久思染指。这块征服地的最后一位主人得中风病死了。这位王子同他的顾问便轻易地决定说根据神法这块地是属于他的。这块征服地距离他有几百古里。那儿的居民徒然抗议说他们不认识他，不愿受他管辖，说倘若要用法

① 这篇文章在《袖珍哲学辞典》本里开头是这样写的：

“饥荒、瘟疫和战争，是人世间鼎鼎有名的三大原料。荒年缺粮，不得不吃糠嚼渣，维持生命，也可以算是一种饥荒。人们把两三千种各式各样的传染病，都算在瘟疫之例。饥荒和瘟疫这两份礼品本来降自上天。可是战争，兼有饥荒和瘟疫，却是散布在这个地球表面上名为王子或大臣的三四千人想象出来的；或许也就是由于这个理由，人家在许多教堂开幕典礼上管他们都叫做神明的活形象。

“最喜欢歌功颂德的人……”

伯休先生指出：就是由于最初版本这段文字，拉谢尔(Larcher)便把伏尔泰称做“处处可怕的野兽”。——乔治·阿弗内尔

律约束人，也要得到人家的同意。这些话不仅是传到这位权利不容人否认的王子的耳朵里就完了，而这位王子立刻便找了大量的无业游民来，给他们穿了每尺110铜元的粗呢服装，帽子上镶一条粗白绳，叫他们向左转向右转，他便走上光荣的道路。

别的王子们听说这队人马，也都参加了，各尽所能，就把这块小小国土布满了雇佣打手，比成吉思汗、帖木儿、巴耶赛特[①]等人所率领的还多。

远方的人民听说要打仗了，并且听说倘若他们愿意参加，每天还有五六个铜元好挣，他们马上分成两帮，就好像割麦手似的，谁要用他们，他们便给谁卖力气干活。

这些人群相互厮杀，不单是与事无关，而且究竟是为了什么打仗，他们也都不知道。

同时有五六个战团，时而三个对付三个，时而两个对付四个，时而又一个对付五个，大家都一样的彼此不睦，轮着班儿地合纵连横，相互挞伐。在一点上大家却都同意，那就是尽量为非作歹。

这件罪恶勾当最妙的事，就是这帮杀人凶犯的每个头子，在去屠杀他的邻邦以前，还要祭旗，并且隆重地祈祷上帝。倘若一个首领只有屠杀三四千人的福气，他就毫不感谢上帝；可是等着有了一万左右的老百姓被他屠杀，而且，如恩宠有加，有几座城市被他彻底摧毁了的时候，于是人们就唱一首相当长的歌，分成四段来唱；这首歌是用战士们根本不懂的语言写的，而且尽是野蛮词句。这

① 巴耶塞特(Bajazet，1389—1402)，土耳其苏丹，曾征服小亚细亚，1402年在安卡拉被帖木儿军击败俘虏，次年去世。——译者

同一首歌，结婚也唱，生小孩子也唱，屠杀人民时也唱。这是无可原谅的，特别是在一个以新歌闻名的国度里。

自然宗教经常阻止人犯罪。一个生性良善的人就不想犯罪，一个温和的人唯恐犯罪。他们都想象着有一位公正而赏罚严明的上帝。但是人为的宗教却鼓励人们结伙干出的一切残暴行为：阴谋、暴乱、抢劫、埋伏、袭击城市、掠夺、凶杀。每人都在他的圣徒旗帜下兴高采烈地去干罪恶勾当。

全国到处都有人花钱请许多能信口开河长篇大论讲话的演说家来庆祝这类杀人的纪念日：有的穿一身半长不长的黑色袍子，外头套一件短大衣；有的在一件长袍上头又套一件衬衣；有几个在衬衣上边系着两条花布腰带。他们都讲了老半天；谈到维泰拉维(Vétéravie)的一场战斗，叙述着从前在巴勒斯坦所发生的事。

一年中其余的日子，这些人就高谈阔论反对淫乱。他们在三点上用反论来证明妇女在她们鲜艳的双颊上轻轻擦一点胭脂将被主永罚不赦；证明《波利耶克特》和《阿达莉》都是魔鬼的著作；证明一个在封斋的日子在饭桌上摆两百埃古金币的海鲜的人必可得福；又证明一个穷人吃两个半铜钱的羊肉就要永世遭殃。

在五六千篇这类夸夸其谈的演说词里，至多不过有三四篇是一个名叫马西荣的高卢人作的，体面的人读来不会觉得讨厌，可是在所有这些讲演里，没有一篇的作者敢于说几句话来[①]反对这种战争的祸患和罪恶，其中种种灾难和罪恶无所不有。可怜的高谈阔论的人们一个劲儿地反对爱情。爱情本是人类唯一的慰藉和唯

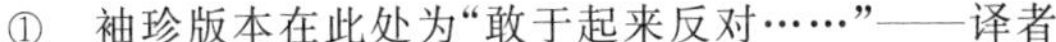

① 袖珍版本在此处为“敢于起来反对……”——译者

一补救人类损害的方式;我们为了摧残爱情所拼命干下的坏事他们都只字不提。

噢,布尔达卢[1],您做了一篇极坏的布道讲词谈淫乱!但是您却没有写任何布道讲词谈谈各式各样烧杀抢掠的勾当,谈谈那种蹂躏世界的癫狂行为。各个时代各个地方所有的坏事集合起来也绝对赶不上一场战争所造成的痛苦。

可怜的灵魂医师,您喊叫了五刻钟来谈一些针尖大的小伤口,却闭口不谈那种使我们粉身碎骨的疾病!道德哲学家们,把你们的书焚毁了吧。只要有人轻举妄动、明目张胆的残杀我们的手足,人类在英勇精神上所作的争斗把戏,就是整个大自然中最可怕的东西了。

一颗从六百步外射来的炮弹,炸碎了我的身体。我年方二十,就在五六千临死的人当中,死在难以言说的痛苦里。我最后睁眼一看,眼见我出生的城市已被炮火摧毁,耳闻一片妇孺哭声,他们都呻吟在断壁残垣下边,而这一切都是为了一个我们不认识的人的所谓利益。这时候,人道、慈悲、虚心、谦逊、温和、贤明和仁爱又都哪里去了呢,对于我又有什么关系呢?

更糟的是:战争不可避免。倘若留心一下,就知道人人都崇拜战神;犹太战神就是萨巴奥特(Sabaoth),意思是执掌兵器的神:但是荷马史诗里密涅瓦管一位怒发冲冠、冷酷无情、穷凶极恶的神叫做战神。

① 布尔达卢(Louis Bourdaloue,1632—1704),法国最有名的布道家,耶稣会教士,曾著《布道讲词》,说理明确。——译者

H

HISTOIRE DES ROIS JUIFS

列王纪和历代志[①]

各个民族刚一会写作，便都写下了他们自己的历史。犹太人也写下了自己的民族史。在他们有国王之前，生活在神权统治之下，人们便都认为他们是由上帝亲自统治着。

当犹太人想要和近旁的民族一样也有一位国王的时候，先知撒母耳[②]自己本来就想根本不要有什么国王，便代表上帝向他们表明，说他们所厌弃的就是上帝本身[③]。所以，在犹太，君主政体一开始，神权统治就结束了。

所以，我们可以说，犹太列王纪也是和其他民族史一样地写成的，这么说，丝毫也不亵渎神明，并且还可以说上帝并未操过什么心为他不再治理的一个民族口授一部历史。

我们只是诚惶诚恐地提出这么一个意见来。可以证实这个意见的就是《历代志》在纪年和史实方面往往和《列王纪》有出入，犹

---

① 本文原为《历史》条目的第 5 节。——编者

② 撒母耳(Samuel)，纪元前 11 世纪希伯来士师，即最高统治者。——译者

③ 见圣经旧约《撒母耳记》上第 8 章 1—7 节。——译者

如我们世俗史学家们的见解有时候彼此矛盾一样。再说,如若上帝总归是写过犹太史的话,那么就应当相信上帝仍旧在写,因为犹太人一直是上帝最喜爱的民族。犹太人总有一天会要改宗,看来到那时他们就像现在有权说是上帝写过他们的《列王纪》一样,有权把他们的一部逃亡史也视为神圣的了。

我们还可以想一想:就是上帝既然极其久长地做了他们唯一的国王,随后又做了他们的史官,我们就应当对犹太人全族表示最深厚的敬意。没有哪个犹太估衣商贩不比恺撒和亚历山大更高明万万倍。希腊罗马史都不过是世俗人给我们传下来的,而一个犹太估衣商贩却向您保证说他们的历史是上帝亲自写的,您对他又怎么不景仰得五体投地呢?

即或《列王纪》和《历代志》有神笔的风格,其中所述史实却又未必尽都圣洁。大卫谋杀乌利亚;伊施波设和米非波设两人都被人谋杀;押沙龙谋杀暗嫩;约押谋杀押沙龙[①];所罗门谋杀他的兄长亚多尼雅;巴沙谋杀拿答;心利谋杀以拉;暗利谋杀心利;亚哈谋杀拿伯[②];耶户谋杀亚哈谢和约兰;耶路撒冷的居民谋杀约阿施的儿子亚玛谢;雅比的儿子沙龙谋杀耶罗波安的儿子撒迦利亚;米拿现谋杀雅比的儿子沙龙[③];利玛利的儿子法赛谋杀米拿现的儿子法赛亚;以拉的儿子何西阿谋杀利玛利的儿子法赛。其它许多小谋杀案,我们就不提了。应该承认,倘若圣灵写过这部历史,他可没选择到一个很有醒世化民作用的主题。

① 以上故事见《旧约·撒母耳记下》第11、4、13、17、18诸章。——译者

② 以上故事见《旧约·列王纪上》第2、15、16、21诸章。——译者

③ 以上故事见《旧约·列王纪下》第9、14、15诸章。——译者

I

IDOLE,IDOLATRE,IDOLATRIE
偶像、偶像崇拜者、偶像崇拜[①]

法语偶像 idole。这个词是从希腊语 εἶδος〔像〕、εἶδωλου〔图像〕、λατρεύειυ〔侍奉、尊敬、崇拜〕这几个词演变来的。崇拜 adorer 这个词,在拉丁语里,有着许多不同的含义;意思是用手捂着嘴恭恭敬敬的说话,鞠躬、下跪,敬礼。总之,通常是指行最高敬礼而言。总是含混不清。

这里值得注意的是《特雷乌词典》[②]在这一词条里一开头便说

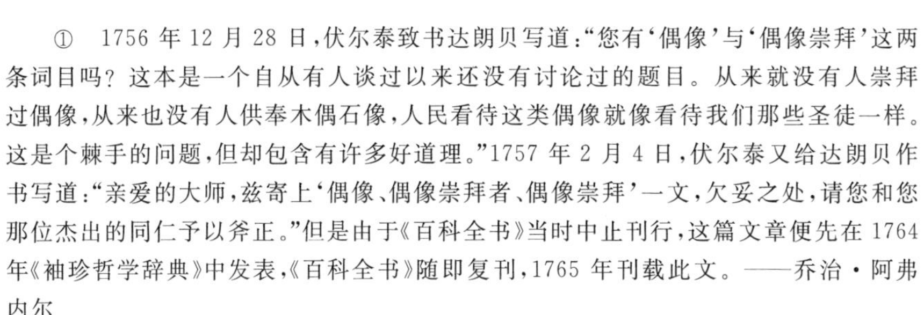

① 1756 年 12 月 28 日,伏尔泰致书达朗贝写道:"您有'偶像'与'偶像崇拜'这两条词目吗?这本是一个自从有人谈过以来还没有讨论过的题目。从来就没有人崇拜过偶像,从来也没有人供奉木偶石像,人民看待这类偶像就像看待我们那些圣徒一样。这是个棘手的问题,但却包含有许多好道理。"1757 年 2 月 4 日,伏尔泰又给达朗贝作书写道:"亲爱的大师,兹寄上'偶像、偶像崇拜者、偶像崇拜'一文,欠妥之处,请您和您那位杰出的同仁予以斧正。"但是由于《百科全书》当时中止刊行,这篇文章便先在 1764 年《袖珍哲学辞典》中发表,《百科全书》随即复刊,1765 年刊载此文。——乔治·阿弗内尔

② 《特雷乌词典》(*Dictionnaire de Trévoux*),为耶稣会教士编纂的一部词典,在特雷乌城印行,因以得名,其中收集有许多古词,在语文学界颇负盛名,后来这类古词已为法兰西学院废止。——译者

所有的异教徒都是偶像崇拜者。又说印度人现今还是崇拜偶像的民族。首先,在小狄奥多西[①]以前,根本不称任何人为异教徒(païen)。当时这个名字本来是称呼意大利那些一直还保留着他们古代宗教信仰的乡村居民的,称他们为 pagorum incolæ, pagani[②]。其次,印度斯坦人是伊斯兰教徒,而伊斯兰教徒对于神像和偶像崇拜二者都是死敌。第三,绝不可以把许多信奉古代波斯拜火教的印度民族称为崇拜偶像的民族,也不可以把某些根本没有偶像的教派称作崇拜偶像的教派。

第一节　曾经有过一个崇拜偶像的政府吗?

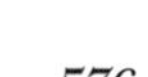

世界上似乎没有任何一个民族采用过偶像崇拜者这一称号。这本是一句骂人的话,污辱人的词儿。就跟西班牙人早先把法兰西人唤作"戛洼舍"[③],法兰西人称西班牙人为"马拉诺"[④]这类字眼儿一样。如果有人问罗马元老院、雅典刑事法庭、波斯帝王宫廷说:"你们是崇拜偶像的人吗?"他们可能感到困惑不解。不会有人回答说:"我们崇拜神像,崇拜偶像。"在荷马的史诗里,在赫西俄德和希罗多德的著作里,在任何异域宗教的著作家作品里,都不曾出

① 小狄奥多西(Théodose le Jeune),即狄奥多西二世,东方帝国的皇帝,公元401—450 在位,制定了著名的狄奥多西法典,在以弗所主教会议上,指责君士坦丁教长内斯托里乌斯(Nestorius)的教义为异端,异教徒之说殆肇始于斯。——译者

② 这三个词系拉丁文,pagorum incolæ 是乡村居民,pagani 有两个含义,一是村民,二是异教徒。——译者

③ gavaches,西班牙语的 gavacho,意即流氓。——1764 年袖珍版

④ maranes,西班牙人指阿拉伯人而言。据里特莱词典(Dictionnaire Littré)注说这一词后来成了一个骂人的话,意即叛徒、背信弃义的人。有时又写作 marrane,即西班牙语 marrano 意即猪,也有被诅咒的人、该死的人等含义。——1764 年袖珍版

现偶像崇拜者、偶像崇拜这类字眼儿。从来也没有任何敕令、任何法律命令人崇拜偶像，命令人把偶像当作神来供奉，命令人视之为神。

当罗马和伽太基的统帅们签订和约的时候，都请他们所信奉的列位神明来作征。他们说："我们在诸神面前宣誓，我们信守和平。"可是，这些神明列举起来也有长长的一大串，统帅们并没有把他们的像设在自己营帐里。他们把神看作或虚构为在人的行动中的显现，把神明看作行动的见证人和裁判官。神明当然不是这种幌子构成的。

他们又以什么眼光看待庙宇里那些异教徒所崇奉的伪神的塑像呢？他们自己是以天主教徒看待他们所崇拜的对象——神像的眼光来看待这些塑像的，如若我们可以这么说的话[①]。错误不在于崇拜一块木头或一块大理石，而是在于崇拜这块木头或大理石所体现的一种伪神。他们和天主教徒[②]之间的区别并非他们有神像而天主教徒没有，区别在于他们的神像体现的是一种伪宗教里的一些旁门左道，而基督教的神像体现的是一种真正宗教里的一些真实人物。

希腊人有赫丘利像，我们则有圣克里斯朵夫[③]像；他们有埃斯

---

① 这一句在1764年袖珍本里作：是以我们看待我们所崇敬的事物的眼光来看待这些伪神的。——译者

② 句中两处"天主教徒"四字在1764年袖珍本中均作"我们"。——译者

③ 圣克里斯朵夫(Saint Christophe)，生于叙利亚，公元250年殉教。其名源于希文Christophoros，意即肩负基督，因相传他曾背基督渡河，故有此名。古代巴黎人奉之为负贩者祖师，后尊为运输行业保护神。——译者

居拉普[①]和他那只山羊的像,我们则有圣罗克[②]和他那条狗的像;他们有战神玛斯和他那支长矛的像,我们则有帕多瓦的圣安东尼[③]像和孔波斯特拉的圣雅克像[④]。

当罗马执政官普林尼[⑤]在图拉真颂的开篇里向永生之神作祷告时,他并非是向神像作祷告。这类神像并不是永生的。

无论是在异教后期或是在最早时期,都没有一件事实足以令人断定有人崇拜过偶像。荷马只谈到居住在奥林波斯神山上的诸神。帕拉斯神木雕像[⑥],虽说是从天而降,也不过是一件神圣的信物,保证获得帕拉斯神的保佑。人们在木雕像身上所崇敬的定是帕拉斯神:这是我们的圣油瓶。

但是罗马人和希腊人都向神像下跪,给神像加冕,向之焚香献花,抬着塑像在广场游行。天主教徒把这类习俗都神圣化了,而并

① 埃斯居拉普(Esculape),罗马神话中司医药之神,即希腊神话中之阿斯克勒庇俄斯(Asklepios),善起死回生,冥王普路同因恐地狱无鬼,请主神朱庇特以雷击毙之。——译者

② 圣罗克(Saint Roch,约 1293— 约 1327),法国蒙彼利埃人,一生献身护理瘟病患者,自身亦被传染,在一荒僻之地,病势垂危,为一犬发现,犬主人为之治愈,后人奉之为瘟病患者保护神。——译者

③ 圣安东尼(Saint Antoine,公元 251—356),埃及著名隐修士,传说他曾经受多次幻境引诱,但神志不移,不曾受其蛊惑。帕多瓦(Padowe 或 Padova),意大利一城市,位于威尼斯市之西。——译者

④ 孔波斯特拉(Compostelle),西班牙西海岸一城市;雅克(Jacques),耶稣十二门徒之一,公元 44 年殉教。——译者

⑤ 普林尼(Pline le Jeune,公元 62—约 120),罗马执政官,92—117 年在位。罗马文学家,图拉真大帝之友,著有《图拉真颂》和著名的《尺牍》。——译者

⑥ 帕拉斯(Pallas),罗马神话中智慧女神,密涅瓦(Minerva)别名,相当于希腊女神雅典娜(Athéna),相传特洛伊城(Troie)被围时,获得女神木雕像(le palladium),居民便相信城围可解。——译者

不自命为偶像崇拜者[①]。

每逢旱魃肆虐，妇女们斋戒以后，抬着神像，披头散发，赤足而行，霎时间便大雨倾盆自天而降，正如佩特罗尼乌斯[②]所说：〔taque statin ureeatin pluebat[③]。〕这种习俗，异教徒认为不正当，天主教徒[④]却以为合理，不是流传下来了吗？有多少城市里不都是有人赤足抬着一些〔圣徒〕尸骨游行[⑤]。为的是相信靠了圣徒们为之说情来获得天赐洪福啊！若是有土耳其人或中国儒士目击这类仪式，一定会感到莫明其妙，并立即会指责意大利人[⑥]不该把信心寄托在这样抬着游行的神像身上[⑦]。

第二节　古代偶像崇拜者

查理一世[⑧]时代，在英国，人们声称天主教徒崇拜偶像。所有的长老会信徒都深信天主教徒崇拜他们所吃下的一块面包，崇拜他们的雕塑家，画家制作的一些神像。欧洲一部分人这样责怪于天主教徒的，而后者却又以之责怪异教徒[⑨]。

---

① 1764 年袖珍本中“天主教徒”四字作“我们”。——译者

② 佩特罗尼乌斯(Titus Petronius Arbiter)，一世纪拉丁作家，著有传奇小说《萨蒂利孔》(*Satyricon*)，66 年因与一次政治阴谋有牵连，自杀。——译者

③ 拉丁文意即“于是立刻大雨倾盆”。见《萨蒂利孔》44 章。——译者

④ “天主教徒”四字在 1764 年袖珍本中作“我们”。——译者

⑤ 在 1764 袖珍本中“尸骨”作“圣徒的骨龛”。——译者

⑥ “意大利人”四字在 1764 年袖珍本作“我们”。——译者

⑦ 袖珍本在这段末尾还有一句：但只需一句话就可以使他恍然大悟。——译者

⑧ 查理一世(Charles Ier，1600—1649)，英国国王。1652 年登位。由于佞臣怂恿，实行专治，激起国会反对，引起内战，最后被判死刑，斩首于白厅。——译者

⑨ 这一段是全集本增添的，1764 年袖珍本无。——译者

历代痛斥罗马人和希腊人崇拜偶像的高谈阔论如此之多，真令人吃惊。可是后来发觉罗马人和希腊人并非是偶像崇拜者，就更令人吃惊了。

有些庙宇，比起其他庙宇来，香火更盛。其中以弗所的大狄安娜比一个乡村里的狄安娜更享有盛誉。在埃皮多尔的埃斯居拉普庙[①]里比其他地方庙里的这位神明更为灵验。奥林匹斯山的朱庇特像比帕夫拉哥尼亚[②]的朱庇特像香火更盛。既然在这里人们总是要把一个真宗教的习俗和一个伪宗教的习俗对照起来，好几个世纪以来，我们不是对某些祭坛比对其他祭坛更为虔诚吗？

洛雷特圣母[③]不是比雪山、阿登山、哈尔城[④]等地的圣母香火更盛吗？这并非是说在洛莱特的一尊圣母塑像比哈尔城一村庄的圣母塑像道行更高，但是我们却曾经对其中一位比另一位更加崇敬。我们曾经相信人们在其塑像脚下祈求的那位圣母在洛莱特比在哈尔从天上普施更多恩泽，显现更多神迹。一位神有多尊神像便证明人所崇敬的根本不是这些塑像，而崇拜的本是塑像所代表的人物。因为不可能每尊塑像都一样。有成千上万的圣弗郎索瓦塑像甚至根本不像他，彼此也不相像，而所有这些塑像都指的是那

① 埃皮多尔(Epidaur)，古希腊南部沿爱琴海岸一城市，相传其地有埃斯居拉普神庙，常显神迹，善男信女多往祈神治病。——译者

② 帕夫拉哥尼亚(Paphlagonie)，地名，在小亚细亚北部黑海南岸。——译者

③ 洛雷特圣母(Notre Dome de lorette)，法国西部加莱地区山名，山上有圣母寺。——译者

④ 雪山圣母(Notre Dame des Neiges)，法国东北汝拉山高峰；阿登(Ardento)，即Ardennes，法、比、卢森堡边界一带大山；哈尔(Hall)，德国符腾堡州(Wurtemberg)内一城市。——译者

位在他节日里凡是崇拜他的人都向之祈祷的圣弗郎索瓦。

在异教徒们那里也完全是这样。他们只想象出一位神明，一位阿波罗神来，并不像阿波罗和狄安娜庙宇和塑像那么多[①]。所以，一如历史问题可以考证得出来一样，现已充分证实古人并不相信一尊塑像就是一位神，崇敬的也不就是这尊塑像，这个偶像，因而古人绝非偶像崇拜者。人们是否以抓住这一借口来指责我们崇拜偶像，那就要由我们来考虑了[②]。

粗野而迷信的群氓，丝毫不通理性，既不懂得有所怀疑，也不知道有所否认，更不会有所相信。他们闲来无事，逛庙游寺，也是因为那些地方大小平等，没有什么顾虑。他们习惯去进香上供，不住地谈论灵迹，可是从未考虑过任何灵迹比他们携来敬神的一些牺牲高明不了多少。我说，这些人一见大狄安娜和隆隆鸣雷的朱庇特，很可能被一种宗教恐惧所震慑，不知不觉就连塑像也崇拜起来。这就是我们的粗野农民有时候在我们的庙里也遇到的情况。我们并未忽略了对他们进行教育，告诉他们应该向哪一些福星、哪一些已经升入天堂的不朽英灵祈祷，而不应该向木石偶像求情[③]。

希腊人和罗马人都由于封神而增加了他们神的数目。希腊人把征服者如巴克科斯、赫丘利、珀尔修斯等英雄都神化了。罗马给历代的皇帝都设立了神坛。我们的封神却不同。我们有的圣徒，

---

① 1764年袖珍本中，全句作：“人们只想象出一位狄安娜神，一位阿波罗神，一位埃斯居拉普神来，并不像这些位神的庙宇和塑像那么多。”——译者

② 在1764年袖珍本里，这一句紧接在前两段末尾一句：“我们不是对一些祭坛比对其他祭坛更虔诚吗？”——译者

③ 1764年袖珍本在这段末尾有一句：“再告诉他们只可以崇拜上帝这位单独无二的神。”——译者

为数之众,大大超过了他们的这些亚神。可是我并不重视等级与战功。我们为一些单单是有德行的人立了庙。这些人倘若没有被安置在天堂里,在人世间也就默默无闻了。古代封神大都出于献媚,我们封神却是由于景仰这些人的崇高品德①。

西塞罗在他的哲学著作里并不令人甚至于会想到可以认错了神像,把神像跟神本身混为一谈。他作品里的对话人驳倒了已建立的宗教,但有其中却还没有谁想到指责罗马人把大理石和青铜当作神。卢克莱修对于迷信的人谴责备至,却未曾谴责过谁有这种愚蠢想法。所以,再说一遍,这种见解并不存在。人家压根儿就没有这么想过,根本也就没有偶像崇拜者。

贺拉斯叫一尊普利亚帕斯②的偶像讲话,让他说道:"我本是一段无花果树干,有一个木匠师傅,不知道把我做成一尊神还是做一条板凳好,结果决意把我做成一尊神,云云。"从这段笑话里得出什么结论呢?普利亚帕斯本是这类品位低下任人戏谑的小神。这个笑话本身就是有力的证明,证实这尊普利亚帕斯像是人家放在菜园子里吓吓鸟儿的,并不怎么受人尊敬。

达西埃③潜心于述评与注释。不免注意到巴录③曾经预言过这种情形。他说:"它们不过是工人们高兴怎么做就怎么做出来的

① 在1764年袖珍本里,这段末尾还有以下数句:"但是古代封神之举也还是个有说服力的证据,证明希腊人和罗马人绝不是地地道道的偶像崇拜者。他们显然不会认为奥古斯都和克劳狄乌斯的塑像会比他们的圣牌更显神通。"——译者

② 普利亚帕斯(Priapos),希腊神话中掌管园艺、葡萄、航海、繁殖之神,传系酒神狄奥尼索斯(Dionysos)与爱神阿佛洛狄忒所生之子,为男性生殖力的化身。——译者

③ 达西埃(Andre Dacier,1651—1722),法国语言学家,法兰西学院常任秘书。——译者

罢了。”但是达西埃也可能注意到对于一切偶像都可以这么说。对于贺拉斯的讽刺诗巴录[①]也许产生一种幻觉了吧？

人们可以从一块大理石雕出一个洗脸盆来，也可以雕出一座亚历山大或朱庇特像来，或者雕出一些旁的更可尊敬的东西来。用来制作上帝的天使基路伯[②]的材料，也可以用于最卑贱的用途上。一个宝座，一座祭坛，是否因为工匠本来可以把它做成一张厨案，就不那么受人尊敬了呢？

如果达西埃既未断言罗马人崇拜普利亚帕斯像，也没有断定巴录曾经这样预言过，那么他一定断定罗马人是蔑视普利亚帕斯像的了。请参考所有谈到神像的一切作家的著作，您找不到任何一位作家谈偶像崇拜，他们说的倒是正相反。在马夏尔[③]的著作集里，您可以读到：

匠人不会造神灵，
造神人就是求神人。

（著作集 VIII 卷讽刺短诗第 24 首）

在奥维德的诗集里，您也可以读到：

在上帝像里只可敬上帝。

（彭托集〔de Ponto〕II 卷 8 首）

---

① 巴录(Baruch)，纪元前 600 年一先知，耶利米(Jérémie)门徒。耶利米曾口授预言，由巴录记录，再在庙堂宣读。典故见圣经旧约耶利米书第 10 章：“……他们在树林中用斧子砍伐一棵树，匠人用手工造成偶像，”“偶像不过是木头……都是匠人和银匠的手工制的。”——译者

② 基路伯(Chérubin)，圣经旧约传说中的二品天使，司智天使《以西结书》第 10 章中曾有描述。——译者

③ 马夏尔(Martial 即 Marcus Valerlus Martiatis，约 45—104)，拉丁诗人，他的讽刺诗集可助人了解当时罗马习俗。——译者

在斯塔斯[①]的诗集里,您可以读到:

神不藏身方舟里,
却住世人方寸间。

(《忒拜战记》,XII 卷 503 首)

在卢卡努斯[②]的诗集里您可读到:

宇宙是上帝之居上帝之国。

(《内战记》〔La Pharsale〕IX 卷 578 首)

一切文章论证神像只不过是神像的那些段落或章节合起来可以集成一本书。

只有在神像降示神谕的场合才令人想到这些神像的身上有些神乎其神的东西。但是的确大多数意见都认为神选中了某些祭坛,某些偶像,有时候降临其间来接见凡人回答问卜。我们在荷马史诗和希腊悲剧的唱词里看到的尽都是对阿波罗神的祷词。这位神灵在山上这座庙里、那座庙里显示圣谕。在整个上古时代没有人们对一尊神像作祈祷的丝毫迹象。如果有人相信神灵偏爱某些座庙宇,某些幅神像,就如同有人相信神灵偏爱某些人一样,这件事定然是可能的,这也不过是一种事实上的错误而已。我们有多少灵验的神像啊!古人都夸口有我们现在实际上所具有的神像。既然我们根本不是偶像崇拜者,我们又有什么权利说古人曾经是

① 斯塔斯(Stace,约 40—96),拉丁诗人,著史诗《忒拜战记》(*Lathebaïde*)文体华丽,但常有矫揉造作之处。——译者

② 卢卡努斯(Lucain,即 Lucanus,39—65),拉丁诗人,罗马哲学家,文人塞涅卡之侄,著史诗《法尔萨利亚》(*la Pharsale*)(一称《内战记》),因受皮宗(Pison)阴谋案牵连,割断静脉自杀。——译者

偶像崇拜者呢？

以巫术为业的那些人相信巫术是一种科学，或者装作相信是如此的样子，自称有召神降临神像的秘诀。所召的自然不是那些巨神，而是那些二等神，那些精灵。就是那位伟大又伟大的墨丘利所谓的装神弄鬼，也就是圣奥古斯丁在《天城论》一书里所驳斥了的。但是，就是这个也显然表明偶像它本身并没有丝毫神性，因为要由一个巫师使它活动。我觉得巫师再灵巧，也难叫一尊神像有灵气，也难叫它说话。

总之一句话，神像决不就是神。打雷的是朱庇特，而不是他的像，并非是尼普顿的像在翻江倒海，兴风作浪，也不是阿波罗的像发出光明来。希腊人和罗马人都是异教徒，都是多神教徒，却绝不是偶像崇拜者。

我们既无神像又无庙宇之时，曾经大骂过他们是偶像崇拜者，而自从我们以绘画和雕塑来荣耀我们那些真理就像他们以之荣耀他们的错误以来，我们仍旧坚持我们这种不公正之举。

第　三　节

波斯人、萨巴人、埃及人、鞑靼人、土耳其人曾经是偶像崇拜者；被称作偶像的神像，溯自古代何时。他们的宗教崇拜史。

把崇拜太阳和星辰的那些民族称做偶像崇拜者是大大的错误。这些民族长期既无神像，也无庙宇。要说是他们弄错了，那是由于他们本应崇敬创造星辰的造物主而却崇敬了星辰。况且琐罗亚斯德的教义,汇集在萨德经[1]里,指出有一位最高主宰,赏罚严明。这远非偶像崇拜。中国政府从来也没有过任何偶像,总是保持着对于苍天的单纯崇敬。

在鞑靼人那里,成吉思汗根本也不是偶像崇拜者,也没有任何神像。分布在希腊、小亚细亚、叙利亚、波斯、印度和非洲等地的穆斯林,称基督教徒为日牙乌尔斯(giaours)偶像崇拜者,因为他们以为基督教徒崇拜神像。他们在君士坦丁的圣索菲[2]堂和圣使徒堂里砸毁了他们见到的神像,并且把这些教堂改建成清真寺。一些表面现象,就像蒙蔽了人人一样,也蒙蔽了他们,使之相信那些奉献给昔日曾经是人的圣徒的庙宇,一些受人膜拜的圣徒像,在这些庙宇里显示神谕的签帖,都是十足偶像崇拜的如山铁证。但情况并非如此,其实基督教实际只崇拜一位上帝,而只在真福者身上崇拜隐藏在圣徒身上的上帝本身之德。拜占庭那些破坏圣像的人和新教徒也同样指责了教会崇拜偶像,而有人又对他们照样作了答辩。

因为人类很少有确切观念,更少用确切无误的词句来表达这类观念,我们便把那些异教徒和多神教徒都称之为偶像崇拜者。关于以可感的形象膜拜上帝或诸神这一事实的根源,人们写了卷帙浩繁的书籍,发表了各种不同的见解,而这么多书籍和见解也不过证明是愚昧无知罢了。

人并不晓得是什么人发明的衣服鞋履,却想要知道是谁首先

① 萨德经(Sadder),即波斯古经。——译者

② 圣索菲(Saint Sophie),君士坦丁城内著名拜占庭式教堂,后改建为清真寺。——译者

创造了偶像！生活在特洛伊战争之前的桑收尼亚通[①]的一段文字又有什么价值呢？他说宇宙太初那种混沌、那种精，也就是说那种气，留恋它的源流，便从中提取出湿泥来，说它使空气光亮，说风神科尔普和他妻子巴于生了埃翁，埃翁生热诺斯[②]，说他们的后裔克娄诺斯头前脑后生了两双眼睛，成了神，把埃及赐给了他的儿子托特[③]。他说了这么许多，可又为我们说明了什么呢？而这就是古代最可观的不朽巨著之一。

俄耳甫斯在经达马斯基奥斯[④]保存下来的那部《神谱》里并没有为我们提供更多的情况。他把世界的起源表现为双龙头的形象，一个公牛头，一个狮子头，当中长着一个他称之为神面的脸孔，两肩生一对金翼。

但是您可以从这类奇思怪想里得出两条伟大真理来：一条就是感性形象和象形文字都是远古时代早已有了的，另一条就是古代一切哲学家都承认有一个最初的开端。

至于多神教，良知会告诉您说，自从有了人，也就是说，软弱的动物，他们既有理性，也会发狂，会遭受一切意外灾难，也会罹病和死亡，他们便感觉到他们的弱点和依附关系，容易承认有某种比他

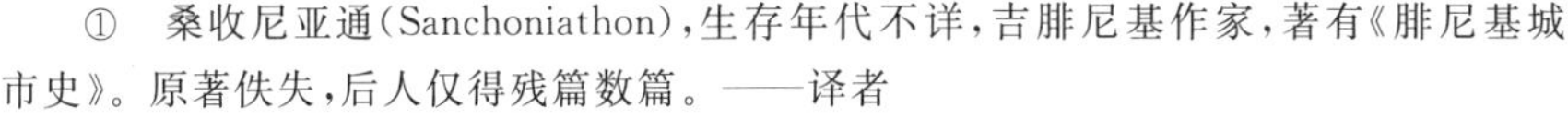

① 桑收尼亚通(Sanchoniathon)，生存年代不详，吉腓尼基作家，著有《腓尼基城市史》。原著佚失，后人仅得残篇数篇。——译者

② 科尔普(Colp)、巴于(Baü)、埃翁(Éon 或 Æon)、热诺斯(Genos)均系腓尼基上古时代传说人物。——译者

③ 托特(Thaut 或 Thot)，古埃及日神，红鹤首人身，传说他是宇宙的创造者，并创始了文字与技术，在埃及被人视为知识的保护者，语言的统治者，书王。——译者

④ 达马斯基奥斯(Damascius 即 Damaskios)，五世纪古希腊新柏拉图派哲学家，是雅典学派代表人物之一。——译者

们自己更强有力的东西。他们感觉到在那供给他们食物的土地里,在那时而能摧毁他们的空气里,在能焚毁东西的火里,在能淹没一切的水里,都有一种力量。无知人的心中,还有什么比想象出一些主宰这类因素的人物来更自然的呢?还有什么比崇敬使日月星辰在人眼里闪闪发光的那种看不见的无形力量更自然呢?人们一想要对于这些超人的能力获得一个观念,有什么又比把他们想象为可感的形象更自然的呢?人们又怎能不这样做呢?在我们的宗教之先古老的犹太教,本是上帝亲自缔造的,处处呈现出这类表现上帝的形象。上帝肯在一丛荆棘里讲人言;他出现在一座山上;他派遣来的天神全都以人形出现。总之,圣殿也到处是基路伯天使,这些天使都具有背生双翅的人身和兽首。这就是令普卢塔克、塔西佗、阿庇安等人之所以产生误解而指责犹太人崇拜驴头的缘故。上帝虽然禁止绘制或雕塑任何图像,却肯迁就人类要求通过形象来与感官通话的弱点。

以赛亚[①]在以赛亚书第六章里把主看成是坐在一个宝座上,神袍下摆遮满圣殿。在耶利米[②]书第一章里,说主伸出手来按着耶利米的口。以西结在他的书第一章里说他看见一个蓝宝石的宝座,觉得上帝仿佛像是一个人坐在这个宝座上。这些形象丝毫也不损害犹太教的纯净。犹太教从来也没有用过绘画、雕像、泥偶来

① 以赛亚(Isaïe),希伯来人,犹太四大先知之一,犹太国王希西家的家宰。圣经《旧约·以赛亚书》第6章说:"当乌西雅王崩的那年,我见主坐在高高的宝座上。他的衣裳垂下,遮满圣殿。"——译者

② 耶利米(Jérémie),犹太四大先知之一。《旧约·耶利米书》第一章第9节说:"于是耶和华伸手按我的口。"——译者

在人民心目中表现上帝。

中国儒家、琐罗亚斯德的祆教教徒[①]、古代埃及人，根本都没有偶像。但是不久之后，伊吉斯和奥西里斯就都形象化了。不久，在巴比伦，贝尔[②]便有了一座巨大神像；在印度半岛，梵天[③]也成了一个稀奇古怪的怪物。希腊人更是大增其神祇的名称、神像和庙宇，但是始终是把最高权能归属于他们的宙斯，神与人的主宰，拉丁人称之为朱庇特。罗马人又仿效了希腊人。这些民族总是把神位于天上，却又不知道他们所说的天到底是什么。[④]

罗马人有十二位大神，六公六母，他们称之为 Dii majorum gentium〔民族的大神〕：计主神朱庇特、海神尼普顿、太阳神阿波罗、火神伏尔甘、战神玛斯、商神墨丘利、天后朱诺、灶神维斯塔、智神密涅瓦、谷物神色列斯、爱神维纳斯、猎神狄安娜。冥王普路同却被遗漏了，维斯塔占了他的位子。

其次就是那些 minorum gentium〔民族的小神〕，那些保护神、英雄、如酒神巴克科斯、大力士赫丘利、药神埃斯居拉普；冥府神普路同、普罗赛尔平娜；海神台狄斯、昂菲特丽特[⑤]、地中海诸仙女、水神格洛居斯；还有林中女仙、水中女仙、花园神、牧羊神。每种职

① 祆教又名拜火教，是古代波斯宗教。祆教教徒（les Parsis）是琐罗亚斯德教派信徒，相信世界有光明与黑暗二神，火为光明的象征，但黑暗终于要被光明毁灭。——译者

② 贝尔（Bel），古代巴比伦最高主神，相当于希腊的宙斯。——译者

③ 梵天（Brahma），印度教三位主神之一。——译者

④ 请参阅《古人的天》一文。——伏尔泰

⑤ 昂菲特丽特（Amphitrite），希腊神话海洋女神，海神奥开阿诺斯（Okéanos）之女，波赛冬（Poseidon）之妻。——译者

业,每种生活行为,儿童,大姑娘,少妇,产妇等等都各有专神,还有屁神佩特。人们最后把皇帝也神化了。这类皇帝以及屁神佩特、女神佩尔顿达、果园保护神普里亚波斯、乳房神鲁米利亚,厕所神斯泰尔居蒂乌斯,实际上没有人把他们视若天上人间的主宰。那些皇帝间或有庙宇,而那些小小的保护神便没有什么寺庙了,但是全各有其画影、偶像。

这都是人们用以陈设书房的一些小泥偶,是妇孺的小玩意儿,并不能登神庙的大雅之堂。人们对于这类个人迷信活动听之任之。在古代城市的废墟里还找得到这类小小泥偶。

虽然谁也不知道人类为自己制造偶像起自何时,大家却知道这类偶像渊源于远古时代。亚伯拉罕的父亲他拉在迦尔底的吾珥制造偶像。拉结偷了他的偶像就给带走了[①]。我们追溯往古也只能到此为止了。

然而古代民族对于这一切偶像又有什么确切的观念呢?他们认为这些偶像有什么灵性和神能呢?人们以为神灵自天而降隐身于这类塑像里吗?还是把一部分神灵传给这类偶像呢?或是什么也不传呢?对于这类问题,人们也曾无济于事地写了些文章。显然每人都是本着他的理性、轻信和狂热盲从的程度进行判断的。当然,教士们尽量把他们的神像说成是多么灵,为的是招来更多的香火供品。我们知道哲学家们都谴责这类迷信,战士们都加以讥笑,法官表示宽容,而人民总是浑浑噩噩,不知道自己在干什么。

① 见《圣经·创世记》第31章第19节:"当时拉班剪羊毛去了,拉结偷了他父亲家中的神像。"拉班(Laban)是利亚(Lia)与拉结(Rachel)之父,雅各(Jacob)之岳父。拉结是雅各的表妹与妻子。——译者

简单说来，这就是上帝未曾使之认识上帝本身的那些民族的虚构。

人们对于埃及举国上下对一头牛的那种崇敬心，以及许多城市人民对于一条狗、一只猴子、一只猫和几头葱头的那种崇敬心也可以持同样的想法。这些东西起先很像是一些幌子或招牌，后来便有一头名叫阿庇斯①的牛、一条名叫阿努庇斯②的狗被人敬为神灵。可是人们照旧吃牛肉和葱头。很难知道埃及的老妪对于神葱和神牛的想法。

偶像常常自己说话。在罗马，锡贝勒诞辰之日，人们举行纪念仪式，来追思这位神仙的塑像在人们把它从阿塔洛斯③王宫请出时说的美好言词：

> 我早就愿意有人把我抬走；快把我带走吧：罗马是值得众神在那里安位的地方。
>
> ——奥维德《岁时记》IV. 269

命运女神的塑像也曾经发过言。西庇阿、西塞罗、恺撒等人，说实话，都根本不相信这类事。但是昂科尔珀④付一枚埃居银币向她购买鹅与神的那位老妪很可能是相信这类事的。

偶像也降神谕，而那些教士们便藏身在塑像空壳内代神发言。

在人们称之为“偶像崇拜者”的那些民族国家那里，有那么多位神祇，那么多各种不同的神谱，以及许多特殊的祭仪，怎么会从

---

① 阿庇斯（Apis），古埃及神牛，据认为是神托形于兽的最完整的表现。——译者

② 阿努庇斯（Anubis），古埃及豺首人身的神。——译者

③ 阿塔洛斯（Attale 即 Attalos），公元前二三世纪小亚细亚帕加马（Pergame）国王，阿塔洛斯三世于公元前 132 年立下遗嘱让国于罗马。——译者

④ 昂科尔珀（Encolpe）是佩特罗纳斯传奇小说《萨蒂利孔》中人物之一。——乔治·阿弗内尔

来没有发生过宗教战争呢?这种太平无事的情况原来是由一件坏事导致的好事,甚至是从错误里带来的,因为每一个民族国家,承认有许多次要等级的神祇,便赞成他们邻邦也有他们自己的那些神。设若您把人们谴责他杀死了阿庇斯神牛的那位冈比西[①]不算在内的话,我们在世俗历史里便见不到哪一位征服者凌辱过被征服民族所信奉的那些神祇。异教徒没有任何排他性的宗教,而那些教士们也只是想着增多供品和祭神的牺牲罢了。

最初的供品是果品,不久之后,便需要有牲畜来供应教士们饭餐之用;他们亲自宰杀这些祭神的牲畜;他们于是成了屠夫而变得残忍起来;最后他们便形成了以人做牺牲祭品的骇人听闻的习俗,尤其是牺牲童男童女来祭神。中国人、波斯拜火教徒、印度人全都没有这类可憎行为。但是在埃及的歇罗波利斯地方,据波菲利[②]报道说,人们杀人以祭神。

在托里德[③]地方,人们用异邦人来祭神,幸而托里德的教士们未必有许多机会来实践杀人祭神。最初的希腊人、塞浦路斯岛人、腓尼基人、推罗人、迦太基人,都有这种可憎的迷信行为。罗马人自己也陷入这一宗教罪行。普卢塔克报道说:罗马人杀过两名希腊人和两名高卢人来为三位灶神女祭司的风流行为赎罪;与法兰克国王狄奥德贝尔(Théodebert)同时代的普罗科匹乌斯[④]说,法

① 冈比西(Cambyse),波斯王居鲁士之子,纪元前529—前521当政。——译者

② 波菲利(Porphyre,234—305),古希腊新柏拉图派哲学家,普罗提诺(Plotinos)的门生。——译者

③ 托里德(Tauride),乌克兰克里木半岛一带的行政区域。——译者

④ 普罗科匹乌斯(Procopius,约500—562),古希腊历史学家,著有《查士丁尼战争史》与《秘史》。——译者

兰克人跟随这位国王进入意大利时，曾杀人以祭神。高卢人、日耳曼人做这种杀人祭神的事是司空见惯的。我们读历史不能不对人类这一行为有可怖之感。

在犹太，确实有耶弗他用亲生女儿做牺牲来还愿，而扫罗[①]几乎杀子以祭神。凡是被诅咒而许愿奉献给主的人，便不得再赎回，一如人们不能赎回牲畜一样：他们必须去死。

我们在它处谈论过在各个宗教里以人做牺牲来祭神的事。[②]

为了安抚人类由于这种情景、这种出于好心而犯下的渎神行为所感受的悔恨，就应知道在所有被人称为偶像崇拜者的民族国家里，有神圣的神学，也有平民的谬见；有秘密的崇拜，也有公开的仪式；有圣贤的宗教，也有庸俗的宗教。在宗教奥义的传授中，人们对新入教的信徒讲授只有一位唯一的上帝。只须看一看人们在举行色列斯谷物神的祭仪中所唱的出之于古代音乐大师俄耳甫斯笔下那首欧亚闻名的赞美诗歌就可以了。歌词说道："凝神注视神圣的自然，照亮你的心灵，约束你的心走上正义之路，但愿天上与人间的上帝常在你眼前：他是独一无二的，他只靠他自身而存在；一切生物都靠他而存在；他扶持一切；他从未为人所见，而他却目

① 扫罗（Saül，公元前 1115—前 1055），圣经人物，希伯来第一位国王，曾战胜非利士人与亚马力人，后为其婿大卫王所代。故事见旧约《撒母耳记》上第 14 章 38 节至 45 节。——译者

② 1764 年袖珍本里，这一段与此处不同，兹译出以供读者参考："犹太教士撒母耳用一把剁肉圣刀把战俘亚甲王剁成碎块。因为扫罗宽恕了亚甲王，尊重了他的人权而受到撒母耳谴责。但是上帝，人类的主宰，要剥夺谁的性命就可剥夺，要谁去剥夺就由谁去剥夺，人都无权越俎代庖代替生命与死亡之主，篡夺最高主宰的神权。"（故事见旧约《撒母耳记》上第 15 章）——译者

睹一切事物。”

让我们再读一读我们曾经引述的哲学家马克西姆·德·马多尔的这段话:“什么人那么粗野那么愚蠢竟会怀疑只有一位至高无上、永生无限的上帝呢?竟会怀疑只有一位压根儿就没有造出过跟他自己相像的人,而却是一切事物共同之父的上帝呢?”

有千千万万的证据,证明明智之士不仅是憎恶偶像崇拜,而且也讨厌多种神教。

爱比克泰德,这位顺从和忍耐的典范,这位身处卑贱地位的伟大人物,历来只谈一位唯一的上帝。试再读一遍他这段箴言吧:“上帝创造了我,他就在我体内,我随时随地都背负着他。我能以我的秽亵思想、不正行为、可耻念头来玷污他吗?我的本分就是感激上帝一切、歌颂上帝一切,不断祝福上帝,直到我最后一息为止。”爱比克泰德的一切思想都是基于这一原则的。难道说因此他也是一位偶像崇拜者吗?

马可·奥勒留在罗马帝国宝座上或许跟爱比克泰德在奴隶地位中一样伟大。他的确常常谈到诸神,这或是为了符合固有的语言,或是为了说明介乎最高主宰与人之间的一些中间人物,但是他在许多地方不是令人看出他只承认有一位永生的和无限的上帝么!他说:“我们的灵魂是天主发射出来的一种东西。我的子女,我的躯体,我的知觉、无一不是来自上帝。”

斯多葛学派,柏拉图学派都同意有一个神圣而万有的大自然,伊壁鸠鲁学派则加以否认。古罗马祭司们在秘传的教义里也只谈一位上帝。哪儿可又有偶像崇拜者呢?一切夸大其词的人都在叫嚷什么偶像崇拜者,就好像有些小狗听见有只大狗在吠的时候便也汪汪乱叫一样。

不过，莫雷里[1]史学辞典里提到，在小狄奥多西时代，除了在亚非二洲偏远地区之外，偶像崇拜者已经不复存在了，这原是这部词典许多严重错误之一。就在意大利，即使到了7世纪，也还有许多异教徒。德国北部，从威悉河[2]起，在查理大帝[3]时代，居民并非基督教。波兰和全部北方地区在查理之后也都还崇拜所谓偶像。非洲的一半，恒河以外各个王国，日本，中国社会下层，鞑靼百族，也都还沿袭着他们的古代信仰。在欧洲只剩下若干拉普兰人，若干萨莫耶特人，若干鞑靼人，还坚持他们祖先的信仰。

最后，让我们指出，在我们称之为中世纪的时代，我们曾把穆斯林国度叫做帕卡尼（La Paganie）〔异教邦〕，我们把一个憎恶偶像的民族错看成是偶像崇拜者，错以为是崇敬神像的人。再说一遍。我们承认土耳其人看到我们祭坛上供奉着神影和塑像便以为我们是偶像崇拜者，这还是可以原谅的。

拉柯契亲王[4]的一位侍从对我信誓旦旦地说，他在君士坦丁堡进入一家咖啡馆里，老板娘不许人招待他，因为他是一个偶像崇拜者。他本是一个基督徒，便对那位老板娘发誓说，他既不崇拜圣体，也不崇拜神像。妇人便回答他说，啊！要果然是这样，那么请您天天来吧，可以免费招待您。

① 莫雷里（Louis Moreri），法国传记学者，著作有《史学辞典》。——译者

② 威悉河（Veser 即 Weser），德国河流，流经不来梅等城市。——译者

③ 查理大帝（Charlemagne，742—814），法国古代法兰克国王。——译者

④ 拉柯契（Ragotski 即 Ràkóczy，1676—1735），匈牙利亲王，以抗击奥地利而闻名。——译者

IGNACE DE LOYOLA
伊纳爵·德·罗耀拉

您想要荣获一个伟大姓名，作个创始人、缔造者之类的人物吗？那么您就得要完全发疯，但是又要发的是一种适合于您的时代的疯狂。您还要在您的疯狂中具有一种能够用以指挥您的那些怪诞言行的理性基础，而且还要十分顽强。也许您会被人绞死；但是，您若是没有上绞架，可能就被人奉若神明了。

凭良心说，又有过哪一个人比圣伊纳爵更值得送进疯人院呢？圣伊纳爵或称比斯开人圣伊尼戈，因为这是他的真姓名。他读了《圣徒传》[①]，读得他神魂颠倒，就像拉曼却的唐吉诃德读了一些骑侠小说，想入非非一样。这位比斯开人先做了圣母骑士，为圣母做了彻夜式[②]。圣母对他显圣，并且接受了他的守卫仪式；她来过好几次；为他引来了她的儿子。魔鬼却在窥伺着，预见到耶稣会教士将来会有一天对他进行百般伤害，便来家里大吵大闹；把窗玻璃全打碎，这位比斯开人便画十字来驱逐魔鬼；魔鬼穿墙逃遁，在墙上留下了一个大大的窟窿。在这件漂亮事件发生五十年后，人们至今还把这个大洞指给人看呢。

他家里人，看到他精神错乱，想把他关起来，用饮食制度治疗他。他摆脱了他的家庭和魔鬼出走了，也不知应往何处去。他遇

① 《圣徒传》(*Légende dorée*)，圣徒生活传集，由十五世纪雅克·德·沃拉吉纳(Jacques de Voragine)所著。——译者

② 彻夜式(la veille des armes)，骑士在受封前夕通宵守夜的祝祷仪式。——译者

见一个摩尔人，便跟后者谈论起圣母无玷始胎问题来。摩尔人以为他就是他这个样子的人，连忙离开他。比斯开人不知是杀死摩尔人好，还是为他祈祷上帝好，便叫他那匹马来决定。马比他更聪明，掉头就往回马厩的路上走。

这个人，在这次意外遭遇之后，便决定到伯利恒去朝圣，沿途乞讨；一路上越走越疯狂。在曼雷萨[①]，天主教多明我会修士们怜悯了他，把他收留了几天，没法治好他的病，就又打发他走了。

他在巴塞罗那[②]港搭船来到威尼斯：人家把他从威尼斯赶走，他又回到巴塞罗那。一路上一直以乞讨为生，总是神态恍惚，经常看见圣母和耶稣。

后来有人对他说，要打算到圣土去说服土耳其人、希腊东正教徒、亚美尼亚人和犹太人改宗，皈依天主教，就必须先着手研究神学。这位比斯开人巴不得要去学神学；可是做个神学家，就应该懂得点儿法语和拉丁语。这丝毫也难不住他。他三十五岁时进了中学。人们都把他当成傻瓜，他什么也没学到。

他因为不能去说服这些非基督教徒改宗颇感到失望。魔鬼这回却又怜悯他，对他又显了身，并且向他发誓说，毫无疑问，倘若他肯效忠于他，他会叫他成为上帝教会中学识最渊博的人。伊纳爵绝对不肯置身于这样一个主人管教之下，他便又回到学校里去，人家有时候抽他几鞭子，他也并不因此就更有学识。

他从巴塞罗那中学被赶出，受着魔鬼的迫害，魔鬼因他抗拒就

① 曼雷萨（Manrésa），西班牙巴塞罗那西北附近一城市。——译者

② 巴塞罗那（Barcelone），西班牙沿地中海一港口。——译者

处罚他，圣母玛利亚抛弃了他，根本也就不再肯援救她的骑士了，他并不气馁。他跟着圣雅克朝圣团跑遍全国。他挨城逐市地在街头巷尾宣教。他被人给关进宗教裁判所的监牢里去。后来从监牢里释放出来，又被投入阿尔卡拉[①]监狱。后来他又逃往萨拉曼卡[②]，在那里又被人关了起来。伊纳爵终于看出自己在本国并非是位先知，便决定到巴黎去学习。他徒步旅行。前面赶着一头小毛驴，给他驮着行囊、书和他自己的著作。当年唐吉诃德至少还有一匹马和一个侍从，而伊纳爵却既无坐骑又无随从。

他在巴黎跟在西班牙一样受到同样的凌辱；在圣巴尔伯中学人家扒了他的裤子，而且还要威严庄重地鞭笞他。他的天命终于召唤他到了罗马。

他这样一个怪僻的人怎么会在罗马受到了尊重，收了门徒，成了一个强大的，其中还有很值得器重的人的修会创建人呢？这是因为他很顽强而又狂热。他找到了像他一样狂热的人，便同他们联合起来。这些人比他理性强，使他的理性也恢复了一点儿。他到了晚年变得比较能深思熟虑了，并且行动也能干起来。

穆罕默德在跟报喜天使加百列的一次谈话中或许就像伊纳爵一样疯狂起来；而且伊纳爵若与穆罕默德易位以处，也许能像这位先知一样干出几桩伟大事业来，因为他同这位先知一样无知、一样想入非非、一样有勇气。

人们平常都说这类事物也只能发生一次。可是没有多久以

① 阿尔卡拉(Alcala)，西班牙马德里西北一小城市，塞万提斯生地。——译者

② 萨拉曼卡(Salamanque)，西班牙西部一城市。——译者

前，有位粗野的英国人[①]，比西班牙人伊纳爵更无知，却也创立了一个名为公谊会的团体[②]，比伊纳爵所创建的那个会还大得多。森赞多尔夫伯爵在现今也创立了摩拉弗教派[③]；而巴黎狂热的冉森派的痉挛派，也曾经要发动一次革命。他们都很疯狂，但是还不够顽强。

INONDATION 洪水

世界果真有一个时期被洪水淹没了吗？这在物理学上说是不可能的事。

海水可能陆续把大陆一块接一块地淹没。这种情形也只能是在漫长的世纪里缓慢发生的。海水在五百年间从埃格·莫尔特[④]、弗莱儒、腊万纳[⑤]这些大港口后退，留出约有两古里宽的旱地来。按照这样的进度，显然要二百二十五万年才能绕我们星球一周。很值得注意的是这个周期很接近于地球轴心竖立起来与赤道

① 即乔治福克斯(George Fox，1624—1690)，一位纺织工人的儿子，他本人是个皮鞋匠。——乔治·阿弗内尔

② 请参阅伏尔泰《哲学通讯》中第三封信《谈公谊会信徒》(上海人民出版社版1961 年)。——译者

③ 摩拉弗教派(Frères Moraves)，系十五世纪捷克宗教改革家胡斯(Jean Huss，1369—1415)党徒的残余。——译者

④ 皮埃特罗先生(M. di Pietro)在他那部《埃格·莫尔特市志》(蒙彼利版，1821年，八开本)一书里指出自从圣路易时代以来，海水从埃格·莫尔特后退不到十尺。——伯休

⑤ 埃格·莫尔特(Aigues-Mortes)，弗莱儒(Fréjus)均系法国地中海沿岸港口；腊万纳(Ravenne)是意大利沿亚得里亚海岸一港口。——译者

吻合所需要的年月。地球轴心这种运动很像是真有其事，五十年前早有人开始这样揣测了。这一运动要经过两百三十多万年这么一段长时间才能完成。

河槽，人们在离海数古里远[①]，到处发现的贝壳层，都是确凿的证据，证明海水曾经一点一点地把这类海产沉积到过去曾是大西洋沿岸的土地上；但是要说这就说明海水果真在昔日曾经覆盖了整个地球，这在物理上简直是一种荒诞无稽的幻想，根据万有引力规律、流体规律以及缺少足够淹没地球的大量的水这一事实证明是不可能的。但这丝毫也不是我们要破坏在圣经摩西五书中所载的世界洪水的伟大真理：正相反，这原是一桩奇迹，所以应该相信它是真的；这原是一桩奇迹，所以它不是物理规律能够创造得出来的。

在世界洪水的故事里，事事都是奇迹：四十天的大雨，淹没了整个天下，而水面高出最高山峰十五肘，是一奇迹；在天上有瀑布，有门，有门窗洞，是一奇迹；所有牲畜动物从天下四面八方来到方舟里，是一奇迹；挪亚能有足够养活这些牲畜动物六个月的饲料，是一奇迹；一切牲畜动物和它们的食物都在方舟里放得下，是一奇迹；它们大多数都没有死是一奇迹；它们出了方舟后又都能找到食物是一奇迹；有一个名叫勒·佩勒蒂埃[②]的，自以为解释了那些牲畜动物如何能在方舟里容得下身并且自然而然又有东西吃，这更

---

① 这句在 1764 年版袖珍本里作：人们在离海六十、八十以至一百古里远。——译者

② 约翰·勒·佩勒蒂埃(Jean Le Pelltier)是《论挪亚的方舟》一书的作者。该书 1704 年卢昂(Rouen)出版，12 开本。——袖珍版

是一桩奇迹了，而且是另外的一种奇迹。

不过，既然洪水故事是所能听说过的最奇妙的事，对之加以解释就未免荒谬了。这类奥秘是出于信仰而相信的，而信仰又在于相信理性所不相信的东西：这又是另一奇迹了。

所以说世界洪水的故事也像巴别塔①、巴兰母驴②、耶利哥城墙应号声而倒③、水变为血④、渡过红海⑤之类的故事一样，都是上帝施惠于他的那些杰出子民的。这些都是人类心灵所无力探索的深渊哪。

① 巴别塔(La tour de Babel)，见圣经《旧约·创世记》第 11 章。——译者

② 故事见圣经《旧约·民数记》第 22 章。——译者

③ 见圣经《旧约·约书亚》第 6 章。——译者

④ 故事见圣经《旧约·出埃及记》第 7 章。——译者

⑤ 故事见圣经《旧约·出埃及记》第 14 章。——译者

J

JEANNE D'ARC　贞德

最好是把那个绰号叫童女的贞德的真正故事告诉读者。她的传奇的若干特殊情况很少为人所知，必为读者所乐闻。兹叙述如下：

保罗·若弗[1]说法国人的勇气经这位姑娘鼓舞起来了，他绝对不信贞德是受神灵启示过的。罗贝尔·嘎甘[2]、保罗·埃米儿[3]、波利多尔·维吉尔[4]、热纳布拉尔[5]、菲利普·德·贝加莫[6]、帕皮尔·马松[7]，以及马里亚纳[8]这些作者都未曾说她是上帝派遣

---

① 保罗·若弗(Paul Jove,1483—1552)，拉丁近代史学家，名著有《史集》，写作真实，才华横溢。——译者

② 罗贝尔·嘎甘(Robert Gaguin,1425—1502)，法国时事评论家和外交家。——译者

③ 保罗·埃米儿(Paul Emile)，法国历史学家。——译者

④ 波利多尔·维吉尔(Polydore Virgile)，法国著作家。——译者

⑤ 热纳布拉尔(Genebrard)，法国著作家。——译者

⑥ 菲利普·德·贝加莫(Philippe de Bergame)，意大利史学家。——译者

⑦ 帕皮尔·马松(Papire Masson,1544—1601)，法国人道主义者，从1576年起任巴黎法院律师。著有拉丁文史学著作。——译者

⑧ 马里亚纳(Juan de Mariana de la Reina,1536—1624)，西班牙神学家和史学家，名著有《西班牙通史》。——译者

来的。即使耶稣会修士马里亚纳这么说过，事实上也不能令我信服。

梅泽雷[①]叙述说**天使长对她显了圣**。我真为梅泽雷这么说感到遗憾，而且我请求天使长予以原谅。

我们的大多数史学家们都是相互抄袭的，因而都以为这位童女说过一些预言并且这些预言都实现了。他们认为她曾说过**她会把英国人逐出法兰西王国**，而英国人在她死后五年却依然待在那里；他们又说她给英国国王写过一封长长的信，而她却实实在在既不会读也不会写，因为在巴尔地区一个客店使女不会受到这种教育，而且起诉书也载明她不会签署她的名字。

但是有人说她拾到一柄锈迹斑斑的宝剑，剑锋上刻着五朵金色百合花徽[②]。这柄宝剑原是收藏在图尔城圣·卡特林·德·菲尔布瓦教堂里的。这真是一大奇迹！

可怜的贞德被英军俘获。她不管她作过的那些预言和施过的那些奇迹，在她受审中，首先坚持说她曾荣获圣·卡特林娜和圣马格丽特[③]二位圣徒对她显示过多次默启。我奇怪她居然只字未提她跟天使长的对话。这二位女圣徒显然要比圣米迦勒[④]更健谈。审问她的那些审判官认为她是个女巫，她自己却自认为是受到默启的人，如果可以冒昧对此种暴行开玩笑的话，这真

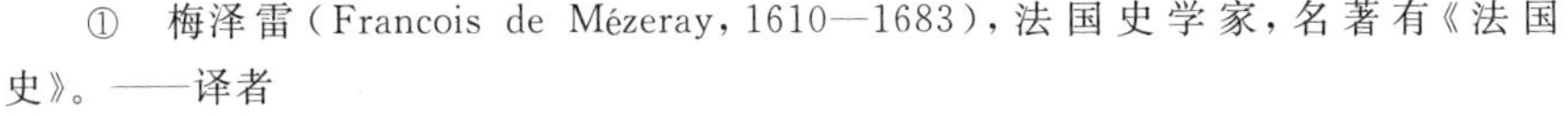

① 梅泽雷（Francois de Mézeray，1610—1683），法国史学家，名著有《法国史》。——译者

② 百合花徽是法国王室标志。——译者

③ 圣卡特林娜（Sainte Cathérine de Sienne），意大利修女，以出神入化和默启著称；圣马格丽特（Saint Marguerite），纪元 275 年间殉教处女。——译者

④ 圣米迦勒（Saint Michel），圣经人物，即天使长。——译者

是所谓：

真的，审判官和诉讼人全都应该绑起来。

有一件事实可以充分证明查理七世的武官们在法兰西处于困境时曾利用神奇事迹来鼓舞士气，那就是森特拉伊[①]有他的牧羊人，而迪努瓦伯爵[②]有他的牧羊女。那个牧羊人在这一边预告将发生的事物，而牧羊女就在另一边也讲她的预言。

可是不幸迪努瓦伯爵的女先知在贡比涅[③]战役被旺多姆[④]的一个私生子所俘，而森特拉伊的先知为塔尔博所虏[⑤]。这位老好人塔尔博绝对不会叫人把牧羊人烧死。这位塔尔博是那类地道的英国人，他们都厌恶迷信，而且也没有那股子狂热劲头来惩罚狂热分子。

我认为这就是史学家们应该注意的地方，也是他们过去忽略了的地方。

这位童女被人带到利尼伯爵约翰·德·卢森堡[⑥]那里。人家把她囚禁在博里厄炮台，随后又转移到博勒瓦炮台，然后又从那里

① 森特拉伊(Saintrailles)，当时抗英军官，身世不详。——译者

② 迪努瓦伯爵(Jean d'Orléans, Comte de Dunois，1403—1488)，加佩王朝亲王，诨名奥尔良私生子，奥尔良路易一世私生子，查理六世之弟，曾与贞德并肩抗英，在贞德死后，对驱逐英军出境作出英勇贡献。——译者

③ 贡比涅(Compiègne)，法国巴黎东北部一城市。——译者

④ 旺多姆(Vendôme)，法国中部一城市，在图尔(Tours)城东北。——译者

⑤ 塔尔博(Jean Talbot，1388—1453)，英国施鲁斯伯里伯爵(Comte de Shrewsbury)，当时任英军统帅。——译者

⑥ 利尼伯爵约翰·德·卢森堡(Jean de Luxembourg，Comte de Ligny，1391—1441)，勃艮第公爵的狂热拥护者，曾参与攻打贡比涅的战役，以一千英镑代价把贞德出卖给英国人，坚持与英人联盟。——译者

转解到庇卡底地区的克罗图瓦炮台。

先是博韦主教彼得·科雄[①]，站在英王一边反对他的正统国王，要求追回童女，因他认为是在他的主教区边界上捕获的女巫，他要把她当作女巫来审讯。他扯了一个大谎来坚持他的所谓权力。贞德本是在努瓦荣[②]被俘的，而无论是博韦主教还是努瓦荣主教，都确实无权给任何人定罪，更无权处死一个洛林省公爵的女臣民，处死法兰西国王御前的一名女战士。

当时有法国宗教裁判所的一位代理主教名叫马丹的修士（谁又会信以为然呢？）。这真是这个灾难重重的国家山河破碎的最恶劣的后果之一。马丹修士要求解还女囚犯，因为她"有异端气"。他依据他的职权和教廷赋予他的权力，勒令勃良第公爵和利尼伯爵把贞德交付给宗教裁判所。

索尔邦神学院赶忙就来支持马丹修士，给勃良第公爵和约翰·德·卢森堡写信道："你们运用了你们的高贵权能逮捕了这个自称童女的女人。上帝的荣耀因她而蒙受了无限损害，信仰也受到极大创伤，而教会也因之蒙受了过分的侮辱。因为由于她的缘故，偶像崇拜、不端行径、邪恶学说以及其它无法估计的弊端，都在王国一一接连发生……但是经过这次逮捕，随之而来的，若非有关人员用她来赎她犯下不可胜数的罪行而辱及我们慈祥的造物主、破坏他的教义、损害神圣教会的罪，那么做了这样的逮捕也就成了无足轻重之举了……若是有关人员用这个女人来赎她犯下的罪，

① 彼得·科雄（Pierre Cauchon，？—1442），法国博韦城主教，因参与勃良第党人对贞德极不公正的审判而恶名昭彰。——译者

② 努瓦荣（Noyon），巴黎东北贡比涅区一城市。——译者

却又发生释放她的情形，那就是对天庭犯下了不可饶恕的罪行。”①

最后这位童女被判决交付人们称之为卑鄙的主教、卑鄙的法国人、卑鄙之徒的彼得·科雄。约翰·德·卢森堡以一万金镑的代价把这位童女卖给了科雄和英国人，贝德福德公爵②付了款。索尔邦神学院、主教和马丹修士于是乎便送呈法国摄政王贝德福德公爵一份新的调查书，书里声称“为了对救世主耶稣基督表示敬意，应当把贞德直截了当交付教会法庭。”贞德便被解往卢昂。当时该地主教职位正值空缺，教务会议便命博韦主教代行职务。这位主教便选定了九位索尔本神学院圣师作陪审官，还选有三十五位修道院长或修士出席旁听。宗教裁判所副本堂神甫马丹和科雄主持审判。因为马丹只是副本堂神甫，所以只居副座。

贞德经受了十四次审讯。这些审讯都很奇怪。她说在普瓦提埃③见过圣卡特林娜和圣马格丽特。圣师博佩尔问她从什么地方认出来是二位女圣徒。她回答说是从她们行屈膝礼的姿势中看出来的。博佩尔又问她，她们是不是爱说话的。她便说请去看看记录簿吧。博佩尔又问她当她看见圣米迦勒时，他是否赤身裸体。她回答说：“您以为我们的主没有衣着给他穿吗？”

---

① 索尔邦神学院这封拉丁文书信的法语译文是在很久以后才译出的。——伏尔泰

② 贝德福德公爵（Le duc Bedford，1389—1455），英王亨利五世之弟，在英法百年战争期间，为其侄亨利六世在法摄政。——译者

③ 普瓦提埃（Poitiers），法国西南部一城市。——译者

留心的人在这一点上会细心观察到贞德同下层社会的几个笃信宗教的虔诚信徒曾经长期由一个名叫理查德的骗子指导。这个人经常要弄奇迹，也教给这些姑娘们照样做。他有一天为了荣耀三位一体，给贞德连续举行三次领圣体。这本是那个时候每逢重大事件或危难临头时的习俗。骑士们每逢在爱情上一帆风顺或是去决斗时，便请人为他们举行三次弥撒，领三次圣体。这是人们从品端行正的贝亚尔骑士[①]那里注意到的。

两个玩弄奇迹的女子，贞德的女伴，都是顺从理查德修士的人，名叫皮隆娜和卡特林娜。皮隆娜断言她看到上帝以人的形象向她显圣，就像朋友对朋友一样。上帝“身材高大，身着白袍，衣服里边有朱红色的颈项……”云云。

故事情节直到这里，都是可笑的，以下却是骇人听闻的了。

审讯贞德的一位法官，是神学圣师和神甫，名叫“捕乌者”尼古拉，到狱里来听她忏悔，竟然滥用圣事，甚至把两名教士暗藏在一方丝哔叽后面来记录贞德的忏悔词。这些审判官们便是这样利用圣事来陷害人。一个不幸的傻女子，本来很英勇地为国王和祖国帮了很大的忙，却竟然被四十四位法国神甫判处火刑，杀害她来给英国乱党做了牺牲品。

他们怎样干的诡诈卑鄙勾当，人们心中是一清二楚的：在她身边放了一件男装，引诱她穿上这套男人的衣服，便十分荒谬残忍地借口这个所谓违禁行为判处她火刑，就犹如一位女战士不着红装着短裤便是犯下一桩该焚身烧骨的罪行。这一切简直令人心碎胆

---

① 贝亚尔(Bayard,1473—1524)，法国历史上著名的军事家。——译者

颤。我们也想不通为什么我们在干了无数骇人听闻的恐怖行为之后,还敢于说旁的民族野蛮。[①]

我们的史学家们大都对美化历史比对真实更爱好。他们都说贞德英勇就义。但是根据当时的记事和史学家维拉雷(Villaret)所述,她接到判决书时声泪俱下。这种脆弱情景,就她作为女性说来也是可以谅解的,就是我们男性或许也一样,这跟这位姑娘在惊险的战争当中所显示的英勇气概很可能并存,因为人可以在战斗中大胆有为而在刑场上却是伤心敏感的。

我在这里还要补充一点:有好几个人都曾不加思考地相信这位"奥尔良童女"并没有在卢昂被焚,虽然说有关于她被处刑的记录还在。这些人弄错了,由于还传说着有个冒名顶替这位"童女"的投机女人欺骗了贞德的兄弟们,利用这一冒名顶替的办法在洛林省嫁给了名门阿尔穆瓦世家的一位贵族。另外还有两个女骗子也冒充"奥尔良童女"。她们三人都声称人家根本就没有焚烧贞德,是用另外一个女人顶替了她。也只有甘心情愿受骗上当的人才会相信这种无稽之谈。

---

① 我们看出伏尔泰是按照常情来论断有关贞德的史实的。可是对于陷害她蒙冤受刑的卑鄙行径,伏尔泰表示的愤慨之情并不亚于其他任何人。因为他径自像意大利诗人阿里奥斯托(Ariosto)一样,敢于用富于幽默的诗篇来渲染三百年前的一个老旧主题,人们便以为他根本不理解教会法庭上的这位殉道者、历史人物贞德的英雄气概,这种想法也未免想得过头了。然而也就是伏尔泰自己在他那部《风俗论》里写道过:"她对审判官们做了一次答话是值得永志不忘的。人家问她怎么会敢举军旗参加查理七世的加冕典礼,她回答说:谁参与了工作,谁就有荣幸去参加典礼!……审讯她的那些法官并无权审讯她,竟然把一位挽救了国王的人用火刑处死,而她本来会在英雄时代享有人们为解放者建立的祭坛的。"——乔治·阿弗内尔

JEPHTÉ 耶弗他[①]
——或人血的牺牲

照《士师记》的原文说来,耶弗他显然是许过愿,愿将第一个从他家里出来祝贺他对亚扪人取得胜利的人,作为燔祭的牺牲来还愿。他的独生女却来到他面前。他便撕裂衣服,并允许她到山上哀哭她终生为处女的不幸之后,杀了她作为祭品。犹太姑娘们长期纪念这件事,为耶弗他的女儿哀哭四天。[①]

这个故事是什么时代写的,是希腊阿伽门农和伊多梅内[②]故事的模仿,还是后者的原型,是先于或后于亚述的类似故事,这都不是我所考虑的,我遵守原文:耶弗他向神许了愿,杀了他女儿作为燔祭的牺牲。

犹太法典特别规定要杀死在许愿中献给神的人[③]。"凡是许愿献给神的人,都不可赎,必被治死,无可挽回。"拉丁文圣经译为:"Non redimetur,sed morte morietur"〔凡从人中当灭的,都不可赎,必被治死。〕[④]

撒母耳就是根据这条犹太法规把亚甲王剁成碎块的,而扫罗,正如我们已经提到过的,是宽恕了亚甲王的。扫罗也正是由于饶

① 参阅圣经《旧约·士师记》第11章第40节。——伏尔泰

② 阿伽门农(Agamemnon),希腊神话人物,在特洛伊战争中围困该城的希腊统帅,曾为使海风转向,以便战舰驶离希腊岸边东行,向神许愿,愿杀死女儿作为燔祭的牺牲;伊多梅内(Idoménée),特洛伊战争中英雄之一,不慎以子许愿而杀亲生子。——译者

③ 见圣经《旧约·利未记》第27章第29节。——伏尔泰

④ 见汉译圣经《旧约·利未记》第27章第29节。——译者

恕了亚甲王，没有杀他，才被主弃绝而失去了王国[①]。

可见以人血为牺牲来祭神的事清清楚楚是确实无疑了。没有任何历史问题比这件事证据更确凿的了。人们只能根据一个民族的文献和该民族自己的叙述来判断这个民族[②]。

JOSEPH　约瑟

约瑟的故事，仅就其为古文献和文学来说，就是古往今来最宝贵的名著之一。这个故事似乎是一切东方作家临摹的范本，比荷马史诗《奥德赛》还更动人；因为一个有仁恕之道的英雄总比报仇雪恨的豪杰更为感人。

我们把阿拉伯人看作是那些精心虚构而移植到各种民族语言中的故事的最早的作者，但是我却没有看到他们那里有一部传奇掌故可以比得上约瑟的故事。故事从头到尾几乎全是绝妙的，而结尾简直令人感动得挥泪如雨。这个故事说的是一个十六岁的青少年，遭受他的兄长们妒忌，被他们卖给一个以实玛利商队，把他带到埃及，又被国王的一个宦官买了去。这个宦官有一房妻室，这也毫不足奇；基兹拉尔指挥官本是一个地地道道的宦官，全部生殖器已被阉割，现今在君士坦丁堡还拥有一群妻妾，他还有眼睛和手

① 见汉译圣经《旧约·撒母耳记》第 15 章。——译者

② 我们已经提过，孟克先生不认为截断肢体是一种死刑。照他说来，耶弗他女儿的牺牲并不说明什么。耶弗他本是一个野蛮的人，满脑子异教迷信思想，也只知道耶和华这个名字。他的许愿，他的行为是渎圣的，蔑视宗教的，与摩西法典背道而驰。关于伏尔泰在后文中谈到的勉强的解释，孟克先生也像这位哲学家一样加以驳斥和抗议。——乔治·阿弗内尔

没有被去掉，天性在他心中并未丧失权利。有的宦官，仅仅阉割了生殖器的一对附属物，还时常使用这个器官。买了约瑟的波提乏很可能就属于这一类。

波提乏的妻室爱上了年轻的约瑟，后者忠于他主人和恩人，拒绝了妇人的热情。她因而恼羞成怒，便诬告约瑟曾想要诱惑她。这就同希波里特和费德拉[①]、柏勒洛丰和斯泰内贝[②]、赫布吕斯和达玛西珀[③]、唐蒂斯和佩里贝[④]、米尔蒂洛斯和希波达米[⑤]、佩莱和

① 希波里特(Hippolite)，希腊英雄，传说人物，雅典国王忒修斯之子，为其继母费德拉所爱。因拒绝后者的追求，被她在父王忒修斯面前诬告他欲破坏她的荣誉。忒修斯听信她的谗言，便挑起海神波塞冬的激怒，使海怪惊其战车辕马，希波里特被抛在岩石上丧生，费德拉深悔自己害死她所爱的希波里特而自戕。——译者

② 柏勒洛丰(Bcllérophon)，希腊神话中英雄，海神波塞冬之子。因于无意中误杀其兄，出国避难于梯林斯国国王普勒托斯宫中，王后斯泰内贝诬告他意欲诱惑她，王遂遣柏勒洛丰往投国王姻兄吕西亚国王尤巴泰斯处，并携带一份密封的记事簿，簿中嘱其姻兄治死柏勒洛丰。尤巴泰斯便命他去击杀狮首羊身龙尾吐火怪兽希麦拉。他获战神帕拉斯相助，为他送来背生双翼天马佩加泽，柏勒洛丰骑天马杀死怪兽希麦拉，吕西亚王大为惊叹，收为驸马，并继承王位。——译者

③ 赫布吕斯(Hébrus)，希腊神话人物，色拉斯国王卡桑德尔之子。继母达玛西珀对他怀有罪恶情欲，为他拒绝，因而恼羞成怒，告于其父，赫布吕斯为避免伤害盛怒中的父王卡桑德尔，投入龙波斯河自杀。——译者

④ 关于这一点，伯休说：我不知道伏尔泰是否说的是佩里贝(Péribée)。据培尔辞典所载，此人见于忒拉蒙条，诱惑佩里贝的是忒拉蒙，而非塔尼斯或唐蒂斯。——Flammarion 袖珍版

⑤ 米尔蒂洛斯(Myrtilos)，希腊神话人物，海神赫耳墨斯之子，为皮萨国王厄诺毛斯御车。国王有女希波达米以貌美闻名，米尔蒂洛斯颇为倾慕。神谕启示其父，若嫁女必招致亡身之祸，厄诺毛斯即提出凡向其女求婚者，必须与王赛车，获胜后始可娶，他自以为有飞马驾辕可操胜券。有吕迪亚国王坦塔罗斯之子佩洛普斯与王赛车，因有海神送他战马，又因希波达米爱慕佩洛普斯，出策由米尔蒂洛斯暗中锯毁国王车轴，国王摔死，佩洛普斯获胜，娶希波达米为妻。旋佩洛普斯因米尔蒂洛斯有意诱惑希波达米，便将他投入海中。——译者

德默内特[1]等人的故事情节一样。

难以知道所有这些故事哪个是原始的。但是在古代阿拉伯作家的作品里都有一种描述的笔法近乎约瑟和波提乏妻子的故事，笔者很巧妙。作者设想波提乏不知他妻子和约瑟孰是孰非，并不认为被他妻子撕裂了的那件约瑟的长袍是年轻人行凶的罪证。在他妻子的屋里有一个睡在摇篮里的孩子，约瑟说她当着孩子面撕了他的长袍并且扒了去。波提乏问孩子。这个孩子的心灵比他年龄早熟得多。孩子便回答波提乏说："看看那件衣裳是从前边还是从后边撕开的，若是从前边撕开的，那就证明约瑟曾经要强占你的女人，因为她在抵抗；若是从后边撕开的，那就证明你的女人在追求他。"波提乏多亏这个孩子聪颖的天才，才认出他的奴仆清白无罪。据阿拉伯古代作者说，这段故事在伊斯兰教《古兰经》里就是这么样叙述的。作者索性告诉我们这个判断聪颖的孩子是谁的，是波提乏老婆的孩子，约瑟并非是这个妇人看中了的第一个人哪[2]。

① 佩莱(Pélée)被阿卡斯特王王后阿斯蒂达米(Astydomie)所诬告，后者又名希波丽特(Hippolite)。但是我们在任何处找不到德默内特(Demenette)这个名字。——Flammarion 袖珍版

② 以下就是从约瑟一章里摘录的一段："他主人的女人爱上了他的美貌。有一天就把他堵在她卧房里向他求爱，他说真主不许我背叛我主人，不许我不知羞耻(他就是这类的好人)，便夺门逃走。他的老板娘随后追他，为了拦住他，就把他的衣裳从后边撕开了。她在门里头遇见她丈夫，便对他说：要玷污你家的人，不把他关进牢房严厉地惩罚他，又该怎么办呢？约瑟说，老爷，是她要求我呀，在摇篮里的那个孩子，是您的亲人，可以作证。摇篮里的那个孩子便说：要是约瑟的衣裳前边撕开了，她(老板娘)说的就是真情实话，约瑟便是撒了谎。要是衣裳后边撕开了，约瑟说的就是实情，她便是在撒谎。"——乔治·阿弗内尔

虽说这样，据《创世记》说，约瑟却下了监。他在牢里跟埃及国王的酒政和膳长共同关在一处。这两名国事犯在夜里都做了个梦。约瑟便为他们圆梦。他预言三天之内，酒政将获释，而膳长将被绞死。预言果真应验了①。

两年之后，埃及国王也得了一梦。他的酒政便对他说，狱里头有个年轻的犹太人会圆梦，可算得世上首屈一指的了。国王下诏把年轻人传了来，他给国王预言将有七年丰收七年灾荒②。

暂且把故事打断一下，来看看古代圆梦是多么盛行。雅各曾经梦见一架神秘的梯子，顶端就坐的是上帝③；他在梦中学会繁殖羊群的方法④，这个法子只有他做来才有效。约瑟自己也在梦中得知他将来会管辖他的兄长们⑤。距此很久以前，亚比米勒也是在梦中得知撒拉是亚伯拉罕的妻室⑥。

闲话少提，书归正传。约瑟为法老圆了梦之后，立刻便作了宰相⑦。人们不大会相信，今日即使在亚洲，可以找到一位国王能为了圆了个梦就任命他担任这么重要的职务。法老又把波提乏的一个女儿配给约瑟为妻⑧。据说这个波提乏是赫利奥波利斯城⑨的大祭司，所以这不是他第一个主人的那个宦官，倘若就是他，那么

① 故事见圣经《旧约·创世记》第 40 章。——译者

② 见圣经《旧约·创世记》第 41 章第 17—36 节。——译者

③ 见上书第 28 章第 12—13 节。——译者

④ 同上书第 31 章第 10—12 节。——译者

⑤ 见圣经《旧约·创世记》第 37 章第 5—10 节。——译者

⑥ 同上书第 20 章第 2—7 节。——译者

⑦ 同上书第 41 章第 39—45 节。——译者

⑧ 同上书第 41 章第 45 节。——译者

⑨ 赫利奥波利斯（Héliopolis），埃及一城市，《创世记》称为安城。——译者

他一定是在大祭司之外,另有一个旁的头衔[①]。他的夫人做母亲不止一次了。

然而,正如约瑟所预言的那样,荒年果然降临了。约瑟为了报答国王的恩典,强令全国人民把田亩都卖给国王法老。全国人民为了有麦子吃,便都自沦为奴隶了。这显然就是专制政权的起源。应该承认国王从来也没有做过这么好的交易。但是人民也不必为宰相祝福。

总之,约瑟的父兄都需要麦子,因为"当时饥荒摧毁了整个大地"。这里且不必叙述约瑟如何接待他的兄长,如何宽恕了他们并且使之富有起来。我们在这则故事里发现构成一部有趣的史诗的一切成分:陈述,故事纽结,重逢,情节突变,神奇。再没有比这个故事更能显示东方的才华的了。

约瑟父亲雅各老人答应法老的话必然会使能识字读书的人深受感动。国王问他:"你今年多大岁数啦?"老人回答说:"我一百三十岁了,在这短短的朝圣旅途中还没有过过一天舒服日子呢。"[②]

---

① 这个波提乏(Potiphar),圣经《旧约·创世记》里译作波提非拉。——译者

② 读了这篇文章,我们根本不同意史学家勒南的看法,他觉得伏尔泰"十分缺乏古代感情",并不十分缺乏,先生。——乔治·阿弗内尔

L

LIBERTÉ(DE LA)　论自由

如果不是我大大弄错了的话，那么就是定义家洛克给自由下过很好的定义说自由就是潜在的势能。如果不是我又弄错了的话，那么就是伦敦著名的检察官柯林斯是唯一深入研究过这一观念的哲学家。而克拉克[①]却是作为神学家来对柯林斯进行答辩的。但是在法国人关于自由所写的一篇篇文章中，下述这段对话却是我认为最明确清晰的。

甲：那边就是一排炮，在我们耳边响；您有没有想听就听不想听就不听的自由呢？

乙：当然，我是拦不住我自己听炮响的。

甲：您愿意这门大炮把您和跟您一块儿散步的尊夫人和令媛的脑袋轰掉吗？

乙：您这是从何说起呀？只要我头脑没有发昏，就不会想有这样儿的事；这在我是不会想到的事。

① 克拉克(Samuel Clarke，1675—1729)，英国哲学家，著作有《上帝的存在及其属性的证明》。——译者

甲：好，您必然会听见这阵炮声，也一定不愿意在您跟您一家子人出来散步时被一炮打死。您既不能听不见，也不能待在那儿不动。

乙：这本来是明摆着的事儿嘛[①]。

甲：您不是因此就走开三十来步躲避炮火，而且能跟我一块儿走这几步路了吗？

乙：这还是明摆着的事呀。

甲：可是，您倘若得了半身不遂偏瘫症，可也就没法子躲避这阵排炮轰击了；您也就不能待在您现在待的地方了：您一定会听见，而且挨了一炮，您不是也就必然丧命了吗？

乙：这话可真再实在不过了。

甲：您的自由，不是您个人意志能够支配一种绝对的必然又是什么呢？

乙：您可把我给闹糊涂了；难道说自由不就是我想干什么就干什么吗？

甲：请您好好地再想一想，看看自由是否可以作另外的解释。

乙：这么说来，我的猎犬也跟我一样自由了；它看见一只野兔，必然是想追逐野兔，而它腿上若是没有毛病，必然也就能够追逐。我并没有什么比我的猎犬更高明的地方：您把我给降低到畜牲的

---

① 有一个头脑可怜的人，在一篇写得诚实、恭谨而特别深思熟虑的短文里反驳说，设若王爷命令B冒着炮火的危险待在那里，他也就会留在那里。是的，没有疑问，倘若他更有勇气，或者他害怕耻辱的心理胜过爱惜生命的感情，就如常有这样的人一样，他当然是待下去。首先，这里说的是一种个别情况。其次，当那种害怕耻辱的本能超过自卫本能的时候，人必然会冒着炮火的危险待在那里不动，就像他若不以逃跑为耻的时候，也一定会逃避一样。——伏尔泰

地位了。

甲:这就是可怜的诡辩派的诡辩术把您教的。您觉得像您的猎犬一样自由很不舒服!除开姿态不同外,您不是跟狗一样吃、睡、繁殖吗[①]?您难道说想不用鼻子闻气味吗?为什么要您的自由跟狗的不一样呢?

乙:可是我有个善于思维的灵魂,我的狗决不会思维。它至多只有一些简单观念罢了,而我却有许许多多形而上学观念。

甲:好吧!您比它自由千百倍:这话也就是说您比它更能思维千百倍;但是您的自由可不见得就跟它的不一样啊。

乙:怎么!我不能自由想干什么就干什么吗?

甲:您这句话是什么意思呢?

乙:我的想法跟大家一样。人们不是天天在说“意志是自由的”吗?

甲:成语不足为凭,请您讲得更清楚一点。

乙:我以为我是自由的,高兴怎么样就怎么样。

甲:对不住您,这句话没有意义;您不觉得说“我打算要”是可笑吗?您要必然是您有了念头。您想结婚吗,是还是不是?

乙:但是我若对您说我既不想这样也不想那样呢?

甲:您这话就好像说:“有些人相信红衣主教马扎兰去世了,别人又以为这位主教尚在人间,是一样,而我既不相信前者也不相信后者。”

---

① 这一句在1764年的袖珍本里作:哎!您不是在许多方面都跟您的狗相似吗?饥饿、口渴、醒着、睡眠、五官感觉,您不都是跟它一样吗?——译者

乙:好吧！我想结婚。

甲:啊！这才是回答呀。您为什么想结婚呢?

乙:因为我爱上了一位少女,她漂亮、温柔、教养好、相当富有;她很会歌唱,双亲又都是很正派的人;而且因为我确信我得到她的钟情,我在她家里也很受欢迎,我觉得蛮不错嘛。

甲:这倒真是个理由。您看您不能没有来由的想做什么。我对您声明说您有结婚的自由,也就是说您有权签订婚约。有权结婚,有权和您夫人睡觉。

乙:怎么！我真不能没有理由就想要吗?唉！另外这一句成语“Sit pro ratione voluntas”[意志应该代替理智]又作何解释呢?我的意志就是我的理由,我想要因为我想要。

甲:这话是荒谬的,我的好朋友,这样说,您便有一个无因之果了。

乙:怎么！我玩赌单双游戏的时候,选择单或双也是有缘由的吗?

甲:是呀,毫无疑问。

乙:那么请问您,原因又是什么呢?

甲:就是双的观念总比单的观念更会浮上您的心头。若说有的场合您愿意是因为先有一个愿意的动机,有的场合您愿意却又没有什么动机,这未免可笑。您想要结婚的时候,您当然会感觉到主使您结婚的动机,这是明摆着的事;玩赌单双的时候就感觉不到您的动机,可是总会有这么一个动机。

乙:但是,再说一遍,难道说我不自由吗?

甲:您的意志不是自由的,但是您的行动自由。您能够做的时候,您就有做的自由。

乙:但是我所读过的一切关于无可无不可的自由的书……[①]

甲:您怎么理解无可无不可的自由呢?

乙:我认为无可无不可的自由就是我吐痰可以向左边吐,也可以向右边吐;我躺着可以面向左侧,也可以面向右侧;我散步时可以绕四个弯儿也可以绕五个弯儿。

甲:您在这方面可真是有一种有趣的自由!上帝给您送了一件漂亮礼物!您很有值得自豪之处!一种只有在这样无关紧要的时候起作用的能力对您又有什么用呢?但是事实是:设想可以随意向左或向右吐痰,这未免是可笑的事。这种意欲如何的意志不仅是荒谬的,而且必定会有许多细微的情节决定着您所谓无可无不可的行动。您在这类行动中跟在其他的行动中一样没有自由。但是,再说一遍,您一旦做您所想要做的事,您随时随地都是自由的。

乙:我怀疑您有理,我要去想一想。

LOI NATURELLE, Dialogue

自然法(对话)

乙:自然法是什么?

甲:自然法就是令我们感到公正的本能。

乙:您把什么叫做公正或不公正呢?

① 1764年袖珍本中,下面作:"甲:那都是些糊涂话,根本没有什么无可无不可毫无所谓的自由;这是个没有意义的词句,是没有感觉的人发明的。"袖珍本全文到此为止。——译者

甲：就是天下的人都认为是公正或不公正的。

乙：天下的人是由很多头脑集合成的。据说在拉栖第梦[①]，人们为扒窃拍手叫好，在雅典却要罚做矿工哩。

甲：这简直是滥用字眼儿，咬文嚼字，含糊其词。在斯巴达根本不会有人犯小偷小摸的毛病，那里一切都是公有的。您说的偷窃，其实就是对吝啬的一种惩罚呀。

乙：在罗马禁止娶姐妹为妻。可是在埃及、雅典，甚至在犹太人那里可以与同父异母的妹妹婚配。我很抱歉只引证那个不幸的小小犹太民族为例。他们的行为当然对于任何人都不足为训，而且他们（除宗教外）从来就不过是个无知而狂热的强盗民族。但是，根据他们的书[②]的说法，年轻的他玛被她哥哥暗嫩强奸之前，对她哥哥说："我哥哥，不要对我做这丑事，您可以向咱们父亲要求娶我，他不会拒绝的。"[③]

甲：这一切都是约定俗成的法，任意的习俗，过往的风尚。本质的东西总是会存留下来的。请为我指出在哪一个国家里认为劫夺我的劳动果实、说了话不算数、谎言伤人、造谣诽谤、谋杀、放毒、以怨报德、殴打请您吃饭的父母之类的行径算是体面的呢。

乙：您忘记现代教会一位神甫约翰-雅克[④]说过的这句话了吗？他说"最初敢于圈起田地来耕种的人就是人类公敌，"应该把

---

① 拉栖第梦（Lacédémone），古希腊一城市，即斯巴达。——译者

② 指圣经而言。——译者

③ 故事见圣经旧约《撒母耳记下》第13章。他玛（Thamar）、暗嫩（Ammon）均按照汉译圣经本译法译音。——译者

④ 即指卢梭（Jean-Jacques Rousseau，1712—1778）。——译者

他消灭了。并且还说:“果实是属于大家伙的,土地也不是任何人所私有的。”[1]我们不是曾经在一道研究过这个十分有益于社会的美好建议了吗?

甲:这位约翰·雅克是什么人呢?当然不是洗礼约翰,也不是福音约翰,也不是大雅克小雅克喽;这该是什么匈奴才子写的可恶的混账话吧,或者是什么恶劣的插科打诨的小丑,bufo magro,想要嘲笑举世认为是最严肃的事物。因为,与其跑到聪明而艺巧的邻家的土地上糟蹋庄稼,还是应该向这位邻居学习的好。家家的家长要是都以这个邻居为模范,用不了多久一个很美好的村子就会形成。说这段话的人,在我看来,简直是个难以交往的人。

乙:那么您以为侮辱盗窃、用绿篱圈起他的园子和养鸡场的老好人的人是违反了自然法了吗?

甲:是呀,是呀,再说一遍,有一种自然法。这种自然法既不整别人,也不是拿整别人来取乐。

乙:我以为人总是为了自身利益才喜欢坏事,才干坏事。但是有许多人都是乘他人之危来捞取好处:报复是一种极其粗暴的情欲,有些极其悲惨的事例;野心更是注定要导致不幸后果的,曾经使世界遍地流血。每当我回忆起那种可怖景象时,我都要承认人类是狠毒的。我心中虽有是非观念,也无济于事;一个匈奴皇帝阿

[1] 约翰·雅克写道:“最初把地圈起来胆敢说这是我的,而又有头脑单纯的人们相信他的话。这个人便是文明社会真正的缔造者。那个拔除界石或填平界沟的人,向他的同类呼吁过:千万别听从这个骗子的话;你们要是忘记了果实本是大家所有的,土地也不是任何人私有的,你们可就没有指望了。这个人岂不是挽救了人类,免除多少次罪行、战祸、凶杀,免除多少次灾难和恐怖。”——乔治·阿弗内尔

提拉竟受到圣利奥[①]的奉承;一个圣福卡斯却受到圣格列高利一世卑躬屈节地捧场[②];一个亚历山大六世[③],一生为若干次乱伦、凶杀、下毒、谋杀等等丑行玷污,却有人称老好人的路易十二与之联盟;一个克伦威尔竟有马扎兰[④]向之寻求庇护,而且为了他,竟然驱逐查理一世在法继承人和路易十四的表兄弟出境等等;成百的类似事例令我心绪不宁,不知所措。

甲:怎么!暴风雨岂能阻挡我们今日享受万里晴空的阳光?曾经毁灭了半个里斯本城的地震岂能阻止我们在马德里很舒适地旅游?虽说阿提拉是个强盗,红衣主教马扎兰是个骗子,难道说就没有体面的君主和大臣了吗?我们不是注意到了在1701年战争[⑤]中,路易十四的国务会议不是由许多德高望重的人组成的吗?如博维列公爵[⑥]、托尔西侯爵[⑦]、维拉尔元帅[⑧]等人,还有夏米雅尔[⑨],虽说

① 阿提拉(Attila,?—453),匈奴皇帝,曾率匈奴族入侵西罗马劫掠高卢一带,自谓铁蹄过处寸草不生,后被罗马军击败,退入多瑙河沿岸,死于该处。圣利奥(Saint Léon),罗马教皇,440—451在位,曾使匈奴退兵。——译者

② 圣福卡斯(Saint Phocas),希腊皇帝,602—610年在位;圣格列高利一世(Saint Grégoire Ier,540—604),罗马教皇,590—604年在位。

③ 亚历山大六世(Alexandre VI,1451—1503),罗马教皇,1492—1503年在位,杰出的政治家。——译者

④ 马扎兰(Mazarin,1602—1661),意大利红衣主教,经法国首相黎塞留(Richelieu,1585—1642)临终前推荐给法王路易十三,任首相职,加入法国国籍。——译者

⑤ 指法国与奥地利为争夺西班牙王位而爆发的战争。——译者

⑥ 博维列(Paul Beauvillier,1648—1714),路易十四外交大臣。——译者

⑦ 托尔西(J.—B. Colbert,Marqui de Torci 或 Torcy,1665—1746),外交家,曾参与争夺西班牙王位继承权战争前的谈判。—— 译者

⑧ 维拉尔(duc de Villar,1653—1734),法国公爵,法兰西元帅,著名军事家和外交家,在王位继承战争中指挥弗里德林根战役取胜。——译者

⑨ 夏米雅尔(Michel de Chamillard,1651—1721),路易十四时代财政和兵部大臣。——译者

是软弱无能，但是绝非坏人。公正观念不是常时存在的吗？就是在公正观念上奠定了法律基础的。希腊人把这些法律叫做天女，这并不是自然的女儿。

贵国里不是也有法吗？

乙：有呀，有些是好的，有些却不好。

甲：要不是从头脑清醒的人们心中所具有的自然法观念里获得这种想法，又在哪儿去找呢？一定要在自然法观念里去吸取这种想法，别处是没有的。

乙：您说的有道理，是有一种自然法；但是更自然不过的倒是有许多人都把它丢到九霄云外去了。

甲：独眼龙、鸡胸、驼背、瘸腿、畸形、不健全也通通是天然的，可是人们却更喜欢身体健全的人。

乙：为什么有那么多人是独眼龙和畸形呢？

甲：得了！请您去读一读《全能》那篇文章吧。

LOIS 法律

在韦斯巴芗和提多时代[①]，正当罗马人剖腹杀害犹太人的时候，有个很有钱的以色列人，不愿自己被人剖腹，就囊括他放高利贷赚来的金银财宝，携带妻室儿女全家逃往埃宗嘎贝[②]。他率领的家小中，有两名宦官，一名做厨师，另一名从事耕田种葡萄。还

① 韦斯巴芗（Vespasien，7—79），罗马皇帝，69—79 年在位；提多（Tite，或 Titus），前者之子，罗马皇帝，79—81 年在位。——译者

② 埃宗嘎贝（Eziongaber），古代红海附近一港口。——译者

有一位善良的以斯尼派信徒,能背诵摩西五书,担任他的指导神甫。全班人马在埃宗嘎贝港口搭船,经过那个叫做红海而根本并不红的海,进入波斯湾,去寻找俄斐[1]地方,也不知道俄斐在哪里。您必然会想得到突然袭来了一阵风暴,把这一家希伯来人给刮到印度沿岸去了;船在印度洋马尔代夫群岛的一个现今叫作帕德拉布朗卡的小岛失事了。这个岛屿当时还是荒无人烟的地方。

老富翁和老太太都淹死了;儿子女儿,两名宦官和那位指导神甫都脱了险;他们尽可能把船中的若干储备品取出来,在小岛上搭了几个简陋的小房子,在里边住得倒还舒适,您知道帕德拉布朗卡岛距离赤道有五度,那里有世上最大的椰子和最好的菠萝;当别的地方正在杀害上帝的爱民[2]的时候,在那里生活倒还是甜美的;但是那位以斯尼派信徒一想到犹太民族或许只剩下他们这几个人而亚伯拉罕后裔即将断种便哭泣起来。

那个年轻犹太人便说:“就要靠您来叫犹太民族重获新生啦,您娶我的妹妹吧。”

指导神甫回答悦:“我本来倒很愿意,不过法律不容许呀:我是以斯尼派信徒,曾经许过愿终身不娶,法律又明文规定必须履行自己许下的心愿;犹太种族要是绝了后,也只好由它去吧,我可是实在不能娶您的妹子,尽管她长得多么漂亮。”

犹太人又说:“我的两名宦官不能叫她生孩子,只好由我来叫她生男养女了,倘若您乐意的话,就请您来为我们证婚吧。”

---

① 俄斐(Ophir),传说中东方一个未知所在的地方,所罗门曾派人前往寻金之处。见《旧约·列王纪上》第9章末节。——译者

② 指犹太民族。——译者

指导神甫说:“我宁肯叫罗马士兵把我开膛一万遍,也不愿意叫您犯一次乱伦罪;倘若是您同父异母的妹妹倒还罢了,法律是允许的,可是她是您同母异父的妹妹,这么办就很讨厌了。”

年轻人便回答说:“我想这件事在耶路撒冷自然是一桩罪行了,因为在那里我还可以找到旁的姑娘;可是在帕德拉布朗卡岛上,我只见有椰子、菠萝和牡蛎,我以为这件事是可以行的。”

那个犹太人不顾以斯尼派信徒的抗议,就娶了他妹妹,并且生了个女儿,这就是一个认为很合法而另一个又认为是极可憎的婚姻的唯一果实。十四年头儿上,做母亲的去世了;做父亲的又对指导神甫说:“您是否终于摆脱了您那些古老成见了?您肯娶我的女儿吗?”以斯尼派信徒说:“上帝叫我避免这样做。”做父亲的便说:“好吧!我来娶她吧,我,任它怎样就怎样吧,反正我不愿意亚伯拉罕播下的种子化为乌有啊。”以斯尼信徒被这可怕的话吓坏了,不想跟一个违法的人再待下去,便逃之夭夭了。新郎虽然向他嚷着说:“别走哇,朋友,我遵守自然法,我为祖国效力,不要撇下您的朋友们哪。”那个人任凭他怎么喊叫,满脑子依然装的是法,泅水逃往邻近岛屿去了。

那个岛就是阿托尔大岛,岛上人烟稠密,文化发达。他一上岸就被俘沦为奴隶了。他学着说几句结结巴巴的阿托尔语。他痛苦地抱怨人家对待他的那种冷酷态度。人家对他说这是法律,说自从过去这个岛一发现有邻近的阿达岛岛民来袭击的时候起,他们就小心翼翼地规定凡是有外人在阿托尔岛上岸,就要把他当做奴隶。这位以斯尼派信徒便说这不能成为一条法律,因为摩西五书上并没有这一条。人家就回答他说这是明文载在当地的《国法汇编》里的，他于是就成了奴隶了。他幸而遇上一个很有钱的善良主人，待他很好，他对主人也很贴心。

有一天来了几个图财害命的杀人凶手，要杀这个主人，劫他的财宝；他们便问奴隶们主人是否在家里，他有没有很多钱。奴隶们便都说："我们向你们担保他根本就没有钱，也根本不在家。"但是这位以斯尼派信徒却说："法律禁止人说谎；我向你们担保他是在家里，他有很多钱。"因此主人遭劫被杀。奴隶们便在法官面前控告这个以斯尼派信徒，说他出卖了主人。以斯尼派信徒便说他不愿意说谎，而且也绝对不说谎，他便被绞死了。

在我最近从印度回法国的旅途上，有人给我讲了这段故事和其他许多这类的故事。我到了法国，便去凡尔赛料理几件事。我在路上看见走过去一位美丽妇人，后边跟随着许多漂亮的妇女。当时跟我来的有一位巴黎法院律师，因为我为了别人给我在印度做的几件衣裳，在巴黎法院打官司，所以我总是要有我的律师在身旁。我问律师："这位标致的妇人是什么人哪？"他回答说："这是国王的女儿；她妩媚多姿，又乐善好施，只可惜她在任何情况之下也永不能做法兰西女王。"我对她说："怎么！倘若她家不幸丧失双亲和王族亲王呢（但愿不会这样！）她难道就不得继承她父王的王位了吗？"律师说："不成，撒利安法典①严禁这样做。"我便对律师说："谁制订的这部撒利安法典哪？"他说："我不知道，但是人们认为在一个既不识字也不会写的名叫撒利安的古代民族那里却有一部成

① 撒利安（les Saliens）是古代法兰克人一个部族，居住荷兰伊塞尔河流域。撒利安法典就是当时这个部族的法典。与世传相反，该法典并不禁止妇女继承王位。这部法典本是刑法，并非民法。——译者

文法，上边载明在撒利安国土上，做女儿的就连一块自由地也不能承袭，而且这条法律在非撒利安的地方也采用了。”我便对他说：“我，我来取消它。您告诉我说这位公主妩媚多姿，并且乐善好施，所以倘若不幸，一旦王族只剩下她一人，不用说一定有权登基：我的母亲就是继承了她的父亲，我要这位公主继承她父王的王位。”

第二天我的诉讼案件在法院一个审判庭受理，全庭一致判我败诉。我的律师对我说，若是在另外一个法庭受理，我的官司就会打赢。我便对他说：“这可真够滑稽的，这样就是一个法庭一种法律喽。”他说：“可不是么，对于巴黎的习惯法就有二十五种解释哩。也就是说人们证实了二十五回巴黎习惯法是含糊不清的，要是有二十五个法庭，对于法就会有二十五种不同解释。”他接着又说：“离巴黎十五古里，有个省份叫诺曼底。在那儿，您就会受到跟这里不一样的审判。”这使我很想去看看诺曼底。我便同我一位弟兄一道去了。我们一下旅店，就遇到一个年轻人，他很沮丧。我问他有什么不痛快的事。他回答说因为有一个哥哥。我便对他说：“有个哥哥又有什么大不了的祸害呢？我这位弟兄就是我哥哥，可是我们一道生活得很好哇。”他便对我说啦：“唉！先生，这里法律规定一切归长子所有，什么也不给做弟弟的留一点。”我对他说：“您有理由生气；在我们那里，我们平分一切。可是有时候，兄弟们并不因而更和睦。”

这些小故事叫我对于法律很思考了一番，而我看到这些法律也跟我们的服装一个样，在君士坦丁堡，我必须穿件土耳其长袍，在巴黎却得穿一件齐膝盖的紧身外衣。

我说，倘若人类一切法律都是约定俗成的东西，那么只有认真搞好契约了。印度德里和亚格拉的市民说他们同帖木儿订了个很吃亏的契约,伦敦市民却为与奥兰治的威廉[1]订了一个有所受益的契约而庆幸。有一天一位伦敦公民对我说:"法律是由需要造成的,权力使人遵守法律。"我便问他:"权力是否有时候也产生法律,而私生子和征服着威廉[2]有没有未经和他们约法三章就给他们下令。"他说:"是呀,我们那个时候简直成了牛,威廉给我们戴上了牛轭,用刺牛棒赶着我们走。后来我们变成了人,但是牛犄角依然长在头顶上,谁要是叫我们为他不是为我们自己耕地,我们就用犄角顶他。"[3]

我有了这许多想怯,便乐于以为有一种自然法,不以人类一切约定俗成的习惯为转移:我的劳动果实应该归我所有;我应该尊重我的父母;我对他人的生活无权过问,他人也无权过问我的生活;以及诸如此类的情形。但是我每一想到从基大老玛直到匈牙利骑兵上校门采尔[4],这些人衣袋里揣着特许证堂堂正正地杀人越货,心中便很悲伤。

---

① 奥兰治的威廉(Guillaume d'Orange),即英王威廉三世(William III,1672—1702),生于海牙,原为奥兰治公爵,是英王詹姆士女儿玛丽的丈夫,任荷兰执政,1871年英人迎他与玛丽入英,立为国王与女王。——译者

② 即英王威廉一世(William I,1027—1087),原为诺曼底公爵,1066年借口英王爱德华曾许以继承王位,率军渡海,战败英王哈罗德征服英国,在伦敦加冕称王。——译者

③ 人们不会否认这一切话具有一种伟大革命气息。——乔治·阿弗内尔

④ 基大老玛(Chodorlahomor),以拦人(Elamites)国王,与亚伯拉罕同一时代;门采尔(Mentzel)在1741年战争中支持奥地利派的领袖,于1742年2月13日使慕尼黑城投降。——1764年袖珍版

基大老玛,圣经人物,见《创世记》第14章。——译者

有人对我说在盗贼之中也有法规，而战争据说也有战争法。我便问这些战争法是什么。人家便对我说："就是把一个在没有大炮的不利岗位上抵抗一支王军的英勇军官处以绞刑；就是如果别人绞死我们一个战俘，我们也绞死他们一个战俘；就是把那些没有遵照邻国和蔼可亲的君主的命令在指定日期交出他们的衣食来的村子置于火和血里。"我便说："好，这就是法律精神喽。"

人家给我说明情形之后，我才发现原来有些贤明的法律，根据这些法律，把一个用一点儿外国盐喂了他的羊的牧人处以九年徒刑；我的邻居，由于在自己林子里砍伐了自己有的两棵橡树，输了官司破了产，因为他没遵照他未能知道的一种手续办事，从而他的老婆穷困而死，他的儿子过着一种更为不幸的生活。我承认这些法律都是公正的，虽说执行起来有点儿严厉；但是我对于那些许可十万人堂堂正正地去杀死邻国十万人的法律很不满意。我觉得大多数人都从自然获得相当多的常识来制定法律，但是大家却都缺少足够的正义来制定好的法律。

请从世界一端到另一端把那些朴实而宁静的庄稼汉集合起来：他们不难同意应该允许把余粮出售给邻居，而相反的法律是不近人情的荒谬的；他们会同意代表食物的货币不应该比地里的出产更会变质；同意家里的父亲应该是一家之主；同意宗教应该把人聚集起来使他们团结一致而不是把他们培养成狂热分子和迫害人民的人；劳动人民不应该节省他们劳动果实来搞迷信，来过游手好闲的生活：这些庄稼汉可以在一小时内制定出三十条有益于人类的法律来。

可是帖木儿来了，征服了印度。于是您就只见有一些专横的法律:一条法律压榨一个省份来使帖木儿的一位税吏发财致富;另一条法律把说了非穆斯林的侍卫长老板娘坏话的事定成亵渎君王罪;第三条规定可以抢走种田人的一半收获,还要争夺余下的那一半;最后还有一些法律允许一个鞑靼执达吏来抓走你摇篮里的婴儿,把身体结实的养成士兵,让身体脆弱的做宦官,叫孩子的父母无依无靠,无人安慰。

那么做帖木儿的一条家犬或当他的庶民那一样好呢?显然是他的家犬的地位要好得多了。

LOIS CIVILES ET ECCLÉSIASTIQUES
民法与教会法

有人在一位法学家的文件里发现这些笔记,或许值得研究一下。

笔记写道:

任何教会法未经政府明文认可,便没有效力。雅典和罗马便是通过这种办法,才始终未发生过宗教争论。

这类争论本是野蛮民族或变成野蛮的民族的禀性。

只有法官可以允许或禁止人们在节日劳动。因为教士无权禁止人们耕种自己的田地。

关于婚姻一切事宜,全属法官的权限,教士职责只限于降福婚礼。

有息借贷纯属民法处理的问题,因为只有民法主管商业。

一切圣职人员在任何情况下都要服从政府,因为他们都是一国的国民。

国民把一块田地头一年的产品所得付给一位本国教士,绝不会有人愚蠢无耻去把这笔收入支付给一位外国教士。

任何教士绝不能借口一个国民是渔民便剥夺他的特权,因为一位渔民教士应该为渔民祈祷,却不能断他们的案。

官员、农夫、教士都同样要负担国家的开支,因为他们全都同样是国家的人。

应该只有一种度量衡、一种习惯法。

对于罪犯处的刑罚必须是有益的。绞死一个人毫无益处,而被处以公共劳役的人对于国家还有点用处,而且也是一个活教训。

一切法律条文都应当明白易懂、一致和明确。对于这些法律条文加以解释总是会歪曲它们的。

绝不可有下流无耻的缺点。

只应按比例课税。

法律绝不与习俗相矛盾,因为,习俗若是好,法律也就毫无用处了。[①]

LUXE 奢侈,豪华

第 一 节

在一个人人都赤足走路的国度里,第一个为自己做了一双鞋

① 请参阅《自然法》的诗篇,阿弗内尔先生指出伏尔泰这些愿望大部分都见之于1789年第三等级请愿书里,不无理由。——Flammarion 袖珍版

的人是否有奢侈之处呢？他岂不是一个见识出众又异常心灵手巧的人吗？

第一个有了衬衣的人，岂不也是这样识多见广颖慧非凡吗？我以为最初那个懂得浆洗和熨平衬衣的人，的确是个本领高明的天才，是能够治国安民的人。

然而不习惯穿白净衬衫的人却把这个人看成是个缺乏男子刚强气派败坏风俗的阔佬。

大加图[①]对罗马人说，要谨防豪华奢侈，你们征服了法泽河[②]省，却绝不可吃雉鸡；你们征服了产棉地，可是要睡在硬板床上；你们手持武器劫夺了二十个国家的金银珠宝，但是切勿愚蠢到使用这些东西。夺取一切之后，却要两袖清风。江洋大盗应该是德高而自由的人。

吕居吕斯[③]答复他说：朋友，你还不如盼望克拉苏、庞培、恺撒和我，我们这些人都在奢侈上多花些钱更好。大盗们必然为瓜分掠夺物而相互厮杀。罗马应该被征服。但是如若我们能像你一样珍惜我们的金钱，就比我们任意挥霍更能早日由我们当中一个人征服它。你要盼望着庞培和恺撒都穷得无力供养军队吧。

不久以前，有一个挪威人责怪一个荷兰人追求奢侈。他说，在那个好年头，有个批发商从荷兰首都阿姆斯特丹到印度去，行前他

① 大加图(Caton l'ancien，即 Marcus Porcius Cato Major，公元前 234—前 149)，古罗马政治家和作家，历任执政官监察官等职，在监察官职内曾力图制止那种已经开始腐蚀罗马的奢侈风气。拉丁散文文学的创始人。——译者

② 法泽河(le Phase)即今日格鲁吉亚境内高加索的里昂河(Rion)。——译者

③ 吕居吕斯(Lucullus，公元前 109— 前 51)，古罗马大将，在庞培之前，曾率军对米特里达特(Mithridates)作战，班师回朝后，以豪华奢侈闻于时。——译者

在厨房里留下了一块熏牛肉，回来后又找到那块肉，这样的好年头又到哪儿去了呢？您的木勺和铁叉又到哪儿去了呢？睡在一张锦缎床上，对于一个明智的荷兰人来说，岂不是件可耻的事吗？

荷兰人便反驳他说，你到南美洲的巴塔维亚去，像我一样赚上十吨黄金来，你再看看你是否会有穿好、住好、吃好的欲望。

从这次谈话以来，人们写了二十大本书议论奢侈，而这些书并没有能使奢侈有所增减。

第　二　节

两千年来人们赋诗作文大声疾呼痛斥奢侈，而人们却总是爱好奢侈。

关于初期的罗马人，人们什么没有谈到呢？当这些强盗蹂躏和劫掠邻国收获的粮食时，当他们为了使他们那些贫穷的村子致富，摧毁了沃尔斯克人和萨谟奈人[①]的贫穷的村庄时，他们都是既没有私心又有德行的人。他们还没有窃取金银珠宝，因为被他们洗劫的村子里根本就没有这些东西。他们的森林和沼泽既不产山鹑，也没有野雉，而人们都称道他们节制饮食。

正当他们从亚得里亚海湾顶端直到幼发拉底河一带逐步劫掠盗窃一空，有了相当的聪明智慧来享用他们掠得的果实[②]，当他们

① 沃尔斯克人(les Volsques)，古意大利人，定居在中部拉丁姆(Latium)一带。纪元前338年被罗马征服；萨谟奈人(les Samnites)，古意大利中部萨谟奈(Samnium)地方居民。——译者

② 1764年袖珍本Flammairon版在果实二字后有“达七八百年之久”一短句。——译者

致力于一切艺术，尝到了种种乐趣，并且甚至也让邻国分享这些乐趣的时候，据说，他们便不再是明智善良的人了。

所有这些抨击归根结蒂就是证明一个贼绝不可以吃他抢来的饭，也不可以穿他偷来的衣服，也不可以戴他盗来的戒指装饰自己。据说他应当把这些东西统统投入河内，以便能够像一个体面的人活着；您还不如说他根本就不应该盗窃。强盗抢劫，可以定他们的罪，但是他们在享受时，却不可说他们在发疯。说真心话，[①]有许多英国水手在占领印度的本地治理和古巴的哈瓦那时发了点财，后来在伦敦由于他们在亚洲和美洲遥远地方出过力而享受点乐趣，难道说也错了吗？

那些攻击奢侈的人们想要人家把靠武力、农工商业积聚起来的财富统统都埋藏起来吗？他们引述了拉塞代莫那[②]，怎么不也引述圣马兰共和国[③]呢？斯巴达为希腊又做了什么好事呢？他们也有过德摩斯梯尼、索福克勒斯、阿佩莱斯和菲迪亚斯吗[④]？雅典的奢侈培养了种种伟大人物。斯巴达有过一些军事家，但是比其它城市还少得多。可是从老早起，拉塞代莫纳这样小的共和国就

---

① 我们曾经提到过的那位缺少才智的人，在一种劣本里，读了这一段，由于其中在说真心话一词后的逗点误排为句点，便以为作者有意说强盗们是说真心话了。我们很了解这位缺少才智的人不老实，不过说真心话这也不足为害。——伏尔泰

② 拉塞代莫纳(Lacédémone)，即斯巴达(Sparte)。——译者

③ 圣马兰(Saint Marin)共和国即圣马力诺(San Marino)共和国，在意大利翡冷翠(Firenze)市东边，方圆 61 平方公里，首都即圣马力诺。——译者

④ 德摩斯梯尼(Démosthènes，公元前 384— 前 322)，古雅典著名雄辩家；索福克勒斯(Sophokles)，古希腊三大悲剧诗人之一；阿佩莱斯(Apelles)，纪元前四世纪古希腊名画家，在亚历山大宫廷中作画；菲迪亚斯(Phidias，？—前 431)，古希腊最伟大的雕塑家，曾主持祭雅典娜的巴台农神庙全部雕塑工作。——译者

一直贫困[①]。人活一辈子，到死为止，既可以缺这个少那个，也可以样样俱备令生活愉快。加拿大的蒙昧初民也能够活到老年，一如有着五万畿尼[②]金币收入的英国公民。但是谁又会拿伊罗奎人的国度来比英国呢？

虽说腊古扎共和国和楚格州[③]都制定了节约法规[④]，他们还是有道理的，因为贫困的人都应量入为出。但是我在什么地方读到了：

> 更要知道奢侈虽会使小国灭亡
>
> 却可使大国富庶[⑤]。

即使您把奢侈理解为过度，我们知道过度在各方面都有害：节制饮食和贪而无厌同样有害，过于俭省也像挥霍无度一样无益。我不知道怎么会在我们那些村子里，土地既寡产，捐税又繁重，而禁止出售自种小麦，简直令人不堪忍受，可是没有哪个佃农不是穿一身上品呢料子服装，着一双优质皮鞋，吃的又好的。倘若这个佃

① 拉塞代莫纳仅靠保留了共产或均产制才避免了豪华奢侈；但是这个共和国只是使用一批农奴来耕种才能保持了共产或均产制。那本来是圣·克罗德隐修院的约法三章；除此以外，隐修士还不得杀害或毒打他们管辖的农奴。共产和均产制的存在都需要有一批奴隶来维持。斯巴达人有美德善行，就像江洋大盗、宗教裁判所法官和一切惯于作奸犯科、毫无悔意的人们一样。——开勒版

② 英国古金币名，约合 21 先令。——译者

③ 腊古扎(Raguse)即今日克罗地亚的杜布罗夫尼克；楚格州，瑞士州名，在楚格湖东岸。——译者

④ 节约法规，从它的性质上说，就是对于所有权的侵犯。如果在一个小国里贫富不均程度根本不大的话就不会有什么豪华奢侈之风，如果贫富不均的情形存在的话，奢侈也不失为一种补救办法。倒是日内瓦的节约法规令这个小国失去了自由。——开勒版

⑤ 请参阅《禁止奢侈》一文，这两句话就在其中。——乔治·阿弗内尔

农穿着漂亮衣服，雪白衬衫，烫着头发，还扑上发粉，去耕田，这当然未免太奢侈，也很不成体统。但是一位巴黎或伦敦的市民穿的像农民一样去看戏，那就未免吝啬得太可笑了。

事物有一定的标准和界限，

超越或不及都不可能正确。

当有人发明了剪刀的时候，这也绝非远古时代，人们便对最初修剪自己指甲，剪断那些垂到自己鼻尖的长发的人，什么指责话又没有说过呀？毫无疑问，人们必然是把这些人看成是油头粉面的漂亮小伙儿和挥霍无度的浪荡子弟，认为他们付出高昂代价购买了一种虚荣工具来糟蹋造物主的作品。把上帝叫我们指尖上生的指甲削短这该是何等的大罪呀！这简直是在污辱神明，而人们又创制了衬衫和布鞋，这就更其是罪大恶极了。我们知道那些从未穿过这类东西的年老推事们是何等愤怒地斥责那些染上这类害人的奢侈习气的年轻法官哪。[①]

① 倘若人们把奢侈理解为一切超出必需之外的事物，奢侈便是人类进步的自然后果，而顺此类推下去，一切仇视奢侈的人都要跟卢梭一样，以为人类的幸福和道德状态都应该不是野蛮人而是大猩猩那样。我们觉得把人人都会享受的一切生活舒适设备看成是一种罪恶，未免荒谬，所以人们通常只把少数人能享有的非必要而多余的事物叫作豪华奢侈。在这种意义上奢侈就是缺之社会即不能存在的那种产业的必然后果，而且也就是贫富悬殊的必然后果。这种贫富不均并非产权的结果，而是由于一些不良的法律造成的。所以说是不良的法律促成了奢侈，而良好的法律却可以消除奢侈。伦理学家应该向立法家说教而不必教训个别人，因为品行端正而又有真知灼见的人是能够拟订合理的法律的。要求一国的富户人人为了讲究品德而放弃出资寻求欢乐或是追逐虚荣也未免违背人情了吧。——伏尔泰

M

MATIÉRE 物质

第一节 一个狂热信徒和一位哲学家之间的对话

狂热信徒:是呀,上帝和人间的敌人;你相信上帝是全能的,可以任意给他选择上的一切生物添加上思维才能,我就去宗教裁判所法官面前告发你,我要叫你受火刑;小心着点,我这是对你最后一次警告。

哲学家:这就是您的论据吗?您就是这样教人吗?我佩服您的温文尔雅的态度。

狂热信徒:来嘛,我正想安静一会儿,等着柴火。你回答我:心灵是什么!

哲学家:我一点儿也不知道。

狂热信徒:物质是什么?

哲学家:我知道得也不多。我以为物质是延展的,有体积的、坚实的、有引力的、可分的、可动的。上帝可能给它整千种其他性能,是我不知道的。

狂热信徒:整千种别的性能,叛徒!我看准了你打算怎么样,你要对我说上帝能够叫物质活跃,说他给动物本能,说他是万有的主宰。

哲学家:但是很可能是因为他给这种物质很多属性是您不会了解的。

狂热信徒:我不会了解!你这个无赖!

哲学家:是的,他的威力远远不是您能理解的。

狂热信徒:他的威力!他的威力!真是无神论者的论调。

哲学家:我却有好几位圣父为我作证。

狂热信徒:好,好,上帝也好,圣父也好,都阻挡不住我把你活活烧死,这是一种刑罚,用来处罚那些杀害父母师长的罪犯和那些与我们意见不同的哲学家的。

哲学家:是魔鬼还是你,发明了这样的论证的方式?

狂热信徒:讨厌的着了魔的人!你竟敢把我比做魔鬼,啊?

(这时候,狂热信徒给了哲学家一记大耳光,后者加倍奉还了他。)

哲学家:哲学家们快来帮助我呀!

狂热信徒:亥尔芒达联防组的兄弟们快来帮助我呀!

(这时候,有六位哲学家从一边过来,又见从另一边过来一百位布道兄弟会修士带着一百个宗教裁判所捕快,和一百头北非白羚羊。双方力量悬殊。)

第 二 节

有人问几位智叟灵魂是什么,智叟们回答说他们根本不晓得,若是有人问他们物质是什么,他们照样回答说不知道。老师们,特别是学子们，对于这些都知道得很清楚。而当他们反复背诵着物质是有体积的而且是可分的时候，他们以为都说清楚了。但是请他们说明这个有体积的东西究竟是什么时，他们就感到为难了。他们便说，这是由各部分组成的。这些部分又是由什么组成的？这些部分的组成部分又是什么呢？这些组成部分是否可分呢？于是他们或是默不作声，或是大肆谈论，依然是令人感到疑难重重。这个几乎是不认识的东西，人们称之为物质的事物，是永恒的么？所有的古代哲学家们以为是永恒的。它自身具有一种动力吗？好多哲学家都这么想。否定这个永恒事物的有权否定吗？您不会想到物质自身具有什么。但是您又怎么能够断言物质自身不会具有对于它说来是必不可少的属性呢？您不知道物质的性质是什么，而您却又拒绝承认它本性内具有的样态。总之因为物质一经存在，它总会是由某种方法表现出来的，总会由形象表现出来，而它既是必然用形象表现出来，是否就不可能没有其它的样态依附于它的外形么？物质存在着，您只凭着您的各种感觉来认识它。唉！自从人们会推理以来，心灵的种种微妙的敏感作用又发挥了什么用处呢？几何学教给我们很多真理，形而上学却教的很少。我们用秤称物质，用尺量物质，我们分析物质。超越这类粗糙的操作之外，要想再向前迈进一步，我们便会感到无能为力了，而在我们面前，就是一道鸿沟。

请原谅全世界人士，他们全都误以为物质是自己存在的。他们又怎么能不这样呢？怎么能够想象断断续续不是一直在存在呢？倘若物质并非必然存在的，它为什么又会存在呢？倘若它是必然存在的，那为什么又不经常存在呢？没有一条格言会比下述这一条更为世人所普遍接受的了:“任何事物也不是无中生有的。”因为跟这句格言的意思相反的话是无法理解的。在所有的民族那里,天地玄黄、宇宙洪荒的想法总是先于一只神手把全世界整理得井井有条的说法而存在。物质的永恒性在任何民族那里也没有妨碍过对于神明的信仰。上帝被人认为是一种永恒物质的主宰这一点从来也没有吓倒宗教,我们今生有幸由于宗教信仰而得知是上帝从虚无中引出了物质。但是任何民族也没有人告诉他们这一教条,甚至犹太人也不知道。圣经《创世记》第一节便说埃罗伊姆诸位神,不说是埃罗伊神,创造了天和地,也没有说天和地是从无中生有创造出来的。

皮隆,生于犹太人已经有了少许学识的时代,在他那“创造”一章里说:“上帝本性善良,对于物体,物质根本没有丝毫欲望,物质本身并不好,本性就只有惯性,混沌,杂乱。他施惠于物质,把物质从劣质变好。”

洪荒宇宙由一位上帝清理出来,这一思想,在古代所有的神统记里都有。赫西俄德在他那部《神谱》里说:“洪荒宇宙是最元始存在的东西”,这话是重复着东方思想的。奥维德说:

> 有一位天神,不知道是怎么样的,
>
> 把这样排列的物质分开,……
>
> 奥维德,《变形记》,I,32

奥维德便是全体罗马帝国人的代言人了。

所以物质被看作是在上帝手中,犹如陶土在陶工的车盘上一般,倘若可以用这类薄弱的形象来说明神明的威力的话。

物质既然是永恒的,就应当具有永恒属性,如轮廓、惯性、流动和可分性。但是这种可分性也只是一连串的运动。因为没有运动,什么也不可分,什么也分离不开,什么也安排不好。所以我们把运动视为物质最主要最本质的东西。

洪荒宇宙本来就是一种混乱的运动,而宇宙的安排就绪本来就是世界主宰赋予一切物体一种有规律的运动。但是物质如何自身会有了运动?就像古人们说的,物质具有广延性和不可穿透性那样。

但是物质没有广延性便不可理解,而没有运动却可以理解。对于这一点有人又答辩说:“物质不可能不是可以渗透的;那么,既然是可以渗透的,理当有物质连续不断地通过它那些细小微孔。没有什么东西通过,那些通道又有什么用呢?”

驳来驳去,也就永无止境。永恒物质学说体系,一如其它一切学说体系一样,有很大的困难。物质从无中生有的学说也并非不那么不可理解。应该承认这一学说,而不要自诩可以解释它,哲学并不能解释一切。我们有多少事物不可理解而又必须承认哪,即使在几何学上?有两条线永远彼此渐近而又永不相交,我们能够理解吗?

说实在的,几何学家会对我们说:“渐近线的各种性质对于你们来说已经是证明了的。你们无法阻止自己承认这些性质。但是创造却并未被证明。为什么你们又加以承认呢?你们就像整个上古时候的人一样,对于承认永恒的物质,又有什么困难呢?”另一方面,神学家们又会来紧逼你们,会对你们说啦:“你们若是相信物质永恒存在,你们自然承认是有两个本原,上帝和物质。你们便陷入琐罗亚斯德和摩尼的错误里去了。”

我们对于那些几何学家们什么话也不答辩，因为这些人只知道他们的线，他们的面和他们的体积。但是我们可以回答神学家们说："凭什么我是摩尼派信徒呢？这里有些石头根本不是建筑师创造的。这位建筑师用它们修建一座大厦。我并不承认有两位建筑师。原来未加过工的粗石，服从了能力和才干的支配。"

不拘人们采用什么学说和体系，幸而没有一种是有损于道德的：因为物质是创造的也好，安排的也好，这又有什么关系呢？反正上帝总是我们的绝对主宰。我们在一个清理出来的洪荒世界上或是在一个从无到有的洪荒世界上都一样应该有德行。几乎所有这类行而上学问题都不影响人生品德。有些讨论就像在餐桌上的空谈一样。饭后每人都把他所说的话丢到九霄云外去了，而各自奔向他的利益和趣味之所在的地方去。

MÉCHANT　坏

有人向我们大声疾呼地说人类本性本质上就是邪恶的，说人生来就是个捣蛋鬼和坏家伙。再没有比这种想法更欠妥的了：因为，朋友，你向我宣传说世人生来都是坏蛋，那么你自己也就是如此喽，我就应该像提防着狐狸或是鳄鱼那样提防着你啦。你就对我说："噢，那可不是那么说！我是新生派，我既非异端分子，也不是不信基督教的人，人们可以相信我。"但是别的人，或者是异端分子，或者是所谓非基督徒，都只不过是一群怪物，而你每次跟一个路德派信徒或是一个土耳其人交谈，你应该相信他们会偷窃你的东西而且会杀死你：原来他们都是捣蛋鬼，生来就会捣蛋，有的根本不是新生派，别的又都是蜕化变质分子。最好最合理是对人说："你们都生来性善，你们看看毁坏了你们洁白的身心该是多么可怕呀。"对待人类也应该像对待个别人一样的好。一位议事司铎要是生活有失检点，人们便对他说："您怎么好败坏议事司铎职位的名声呢？"人们提醒一位法官说他荣任国王顾问便应以身作则。人们鼓励一位士兵说："要想到你是香槟营的士兵。"也应该对每一个人说："不要忘记人的尊严。"

而的确是，不管您怎样不愿意，总是要想到这个上来：因为这句在各个国家人们经常使用的话"您要反躬自省"。用意又何在呢？倘若您生而为捣蛋鬼，倘若您出身于罪犯家庭，倘若您血液是由恶毒液体构成的"请您反躬自省"这句话便意味着：参照着依遂着您恶魔般的天性去干，您要做个伪君子、盗贼、杀人犯，这是您父亲为您注定的。

人并非生来性恶，他是变坏了的，就像他患病一样。有些医生们来了，对他说："您天生是要患病的。"当然，要是他的病是与生俱来的，那么不管这些医生们怎么说怎么做，也是医治不好他的病的，而这些强词夺理的善辩者自身已是病入膏肓的了。

试把全世界的儿童集合起来，您只能在他们身上发现纯洁、温良和胆怯。倘若他们生来就坏、居心不善，狠毒、残忍，他们必会表现出若干迹象来，犹如幼蛇图噬、稚虎寻撕一般。可是，大自然并没有为人比为鸽兔提供更多的武器，没有能赋予这些动物以摧残的本能。

所以说人之初，性本善。为什么不少的人都染上了这种恶毒之症呢？这是因为他们的带头人染上了这种病症，便会传染给其他的人们，好似一个女人沾染了哥伦布从美洲带回来的那种梅毒传遍了全欧一般。世界上最初第一个野心家败坏了大地。

您不要说这个最初的怪物散播了骄傲、掠夺、诈骗、残暴的种子，这些劣性人人都有。我承认一般说来我们大部分手足都有这些品质，可是是否因为人人都有感染腐烂性热、结石、尿沙的危险，就会都染上了这些病症呢？

有些民族，人皆舜尧：菲律宾人、印度巴尼安商人，从未杀害过人；中国人、越南人、老挝人、暹罗人、就连日本人也算上，百年以来压根儿就没动过干戈。然而仅仅在十年间，在罗马、威尼斯、巴黎、伦敦、阿姆斯特丹诸城市，这类重大罪行，却震惊了人类天性。在这些城市里，万恶之母的贪婪是极度猖獗的。

倘若人本质上就是邪恶的，倘若他们生下来就都臣服于一个既是害人虫又是倒霉鬼的人[①]，后者由于受了苦刑而要进行报复、他会把他所有愤恨全部灌注到他们身上，我们便会每天早上发现妻杀其夫，子弑其父，就像在黎明时候发现老母鸡被前来吸它们血的黄鼠狼咬死一样。

设若世界上有十亿人，这就不少了，大约有五亿妇女缝衣、纺线、奶孩子、清洁居屋或窝棚，还要说一说左邻右舍的坏话。我看不出来这些天真的可怜人在世上做了什么大坏事。在全世界这么多居民中，至少有两亿儿童，他们当然不会杀人也不会劫掠，还大约有同样数目的老弱病残，也没有能力干这些事儿。顶多还有一亿青壮年能够干杀人越货的罪行，在这一亿人口里倒有九千万人

---

① 作者在此处系指耶稣基督。——译者

从事耕种,从事生产劳动来为自己提供衣食。这些人也没有工夫去作恶。

其余的一千万人中,定然又有有闲而又有教养的人,他们要舒舒服服地享受;有才能的人又都忙于他们的职业,法官、教士们显然愿意度一种纯洁的生活,至少是在表面上。所以只剩下若干政界人物,他们或者是平常的信徒,或者是正规的修道教士,总是想要扰乱天下,又有几千个流氓供这些政界人物驱使。然而这些雇佣的猛兽总共也绝不足百万,在这个数字里还包括了那些剪径大盗,在那些最动荡不安的时代,世上一千个人里也只能有一个人可以说得上是坏蛋的,而况也并非总是这样。

所以在世界上,坏事比人们所谈论的所想以为然的要少得多得多。当然这还是过多。我们看到一些灾难和骇人听闻的罪行。但是人们既然非常喜欢诉苦和夸大其词,有一点点擦伤您就要大嚷大叫地说世上血液横流了。您不是被欺骗了吗,人人都是发伪誓、赌假咒的人哪!一个气质忧郁的人受了一点委屈,便以为世界上到处是受苦受难的人,犹如一位寻欢作乐的人从歌剧院出来,陪着他的夫人用晚餐,就想不到世上还有贫苦的人。

MESSIE　弥赛亚

告　读　者

本文是波利埃·德·博当先生的作品。他出生于法兰西一个古老家族,二百年前已定居在瑞士。他是洛桑的首席牧师。他的学识与他的虔诚相当。他为大《百科全书》撰写此文。文章编入《百科全书》。人家删去了几处,因为编审的人员认为有些学识与虔诚不及作者的天主教徒可能会加以滥用。这篇文章受到一切贤明人士的一致赞扬。

人们同时把它编入另外一本小辞典里印行,而在法国归之于一个人们不惜使之惶恐不安的人的手笔。有人揣测这篇文章是蔑视宗教的,因为他揣测它是一位非圣职人员的作品。便对这篇文章和被人诬指文章的作者大发雷霆。被人诬陷的那个人对这种误解只好置之一笑。他以悲天悯人的心情目睹人们每天都犯的错断和不公正行为的这个实例,因为他有那贤明博学的教士亲自书写的手稿。这份手稿他还保存在自己手里。他愿意出示给任何想要目睹这个稿子的人士。在稿子上甚至还可以看到有这位非圣职人员为了防止有人不怀好意地胡乱解释而画的杠子。

所以我们现在把这篇文章照原稿印行。我们把已在他处印行的一些段落删去,以免重复,但是只字未增。事情之妙处在于可尊敬的作者有一位同道写了世上最可笑的东西来反对他的同道的这篇文章,而自以为是写来反对一位公敌的。这酷似夜间作战,人们在和自己伙伴搏斗。

屡屡有些宗教问题辩论家指责圣奥古斯丁·圣热罗姆文章的一些段落而不知这些文字就出自这些教士的手笔。他们如若不知道圣经新约是出自何人之手,也会去咒骂这部书的一部分的。人们这样判断事物的次数也过于多了。

Messie,Messias〔弥赛亚〕,这个字出自希伯来文,与希腊文Christ〔基督〕一字含义相同。二者都是在宗教中的祝圣用语,现今只用于指称杰出的受膏者,或说敷过圣油的人。这位救世主就是古代犹太民族等候而且在他降临后仍在追求他降临的那个人,而在基督徒的心目中,他则是玛利亚之子耶稣,基督徒把耶稣视作主的受膏者,许诺给人类的弥赛亚。希腊人使用 Eleimmenos 一词,意义与 Chritos 相同。

我们在旧约里看到弥赛亚这个字远非专指以色列民族所盼望降临的大救星,也不仅专指上帝的那些真诚而又忠贞的信徒们。这个名字却常常奉送给一些国王和崇拜偶像的王子。这些人在永恒的上帝手中是他惩罚罪恶的执行者或是执行他的道德准则的工具。《集会书》[①]的作者就是这样谈以利沙[②]的:qui unges ad pœnitentîam,或照七十人译本(Septante),ad vindictam〔“您为国王们擦圣油来行主的惩罚。”〕所以他派遣了一位先知去为以色列王耶户擦圣油。先知又向大马色和叙利亚国王哈薛宣告擦圣油礼[③],因为这两位君王都是最高主宰的弥赛亚,要去惩罚亚哈一家的罪行和亵渎行为的。

但是在《以赛亚书》第 45 章第 1 节里,弥赛亚〔救世主〕这个名称特别赐给了居鲁士(Cyrus)。神对他的受圣油者,他的弥赛亚居鲁士如此说,“我搀扶居鲁士的右手,使列国降伏在他面前,云云。”[④]

---

① 《集会书》〔*Ecclésiastique*〕旧约圣经之一,与《箴言》,《传道书》,《雅歌》,《智慧之书》等均称为 Livres Sapientiaux〔智慧书〕,未收入汉译圣经。——译者

② 以利沙(Elisée),犹太先知,先知以利亚的继承人,见《旧约 · 列王纪下》第 3 章第 11 节。——译者

③ 见《旧约 · 列王纪》III 第 19 章第 15 及 16 节。——伏尔泰

④ 见《旧约 · 以赛亚书》第 45 章第 1 节:“我耶和华所膏的居鲁士,我搀扶他的右手,使列国降伏在他面前。”——译者

以西结在他的启示第 28 章第 14 节里把推罗王称为弥赛亚〔救世主〕,也称他为基路伯。神对先知说:“人子啊,你高声为推罗王作起哀歌说:主如此说。你宛然跟上帝一模一样,满怀才智,完美无瑕;你曾经是主的伊甸乐园,(或依照其他译本)你是主的一切欢乐。你的服装全身佩戴的是各种宝石。红宝石、黄玉、碧玉、橄榄石、红玛瑙、绿玉、蓝宝石、石榴红宝石、翡翠和黄金。你所会演奏的鼓和笛都已在你那里,在你受造之日,这些鼓和笛早已齐备。你是一位基路伯、一位弥赛亚〔救世主〕,作为保护者,我建立了你,你曾去过上帝的圣山上。你在发光如火的宝石中间往来。你从受造之日起所行的都完善无瑕。直到后来在你身上又察出不义的行为来。”

此外 Messie〔弥赛亚〕即救世主这一称号,希腊文作 Christ〔基督〕,是送给在希伯来诸位国王、先知和大祭司们的。我们在《列王纪》里读到:“主和他的弥赛亚是见证。”换句话说:“主和他所立的王是见证。”另外一处又有:“不要碰我那些受圣油者,也丝毫不要伤害我那些先知。”大卫受圣灵感召,不只在一处,把他那位迫害过他自己而他没有理由爱的岳父扫罗称为受圣油者上帝的弥赛亚。我要说,对于这位被天主弃绝、圣灵已从他身上离去的国王,他却给以主的弥赛亚称号和受圣油者身份。他常常说:“上帝不许我打击主的受圣油者、打击上帝的弥赛亚!”

虽然弥赛亚的美名,经主敷过圣油的人的美名,曾经赐给一些崇拜偶像的国王、一些残忍的暴君,在我们古代预言里却也常常用来指主的真正受油者,那位最好的弥赛亚以色列的一切信徒所企盼降临的对象。所以撒母耳的母亲哈拿用以下这几句非凡的话结束她的祷词,她说:“耶和华必审判地极的人,将力量赐予所立的王,高举他的基督的(号)角。”这些话不能用以指任何国王,因为我们知道当时希伯来人根本还没有国王,我们在下列各个预言里也遇到这个字。见《诗篇》第2篇2句,第28篇8句、《耶利米书》(三十人译本)第4章20句、《但以理书》第9章26句、《哈巴谷书》第3章13句。

我们若是把这些不同的预言拿来与人们通常都归之于弥赛亚的那些预言进行对照,便会发现彼此有不可调和之处,而在一定程度上却又证明作为这些预言的接受者的那个民族的固执己见是对的了。

那么事实在马利亚的儿子耶稣身上证实之前,又如何理解一位大智的人,同时既是神又是人,一个既伟大又低微而却能战胜魔鬼的人,被这个地狱的精灵,这个空中威力的王子诱惑、带走,叫他不由自主地游来游去的人;又如何理解这个既是主人又是仆人,既是国王又是臣民,既是杀牲的祭司又是被杀的牺牲品,既是必死的人又是战胜死亡的胜利者,既富有又贫穷的人;又如何理解这个统治期永无止境,能用奇迹降服整个大自然的光荣征服者,而又将是一个苦难中的人,被剥夺生活设备,时常甚至在他自称为王而他生来满载荣誉的一生中失去绝对必需品,受了一种耻辱而残酷的苦刑,结束了无辜的、不幸的、不断被人反驳和横加阻挠的一生,而甚至又在这种屈辱、这种异常贬抑中获得一种无与伦比的升华之源,使他获得最高荣耀、权能和至福,就是说把他引导到创造物的最高地位。这些又如何理解呢?

所有基督徒都一致同意在他们名之为基督的拿撒勒城的耶稣

身上发现这些表面上十分矛盾的性质。他那一宗派的信徒奉送给他这一卓越头衔，并非由于他以可感的物质方式就像古时若干国王、若干先知和祭司那样，敷过圣油而是因为圣灵指定他担任这类重大祭礼，因此他已经过必要的精神上的敷圣油礼。

我们写到这里，遇到一个如此重要的问题，因为有一位荷兰传道的人，他本来才薄识浅、写作平庸，并不见称于世，只因他的一项发现而闻名。他使我们认识到我们的主耶稣本是基督，上帝的弥赛亚，在他一生中的三个伟大时期三次敷过圣油来做我们的王、我们的先知和祭司。

当他领洗的时刻，大自然最高主宰宣称他是主的独子，他最爱的独子，从而也就是主的代表。

在他泊山[①]上，改头换面，与摩西和以利亚结合在一道，这同一神奇的声音向人间宣布他是那位赋予万物以生命并且派遣先知下来而应当更为人尊崇的人的儿子。

在客西马尼[②]有一位天使自天而降，在他临刑前的极度焦急不安中支持他，令他壮起胆来顶住对于不可避免的死亡的残酷恐怖。这次死亡使他成为更优良的祭司，正是由于他将献身为无辜而纯洁的牺牲。

这位独具慧眼颇有见识的荷兰布道士、著名的柯塞伊厄斯[③]

---

① 他泊山(le Thabor)，在古代以色列国约旦河上游尼基烈湖之西。——译者

② 客西马尼(Gethsémané)，古地名，在耶路撒冷迤东。见《新约·马太福音》第26章第36节。——译者

③ 柯塞伊厄斯(Cocceius)，这是 Jean Koch 或 Koken 的拉丁化的名字，他是宗教的改革派神学家，1603 年生于德国不来梅，1669 年在荷兰莱顿逝世。——译者

的门徒，发现在上帝威力对于他的受圣油者所施的预兆里有上帝各次敷圣油封王的迹象：如在他领洗礼时，象征圣灵降临他身上的那只鸽子的影子；在他泊山上，那朵神奇云彩盖住了他；在客西马尼地方，他浑身满是血汗。

既是如此，那么只有极端不信神才不能从这些迹象里认识出上帝应许派遣的弥赛亚杰出的主敷圣油者的圣迹来。倘若这位弥赛亚未经列入上帝无限明智的计划之内，而在上帝大慈大悲的诸般意图中，对于完成上帝创造事业和拯救人类并非必不可少的话，人们也就不会十分惋惜犹太民族难以想象地那么糊涂了[①]。

但是也必须承认犹太民族在压迫下受折磨，而永恒的主又时常对他们做过光辉的许诺，所以他们必然是企盼着弥赛亚救世主的降临，并且因此他们不愿意在主耶稣身上认出他就是他们所盼望的解放者，何况他们也是那种把肉体比精神看得更重，对现世需求的敏感更甚于满足于未来的因而也就是靠不住的利益的人呢。

而且我们应当相信亚伯拉罕和他以后的极少数族长和先知们都可能对于弥赛亚救世主的精神统治的性质有一种想法，不过这些想法想必是只停留在一小圈儿受神灵启示的人们当中，所以不足为奇的是这些思想不为大众所知，就被曲解到了这种程度即救世主在犹太降世时，犹太人民和他们的博士们，甚至他们那些君王们都等待的是一位帝王、一位征服者，他可迅速征服了世人。但是又如何协调这些美好思想和耶稣基督外表悲惨的卑贱处境呢？因此他们听见他自称是弥赛亚救世主就感到气愤，便迫害他，否定了

① 指犹太人不相信耶稣基督是上帝派遣来的弥赛亚救世主而言。——译者

他，并且处以极刑杀死了他。自从那时以来，他们丝毫看不到谁来实现他们的那些神灵默启的预言，而根本不愿意弃之不顾，便沉湎于各式各样、一个比一个更为空幻的想法。

因此当他们看到基督教的胜利，感到人们可以巧妙地解释他们那些由神默启的古代预言而归于耶稣基督的时候就违背了他们祖先的意见，而否认我们为他们引证的圣书段落应理解为弥赛亚的话，曲解了圣书而自招毁灭。

有些人认为犹太人受神启示的预言曾经被人误译，认为他们空空等候弥赛亚的降临，而后者已经托身于希西家[①]降临了。这就是著名的希莱尔[②]的意见。有的人又比较缓和一些，迁就着时代和环境，策略地主张对于弥赛亚降临的信念并非是宗教信仰基本信条之一，而否定这一教条根本无伤于宗教戒律，只不过是微微有所触犯罢了。犹太人阿尔博[③]便是这样对教皇说，否定弥赛亚救世主降临仅仅是折断一支树枝罢了，并未伤及树根。

著名的犹太教士所罗门·扎尔希[④]，生活在十二世纪初，在他那部《犹太教法典》里说古代希伯来人以为弥赛亚救世主就生在耶路撒冷，最后一次遭受罗马武力摧毁的日子里，这就如同人们说

① 希西家（Ezéchias），犹太国王，亚哈斯之子；曾抵抗亚述王塞那谢里布的侵略。——译者

② 希莱尔（Hillel），法利赛人犹太法师，公元初年生于巴比伦。他革新了宗教经典解释学，用宽容的意义，解释犹太法典。——译者

③ 阿尔博（Joseph Albo），十五世纪初叶西班牙萨拉戈萨省达罗卡城犹太布道师和哲学家。——译者

④ 所罗门·扎尔希或拉希（Salomon Jarchi 或 Raschi，1040—1105），法国犹太教法师，著有《原道书》论述犹太教义，攻击基督教。——译者

的，在人死后请来医生。

犹太教教士坎希[①]，也生活于十二世纪，声称即将降世的弥赛亚救世主将会把占有犹太地方的基督徒从那里逐出。基督徒也确实丢失了圣土[②]，而是萨拉丹击败了他们[③]。只要是这位征服者略微保护了犹太人，表明赞成他们，犹太人在欣喜若狂之余必然会把萨拉丹崇拜为弥赛亚。

圣书的作者们，以及我主耶稣自己，常常把弥赛亚的统治和永世真福比做喜庆和宴会。但是犹太教法典的信奉者们大事滥用这一比喻。照他们说来，弥赛亚救世主将赐给他那聚集在迦南地方的人民一席饭餐，席上的葡萄酒就是亚当自己在伊甸乐园酿制而贮存在天使们在地心开凿的一个地窖里的。

餐中头一道菜就吃的是叫做鲲[④]的大鱼海怪，这个大鱼一口就吞下了一条比它小一点儿的鱼。这条鱼约有三百里长，背负全部海水。上帝最初先创造了一条雄鲲和另外一条雌鲲，但是又深恐它们颠覆大地，并且担心它们在世界上布满了它们的同类，便把那条雌的杀死了，把它腌成咸鱼，做弥赛亚救世主筵席的菜肴。

犹太教教士又补充说还要为这顿盛餐屠宰公牛贝埃莫特[⑤]，

① 坎希（Kimchi，1110—1175），出生于西班牙的犹太教，法学博士，以他反对基督教的政治论战闻于时。——译者

② 圣土（Terre Sainte），一译福地，即巴勒斯坦。——译者

③ 萨拉丹（Saladin，1137—1193），埃及与叙利亚的苏丹，1174 年曾征服叙利亚，驱逐基督徒，并占领耶路撒冷。——译者

④ 原文 Léviathan，圣经《旧约·约伯记》里所说的海怪，汉译圣经译为鳄鱼，此处改译为庄子所说的北海中的鲲。——译者

⑤ 贝埃莫特（Béhemoth），圣经《旧约·约伯记》第 40 章中所述巨兽，汉译圣经译为河马。——译者

这头牛非常之大，每口要吃一千座山的草，这头牛的母牛在开天辟地的时候就被宰杀了，以致这样硕大的种类不得繁殖，这只能损害其他创造物，但是他们断言永恒的主没有把它腌成咸肉，因为咸母牛肉没有咸母鲲肉那么味美。犹太人还十分相信犹太教士们的这类梦呓之谈，甚至时常以他们各自分到的一份腌贝埃莫特母牛肉做见证发誓，犹如有一些蔑视宗教的基督徒以他们在天之福做见证来发誓一样。

既然关于弥赛亚的降临及其统治有一些如此粗浅的想法，而古今犹太人，甚至不少初期基督徒，不幸满脑子里都是这些幻想，他们的认识未能提高到认识耶稣的神性，没有赋予弥赛亚以神性，还足以为奇吗？瞧瞧犹太人在题名为《卢西塔尼亚[①]犹太人的基督问题》（*Judœi Lusitani Quæstines ad Christianos*）一书中是怎样论述这一问题的。他们说："承认一位人神同体的基督，就是自己欺骗自己，就是自己锻造一个怪物，一个半人半马的怪物，一个由两个根本是风马牛不相及的本性构成的奇怪东西。"他们还说先知们根本就没有指点说弥赛亚是神又是人，他们特意分清上帝与大卫，声称前者是主，后者是仆，云云。

当救世主露面的时候，预言虽很明确，却不幸被那些和奶水一样吸入的成见所模糊。耶稣基督本人，也许是为了小心谨慎，也许是为了不激起人们的反感，对于他的神性问题，似乎十分慎重。圣克里索斯通[②]说："他想要听众在不知不觉中习于相信一桩大大超

① 卢西塔尼亚（Lusitania），古地名，在今之西班牙与葡萄牙一带。——译者

② 圣克里索斯通（Saint Jean Chrysostôme，347—407），又称金口（Bouche d'or），教会神甫、君士坦丁堡主教，以口才闻名，有脍炙人口的布道词遗世。——译者

越理性之上的神秘奥义。”他若是行使上帝的职权宽恕了有罪的人，这一行动就会激怒了当场所有的见证人；他那些最明显的神迹也难以说服那些即使是这些神迹的亲身受益者的人们相信他的神性。他在祭司长的审判庭前谦逊婉转地承认他是上帝的儿子，大祭司便撕开衣服，大喊大叫说他说了亵渎神明的话。在判决圣灵之前，使徒们甚至还料想不到他们亲爱的老师的神性。耶稣询问使徒们，人民群众对他的想法，他们答说有的人把他当成以利亚[①]，有的又把他看作是耶利米[②]，或其他一位先知。圣彼得也还要接受一种特别启示才认出耶稣基督是基督，是上帝活生生的儿子。

犹太人起来反对耶稣基督的神性是通过各种途径来反对这一伟大奥义的。他们歪曲了他们自己的神谕，或者不验证在弥赛亚救世主身上。他们以为上帝的名，以利[③]，不只是专指神明的，圣书著者们也称审判官、检查官和一般权力高的人为以利。他们的确引证圣书大量段落证明这种意见，但是却丝毫无损于弥赛亚救世主的古代神谕含义明确的用语。

总之，他们以为既然救世主和他以后的福音书作者们、使徒和早期基督徒们都称耶稣为上帝之子，这个庄严的名词在福音时代，

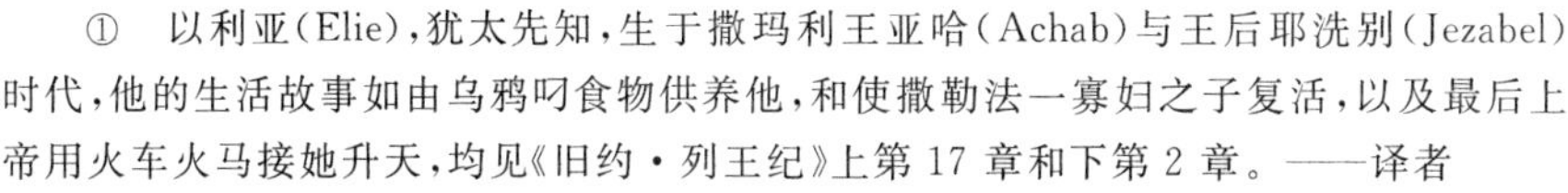

① 以利亚(Elie)，犹太先知，生于撒玛利王亚哈(Achab)与王后耶洗别(Jezabel)时代，他的生活故事如由乌鸦叼食物供养他，和使撒勒法一寡妇之子复活，以及最后上帝用火车火马接她升天，均见《旧约·列王纪》上第17章和下第2章。——译者

② 耶利米(Jérémie)，犹太先知，旧约中有耶利米书。——译者

③ 以利(Eloï)，希伯来语、意即神。汉译圣经《新约·马太福音》第28章46节译为以利。故从此译法。——译者

意思只是指巴力[1]之子的反面人物，就是说善人、上帝的仆人、与恶人根本不信神的人正相反[2]。

犹太人因为否认耶稣基督的弥赛亚救世主的身份和他的神性，也就少不了叫他受人蔑视，他们那种罪恶的顽固劲儿所能想象出来的一切笑料、一切耻辱全都加到他的降生，生活和死亡上。

犹太人盲目地写出的一切著作当中，再没有那部题名为《耶稣传》(*Spher Toldos Jeschut*)的书更怪诞更可憎的了。这部书是从断简残篇里整理出来的，收在瓦让赛尔先生那题名为《撒旦的火网》(*Tela ignea Satanœ*)一书第二卷里。

就是在这部《耶稣传》里我们读到一篇用极端偏见和尽情欺骗写的关于我们救世主一生的离奇古怪故事。例如他们竟敢提到，有一个名叫庞泰尔或庞代拉的人，是伯特利居民，在约迦南爱上了一位有夫之妇。由于这种不正当的关系，生了一个孩子，取名耶稣亚 Jesua 或耶稣。孩子父亲只好逃遁，隐匿在巴比伦。至于小耶稣，人家把他送入学校就读。但是作者又说，他竟敢在大祭司面前傲慢地昂首露面，而不像习俗那样要低头掩面。这种胆大妄为受

① 巴力(Bélial)，本为古代腓尼基人崇拜的偶像，希伯来语意即有害，坏，恶。圣经旧约用以指恶魔，魔鬼，魔王。圣书作者常用这一词，写道：他们的敌人就是巴力之子。——译者

② Maschiah(即希伯来语 Messiah 弥赛亚。——译者)这个名字本是赠给国王们的荣誉称号，习俗渐渐用以指称那个应出自本族而坐在大卫王的宝座上的未来的解放者。随后，在这一古老形象之外，又出现了另外一个形象，性质更为广泛，而且更为神秘，这个形象的典型就是旧约但以理书中所颂扬的神之子，这一典型导源于古波斯人的宗教信仰，这类信仰，远在犹太人被掳至巴比伦时，混入摩西时代的宗教信仰。——乔治·阿弗内尔

到了严厉的训斥，从而决定审查他的出身，审查认为他出身不纯正，而未几就让他蒙受耻辱。

这本可憎的书《耶稣传》，在二世纪时就已为人们所知。摄尔修[①]曾信以为实地引证了这本书，奥立泽尼在他著作第九章里批驳了这本书。

另外有一部书，也题名为《耶稣传》（*Toldos Jeschut*），由于尔德里克先生于1750年发表。这本书紧跟耶稣福音书的情节叙述耶稣童年轶事，但是随时犯有最明显的纪年混乱错误。书中把耶稣基督的生死年代置于大希律朝代，硬说人家是在大希律的面前控告庞代尔与耶稣生母马利亚通奸。

作者署名约拿单，自称是与耶稣基督同时代而居住在耶路撒冷，肯定希律王向塞扎雷地方的一个城市里的元老咨询过关于耶稣的事实。我们不会听信一位如此矛盾百出、荒谬绝伦的作者的意见的。

然而犹太人却由于这一切诬蔑之词而对基督徒和福音书怀着无比仇恨。他们无孔不入地来搞乱旧约全书的纪年而对于我们救世主的降临时间散布疑难。

艾哈买德·本·卡索姆·拉·安达库西，格拉纳达[②]的摩尔人，生于16世纪末叶，他引述一部古代阿拉伯手稿，这部手稿是在格拉纳达附近一座山洞里连同十六页薄铅片一道发现的，薄铅片上刻着阿拉伯文字。格拉纳达大主教唐·贝德罗·依·基诺纳自

---

① 摄尔修（Celse），纪元二世纪罗马柏拉图派哲学家，以攻击基督教而闻名。——译者

② 格拉纳达（Grenada 即 Granada），西班牙南方一城市，曾为阿拉伯人长期占领。——译者

己也证明了这一事实。这些所谓格拉纳达铅片，随后就被带到罗马，在那儿经过几载的考查，终于在教皇亚历山大七世在位时期被断定为赝品。其中只是一些涉及圣母玛利亚和她的圣子的虚构的故事。

冠以形容词伪字的弥赛亚的名字，也是用来指称那些在不同时代想方设法愚弄犹太民族的骗子的。在上帝真正使者降临之前就曾有过这类伪弥赛亚。贤人迦玛列谈到过一个名叫丢大[①]的人，他的故事见史学家约瑟夫的《犹太古代史》第二十卷第二章。丢大自己吹嘘说他足不浸水渡过约旦河，他引了许多人跟从着他，但是罗马人向他的一小队人马猛扑过来，把他们冲散了，割下了这位倒霉的首领的首级，在耶路撒冷高悬示众。

迦玛列也谈到加利利人犹大[②]，这个人无疑就是历史学家约瑟夫在他那部《犹太战争史》第二卷第十二章里提到的那个犹大。约瑟夫说这位伪先知纠集了将近三万人马。但是夸张又是犹太史学家的特点。

从使徒时代起，人们看到诨号行邪术的人西门诱惑撒玛利亚城的居民，使他们把他视为上帝能力的体现者。

后一个世纪，基督纪元178年和179年，在阿德里昂帝国时期，又出现了一个伪弥赛亚，巴尔科谢巴斯[③]，率领一支军队。罗

① 迦玛列(Gamaliel)，丢大(Theodas)，二人均系圣经人物，见《新约·使徒行传》第5章34、35、36节。——译者

② 加利利人犹大(Judas le galiléen)，圣经人物，见《使徒行传》第5章第37节。——译者

③ 巴尔科谢巴斯(Barchochebas)，意即星之子，犹太骗子，自称救世主，曾煽动犹太人叛乱，公元135年被诛。——译者

马皇帝派遣大将朱留·塞维尔乌斯去攻打他，塞维尔乌斯经过几次遭遇战，把叛军围困在比泰尔城内。城市顽强坚守，终被攻陷巴尔科谢巴斯被擒，处死。阿德里安以为只能颁布敕令禁止犹太人前往耶路撒冷才可以防止他们连续不断的反叛。他甚至在该城城门设岗来禁止残余的以色列人民入城。

人们在教会史史学家苏格拉底的著作里读到纪元434年在坎迪岛[①]上出现了一个伪弥赛亚，自称名叫摩西。他自谓古代希伯来人解放者，为了再次解放希伯来人而复活。

一个世纪以后，公元530年，在巴勒斯坦有过一个名叫朱利安的伪弥赛亚。他表示他将如同一位伟大的征服者一般率领他的民族用武力摧毁一切基督教民族。武装起来的犹太人为他的诺言所惑，屠杀了许多基督教徒。罗马皇帝查士丁尼派遣军队去打他，与这个伪基督交战，后者被擒，并且被处极刑。

八世纪初，西班牙犹太人赛莱努斯以弥赛亚自居，布道劝世。有过一些门徒，与门徒一样死于贫困。

在十二世纪也出了好几个伪弥赛亚。在法国小路易王朝，也出了一个。他和他的附和者们都被处绞刑。人们始终也不知道他们师徒们的姓名。

十三世纪盛出伪弥赛亚。计有七八个在阿拉伯、波斯、西班牙、摩拉维亚等地出现，其中一个名叫大卫·艾尔·勒，人们认为他曾是一个大巫师。也迷惑了犹太人，自己当了一个巨大政党的领袖。但是这个弥赛亚被人刺死了。

---

① 坎迪岛(Candie)，希腊岛屿，即今之克里特岛。——译者

摩拉维亚城的雅克·齐格勒纳，生于十六世纪中叶，宣称未来的弥赛亚已出世 14 载了。他说他在斯特拉斯堡看见过这位弥赛亚，并且细心保存一把宝剑和一根权杖，等这位弥赛亚一到教学年龄便把这些交给他。

1624 年，另外一位齐格勒纳进一步肯定了前者的预言。

1666 年出生于叙利亚阿勒颇地方的萨巴泰·塞维，自称是齐格勒纳所预言的弥赛亚。他起初在通衢大道上和乡间布道。土耳其人都讥笑他，而他的门徒们却又都仰慕他。他似乎起初对于犹太民族有权势的人们并不感兴趣，因为士麦纳[①]的犹太教会判处过他死刑，但是他只受了一场惊恐和被流放。

他定过三次婚，而人们说他一次也没有完婚，他说这对于他没有用处，他跟一个名叫纳坦·雷维的合伙过，这个人就扮演应该先于弥赛亚而来的先知以利亚的角色。他们到了耶路撒冷，纳当便在该城宣称萨巴泰·塞维是各民族的解放者。犹太下层人民便表示赞成他们。但是那些有所损失的人们就咒骂他们。

塞维为了逃避骚动，便退隐到君士坦丁堡去，从那儿又转到士麦纳。纳当·雷维派遣了四位使节到他们那里去。四位使节都承认他是弥赛亚，并且当众向他施礼。这次使命使人民折服，甚至令几位犹太法师也折服，他们宣称萨巴泰·塞维就是弥赛亚和希伯莱王。但是士麦纳的犹太教会却把他们的王处以木桩穿刺刑。

萨巴泰置身于士麦纳伊斯兰教大法官庇护之下，不久便拥有全体犹太人的爱戴。他令人设置了两台宝座，一台为他自己坐，一

① 士麦纳(Smyrne)，即今之土耳其伊兹密尔市。——译者

台为他宠爱的夫人坐。他自封为万王之王，封他弟弟约瑟·塞维为犹太王，他对犹太人许诺定能征服奥托曼帝国。他肆无忌惮地甚至在犹太礼拜仪式中取消了皇帝的名字而代之以自己的名字。

人家把他囚禁在达达尼尔海峡。犹太人宣扬说人家其所以保留了他的性命，只是因为土耳其人深知他是长生不老的。达达尼尔的总督由于犹太人探望他们的王、他们的弥赛亚囚犯给他大送其礼而致富。这位囚犯在囹圄中仍然保持住他的尊严，而且任人亲吻他的双足。

然而在安德里诺堡坐朝廷的苏丹想要结束这一滑稽可笑的事，把塞维传了来，对他说，他倘若真是弥赛亚，便应该是刀枪不入的，塞维承认这一点。这位土耳其皇帝便令他做他的宫廷侍从官的箭靶子，这位弥赛亚便承认他根本不是刀枪不入的，并且抗辩说，上帝派遣他来是为给穆斯林圣教作证的。司法大臣惩罚了他，他便作了穆罕默德的信徒，他活着和去世的时候都遭受犹太人和穆斯林同样的蔑视，这使那冒充弥赛亚的职业声名扫地，而塞维也就成了最后消逝的一个伪弥赛亚了。

附：乔治·阿弗内尔的按语

这是在本书里最大胆的一篇。我们以为现在正可借此机会报道一下关于《袖珍哲学辞典》这本书引起的纷纷议论的若干细节。

伏尔泰于 1775 年曾经参加编写《百科全书》，为这部巨著成功地出版提供了保证，而这时候《百科全书》的发行却忽遭禁止。等了七年之久，而依旧停止发行。在巴黎又听说有一部《哲学辞典》，是袖珍本，在瑞士出版，无作者姓名。有一本传到了巴黎。伏尔泰的所有友人都不加思考冲口嚷出:这就是他的呀!是他的笔法呀!这样一嚷,便酿成了一场暴风雨。德斯特雷修道院长,是弗雷隆以前的合作者,把这部书送给首席检察官一本,后者正打算起草证词控告伏尔泰;奥尔良主教对伏尔泰也大发雷霆;有人甚至用很激烈的词句在国王御前猛烈攻击伏尔泰,而国王也就应允命人审查这部被人说成是这位哲学家作品的书,后者听到这一切风声,这一切揭发检举,深恐又必须要出走,尤其是深恐关于这个袖珍本引起的议论发展到令《百科全书》永远也不能复刊,没有迟疑的余地,要想平息这场风波,他便直截了当地致书审查官马兰抗议那使他身受其害的恶意中伤的流言蜚语。随后他请求达让塔尔和达米拉维尔以及德芳夫人、埃庇内夫人、达朗贝等人,请他们表态,再三说明这部书并非是他作的,是出自许多人的手笔,编纂这个集子的是一个名叫迪比特的荷兰小神学见习生,他便把他所杜撰的这个迪比特耍来耍去。但是这场骚动仍旧在加剧。于是伏尔泰便设想指出全书各篇作者的姓名来。《弥赛亚》这篇作者是洛桑教会的首席牧师波利埃·德·博当,伏尔泰手中有这位牧师签名的稿本;有日内瓦的两位法官也来过他家验证这个签名;《启示录》一篇是阿博齐的作品,《地狱》一篇得自瓦尔伯尔顿;《洗礼》一篇确实是弥德尔顿的手笔;他只承认集子中《爱情》、《友谊》、《战争》、《光荣》等篇是他自己的文章;这些篇都是昔日为《百科全书》撰写的。而且他把这个情况函告负责为国王审查这本书的埃诺主席;函告可以对宫廷施加影响的黎塞留,函告德·普拉兰先生。普拉兰先生答应按照这意思在议会发言。他还请人为这件事在法兰西学院全院大会上说几句话。于是乎国王、朝廷、议会、法兰西学院容忍其事,缓和下来。但是还有巴黎法院，伏尔泰虽然一再说这部书是为救助一个不幸家庭摆脱困境而印行的，他虽然想要迷惑那些最有影响力的法官们，若利·德·弗勒里还是依旧拟就了对他的起诉书。然而在他正草拟起诉书时，这部煽动性的书又在荷兰再版，比较前一版的更为轰动一时。用伏尔泰自己的措词来说，大大增加了篇幅。

放在篇首的《告读者》，是为袖珍本这次第二版而撰写的。再说，这篇文章本身后来编入《百科全书》，未注明作者姓名而且也有所删节。

MÉTAMORPHOSE, MÉTEMPSYCOSE
变态易形，投胎转生

大地既是布满了变态易形现象，在东方，人们善于想象一切事物，便想象着一缕幽魂从一身进入另一体里投胎转生，不是很自然而然的事吗？几乎是察觉不到的一个小点点蜕变成一条小虫，这条小虫又蜕变成蛾子或蝴蝶；一颗橡子长成一株橡树；一个鸟蛋孵出一只飞禽；水化为行云和霹雳；木材化为火焰与灰烬；总之，在大自然里一切事物都像是在变态易形。不久，人们便给他们视之为轻盈缥缈形象的魂魄附加上他们在比较形拙体重的肉体里所看到的东西。灵魂投胎转生的观念或许是已知世界最古老的教义了，在大部分印度和中国都还盛行。

这仍是极为自然的，我们所目睹的一切变态易形现象产生了拉丁诗人奥维德在他那部惊人的著作里收集的那些古代传说。犹太人也有他们那里的变态易形的故事。一如尼奥柏变形为大理石像，罗德妻子以迪特也变形为一座盐柱塑像[①]。就像欧里狄克由于回过头来往后看，就没能走出地府之门[②]，罗德的妻子也是由于同样的冒失行动而失去了人性。博西斯和菲莱蒙在佛律癸亚居住的那个镇子变成了一座湖，同样情况也临到了所多玛[③]。阿尼攸斯的女儿们变水为油。在圣经里也有一则变态易形的故事几乎与之相似，但是还更真实更圣洁[④]，卡德穆斯被变形为蛇，亚伦的权杖也变成了一条蛇[⑤]。

诸神经常化身为人；犹太人历来就只见过具有人形的天使。天使们在亚伯拉罕家里进过餐。保罗在他致哥林多书里也说撒旦的使者打了他耳光：Angelos Satana me colaphiset〔撒旦的使者打了我耳光〕[⑥]。

MÉTAPHYSIQUE　形而上学

Trans naturam，超乎自然。但是超乎自然的难道也是什么事

① 尼奥柏(Niobé)，希腊神话底比斯王后，有七子七女，讥笑阿波罗之母蕾托仅生一子一女，阿波罗与阿尔忒弥斯，后二神为母雪耻，杀死尼奥柏所有子女，尼奥柏悲痛欲绝，化为大理石像；罗德之妻以迪特在逃往山上时，违背神谕，回头观看，化为盐柱。——译者

② 欧里狄克(Eurydicc)，希腊神话人物奥尔甫斯之妻，在新婚之日被蛇咬死，奥尔甫斯进入地狱以悠扬美曲陶醉冥府诸神获得许可重返人间，但不得回首观望，因违禁令，未能走出阴间。——译者

③ 故事见圣经《创世记》第 14 章。所多玛(Sodome)为巴勒斯坦古城，因居民腐败而被天火焚毁。——译者

④ 见圣经《旧约·出埃及记》第七章：摩西、亚伦以杖击水，使之化为血。——译者

⑤ 见《出埃及记》第七章。——译者

⑥ 《新约·哥林多后书》12 章有："就是撒旦的差役要攻击我"的句子。——译者

物吗？所以我们把自然理解为物质，而形而上学便是非物质的了：

例如，您那种既不长，也不宽，既不高，也不硬，又不尖的推理能力；

又如您那个连您自己也并不认识的而却产生您的推理能力的灵魂；

再如那些为人们经常谈论、长期赋予一种纤细得简直不成其为形体的形体、而终于又尽削其形影，也不知还剩余下什么的精灵；

还有这些精灵不受五官从中作梗的感觉方式，它们不具头脑的思维方式，它们那种没有语言和手势的交流思想方式；

最后还有那我们从其创造品中认识到而我们的骄傲心又要给予界说的上帝；我们体验到他的无限能力的上帝；在我们和他之间存在着无限鸿沟而我们却又要探索其性质的上帝：

这便是形而上学研究的对象。

我们还可以再添上那些数学原理，不具面积的点，不具宽度的线，不具厚度的面，无限可分的单位，等等。

就连培尔自己也以为这些对象都是些理性实体。但其实这只是一些物质的东西，是从它们的质量、表面、单纯长度或宽度，以及这些单纯长度和宽度两端的角度来观察的。一切度量都是准确而且经过证实了的，形而上学与几何学毫无关系。

所以说为什么人们可以是形而上学者却非几何学家。形而上学更有趣味，往往是心灵的传奇故事。在几何学方面，恰恰相反，要计算、测量。这简直是一种接二连三的不断的折磨，所以有许多有才智的人宁爱静静地去幻想也不愿自讨苦吃。

MIRACLES 奇迹

一桩奇迹，按照这个字的含义来说，是一件惊人的奇妙事情。如果这样，一切都是奇迹了。大自然不可思议的秩序，一万万颗星球环绕着一百万个太阳旋转，光的性能，动物的生命，也都是永恒的奇迹了。

依照人们普遍接受的观念，我们把违反那些神圣的永恒规律的事叫做奇迹。在望月发生日蚀，一个死人双手抱头步行两里地，我们都叫做奇迹。

有好几位物理学家以为这样看来根本就无奇迹之可言。下面就是他们的论据：

一桩奇迹违反数理的、神圣的、不可动摇的、永恒的规律。单就这一陈述来说，一桩奇迹就成了命题各项之间的矛盾。一条规律不能同时是不可动摇的而又被违反。但是，有人又对他们说，一条规律，既然由上帝一手创立，难道说就不可以由规律的创立者使之中止有效吗？他们却竟敢于回答说不可以，并且说无限贤明的主宰不可能创立了规律而又来违反。他们说，上帝调整他的机器只能是为了使机器运转得更好。然而，他作为上帝，创造这个巨大无比的机器，会尽可能创造得尽善尽美，他要是看到其中有什么不完善之处来自物质的本性，一开始他就会有所准备了，所以他永远也不会在其中有所变动。

而且，上帝不会没有理由便做什么，那么又有什么理由叫他把自己的作品改变一阵子呢？

有人对他们说，这是为了人好。他们便回答说：那么至少是为所有的人都好了，因为不能设想神性为个别的几个人而劳神，而不是为了人类全体；况且人类也没有什么大不了的，比起充满无边无际的宇宙中的一切生物来，人类比小小的一窝蚂蚁还要小得多呢。所以，设想无限的主宰为了这个小土堆上的三、四百只蚂蚁的利益，把推动整个宇宙运行的那些巨大无比的原动力的程序搞乱，这岂不是荒诞透顶吗！

但是，就算是上帝有意特别厚待少数几个人，他难道必须改变他为无限广大的永恒宇宙创设的秩序吗？他必定不需要这种改变，不需要这种无常的变幻来厚待他的创造物，他的恩惠已体现在他那些规律里了。他为他的创造物准备好一切、安排好一切，一切都要服从他永远赋予大自然的力量。

上帝为什么要施一次奇迹呢？就是为了要在若干人身上实现他的某种意图！这样他可就要说："我并未由于创造了宇宙、由于我那些神谕、我那些永恒规律而实现了某种意图。我将改变我那些永恒观念、改变我那些不可动摇的规律，来努力实现我用这些观念和规律所未能做到的事。"这无异于承认他自己的弱点而不是肯定他自己的力量。这似乎是在他自己身上就有不可理解的矛盾。所以敢于为上帝设想一些奇迹，这实际上是在侮辱上帝（倘若人能够侮辱上帝的话）。这等于对他说："您是一个软弱无能的人。"所以说，相信奇迹，这是荒谬绝伦的事，简直可以说是在侮辱上帝。

有人又对这些哲学家进逼一步，对他们说："你们虽然强调了上帝的守恒不变性格，强调了他那些规律的永恒性，他那些无限世界的规律性，在我们这个小土堆上却无处不是奇迹，各部史书里，奇迹与常情并陈，二者不相上下。大祭司阿格努斯的女儿们把任何东西都随心所欲地变成小麦、葡萄酒或油；墨邱利的女儿阿达丽德复活了好几次；埃斯居拉普复活了希波里特[①]；赫拉克勒斯从死亡中夺回阿尔塞斯特[②]；赫尔雷斯在地狱里度过了十五天又回到人间来；罗慕路斯和雷慕斯是一位神与灶神女守护所生；帕拉斯女神木雕像在特洛伊城中从天而降[③]；贝莱妮斯的长发变成了一群星辰[④]；菲莱蒙与博西斯的小茅屋变成了一座富丽堂皇的庙堂[⑤]；俄耳甫斯的头在死后还能降神谕；底比斯的城墙在希腊人面前，于笛声中自行筑造起来[⑥]；在阿斯克勒庇俄斯庙里治好了疾病的人不计其数，现在还有石碑刻着目睹阿斯克勒庇俄斯奇迹的见证人姓名。

“试指出有哪一个民族未曾发生过异常惊人的奇迹，特别是在

① 埃斯居拉普(Esculape)，即阿斯克勒庇俄斯(Asklepios)，希腊神话医神，不仅治愈病人，并进而复苏亡者，冥王哈得斯因恐地狱从此空旷无鬼，告之于主神宙斯，主神一怒之下，用雷击毙医神。希波里特(Hippolyte)，希腊神话人物。——译者

② 赫拉克勒斯(Herakles 即 Hercule)，罗马神话中大力英雄；阿尔塞斯特，(Alceste)，希腊神话人物，费尔国王之女，阿德麦特之妻，为挽救其夫免入地狱，牺牲自己，以身代之，大力英雄赫拉克勒斯闯入地狱把她领了出来。——译者

③ 帕拉斯女神木雕像(Palladium)，荷马史诗中希腊古城特洛伊城护城神。——译者

④ 贝莱妮斯(Bérénice)，犹太公主，生于纪元 28 年，罗马皇帝提丢斯欲立为后，又恐为人民所不容，遂送之回国。此处指天文中的后发星座(Chevelure de Bérénice)。——译者

⑤ 菲莱蒙与博西斯(Philémon et Baucis)，古希腊神话传说人物，夫妇二人住在弗里日一小茅屋中，主神宙斯与引灵神赫耳墨斯微服出访，国人均不接待，唯菲莱蒙夫妇在茅屋中热情款待。因而主神变茅屋为一座富丽堂皇的庙堂，二人在庙内任神之使者，年老后被主神变形为大理石像。——译者

⑥ 底比斯(Thèbes)，古希腊城市，今名提佛，在雅典之北。——译者

人们刚刚勉强会读会写的时代。”

哲学家们对于这类异议只是耸耸肩膀置之一笑，但是信奉基督教的哲学家们却说：“我们相信在我们圣教里发生的奇迹，是真实的；我们之所以相信这些奇迹是出之于信仰，而不是由于理性，我们是防止自己听从理性的；因为一想到信仰，我们深知，理性理应噤若寒蝉。我们完全坚信耶稣基督和使徒们所施奇迹半点不假，可是，对不起，请许可我们多少要怀疑怀疑其他许多奇迹；例如容我们暂且对于人们馈之以伟大称号的那个凡夫俗子所引述的情况不做判断。这个人断言有个小小隐修士特别惯施奇迹，招致隐修院长终于禁止他再施展这种才能。这位小小隐修士只有唯命是从了，可是他又看见一个笨手笨脚的瓦匠从房顶上摔下来，心里又想救他一命，又怕违背禁令，左右为难。他便叫瓦匠悬在空中，等候命令再说，并且急忙跑去向院长陈述情况。院长宽恕了他未获批准擅自着手施奇迹之罪，许可他做完这一回，只要下次不再犯就好了。人们同意哲学家们的意见，认为不可轻信这类虚构的故事。”

有人对他们说：可是你们怎么敢否定圣昂布鲁瓦兹曾经梦见热尔韦和普罗泰二圣[①]，并且告知他他们的圣骸骨埋葬的地点这件事呢？怎么能否定圣昂布鲁瓦兹把二圣的骸骨起出来，二位圣徒的骸骨就医好一位盲人恢复光明呢？圣奥古斯丁当时正在米兰，是他报道了这桩奇迹。他在他的《上帝之都》一书第 XXII 卷

① 圣昂布鲁瓦兹(Saint Ambroise，340—397)，罗马教会神甫，米兰主教，曾在萨洛尼卡大屠杀后，强令狄奥多西大帝举行公开忏悔仪式；热尔韦和普罗泰(Gervais et Protais)，罗马圣徒，弟兄二人同在米兰殉教。——译者

里说:广大人民群众都是见证人。这是证实得最可靠的一桩奇迹。哲学家们却都说他们根本不相信这个;说热尔韦和普罗泰并没有对什么人显过圣;说知道二位圣徒遗体的残骸在哪儿对于人类无关紧要;说他们对于这个盲人并不比对罗马皇帝韦斯巴芗的瞽者更具有信心,说这简直是个没有用处的奇迹;说上帝绝不做无用的事物;他们都坚持他们的原则。我对于圣热尔韦和圣普罗泰的敬意不允许我同意这些哲学家的意见,我只是说明他们不轻于相信什么。他们都十分重视琉善[①]在《佩尔格里努斯之死》一书里的一段话:“当一位灵俐的魔杯表演员皈依了基督教,他必定会受欢迎。”但是琉善是一位世俗作者,他绝不会在我们当中具有任何威信。

这些哲学家不能下决心相信在第二世纪所进行的奇迹。有些目睹奇迹的见证人虽然写道,士麦拿主教圣波利卡普[②]被判处火刑,投入火焰里,当场目睹者却都听见天上一个声音喊道:“勇敢点,波利卡普!要坚强,给我拿出男子大丈夫的气概来!”;并且写道,于是乎柴堆的火焰离开了他的身躯,围绕着他的头顶形成一幢火亭,并从柴堆当中飞出一只鸽子来;临了,人们只好把波利卡普的头砍下来。怀疑派便说道:“这个奇迹有什么用呢?为什么火焰失去了火的本性而刽子手的刀斧为什么却没有失去刀斧的本性呢?怎么会有那么多的殉教者从沸腾的油锅里出来安然无恙,而却抵挡不住利剑锋刃呢?”人们答辩说这是上帝的意旨。不过哲学

① 琉善(Lucien,125—192),古希腊作家,代表作有《死者的对话》。——译者

② 圣波利卡普(Saint Polycarpe,?—156),古土耳其士麦拿主教,165年殉教。——译者

家都想要在信以为然之前亲眼目睹这一切。

那些用科学武装了他们的争辩的人们会对您说教会的神甫们自己也常承认他们的时代已经不再出现奇迹了。圣克里索斯通特意说过："心灵的特异才能甚至曾经赋予不佩具有这种才能的人，因为当时教会需要奇迹，但是现今就连值得具有这种特异才能的人也不赋予这种才能了，因为教会已经不再需要奇迹了。"随后，他又承认再没有什么人能使死者复活了，也没有什么人能施奇迹治愈病人了。

圣奥古斯丁本人虽然经历过热尔韦和普泰所施奇迹，在他的《上帝之都》一书里也说："为什么古代出现的那些奇迹现今却不再出现了呢？"他所提出的理由也是一样："人们说，你们宣称曾经发生过的奇迹为什么现在没有呢？我的回答是：它们的存在在人们没有相信之前是必须的，同时也是为了使人们相信。"

有人反驳哲学家们说，圣奥古斯丁，虽说这样承认，却又谈到希波纳[①]的一个修补旧鞋的皮匠，他失去了一件衣裳，便去一座二十位殉教圣徒纪念小教堂祈祷求神，在回家的路上找到一尾鱼，鱼肚里有只金戒指，烹调鱼的厨师就对皮匠说："这就是二十位殉教圣徒赐给您的。"

对于这话，哲学家们答辩说，这个故事毫无违反自然规律之处，一尾鱼吞了一只金戒指，一个厨师把金戒指给了一个修鞋的皮匠，丝毫也无损于物理学，根本没有什么奇迹之可言。

倘若有人提醒这些哲学家说，根据圣热罗姆在他那部《隐修士

① 希波纳(Hippone)，古罗马城市。有圣奥古斯丁墓园。——译者

保罗传》里所说，这位隐修士曾和几个半羊半人的森林神和农牧神交谈过好多次，又说有一只乌鸦三十年间一直天天给这位隐修士衔来半块面包做午餐吃，而每逢圣安东尼来看望他的日子便衔来一整块面包，他们还会回答说这一切与物理学绝对不矛盾，半羊半人的森林神和农牧神可能存在过，而且，无论如何，这个故事既是个幼稚之谈，这跟基督及其使徒们的真奇迹便毫无共同之处。许多高尚的基督徒都反对狄奥多雷特（Théodoret）写的圣西梅翁·斯蒂里特[①]的故事。有很多奇迹在希腊教会被认为是真实的，好几处罗马教会却对之有疑问，就如同有些罗马的奇迹也被希腊教会怀疑过；后来又来了新教教徒，他们对待罗马和希腊两教会传说的奇迹十分冷漠。

有一位博学的耶稣会教士曾长期在印度传教抱怨说他和他同道的宣教士们从来没有能施奇迹。克扎维埃在他好几封书简里叹息自己毫无语言才能，并且说他在日本人那里就像一座木雕偶像一样。然而耶稣会教士们都写道克扎维埃曾使八个死者复活：这不少了；但是也必须注意到他是在六千里以外的地方复活了这八个死人的。自那以后就有些人断言在法国取消耶稣会是一桩比克扎维埃和伊纳爵二人所施的奇迹还更伟大得多的奇迹哩[②]。

不管怎么说，基督徒各个都同意耶稣基督和使徒们所施奇迹

---

① 圣西梅翁·斯蒂里特（Saint Stmeon Stylite），叙利亚的苦行者，曾在一个柱头上度过七年苦行生活，斯蒂里特即希腊语 Stulos，意即柱头。——译者

② 耶稣会是葡萄牙人伊纳爵·德·罗耀拉于 1534 年创建的军事性质的修会，1759 年在葡萄牙被驱逐出境，在法国于 1762、1881、1901 年三次被驱逐出境。——译者

无可置疑是真实的。但是我们可以尽量怀疑若干在最近出现的奇迹，它们不具一定的真实性。

例如，人们希望要使一桩奇迹能得到很好的证实，就要奇迹能在巴黎科学院或伦敦皇家学院，和大学医学院，当众做出，由一团警卫团士兵在场守护，防止人民群众，由于行动冒失而阻碍了奇迹的实施。

有一天有人问一位哲学家说，他要是看到太阳停止不前，也就是说要是地球绕日而行停止不动了；要是一切死人都复活了；要是所有的山岭一齐都倒在海里头，这一切都是为证实某一真理，比方说为了证实三心二意犹疑不定的圣宠吧，哲学家又会怎么说呢。哲学家回答说道："我要说什么？我要去当摩尼教[①]徒；我要说一元破坏另一元所做的。"[②]

MOISE 摩西

第一节

间或越出自己界限的哲学，关于古代的探讨，讨论和批判的精神，这一切都曾进行得很深入，因而有不少学者怀疑摩西这个人物是否真有其人，是不是出之于奇思幻想，就像佩尔修斯、巴克科斯、阿特拉斯、彭泰西雷、维斯塔、瑞亚·西尔维亚、伊西斯、萨莫诺科

① 摩尼教义主张世界起源于善恶二元，善元为上帝、心灵或光明，恶元为魔鬼、物质或黑暗。——译者

② 原文尚有第二节，中译本未译。——编者

多姆、佛、三倍大墨丘利、奥丁神、梅兰、法郎居斯、恶魔罗贝尔这些神话传说人物以及许多经过人们描绘其生平英勇事迹的小说主人公们一样[①]。

那些持怀疑态度的人说，不可能有人终生都是一位非凡的人物。

他不可能在埃及、阿拉伯、叙利亚做过那么多骇人听闻的奇迹，而没有在全世界引起反响。

不可能没有哪一位埃及或希腊作家曾把这类奇迹传给后代。然而只有犹太人提到过这类奇迹。不拘他们在什么时代撰写的这部历史，一直到二世纪时才为各国人民所知。第一位明确地引述摩西五书的作者是隆然[②]，他是泽诺比[③]女皇的大臣，在奥勒里安大帝时代[④]。

应该看到写《三倍大墨丘利》一书的作者必定是埃及人，却只字不提摩西。

只要有一位古代作者叙述过一件这类奇迹，古代史学家攸栖

① 奇怪的是看到现代德国批评家把下文所举论证、所述意见都认为是他们自己的，而却没有想到伏尔泰及其同时代人早已有了，并且早已使之普及。所以孟克先生又会要说“根据现代德国批评家的说法”，摩西消失在一团神秘的云雾中只留下一个名字，随着岁月流逝人们围绕着这个名字，把希伯来国家在不同时代所产生的各种律条都集中起来，而孟克先生对于能令人想到在十八世纪人们也有这种想法的话却只字未提。——乔治·阿弗内尔

② 隆然(Longin,213—273)，希腊雄辩术教师，后人误以为他是《崇高论》一书的作者。——译者

③ 泽诺比(Zénobie)，古代帕尔米拉女皇、奥德诺特王的王后，帕尔米拉(Palmyre)，在今之叙利亚境内，当时是中东的首府。——译者

④ 见隆然著《崇高论》一书。——伏尔泰

比乌斯定然会或是在他那部《历史》里，或是在他那部《福音书的安排》里大事称颂这一鉴证。

老实说，他承认有些作者是引述过摩西的名字的，但是他们却都未曾提到过后者那些奇迹。在他之前，犹太人约瑟夫和斐洛，曾大事颂扬他们那个民族，寻遍了所有引述过摩西名字的作者，都没见有一位略微提到过人们归之于摩西的那些令人惊奇的行动。

在全世界这种普遍的沉默中，请看那些抱着疑心的想法的人如何以一种不攻自破的轻率态度来论证的。

只有犹太人拥有过他们认为出自摩西手笔的摩西五书。就是在他们这五部书里，也说这五部书只是在他们的约西亚王时代，耶路撒冷首次被毁和犹太人被俘前三十六年才为人所知。在大祭司希勒家家里只找到一部，是他在数点银钱时从一只钱柜尽底下发现的。这位大祭司就交与国王书记沙番给国王带去了。

他们说这一点可能会使摩西五书的真实性模糊难辨了。

事实上，要是摩西五书果真是所有犹太人尽人皆知的，那么所罗门，明智的所罗门，直接由上帝启示，按照上帝的命令为他修建了一座圣殿，却会在殿里装饰了许许多多神像，与摩西明文规定律条背道而驰吗？

从摩西到这位约西亚王时代都以上帝的名义做过预言的一切犹太先知岂不是在他们的宣教词里会利用摩西的各种律条吗？他们岂不是会千百遍地引用摩西自己的话了吗？他们岂不是会对那些话加以评论吗？可是却没有哪一位引述过两行他的原文；没有哪一位提起摩西的原文，他们甚至在不少地方与摩西五书相悖。

照这些怀疑派说来，归之于摩西手笔的那几部书仅仅是在那些在巴比伦被囚时或紧跟着而来的一段时间在巴比伦人之间由以斯拉写[①]的。因为我们在犹太著作里看到的尽是些波斯文和迦勒底文的词尾：Babel〔神门〕；Phégor-beed 或 Beed-phégor〔悬崖之神〕；Zebuth-beel 或 Beel-Jebuth〔昆虫之神〕；Bethel〔神宅〕；Daniel〔神判〕；Gabriel〔神人〕；Jahel〔神悲〕；Jaïel〔神生〕；Israel〔见神〕；Oziel〔神力〕；Raphael〔神援〕：Vriel〔神火〕。

所以在犹太民族那里，一切都是外来的，他们自己在巴勒斯坦也是外来的民族：割礼，礼仪，祭品，方舟、基路伯天使、替罪羊阿撒泻勒、正义洗礼、单纯洗礼、考验、占卜、圆梦、蛇的诱惑，这一切没有哪一件是出自这个民族的，没有哪一桩是这个民族发明创造的。

知名人士博林布鲁克[②]阁下根本不相信摩西果有其人：他认为在摩西五书里发现骇人听闻的一大堆相互矛盾之处，和编年以及地理上的错误；发现有好几处当时尚未修建的城市名称；发现有些为国王规定的戒律，是在犹太人不仅根本没有国王而且也不一定曾经有过的时代，因为他们在沙漠地带住在帐篷之内过着游牧生活，照着贝都因阿拉伯人那样过活。

① 以斯拉(Esdra)，纪元前五世纪犹太圣师，他从巴比伦把他的1775名犹太同胞带回耶路撒冷并复兴犹太国与犹太教。他有四部著作，天主教只承认其中两部是真的。旧约中有《以斯拉记》。——译者

② 博林布鲁克(Bolingbrok，1678—1751)，英国政治家，子爵，曾任外交大臣，哲学家，自然神论者，与伏尔泰友好。——译者

在他看来最明显的矛盾之处是赐给利未人四十八座城邑及其郊区的地方[①]，却是个荒无人烟的处所。博林布鲁克主要是关于这四十八座城邑对阿巴迪(Abbadie)纠缠不清，他甚至以一位上议院爵爷和国务大臣对于一个装作好争辩者的外国小小教士的那种严厉和轻蔑态度对待阿巴迪。

我不揣冒昧要奉告博林布鲁克子爵和一切与之想法相同的人，犹太民族不仅一向相信摩西真有其人并且真有其书，而耶稣基督也为之作见证。那四部福音书和《使徒行传》也都承认有其人；圣马太特别还说在耶稣改变形象之夜，摩西和以利亚在山上向耶稣基督显身，圣路加也是这么说[②]。

在《马太福音》里，耶稣基督宣称说他不是来废除这部律法书的，而是为了成全它[③]。在《新约》里经常引证摩西律法和先知。整个教会全都相信摩西五书是出自摩西的手笔。在基督教中从很早很早以来，成立的五百多个不同的团体里边，任何一个从未怀疑过这位伟大先知的存在。所以就像许许多多人抑制他们的理性那样，也要抑制我们的理性。

我深知我对于子爵和与他类似的那些人丝毫也说服不了他们的思想，他们坚信犹太人的书只是在很晚的年代才写出的，只是在现在仍然存在的那两个部落被俘期间写成的。但是我们幸而有教会站在我们这一边。

---

① 见《旧约·民数记》第 38 章。——译者

② 见《新约·马太福音》第 17 章第 1 节和《路加福音》第 44 章第 4 节。——译者

③ 见《新约·马太福音》第 5 章第 2 节："我来不是为废掉乃是为成全"一段。——译者

您若有兴趣想多了解了解上古时代，请阅读《伪经》(*Apochryphe*)一条中的摩西生平一段。

第 二 节

有好几位学者曾徒然相信摩西五书不可能是摩西撰写的①。他们说根据圣书本身，摩西五书第一个已知的本子是在约西亚王时代发现的，而且这唯一的本子是由书记沙番带到国王那里去的。然而，在摩西与沙番书记这种意外发现的事体之间，照希伯来历法推算，相隔也有一千一百六十七年之久。因为上帝是在创世历2213年在荆棘丛火焰中向摩西显现的，而书记沙番公开摩西律法

① 真是有过摩西其人吗？倘若一位指挥整个大自然的人真在埃及人当中存在过，有许多那么不可思议的事件怎么能不构成埃及史的主要部分呢？桑牧尼亚通、曼涅托、梅加斯泰纳、希罗多德等古代史学家怎么根本没有提起这些事件呢？史学家约瑟夫尽量搜集过有利于犹太民族的一切证据，却不敢断言他所引述的哪一位作者对于摩西所施奇迹提过一句。怎么！尼罗河水竟会变成血液，有一位天使竟会在埃及屠杀过所有的出生婴儿，海竟会分开，海水悬在左右两边，却没有一位作者提到过这些奇事！而各国人民竟然会把这些奇迹忘得一干二净，只是一个野蛮奴隶的小小民族在事情发生许多年后才来给我们叙述这类故事吗？

直到有一个托勒密据说出于好奇心叫人把犹太人的著作译成希腊文的时代为止，一直未为世人所知的这位摩西到底是何许人呢？许多世纪中，东方神话把犹太人所谈摩西的一切事迹都归之于酒神巴克科斯。后者曾经足不浸水地渡过了红海，他也曾把水变成血，也曾常常使用他的权杖施过奇迹，而这些事迹早在人们与犹太人有了些许交往、知道这个贫穷的民族是否有了书籍之前，就在酒神巴克科斯节歌颂过了。这个民族既然是初出茅庐、长期流浪、四处飘泊、很晚才为人所知、很晚才定居在巴勒斯坦，他们用腓尼基语言，学会了腓尼基那些神话传说，又像一切粗糙的模仿者一样，在这上边再加枝添叶地夸大其词，这不是十分可能的吗？一个如此贫穷、如此无知、对于一切技艺都如此外行，除了抄袭剽窃邻国的东西以外又能做什么呢？我们都知道直至Adonaï、Ihaho〔耶和华〕、Eloï 或 Eloa，犹太人指称上帝的这类名字、一切不都是从腓尼基语而来的吗？——伏尔泰

书是在创世历3380年。这部在约西亚王时代发现的书，直到犹太人在巴比伦做俘虏归来，一直未为人所知。这部书还说是以斯拉受了上帝的启示，对于圣经各部书都曾加以阐述。

然而，只要这书是上帝启示的，不拘是以斯拉或是另外一个人写的这本书，就都毫无关系了。在摩西五书里边，根本没有说摩西是书的作者，所以倘若教会未曾由于其它原故而决定这部书是出之于摩西手笔的话便可以把这部书归之于另外一个受神口授的人的手笔。

有几位反驳者又说没有哪一位先知引证过摩西五书。在《诗篇》，在那几部归之于所罗门的书里[①]，在《耶利米书》里，在《以赛亚书》里，总之在圣经中任何一部正经里都没有提到这一套摩西五书。与《创世记》、《出埃及记》、《民数记》、《利未记》、《申命记》这五部书的词句符合的言语在旧约或新约的其他各书里都未发现。

另外有的反驳者比较更大胆，提出了下列几个问题：

一、摩西在一个荒野的沙漠用什么语言撰写的？这可能是用埃及语言：因为就从这部著作的内容看来，我们看得出来摩西和他的人民都是在埃及生长的。他们很可能不会说旁的语言。当时埃及人还没有使用莎草纸；他们把象形文字刻在大理石上或木头上。甚至据说戒律就是刻在石板上的。所以要把这五卷书都刻在磨光的石板上，要用很大的人工和很长的时间。

二、在一个沙漠地带，犹太民族既没有鞋匠，又没有裁缝，在那儿全世界人的上帝就不得不施一种连续不断的神迹来保持犹太人

① 指圣经旧约《列王纪》和《历代志》。——译者

的衣履经久不坏，还要有能工巧匠来把摩西五书刻在木石上，这是可能的吗？人们会说他们找到了许多工匠一夜之间铸造金牛犊并且又把金牛犊磨成齑粉；这种程序是一般化学方法都无法解决的，何况当时还未发明化学方法呢。搭建了圣幕，又装饰上三十四根带银顶的青铜柱子，用蓝色、紫色和大红色细麻线编织幔子。但是这话倒使持反对意见的人们越发有理了。他们辩解说，在一片荒无人烟的沙漠地带什么都缺，做这种极其讲究的工作是不可能的，又说必须先做一些鞋、长袍之类的东西；说还缺少生活必需品的人根本就想不到讲究豪华；并且说有了铸工、雕工、刻工、染工和绣花工，却还没有衣着，草带鞋和面包，这根本就是自相矛盾的话。

三、倘若摩西撰写过《创世记》的第一章，还能够禁止青少年阅读这一章吗？能够对于这位立法者这般缺少敬意吗？倘若是摩西说过上帝惩罚为父亲的不正当的行为要延及第四代后裔，以西结敢说与之相反的话吗[①]？

四、倘若摩西写过《利未记》，他能在《申命记》里又说自相矛盾的话吗？因为《利未记》禁止娶弟兄的妻子，而《申命记》却又命令人娶[②]。

五、摩西会在他的书里谈那些座在他那个时代还不存在的城邑吗？他会把几座他以为是在约旦河东方的城邑说成是在约旦河

① 见圣经旧约《出埃及记》第 20 章第 5 节和第 34 章第 7 节："我必追讨他的罪自父及子直到三、四代。"《以西结书》第 18 章第 17 节"遵行我的律例，就不因父亲的罪孽死亡，定要存活"。——译者

② 见圣经旧约《利未记》第 20 章第 21 节："人若娶弟兄之妻，本是污秽的事，羞辱了他的弟兄，二人必无子女。"《申命记》第 25 章第 5 节："弟兄同居，若死了一个没有儿子，死人的妻不可出嫁外人，她丈夫的兄弟当尽弟兄的本分娶他为妻。"——译者

西方吗?

六、在一个根本连十座城邑都没有的地方,在他始终流浪,没有房屋的荒漠中,他能把四十八座城邑分给利未人吗[①]?

七、在犹太民族中不仅根本没有国王而且还厌恶国王,并且还不一定在过去有过国王的时代,他能给他们规定若干条戒律吗?怎么!摩西能为较他晚五百年出世的国王们的行为规定若干条戒律而对于接任他职务的士师[②]和大祭司却能什么也没有谈?这一想法岂不导致人们相信摩西五书是在犹太国王时代撰写的而由摩西一手制定的宗教仪式也不过是一种传统的习俗吗?

八、他可能对犹太人说:“我在你们的上帝保护之下把你们为数六十万的战士领出埃及地”吗?那些犹太人岂不是会回答他说:“您必然是很怯懦才没有率领我们去反抗埃及法老。法老不能用二十万人的一支军队来对抗我们。埃及从来也没有那么多整装待发的士兵,我们不难打败他们,我们便可以做他们国家的主人了。怎么!跟您说话的上帝为讨好我们,杀死了埃及所有的头生婴儿,而倘若在这个国度里共有三十万户家庭,就有三十万人死于一夕来为我们报仇雪耻,而您未尝协助上帝!您并没有把这块什么也不能防卫的丰饶之地赐给我们!您把我们像窃贼和懦夫一样的领出埃及,叫我们丧命在荒野之地、崇山峻岭与悬崖绝壁之间!您本来可以引领我们至少从直路到我们原无权过问而是您许给我们的那块迦南之地,我们又没有能进去。”

① 见圣经旧约《民数记》第35章。——译者

② 犹太诸王以前的统治者。圣经旧约有《士师记》。——译者

“我们从歌珊之地沿着地中海海岸向推罗和西顿进军本是理所当然的事，可是您却叫我们通过几乎整个苏伊士地峡，叫我们重入埃及一直越过了孟菲斯，我们便到了红海沿岸的巴力洗分[①]，背向迦南，在这块埃及地方走了八十古里，那本来是我们要避开的地方，终于夹在大海与法老追军之间几乎丧生！”

“倘若您原想把我们交在我们的敌人手中，您能取另外一条路、采取另外一些措施吗？您说上帝施神迹把我们营救了：海水分开了让我们走过去，但是在这次施恩之后，岂能又叫我们在以倘、加低斯巴尼亚、玛拉、以琳、何烈、西乃[②]一带的可怕的荒无人烟的沙漠里死于饥饿和疲惫呢？我们的祖先全部死在这些令人生畏的荒僻旷野之处了，而您却在四十年后说上帝对我们祖先曾关怀备至！”

这就是那些爱整天唠唠叨叨的犹太人，那些死在沙漠旷野里的犹太流浪汉的孩子们若是读了《出埃及记》和《创世记》就会对摩西说的话，对于金牛犊问题，他们又有什么不可以说不可以做的呢？“怎么！您竟敢对我们说您的兄长为我们祖先做了一头金牛犊，当时您正在山上同上帝在一道，您时而说您和上帝面对面谈话，时而又说您只是见到上帝的项背！可是您毕竟是和这位上帝在一起，而您的兄长在一日之间就铸造了一头金牛犊拿来叫我们崇拜，您不惩治您这位不称职的兄长，反而叫他担任我们的大祭司，而且您还命令您那些利未人杀了您的两万三千子民！我们的

① 见圣经旧约《出埃及记》第14章第2节。——译者

② 以倘(Etham)、加低斯巴尼亚(Gades-Barné)、玛拉(Mara)、以琳(Elim)、何烈(Horeb)、西乃(Sinaï 今译西奈)均系圣经地名，见《民数记》第32章。——译者

祖辈能够忍受得了吗？他们岂能任那嗜血成性的残暴教士像击毙祭神用的牺牲一样打死他们吗？您对我们说，您对这次难以置信的大屠杀还不满足，您又屠杀了您的可怜部下二万四千人，因为其中有一人同一个米甸女人睡觉，而您自己却又娶了一个米甸女子，而您还说您是所有男人中最温存的人！再来几次这样温存的行动，那就一个人也存在不下了。”

“不，既然您能干得出来这样的残酷行为，既然您能施展这种残酷本领，您也就可算是人间野蛮无比的人了，用尽了一切刑罚也不足以补赎如此离奇的一桩罪行。”

这大致就是学者们对于那些认为摩西就是摩西五书的作者的人所做的反驳之词。但是人家向他们答辩说上帝的道路并非人间的道路；说上帝用的是不为我们所知的智慧来考验，引领和抛弃他的人民；说犹太人自己从两千多年以来就相信摩西是这几部书的作者；说教会继承了犹太教，也像后者一样正确无误，裁决了这一争论的问题，而教会一经发言，学者们就应该保持缄默。[①]

① 原文尚有第三节，中译本未译。——编者

P

PATRIE　故乡，祖国

第　一　节

我们在这里，依照我们的习惯，仅仅提出若干我们不能解答的问题来。

一个犹太人也有故乡也有祖国吗？倘若他出生在科英布拉城[①]，那就是处在一群什么也不懂的人当中了，这些人可能提出什么论据来反驳他的意见，而他自己即使敢于答辩，也只会提出一些愚蠢的答词来。他由宗教裁判所的法官们监视着。这些法官若是知道他一点肥猪肉也不吃，就会把他用柴火活活烧死，而他的全部家当也就要归法官们所有了。他的故乡是在科英布拉吗？他会热爱科英布拉吗？他能够像高乃依的悲剧《贺拉斯》（第一场第一幕和第二场第三幕）里那样说吗？

阿尔伯[②]，我亲爱的故乡，我初次热情的想往，

---

① 科英布拉（Coïmbre 即 Coimbra），葡萄牙西部一城市。

② 阿尔伯（Albe），古罗马城市，高乃依悲剧《贺拉斯》中贺拉斯兄弟三人与阿尔伯城护城卫士居里亚斯三兄弟战斗于此城前。——译者

为故乡祖国而死是很值得的终场，
人们会成群地去争取如此美好的死亡，
——塔拉尔[①]啊！

这个犹太人的故乡是耶路撒冷吗？他隐隐约约听说过当初他的祖祖辈辈，不拘是些什么人，都曾经在这块荒芜不毛的石地居住过，四境包围着讨厌的沙漠，而现今由土耳其人做了这个小小地方的主人，他们也几乎丝毫无所收获。耶路撒冷并非他的故土。他根本没有故乡，没有祖国。他在大地上寸土皆无。

波斯袄教信徒盖勃尔人，比那当过土耳其人，波斯人或蒙古大可汗的奴隶的犹太人更古老、更可尊敬千百倍，对于他来说故乡能顶得上几头他私自在山上牧养的比利羊吗？

巴尼安人[②]，还有亚美尼亚人，他们毕生走遍中东一带，以作掮客为业，能够说我亲爱的故乡，我亲爱的祖国吗？他们除了钱囊和账本子之外别无它物呀。

在我们欧洲各民族中，一切杀人犯都夸耀自己的功绩，不拘是哪个国王出钱，他们都会为他流血卖命，这些人也有他们的故土吗？也有他们的祖国吗？他们还不如那些猛禽呢！猛禽每天日落归巢，还有它们母禽在峭壁悬崖的石穴里为它们准备下的巢窝呢，而这些杀人犯却什么也没有呀。

那些隐修士们敢说他们有个故乡有个祖国吗？他们说故乡啊，祖国啊，都在天堂上。好极了，不过在这个世界上，我不知道他

① 塔拉尔(Tarare)，法国里昂西北一城市。——译者
② Le Banian，印度波罗门教徒，善于经商。——译者

们有祖国。

祖国这个词在一个不知有米太亚得[①]、也不知有阿热西拉斯[②]而仅仅知道自己是土耳其近卫军一名士兵手下的奴隶的希腊人口里含义是否恰当呢？而且这名土耳其近卫军士兵还是一个奥斯曼帝国大臣手下的奴隶，这位大臣又是奥斯曼帝国皇帝在巴黎我们称之为大土耳其苏丹的人手下的奴隶。

故乡、祖国到底是什么呢？是否就是随便一块土地，主人舒舒服服住在一院整整齐齐的住宅里，可能会说：我耕种的这块田地，我盖的这院房子都是属于我的。我在这里生活，受到任何蛮横专制的家伙也不能违反的法律的保护。当其他的人也像我一样拥有田亩和住宅，为了他们大家的共同利益集合在一起，我便在这个集会中占有一票，我便是整体的一部分，共同体的一部分，主权的一部分；这就是我的家乡，我的祖国。凡不是这样群居的人，有时候不就像是一名马夫手下的一厩马匹，由他任意鞭打的吗？人们在一位有道明君治理之下才有一个祖国，在一个昏君统治之下就根本谈不上有什么祖国了。

第　二　节

一个糕点铺小伙计，曾经在中学读过书，还记得几句拉丁作家西塞罗的名句，有一天装出一副热爱故乡热爱祖国的神态。一位

---

① 米太亚得(Miltiade，？—前499)，古雅典大将，曾在马拉松战役击败波斯侵略军。——译者

② 阿热西拉斯(Agésilas)，纪元前398—前359年时期斯巴达国王。纪元前394年曾在科罗内击败敌军，在曼蒂内战役失利后挽救了他的国家。——译者

邻居便问他：你说你的故乡、你的祖国，是指的什么呀？是你那座烤点心的烤炉吗？是你自出生后就从来没有再见过的那个村子吗？是你那两位破了产弄得你只好去做糕点来谋生的父母住过的街道吗？是你永远也当不上那里警卫官的一名小书记的市政厅吗？是你在那里永远也当不上一名抱蜡侍童而一个愚蠢的人却做了总主教和公爵有两万金路易年俸的那座圣母院大教堂吗？

那个糕点铺小伙计却不知如何回答是好。有一位思想家听了这次交谈，便得出结论说在一个国土略微辽阔一点的国家里，却常常有好几百万人根本就没有什么故乡、什么祖国。

你，你这个贪恋享乐的巴黎人，一生除了到第厄普[①]去吃海鲜外，从未去它处旅行过；你也只认得城里油漆过的住宅、乡间漂亮的别墅，和你在这座全欧都坚决为之生厌的歌剧院里的一个包厢；你讲你自己的语言颇以为快，因为你根本也不懂其它语言；你喜欢这一切，你还喜欢你所收养的女孩子，喜爱从兰斯为你运来的香槟酒；你喜欢市政厅每六个月付你的一笔年金收入，而你便说你爱你的故乡、爱你的祖国！

凭良心说，一位财政家果真是衷心爱他的国家吗？

军官和士兵们，要是任他们性子去干的话，会把冬令宿营地劫掠一空，而他们对于那些被他们弄得家破人亡的农民真还有一点温情爱意吗？

① 第厄普(Dieppe)，法国加莱海峡沿岸一渔港。——译者

吉兹·勒·巴拉弗雷公爵[1]的故乡祖国在哪里？是在南锡、巴黎、马德里，还是在罗马？

拉·巴吕、迪普拉、洛莱、马扎兰诸位红衣主教们[2]，哪里是你们的故土，你们的祖国呢？

哪里又是阿提拉[3]和上百个长年奔驰不离征途的这类英雄的故乡祖国呢？

我很希望有人能告诉我亚伯拉罕的祖国在哪里。

我想第一个写道哪里生活舒适哪里便是故土祖国的人就是古希腊的欧里庇得斯，他在《法厄同》一书里写道：

> 因为家乡的土地，在任何地方，总是那哺育着人们的土地。

但是最先第一个从出生地出来去它处寻求幸福的人早在他以前就说过这话了。

第　三　节

故乡是由许多家庭构成的组合体；因为人通常出于自爱而维

---

① 吉兹·勒·巴拉弗雷公爵(Duc de Guise—le Balafré 即 François de Lorraine，1519—1563)，克洛德长子，能征善战的军人，曾抵御查理·坤特侵略军，保卫了梅兹重镇；曾从英军手中夺回加莱；在第一次宗教战争中统率过天主教军队。——译者

② 拉·巴吕(Jean La Balue 或 Jean Balue，1421—1491)，红衣主教，曾任路易十一的国务秘书；迪普拉(Antoine Duprat，1463—1535)，红衣主教，法国政治家，以可耻的手段致富；洛莱(Due de Guise，Jean de Lorraine，1498—1559)，红衣主教，巴拉弗雷之兄；马扎兰(Giulio Mazalini，1602—1661)，意裔法籍政治家，任路易十三首相，精明外交家，唯贪财成性，靠侵吞国币致富。——译者

③ 阿提拉(Attila，432—453)，匈奴首领，异常慓悍，侵入高卢，被罗马军击败，退守多瑙河流域，不久病死。——译者

护自己的家庭；在没有利害冲突的时候，也是出于这种自爱而维护所谓故乡的自己那个城市或自己那个村镇。

这个故乡越大，人们爱护它的程度也就越小，因为爱情分散开来就薄弱了。一户人口过多的家庭，家里的人彼此之间认也认不清，便不可能有亲亲热热的爱慕之情了。

凡是野心勃勃，想做市长、议员、法官、执政官、独裁者的人，都叫嚷着他爱故乡、爱祖国，而其实也只爱他自己。人人都想要确保能安睡家中，无人滥用职权把他赶到另外一个地方去睡。每人都愿意财产生命有保障。人人都这么想望着，个人利益也就成了一般人的利益了：人们为祖国、为家乡的繁荣祝愿，也只是为他自己祝愿。

世上不会有什么国家不先是按照共和制度治理的，这原本是人类天然趋向。若干家庭先联合起来抵御熊罴豺狼；有粮食的人家拿出粮食来跟有柴草的人家交换。

我们发现美洲的时候，察觉到那里所有土族都划分成许多共和国。在世界这一部分，通共只有两个王国，千百民族当中，我们也才发现有两个是受人压制的。

古代世界也是这样：欧洲在伊特拉里亚[①]与罗马的两个小国王以前，各地都是共和国。当今在非洲，我们还见有若干共和国。的黎波里、突尼斯、阿尔及尔，靠近我们北方这边，都还是些个强盗共和国。靠南部，霍屯督人还像世界初期原始时代那样生活着：自

① 伊特拉里亚(Etrurie)，古代意大利中西部台伯河与阿诺河之间、平宁山脉以西、第勒尼安海以东一带地区。——译者

由，平等，没有主子，没有臣民，没有银币，也几乎没有什么需要。他们吃羊肉，穿羊皮，土木结构的小屋就是他们藏身之所；他们是人类中气味最大的人，可是他们自己却嗅不到；他们生死存亡比较我们恬静得多。

在我们欧洲，还剩下八个共和国没有君主：威尼斯、荷兰、瑞士、热那亚、卢卡、腊古扎、日内瓦、圣马利诺[①]。我们可以把波兰、瑞典、英国都视如在国王治理之下的共和国；但是波兰是唯一采用了共和国名称的国家。

不拘您现在的祖国是君主国还是共和国，究竟是哪一个好呢？人们争论这个问题已经争论了四千年了。征求富人们的意见，他们各个都喜欢贵族政治；问问人民，人民却要民主；只有国王们才更爱王国。怎么会几乎全球都由君主们统治着呢？问问那些建议给猫脖子上吊一只铃的老鼠们吧[②]。但是，的确，真正的理由，正如人们所说的，人很少是配得上自己治理自己的。

令人苦恼的是常常为了做一位爱国志士，却成了众矢之的。古代的加图，那位善良的公民，在元老院发表演说时，最后总要表示说："这就是我的意见，希望我们摧毁迦太基。"做一个爱国志士，就是渴望他的城市由于经营商业而繁荣，整备武器而强盛。显然，有一国胜利，就有一国败仗，而且是一将成名万骨枯，一国取胜必使多人遭殃。

这就是人类的状况，盼望自己的国家伟大，就是盼望邻国倒

① 这是在1764年写的。——伏尔泰

② 见《拉封丹寓言》第2卷2则。——1764年袖珍版

霉。凡是愿意自己的祖国永远既不大也不小,既不富也不穷的人,也就是世界公民了。

PIERRE(SAINT)　(圣)彼得[①]

为什么圣彼得的后继者在西方具有那么多的权力,在东方却又什么权力也没有呢?这也就是问为什么维尔次堡和萨尔斯堡的主教们在乱世僭取了王权,而希腊的主教们却永远处于臣民的地位。时间、机会,有些人野心勃勃,有些人又软弱无能,这些因素都曾经左右了这个世界,将来仍旧要左右一切。

在这种混乱状态上,又添上了舆论,而舆论又支配了人类。其实人类也并非就有一种很确定的舆论,而是一些空话代替了人们的舆论。

在新约记载中耶稣跟彼得说[②]:“我把打开天上王国的钥匙交给你[③]。”将近十一世纪的时候,拥护罗马主教的人们都主张给的越多给的也就越少;天围绕着地球,彼得既有开容器的钥匙,也就掌握了打开容器内容的钥匙。倘若认为天就是所有的星辰和行星,那么显然按照托马西乌斯的说法,交给别名叫彼得的那位西门·巴约拿的那些把钥匙就是一把万能钥匙了。倘若认为天就是

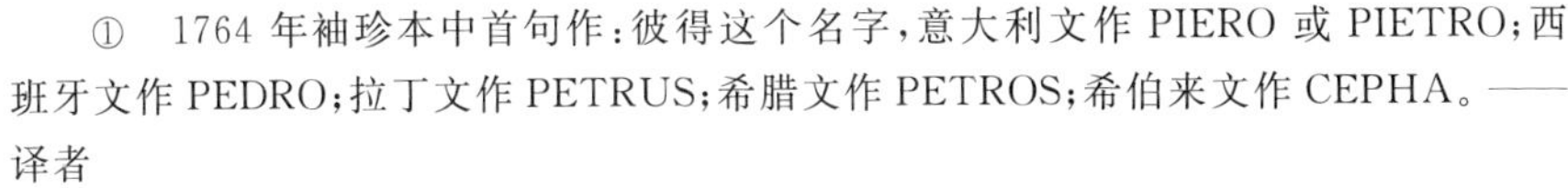

① 1764年袖珍本中首句作:彼得这个名字,意大利文作PIERO或PIETRO;西班牙文作PEDRO;拉丁文作PETRUS;希腊文作PETROS;希伯来文作CEPHA。——译者

② 这一句见1764年袖珍本,全集本缺。——译者

③ 见汉译新约《马太福音》第16章第19节:“我要把天国的钥匙给你。凡你在地上所捆绑的,在天上也要捆绑。”——译者

云雾、大气、以太、里边有行星运行的空间，照麦尔西乌斯说，就没有哪一个锁匠能够给这许多道门配一把钥匙。但是嘲笑之谈是不成其为理由的[①]。

在巴勒斯坦，钥匙是一根木栓，用皮带捆绑住。耶稣跟巴约拿说："凡你在地上捆绑的，在天上也要捆绑。"教皇的神学家们便从而得出结论说教皇们有权为人民捆绑住（意即保留）或解开（意即解除）他们效忠王室的誓言，有权随意支配各个王国。这倒是堂皇的结论。1302 年，在法国议会里，议员们给国王上书说："卜尼法八世[②]是一个暴君[③]……他相信上帝在天上捆绑并囚禁卜尼法自己在地下所捆绑过的人。"有一位德国闻名的路德派（我想这是梅兰吞〔Mélanchton〕）很难于理解耶稣曾经会跟西门·巴约拿，即 Cepha 或 Cephas 说："你是彼得（Pierre 意即盘石——译者），在你彼得这块盘石上，我将建设我的会，我的教会。"这位路德派信徒不能理解上帝怎么会使用了这样的文字游戏，这样异乎寻常的俏皮话，不能理解教皇的权能原来是建立在一句嘲弄语之上的。这种思想只允许新教徒有。

有人以为彼得曾经做过罗马主教；可是我们知道在那时候和后来很久一个时期，就没有过一位专职的主教。基督教会在将近二世纪末叶时才初具规模。

彼得可能到罗马旅行过；甚至很可能被人把他头朝下倒悬着

① 在 1764 年袖珍本里缺少这一句。——译者

② 卜尼法八世（Bonifacius VIII），1294—1303 年任教皇，以其与美男子腓力四世的争执而闻名。——译者

③ 法文本作 b……，俄译本作"暴君"。——译者

钉在十字架上,即或这并非当时的做法;但是关于这一切,我们什么证据都没有。我们有他署名的一封信,信里边说他在巴比伦。有些有见识的教会法学者都主张巴比伦应作罗马解释。这样,假设他注明是从罗马发的信,人们也会能够断定那封信是在巴比伦写的。人们好久都在这样论断事物,世界原来就是这样被治理着。

有一位勒守十诫的人,有人让他在罗马花了很多钱买了一个有给圣职。这就是所谓"西门尼"(私卖圣职);别人问他是否相信西门或彼得曾经到罗马来过,他便回答说:"我看不出彼得曾经在罗马,不过我确信西门曾经在罗马。"[1]

至于彼得之为人,应该承认不只是保罗一个人不满意他的行为:常常有人当面顶他,顶他和他那些后继者。这位圣保罗严厉责备过他不该吃禁食的肉类,就是说不该吃猪肉、灌肠、兔肉、鳗鱼、鸢和鹞鹰。彼得为自己辩护说他曾经看见将近六点钟的时候天门启开了,从天上四面八方降落下一张大桌布,上百满是鳗鱼、飞禽和走兽,说有一位天神的声音嚷着说:"宰了吃。"显然也就是这同一声音曾经对许多大祭司大声疾呼过:"一切都要宰杀、要吃人体中的养料。"沃拉斯顿说[2],不过这种责难是过于严厉了。

卡佐邦[3]不能赞许彼得对待老实人亚拿尼亚和他妻子撒非喇的方式[4]。卡佐邦说,罗马人的一个犹太奴隶又有什么权力来命

---

① 西门 Simon 指 Simon Le Magicien 而言,他就是犹太信徒,诺斯替派哲学的奠基人。曾想要用金钱向圣彼得购买施灵迹的才能,从而产生法语"西门尼"(Simonie 意即买卖圣职)这个词。事见《新约·使徒行传》第 8 章。——译者

② 沃拉斯顿(William Wollaston,1659—1724)英国自然神论哲学家。——译者

③ 卡佐邦(Casaubon,1559—1614),法国著名希腊学者。——译者

④ 圣经故事,见《新约·使徒行传》第 5 章。——译者

令或容许各个信仰耶稣的人都出售他们的祖产，把所得的价银全部放在这个犹太奴隶的脚前呢？倘若在伦敦有哪一个浸礼教徒叫他的道友们把钱都放在他脚前，他岂不会被人当成一个蛊惑人心的乱党、当做一名盗贼逮捕起来，免不了要送进太布恩监牢里去吗？亚拿尼亚因为卖了田产把钱送给彼得，只给自己和他妻子留了几个钱补贴生活而没有明说，就被弄死，这岂不是令人感到毛骨悚然吗？亚拿尼亚刚一死，他的妻子撒非喇就来到了。彼得并没有怀着慈悲心肠把他自己刚才因为她丈夫私留几个布施钱就让他中风而死的情节通知撒非喇，也没有告诉她要当心她自己，竟自让撒非喇陷入圈套；他问撒非喇她丈夫是否把钱全部捐献给圣者。老实的妇人回答说是，她便也猝然死去。这未免太残忍了。

龚林纪阿斯问为什么彼得这样杀死两位施主，却不去杀尽那些害死耶稣并且屡次逼迫耶稣自咎的博士呢？噢，彼得，龚林纪阿斯说您把两位给您送布施的基督徒弄死，您却让那些把您的神钉死在十字架上的人活着！

在亨利四世和路易十三时代，普罗旺斯法院有一位总律师，是一位上流人物，名叫多列宗·德·托拉姆。他在《战斗的教会》这部奉献给亨利四世的书里，写了一整章关于圣彼得对于罪行问题的判决。他说彼得对亚拿尼亚和撒非喇宣布的判决是由上帝自己根据天法的词句和案情执行的。他的整部书处处都有这种味道，正如人们所见到的，龚林纪阿斯的想法跟我们的普罗旺斯律师不同。显然，龚林纪阿斯提出这些大胆的问题的时候，不是在设有宗教裁判所的国度里。埃拉斯谟谈到彼得，看出一种极其离奇的事来：就是基督教的这位领袖行使使徒圣职是由不认耶稣开始的，而犹太人的这位第一任大祭司行使圣职时却是由铸造一头金牛犊并且加以崇拜来起头的。

不论如何,彼得总是人家给我们描述成一位对穷人说教的贫苦的人。他就好像那些自奉菲薄的什么团体的创立人一样,他们的继承人却都成了大领主。

彼得的继承者,教皇,时得时失;可是他在世界上除开他直属的区民外还有五千万人,散居各方,遵守他的法律。

在离家三四百古里的远方找一个主子侍奉;要等这个主子像是这样想过了才敢这样想;只有通过这个外国主子所任命的委员才敢最终审判他同胞的案件;不向这位外国主子缴纳一大笔钱就不敢把已从自己本国国王那里得来的葡萄园和田产作为自己的财产;给这位外国主子送一笔更大款子就可以违犯自己国内禁娶侄女为妻的国法而竟能合法的与侄女婚配;这位外国要人们在那一天纪念他以他私人的权力决定升入天堂的一个无名氏,那一天便没有人敢耕他自己的田:这些就是部分承认一位教皇的结果;这也就是法兰西教会对教廷方面所享有的独立自由。

还有若干别的民族更加顺从。我们看见现在还有一位国君请求教皇许可由他的皇家法庭审判几个被人告发犯有弑亲罪的教士,没有得到教皇许可,便不敢对这些教士加以审讯。

我们很知道从前教皇的权力还更大;他们的威力大大超越古代诸神之上:原来这些神只是有人以为他们能支配一些帝国,而教皇却是实际上真正支配了一些帝国。

斯图必纳斯说我们想一想以下的这类事,就可以原谅别人怀疑教皇的神圣性和无谬性了。

有四十次宗教分裂亵渎了圣彼得的圣体，而其中倒有二十七次演成了流血惨剧；

艾蒂安七世[①]，本是一位教士之子，把前任教皇福摩兹[②]的遗体从坟墓里刨出来，斩断尸身的首级；

塞尔吉乌斯三世[③]，是一个证据确凿的谋杀犯，与马洛西阿私通生了一个儿子，承袭了教皇职位；

约翰十世[④]是狄奥多拉的情夫，被人在他的床上勒死了；

约翰十一世，是塞基阿斯三世的儿子，仅以荒淫无度出名；

约翰十二世是在他情妇家里被人刺死的；

伯努瓦九世[⑤]收购和贩卖教皇皇位；

格列高利七世[⑥]制造了五百年内战，死后内战由他的继承人继续支持下去；

最后，在这么多荒淫无度，嗜杀成性，野心勃勃的教皇中，还有一位亚历山大六世[⑦]，恶名骇人，不亚于尼禄和卡利古拉二人。

有人说，这些教皇犯了这许多罪，正好证明他们性格的神圣性；那么，倘若掌握政教大权的教主们行为更恶劣，他们也就越发

① 艾蒂安七世(Etienne VII)，罗马教皇，929—931 年在位。——译者

② 福摩兹(Formose)，罗马教皇，891—896 年在位。——译者

③ 塞尔吉乌斯三世(Sergius III)，罗马教皇，904—911 年在位。——译者

④ 约翰十世(Jean X)，罗马教皇，914—928 年在位；狄奥多拉(Théodora，527—548)，拜占庭帝国皇后，查世丁尼(Justinien)之妻，在查士丁尼朝中操纵政权。——译者

⑤ 伯努瓦九世(Beroit IX)，罗马教皇，1033—1048 年在位。——译者

⑥ 格列高利七世(Gregorse VII)，罗马教皇，1073—1085 年在位，在天主教内首倡教士过独身生活，并加强教会纪律。——译者

⑦ 亚历山大六世(Alexandre VI)，罗马教皇，西班牙人，1492—1503 年在位，为人口是心非，专横独断。——译者

神圣了。代尔米乌斯就是这么样想的,〔可是耶稣会有的教士们〕[①]却又反驳了他。但是最好的答辩就在于现今罗马主教们审慎行使的那种减轻了的权力;就在于皇帝们由于无力剥夺他们长期占有的领地而就让他们享有,就在于代表一切宫廷精神的普遍平衡体系。

不久前有人认为只有两个民族能够入侵意大利并且粉碎罗马。就是土耳其人和俄罗斯人;但是他们必然是敌对的,而且再加上……

> 我根本不能预见不幸事件预见得那么远。
>
> ——拉辛:《安得洛玛格》,第一幕,第二场。

PRÉJUGÉS 成见

成见是一种没有判断力的意见。所以全世界都有人在小孩子们还未能判断是非以前给他们任意灌输各式各样的意见。

有些成见是人皆有之不可或缺的,那就是美德。在各国都有人教给孩子认识一位有赏有罚的神明;敬爱父母;在孩子们能够懂得什么是坏行为什么是美德以前,就告诉他们把扒窃看成是一种罪行,把自私自利的扯谎看成是一种坏行为。

所以说有很好的成见;就是我们用理性思考的时候,由判断肯定的见解。

感情并不是单纯的成见,是比较更有力的东西。一位做母亲

① 1764 年袖珍本原句,全集本无此句。——译者

的爱儿子并不是因为有人告诉她应该爱儿子:她不由自主的疼爱儿子。您跑去抢救一个即将坠入深渊或被野兽吞食的生人的孩子也丝毫不是由于什么成见的原故。

但是由于成见您才尊敬一个穿着某些服装,言行庄重的人。您的父母跟您说过您应当在这个人面前表示尊敬:在您还不知道这个人是否值得您尊敬以前您便尊敬他:您的年龄和知识都与时俱增,您便看出这个人原来是一个骄傲、自私和虚伪透顶的江湖医生;您便轻视您一向尊敬的人,于是成见让位于判断。您曾经由于成见而对于人家在您童年给您讲的那些童话故事都信以为真:有人对您讲过泰坦神族曾与神作战,维纳斯曾经爱恋过阿多尼斯;您在十二岁时把这类神话都当成是真事,您到二十岁就把这些故事看成是巧妙的比喻了。

我们约略考察一下几种不同的成见,好把我们的问题整理整理。我们或许好像约翰·劳[①]学说时代的人一样,那时代的人竟发现他们自己原来盘算的是些空想的财富。

感官的成见

我们即使视力很好时,也竟时常看错,而我们的耳朵却听不差,这岂不是一件有趣的事吗?您听觉准确的耳朵听见有人说:“您漂亮、我爱您。”那就可以肯定,他不是跟您说:“我恨您,您丑陋。”但若是您看见一面平滑的镜子,其实您准是看错了,原来是一面表面很粗糙的镜子。您看太阳约有两尺长的直径:其实太阳比

① 约翰·劳(John Law, 1671—1720),苏格兰金融家。——译者

地球要大上一百多万倍。

似乎是上帝把真理灌入您耳朵里,把谬误映入您眼中;其实您把光学一研究,就会看出上帝并没有欺骗您,就会知道物体只能被您看成您所看到的那个样子。

物理成见

太阳上升,月亮也上升,地球纹丝不动:这就是一些自然界的物理成见。但是说对虾吃了对血有益,因为它煮后颜色血红;说泥鳅治得好瘫痪,因为它欢蹦乱跳;说月亮影响我们的疾病,因为有一天有人留神到有一位病人曾经在月亮下弦的时候发烧加重;这些观念,还有其它成千的类似观念,本来都是古代的一些江湖医生的错误见解,他们不加思考就下断语,自己错了,又贻误了别人。

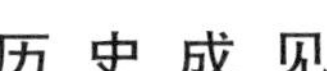

历史成见

大部分历史故事都是未经考察就被人信以为真的,而这种轻信也是一种成见。腓俾阿斯·皮克托[①]述说在他以前几世纪,阿尔伯城有一位在灶神前司香火的女祭司,用她的水罐去汲水,被人强奸,生下了罗慕路斯和雷慕斯兄弟二人,说他们两个为一只牝狼哺乳养活等等。罗马人民都相信这个传说;他们丝毫也不考虑在当时拉丁省是否真有在灶神前司香火的女祭司。一位国王的女儿带着一只水瓮从祭殿里出来这情况是否像真事,那只牝狼不吃这

① 腓俾阿斯·皮克托(Qintus Fabius Pictor,纪元前3世纪),罗马最早的历史学家。——译者

两个孩子而却奶他们，这种事是否可能。成见先入为主，便固定不移了。

有一位僧侣曾经记载说克洛维在托尔拜阿克[①]战役中遇了大险，便许愿说若能脱险情愿做基督教徒；但是在这样一个时节祈求外族的神是否顺情合理呢？在这当儿，自己生来信奉的宗教不是影响更大吗？哪一个基督徒又在一场抵抗土耳其的战役中不乞援于圣母而却去祷告穆罕默德呢？据说还有一只鸽子衔来圣瓶给克洛维涂圣油，还有一位天神给他执幡引路呢。成见总是把这类野史当做了真事。懂得人性的人都很了解篡位的克洛维和罗龙，做基督徒是为了更有把握地统治基督徒，跟土耳其的篡位者为了更有把握的统治伊斯兰教徒而做了伊斯兰教徒是一样的。

宗教成见

倘若您的保姆跟您说色列斯[②]主持麦收，说毗湿奴和克萨卡[③]都屡次下凡投生为人，说萨摩诺勾东采伐了一片森林，又说奥丹在日德兰半岛他的大厅里等着您。或是说穆罕默德或什么别人到天上去过一次：最后倘若您的家庭教师再在您脑子里把您乳娘给您刻上的那一套又加深一层，您这辈子也就忘不了啦。您判断是非的心本来很想起来反对这些成见，您的左邻右舍，尤其是那些女邻居，就会大惊小怪地说您大逆不道，就会来吓唬您；您的伊斯兰教师傅阿訇害怕他的收入减少，就在卡迪裁判官那里控告您，而这位

---

① 托尔拜阿克(Tolbiac)，德国莱茵河上古城市。——译者

② 色列斯(Cérès)，拉丁女神，掌管农作物收获，主神朱庇特的妹妹。——译者

③ 毗湿奴(Visnu)，克萨卡(Xaca)，印度教神。——译者

卡迪裁判官就尽可能地把您判处穿刺刑，因为他想统治愚民，他以为愚民比其他的人更能听话。这种情形会继续下去，一直到您的邻居们和阿訇、卡迪裁判官都开始懂得愚昧毫无好处、懂得迫害可憎的时候为止。

R

RELIGION　宗教问题

第 一 个 问 题

一本从来没有人写得如此精湛渊博的著作的作者，格罗斯特的主教沃柏顿在他的这部书第一卷第 8 页这样讲：

“一种宗教，一个团体，不是建立在对于来世永生的信仰上，便必然是由一种异乎寻常的神意来支撑。犹太教不是建立在来世信仰上，所以犹太教曾经由一种异乎寻常的神意在支撑。”

有许多神学家都群起而攻之。人家就像辩驳一切论据一样，批驳了沃柏顿的说法，对他说：

“凡是不建立在灵魂永生的教义上，不建立在永久的赏罚上的宗教都是假宗教。那么，犹太教既是丝毫这类教义也没有，所以它远非由万物主宰所支撑，而根据您的原理，它也必然是一种虚假、野蛮、攻击万物主宰的宗教。”

这位主教又另外遇到几个反对他的人，对他坚持说，就在摩西时代，犹太人也是知道灵魂不死的；但是他又给他们清清楚楚地证明在《摩西十诫》、《利未记》和《申命记》里，没有一句话提到灵魂不死这种说法，他认为故意在旁的书里断章取义，加以曲解来提出一条在律书里根本没有提过的真理是愚蠢可笑的。

主教先生写了四大卷书来证明犹太法律并不主张死后应有什么赏罚，却总也未能把反对他的人好好地反驳得令人心悦诚服。他们对他说："或者是摩西知道这条教义，他却不说，欺哄了犹太人；或者是摩西自己就不知道这条教义，这么说来，他所知有限，就不足以建立一个良好的宗教。实在说来，倘若他所建立的那个宗教是好的，为什么又被废止了呢？一种真实的宗教，必然是普及万邦、永世长存的；必然如同阳光一样，普照万民，永锡万代。"

这位教座，知识虽十分渊博，却不易解决这类难题；可是什么学说又不如此呢？

第二个问题

另外有一位学者，比较更有哲学修养，是现今思想最深刻的形而上学家，提出许多充足的理由来证明多神教是人类最初的宗教，证明人起先信许多神，后来，等到理性相当透彻以后。这才认识只有一位最高主宰。

相反地，我敢说人本来是先认识了唯一的真主，后来由于人类的弱点，才又信奉许多神：请看我是怎样理解这个问题的：

在建立大城市以前，必定是先有了一些小城堡；在所有的人都集合在若干大帝国里以前，也必定是先分成若干小共和国。一个小城堡的人，有时被那种雷电惊吓，有时又遭荒年歉收，有时又被邻村虐待，自然会随时感觉着自己软弱，感觉着到处有一种看不见的势力，不久就会说啦："在我们的上方有某个东西对我们做好做歹。”

我觉得小城堡的人绝不会说:“有两种势力。”为什么要说有多数势力呢?一切本来都是从单纯开始,随后才有复杂的,而通过高级知识,又回到了单纯。这就是人类思维的步骤。

最先想到的那个东西又是什么呢?是太阳?是月亮?我想不是。我们来看一看小孩子心中是怎样想的;他们跟那些没有知识的人差不多。他们感觉不到那种活跃自然的星辰的美丽和用途,也不感觉月球对我们有什么帮助,也不感觉到月球运行中的有规律的变化,他们根本想不到这些,已经习以为常。人只信仰、祈求、崇拜他们所恐惧的。个个孩子对于天都不觉稀奇。可是一打雷,他们就吓得发抖,都去找地方躲藏。最初的人类一定也是这样。只有那类哲学家才注意过星球的运行、才叫人对那些星球赞美、崇拜;至于天真淳朴的庄稼人,没有什么知识,对于星球所知无几,还不足以犯这么高雅的一种错误。

一座村落的人只能够说:“有一种怪力在我们头顶上边打雷、下雹子,叫我们的孩子丧生,我们要使它平息,怎么才能使它平息呢?我们眼见我们自己曾经给怒气冲冲的人送点小礼物就可使他们息怒,我们无妨给这种怪力也送点什么礼物。还必须给它起个名字。”首先浮上心头的就是头目、主人、老爷;所以这种怪力就称做老天爷。大约也就是由于这个理由,埃及人把他们神叫作 Knef;叙利亚人叫 Adonaï;其余邻近的民族又把他叫作 Baal 或 Bel 叫 Melch 或 Moloch;大月氏人又把神叫作 Papée;这些字的意义都是主、老天爷。

我们发现差不多整个美洲就是这样划分成许许多多的小部

落，每一个部落都各有一位“保佑一方”的神。墨西哥人和秘鲁人，本是大民族，都只有一位神；后者崇拜芒科-卡帕[①]，前者崇拜战神。墨西哥人给他们的战神起个名字叫维兹利普兹利(Vitzliputzli)，就像希伯来人把领主叫作萨巴奥特(Sabaoth)一样。

各个民族都并非是靠着有了修养的高级理性而开始认识一位唯一的神。倘若他们都是些个哲学家，他们崇拜的也就会是统御整个大自然的神而不是一个村子的地方神了；他们也就会研究万物之间的无限的复杂关系；这些关系都证明有一位创造和保存万物的主。可是他们什么也不研究，只是感觉。我们人类微弱的悟性就是这样在向前进展；每个小城堡的居民都感觉到他们自己软弱，需要一位强有力的保护者。他们想象着这位可怕的监护者住在邻近的一片森林里或一座山上，或是驾着云。他们只想象着有一位监护者，因为小城堡在故时只有一个首领。他们把这位监护神想象成是有肉体的，因为他们不能把它想象成别的样子。他们不能相信邻堡没有他们自己的神。所以耶弗他对摩押的居民说[②]：“你们的神基抹使你们征服到手的地，你们得以为业；你们应该让我们也享有我们的神给我们征服的地。”

这段话，由一个外邦人传述给其他的外邦人，是很值得注意的。犹太人和摩押人劫掠了当地的土著；他们彼此之间只凭强权。这个对那个说：“你的神保护你去抢夺，容我的神也来保护我去抢

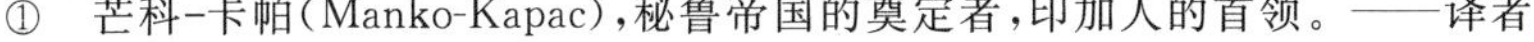

① 芒科-卡帕(Manko-Kapac)，秘鲁帝国的奠定者，印加人的首领。——译者

② 见《旧约·士师记》第11章第24节，旧约汉译本原文如下：“你的神基抹所赐你的地，你不是得为业么。耶和华我们的上帝在我们面前所赶出的人，我们就得他的地。”——译者

夺罢。”

耶利米和亚摩[①]两人彼此都追问“梅勒柯姆(Melchom)神有什么理由占据迦得地方”。从以上这些段话看起来,显然古代每个地方都有一位保佑一方的神了,在荷马史诗里还找得出这类神学的痕迹来。

等到人类的想象活跃起来,想入非非,心里也有了一些模糊不清的知识的时候,他们当然很快就会把他们的神增多起来,给各种东西、海洋、森林、泉水、田野都指定了监护神。人越观察星辰,越感到惊奇。既然崇拜小溪的溪神,怎么又能够不崇拜太阳呢?只要这么一开头,地上很快就布满了神明;终于从星辰直崇拜到猫和洋葱。

可是理性必然会日臻完善;时间毕竟培养出一些哲学家来,他们看出洋葱、猫,甚至连星辰都并没有安排自然秩序。所有那些巴比伦、波斯、埃及、西徐亚、希腊和罗马哲学家也都承认有一位最高的上帝,赏善罚恶。

他们起初并不对人民说这话;因为当初谁若是当着老者跟教士讲洋葱和猫的坏话,谁就会被人用乱石砸死;谁若是谴责某些埃及人吃他们信奉的神,谁就会被人吃掉,果真就像儒夫那尔述说过的,有一个埃及人就是在一场宗教教义争论中被人杀死生吃了的。

但是又有人搞了些什么呢?奥尔菲之流创立了一些神秘的奥义,入教的人都用讨厌的誓词赌咒绝不泄露;这类神秘的奥义,最主要的一条,就是崇敬唯一的上帝。这一伟大的真理传遍半个地

① 亚摩(Amos),犹太教正经中的十二位小先知之一。——译者

球;皈依的人为数极众。当然古代宗教的确仍旧存在,但是既然这种宗教跟一神教的教义丝毫并不矛盾,人们也就任它存在下去了。何必把它废除呢?罗马人承认有一位最好最高的神;希腊人认为宙斯是他们至高无上的神。其余一切神明都不过是介乎人神之间的神:人家把英雄和皇帝都列入神明之列,也就是说列入仙人之列;可是克洛德、屋大维、台伯和加利古拉却绝没有被人视若天地的创造者。

总之,似乎业已证实,在奥古斯丁时代,凡是信仰一种宗教的人,都认为有一位最高的永生的上帝,和许多次等的神明。从那时候起,崇拜这许多次等的神就叫作偶像崇拜。

犹太人从来就不是偶像崇拜者:因为,虽然他们认为有马拉干(Malakhim)、有天使和次一等的天人,他们的律条却根本不允许供奉这类次等的神明。的确,他们崇拜天使,换句话说,他们看见天使时便俯伏在地;但是,因为这种场合不常见,所以对于这类神明,既没有什么宗教仪式,也没有法定的礼拜。约柜的基路伯什么香火也不受。犹太人的确公开地崇拜唯一的上帝,当时无数的受秘义的人也都秘密地在他们的宗教信仰中崇拜唯一无二的上帝。

第三个问题

就是在亚洲、欧洲和非洲到处的明智博学的人都信奉一位最高的上帝的那个时代,诞生了基督教会。

柏拉图主义大大有助于理解基督教的教义。在柏拉图的学说里,逻果斯(Logos)的意义就是智慧、最高主宰的理智,到了我们,就成了圣子,上帝三位一体中的第二位了。有一种超越人智的深奥玄学，是一座高不可攀的圣堂，宗教就隐在其中。

我们在这里也就不必再提玛利亚后来怎样被人宣布为圣母，人家怎样证明圣父和圣子同体，怎样证明“普纽玛”(Pneuma)或宇宙之灵出游，这本是神圣理智的神圣体，三位一体中产生的多种性质多种意志；怎样证明高级的咀嚼(即领圣体)，灵魂也像肉体一样用化身为人的上帝的肢体和血液为食粮，上帝就在面包的形态下被人崇拜，被人吃下，形体看得见，味道也可尝得出来，然而却被消灭，一切神秘本来都是妙不可言的。

从第二世纪起，就有人开始用耶稣的名字驱逐妖魔，鬼怪；以前，人家都用耶和华或伊阿和的名字：因为圣马太说，耶稣的仇敌们说他用魔王的名字驱除妖魔，耶稣便回答他们说：“倘若我仗着贝勒再布特驱除妖魔，你们孩子们又仗着谁去驱除他们呢？”

我们丝毫也不知道耶稣会徒们在什么时代承认了贝勒再布特(Belzébuth)是魔王，他本是异邦的神；可是我们知道(是约瑟告诉我们的)在耶路撒冷有一些驱妖除魔的人，担任为妖魔附身的人——也就是说怪病缠身的人——驱魔，我们知道当时大半个世界都有人认为怪病缠身是妖精作的怪。

所以当时人们是用今已失传的耶和华这个名字的正音和其他也已失传的仪式驱妖除魔的。

用耶和华或上帝其他的名字来驱妖除魔的这种法术在教会成立最初的几个世纪还在流行。奥立泽尼跟摄尔修争论时，对摄尔修说(见 262 条)：“倘若在引证上帝或指上帝来发誓的时候，称他为亚伯拉罕、以赛亚和雅各的上帝，就可以仗着这类名字作出某些事来，这类名字的性能都足以使念出这些名字来的人能够降妖伏魔；但是，倘若称他为另外一个名字，好像篡夺神位、涛声喧天的龙王的名，便不灵验。以色列的名字译成希腊语便不灵验；可是用希伯来语念出来，再加上别的合适的字，您就可以念咒了。”

仍旧是这位奥立泽尼，在第十九条里说过这类卓越的语句："有些名字本来就有灵性，例如像埃及通儒、波斯的瑣罗亚斯德教土、印度的婆罗门教徒等人使用的名字都有灵性。所谓法术，并非像斯多葛派和伊壁鸠鲁派所说的那样，实在并不是一种空想而无效的方术。无论是萨巴奥特[①]的名字也好，亚多纳伊[②]的名字也好，都不是为了创造物而命定的，全属于造物主的天机；从而这类名字一经编排并按照规则念出来便会发生灵验。”等等。

奥立泽尼这么说，不只代表他个人的意见，他说的不过是一般人的见解。当时已知的宗教都承认有一种法术；把法术分为天堂法和地狱法，即降神术和妖术：全都是神机妙算，能占凶卜吉，预示祸福。波斯人丝毫也不否定埃及的神迹，埃及人也不否定波斯的神迹：上帝允许初期的基督徒相信降给虔婆的预言，还给他们遗留下一些不大严重的错误，丝毫也并不败坏宗教的根基。

还有一件很值得注意的事，这就是最初两个世纪的基督徒憎恶寺院、祭坛和偶像。这就是奥立泽尼在第 374 条里所承认的。从那时以来，教会一经定形，一切都随着教规改变了。

第四个问题

一种宗教，一旦在一国内合法建立起来，法庭便极力阻止改革

① 萨巴奥特(Sabaoth)，是耶和华的一个称号，意思是万军之神。——译者

② 亚多纳伊(Adonaï)，是犹太教中上帝的一个称号。——译者

该教被公认以前教内所规定的大部分事项。创立人曾经不顾法官的阻挠，私自秘密集会；本来只许在法律监督之下公开集会，一切违法的结社都在禁止之例。古代有句格言本来是说与其依照人不如服从神意；跟意思相反的一句格言却被人接受了；恪守国法就是服从上帝。过去曾经传说着妖魔缠身和鬼怪附体的事，当时是群妖乱世，而今众魔已经归位。当时奇迹和预言本是必要的，而今也再没人相信了：如有一人在广场预言灾难，就会被关进疯人院。创立宗教的人曾经私受善男信女的钱；现在要是有人非法私自敛财必受法律制裁。所以说，过去建筑房屋的脚手架，现在一概不用了。

第五个问题

我们的圣教当然是唯一无二最好的，除此之外，什么宗教又是最不坏的呢？

是不是那种最简单的宗教？是不是那种多讲道义少谈教条的宗教？是不是那种叫人正直而不使之荒谬的宗教？是不是那种丝毫不使人相信根本不可能、矛盾百出、侮辱神明并且危害人群的事物，而又丝毫不敢用永久的刑罚来威吓任何具有常识的人的宗教？是不是那种不用刽子手支持其威信，也不为了一些难解的诡辩而血染大地的宗教呢？是不是那种不以一句模棱两可的话，一句文字游戏和两三份伪造宪章而使一个乱伦、杀戮和毒害人的教士成了君主和神的宗教呢？是不是那种不使国王听命于这个教士的宗教呢？是不是那种只教导人崇拜上帝、正义、仁恕和人道的宗教呢？

第六个问题

有人说异教徒们的教，在许多问题上都是荒谬的，矛盾百出，危害人类；这岂不是把这种宗教的坏处说得过火了吗？岂不是把这种宗教愚蠢的说教形容得言过其实了吗？

因为我看到朱庇特公牛
蛇、天鹅，或者别的什么，
我丝毫也不感觉着美，
即或人们每每谈到，我也觉得并不足奇。

《昂菲特里翁》[①]序幕

这当然是很不恭的；但是请哪一位给我指出，在整个上古时代有哪一座庙宇又是奉献给那位跟天鹅或是跟公牛一块儿睡觉的莱达的呢？在雅典或罗马有一次说教是为鼓励姑娘们跟家禽天鹅一块儿交配吗？经过奥维德搜集和加工的神话传说说得上是宗教吗？不是跟我们的《圣徒传》、跟我们的“圣徒精华”类似吗？倘若有一位婆罗门教士或伊斯兰教士向我们引证圣马利亚在埃及的故事，说她没有钱报酬那些把她渡到埃及去的水手们，便使用所谓恩爱代替钱来酬谢他们每一个人，我们就会对这位婆罗门教士说：“可敬的神甫，您弄错了，我们的宗教可不是《圣徒传》哪。”

我们责难古人传说的神言和圣迹说：倘若古人在世而能计算

① 昂菲特里翁(Amphitryon)，希腊神话人物。此处指莫里哀三幕喜剧，模仿古罗马剧作家普拉图斯(Plautus)同名剧本之作。——译者

一下罗雷特圣母院[1]和以弗所圣母院[2]两处所显的圣，与寺的圣迹到底哪一处最多呢？

用人作牺牲的仪式几乎各个民族都有，不过却很少应用。我们只知道犹太人中有耶弗大的女儿和亚甲王两人是供做牺牲了的，因为以撒和约拏达斯[3]都没有牺牲。伊菲革涅亚的故事在希腊并未证实；古罗马人也很少有用人作牺牲的。总之，异教很少使人流血，我们的宗教却血洗大地。我们的宗教自然是世上唯一最好最真的宗教；可是我们由于通过它干了许多坏事，所以每一谈起其他宗教来，我们就应该谦虚些。

第七个问题

一个人倘若想要说服外国人或本国同胞也信奉他的教，岂不是应该用婉转的言词、谦虚可亲的态度去进行吗？倘若一开口就说他说的都是言之有据、明确无疑的，必然会遇到许多人怀疑；倘若他竟胆敢对这些怀疑的人说他们不接受他的学说是因为这种道理否定了他们的情欲，是因为他们利欲熏心，是因为他们的理性荒谬而骄傲，他就激起他们对他的反感来，把他自己所要建竖的也就给摧毁。

倘若他所宣传的教果真是对的话，难道说发脾气和傲慢无礼

---

① 罗雷特圣母院（Notre-Dame de Lorette），意大利罗雷特城著名天主教堂，为朝圣之地。——译者

② 以弗所圣母院（Notre-dame d'Ephèse），小亚细亚以弗所城著名天主教堂。——译者

③ Isaac et Jonathas，以撒是亚伯拉罕之子，雅各之父。约拏达斯是扫罗（Saül）之子，大卫王之友。均见于《圣经》。——译者

就能令这个宗教更真实吗？当您说人家应该做到温和，良善，正直，容忍，应该尽到一切社会义务，您自己却先发脾气吗？不应该，因为人同此心、心同此理。您对您的弟兄宣讲一种奥秘的形而上学的时候，为什么您要骂他呢？原来是因为他的良知伤了您的自尊心。您有一种骄傲的心理，要求您的弟兄依从您的看法；这种骄傲心情受到挫折便产生了愤怒，没有别的原因。一个人在一场战斗中受了二十处枪伤丝毫不会生气；但是一位医生为病人的拒绝所伤。便会怒发冲冠、暴跳如雷了。

RÉSURRECTION 复活

第一节

据说埃及人建造金字塔是为作坟墓用，他们的尸体里里外外都涂了香料，等一千年后还魂复活。但是倘若尸体真可以苏醒过来，为什么香尸的人第一道手术却是用一把钩子穿开脑骨把脑髓剜出来呢？一直到死而复苏却没有脑髓不免令人疑心（假使我们可以用这个字眼儿的话）埃及人生前就根本没有脑子；但是也要想到古代人大都相信灵魂是在胸膛里。可是为什么灵魂在胸膛里不在别处呢？这是因为，实际上，当我们感情稍微激动的时候，便感觉着心口发胀或发紧，这就令人以为心口那儿就是灵魂的住所。这种灵魂类似气体，是一个轻盈的小人儿到处跑，直到后来找到它的躯体。

关于复活的信念在有史以前早就有了。墨丘利的女儿阿达丽德可以随意死随意复活;埃斯居拉普使希坡力提复活,赫丘利让阿尔塞斯特重生;佩洛普斯曾经被他父亲剁成碎块,天神又使他回生了。柏拉图说赫尔雷斯仅仅复活了十五天。

犹太族的法利赛人在柏拉图以后很久才采用了复活的说法。

在《使徒行传》里有一件很奇异的事,很值得注意。圣雅格和他好几位同道都劝圣保罗到耶路撒冷的庙堂里去履行古代法所规定的各项仪式,尽管他是个基督徒,他们说:“为的是让大家都知道人家说您的种种话都不确实,让大家都知道您仍旧遵守摩西法。”

圣保罗便到庙堂里去了七天,不料第七天就被人认出来了。人家便指控他带来外邦人,糟蹋了庙堂。请看他是怎样从困境中脱身的:

保罗看出大众,一半是撒都该人,一半是法利赛人,就在公会中大声说:“弟兄们,我是法利赛人,也是法利赛人的子孙。我现在受审问,是为盼望来世生活和死人复活。”[①]在这次事件中,根本不是什么复活问题;保罗说这话不过是为挑拨法利赛人跟撒都该人彼此冲突。

〔《使徒行传》第 23 章〕第 7 节:“保罗说了这话,法利赛人和撒都该人都争论起来,会众便分为两党。”

〔上书〕第 8 节:“因为撒都该人说,没有复活,也没有天使和鬼魂,法利赛人却说两样都有,等等。”

有人以为很早的约伯就知道复活的说法。人家引证这些话:“我知道我的救赎主活着,末了必然为我赎罪,我会从尘土里站立

① 见《新约·使徒行传》第 23 章第 6 节。——译者

起来,我的皮肉必然恢复,我必在我肉体之内重见上帝。[①]”

但是若干注释家都把这些话理解是说约伯希望他不久会病愈起床,不像他过去那样长久躺在地上。后来的情形也足以证实他的话是真的,因为他后来就向他那些虚伪而无情的朋友们嚷道:“你们到底为什么说:‘把他逼死吧?’或者‘因为你们会要说:因为我们迫害过他’。这岂不是分明要说:一旦你们看见我恢复健康和丰腴体态就不免要后悔不该得罪了我。”一位病人说“我就要好了”这话并不是说“我就要复活了”。把一些意义明白清楚的文字加以曲解,这是永不了解的最保险的办法。

圣热罗姆以为法利赛派是在耶稣基督时代之前不久产生的。大家都以为犹太教士希莱尔是法利赛派的创始人。而这位希莱尔跟圣保罗的老师伽马列是同时代的人。

许多法利赛派的人都以为只有犹太人会复活,其他的人都不配复活,又有人坚持说只有在巴勒斯坦才能复活,埋葬在别的地方的尸体得秘密地移到耶路撒冷去会合他们的灵魂。但是圣保罗给帖撒罗尼伽居民写信却说“耶稣基督第二次降临是为了他们和他,说他们将会为这事作见证”。

第16节:“因为主必亲自从天降临,有呼叫的声音,和天使长的声音,又有上帝的号吹响,那在基督里死了的人必先复活。”

第17节:“以后我们这活着还存留的人,必和他们一同被提到云里,在空中与主相遇。这样我们就要和主永远同在。”[②]

① 见《旧约·约伯记》第20章第25节。——译者

② 见《帖撒罗尼迦前书》第4章。——译者

这段重要的话岂不分明是证实初期的基督徒都相信看得到世界的末日降临，就像在《路加福音》里为路加生前同一时期所预言的一样。

圣奥古斯丁相信儿童、就连出生后就死去的婴儿也在内，他们都会在成熟的年龄复活。奥立泽尼、热罗姆、阿塔纳斯、巴文尔之流都不相信女人可以带着她们的性别复活。

总之，人们总是对于我们生前、现世和来世有所争论。

S

SALOMON 所罗门

有不少国王都做过神职人员并且写过出色的好书。普鲁士国王大腓特烈便是我们所知道的这类国王最近的一个例子。很少有人能及得上他;我们不要以为可以发现许多能写法文诗的德国君主能写他们本国的历史。英国雅克一世以及亨利八世都撰写过。在西班牙则要追溯到阿尔方斯十世,而且他是否亲手制定过阿尔方斯法典还是疑问。

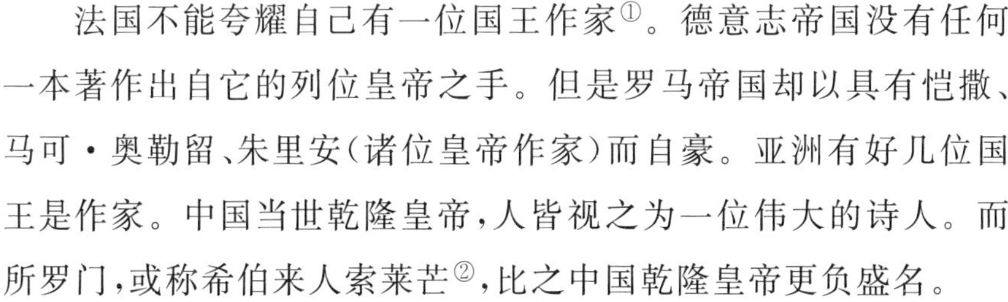

法国不能夸耀自己有一位国王作家[①]。德意志帝国没有任何一本著作出自它的列位皇帝之手。但是罗马帝国却以具有恺撒、马可·奥勒留、朱里安(诸位皇帝作家)而自豪。亚洲有好几位国王是作家。中国当世乾隆皇帝,人皆视之为一位伟大的诗人。而所罗门,或称希伯来人索莱芒[②],比之中国乾隆皇帝更负盛名。

① 有人说查理九世是一部论述狩猎的书的作者。很可能这位国王若是对于杀牲畜的艺术没有怎么锻炼过,根本就没有在森林中养成目睹流血的习惯,当初也就难强令他下令进行圣巴托勒缪之夜的大屠杀。狩猎是冲淡这种对于同胞怜悯感情的最可靠的手段,其效果特别有害,因为位置最高的人,有这种怜悯感情,就更需要这一抑制感情的手段。——开勒版

② 索莱芒(Soleyman),即所罗门的希伯来文音译。——译者

所罗门这个名字在东方始终是受人崇敬的。人们认为是他写的那几部著作,《犹太编年史》,《阿拉伯人的传说》,使他的名誉一直传播到印度。他在位时期是希伯来人最伟大的时代。

他是巴勒斯坦第三代国王。《列王纪上》说他母亲拔示巴获得大卫王应许立所罗门为王而不立长子亚多尼亚。一个同谋杀害前夫的妇人有相当的手腕为她通奸果实获得继承而剥夺了嫡嗣而且又是长子的继承权,这是不足为奇的。[①]

有一件很令人觉得奇怪的事,就是前来责问大卫与人通奸、杀害乌利亚、事后又和拔示巴结婚的那位先知拿单[②],就是那个协助拔示巴把她由这一血腥而可耻的结合所生的所罗门扶上王位的先知拿单。若是只从凡人的想法来论断,这一行为证明这位先知拿单,随着时机之不同而有两种权衡的标准。同一书中并没有说拿单奉到上帝的使命,叫他剥夺亚多尼亚的继承权。若是有这样的使命,自当遵从这一命令。不过我们只可接受我们看到书上所写的。

所罗门是否由于他的现金之多而闻名,还是由于他的女人之多或是由于他的著作而闻名,这在神学上倒是一个大问题。他是按照土耳其方式,杀了兄长而开始当政的,这使我深深感到遗憾。

亚多尼亚被所罗门夺去了王位,恳求后者许可他娶亚比煞为妻,就是人家给大卫在老年时暖怀的那个童女。圣书根本没提所罗门是否与亚多尼亚争夺他父亲的妃子,只说因亚多尼亚一提出

---

① 故事见圣经《旧约·撒母耳记》第 11 章和《列王纪上》第 1 章。——译者

② 故事见《撒母耳记》第 12 章和《列王纪上》第 1 章。——译者

这一请求，就命人把他杀害了[1]。显然，上帝赐给他聪明智慧，却拒绝给他正义思想和人道精神，就像他后来拒绝给他禁欲的禀赋一样。

《列王纪上》里还说他掌握了一个从幼发拉底河一直延伸到红海和地中海的大帝国，但是不幸又说埃及国王征服了迦南地的迦萨，并且说他把迦萨城赠给了他女儿作嫁妆，而据说所罗门娶了这个女子为妻。据说在大马士革有一位国王，西顿和推罗诸王国都繁荣昌盛。所罗门处在四周列强当中，与之和平共处，无疑是表现出他的明智精神的。他的国家十分富足，只是这种深厚的明智精神取得的硕果，因为在扫罗时代，这个国度里连一个铁匠也还没有。我们已经指出过，凡是想按理推断的人都难理解，败于腓力斯丁人之手的扫罗继位人大卫，能在他治下，缔造一个巨大的帝国。

大卫给所罗门遗留下的财富更是令人惊奇。他给所罗门留下现金十万三千塔兰[2]黄金和一百零一万三千塔兰白银。每一希伯来塔兰黄金，按照阿巴斯诺特[3]的说法，合六千英镑，每一希伯来塔兰白银约合五百英镑。遗产的总数，不算各种宝石和其他财产，还不算与这项财富相应的日常收入，仅只现金，按照这算法就达十一亿九千七百万德国埃居银币或六百五十六亿四千八百万法国埃居银币。当时在全世界也没有那么多通货。有几位识多见广的博学人士估计这份财富略低一点，但是总数对于巴勒斯坦来说依然

① 见圣经《旧约·列王纪上》第2章第13—25节。——译者

② 塔兰(Talent，一译他连得)，希伯来重量与货币单位。——译者

③ 阿巴斯诺特(Arbuthnot，1667—1735)，苏格兰医生兼讽刺诗人，曾任安娜女皇御医。——译者

是太大了。

既然如此,我们就不懂所罗门为什么那么急于派遣他的舰队去俄斐装运黄金。我们更猜不透这样强有力的一位君主在他广大的国家内怎么会连一个会在黎巴嫩森林里砍伐树木的人都没有。他不得不请求推罗王希兰借给他锯木工和工人加工木材。要承认这类矛盾是考验着注释家们的才能的。

他家里午餐和晚餐要用五十头牛和一百只羊和数量与此相当的家禽野味;这样每天要用到六万斤重的肉:这说明足足有好一大家子人。

人们还说所罗门有四万间马厩[①]和同样多的车库停放战车,但是只有一万二千间马厩来拴他的战骑。对于一个山国,战车太多了,而对于一位国王来说,这就是一个大大的排场了,因为他的先王在加冕时也只有一头母骡子,而那块地也只能放养驴。

人们不愿一位君主有那么多战车却拥有少数的女人,就说他有七百位有皇后头衔的妻子,而奇怪的是他只有三百个妃嫔,照习惯说,国王们通常都是后宫粉黛多于妻室的。

他喂养了四十一万二千匹马,当然是为了同她们一道沿着基尼烈湖[②]漫步,或向所多玛湖走去,或向撒烈溪走去。设若不是这条溪流一年当中倒有九个月干涸而这块地方石子又多得骇人的话,倒是世上风景最优美的地方了。

---

① 我们前边已经指出,根据孟克先生意见,此处应该是四千而不是四万。——乔治·阿弗内尔

② 基尼烈湖即今日以色列境内太巴烈湖。——译者

至于所罗门命人修建的那座圣殿[①]，犹太人认为是全世界最漂亮的工程，可是布拉芒特、米开朗琪罗、帕拉弟奥[②]这般大师若是看见这座建筑，绝不会称赞。这是一座方形炮台，里边围着一个院子，院里有一座四十肘长的建筑物，另外还有座二十肘长的。据说这第二座建筑物才是圣殿，降神示的神殿，至圣所，长、宽、高各二十肘。苏弗洛[③]先生不会喜欢这种比例的。

归之于所罗门手笔的那几部圣书，比他的圣殿存在的时间要长。

仅作者的大名就使这些书受人尊敬；既然是一位国王写的也就该是好的了，因为人皆以为这位国王是人间最聪明的人。

归之于他的手笔的第一部书就是《箴言》。这是一部格言集，在我们的文雅人士看来，内容有的显得粗俗、低级、杂乱无章、缺乏趣味、短少选择和计划。这些人简直无法相信一位学识渊博的国王，会著一部格言集，其中竟然没有一条是有关治国之道、政策、朝臣品德、宫廷习俗的。他们看见整章整章的内容只谈妓女们在街头劝诱过客去同她们睡觉，觉得惊讶。

他们对于如下这样的格言很有反感："有三样不知足的东西和第四样从来不说'够了'的东西，就是坟墓、子宫、吃水从来也吃不够的地，和火，这是第四样，它从来不说'够了'。

① 见《旧约·列王纪上》第6章。——译者

② 布拉芒特(Donato Bramante，1444—1514)，意大利中世纪文艺复兴期的建筑师；米开朗琪罗(Michelangelo，1475—1564)，帕拉弟奥(Palladio，1508—1580)，均系意大利伟大建筑艺术家。——译者

③ 苏弗洛(Soufflot，1713—1780)，法国建筑艺术家。曾建筑巴黎的庞代翁集贤祠。——译者

“有三样难懂的东西和我全然不知道的第四样，就是鹰在空中飞翔的轨迹，蛇在盘石上爬的路线，船在海上航行的航道，和男女交合之道。

“地上有四样最小的东西，却比聪明人更聪明：蚂蚁，这小小的一群，却在收获季节预备粮食；野兔这个软弱的动物，却睡卧在石头上边；蝗虫没有蝗王，却分队而出；守宫用爪抓墙，却住在王宫。”[①]

他们说，人们是否敢于把这类愚蠢的傻话都归之于一位伟大的国王，最聪明的人呢？这种批评太过火了，应该用比较尊敬的态度来谈。

《箴言》曾经被认为是以赛亚、埃尔家、索波拿、以利亚辛[②]和若干其他人作的；但是不拘是谁编了这部东方格言集，不像是一位国王自己写的[③]。他能够说“暴虐的君王好像吼叫的狮子”[④]吗？这是一个庶民或奴隶形容王的愤怒使人发抖的话。所罗门会大谈其下流妇女吗？他能够说：“酒清亮亮的，酒的色泽在玻璃杯里闪烁，你不可观看吗[⑤]？”

① 见《旧约·箴言》第30章，译文与汉译圣经稍有出入。守宫即壁虎的名字。——译者

② 以赛亚(Isaï)、埃尔家(Elzia)、索波拿(Sobna)、以利亚辛(Eliacin)均系犹太先知。——译者

③ 孟克表示没有什么理由可以反对把《箴言》第二部分第一节看做是所罗门遗留的格言和警句。至于第二节，那是亚西家的人所录下的。第三节是由一位亚古尔王的感想和谜语、和(想象中的)利慕伊勒的母后向王提的劝告以及一位无名诗人对于能干的妇人的描绘组成的。第一部只是个引言。——乔治·阿弗内尔

④ 见《旧约·箴言》第28章第15节。——译者

⑤ 见《旧约·箴言》第23章第31节。汉译本原文是：“酒发红，在杯中闪烁，你不可观看。”——译者

我很怀疑在所罗门时代有玻璃酒杯，这是晚期才发明的。整个上古时代都是用木杯或金属的爵。仅仅这一段文字或许就说明这部犹太文集跟许多其他犹太书籍一样都是在亚历山大城编写的①。

《传道书》，人们也归之于所罗门的手笔。是类别和趣味全然不同的另一本书。在这部著作里，传道的人似乎从响往伟大的幻觉里清醒过来，厌倦欢乐，对于知识也不感兴趣。人们以为他是一位享乐主义者。书中每页里都重复着正直与大逆不道都有同样的遭遇，人比兽也没有什么更多的长处，生存还不如不生，根本就没有此生以外的生活，平安享受自己同所爱的女人一道劳碌所得，并没有什么好处，更没有什么合情合理之处。

所罗门可能对他几个女人讲了这样的话，人们以为这是他自己对自己提出的不同的看法，但是这些格言有点放纵，丝毫不像是什么意见，叫人们听作者提出跟他自己所说的话相反的意见，这简直是把人当成大傻瓜了。

我们以为作者是一位唯物主义者，既耽于声色犬马之乐，又对一切感到厌恶，在书的末尾又增加了一句关于敬畏上帝的颇有教益的话以减轻这样一部书可能引起的公愤②。

---

① 有一位学究以为在这段里发现一处错误。他硬说人家把 Goblot[平底大口杯]误译为 Verre[玻璃杯]。他说 Goblot 是木头或金属制成的。但是酒又怎么会在金属杯或木杯里闪烁呢？而这又有什么关系。——伏尔泰

这位学究就是盖乃修道院长，他是《若干犹太人的书简》一书的作者。——贝多列尔

② 《传道书》最后一段说："总意就是敬畏上帝，谨守他的诫命，这是人所当尽的本分。因为人所作的事，连一切隐蔽的事，无论是善是恶，上帝都必审问。"——译者

而且,有好几位神甫都说所罗门曾以苦行赎罪,所以可以原谅他。

批评家们难以相信这部书是所罗门写的。格劳秀斯说这部书是在所罗巴伯[①]时代写的,又说所罗门说过“灾祸要降到有孩童国王的国土上”[②],这未免也有点不合情理。当时犹太人根本还没有这样的国王呢。

说他说过:“我观察王的脸”也不合情理。更可能的倒是作者要借所罗门之口来说话,而由于人们在许多犹太教教士方面都发现有的那种精神错乱,作者却在书中每每忘记了他所要借他口说话的人是个国王。

他们认为奇怪的是人家把这部著作列入正经里边。他们说,倘若现今要编订圣经的正经,或许不会把《传道书》列入。但是,这部书编入正经是在书籍很稀少的时代,那时候人们对于书籍多半是当作稀世之物拿来欣赏,并不怎么阅读。现今可以做到的,顶多是减轻书中充斥的享乐主义内容。对《传道书》的做法就像对其它许多用全然不同的方式煽动人的事物的做法一样。这些事物都是在蒙昧时代创立的。而人们却不得不辱及理性在清明时代维持这些事物,而且用比喻来掩盖荒谬与恐怖。这些批评也太胆大了。

《雅歌》也归之于所罗门的手笔,因为有两三处都有所罗门王

---

① 所罗巴伯(Zorobabel),大卫后裔,犹太王子,纪元前六世纪波斯王居鲁士敕令释放犹太俘虏时,率犹太人民回归耶路撒冷。见《旧约·尼希米记》第7章第6、7两节。——译者

② 见《旧约·传道书》第10章第17节:“邦国啊,你的王若是孩童,你就有祸了。”——译者

的名字，因为书里叫人对情人说她自己像所罗门的皮裘那样美丽，因为情人说她自己黑，人们便以为所罗门在这话里指的是他的埃及妻子。

这三个理由并未能说服人。

一、女情人对她男爱人说，“王带我进了内室”，她显然说的是另外一人；所以王并非这一情人。她说的是正在坐席的王，说的是男傧相，说的是房主人，而且这个犹太女子远非一位国王心爱的情人，况且整部书里都提的是一个牧羊女，一位田野姑娘，她到处到乡下到城里街道上去找她的情人，说她在城门口被守城人截住，还夺去了她的袍子。

二、“我像所罗门的那些皮裘一样美丽”是个农村女子的表达语，意思是说：我像王的幔子一样美丽。正是因为这部著作里有所罗门的名字，所以不会是他。哪一位君主会做这么可笑的比喻呢？在第三章里，那个情人说：“你们观看所罗门王头戴冠冕，是他母后在他举行婚礼的日子给他戴上的。”谁认识不出来这类表达语是老百姓的姑娘们谈她情人时的平常的比喻呢？她们总是说：他像国王一般漂亮，他神态像个国王，等等。

三、人们在这部《雅歌》里假托那位牧羊女说她被日头晒黑了，说她是“棕色”的，那么，如果这就是埃及国王的女儿，她根本就不会被晒成褐色。在埃及贵族姑娘都是白的。（埃及女皇）克娄巴特拉肤色是白的，总之，这个人物不能同时既是一村女又是一位皇后。

一位国君有成千的妻子，可能对其中的一位说：“愿她用口与我亲嘴,因您的双乳比酒更美。"①一个国王和一个牧人说到用口亲嘴,可能都同样这么讲。人们认为在此处说话的是个姑娘,她却赞美她的男情人的双乳,这真是相当奇怪。

人们并不否认一位风流国王可能叫她情妇说:"我心爱的人,像一袋没药,常在我的双乳之间。②"

也不否认他会对她说:"您的肚脐就像一盏酒盅,里边有饮不尽的酒;您的肚腹好似一斛小麦;您的双乳好像一对子狍;您的鼻梁儿犹如黎巴嫩山上的那座宝塔。"③

我承认维吉尔的牧歌风格却不同。但是作者各有各的风格,一个犹太人并非必须写得像维吉尔那样。

人们没有称赞过以下这一东方式漂亮的表达笔法:"我们的妹妹还年幼,没有双乳,我们当为她怎么办呢?若是一堵墙,我们在墙上边建筑,若是一道门,我们就把门关上。"④

好极了,最聪明的人所罗门是在笑谈中这样说过的,但是有好几位犹太教士却都坚持说这首富有肉感的小牧歌不仅不是出自所罗门的手笔,而且也并不真实。狄奥多西·德·摩普索斯特的意见就是这样,而著名的格劳秀斯称《雅歌》为一部 flagitiosus〔荒淫的〕色

---

① 汉译圣经作"愿她用口与我亲嘴,因你的爱情此酒更美"。——译者

② 汉译圣经《雅歌》第 1 章第 13 节译作:"我以我的良人为一袋没药,常在我怀中。"——译者

③ 圣经《雅歌》第 7 章第 2、3、4 节译作:"你的肚脐如圆杯,不缺调和的酒。你的腰如一堆麦子,周围有百合花。你的两乳好像一对小鹿,就是母鹿双生的。你的鼻子仿佛朝大马色的黎巴嫩塔。"——译者

④ 上书第 8 章第 8、9 两节译做:"我们有一小妹,她的两乳尚未长成,人来提亲的日子,我们当为她怎样办理。她若是墙,我们要在其上建造银塔,她若是门,我们要用香柏木板围护她。"——译者

情作品。可是这部作品却成了圣书了，而人们都把它看做是耶稣·基督与教会结合的永恒譬喻。应当承认这种譬喻未免有点过火，而作者说他小妹妹还没有乳房，我们看不出教会如何来理解这句话。

这部正经毕竟是古代一部珍贵作品；这是希伯来人传世的唯一谈爱情的古籍。书中每每谈到享乐。这是一部犹太牧歌。书中的文笔也跟一切用犹太笔法写的著作一样，前后不连贯，断断续续，重复连篇，意思模糊，譬喻可笑；但是有的地方却表现出天真和爱情来[①]。

《智慧》[②]一书趣味比较严肃，但是也同《雅歌》一样，并非所罗门所著。通常都说是西拉克之子耶稣写的，又有人说是出自菲洛·德·比布洛斯[③]的手笔。但是不管作者是谁，人们认为当时还没有圣经旧约前五部正经[④]，因为作者在第十章里说亚伯拉罕在洪水时代要牺牲以撒，并且在另一段，他又说族长约瑟是埃及国王；这至少是最合情合理的了。

最糟糕的是在同一章里，作者又硬说在他那个时代人们还看见过罗德的妻子变成的那根盐柱[⑤]。批评家们认为更糟糕的是在他们看来这部书像是一套很讨厌的老生常谈。但是批评家们也应考虑到这类著作并不是为遵循那些空洞的雄辩术规律而作的，是

① 我们已经提过，近代批评对于《传道书》和《雅歌》的想法。批评家们判断这两部著作就跟伏尔泰时代人们判断这两部书一个样。——乔治·阿弗内尔

② 天主教会圣经正经之一，汉译圣经未收入。——译者

③ 菲洛·德·比布洛斯(Philon de Biblos，公元前 20—54)，古希腊哲学家，学说混合柏拉图学说与圣经教义。——译者

④ 即《创世记》、《出埃及记》、《利未记》、《民数记》、《申命记》。——译者

⑤ 故事见《旧约·创世记》第 19 章第 26 节。——译者

为感化人群而写的，不是为读着好玩的，甚至必须压制着厌恶情绪来阅读它。

所罗门对他那个时代和人民来说显然是富有而博学的。但是夸张与粗糙这对形影不离的伴侣，却把他的财富形容得他并不能拥有的那么多，把他的著作也夸大到他并未写出的那么多。对于古代的崇敬一直令人接受这些错误想法而不加以改正。

但是即使这些书是一个犹太人写的，这又有什么关系呢？我们的基督教是以犹太教为基础建立起来的，但并非是以犹太人写的一切著作为根基的。

为什么例如《雅歌》对于我们要比犹太教塔尔穆得法典的①传说更神圣呢？据说是因为我们是按照希伯来人的宗教法规来理解这部《雅歌》的。那么这种宗教法规又是什么呢？是若干真正原本著作的汇编。好！一部著作，只要是真正原本的，就神圣了吗？例如一部犹太和西尚②两地的《犹太列王记》不是历史又是什么呢？这就是一种奇怪的成见了。我们厌恶犹太人，而又要以为他们所写的又经我们收集起来的一切作品都带着上帝的神迹。再没有比这更明显的矛盾了。

SENSATION 感觉

据说，牡蛎有两种感觉；鼹鼠有四种；其它动物，跟人一样，都

① 塔尔穆得(Le Talmud)，希伯来语意即教训，是犹太教法典。

② 犹太和西尚(Juda et Sichem)，圣经古地名，均在今日的巴勒斯坦境内。Sichem 在汉译圣经中又译作策马和示剑。——译者

有五种。有些人还认为有第六种感觉，不过他们指的是肉感，这显然应属于触觉，而我们则同意有五种。我们简直想象不出还会有五官感觉以外的感觉，也不能想望着有。

在旁的星球上，也可能有人有些我们想象不到的感觉；感觉的种类可能逐球增多，而具有无数完善感觉的生物可能是生物中最高级的了。

而我们呢，虽有五官感觉，可又有什么本领呢？我们总是不由得不感觉，而从来也不是由于我们想要感觉就有感觉。我们一遇见什么东西，便不能没有我们天性给我们注定的感觉。感受虽是在我们体内，但却不由我们自主。我们接受感觉，可是怎样接受的呢？我倒还知道，在空气激荡和他人唱给我听的歌词以及这些歌词在我脑海里构成的印象之间什么关系也没有。

我们觉得思想很奇异，可是感觉也一样地奇妙。最低级昆虫的感觉里，有一种神力迸发出来，就像在牛顿的脑海里一样。可是千千万万的动物在您眼前逝去，您也没关心到他们的感觉能力将会化为什么，虽说这种能力也是万物之主的作品。您把这些动物都当做是自然界的机器，生生息息，代代接替。

为什么动物不存在以后，它们的感觉还会继续存在下去呢？又怎样存在呢？万物的创造主为什么需要保存已经毁灭了的物体的性能呢？也可以照样问为什么名叫含羞草的那种植物死了以后，它把叶子缩向枝干的那种能力还会继续存在呢？您自然也要问动物的感觉若是随着动物本身一同消灭，而人的思想怎么又不消灭呢？我无力回答这个问题，因为关于这一点我知道得不多，无法解答。也只有感觉和思想的永恒的创造主他自己知道他是怎样创造又怎样保存感觉和思想的。

古代人都一直认为我们悟性里有的东西，没有不是在感官中已经有了的。笛卡尔在他那几部幻想作品里说我们在认识乳母的乳房之前就已经有形而上学思想了。有一所神学院[①]禁止这种学说，并非因为这是一种错误思想，而是因为它是一种新思想。后来这所学院又采用这一错误思想，那是因为它被英国哲学家洛克给驳倒，而的确应该是英国人有错误。该神学院变更许多次意见之后，又反过来禁止这一古代真理，即感官是悟性的大门。这所神学院的做法跟那些债台高筑的政府一样，时而发行某种纸币，时而又令这些纸币贬值；不过这所神学院的纸币早已无人问津了。

世界上的一切学院都永远也阻止不住哲学家们看出我们都从感觉开始，而我们的记忆也只是一种继续着的感觉。一个人若是生而缺少五官感觉，即使能活，也不会有任何观念。形而上学式的概念，都从感觉而来：因为我们若是未曾见过或摸过一个圆圈或是一个三角，又怎么会度量它们呢？不扩展边缘，又怎么能对于“无限”获得一个大致的概念呢？可是若没有见过或是摸过边缘，又怎么能扩展边缘呢？

有一位大哲学家[②]说过，感觉包含着我们的各种能力。

您对这一切又如何下断语呢？您既读书又会思考，就请您下一个结论吧。

希腊人为感觉想出个 Psyché〔精神〕能力来，为思想想出个

① 指巴黎大学前身索尔邦神学院。——译者

② 见孔迪亚克(Condillac)的《感觉论》第二卷第 128 页。——伏尔泰

Noús〔悟性〕能力来。不幸我们不知道这两种能力是什么。我们都具有这两种能力，但是我们对于它们的根源所知道的并不比我们对于牡蛎、海葵、珊瑚虫、小蚯蚓、花草知道得更多。由于什么不可思议的机制，感觉在我们全身存在而思想却只在我们头部里存在呢？设若人家把您的头割下来，于是您就再也不能解答一道几何题了，可是您安放灵魂的那个松果体、那个胼胝体还长时间存在而没有坏，您那颗割下来的头还很有活力，就是在身首分离之后往往还会跳动。这颗头此刻似乎还有很灵活的思想，就像俄耳甫斯的头一样，当人家把它抛入埃布罗河水里，它还在奏乐歌唱他的妻子欧里狄克。

既然是您没有头之后便不思考了，您的心脏在被摘除时，怎么还跳动，像似还有感觉呢？

您要说：您感觉，那是因为各条神经都导源于大脑，倘若人家给您施了穿颅手术，用火烧您的大脑，您便什么也感觉不到。通晓这一切道理的人必是很聪明灵巧的了。

SONGES 梦

梦幻化作飞翔的影子戏弄思想，
它们并非由神从庙宇或天空遣来，
而是自我生成。

——佩特罗尼乌斯《萨蒂利孔》第 54 章第 1—3 句

可是，在睡眠中五官感觉既然是全都停息了，怎么会有一种内在的感官还清醒着呢？您睡眠时既然是眼不见、耳不闻，怎么在梦中又能看能听呢？猎犬可以在梦中狩猎，这时它也吠叫，也追逐猎获物，也吃猎食；诗人常在梦乡中吟咏；数学家可以梦见几何图形；形而上学家在梦寐中苦思冥想。我们还可以举出很多惊人的实例来。

是否只有身体各部器官起作用呢？纯粹的灵魂，脱离开感官的影响，能够自由行使它的权力吗？

既然各种感官都能在黑夜产生梦，为什么不能自己在白昼思考呢？设若在五官感觉休息的时候，纯粹的灵魂不受外来干预，自己能活动，从而产生您在睡梦中所有的种种观念、思想，为什么这类睡梦中的观念、思想却又几乎总是杂乱无章、没有条理、支离破碎呢？怎么！难道灵魂在最宁静的时刻，想象反倒更混乱不清吗！灵魂无拘无束，就会发疯了吗！倘若灵魂真像许许多多睁着眼睛做梦的作家所说的那样，生来就具有若干形而上学的观念，那么，灵魂关于“有”、“无限”、和一切“基本原理”等等明澈的纯理观念，似乎就应该在肉体入睡的时候更清醒有力了：因而似乎只有在梦乡里才能做上好的哲学家啰！

不拘您研究哪一种哲学体系，不拘您怎样费尽九牛二虎之力来证明是记忆力推动了您的大脑，大脑又推动了您的灵魂，您却不得不承认您在睡梦中一切观念都是不由您自主而发生的，您的意志在其中丝毫没起作用。所以您在睡梦中甚至可以连续思考七八点钟，心中却根本没有要思考的想法，甚至您根本也不知道您是否在思考。请把这个问题衡量衡量，再努力揣度一下身体到底是由什么构成的吧。

梦一向是迷信的很大对象，再没有比这个更是理所当然的了。

一个人对他情人的疾病深感关切,就会梦见他眼看他的情人临危了,第二天她果然就逝世了,便以为神明给他托的梦,预告他情人的死亡。

有一位统率三军的大将梦见自己打了个胜仗,结果他却真打胜了,便以为是神明预示他将取得胜利。

一般人总是注意到应验了的梦,把其它的梦都置之脑后了。梦和卜言占了古代史的一大部分。

圣经拉丁文版把《利未记》第 19 章第 26 节译作:"不可圆梦。"但是梦字不见于希伯来文。奇怪的是同一书内既不赞成圆梦,可又说约瑟由于圆了三个梦而成为埃及和他全家老少的恩人[①]。

圆梦是很普通的事,所以一般还不只限于对梦的这种领会,有时候还要猜度别人做过的梦。尼布甲尼撒[②]把自己做的一个梦忘记了,便命令他朝中的僧侣们给他猜,并且说倘若他们猜不出来,便处以死刑。可是有个犹太人但以理,本是占卜学派,给王把梦猜出来了,并且还做了解释,便解救了这些僧侣。这段故事和其余很多类似的故事都可证明犹太法并不禁止圆梦学,即研究梦的学问。

① 参阅圣经《旧约·创世记》第 40、41 两章。——译者

② 尼布甲尼撒(Nabuchodonosor 即 Nebuchadnezzar II)古代巴比伦迦勒底国王。王曾在梦中见一泥足神像,但以理为他圆梦说这就是迦勒底王国的形象,一遇挫折,即将崩溃。列宁形容帝国主义是泥足巨人,就是根据这一典故而说的。故事见汉译圣经旧约《但以理书》第二章。但以理,纪元前七世纪犹太四大先知之一,曾被掳到巴比伦为奴,后被释放回归耶路撒冷。——译者

SUPERSTITION 迷信

（摘自西塞罗、塞涅卡和普卢塔克著作）

凡是超出崇敬一位至高主宰而不全心全意服膺他的永恒命令的行为，几乎都是迷信行为。相信只要举行某些仪式就可免罪，便是最危险的迷信。

他们宰杀黑羊羔，祭献诸鬼神。

——卢克莱修集 III 52—53

啊！你们认为杀人喋血的残酷罪行，
可以在河水中涤除，太轻信了。

——奥维德，《岁时记》II 45—46

您想着您若是在河里沐浴、献一只黑羊羔做牺牲，并且有什么人朝着您念几句经文的话，上帝就会把您杀人的罪行忘记了。那么您第二次再犯杀人罪，也就可以以同等的代价免罪；如此第三次直到一百次杀人，也只需要您牺牲一百只黑羊羔、举行一百次洗身净体仪式就行了！往好里行吧，可怜的人：不要杀害一人，也不必牺牲一只黑羊羔。

想象着以为供奉伊西斯[①]和库贝勒[②]两位女神的教士打一回铙钹和响板，便可以让您跟神和解，这是多么无耻的想法呀！供奉

① 依西斯(Isis)，埃及神话中司婚姻、生育、繁殖、医药和种麦的女神，象征埃及初期文化。——译者

② 库贝勒(Cybèle)，天女，掌管大地与动物的希腊女神，农神萨杜恩的妻室，生主神朱庇特、海神尼普顿，她是自然力的象征。——译者

库贝勒女神的这位教士，这位靠着您的弱点生活的游方宦官究竟是什么人，他居然做了上天和您之间的调解人？他从上帝那里领到了什么特许证呢？他嘟囔了几句什么话就收您的钱，而您还以为万物之主会批准这个江湖骗子的那些空话吗？

有些迷信倒是没有什么害处的：例如您在狄安娜神或波莫纳神[①]、或是您日历上满载的那些次要的神的节日里跳舞，这倒是应时当令的。跳舞本是很愉快的事，有益身体，赏心悦目，无害于人。但是却不可以为波莫纳和维塔姆纳斯[②]都高兴知道您为纪念他们而跳舞，而您若是没有跳便惩罚您。其实除了锄头和铁锹之外，就没有其他的花果神和四季神了。切莫糊里糊涂相信不跳斯巴达克里特战士舞或粗野放肆的柯尔达斯舞，您的园子就会遭一次冰雹灾害。

有一种迷信或许是可以原谅的，甚至于是劝人为善的：就是把那些造福人群的伟人视如神明。当然，最好只限于把他们看做是可崇敬的人，特别是要向他们学习。要崇敬一位梭伦、一位泰勒斯、一位毕达哥拉斯而不可举行礼拜仪式；但是却不可崇拜赫丘利清洗奥吉阿斯王的牛棚和他在一夜之间跟五十个姑娘睡觉的行为。

注意千万不要崇敬那些寡廉鲜耻之徒，他们除了无知、狂热和行为卑鄙之外，一无所长；他们把游手好闲、饱食终日当做是一种任务和光荣。这些人，至少一生都是无用的废物，死后还值

① 波莫纳(Pomone)，罗马神话中的花果神。——译者

② 维塔姆纳斯(Vertumne)，罗马神话中的季节神。——译者

得崇敬吗?

请您留意,那些最迷信的时代总是穷凶极恶的罪行最多的时代。

T

TOLÉRANCE 信仰自由

信仰自由是什么呢?

这是人类的特权。我们大家都是由弱点和错误塑造成的。我们要彼此原谅我们的愚蠢言行,这就是第一条自然规律。

但愿在阿姆斯特丹、伦敦、苏拉特[1]或巴士拉[2]的交易所里,拜火教徒、巴尼安派[3]教徒、犹太教徒、伊斯兰教徒、中国一神教徒[4]、婆罗门教徒、希腊基督教徒、罗马基督教徒、耶稣教徒、贵格派教徒,都在一块儿做生意:他们不会为招揽人心而彼此动刀子。可是我们却为什么从第一届尼西亚主教会议以来就一直不断相互厮杀呢?

君士坦丁大帝起初先是颁布法令允许各种宗教并存,最后却又加以迫害。在他以前,有人起来反对基督教徒,只是因为这些教徒想在国内结成一党。罗马人容许人们信仰任何宗教,就是信仰

---

① 苏拉特(Surate),印度坎贝湾东海岸一城市。——译者

② 巴士拉(Bassora 或 Basra),伊拉克靠近波斯湾一港口。——译者

③ 巴尼安派(les banians),婆罗门教中的一宗派。——译者

④ 指所谓儒教教徒。——译者

犹太教和埃及的宗教也可以，虽说他们对于犹太人和埃及人本来是很看不起的。为什么罗马容纳这些宗教信仰呢？因为无论是埃及人也好犹太人也好，他们都并不想消灭这个帝国原有的宗教信仰，并不到处奔波去招收新教徒，只是想赚钱；不过也不可否认基督教徒是想要让他们的教占优势的。犹太人不愿意叫朱庇特像立在耶路撒冷，而基督教徒却也不愿意朱庇特像立在卡皮托勒[①]。圣·托马斯老老实实承认基督教徒之所以没有废黜皇帝，是因为他们做不到。他们的想法是全世界都应当信奉基督教。所以他们必然是敌视全世界，直到世人都改信基督教。

基督教徒争论种种问题都互相敌视。首先要把耶稣·基督当做上帝，凡是否认的都当做是艾比雍派[②]异端分子而被开除出教，可是后者也把崇拜耶稣的教徒开除出教。

有的基督教徒主张一切财产都共有，因为他们认为在使徒时代财产是共有的。反对派便称他们为尼古拉派，并且硬说他们犯了滔天大罪。另外有些基督教徒追求一种神秘的崇拜，人们又说他们是直观教派，并且气势汹汹地群起而攻之。马尔西翁对于三位一体有所争论，人家就把他当做偶像崇拜者。

德尔图良、普拉克塞阿斯、奥立泽尼、诺瓦、诺瓦蒂安、萨柏利乌斯、多纳[③]，这些人在君士坦丁大帝以前都曾经被他们教内弟兄

① 卡皮托勒(Capitole)，罗马七座名山之一，上有朱庇特庙。——译者

② 艾比雍派是公元一世纪由艾比雍(Ebion)创立的宗派，他们否认耶稣的神性。——译者

③ 德尔图良(Tertullien)、普拉克塞阿斯(Praxéas)、奥立泽尼(Origène)、诺瓦(Novat)、诺瓦蒂安(Novatien)、萨柏利乌斯(Sabellius)、多纳(Donat)等人都是基督教初期的主教或神学家，各立异说，故受迫害。——译者

们迫害过；君士坦丁刚一推行基督教，阿塔纳斯[①]派跟攸栖比乌斯[②]派便互相残杀起来，而从那时起直到现在，基督教会内简直是血流成河。

我老实说，犹太民族本是一个很野蛮的民族。他们把一个不幸的小地方的居民无情地杀光[③]，而他们对于这个地方跟他们对于巴黎和伦敦是一样无权过问的。可是，当乃缦在约旦河里浸了七次治愈了他的麻风病，为感谢以利沙告诉他这个秘法[④]，便对以利沙说他由于感激，愿意崇奉犹太人的上帝，但是他要保留仍旧崇奉他国王所信仰的上帝的自由。他请以利沙允许他这样做，而这位先知便毫不迟疑地答应他了。犹太人信奉他们自己的上帝，却从来也不奇怪每个民族都有自己的上帝。他们认为沙摩斯曾经划给摩押人一个地区是对的，只要他们的上帝也给他们划拨一块地方就好了。雅各并不迟疑娶一位偶像崇拜者的女儿为妻。拉班[⑤]跟雅各一样都信自己的上帝。这就是整个古代最心胸狭隘而残忍的民族中的信仰自由的实例。我们却模仿了他们那些糊涂的凶狠行为，而没有学习他们的宽恕之道。

任何人，由于一个人，他的兄弟，跟自己信仰不一样，便迫害

① 阿塔纳斯(Athanase,295—373)，亚历山大城主教，著名神甫。——译者

② 攸栖比乌斯(Eusèbe 即 Eusebius,267—340)，塞扎雷主教，名著有《教会史》，是宗教史的鼻祖。伏尔泰《哲学通信》中，译为欧瑟伯。——译者

③ 见圣经《旧约·出埃及记》第 17 章。——译者

④ 乃缦(Naaman)，圣经人物，犹太亚兰王的元帅。以利沙(Élisée)，犹太先知。故事见圣经《旧约·列王纪下》第 5 章。——译者

⑤ 拉班(Laban)是雅各的岳父，崇拜偶像。旧约《创世记》第 31 章第 19 节说雅各妻子“拉结偷了他父亲的神像”。——译者

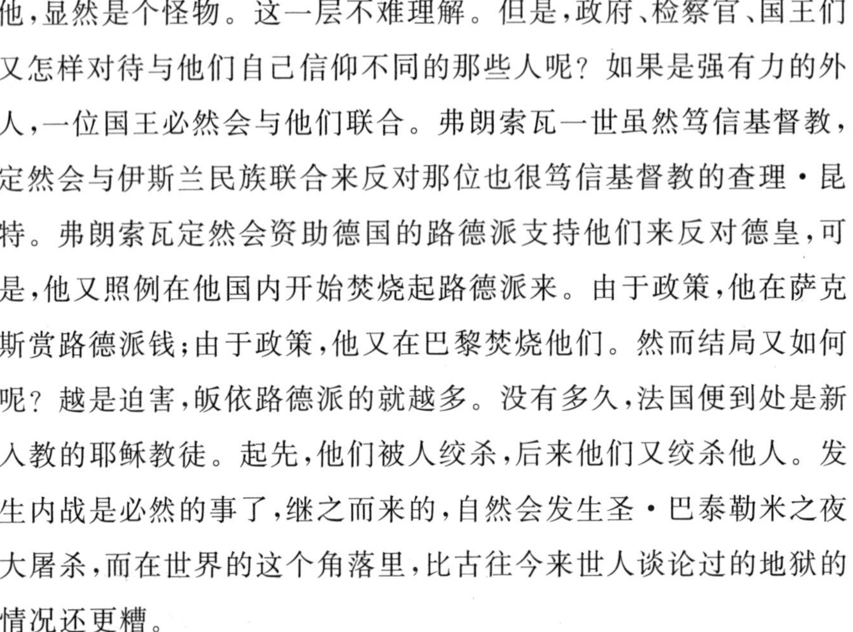

他，显然是个怪物。这一层不难理解。但是，政府、检察官、国王们又怎样对待与他们自己信仰不同的那些人呢？如果是强有力的外人，一位国王必然会与他们联合。弗朗索瓦一世虽然笃信基督教，定然会与伊斯兰民族联合来反对那位也很笃信基督教的查理·昆特。弗朗索瓦定然会资助德国的路德派支持他们来反对德皇，可是，他又照例在他国内开始焚烧起路德派来。由于政策，他在萨克斯赏路德派钱；由于政策，他又在巴黎焚烧他们。然而结局又如何呢？越是迫害，皈依路德派的就越多。没有多久，法国便到处是新入教的耶稣教徒。起先，他们被人绞杀，后来他们又绞杀他人。发生内战是必然的事了，继之而来的，自然会发生圣·巴泰勒米之夜大屠杀，而在世界的这个角落里，比古往今来世人谈论过的地狱的情况还更糟。

丧心病狂的人，你们从来也没能对创造你们的上帝表示纯洁的崇敬！不幸的人，你们从来也不学习挪亚后裔、中国通儒、波斯教徒和一切圣贤的模范言行！怪物，你们需要迷信，好似乌鸦的沙囊需要臭肉一样！如若你们有两种宗教，它们就会彼此誓不两立；如若你们有三十种宗教，它们就会相安无事。请看土耳其皇帝，他统治着拜火教徒、巴尼安派婆罗门教徒、希腊基督教徒、景教徒、罗马教徒。谁若是敢煽动骚乱，就处以木桩穿身刑，人人也就都安静了。我们已经对你们说过这些了，再没有别的话对你们好讲了。

TYRANNIE　暴政

一国的君主，只知道“朕意即法律”夺取庶民财物，随后又强征人民，去劫夺邻邦，便叫作暴君。这类的暴君在欧洲一个也没有。

暴政又可分为一人的暴政和许多人的暴政两种。这种许多人的暴政，可能是一个集团侵犯其他集团的权利，施行那种有利于他们御用法律的专横政治。这种暴政在欧洲也没有。

您高兴在哪一种暴政之下生活呢？哪一种也不喜欢。不过，倘若必须选择一种，我对于一人的暴政比较对于多人的暴政讨厌得差一点儿。一个专横的暴君总有时候善良一点；一个专横的集团任何时候也不会善良。如果有一个暴君对待我不公正，我可以利用他的情妇、听他忏悔的教士或是他的随从人员软化他；但是一伙残暴专横者对于任何诱惑都是无动于衷的。即使他们并非不公正，至少却也是很苛刻，从来不施惠于人的。

倘若仅有一个专横的暴君，我看见他过去，只要靠着墙站着，或是俯伏在地，或是依照地方习俗在地下叩头，就可以了事；但是，倘若有成百的一伙子暴君，我只好每天把这种礼节重复一百次，长此以往，也就很苦恼了，因为我的关节没有那么灵活。我若在我们一位领主左近分租一块田地，就被压榨坏了；我若是去控诉他亲戚的亲戚，我就会破产。又怎么办呢？我真担心在这个世界上人不是变成砧子就是变成锤子；谁能逃脱这一关，谁真是幸福！

V

VERTU 德行

德行是什么呢？德行就是对待别人好。除开对我做好事的东西以外，还有旁的什么可以叫作德行的吗？我很穷，你便慷慨倾囊；我在危急之际，你就来鼎力相助；别人欺骗了我，你却把真情实况告诉我；别人慢待了我，你却来安慰我；我不知道什么，你就指教我：我自然毫不迟疑地称道你是品端德正的君子。但是勇、义、节、智四枢德和信、望、爱三超德又怎么样呢？有些个还未出学校的大门。

你有节制，这与我有什么相关呢？这是你奉行的养生之道；你会身康体泰，我庆贺你。你有信仰和望德，我更要祝贺你，你将因此得庆永生。你的这些神德是天赋的；你的四枢德是指导你行为优良的品质，可却非对别人的善行。谨言慎行的人自然会心身安康，品端德正的人却能造福人类。圣保罗对你说得好，他觉得慈善比信仰和希望还更重要。

但是怎么着！只许有有益于他人的品德吗？当然！我怎么能承认其他的品德呢？我们生活在社会里；只有有益于社会的事对于我们才是好的。一个独善其身的人可能是饮食有节、信心虔诚；

他也许穿的是一身破衲衣；那么，他可能是圣徒；但是只有他做了一些善事，别人都受了惠的时候，我才能称他道高德重。他孤独的时候，既不为害于人，也不为善于人；他对于我们说来是无所谓的，圣布吕诺使家家安谧，救苦济贫，他就是有德的人；他独身罢斋苦修，他就是一位圣徒。人间的德行就是彼此为善；没有为善于人的人就不算是有德的人，倘若一位圣徒生活在人间，他必定会造福于人的；但是他若远隔人世，人也就有理由不给他道高德重的称呼；他对于他自己好，对于我们没有什么好处。

您又对我说啦，可是一个人关起门来，大吃大喝，荒淫无度，他便是无德行的人；那么反过来，他若是有相反的品质，也就是个有德的人了。这却是我所不能同意的。倘若这个人具有您说的这类缺点，这是个很坏的人；但是他这些丑事既无害于社会，对于社会来说，也就无可非议了。可以设想得到，若他到了社会上，竟然胡作非为，则是罪恶多端的了，但如能说这个荒淫无度的人却很可能是个坏家伙；则不可以说，那个饮食有节，清洁干净的隐士一定是个好人，因为社会上恶德有加无已，美德却日渐稀少。

有人提出更有力的异议说：尼禄、教皇亚历山大六世和其他这类怪物，也曾做过些好事；我敢说他们做好事的那天，他们就是有德行的人。

有几位神学家说，神圣的皇帝昂多南并不是有道明君，说他是个顽固不化的斯多葛派，不仅喜欢指挥人群，还想要受人尊敬；他给人类造的福，他要拿来自己享受；一生公正、勤劳、好善、都是为了虚荣，说他只是用他的德行欺骗世人；我就嚷道："天哪，这样的骗子，倒是可以常常给我们几个！"

条目笔画索引

译名对照表

A

Aaron　亚伦
Abbadie　阿巴迪
Abdias　阿卜迪亚斯
Abel　亚伯
Abélard　阿伯拉尔
Abgar　阿卜加尔
Abila　阿比拉
Abimélech　亚比米勒
Abiron　亚比兰
Abou-Beker　阿布贝克尔(Abu Bakr)
Abraham　亚伯拉罕
Absalon　押沙龙
Acaste　阿卡斯特
Achab　亚哈(撒玛利亚王)
Achat　阿卡特
Achaz　亚哈斯
Actéon　阿克泰翁
Adam　亚当
Adimo　亚迪莫
Admète　阿德墨托斯(Admetos)
Adonaï　亚多纳伊
Adonias　亚多尼亚
Adriens II　阿德里安二世
Æon　埃翁
Aga　阿伽
Agag　亚甲王
Agamemnon　阿伽门农
Agapet　阿加佩
Agar　夏甲
Agathon　阿伽通
Agésilas　阿热西拉斯
Agnès　阿涅斯
Agnus　阿格努斯
Agrove　阿格罗佛
Aguesseau　阿格索
Aigue-Morte　埃格·莫尔特
Albe　阿尔伯
Alberoni　阿尔贝罗尼
Albion　阿尔比翁
Albo(Joseph)　(约瑟)阿尔博
Alcala　阿尔加拉
Alceste　阿尔塞斯特
Alcibiade　亚西比德
Alcine　阿尔辛娜
Alcinoüs　阿尔辛诺斯
Alciphron　阿尔西夫龙
Alcoran　可兰古经
Alecto　阿勒克托
Alembert(d')　达朗贝
Alexander　亚历山大
Alexandrie　亚历山大城
Alexandros　亚历山大
Alexie(或 Aleisie)阿莱克西
Alexis　阿莱克西斯
Allah　阿拉
Amasias　亚玛谢
Ambroise(saint)　(圣)昂布鲁瓦兹
Améric Vespuce　亚美利哥·维斯布奇(Americo Vespucci)
Amerpoel　阿梅波尔

Amestris　阿梅斯特里斯
Amine　阿米纳
Ammon　(或 Amoun)阿蒙(埃及太阳神)
Ammon　暗嫩
Ammonites　亚扪人
Amos　亚摩
Amour　阿穆尔
Amphitryon　安菲特律翁　(一译昂菲特里翁)
Amri　暗利
Amurat　阿穆拉特
Amyrault　阿米罗尔特
Anabaptiste　再洗礼派
Anaclet　阿纳克莱
Anacréon　阿那克里翁
Anastas　(即 Anastasius)　阿纳斯塔斯(一译阿奈斯它修)
Anaxagoras　阿那克萨哥拉
Ancre(Maréchl d')　(即 Concini,孔西尼)昂克尔(元帅)
Andacousi　安达库西
Andrinople　安德里诺堡
Angos　昂果斯
Anius　阿尼攸斯
Anjou　昂儒
Anne　亚那
Annecy　安西
Antigone　昂蒂戈纳
Antioche　(即 Antakya)　安塔基亚
Antoine　(即 Marcus Antonius)安东尼
Antonin le Pieux　笃信者安东尼
Anupis　阿努庇斯
Aod　(或 Ehaud)　以笏
Apelles　阿佩莱斯
Aphrodit　阿佛罗狄忒
Apis　阿庇斯牛
Apochryphe　伪经
Apollo　阿波罗
Apostat　阿波斯塔
Appien　(即 Appianus)阿庇安
Appion　阿皮翁
Apulie　阿皮利
Aquilée　阿基莱
Arabie Pétrée　石地阿拉伯
Arachné　阿拉克内
Aran　哈兰
Aranda　阿朗达
Arbèles　(或 Arbelle)　阿尔贝勒
Arbuthnot　阿巴斯诺特
Arcadie　阿卡狄亚
Arcadius　阿卡迪乌斯
Archangel　(即 Arkhangelsk)　阿尔汉格尔斯克
Archimèdes　阿基米德
Arès　阿瑞斯
Arétin　(即 Aretino)　阿雷蒂诺
Argens　阿尔让斯
Argental(d')　达计塔尔
Argo　(即 Argonautes)　阿尔戈
Arien　阿里乌斯派
Arimane　阿里曼
Arion　阿里翁
Ariosto　阿里奥斯托
Aristarque　(即 Aristachos)阿里斯塔克
Aristide　阿里斯蒂德
Aristobule　阿里斯托布勒
Aristophane　阿里斯托芬
Ariston　阿里斯通
Aristote(即 Aristotelēs)亚里士多德
Arius　阿里乌斯
Arlequin　亚尔勒干
Armoises　阿尔穆瓦兹
Arnauld　阿尔诺
Arnob　(即 Arnobius)　阿诺伯
Arnoult　阿尔努
Arpe　阿尔浦
Arpent　阿尔庞
Arrien　阿里安
Artemis　阿尔忒弥斯
Ascalon　阿什克伦
Ascra　阿斯可拉
Asklepios　(即法语的 Esculape 埃斯居拉

普）阿斯克勒庇奥斯
Asmodée　阿斯毛代
Astydamie　阿斯蒂达米
Athalide　阿达丽德
Athalie　阿达莉
Athanase　阿塔纳斯
Athénagore　雅典纳哥尔
Atlas　阿特拉斯
Atropos　阿特罗波斯
Attale　（或 Attalos）　阿塔洛斯
Atticus　阿蒂居斯
Attigni　阿提尼
Attila　阿提拉
Aubignac　奥比尼亚克
Augias　奥吉阿斯
Augustin　奥古斯丁
Augustus（即 Auguste）　奥古斯都
Aulu-Gelle　奥吕·热尔
Aurèle(Marc)（即 Mrcus Aurelius Antoninus）　马可·奥勒留
Aurélien　奥勒里安（大帝）
Auvergne　奥弗涅
Auxois　奥克萨
Avenel,G.　乔治·阿弗内尔
Averroës　阿威罗伊
Avitus　阿维杜斯
Azar　阿扎尔
Azolin　阿佐兰

B

Baasa　巴沙
Babel(la tour)　巴别塔
Babylonie　巴比伦王国
Bacchus　巴克科斯
Bajazet（或 Bayazid）　巴耶塞特
Balafré　巴拉弗雷
Bâle（即 Basel）　巴塞尔
Bambabef　邦巴贝夫
Barac　巴拉
Barachie　巴拉加
Barcelone　巴塞罗那
Barchochebas　巴尔科谢巴斯
Barneveldt　巴恩维尔特
Baronius　巴罗尼乌斯
Barreaux(Des)　德巴罗
Barrois　巴尔
Barthélmy　巴托罗缪
Baruch　巴路克
Basile　巴齐尔
Basilide　巴西里得
Batavia　巴塔维亚
Baü　巴于
Baucis et Philémon　鲍席斯和菲利蒙
Bayard　贝亚尔
Bayle　培尔
Beaulieu　博里厄
Beaune　博纳
Beaupère　博佩尔
Beaurevoir　博勒瓦
Beauvais　博韦
Beauvillier　博维列
Bedford　贝德福德
Béel-Sephon　巴力洗分
Béhémoth　贝埃莫特
Bekker　贝克尔
Bel　贝尔
Bélial　巴力
Belle-Isle　贝勒·伊斯勒
Bellérophon　柏勒罗丰
Belley　贝雷
Bellone　贝洛娜
Benhadad　便哈达
Bender　邦德尔
Benoît　伯努瓦
Bérénice　贝雷尼斯
Bergame　贝加摩
Bergen　卑尔根
Berithe　贝里特
Berkeley　贝克莱
Bernard　贝尔纳
Bernouilli　贝尔努伊
Berose　贝罗泽

Berruyer 贝吕耶
Bertaud 贝尔托
Besançon 贝藏松
Bethsabée 拔示巴
Beuchou 伯休
Bèze 柏兹
Bigex 比热克斯
Biord 比奥尔
Biscay 比斯开
Bither 比泰尔
Blondel 布隆代尔
Bochart 博夏尔
Bodin 博丹
Boileau 布瓦洛
Bois-Guillebert 布阿吉贝尔
Bolingbroke 博林布罗克
Bonaventure 波那汪图尔
Boniface 卜尼法斯
Bonneval 博纳瓦尔
Booz 波阿斯
Borac 波拉克
Borgia 波贾
Bossuet 波舒埃
Bostangi 波斯坦奇(土耳其宫廷侍卫)
Bottens 博当
Bouchard 布沙尔
Bougeant 布让
Boulainvilliers 布兰维里埃
Boulanger 布朗热
Bourbon 波旁
Bourdaloue 布尔达卢
Bourges 布尔日
Bourgogne 勃艮第
Bourignon 布里尼翁
Boursault 布尔索
Bourzeis 布尔择斯
Brachmanes 婆罗门教徒
Brahma,Brama 梵天
Bramante 布拉芒特
Brébœuf 布雷伯夫
Bretons 布列塔尼人
Briarée 布里亚雷
Brumoy 布吕墨瓦
Bruno 布吕诺
Brunswick 布伦斯维克
Brutus 布鲁图斯
Bubaste 布巴斯特
Buffon 布丰(布封)

C

Cabriel 加百列
Cacus 卡居斯
Cadès 加底斯
Cadès-Barné 加底斯·巴尼亚
Cadmus 卡德穆斯
Cafres 卡弗尔人
Cain 该隐
Caïphe 该亚法
Cajetan 卡热唐
Calas 卡拉斯
Caligula 卡利古拉
Calmen 卡尔芒
Calmet 加尔梅
Calpé 加尔培
Calvin 加尔文
Cambyse 冈比西
Camis 卡米斯
Campo 坎伯
Campra 刚普拉
Camus 卡穆斯
Candaule (即 Candolles) 堪多利兹
Candide 刚第德(老实人)
Canppe 卡诺浦
Cantique des Cantiques(Le) 《雅歌》
Capharnaüm 迦百农
Capitole 卡庇托勒(一译卡庇托尔)
Cariath Sepher 卡里亚特·色费尔
Carmel(le) 加尔默罗会
Carpocrate 卡尔波克拉持
Carré de Mongeron 卡雷·德·蒙热龙
Cartérius 卡尔泰里乌斯
Carthage 迦太基

Cartouche　卡图什
Carybde(即 Charybde)　加里布德
Casas　卡扎斯
Casaubon　卡佐邦
Cassandre　卡桑德尔
Cassini　卡西尼
Cassiodore　卡西奥多尔
Cassitérides　卡西泰利德
Cassius　卡西阿
Castel　卡斯泰尔
Castille　卡斯蒂利
Castor　卡斯托
Catherine II　卡德琳娜二世
Catilina　喀提林
Cato　加图
Cauchon　科雄
Cecil　薛西尔
Celse　摄尔修
Celte　克尔特
Cénée　塞内
Centaure　(即 Kentauroi)　肯托洛伊
Cerbère　克尔柏罗斯
Cérès　色列斯
César　恺撒
Césarée　塞扎雷
Césarius　恺撒里乌
Céthégus　塞台居斯
Céthura　基土拉
Chalecédoine　卡尔塞德瓦纳
Chalcis　卡尔息斯
Chaldéens　迦勒底人
Cham　闪
Chamillard　夏米雅尔
Champertin　香佩尔坦
Champs-Élysée　香·爱丽舍
Champtercier　尚泰尔西埃
Chantilly　尚蒂利
Chapelle　沙贝勒
Chardin　夏尔丹
Charier　夏里埃
Charlemagne　查理曼大帝
Charles XII　查理十二
Charles d'Anjou　查理·德·昂儒
Charles de Guise　查理·德·基兹
Charlevoix　查理瓦
Charlotte-Élisabeth　莎洛特·伊丽莎白
Charon　(或 Caron)　卡戎(一译卡隆)
Charron　沙朗
Chartres　夏特勒
Chastel　夏斯泰尔
Chatillon　夏蒂荣
Chaudon　肖东
Chaudron　肖德隆
Chaufepié　肖弗撇
Chaumeix　肖梅克斯
Chauvelin　肖弗兰
Chauvin　肖纨
Cherubins　基路伯
Chesterfield　彻斯特菲尔德
Chimera　希麦拉
Chiniac　希尼雅克
Chiron　基龙
Chodorlahomor　基大老玛
Chrisor　克里佐尔
Christophe　克里斯朵夫
Chronos　(或 Cronos)　克罗诺斯
Chrysis　(或 Chryséis)　克里泽伊斯
Chrysologue　克里佐罗格
Chrysostôme　克里索斯通
Chiapa　沙帕
Ciceron　(即 Cicero)　西塞罗
Cinna　西拿
Cinq-Mars　森·玛尔斯
Cirta　塞塔
Cité de Dieu　《天城论》(一译《上帝之都》)
Clamart　克拉马尔
Clarke　克拉克
Claude　克洛德
Claudel　克洛代尔
Claude Faucher　克洛德·福谢
Claudius　克劳狄乌斯

Clément　克雷芒
Cléopâtre　克娄巴特拉
Clermont　克莱蒙
Clervaux　克莱尔沃
Clodius　克洛狄乌斯
Clotho　克洛托
Clovis　克洛维
Cloyne　克罗因
Cluentius　克滦蒂乌斯
Clymène　克利梅纳
Clytemnestre　（即 Klytaimnestre）　克吕泰墨斯特拉
Coccéius　科塞伊乌斯
Cœlum　克洛姆
Colbert　柯尔柏
Colchide　（即 Colchos）　科尔喀斯
Coffres　卡佛尔族
Coïmbra　（即 Coimbre）　科英布拉
Colbert　科尔贝尔
Collins　柯林斯
Colp　科尔普
Comeri　科默里
Compiègne　贡比涅
Compostelle　孔波斯特拉
Condé　孔代
Condillac　孔迪亚克
Confucius　（或 Confutzée）　孔夫子
Constantin　君士坦丁
Copernic　哥白尼
Coré　柯拉
Corneille　高乃伊
Cornos　诃诺斯
Cornouailles　（即 Cornwall）　康瓦尔
Coronée　科罗内
Coste　科斯特
Courlandais　库尔兰人
Cournant　库尔南
Courtilz　库尔蒂兹
Crampon　克朗蓬
Crantor　克朗托尔
Crassus　克拉苏
Cratère　克拉泰尔
Crellius　克雷利乌斯
Crésus　克雷苏
Cromwell　克伦威尔
Cronos　克罗诺斯
Cuchalon　居夏龙
Cumberland　坎伯兰
Cupidon　（或 Cupid）　丘比特
Cybèle　库贝勒
Cychrée　西克莱
Cyclopes　独眼巨怪(库克罗普斯)
Cyprien　息普立安
Cyrille　奚利耳
Cyrus　居鲁士
Cythes　锡特人
Cyzicène　西吉赛纳

D

Dacier　达西埃
Dagon　达宫
Daillé　达耶
Daïmones　达伊莫纳斯
Daïmonoï　达伊莫诺伊
Dalila　达丽拉
Damascius　即 Damaskios　达马斯基奥斯
Damase I　达马泽一世
Damasippe　达玛西珀
Damien　达米安
Damilaville　达米拉维尔
Damiron　达弥隆
Danchet　当谢
Dancourt　当古尔
Daniel　但以理
Danpierre　丹彼尔
Daon　达翁
Daphné　达佛涅
Daphnis　达夫尼斯
Dathan　大坍
Darius　大流士一世
Daumer　道梅尔

David 大卫
David el Re 大卫·艾尔·勒
Décaloque 摩西十诫
Décan （或 Deccan） 德干
Dédale （即 Daidalos） 代达洛斯
Deffand 德芳
Deleyre 德莱尔
Delille 德里勒
Delphes 特尔斐
Demenette 德默内特
Déméter 得墨忒耳
Démiurge （即 Demiourgos） 代米乌尔哥斯
Démocrite 德谟克利特
Démosthène 德摩斯梯尼
Denis 德尼斯
Denys l'Aréopagite 亚略巴古人德尼
Denys le petit 小德尼
Dermius 德尔米乌斯
Desbarreaux 德巴罗
Descartes 笛卡尔
Desfontaine 德丰丹
Deucalion 德卡利翁
Deutéronome 申命记
Diagoras 狄亚哥拉斯
Diane 狄安娜
Diaz 迪阿兹
Diderot 狄德罗
Dieppe 第厄普
Dillon 狄龙
Dioclétier 戴克里先
Diodore 迪奥多尔
Diogène 狄奥根尼
Dionysos 狄奥尼索斯
Dodone 多多纳
Dominique 多明我
Domrémy 东雷米
Donat 多纳
Dondindac 东丹达克
Doraison 多列宗
Doucin 杜森
Douzy （或 Douzi） 杜齐
Dryas 德里亚斯
Dryden 德莱顿
Dubit 迪比特
Dubois 杜布瓦
Dubos 杜波斯
Duiller 迪耶
Dumoulin 迪穆兰
Dunois 迪努瓦
Duns Scot 丹斯·斯哥德
Duprat 迪普拉
Durazzo 都拉斯
Dyrrachium 迪拉丘姆(一译迪拉基奥姆)

E

Éaque 埃阿科斯
Ébion 艾比雍
Ébrouin 埃布栾
Ecclésiastique(l') 集会书
Édesse 埃代斯
Édith 以迪特
Édouard 爱德华
Égérie 埃热里亚
Égine 爱琴国
Églon 伊矶伦
Eichtal 埃什塔尔
Éla 以拉
Élam 以拦
Élamites 以拦人
Éléazar 以利亚撒
Électre 埃利特儿
Éleusine 埃勒西纳
Eleusis 埃琉西斯
Éliacin 以利亚辛
Élide 埃利德
Élie 以利亚
Élie de Beaumont 埃利·德·博蒙
Élisée 以利沙
Élim 以琳
Élisabeth 伊丽莎白
Eloa 埃洛阿

Elaï 以利
Elzia 埃尔家
Émile 爱弥儿
Encelade 昂瑟拉德
Encolpe 昂科尔珀
Endymion 昂迪米翁
Énéide(l') 埃涅阿斯纪
Engoddi 隐基底
Énio 以尼欧
Enoch 以诺
Éon 埃翁
Épaminondas 伊巴密侬达
Éphèse 以弗所
Éphestion 埃菲雄
Ephialtes 厄菲阿尔特
Épictète 爱比克泰德
Épicure 伊壁鸠鲁
Épidanus 埃皮达努斯
Épidaure 埃皮多尔
Épiméthé 埃庇米修斯
Épinay 埃庇内
Épiphane 埃皮法纳
Épire (即 Épirus) 埃庇鲁斯
Éra (或 Héra) 赫拉
Érasme 埃拉斯谟
Érinnyes 厄里倪厄斯
Eschyle(即 Aischulos) 埃斯库罗斯
Esculape(或 Asclépios) 埃斯居拉普(或阿斯克勒庇奥斯)
Escurial 埃斯居里亚
Esdra 以斯拉
Esope 伊索
Esprit 埃斯普里
Esséniens 艾赛尼派
Estrée(abbé d') 德斯特雷(院长)
Étham 以倘
Étienne 艾蒂安
Étrurie 伊特拉里亚
Eucharis 厄卡丽斯
Eulalie 厄拉利亚
Euripides 欧里庇得斯
Euridice 欧里狄克
Eusèbios 攸栖比乌斯
Euterpe 厄台泊
Eutychès 厄底克斯
Évandre 伊凡得
Ève 夏娃
Exadius 埃克撒底俄斯
Ézéchias 希西家(王朝)
Ézéchiel 以西结
Éziongaber 埃宗嘎贝
Ézourveidam 夜柔吠陀

F

Fabricius 法布里西乌斯
Faidit 费迪
Fairfax 费尔法克斯
Fanaticus 伐那蒂库斯
Fastes 岁时记
Faucher (Claude) (克洛德)福谢
Félix 费利克斯
Fénelon 费纳隆(一译费奈隆)
Ferrières 费里埃
Fierbois 菲尔布瓦
Fiaccus 费拉居斯
Flavius 弗拉维乌斯
Flore 弗洛尔
Fludd 弗吕德
Fo-hi 伏羲
Fontenelle 丰特奈尔
Fontenoy 丰特努瓦
Foppens 福庞
Formose 福摩兹
Fox 福克斯
François 弗朗索瓦
Francon 弗朗孔
Franconi 弗朗科尼
Francs 法兰克人
Francus 法朗居斯
Frangenhausen 法兰根豪森
Frédérich 腓特烈(一译弗里德里希)
Fréret 弗雷莱

Fréron 弗雷隆
Frida 弗里达
Fulda 弗尔得
Fulvie 法尔维亚
Furies 芙莉

G

Gabaël 嘎巴埃尔
Gabélus 嘎贝鲁斯
Gabriel 报喜天使加百利
Gadès-Barné 加低斯·巴尼亚
Gaguin 嘎甘
Galiani 加利阿尼
Galigula 加利古拉
Galilée 伽利略
Galiléen 加利利人
Gamaliel 迦玛列
Garasse 嘎拉斯
Gascons 加斯科涅人
Gassendi 伽桑狄
Gatien 咖先
Gaule 高卢
Gaulmin 高尔曼
Gazer 迦萨
Gê 日埃神
Gea 该亚
Gédéon 基甸
Gelase Cyzicène 热拉兹·西吉塞纳
Gemara 热马拉
Genebrard 热纳布拉尔
Geneviève 贞娜维也芙
Génézareth(lac de) 基尼烈湖
Gengis-Kan 成吉思汗
Genos 热诺斯
Geoffrin 柔弗兰
Gerbier 热尔比埃
Germanie 日耳曼尼亚
Gervais 热尔韦
Gètes 盖特人
Gethsémane 客西马尼
Gex 热埃克斯
Glaucus 格洛居斯
Gloucester 格洛斯特
Gnostique 诺斯替教派信徒
Gog 歌革
Gonesse 戈内斯
Gomer 歌篾(一译戈梅)
Gomorrhe 蛾摩拉
Gordien 哥尔第安
Gorgonia 哥尔哥尼亚
Goths 哥特人
Grammont 格拉蒙
Grand Mogol 莫卧儿皇帝
Gratien 格拉田
Grégoire 格列高利
Grenada (即 Granada) 格拉纳达
Grillandus 格里扬杜斯
Grimm 格林
Gros 格罗斯
Grotius 格劳(老)秀斯
Guericke 盖里克
Guillaume 威廉(一译纪尧姆)
Guise 基兹(一译吉泽)
Guyon 居荣
Gyges 吉热斯

H

Hlieus 哈利厄斯
Halley 哈雷
Hanscrit 梵文古经
Haran 哈兰
Harpag 阿尔巴贡
Hardouin 哈尔端
Hardwich 哈尔德尉克
Hazael 哈薛
Hébron 希伯仑
Hébrus 埃布吕斯
Hector 赫克托尔
Hécube 希姑巴
Hélcias 希勒家
Hélène 海伦
Héli 希里

Héliopolis　赫利奥波利斯
Helvétius　爱尔维修
Hénault　埃诺
Héra　赫拉
Héraclès　赫拉克勒斯
Héraclite　赫拉克利特
Herbelot　赫尔勃娄
Herculanum　赫尔库拉诺姆
Hercule　赫丘利
Hérès　赫雷斯
Hermès　赫尔墨斯
Hermogène　埃尔莫泽纳
Hérode I　希律一世
Hérodien　希律第安
Hérodote　希罗多德
Herrera　海雷拉
Hérules　赫尔吕勒人
Hésiode　赫西俄德
Héthéens　埃泰安人
Hiao　尧
Hiéropolis　歇罗波利斯
Hilaire　希莱尔
Hillel　希莱尔
Hincmar　安克马尔
Hinnom　希农
Hippocrate　希波克拉底
Hippolyte　希波丽特
Hippolyte　希波利特
Hippdamie　希波达米
Hippone　希波纳
Hiram　希兰(推罗国王)
Hittites　赫梯人
Hobbes　霍布斯
Holbach　霍尔巴赫
Holopherne　霍娄腓纳
Holwell　霍威尔
Homère　荷马
Horace　贺拉斯
Hormisdas　霍尔米斯达斯
Hornebeck　霍尔纳贝克
Hoshea(或 Osée)　何西阿
Hospital　奥斯皮塔尔
Hottentots　霍屯督人
Hugo　雨果
Huldric　于尔德里克
Hume　休谟
Hurons　休伦人
Huns　匈奴
Hus　胡斯
Hussites　胡斯党徒
Hyacinthe　许阿铿托
Hyde　希德
Hymeneos　希姆纽斯
Hystaspe　希斯塔斯坡

I

Ibn Roshd　伊本·路西德
Icare(即 Ikaros)　伊卡洛斯
Idoménée　伊多梅内
Ignace　伊尼亚斯(一译伊格那斯)
Ilcos　尤尔科斯
Iliade　伊利亚特(一译伊利昂纪)
Imam　伊马姆
Inachus(或 Ina hos)　伊纳科斯
Iobatès　尤巴泰斯
Iphigénie　伊菲革涅亚
Irénée　伊雷内
Iris　伊丽丝
Irminsul　伊尔敏苏
Irton　爱尔吞
Iroquois　伊洛奎
Isaac　以撒
Isaacus Vossius　伊萨克·沃西于
Isaïe　以赛亚
Isboseth　伊施波设
Isidore Mercatore　伊西多尔·梅卡托尔
Isis　伊西斯
Ismaël　伊斯玛利(一译以实玛利)
Ismaëloff　伊斯玛埃洛夫
Israël　以色列
Ivonet　伊沃内
Ixion　伊克西翁

J

Jabaristes 扎巴里派
Jabès 亚比
Jacob 雅各
Jacobites 雅各派
Jaconde 雅孔德
Janna 雅拿
Jansen 冉森(一译詹森)
Janséniste 冉森派(一译詹森派)
Janus 雅努斯
Jaquelot 雅各洛
Jarchi 扎尔希
Jared 雅列
Jean 约翰一世
Jehova 耶和华
Jéhu 耶户
Jephté 耶弗他
Jérémie 耶利米
Jéricho 耶利哥
Jéroboam 耶罗波安
Jérôme 热罗姆(一译耶柔米)
Jérosolymites 耶路撒冷人
Jézabel 耶洗别
Jishbak 伊施巴
Joab 约押
Joas 约阿施
Joathan 约坦
Job 约伯
Joffrin 约弗兰
Joïada 耶何耶大
Jokshan 约珊
Jonathan 约拿单;乔纳森
Josué 约书亚
Joly de Fleury 若利·德·弗勒里
Joram 约兰王
Joseph 约瑟
Josèphe 约瑟夫
Josias 约西亚
Jove(Paul) 保罗·若弗
Jovis 约维斯
Jow 约夫
Juda 犹大
Judée 犹太
Judith 玉狄
Juifs 犹太人
Jules 优里乌斯
Julien 朱里安
Junius 朱尼乌斯
Juno (或 Junon) 朱诺
Jupiter 朱庇特(一译丘比特)
Jura 汝拉
Justin 查世丁
Justinien 查世丁尼
Juvénal 玉外纳

K

Kalkas 卡尔加
Kang-hi 康熙
Kéthura 基土拉
Kimchi 坎希
Kish-Ibrahin 吉什·伊伯拉罕
Kleopatra 克娄巴特拉

L

La Balue 拉·巴吕
Laban 拉班
La Bedollière 拉·贝多列尔
Lac de Zug 聚格
Lacédémone 拉塞代莫纳(一译拉栖第梦)
Lachésis 拉克西斯
La Croze 拉·克罗兹
Lactance 拉克坦斯
La Fontaine 拉封丹
La Fronde 福隆德——投石党运动
Lagrange 拉格朗日
La Grenouillère 养蛙圹
Laïus 拉伊乌斯
La Jonchère 拉戎晒尔
Lambert 朗贝尔
Lamech 拉麦

Lamotte-Houdard　拉莫特·乌达尔
La Motte Le Voyer　拉莫特·勒·韦伊埃
Lancize　朗西兹
Lange　朗格
Languedoc　朗格多克
Laodicée　老底嘉
Lao-Kium　老君
Lao-Tsée　老子
Lapin　拉潘
Lapons(les)　拉普兰人
Laponie　(即 Lapland)　拉普兰
Larcher　拉谢尔
La Rochefoucauld　拉罗什富科
Latone　拉托纳
Launai　洛内
Law　劳
Lawfeld　拉菲尔德
Léda　莱达
Leibniz　莱布尼茨
Lenclos　朗克罗
Lelièvre　勒列弗尔
Léon I　(或 Leo I)　利奥一世
Léon X　利奥十世
Léonidas　列奥尼达
Léopold　利奥波德
Le Pelletier　勒佩尔蒂埃
Le Tellier　勒泰利埃
Leucippe　留基伯
Le Vayer　勒韦伊埃(一译勒维耶)
Lévesque　雷未斯格
Lévi　利未
Léviathan　利维坦
Lévitique　《利未记》
Leyde　莱顿
Lia　利亚
Ligurinus　里居利努斯
Limousin　利穆赞
Linus　利努斯
Lisbonne　里斯本
Lissa　利萨
Liltré　利特雷
Locke　洛克
Logia　罗佳
Logomachos　罗高玛高斯
Loiseau　卢瓦佐
Lokman　洛克曼
Lombards　伦巴德人
Longin　隆然
Lorette　洛雷特
Loth　罗得
Louvois　卢瓦
Loyola(Ignace de)　伊纳爵·德·罗耀拉
Luc　(即 Loukas)　路加
Lucanus　卢卡努斯
Lucca　卢卡
Lucifer　琉琪斐
Lucien　琉善(一译卢奇安)
Lucrèce(即 Lucretius)　卢克莱修
Lucullus　吕居吕斯
Ludlow　路德洛
Lusitanie　卢西塔尼亚
Luther　路德
Luthériens　路德派
Luxembourg　卢森堡
Lycaon　利卡翁(一译莱孔尼)
Lycie　吕西亚(一译利锡亚)
Lyciens　吕西亚人(一译利锡亚人)
Lycurgue　利居尔格
Lydia　吕狄亚

M

Macaire　马开尔
Macrons　马克龙人
Madians　米甸
Madianites　米甸人
Madras　马德拉斯
Magog　玛各
Mahomet　穆罕默德
Maillet　梅耶
Maïmonide　梅蒙
Maine　梅纳

Malabar　马拉巴
Malebranche　马勒伯朗士
Maliaque　玛拉加湾
Mambré　幔利
Mameluks　马谟鲁克军团
Manahem　米拿现
Mandrin　芒德兰
Manès　摩尼
Manichéisme　摩尼教
Manko-Kapac　芒科·卡帕
Manresa　曼雷萨
Mantinée　曼蒂内
Manué　玛挪亚
Mara　玛拉
Marana　马拉那
Marc　马可
Marceau　马尔索
Marcellus　马尔塞路斯
Marcionites　马尔西翁派
Marco Polo　马可·波罗
Marguerite　玛格丽特
Mariamne　玛丽昂娜
Mariana　马里亚纳
Marie-Thérèse　玛丽·泰雷兹
Marin　马兰
Marlborough　马尔巴勒
Marmontel　马尔蒙泰尔
Maronites　马龙派
Marosini　马罗西尼
Marozie　马罗西阿
Mars　马尔斯(一译玛斯)
Martial　马夏尔
Martin　马丹
Masham　马夏姆
Massillon　马西荣
Masson　马松
Matapan　马塔潘角
Mathan　马但
Matthat　(或 Matat)　玛塔
Maugier　莫热耶
Maupertuis　莫佩都依
Maxime de Madaur　马克西姆·德·马多尔
Maxime de Tyr　马克西姆·德·推罗
Mayence　美因兹
Mayeur　梅耶尔
Mazarin　(即 Mzarini)　马扎兰(即马扎里尼)
Mécène　梅塞纳
Mecque　麦加
Médan　米但
Médicis　美第奇(一译迈迪锡)
Medina　麦地那
Mégère　墨盖拉
Melchi　麦基
Melchisédech　麦基洗德
Mello　米罗
Memmius　梅米乌斯
Memnon　门农
Memphis　孟菲斯
Ménage　梅纳热
Ménélas　墨涅拉俄斯
Mentzel　(或 Menzel)　门采尔
Méquinez　(即 Meknès)　梅克内斯
Mercator　梅尔卡托尔(一译麦卡托)
Mercure　(即 Mercurius)　墨丘利
Mercure de France　法兰西信使周刊
Merlin　梅兰
Mersenne　梅尔塞纳
Messine　(即 Messina)　墨西拿
Mestrezat　梅斯特扎特
Metellus　梅泰卢斯
Mézeray　梅泽雷
Michel-Ange　米开朗琪罗
Michelet　米舍莱
Midianites　(即 Madianites)　米甸人
Milat-Ibrahim　米拉-伊伯拉罕
Mïltiade　米太亚得
Mimas　米马斯
Mina　米那
Minerve　(即 Minerva)　密涅瓦(一译弥涅尔瓦)

Minos　弥诺斯
Miphiboseth　米菲波设
Mirabeau　米拉波(一译米拉博)
Mirmidon　米尔米东
Mischna　米施拿(一译米士拿)
Misopogon　米佐波贡
Mithridate　米特里达特
Moabite　摩押人
Moirai　摩伊拉
Moïse　摩西
Molière　莫里哀
Molina　莫利纳
Molinistes　莫利纳派
Montaigne　蒙田(一译蒙台陧)
Montanus　蒙塔尼斯
Montbailli　蒙巴伊
Montesquieu　孟德斯鸠
Montmorency　蒙莫朗西
Mopsuèste　摩普索斯特
Moraves　摩拉弗教派
Morellet　莫尔莱
Moreri　莫雷里
Morgaten　摩尔加腾
Mosul　摩苏尔
Mustapha　(或 Moustapha)　穆斯塔法
Munk　孟克
Munzer　(或 Muntzer)　闵采尔
Muret　穆莱
Muse　(或 Musai)　缪斯
Musschenbroeck　穆申布罗克
Myrtile　(即 Myrtilos)　米尔蒂勒(一译米尔蒂洛斯)

N

Naboth　拿伯
Nabuchodonosor(即 Nebuchadnezzar)　尼布甲尼撒
Nachor　拿鹤
Nadab　拿答
Naïades　娜亚德水神
Naigeon　奈戎
Naplouse　纳普路兹
Narcisse　(即 Narkissos)　那尔基索斯
Nassau　拿骚
Natalis　纳塔利斯
Nathan-Lévi　纳坦-莱维
Nausicaa　诺西揆亚
Navariciens　纳瓦里先派
Navarrète　纳瓦赖特
Nazaréens　拿撒勒派
Naseby　纳泽比
Nazianze　纳兹扬泽
Necdham　倪唐(一译尼达姆)
Neptune　尼普顿
Néréides　地中海水神
Néron　尼禄
Nestor　奈斯托尔
Nestorius　聂斯脱利乌斯(一译聂斯脱利)
Newton　牛顿
Nibuchu　尼布楚
Nicée(即 Nicæa)　尼西亚
Nicolas　尼古拉
Nicole　尼科尔
Nicéphore Caliste　尼塞福尔·卡利斯特
Nicomède　尼可麦德
Nicus　尼聚斯
Ninive　尼尼微
Niobé　尼奥柏
Noé　挪亚
Nomentanus　诺门塔努斯
Nonotte　诺诺特
Novat　诺瓦蒂安
Noyon　努瓦荣
Numa Pompilius　努马·庞皮利乌斯
Numidia　努米底亚

O

Oannès　奥内斯
Océan(即 Okéanos)　俄刻阿诺斯
Octave　屋大维
Odin　奥丹

Odyssée　奥德赛(一译奥德修纪)
Ogygès　俄古革斯
Oedipe(即 Oidipous)　俄狄浦斯
Oenomaos　厄诺毛斯
Omar　莪默
Ombo　恩博
Ondera　翁戴拉
Onias　欧尼阿斯
Ooliba　阿荷利巴
Oolla　阿荷拉
Ophir　俄斐
Orange　奥兰治(一译奥伦治)
Orestes　俄瑞斯忒斯
Origène　奥立泽尼
Orion　奥里翁
Orléans　奥尔良
Oromase　奥尔穆兹
Ornik　奥尔尼克
Orphée　(即 Orpheus)　俄耳甫斯
Orval　奥瓦尔
Osiris　(即 Oshireth)　奥西里斯
Ossat　奥萨
Osman　奥斯曼
Otman　(或 Ottoman),奥托曼(一译奥图曼)
Othus　奥图斯
Otto de Guericke　奥图・德・盖里克
Ouranon　(即 Ouranos)　乌拉诺斯
Ovide　奥维德
Ozée　奥在
Ozias　乌西雅
Ozius　奥吉乌斯

P

Padischa　帕迪沙
Padoue　(即 Padova)　帕多瓦
Padrabranca　帕德拉布朗卡
Palatine　帕拉蒂娜
Palladia　帕拉第阿
Palladio　帕拉迪奥
Palladium　帕拉斯女神木雕像
Pallas　帕拉斯
Pan　潘
Padera　庞代拉
Pandore　(即 Pandora)　潘多拉
Panthène　庞泰纳
Panther　庞泰尔
Paphlagonie　帕夫拉哥尼亚
Paphnuce　帕夫努斯
Papianilla　帕庇亚尼拉
Papyre Masson　帕皮尔・马松
Paraclet　帕拉克莱
Paralipomène　《历代志》
Paramo　巴拉摩
Pâris　帕里斯
Parques　帕尔卡
Parme　(l'infant de)　巴马亲王
Parménide　巴门尼德
Parsis　袄教教徒
Pascal　帕斯卡尔
Patagonie　巴塔哥尼亚
Patouillet　帕图耶
Paul　保罗
Paulian　波利昂
Paulus　波吕斯
Paumereu　波梅乐
Pazzi　帕吉
Pégase　(双翼天马)佩加泽
Pégu　勃固
Pélée　佩莱
Pelloutier　佩卢蒂埃
Pélops　佩洛普斯
Pentateuque　摩西五书
Penthésilée　庞泰西雷
Pépin　丕平(一译佩潘)
Pereira　佩雷腊
Pergame　帕加马
Péribée　佩丽贝
Perrault　佩罗(一译贝洛)
Perrier　佩里埃
Persans　波斯人
Persée　(即 Perseus)　佩尔修斯(一译珀

尔修斯）
Pertunda 佩尔顿达
Pet （屁神）佩特
Pétau 佩托
Peterborough 彼得巴勒
Pétrone(即 Petronius) 佩特罗尼乌斯
Phacée 法赛
Phacéia 法赛亚
Phaéton （即 Phaethon） 法埃同
Phallum 法娄姆
Pharisiens 法利赛派
Pharsale(Pharsalia) 《内战记》
Phase 法泽河
Phèdre 菲德拉
Phèdre （即 Phaedrus） 费德鲁斯
Phénicien 腓尼基人
Phérécide 费雷居德
Phérès 斐瑞斯
Phidias 斐迪亚斯
Philalèthe 菲拉莱特
Philadelphe 弗拉德尔夫
Philippe 菲利普(一译腓力或菲利浦)
Philistins 腓力斯丁人
Philométor 斐洛梅托尔
Philon （即 Philo Judaeus） 斐洛(古犹太)
Philonoüs 斐洛努斯
Phinée （即 Pinehas） 非尼哈
Phocas 福卡斯
Phocos 福科斯
Phox 福克斯
Phrygie （即 Phrygia） 弗利基亚
Picardi 庇卡底
Pictor 皮克托
Pie XI 庇护十一世
Piétro 皮埃特罗
Pilate 彼拉多
Pirée 比雷
Pirihoüs 皮里托乌斯
Pistoia 皮斯托亚
Platon 柏拉图
Pline 普林尼
Pluche 普吕舍
Plutarque 普卢塔克
Pluton 普路同
Polignac 波利尼亚克
Pollux 波吕克斯
Polybios 波利比阿
Polycarpe 波利卡普(一译波利卡尔珀)
Polyeucte 波利耶克特
Polyphème （即 Polyphemos） 波吕斐摩斯
Poméranie 波美拉尼亚
Pomone 波莫纳
Pompée 庞培
Pompilius 庞皮利乌斯
Pomponazzi 彭波那齐
Pont 本都
Pont-Euxin(Pontos Euxcinos) 好客海（一译攸克辛海）
Pope 蒲柏
Popilius 波皮利乌斯
Porphyre(Porphyrios) 波菲利
Porphyrion 波尔菲里雍
Port-Royal 波尔-罗亚尔
Poseidon 波塞冬
Prades 普拉德
Praxéas 普拉克塞阿斯
Priape （即 Priapos） 普里亚波斯
Prior 普赖尔
Prœtos 普勒托斯
Procospius 普罗科斯匹乌斯
Procriti 普罗克丽提
Projectus 普罗热克图斯
Prométhée （即 Prometheus） 普罗米修斯
Proserpine 普罗塞尔平娜
Prosper 普罗斯佩
Protagoras 普罗塔哥拉斯
Protais 普罗泰
Provence 普罗旺斯
Psyché 普叙赫(一译普赛克)

Ptolémaïde 托勒迈伊德
Ptolémées(les) 托勒密王朝
Philometor 斐洛梅托尔
Putiphar 波提乏
Pylade 彼拉德
Pyrrhon 皮浪
Pythagore (即 Pythagoras) 毕达哥拉斯

Q

Quakers 公谊会信徒(一译贵格会信徒)
Quinault 基诺
Quinone 基诺纳
Quinte-Curce 昆特—居尔斯
Quintilien 昆体良
Quintus 昆图斯

R

Raabon 赖崩
Rabelais 拉伯雷
Rachel 拉结
Racine 拉辛
Radamanthe 拉达曼提斯
Radaristes 拉达里斯派
Ragotski 拉柯契
Ramsès 拉美西斯
Ranoud 拉努
Raphaël 拉斐尔
Raschi 拉希
Ravaillac 拉瓦雅克
Raynal 雷纳尔
Rebecca 利百加
Renaud 勒诺
Renaudot 勒诺多
Rémus 雷穆斯
Retz 雷斯
Rhée (或 Rhéa) 瑞亚
Rhéa Sylvia 雷阿·西尔维亚
Rhombos 尤波斯
Richelieu 黎塞留
Richeome 黎舍欧姆
Ricimer 里西梅尔
Riculphe 里居尔夫
Rimini 里米尼
Robert 罗贝尔
Robleville 罗伯勒维尔
Rodogune 罗多赓
Roger 罗日尔(一译罗歇)
Roland Lange 罗兰·朗格
Rolon 罗龙
Romains 罗马人
Roméli 利玛利
Romulus 罗慕路斯
Rossbach 罗斯巴赫
Rotade 罗塔德
Roucoux 卢古
Rousseau 卢梭
Routh 卢特
Rubens 鲁本斯
Rufin 吕凡
Ruinart 吕纳尔
Rumilia 鲁米利亚
Rusticus 鲁斯蒂库斯

S

Saba 萨巴
Sabaoth 萨巴奥特
Sabatei-Sévi 萨巴泰—塞维
Sabellius 萨柏利乌斯
Sabéisme 萨比教派
Sablière 萨布列尔
Sadder 萨德经
Saadi 萨迪
Saducéens 撒都该派;撒都该人
Sagontin 萨贡托人
Saint Antoine 圣安东尼
Saint Aagustin 圣奥古斯丁
Saint Barthelmy 圣巴托罗缪
Saint Christophe 圣克里斯托夫
Saint Denis 圣德尼
Saint Esprit 圣灵
Saint George 圣乔治

Saint Lamber 圣朗贝尔
Saint Marguerite 圣马格丽特
Saint Martin 圣马丁
Saint Médard 圣梅达尔
Saint Paul 圣保罗
Sainte Pélagie 圣培拉吉
Sainte Sophie 圣索菲
Saintrailles 森特拉伊
Saint Roch 圣罗克
Saint Siméon Stylite 圣西梅翁·斯蒂利特
Saint Thomas 圣托马斯
Salaolin 萨拉丹
Salamine 萨拉米纳
Sale 萨勒
Saliens 撒利安
Salomé 撒罗米
Salomon 所罗门
Samarcande 撒马尔罕
Samaritains 撒马利亚人
Sammonocodom 萨摩诺柯多姆
Samnites 萨莫奈人
Samoïèdes 萨莫耶德人
Samuel 撒母耳
Samson 参孙
Sanchoniathon 桑收尼亚通
Sancerre 桑塞尔
Santeul 桑特尔
Saphan 沙番
Sara 撒拉
Sardique 萨尔迪克
Sardis 萨狄斯
Sarpha 撒勒法
Sarmate 萨尔马特
Sarpédon 萨尔佩东
Saturne 萨图恩(一译萨图尔努斯)
Satyricon 萨蒂利孔
Saül 扫罗
Savoie 萨瓦
Savoyard 萨瓦人
Saxe 萨克斯(一译萨克森)
Scapin 司卡潘(一译司卡班)
Scipion 西庇阿(一译西皮翁)
Scott 司各特
Scot 斯科特
Scudéry 斯居代里
Scythie 西徐亚
Sébaste 塞罗斯特
Séboim 洗扁
Sellum 沙龙
Sénèque(即 Seneca) 塞内加(一译塞涅卡)
Séraphins 撒拉弗
Serapis 塞拉庇斯
Serenus 塞雷努斯
Sergius 塞尔吉乌斯
Servet 塞尔维
Sesostris 塞佐斯特里斯
Seth 塞特
Sévère (即 Severus) 塞维尔乌斯
Sextus Empiricus 塞克斯托·恩皮里库斯
Shaftesbury 沙弗茨伯里
Shasta 沙斯塔
Shasta-bad 沙斯塔—巴德
Sherlock 谢尔洛克
Shrewsbury 施鲁斯伯里
Shuach 书亚
Siamois 暹罗人
Sib (即 Siva 或 Civa) 湿婆
Sichem 策马(一译示剑)
Sidon 西顿
Silleri 西勒里
Silvestre 西尔韦斯特
Silvius 锡尔维乌斯
Simon 西门
Simonide 西莫尼德
Simplicius 森普利西乌斯
Sinaï 西乃(今译西奈)
Sinope 西诺帕
Sinzendorf 森赞多尔夫
Sirac 西拉克

Siracusa　叙拉古
Sixte　西克斯特
Sixte-Quint　西克斯特五世
Slone　斯罗纳
Smalridge　斯马尔里奇
Smyrne　士麦拿
Sobna　索波拿
Sociniens　索西奴斯教派
Socinus　索西奴斯
Socrate　苏格拉底
Sodome　所多玛
Soisson　苏瓦松
Soleyman　索莱芒
Solon　梭伦
Sophocle　索福克勒斯
Sorbonne　索尔邦
Sosie　索齐
Soufflot　苏弗洛
Sozzini　苏西尼
Sozomène　索佐梅纳
Spallanzni　斯帕朗扎尼
Sparte　斯巴达
Spinoza　斯宾诺莎
Stace　(即 Statius)　斯塔提乌斯
Stade　丝塔德
Stamboul　斯坦布尔
Stoa　斯多亚
Sténébée　斯泰内贝
Stercutius　斯泰尔居蒂乌斯
Stoïcisme　斯多葛主义
Straton　斯特拉通
Sturbinus　斯图必纳斯
Styx　斯提克斯(冥河)
Suétone　苏埃托尼
Suidas　絮伊达斯
Sully　絮利
Swift　斯威夫特
Sydonius　西多尼乌斯
Sylla　西拉
Sylvestre　西勒维斯特尔

T

Tabarin　塔巴兰
Tacite　塔西佗
Tadmor　塔德木尔
Talapoin　塔拉波安
Talavera　塔拉韦拉
Talbot　塔尔博
Talent　塔兰(一译他连得)
Talleyrand　塔列兰
Talmud　塔尔穆德
Talon　塔隆
Tamerlan　帖木儿
Tangut　唐古特
Tantalos　坦塔洛斯
Tantis　唐蒂斯
Tarare　塔拉尔
Target　塔尔日埃
Tartarie　鞑靼
Tasso　塔索
Tatien　塔提安
Tauride　托里德
Tecnites　台克尼太斯
Télamon　忒拉蒙
Télémaque　忒勒马科斯(一译忒勒马克)
Tellus　泰吕斯
Temple　坦普尔
Ténédos　泰内多斯
Tentyre　坦塔
Téos　他施
Térence　泰伦斯
Tertullien　德尔图良
Téthys　台狄斯
Tetuan　得土安
Teutatès　特塔泰斯
Texeira　台塞拉
Thalès　泰勒斯
Thamar　他玛
Thamyris　塔米里斯
Tharé　他拉
Thaut　托特

Thébaïde　忒拜战记
Thèbes　底比斯
Théodas　丢大
Théodebert　狄奥德贝尔
Théodora　狄奥多拉
Théodore de Bèze　狄奥多尔·德·贝兹
Théodose　狄奥多西
Théotime　狄奥蒂姆
Thérèse　泰雷兹
Thermopyles　德摩比利
Thésée（即 Theseus）　忒修斯
Thespis　戴斯皮斯
Thessalie　色萨利亚
Thessalonique（即 Salonica）　萨洛尼卡
Thétis　台狄斯
Thomas　托马斯
Thomassin　托马森
Thomiste　托马斯派
Thou　图
Thoyras　托瓦拉斯
Thrace　色雷斯
Thrasybule　忒拉西布勒
Tibère　蒂贝尔
Tibulle（即 Tibullus）　提布卢斯
Tiepolo　蒂波罗
Tillemond　蒂耶蒙
Tillotson　蒂洛松
Timante　提芒特
Timée　蒂梅
Timée de Locre　蒂梅·德·洛克尔
Timur　帖木儿
Tirynthe　梯林斯
Tisiphone　提西福涅
Tintire　坦提尔
Timothée　提摩太
Tite　提多
Tite-Live　提图—李维
Titus　蒂图斯
Tobie　多比亚
Toland　托兰德
Tolbiac　托尔拜阿克
Tomasius　托马西乌斯
Torame　托拉姆
Torci　托尔西
Torricelli　托里拆利
Toulouse　图卢兹
Tour　图尔
Tourneux　图尔诺
Trajan　图拉真
Trente　特兰托
Trévoux　特雷乌
Trivelin　特里沃兰
Troie　特洛伊
Troll　特罗尔
Tronchin　特隆珊
Tryphon　特立冯
Tubal　土巴耳
Tubal-Caïn　土八该隐
Tuberville　图伯尔维勒
Turgot　杜尔哥
Turretin　蒂尔坦
Typhon　蒂丰
Tyr　推罗(一译提尔)

U

Ulixes　尤利西斯
Upsala　乌普萨拉
Ur　吾珥
Uranus　乌拉诺斯
Urbain　乌尔班
Urfa　于尔法
Urie　乌利亚
Uriel　于列耳
Usou　于祖
Utrecht　乌得勒支(一译乌德列支)

V

Vagenseil　瓦让塞
Valentin　瓦朗坦
Van Galen　范加伦
Vanini　瓦尼尼
Varin　瓦兰

Varron(即 Varro) 瓦罗(一译瓦龙)
Vaugirard 沃日拉尔
Veidam 吠陀经
Venceslas 文塞斯拉
Vendôme 旺多姆
Venise 威尼斯
Vénus 维纳斯
Verberie 维尔勃里
Vernet 韦尔内
Véronique 韦罗尼克
Verrès 维赖斯
Vertumne 维塔姆纳斯
Vespasien 丰斯巴芗
Vesta 维斯塔
Vétérvie 维泰拉维
Vichnou (或 Visnu) 毗湿努
Villaret 维拉雷
Villars 维拉尔
Villegagnon 维勒伽农
Villeroi 维勒鲁瓦
Virgile 维吉尔
Vitzliputzli 维兹利普兹利
Vizir 维齐尔
Voer 沃埃尔
Volkelius 孚尔克利乌斯
Vulcain 伏尔甘(一译武尔坎)
Voolston 伏勒斯登
Voquelsius 沃凯尔西乌斯
Voragine 沃拉吉纳
Vossius 伏西玉斯

W

Warburton 沃伯顿
Whiston 惠斯顿
William 威廉
Witt 维特
Wollaston 沃拉斯顿
Wolf 沃尔夫
Worms 沃尔姆斯

X

Xaca 克萨卡
Xavier 格扎维埃
Xerxès 泽尔士

Y

Young-Khing 雍正
Yves 伊夫斯
Yvetteaux 伊沃托

Z

Zacharie 撒迦利亚
Zamolxis 扎莫尔克西斯
Zarathoustra 查拉图士特拉
Zénobie 芝诺比亚(一译泽诺比)
Zéphirim 泽菲灵
Zéphyre 泽菲尔
Zeuxis 泽克西斯
Ziglerne 齐格勒纳
Zimran 心兰
Zoroastre 琐罗亚斯德
Zorobabel 所罗巴伯

编 后 记

伏尔泰《哲学辞典》是1764年出版的。初版称为《袖珍哲学辞典》(或译《便携式哲学辞典》),是针对狄德罗和达朗贝主编的庞大的法国《百科全书》而言的。全书贯穿了十八世纪法国百科全书派的理性主义信条,对当时的政治、社会和宗教进行了无情的揭露和激烈的攻击。因此,初版时采取了匿名出版的方式,伏尔泰本人佯装全不知晓似的。但是不久《哲学辞典》在法国国内和日内瓦附近流传。由于书中的激烈口吻和文笔俏皮,明眼人一眼即可看出作者是谁。尽管伏尔泰一再辩解,但是辞典还是遭到专制当局的查禁,并被巴黎的最高法院下令焚毁。不过由于辞典的广泛流传,却使伏尔泰获得了越来越大的声誉,而他本人也就无法再次返回巴黎了。

《袖珍哲学辞典》初版为一册,后经增补扩充,收入了作者为《百科全书》及《法兰西学院辞典》写作的条目,到莫朗(Moland)版已扩大为四册。后来又被收入《伏尔泰全集》中。

中译本是我馆在1960年代约请上海外语学院王燕生教授翻译的。译文主要根据巴黎欧内斯特·弗拉马里翁出版社按1764年版《哲学辞典》排印的袖珍本,并参考巴黎世纪出版局1867年出版的《伏尔泰全集》第一卷译出。全稿选译了主要条目一百条(原选部分条目，因故未能全部译出），选目是由编辑部和译者磋商后决定的。编选时曾参考过苏联科学院科学出版社 1961 年出版的俄译本。译稿 1982 年底交稿后，由编辑部请南京大学外语系法语专业张本副教授用法国加尼埃兄弟出版社 1879 年出版的《伏尔泰全集》第 17—20 卷《哲学辞典》本逐条进行校阅，又经译者复核后定稿。书中的两张照片是译者提供的。原书中出现的部分希腊文、拉丁文引文，是编辑部请顾寿观、马香雪和王焕生三同志帮助迻译的，谨致谢意。

《哲学辞典》中译本，从开始组译，至今已经过了二十多年，中译本即将付梓出版，我们感到十分欣慰。译文虽经多次译校加工，但错误和不足之处恐所难免，敬请专家和读者指正。

1988 年 12 月

图书在版编目(CIP)数据

哲学辞典.全两册/(法)伏尔泰著;王燕生译.—北京:商务印书馆,2017
(汉译世界学术名著丛书:120年纪念版:珍藏本)
ISBN 978-7-100-14612-8

Ⅰ.①哲… Ⅱ.①伏… ②王… Ⅲ.①百科全书派 Ⅳ.①B565.25

中国版本图书馆CIP数据核字(2017)第153243号

汉译世界学术名著丛书
(120年纪念版·珍藏本)
哲学辞典
(全两册)
〔法〕伏尔泰 著
王燕生 译

商务印书馆出版
(北京王府井大街36号 邮政编码100710)
商务印书馆发行
北京市松源印刷有限公司印刷
ISBN 978-7-100-14612-8

2017年12月第1版　　开本710×1000 1/16
2017年12月北京第1次印刷　　印张50
定价:238.00元